suhrkamp taschenbuch
wissenschaft 2304

Museen, Kunst, Luxusgüter, Immobilien, Tourismus – für Luc Boltanski und Arnaud Esquerre sind dies zentrale Felder einer neuen Ökonomie, eines neuen Kapitalismus. Dieser prägt zunehmend unsere Gesellschaften und dient vor allem der Bereicherung der Reichen. Sein Ziel ist nicht mehr die industrielle Warenproduktion, sondern die Anreicherung von bereits vorhandenen Dingen mit einer bestimmten Geschichte oder Tradition. Die Autoren verfolgen den Aufstieg dieser postindustriekapitalistischen Ökonomie und zeigen, wie sie – befördert von Medien und Politik – neue soziale Rollen schafft: Rentiers und Bedienstete, Kreative und Zukurzgekommene.

Luc Boltanski ist Soziologe und Forschungsdirektor an der École des hautes études en sciences sociales (EHESS). Zuletzt im Suhrkamp Verlag erschienen: *Rätsel und Komplotte. Kriminalliteratur, Paranoia, moderne Gesellschaft* (stw 2153).

Arnaud Esquerre ist Soziologe und Forscher am Centre national de la recherche scientifique (CNRS) in Paris.

Luc Boltanski/Arnaud Esquerre

Bereicherung

Eine Kritik der Ware

Aus dem Französischen
von Christine Pries

Suhrkamp

Titel der Originalausgabe:
Enrichissement. Une critique de la marchandise

Bibliografische Information der Deutschen Nationalbibliothek
Die Deutsche Nationalbibliothek verzeichnet diese Publikation
in der Deutschen Nationalbibliografie;
detaillierte bibliografische Daten sind im Internet
über http://dnb.d-nb.de abrufbar.

Erste Auflage 2019
suhrkamp taschenbuch wissenschaft 2304

Umschlag nach Entwürfen
von Willy Fleckhaus und Rolf Staudt
Satz: Satz-Offizin Hümmer GmbH, Waldbüttelbrunn
Druck: Druckhaus Nomos, Sinzheim
Printed in Germany
ISBN 978-3-518-29904-3

Inhalt

Teil II: Preise und Wertermittlungsformen

Teil III: Die Warenstrukturen

Für Dominique

Vorwort

Immer wenn sie etwas kaufen oder verkaufen, tauchen die sozialen Akteure in die Warenwelt ein, von der zu weiten Teilen und häufig mehr, als sie zuzugeben bereit sind, ihre Erfahrung dessen abhängt, was sie für die Realität halten. Waren sind zirkulierende Dinge, und was sie eint, ist der Vorgang, dass jedes Mal ein Preis für diese Dinge anfällt, wenn sie gegen Bargeld in andere Hände übergehen. Trotzdem bleiben diese Dinge weiter vielgestaltig, sodass die Warenwelt sich nicht als opake Totalität darstellt, was sie undurchschaubar machen würde, sondern als strukturiertes Ganzes. Die Bezugnahme auf solche Strukturen erlaubt die Identifizierung der getauschten Dinge. Und weil sie über ein stillschweigendes Verständnis dieser verinnerlichten Strukturen verfügen, können die sozialen Akteure sich in der Warenwelt orientieren, Handelsgeschäften nachgehen und vor allem Urteile über das Verhältnis zwischen den Dingen und ihrem Preis fällen.

Doch diese Strukturen und die Beziehungen, die sie zwischen den Dingen, ihrem Preis und dem ihnen zuerkannten Wert herstellen, beruhen auf einer räumlich verankerten Ausdifferenzierung und sind historisch bedingt. Sie verändern sich mit der Zeit – je nachdem, wohin der Kapitalismus sich verlagert, unter dessen Joch der Handel mit Dingen in den meisten Gesellschaften der Gegenwart steht. Wenn man die Warenstrukturen, auf die sich der Handel im 21. Jahrhundert in einem Großteil Europas und womöglich der Welt stützt, mit den Strukturen im 19. Jahrhundert vergleichen möchte, geben Walter Benjamins diesbezügliche Analysen einen nachvollziehbaren Rahmen an die Hand: In »Paris, die Hauptstadt des XIX. Jahrhunderts«[1] speisen sich seine

1 Walter Benjamin, »Paris, Capitale du XIXème siècle« (1939), in: ders., *Gesammelte Schriften*, Bd. V.1, Frankfurt am Main: Suhrkamp Verlag, 1982, S. 60-77. ⟨A. d. Ü.: In der im selben Band der Gesamtausgabe auf Seite 45-59 abgedruckten, kürzeren deutschen Fassung dieses Texts (»Paris, die Hauptstadt des XIX. Jahrhunderts«) von 1935 sind die zitierten Stellen mit

Überlegungen zur Geschichte und seine Kritik an einer »verdinglichten Vorstellung von Kultur« aus einer Reflexion über die Ware im Zeitalter des triumphierenden Kapitalismus. Waren »manifestieren sich« in der »Unmittelbarkeit sinnlicher Präsenz« und untrennbar davon – behauptet Benjamin – »als Phantasmagorien«, in denen der »Flaneur« sich verliert, »der sein Asyl in der Menge sucht«. Benjamin hebt die seinerzeit radikal neuen Formen hervor, die die »Weltstadt« annimmt, die nicht nur die Finanzwelt, Luxusartikel und den »Geist der Mode« zusammenführt, sondern auch die durch Blanqui verkörperte revolutionäre Boheme sowie vor allem die Industrie und das Proletariat. In erster Linie interessiert Benjamin der Nachweis, inwiefern die Wesen – Personen und Dinge, die sich auf dem selben Raum zusammendrängen – einen radikalen Bruch mit der Vergangenheit verkörpern – einen Bruch, der durch die Entstehung des Industrie- und des Finanzkapitalismus gekennzeichnet ist und in den von Haussmann veranlassten Zerstörungen und der mit ihnen einhergehenden Neuordnung des städtischen Raums konkrete Gestalt annimmt. Das Zeitalter des »Fetisch Ware« meine, seine Legitimität aus einer futuristischen Inszenierung der Segnungen der »Technik« zu beziehen, und »der sture Fortschrittsglaube« mache den Historiker, der sich in den »Sieger« »einfühlt«, unweigerlich »zum Werkzeug der herrschenden Klasse«.[2]

Wenn man die Figur des Flaneurs ins Paris des 21. Jahrhunderts versetzt, findet sie sich nun aber in einer ganz anderen Realität wieder. Diese ist nicht weniger kapitalistisch als die, mit der es der Flaneur zu tun hatte, den Benjamin heraufbeschwört. Doch die »Luxusartikel« brüsten sich jetzt nicht mehr damit, »industriell« zu sein, im Gegenteil: Sie bemühen sich, ihre Wurzeln in einer Serienproduktion vergessen zu machen, welche sich um-

---

Ausnahme des sich in »Phantasmagorien« ergehenden »Flaneurs«, der »sein Asyl in der Menge sucht« und des »Fetisch Ware« nicht enthalten und wurden von der Übersetzerin ins Deutsche übertragen.⟩

2 Walter Benjamin, »Über den Begriff der Geschichte«, in: ders., *Gesammelte Schriften*, Bd. I.2, Frankfurt am Main: Suhrkamp Verlag, 1974, S. 691-704, hier S. 695 ff.

so leichter unterschlagen lässt, als sie weitgehend in das Umland anderer, weit entfernter »Weltstädte« ausgelagert worden ist. Die kapitalistische Akkumulation setzt sich fort und wird sogar stärker, aber sie stützt sich auf neue ökonomische Instrumente und geht mit einer Diversifizierung der Warenwelt einher, die sich nach den Modalitäten richtet, wie der Wert der einzelnen Waren ermittelt bzw. zur Geltung gebracht wird.[3] Dieses Buch widmet sich der Beschreibung dieser Transformation, die in den Staaten besonders spürbar ist, die – wie insbesondere Frankreich – die Wiege der industriellen Leistungsfähigkeit Europas darstellten; es analysiert die Verteilung der Waren auf verschiedene Wertermittlungsformen.

Von daher ist unsere Arbeit in zwei Richtungen orientiert, die wir versuchen werden, miteinander zu verknüpfen. Die erste ist eher historischer Natur. Ihr Gegenstand ist ein ökonomischer Wandel, der ab dem letzten Viertel des 20. Jahrhunderts die Art und Weise zutiefst verändert hat, wie in jenen westeuropäischen Ländern Werte geschaffen wurden, die zum einen durch die Deindustrialisierung gekennzeichnet sind und zum anderen durch die zunehmende Ausbeutung von Ressourcen, die zwar nicht völlig neu sind, aber eine beispiellose Bedeutung gewonnen haben. Unserer Ansicht nach wird das Ausmaß dieses Wandels nur sichtbar, wenn man Gebiete miteinander in Verbindung bringt, die im Allgemeinen getrennt voneinander betrachtet werden, nämlich vor allem die Künste, und zwar besonders die bildenden Künste, die Kultur, den Antiquitätenhandel, die Gründung von Stiftungen und die Schaffung von Museen, die Luxusindustrie, die Patrimonialisierung und den Tourismus. Wir werden versuchen zu zeigen, dass man mit Hilfe der beständigen Interaktion zwischen diesen verschiedenen Gebieten die Art und Weise versteht, wie in jedem von ihnen Profit generiert wird, und unsere

3 ⟨Frz. *mise en valeur* ist bei Boltanski und Esquerre gleichzeitig als Wertermittlung im ökonomischen Sinne und als ein »zur Geltung bringen« im Sinne einer Hervorhebung oder sogar Aufwertung zu verstehen, was sich in dieser Form im Deutschen nicht übertragen lässt.⟩

These lautet, dass sie alle auf der Ausbeutung einer einzigen Quelle beruhen, nämlich auf der Ausschlachtung der *Vergangenheit.*

Wir werden diese Art von Ökonomie »Bereicherungsökonomie« nennen. Dabei spielen wir mit der Mehrdeutigkeit des Ausdrucks »enrichissement«, den wir zum einen in dem Sinne verwenden, in dem man von der Anreicherung eines Metalls spricht, von der Bereicherung eines Lebens, dem Reicherwerden einer Kultur, der Veredelung eines Kleidungsstücks oder auch von der Bereicherung, die es darstellt, wenn eine Sammlung um eine Reihe von Objekten erweitert wird. Damit soll die Tatsache hervorgehoben werden, dass diese Ökonomie weniger auf der Produktion von neuen Dingen beruht, als vielmehr bereits vorhandene Dinge vor allem dadurch *reicher zu machen* versucht, dass sie sie mit Geschichten verknüpft. Zum anderen verweist der Ausdruck »Bereicherung« auf eine Besonderheit dieser Ökonomie, dass sie sich nämlich den Handel mit Dingen zunutze macht, die vornehmlich für Reiche bestimmt sind, die mit ihnen als zusätzliche Bereicherungsquelle Handel treiben. Unserem Eindruck nach ist die Beachtung dieser Bereicherungsökonomie und ihrer Auswirkungen erforderlich, um die Transformationen der französischen Gesellschaft der Gegenwart sowie bestimmte Spannungen zu erfassen, die ihr innewohnen.

Die zweite Richtung, in die unsere Arbeit geht, ist eher analytischer Natur. Sie zielt darauf zu verstehen, wie ganz verschiedene Waren zu Transaktionen führen können, die in den Augen der entweder als Anbieter oder als Interessenten beteiligten Akteure zumeist völlig normal wirken und den vorher ausgebildeten Erwartungen mehr oder weniger entsprechen. Mit dem Ausdruck »Ware« bezeichnen wir alle Dinge, für die ein Preis anfällt, wenn sie den Besitzer wechseln. Denn wenn die Warenwelt nicht auf teilweise impliziten Organisationsmodi beruhen würde, bliebe unverständlich, wie die Akteure sich in Anbetracht ihrer sagenhaften Verschiedenheit in ihr orientieren sollen. Das kommerzielle Geschick der Akteure ist zwar ganz verschieden und vom Niveau ihrer kaufmännischen Sozialisierung abhängig. Doch ohne eine Minimalkompetenz würde ein Akteur sich schlicht und einfach verirren und wäre nicht in der Lage, sich einen Weg durch eine Welt zu bahnen, in der die Rolle und die Zahl der Markttransaktionen so sehr an Bedeutung gewonnen hat wie in den modernen Gesellschaften. In diesem Sinne werden wir von *Warenstrukturen* sprechen.

Wenn sie sich auf solche untergründigen Strukturen stützen, können die Akteure eine reflexive Haltung gegenüber dem Verhältnis jener beiden heterogenen Arten von Entitäten – nämlich einerseits den Dingen und andererseits den Preisen – einnehmen, aus denen die Ware als solche sich zusammensetzt, anstatt diese Verbindung bloß als Synthese zu rezipieren und ihre Auswirkungen passiv hinzunehmen. Doch wenn man verstehen möchte, wie das Verhältnis der Dinge zu ihren Preisen rational erfasst werden kann, müssen wir noch die Bezugnahme auf eine dritte Art von Entität berücksichtigen, für dessen Bezeichnung wir den Ausdruck übernehmen, den die Akteure selbst verwenden – den ursprünglichen Ausdruck also, wenn man so will –, nämlich den vieldeutigen Ausdruck des Werts. Um das Verhältnis eines Dings zu seinem Preis reflexiv zu erfassen – sei es um diesen Preis zu kritisieren oder um ihn zu rechtfertigen –, nimmt man nämlich im Allgemeinen auf das Wesen dieses Dings Bezug, das dessen eigentlicher »Wert« darstellt. Anstatt den Wert für eine substanzielle und zugleich mysteriöse Eigenschaft der Dinge zu halten – eine Sichtweise, von der die klassische Ökonomie durchdrungen war und die sie überdauert hat –, werden wir den Wert eher als Instrument zur Rechtfertigung oder Kritik des Preises von Dingen behandeln. Die Strukturen, die wir versuchen werden freizulegen, teilen die Warenwelt auf, indem sie die Gesamtheit der Handelsartikel auf verschiedene Weisen verteilen, ihren Preis zu rechtfertigen (oder zu kritisieren), das heißt auf verschiedene Weisen der Wertermittlung. Wie wir sehen werden, bestehen die verschiedenen Weisen, den Wert von Dingen zu ermitteln, aus einem Spiel mit Differenzen, das auf den Positionswechsel elementarer Oppositionen zurückgeht, sodass es sich in Form einer Transformationsgruppe beschreiben lässt. Auf diese Weise kann man die Homogenität der Warenwelt (die alle Dinge enthält, für die ein Preis anfällt, wenn sie in andere Hände übergehen) entsprechend der Art und Weise, wie dieser Preis gerechtfertigt wird, mit der Verschiedenheit der Objekte, aus denen sie besteht, in Einklang bringen.

Indem wir unser Augenmerk auf die Dynamik des Kapitalismus richten, werden wir versuchen, die beiden Ansätze miteinander zu verknüpfen, die den historischen und den analytischen Leitfaden dieser Arbeit gebildet haben. Wir werden uns mit dem Kapitalismus eher im Hinblick auf den Handel als unter dem Aspekt des Wandels befassen, der die Produktion und folglich auch die Arbeit ergriffen hat und gemeinsam mit der steigenden Arbeitslosigkeit ab dem letzten Viertel des 20. Jahrhunderts im Zentrum der Arbeiten über den Kapitalismus stand. Von großem Nutzen war uns dabei die (Re-)Lektüre von Fernand Braudel, der in seinem Meisterwerk über den Kapitalismus die Ware und den Handel in den Mittelpunkt seiner Analysen gestellt hat, und außerdem die Lektüre der Arbeiten, die versucht haben, die Braudel'sche Perspektive bis in unsere Tage zu verlängern, vor allem die von Giovanni Arrighi. Die Warenstrukturen haben eben deshalb historischen Charakter, weil sie sich in die Dynamik des Kapitalismus und die Verknüpfung von Ordnung und Chaos einfügen, die deren Antriebskraft darstellt. Einerseits muss sich die kapitalistische Akkumulation auf gemeinsame Erwartungen und im Zusammenhang damit auf Marktstrukturen stützen können, die vor allem für die Begrenzung der Transaktionskosten sorgen. Doch andererseits gehört es zur Logik dieser Akkumulation, dass sie sich, um sich die Vermarktung neuer Objekte zunutze machen zu können, unaufhörlich verlagert und dadurch ihre eigenen Strukturen unterwandert.

Als die Aussichten, aus der Ausbeutung industrieller Arbeit Profit zu ziehen, sich zu verschlechtern begannen, musste der Kapitalismus, der zunächst vor allem von der industriellen Entwicklung abgehangen hatte, sich verlagern, um aus der Vermarktung anderer Objekte den größtmöglichen Nutzen zu ziehen. Auf diese Weise lässt sich ein Zusammenhang zwischen der Bildung der Warenstrukturen in ihrer heutigen Form und der Entstehung einer Bereicherungsökonomie herstellen. Das Vorhandensein einer solchen Vielzahl von isomorphen und zugleich ausdifferenzierten Wertermittlungsformen erlaubt es, dass ganz verschiedene Dinge in der Hoffnung in andere Hände übergehen können, dass sie jedes Mal zum höchstmöglichen Preis verkauft werden und so den größtmöglichen Profit generieren bzw. Verluste eindämmen. Wenn es nur eine einzige Weise gäbe, sich auf den Wert von Dingen zu beziehen, um deren Preis zu rechtfertigen, würde eine große Zahl von Objekten, die heute zu einem hohen Preis eingetauscht werden, eine Abwertung erfahren. Die Diversifizierung der Warenstrukturen geht mit einer parallel dazu verlaufenden Diversifizierung der Leerstellen[4] einher, die diese Waren füllen sollen. Auf diese Weise prägen die Warenstrukturen tendenziell sowohl bestimmte Dinge als auch die Leerstellen, die das Fehlen dieser Dinge hinterlässt, sodass sie an dem Punkt stehen, an dem objektive und subjektive Faktoren ununterscheidbar sind. Dadurch tragen sie zu weiten Teilen zur Prägung dessen bei, was man Realität nennt, insofern diese von etwas abhängt, was Wittgenstein Sprachspiele nennt – Sprachspiele, die den Akteuren erlauben, sich Erfahrungen mit Hilfe reflexiver Operatoren zu eigen zu machen.

Bei der Durchführung dieser Arbeit mussten wir uns zwischen verschiedenen Fächern, verschiedenen Methoden und verschiedenen Forschungsgebieten hin und her bewegen. Diese Verlagerungen waren nicht geplant, sondern drängten sich sozusagen durch die Logik einer Untersuchung auf, deren Gegenstand insofern erst nach und nach deutlich wurde, als die Ergebnisse, die in unseren Augen eine Antwort auf die Fragen gaben, die wir

4 ⟨Frz. *manque*, wörtlich der Mangel, auch im psychoanalytischen Sinne, wird von Boltanski und Esquerre ganz konkret als etwas verstanden, das zum Erreichen eines vollständigen Ganzen zum Beispiel im Rahmen einer Sammlung »fehlt« und insofern einer »Lücke« ähnelt (vgl. Kap. VII, Fn. 25), weshalb »Leerstelle« die adäquatere deutsche Übersetzung ist. Dass der psychoanalytische Bezug dabei in den Hintergrund tritt, ist durchaus im Sinne von Boltanski und Esquerre, vgl. Kap. IV, S. 236.⟩

uns gestellt hatten, neue Fragen aufwarfen, sodass wir uns zu neuen Untersuchungen veranlasst sahen.

Was die Fächer anbelangt, haben wir so einen Weg verfolgt, der uns von der Soziologie und Anthropologie zur gewinnbringenden Lektüre ganz verschiedener Schriften führte, die man der Geschichtswissenschaft – ob es sich dabei nun um Kunstgeschichte, Technikgeschichte oder um Politik- und Sozialgeschichte handelt –, der politischen Philosophie und vor allem der Ökonomie zurechnen kann. In letzterem Fachgebiet, das auch nicht einheitlicher ist als die Soziologie und das von ganz verschiedenen Strömungen durchzogen wird – unterschiedliche Schulen, die bekanntlich so weit gehen, das Label »Ökonomie« als solches in Frage zu stellen –, haben sich unsere Lektüren und Anleihen an einigen Stellen in Richtung der Arbeiten bewegt, die eher der neoklassischen Tradition zuzurechnen sind, und an anderen Stellen in Richtung der Arbeiten, die eher zu den Strömungen gehören, die man heterodox oder kritisch nennt. In Bezug auf die Belege, die sie anführen, und sogar in theoretischer Hinsicht liegen sie unserem Eindruck nach gar nicht so weit voneinander entfernt wie auf der Ebene der institutionellen Zugehörigkeiten und des Streits zwischen den Schulen. Unseres Erachtens hängt der eklatanteste Unterschied zwischen der »Orthodoxie« und der »Heterodoxie« vor allem mit dem Verhältnis zusammen, das diese verschiedenen Ökonomiestile zur Soziologie im eigentlichen Sinne unterhalten: Erstere versuchen, die Autonomie der Ökonomie zu verteidigen, die sich insbesondere an dem Stellenwert festmacht, der den aus irgendwelchen, auf die Mathematik zurückgehenden Sprachen übersetzten Modellrechnungen zukommt, während letztere nicht zögern, auch Daten zum Zuge kommen zu lassen, die aus den anderen Sozialwissenschaften stammen.

Unsere Hauptsorge bestand darin, uns von den oftmals schwierigen Beziehungen der Soziologie und Anthropologie zur Ökonomie freizumachen, die zahlreiche Soziologen und Anthropologen dazu verleiten, die Ökonomie entweder gar nicht zu beachten (als ob es symbolische Tauschbeziehungen gäbe, die von den

Tauschbeziehungen von Gütern unabhängig wären) oder sich aus der Ökonomie stammende Modelle vorschnell zu eigen zu machen, um sie auf die eigenen Gegenstände anzuwenden und bei dieser Gelegenheit die diese Gegenstände betreffenden politisch-ökonomischen Entscheidungen zu rechtfertigen; oder aber ganz im Gegenteil eine kritische Einstellung zur Ökonomie im Allgemeinen zu entwickeln, als ob allein die Soziologie und die Anthropologie Zugang zu den wahren Beziehungen zwischen den Menschen hätten, die eine gewissermaßen für inhuman gehaltene ökonomische Wissenschaft nicht zu erfassen vermöge. In unserem Buch fehlt es keineswegs an Kritik, aber sie richtet sich gegen den Kapitalismus der Gegenwart und nicht gegen die Ökonomie als solche. Unsere Absicht bestand also darin, die Bemühungen der Forscher fortzusetzen – von denen es in einer nicht allzu fernen Vergangenheit wahrscheinlich noch mehr gab als heute –, die sich gegen alle Formen von Fachorthodoxie für eine Vereinigung der Sozialwissenschaften eingesetzt haben. Derartige Bemühungen müssen unserer Meinung nach heute eine Überwindung der Spannung anstreben, die zwischen den eher aus dem Positivismus übernommenen (in der Ökonomie häufig vertretenen) Ansätzen auf der einen und den eher auf den Konstruktivismus zurückgehenden (in der Soziologie häufiger vertretenen) Ansätzen besteht. Wir haben versucht, mit Hilfe der Entwicklung eines *pragmatischen Strukturalismus* auf diesem Weg voranzukommen. Ein solcher Ansatz erlaubt die Verknüpfung von Sozialgeschichte mit einer Analyse der kognitiven Kompetenzen, welche die Akteure beim Handeln einsetzen.

Was die Untersuchungsmethoden betrifft, sind wir höchst eklektisch vorgegangen, wie Rosinenpicker, wenn man so sagen kann. Auch wenn wir hin und wieder Beispiele angeführt haben, die aus anderen Ländern stammen, um zu zeigen, dass wir von einem Prozess sprechen, der sich ausbreiten könnte, haben wir uns auf den Fall Frankreich konzentriert, das wahrscheinlich zu den Ländern gehört, in denen die Transformationen, die wir versucht haben herauszuarbeiten, am deutlichsten hervortreten. Wir sind das verfügbare statistische Material kreuz und quer durchgegangen; haben zahlreiche formelle und informelle Interviews entweder mit Informanten geführt, die über institutionelle Autorität verfügen, oder mit sogenannten »gewöhnlichen« Akteuren, wie zum Beispiel Künstlern oder auch Sammlern verschiedener Dinge, die von zeitgenössischen Kunstwerken bis zu Wappen von Fußballclubs reichen; wir haben das ergiebige Datenmaterial durchgesehen, das zu kommerziellen Zwecken oder zur Selbstdarstellung erhoben wurde und das teilweise in Papierform vorlag und teilweise im Internet eingesehen werden kann; haben Lehrbücher für Luxus-, Tourismus-, Kunst- und Kulturmarketing analysiert; Orte ethnographisch erfasst, an denen die Bildung einer Bereicherungsökonomie sich »lebensnah« erfassen ließ (wie im Aubrac oder in Arles).

Die folgenden Seiten sind also das Ergebnis einer Art von Handwerk, das früher in den Sozialwissenschaften und in der Sozialanthropologie gängig bzw. in der Geschichtswissenschaft noch gängiger war als in der Soziologie, heute aber eher in Verruf geraten ist, obwohl es große Vorteile in Bezug auf die Freiheit und vor allem die Flexibilität bei der Ausführung eines Projekts aufweist, das, weil es keinerlei Verpflichtung gegenüber Finanzierungsinstanzen eingehen musste, je nach erzieltem Resultat ständig neu definiert und neu ausgerichtet werden kann. Es gerät zu oft in Vergessenheit, dass man, wenn man sich darauf beschränkt, auf der Grundlage einer großen Menge von Daten *(big data)* zu arbeiten, einen sozial bereits konstruierten Gegenstand vorfindet und es einem verwehrt ist, die Reflexivität der Akteure und den sozialen Wandel mit einzubeziehen, die noch nicht Gegenstand einer taxonomischen Erhebung und einer technischen sowie institutionellen Aufzeichnung waren.

Unsere Materialerfassung war umso umständlicher, weil das, was sich nach und nach als unser Untersuchungsfeld herausstellte, also zum einen die Bildung einer Bereicherungsökonomie und zum anderen der gegenwärtige Zustand der Warenstrukturen und der Kompetenzen, die es den Akteuren ermöglichen, sich zu orientieren, bisher in keinem der beiden Fälle zu Konstruktionen geführt hat, die eine Gesamterfassung noch dazu statistischer Art erlauben würden. Es gibt keine Rechen- oder Verwaltungszentren, die Daten über all die Gebiete sammeln, bündeln und aufbereiten, die unserer Ansicht nach berücksichtigt werden müssten, um die in unseren Augen so ungemein wichtigen Merkmale der gegenwärtigen sozioökonomischen Entwicklung zu erfassen. Wir haben uns also auf einer großen Zahl von Gebieten hin und her bewegen müssen: von der Gegenwartskunst zur Luxusindustrie, vom Kulturerbe[5] zum Tourismus usw. Die Untersuchung aller dieser Gebiete sollte vertieft werden, das ganze Buch kann als Einladung gelesen werden, ein neues Forschungsfeld zu bearbeiten. Von daher hoffen wir, dass andere diese Aufgabe wieder aufgreifen, die in der Lage sind, die Ergebnisse zu vervollständigen und die hier vorgelegten Hypothesen weiterzuentwickeln.

5 ⟨Frz. *patrimoine*, gleichzeitig »Erbe« und »Vermögen«⟩

Teil I
Wertverlust und Wertschöpfung

Erstes Kapitel
Das Zeitalter der Bereicherungsökonomie

Die Deindustrialisierung in den westeuropäischen Ländern

Im letzten Viertel des 20. Jahrhunderts wurde die Massenproduktion in den westlichen Gesellschaften nicht mehr als einziges und womöglich auch nicht einmal mehr als hauptsächliches Mittel zur Gewinnmaximierung und Wertakkumulation betrachtet. Auch für den Kapitalismus hat sich die Expansion über die Massenproduktion hinaus als eine durch den Profitzwang auferlegte Notwendigkeit erwiesen, weil die zunächst für quasi unendlich gehaltenen Möglichkeiten, die diese Form eröffnete, ihre Grenzen zu erreichen schienen. Diese Expansion war allerdings nicht dadurch gekennzeichnet, dass die Standardform aufgegeben wurde. Sie erfolgte in Form einer intensiveren Finanzialisierung und – im Bereich der Produktion und/oder der Vermarktung von Artikeln – einer Neuverteilung der geopolitischen Karten. Einige sogenannte »Schwellenländer« übernahmen die arbeitsaufwändige Massenproduktion als Hauptpfad zur Bereicherung, während manche der Länder, die im 19. und 20. Jahrhundert die Heimstätte des globalen Kapitalismus gewesen waren, sich zum einen auf das Finanzwesen und die Entwicklung hochtechnisierter Güter konzentrierten, um aus der Ferne weiterhin die Macht über die Herstellung der gängigsten Güter zu behalten, die Nebenprodukte der technologischen Neuerungen darstellten, sich aber zum anderen auch sehr viel intensiver als in der Vergangenheit der Vermarktung von Gebieten zuwandten, die für den Kapitalismus lange Zeit mehr oder weniger randständig gewesen waren.

Durch die geographische Expansion des Kapitalismus wurden zahlreiche Produktionsstandorte von Standardartikeln, deren Entwicklung und Verkauf trotzdem im Wesentlichen bei den Firmen verblieb, die ihren Sitz weiterhin in den westlichen Kernländern des globalen Kapitalismus hatten, in Richtung der Länder neu verteilt, in denen Arbeitskräfte im Überfluss vorhanden und kaum organisiert waren und in denen folglich die Löhne niedrig lagen. Eine Auswirkung solcher Transfers war die Beschleunigung der Deindustrialisierung in den westeuropäischen Ländern. Die Deindustrialisierung der 2000er Jahre, von der die westlichen Volkswirtschaften und insbesondere Frankreich betroffen waren, ist ausgiebig untersucht worden.[1] Die Beschäftigungszahl in der Industrie erreichte im Jahr 1974 mit mehr als 5 900 000 Lohnempfängern einen Höhepunkt. Anfang der 2010er Jahre hat sie etwas mehr als 40 Prozent ihrer Stärke verloren. Im selben Zeitraum ist das, was die Statistiker unter Verwendung einer weiter gefassten Definition »Produktionssphäre« nennen, von 48 auf 35 Prozent der Beschäftigten zurückgegangen.[2] Mit Ausnahme einiger Hochtechnologiebranchen wie der Luftfahrt, der Kernenergie, der pharmazeutischen Industrie und der Rüstungsindustrie waren mehr oder weniger alle Branchen von diesem Rückgang betroffen:[3] Bergwerke, Eisenindustrie, Maschinenindustrie, Schiffbau, Textilindustrie usw. Die Produktionsgüterbranche und die Branche für gängige Konsumartikel waren besonders betroffen. Ihr Niedergang, der sich zwischen 1960 und 1970 in der Textil- und in der Lederwarenbranche abzuzeichnen begann, hat in der Folge den gesamten Bereich der Warenproduktion erfasst.

Unter »Deindustrialisierung« verstehen wir allerdings nicht den Übergang in eine »postindustrielle« Gesellschaft, wie die Soziologie sie in den 1960er Jahren oftmals prophezeit hat.[4] Alles

---

1 Einen Überblick gibt Lilas Demmou, *La Désindustrialisation en France*, document de travail de la Direction générale du Trésor, Nr. 2010/01, Juni 2010.

2 Vincent Hecquet, »Emploi et territoires de 1975 à 2009. Tertiarisation et rétrécissement de la sphère productive«, in: *Économie et Statistique*, Nr. 462/463, Insee ⟨Institut national de la statistique et des études économiques⟩, 2013, S. 25-68.

3 Martin Fortes, »Spécialisation à l'exportation de la France et de quatre grands pays de l'Union européenne entre 1990 et 2009«, in: *Trésor-Éco*, Nr. 98, Februar 2012.

4 Vgl. Alain Touraine, *La Société postindustrielle*, Paris: Denoël, 1969 ⟨dt.: *Die postindustrielle Gesellschaft* (Aus dem Französischen von Eva Moldenhauer), Frankfurt am Main: Suhrkamp Verlag, 1972⟩, und Daniel Bell, *Die nachin-*

in allem sind solche Prophezeiungen nicht Wirklichkeit geworden. Denn zum einen werden viele Branchen, die lange am Rand der industrialisierten Welt standen – wie Kleinhandel, Bildungswesen, Gesundheitswesen, personenbezogene Dienstleistungen usw. –, heute – auch wenn sie nicht zum privaten Sektor gehören, sondern unter staatlicher Aufsicht stehen – nach Managementmethoden geführt, die in den großen Weltkonzernen ihren Ursprung hatten und Buchführungsstandards unterliegen, die in der Industrie entwickelt wurden, was durch die allgemeine Verbreitung der Informatik einfacher wurde. Doch vor allem werden in den europäischen Gesellschaften mehr Industrieprodukte denn je verwendet, zum Beispiel Mobiltelefone oder PCs, die mittlerweile zu den gängigsten Haushaltsgeräten gehören. Es waren dort noch nie so viele industrielle Handelswaren im Umlauf, aber sie werden nicht in diesen Ländern hergestellt. Im selben Zeitraum hat sich der Inlandsverbrauch in Frankreich nämlich nahezu verdoppelt – genauso wie die Bedeutung des Dienstleistungsmarkts für den globalen Mehrwert –, wohingegen die Bedeutung der Industrie um beinahe zwei Drittel zurückgegangen ist. Über Erklärungen für diesen Deindustrialisierungsprozess führen die Wirtschaftsmathematiker heftige Debatten. Es ist schwierig, den Anteil zu messen, der bei der Deindustrialisierung einerseits der Auslagerung bestimmter, lange von den Firmen selbst übernommenen, aber nicht direkt zu den Produktionsfunktionen gehörenden Aufgaben zukommt und andererseits der wachsenden Arbeitsproduktivität. Doch es ist sehr wahrscheinlich, dass den bedeutendsten Anteil daran der Import von Artikeln hat, die in Ländern mit (je nach Branche von neun bis 80 Pro-

dustrielle Gesellschaft (Aus dem Amerikanischen von Siglinde Summerer und Gerda Kurz), Reinbek bei Hamburg: Rowohlt Verlag, 1979, englische Originalausgabe 1973. Was eine Kritik der Einschlägigkeit des Begriffs der postindustriellen Gesellschaft für die Charakterisierung der europäischen Gesellschaften der Gegenwart anbelangt, vgl. auch Aurélien Berlan, *La Fabrique des derniers hommes. Retour sur Tönnies, Simmel et Weber*, Paris: La Découverte, 2012, S. 317-322.

zent[5]) geringeren Arbeitskosten hergestellt wurden, in denen die Arbeiterschaft sich nur selten mobilisiert hat und kaum geschützt ist – in erster Linie in den Ländern des Fernen Ostens wie China und Vietnam, aber nach der Implosion der kommunistischen Regime auch in osteuropäischen Ländern wie der Slowakei, Rumänien oder Bulgarien.

Die Standortverlegungen in der Industrie sind im Laufe der letzten 50 Jahre Teil der Geschichte des abendländischen Kapitalismus geworden und stellen wahrscheinlich einen der Wege dar, die eingeschlagen wurden, um die Krise zu überwinden, die der Kapitalismus ungefähr von Mitte der 1960er bis Mitte der 1980er Jahr erlebt hat. Unter Stichworten wie Produktivitätsrückgang und überschüssiger Produktionskapazitäten im Verhältnis zur kaufkräftigen Nachfrage, was regelmäßig einen Einbruch der aus der Produktion von Fertigwaren gezogenen Profite nach sich zog,[6] ist der Schritt zur Standortverlegung häufig untersucht worden, er hat aber auch politische Wurzeln. Für die großen Konzerne bot er eine Möglichkeit, sich der staatlichen Steuerlast zu entziehen, er war jedoch auch eine Antwort auf die Mobilisierung des europäischen Proletariats, insbesondere in den zehn Jahren, die auf den Mai 1968 folgten. Eine der Folgen und vielleicht auch eines der uneingestandenen Ziele dieses Prozesses war es, eine Arbeiterklasse, die sich in den Jahren zwischen 1960 und 1970 vor allem in Frankreich und Italien besonders kämpferisch gezeigt hatte, in ihre Schranken zu weisen, ja sich ihrer sogar zu entledigen. Dennoch wäre dieser Schritt zur Standortverlegung nicht im selben Tempo und im selben Umfang möglich gewesen ohne die Maßnahmen zur Deregulierung des Finanzsektors in den 1970er und 1980er Jahren, die den Kapitaltransfer von den alten Industrieländern in die sogenannten Schwellenländer begünstigten und so in den Niedriglohnländern der Schaf-

5 Lilas Demmou, a. a. O.

6 Vgl. Robert Brenner, *The Boom and the Bubble. The US in the World Economy*, London: Verso, 2003 ⟨dt.: *Boom & Bubble. Die USA in der Weltwirtschaft* (Aus dem amerikanischen Englisch von Frieder Otto Wolf), Hamburg: VSA-Verlag, 2002⟩.

fung von Subunternehmen Vorschub leisteten, die weitgehend von Auftraggebern mit Sitz in den europäischen oder nordamerikanischen Metropolen abhingen.

Alte und neue Stätten des Wohlstands

In Frankreich hat der Verlust der Arbeitsplätze in der Industrie vornehmlich die Regionen getroffen, in denen die Industrie die Hauptquelle des Wohlstands war, das heißt besonders den Norden und den Nordosten des Landes[7] – Regionen, in denen die extreme Rechte ihre höchsten Wahlergebnisse erzielt, wie eine große Zahl von Studien gezeigt hat, in denen versucht wurde, regionale Geographie, Ökonomie und politische Wissenschaft miteinander zu verbinden. Andere Regionen, in denen die Industrie zunächst keine so große Rolle gespielt hatte, an denen der Deindustrialisierungsprozess aber trotzdem nicht spurlos vorübergegangen ist, sind dagegen reicher geworden. Dieses Phänomen ist umso irritierender, als es sich in zahlreichen Fällen vor allem um ländliche Regionen handelt, die bereits im Laufe der 1960er Jahre die Folgen einer Schwächung der Bauernschaft zu spüren bekommen hatten: Das »Ende der Bauern« hatte auch den Niedergang der Marktflecken und Kleinstädte nach sich gezogen, ja in manchen Gegenden sogar quasi einen Verödungsprozess ausgelöst. Es sieht allerdings ganz so aus, als ob für diese Regionen die zunehmende Vermarktung von bis dahin als randständig geltenden Gebieten von Vorteil gewesen ist, als ob sie sich der Ausbeutung neuer Ressourcen zugewandt hätten und als ob die Umwandlung von Objekten, Orten und sogar Erfahrungen, die in Bezug auf die ureigenen kapitalistischen Interessen lange Zeit nur eine nachrangige Rolle gespielt hatten, in potenzielle Wohlstandsquellen ihnen zugutegekommen wäre.

Mit Hilfe der ökonomischen Geographie lässt sich dieser zweite Entwicklungsschritt nicht direkt angehen, weil sie aufgrund

7 Vincent Hecquet, a. a. O.

fehlender Analysekategorien für einen solchen Prozess in diesem Fall nicht auf so fundierte Statistiken zurückgreifen kann wie im Fall der Industrie. Ihr Beitrag ist für unsere Untersuchung aber trotzdem ausgesprochen relevant. Wie Vincent Hecquet auf der Basis eines statistischen Ansatzes und Laurent Davezies[8] von der Geographie aus gezeigt haben, hängt der Wohlstand der Regionen keineswegs allein vom Entwicklungsgrad der Produktionssphäre ab, was in der »neuen ökonomischen Geographie« dazu führt, den »Beitrag der Landesregionen zum Wachstum« und »die soziale Entwicklung der Landesregionen« getrennt voneinander zu behandeln.[9] Der Niedergang der Industrieregionen unterscheidet sich nämlich deutlich vom wachsenden Wohlstand der vor allem an der West- oder an der Südküste gelegenen Regionen, in denen die Bevölkerungszahl stark gestiegen ist und Beschäftigungszahlen sowie Einkommen in die Höhe gingen. Diese Regionen mit immer größerer Gewerbetätigkeit entwickeln sich auf einer Grundlage, die, wenn man der von den Geographen verwendeten Klassifizierung folgt, nicht »produktiv«, sondern »residentiell« ist.[10] Man trifft in diesen Regionen auf eine große Zahl von Pensionären (49 Prozent aller Pensionäre), die in der Regel besser situiert sind als der Durchschnitt,[11] viele Zweit-

8 Laurent Davezies, *La crise qui vient. La nouvelle fracture territoriale*, Paris: Seuil, 2012.

9 Laurent Davezies, *La République et ses territoires. La circulation invisible des richesses*, Paris: Seuil, 2008, S. 50.

10 Ebd., S. 58f.

11 In einem Drittel der französischen Haushalte befindet sich die Referenzperson im Ruhestand. Eine statistische Analyse der Verteilung der Pensionäre nimmt Jean-François Léger vor in »La répartition géographique des retraités. Les six France«, in: *Population & Avenir*, Nr. 716, Januar/Februar 2014. In den ehemaligen Industrieregionen des Nordostens trifft man auf den größten Anteil an Arbeitern oder Angestellten im Ruhestand mit niedrigem Einkommen. Was die pensionierten Führungskräfte anbelangt, deren Präsenz in den großen urbanen Zentren besonders groß ist, so sind sie aufgrund von »höchst selektiven ökonomischen Wanderungsbewegungen (Pensionäre mit gehobenen Einkommen)« auch in den weniger urbanen, an den Küsten oder im Süden gelegenen Landesregionen immer zahlreicher vertreten (vgl. auch Jean-Marc Zaninetti, »Les retraités en France. Des migrations pas comme les autres«, in: *Population & Avenir*, Nr. 703, Mai/Juni 2011).

wohnungen (66 Prozent), Bewohner auf Zeit bzw. »Pendler«, die zeitweise in den französischen Großstädten, häufig aber auch im Ausland arbeiten und leben, aber auch auf zahlreiche Arbeitslose oder Sozialleistungsempfänger (vor allem RSA – Revenue de solidarité active, eine Art Grundeinkommen für Arbeitslose und Geringverdienende in Frankreich), die in diesen Regionen »Gelegenheitsjobs« finden, die sich mehr oder weniger mit Beschäftigungen im Haushalt vergleichen lassen. Diesen Autoren zufolge handelt es sich um »nicht gewerblich genutzte, dynamische Landesregionen«, die durch etwas gekennzeichnet sind, das sie als eine auf »residentiellen Ökonomien« beruhende »Entwicklung ohne Wachstum« bezeichnen. In diesen höchst »dynamischen« und höchst »attraktiven« Landesregionen (44 Prozent der französischen Bevölkerung), die über »residentielle Vorteile« verfügen, entwickeln sich Tourismus und Tätigkeiten wie die Restaurierung, Übernahme und Instandhaltung von Immobilien, die bis dahin im Niedergang begriffen waren. Auf den ländlichen Grundstücken an der Atlantik- und an der Mittelmeerküste hat die Ankunft neuer Bewohner eine starke Bautätigkeit nach sich gezogen.[12] Während in den Industrieregionen die Beschäftigungszahlen abnehmen, werden durch die Entwicklung dieser sogenannten residentiellen Landesregionen zahlreiche Stellen im Hauswirtschaftssektor geschaffen, darunter auch Arbeitsplätze für Arbeiter, die aber »im lokalen, sich auf die lokale Nachfrage richtenden Sektor (der wiederum zu weiten Teilen nicht verlagerbar ist[13])« liegen.

Entwicklungen dieser Art haben die Entfaltung und Verflechtung von Wertermittlungsformen vorangetrieben, die bis dahin zwar nicht unbekannt oder unerheblich gewesen, aufgrund ihrer unzureichenden Einbindung in die Geschäftspraktiken aber doch im Embryonalzustand verblieben waren. Die *Bereicherungsökono-*

12 Gwendoline Volat, »L'habitat rural entre 1999 et 2009. Des évolutions contrastées«, in: *Le Point sur*, Commissariat général au développement durable, Nr. 179, Dezember 2013.

13 Laurent Davezies, *La République et ses territoires*, a. a. O., S. 68.

mie ist Bestandteil einer mit einer Art von Kapitalismus verzahnten sozialen Welt, den wir in dem Sinne als *Vollkapitalismus* bezeichnen, dass er verschiedene Weisen, Werte zu schaffen, miteinander verknüpft. Der Kauf und Verkauf von Artikeln aus Massenproduktion und besonders von Erzeugnissen mit einem hohen Technologisierungsgrad rangiert in dieser sozialen Welt zwar weiterhin an erster Stelle, denn Artikel dieser Art bilden die Grundlage für den überwiegenden Teil des Handelsverkehrs. Es gibt aber zahlreiche Hinweise darauf, dass sich die Vermarktung intensiver und sichtbarer als in der Vergangenheit auch in neue Richtungen orientiert hat. Im Unterschied zu dem, was in den Jahren zwischen 1960 und 1970 kritisch mit dem Ausdruck »Konsumgesellschaft« belegt wurde, wobei häufig die »passiven, manipulierten und ihren Trieben ausgelieferten« Käufer im Vordergrund standen, ist eines der Merkmale dieses Vollkapitalismus, dass er das kaufmännische Geschick stark gefördert und lohnenswert gemacht hat: Sein Horizont besteht darin, dass *jeder nicht nur Konsument, sondern auch Händler ist.* Weil wir diese Perspektive bis zum Äußersten weiterverfolgen, werden wir uns mit der Ware befassen und nicht in Betracht ziehen, dass man die Händler als eigenständige Kategorie untersuchen sollte.[14]

Die Expansion des Kapitalismus hat sich darin niedergeschlagen, dass Modeerscheinungen eine prononciertere und allgemeinere Rolle spielen. Davon zeugt zum Beispiel die Wichtigkeit, die *Marken* einnehmen, besonders im Zusammenhang mit der in der soziologischen Literatur häufig so bezeichneten *Celebrity-Kultur*, deren soziale Rolle vor allem ab den 1960er Jahren zahlreichen

---

14 Dieser Horizont des Vollkapitalismus, dem zufolge jeder aufgefordert ist, Händler zu werden, steht im Kontrast zum Horizont der Fernhandel treibenden Händler im 18. Jahrhundert, die Francesca Trivellato beschrieben hat, in deren Augen die Händler als eigenständige Kategorie (in diesem Fall sephardische Juden aus Livorno in der Toskana) untrennbar mit der Ware (vor allem Korallen und Diamanten) verbunden sind. Vgl. Francesca Trivellato, *Corail contre diamants. De la Méditerranée à l'océan Indien au XVIIIe siècle*, Paris: Seuil, 2016 (englische Originalausgabe 2009).

Arbeiten zugrunde lag[15] und deren ökonomischer Dimension in jüngster Zeit wachsende, vor allem durch die Entwicklung des Internets noch weiter zunehmende Aufmerksamkeit geschenkt wurde. Außerdem hat zum Beispiel durch die Preisexplosion bei Auktionsverkäufen von sehr hohe Preise erzielenden Kunstwerken, die sich in die Nähe ökonomischer Finanzialisierungsprozesse rücken ließ, die kaufmännische Bedeutung von kulturellen Aktivitäten auf noch nie dagewesene Weise für Furore gesorgt. Wir werden allerdings den Schwerpunkt vor allem auf die Entwicklung einer Ökonomie der Aufmerksamkeit für Dinge in deren Umfeld legen, die bei einer wachsenden Zahl von Personen dazu führt, nach Objekten zu streben, die weniger wegen ihrer direkten Nützlichkeit als aufgrund ihrer Ausdruckskraft und wegen der Geschichten wertgeschätzt werden, die ihre Zirkulation begleiten. Diese Dinge offenbaren sich ihnen durch das, was ihre Spezifität ausmacht, das heißt durch ihre Differenzen, wenn man sie in die Nähe von anderen, mehr oder weniger ähnlichen Dingen rückt, und zwar etwa so, wie Sammler Objekte mit einer gewissen Familienähnlichkeit zusammentragen und vergleichen, als ob sie die Spannung zwischen ihrer Ähnlichkeit und ihrer Unterschiedlichkeit genießen wollten.

Als vorläufiger Hinweis auf einen Wandel bei der Aufmerksamkeit, die den Dingen entgegengebracht wird, mag die Bedeutung dienen, welche die Praxis des Sammelns im Laufe der letzten Jahrzehnte gewonnen hat. Die wachsende Verbreitung und Verinnerlichung einer dem Ethos des Sammlers entsprechenden Art von Aufmerksamkeit für die Dinge lässt sich nicht nur an der Anzahl von bescheidenen Sammlungen und Sammlern bemessen. Das Schema, auf dem die Praxis des Sammelns beruht und dessen kognitive und affektive Seite häufig beschrieben worden ist, hat auch bzw. vor allem eine ökonomische Dimension, die besonders ins Auge sticht, wenn man sich den Transaktionen zuwendet, zu

15 Was die französischsprachige Literatur anbelangt, vgl. insbesondere Nathalie Heinich, *De la visibilité. Excellence et singularité en régime médiatique*, Paris: Gallimard, coll. Bibliothèque des sciences humaines, 2012.

denen diese von einem wohlhabenden Publikum angestrebten, außergewöhnlichen oder außerordentlichen Dinge – wie zum Beispiel Kunstgegenstände oder Antiquitäten, Luxusprodukte, sogenannte Künstler- oder Architektenhäuser usw. – führen. Denn Objekte dieser Art und die Instrumente, die für die Ermittlung ihres Werts sorgen, bilden den Kern der Bereicherungsökonomie. Deshalb kann man sich sogar fragen, ob nicht das Sammeln weniger als spezifische Praxis denn als generative, zu einer bestimmten Haltung gegenüber den Dingen führende Form eine Art von Operator darstellt, der es erlaubt, einen Zusammenhang zwischen den verschiedenen gewerblichen Tätigkeitsbereichen herzustellen, auf denen dieser Ökonomietypus beruht.

Von diesen Bereichen möchten wir jetzt eine erste Beschreibung geben. Dabei werden wir in der Hauptsache von Frankreich ausgehen, das einen besonders guten Beobachtungspunkt für Phänomene darstellt, deren Vorhandensein sich an vielen Orten auf der Welt feststellen lässt. Wie die industrielle Ökonomie ist auch die Bereicherungsökonomie räumlich sehr ungleich verteilt: In manchen Ländern nimmt sie große Gebiete ein, aber in anderen Ländern, in denen intensive Landwirtschaft, industrielle Aktivitäten oder Dienstleistungen dominieren, kann sie sich auf die Größenordnung eines Großstadtviertels beschränken. Insofern muss man anhand der Dichte und nicht anhand der Staaten über die räumliche Verteilung der Bereicherungsökonomie nachdenken, denn solche Verdichtungen entwickeln sich möglicherweise weiter, wie im Fall der Großindustrie, die von ein paar englischen Landkreisen aus eine große Zahl von Weltregionen erobert hat. Genauso wie von einem Industriegebiet kann man von einem *Bereicherungsgebiet* sprechen, für dessen Aufbau oftmals eine hohe Konzentration von Gotteshäusern (wie die romanischen oder gotischen Kirchen in vielen italienischen Städten oder die Tempel im japanischen Kyoto) genutzt wird.

Überblickshaft lassen sich die Felder, auf denen die Bereicherung sich ökonomisch entfaltet, nur schwer beschreiben, weil ihre inhaltliche Verschiedenheit nicht geringer wird, wenn man sie unter einem Oberbegriff zusammenfasst, mit dessen Hilfe die Verbindungen zwischen ihnen herausgearbeitet und sie mit einem einheitlichen Ausdruck oder Schlagwort bezeichnet werden können. Die semantischen, rechtlichen und statistischen Rahmenbedingungen, auf denen die Beschreibung der ökonomischen und sozialen Welt beruht, sind geschaffen worden, um den Behörden den Zugriff auf eine in der Hauptsache industrielle Ökonomie zu ermöglichen. Deshalb gibt es gegenwärtig kein Kategoriensystem bzw. keinen rechnerischen Rahmen, das bzw. der es erlauben würde, die ökonomische Bedeutung, die dem verschwommenen Etwas zukommt, dessen Konturen wir versuchen zu umreißen, und die Zahl der Personen, deren Hauptbeschäftigung sich daran festmacht, relativ genau zu bestimmen. Das liegt vor allen Dingen daran, dass es eine Nähe herstellt zwischen Branchen (wie der Kunst und dem Tourismus), Tätigkeiten (wie der Leitung eines Museums oder der Herstellung von »Krokotaschen«), Status (wie zum Beispiel des prekär Beschäftigten, des Festangestellten, des Beamten und des Rentiers) und Berufen, die in der statistischen Nomenklatur auf Einheiten verstreut sind, die jeweils nach verschiedenen Logiken zusammengestellt wurden und eher im Einklang mit den alten Klassifikationen der industrialisierten Welt stehen.[16]

Darüber hinaus nähern die bestehenden Rahmenbedingun-

16 Vgl. Alain Desrosières/Laurent Thévenot, *Les Catégories socio-professionelles*, Paris: La Découverte, 1988. Die jüngere Entwicklung berücksichtigt Thomas Amossé, »La nomenclature socio-professionelle. Une histoire revisitée«, in: *Annales HSS*, Bd. 68, Heft 4, 2013, S. 1039-1075. Man kann versuchen, die Bevölkerungszahl, die uns hier interessiert, auf der Basis der Untersuchungen des Insee zu beziffern. In Anbetracht der Struktur dieser Untersuchungen und der Nomenklatur, die sie verwenden, ist eine solche Bezifferung aber besonders schwer durchzuführen und jederzeit anfechtbar.

gen sich den Beschäftigungsverhältnissen auf der Grundlage zweier Ansätze, deren Resultate sich nur schwer vereinbaren lassen, nämlich einerseits aus der Perspektive der Berufe, die jeweils angegeben werden, und andererseits aus der Perspektive der Wirtschaftszweige, die von der Volkswirtschaftlichen Gesamtrechnung berücksichtigt werden, was die Analyse der indirekten, auf die einzelnen Tätigkeits- und/oder Berufstypen zurückführbaren Auswirkungen erschwert. Infolgedessen fehlen Statistiken, auf die sich die Totalisierungen stützen könnten, anhand derer es möglich wäre, die spezifischen Prozesse herauszuarbeiten, die im Zentrum dieser Entwicklung stehen, und ihren Verlauf zu verfolgen. Aus diesem Grund verteilt sich die Darstellung dieser ökonomischen Neuausrichtung auf die Reichen in der gängigen ökonomischen Literatur auf verschiedene Gebiete, die nach unterschiedlichen Berechnungsformen erfasst werden und häufig auf Definitionen und Kategorien beruhen, die keineswegs einheitlich sind, was ihre Gesamterhebung nicht leichter macht. Das Fehlen eines rechnerischen Rahmens und einheitlicher Kategorien für die Bereicherungsökonomie ist kein Zufall und liegt auch nicht in einer verspäteten systematischen Erfassung der Wandlungen der Realität durch die Institutionen begründet, sondern wird sich am Ende unserer Analyse als eine der Bedingungen erweisen, warum diese Ökonomie so profitabel ist.

Um das, woraus die ökonomische Dimension der Bereicherung besteht, auf eine Weise deutlich zu machen, die es unseren Lesern erlaubt, uns gestützt auf ihren ganz gewöhnlichen Sinn für die soziale Realität zu folgen, müssen wir uns zunächst den Gegenständen selbst zuwenden. Dabei wird ein erster Anhaltspunkt unsere Aufmerksamkeit auf sich ziehen: Es handelt sich um die wachsende Sichtbarkeit von Objekten, deren Tausch zu einem im Vergleich mit ganz gewöhnlichen Preisen hohen oder sehr hohen Preis erfolgt. Diese Sichtbarkeit lässt sich in den Zentren der großen Metropolen feststellen, aber auch in vielen restaurierten und denkmalgeschützten Orten oder Dörfern, und steht im Kontrast zur Verarmung der Städte, Vororte oder Zonen, die vor allem durch industrielle Aktivitäten gekennzeichnet waren. Sie wird zum Beispiel auch in den für eine Leserschaft bestimmten Medien verbreitet, die zwar eher wohlhabend, aber im Durchschnitt nicht wohlhabend genug ist, um viele der Dinge zu kaufen, die nicht nur in den Werbebeilagen, sondern auch auf den redaktionellen Seiten abgebildet sind.

So veröffentlichen in Frankreich die wichtigsten Organe der Tages- und Wochenpresse, deren Leserschaft immer weiter zurückgeht, Beilagen zu diesen Themen, um Gelder aus der Luxusindustrie einzuwerben, die bei mehreren dieser durch ökonomische Verluste bedrohten Zeitungen zu ihrem Überleben beitragen. Erwähnenswert sind dabei vor allem die Beilage der Wochenzeitschrift *Le Nouvel Observateur, Obsession,* oder *Next,* die Beilage der Tageszeitung *Libération,* oder aber die wöchentliche Beilage der Zeitung *Le Monde* (*M le magazine*). Diese Unterhaltungsmagazine sind für ein nicht klar definiertes Publikum bestimmt, das sich aber, wenn es sich in dem Spiegel betrachtet, der ihnen darin vorgehalten wird, sowohl für gebildet als auch für wohlhabend halten kann. Das ist zum Beispiel auch beim *Air France Magazine* so, das im Verlagshaus Gallimard erscheint und kostenlos an die Kunden dieser Fluggesellschaft ausgegeben wird. In Bezug auf unseren Gegenstand haben diese Magazine den Vorteil, dass sie die Werbeanzeigen für Luxusobjekte (Uhren, Parfüms, Kleidung, Immobilien und Hotels der Spitzenklasse usw.) aufs Engste mit den redaktionellen Teilen verzahnen, in denen es entweder um Trendobjekte – *vintage* oder *design* – geht oder um für ihre Altehrwürdigkeit und für ihren Wert als Kulturerbe geschätzte Orte geht, um Kunstwerke, Kunstausstellungen und Künstler oder aber um die Gourmetküche, die als »immaterielles Kulturerbe« gilt. Diese verschiedenen, Werbung betreibenden oder redaktionellen Inhalte gehen in diesen Magazinen nahtlos ineinander über, als ob sie untrennbare Bestandteile derselben Welt wären.

Die in diesen Medien präsentierten Objekte werden weniger aufgrund ihrer Nützlichkeit oder Strapazierfähigkeit ausgewählt, wie das bei gängigen Industrieartikeln der Fall ist, sondern aufgrund ihrer intrinsischen Kostbarkeit bzw. einfach aufgrund ihrer Andersheit und davon untrennbar auch ihres Preises. Diese Dinge werden häufig mit nationalen oder regionalen Identitätsmarkern in Verbindung gebracht, die ihre Authentizität garantieren sollen (auch wenn mit ihrer Herstellung heimlich, still und leise Subunternehmer in Niedriglohnländern betraut werden können, wie im Fall gewöhnlicher Artikel). Die Faszination, die angeblich von diesen Gegenständen ausgeht, sei auf eine Art Aura zurückzuführen, die sie umgebe und ihnen etwas *Außergewöhnliches* verleihe, das sie für eine Wertschätzung durch die Elite prädestiniere. Dabei kann es sich um Antiquitäten handeln; um Artikel von Luxusfirmen, die häufig als handwerklich gefertigt ausgegeben werden und von denen viele mit der Modebranche zu tun haben, wie etwa Uhren, Schmuck, Handtaschen, Kleidung; um Spitzenweine oder hochwertige Lebensmittel, die aus ausgewiesenen und geschützten »Terroirs«, also Anbaugebieten kommen. Oder aber um zeitgenössische Kunstwerke, die in Galerien gezeigt werden, auf Messen oder bei Auktionsverkäufen, die sowohl aufgrund ihrer kulturellen als auch ihrer ökonomischen Bedeutung Aufmerksamkeit erregen.[17]

In diesen Präsentationen wird nicht nur den Gegenständen wachsende Bedeutung zugesprochen, sondern auch den Welten, in denen diese Objekte entworfen werden und zirkulieren. Und vor allem den Menschen um sie herum, ob es sich dabei um »Kreative« handelt, wie Designer, Modeschöpfer, Köche, Antiquitätenhändler, Friseure, Sammler, Ausstellungskuratoren usw. oder um ihrerseits bemerkenswerte »Persönlichkeiten«, deren Name und Bild mit diesen außerordentlichen Dingen in Verbindung

17 Gilles Lipovetsky und Jean Serroy haben diesbezüglich vorgeschlagen, sich den verschiedenen Dingen aus dem Blickwinkel der Ästhetisierung »als systematische Inkorporierung der kreativen und imaginären Dimension der Verbrauchsgüterbranche« zu nähern. Vor allem im Hinblick auf ihre derzeitige Entwicklung trete diese vom Kapitalismus ausgelöste »Ästhetisierung der Welt« diesen Autoren zufolge erstmals in der »zweiten Hälfte des 19. Jahrhunderts« in Erscheinung. Vgl. Gilles Lipovetsky/Jean Serroy, *L'Esthétisation du monde. Vivre à l'âge du capitalisme artiste*, Paris: Gallimard, 2013, S. 39. Die Idee eines »ästhetischen Kapitalismus« vertritt auch Gernot Böhme, *Ästhetischer Kapitalismus,* Berlin: Suhrkamp Verlag, 2016.

gebracht wird (wie zum Beispiel die »Musen« von Modeschöpfern oder die »Gesichter« eines Parfüms). Alle diese »Mode-, Kultur- und Geschmacksdarsteller« werden sehr häufig erwähnt und porträtiert, wenn sie Kontakt zu Künstlern im klassischen Sinne des Wortes haben, also zu Malern oder Bildhauern. Die Aufmerksamkeit ist so auf eine relativ bunt zusammengewürfelte Gruppe von Objekten gerichtet, die so behandelt werden, als würden sie sich auf der gleichen Ebene befinden (auf einer »Immanenzebene«, könnte man in einer Paraphrase von Gilles Deleuze sagen), so wie Kleidungs- und Möbelstücke, Dekorationsgegenstände, Vintage-Objekte und alte oder zeitgenössische Kunstwerke.

Schon ein Gebäude stellt für sich allein eine Verkörperung der Art von tiefgreifendem Umbruch dar, von dem hier die Rede ist: Im Turiner Lingotto-Viertel befindet sich die 1922 eröffnete, ehemalige große Werkhalle des Automobilherstellers Fiat. Das 1982 geschlossene Fabrikgebäude wurde in eine Ladengalerie mit Hotels, Restaurants und einem Kongresszentrum umgewandelt. In das Dach eines der für die Arbeiterschaft symbolträchtigsten Orte der Welt baute der italienische Stararchitekt Renzo Piano, der schon zahlreiche Museen entworfen hat, zu denen auch das Centre Pompidou in Paris gehört, die im Jahr 2002 eingeweihte Pinacoteca Giovanni e Marella Agnelli ein. Seither drängen sich die Menschen durch diese helle und luftige Galerie, um die Werke aus der Gemäldesammlung des früheren Fiat-Chefs zu bewundern. Was ist geschehen, dass wir von der Massenproduktion von Standardwagen und den in diesem Zusammenhang ausbrechenden Arbeitskämpfen zur stillen und ehrfürchtigen Betrachtung von Kunstwerken übergegangen sind, die der »Boss der Bosse« angeschafft hat?

Der Luxusboom

Im Zentrum dieses verschwommenen Etwas steht die Luxusindustrie. In Frankreich wird sie von einem sehr dynamischen Fachverband (dem Comité Colbert) aus organisiert. Je nach Produkt hat sie Anfang der 2000er Jahre vor allem im Exportbereich ein besonders starkes Wachstum in Höhe von 6 bis 20 Prozent pro Jahr erlebt.[18] Drei Viertel des weltweiten Exports von hochwertigen Konsumgütern, der sich in den Jahren zwischen 2000 und 2011 nahezu verdoppelt hat, entfällt auf die westeuropäischen Länder, insbesondere auf Frankreich und Italien (das bei Bekleidung, Lederwaren und Schuhwerk jeweils 39, 38 und 33 Prozent der hochwertigen Exportgüter stellt), Schmuck und wertvolle Uhren kommen vor allem aus der Schweiz, während Luxuswagen unter deutschen Markennamen vermarktet werden (deren Marktanteile im Laufe der 2000er Jahre von 19 auf 29 Prozent stiegen, bevor die Verkaufszahlen von Luxuslimousinen infolge der Krise von 2008 abstürzten). Mit 11,2 Prozent Weltmarktanteil für hochwertige Qualitätsgüter (und einer Wachstumsrate von jährlich 9,8 Prozent[19]) steht Frankreich an der Spitze dieser Branche. Die Exporte von Luxusartikeln gehen vor allen Dingen in die entwickelten Länder (70 Prozent), die über den höchsten Anteil an Reichen verfügen, aber auch in die Schwellenländer (nicht zuletzt China), in denen der Konsum stark zugenommen hat: von 21 Prozent im Jahr 2000 auf 39 Prozent im Jahr 2011.[20] Zusammen mit den Golfstaaten gehören sie mittlerweile zu den größten Importeuren.[21]

Solche hochwertigen Qualitätsgüter sind zum Beispiel Spit-

---

18 Vgl. Christian Blanckaert, *Les 100 mots du luxe*, Paris: PUF, 2010 (Christian Blanckaert ist stellvertretender Vorstandsvorsitzender des Comité Colbert und Direktor von Hermès international gewesen).

19 Von den 270 weltweit erfassten Prestigemarken kommen 130 aus Frankreich (vgl. Benjamin Leperchey, »Le comité stratégique de filière [CSF] des industries de la mode et du luxe«, in: *Annales des Mines – Réalités industrielles*, 2013/4 [November 2013], S. 14-19).

20 Laut dem Ministerium für die Belebung der Produktion haben die »Branchen der Luxusindustrie« (außer Tourismus, aber einschließlich Mode, Tischkultur und Tafelkunst, Feinkost, vor allem Weine und Spirituosen) in Frankreich bei einem Umsatz von 43 Milliarden Euro 170000 Beschäftigte.

21 Valérie Duchateau/Jeannot Rasolofoarison/Romain Sautard, »Les biens haut de gamme, un avantage comparatif européen«, in: *Trésor-Éco*, Nr. 118, September 2012.

zenweine und -spirituosen oder Markenkleidung,[22] Parfüms und Kosmetikprodukte. Ein Teil der Produktion von einigen dieser Güter wird immer häufiger in Niedriglohnländer ausgelagert, sie werden aber in der Regel in den Ländern zusammengemischt, -gesetzt oder -genäht und etikettiert, aus denen sie eigentlich stammen sollen.[23] Dass das Herstellungsland vom Land der Etikettierung und Entwicklung eines Produkts abweicht – was in der Regel geheim gehalten wird, um eine Entwertung des außerordentlichen Artikels und seine Gleichstellung mit irgendeinem gewöhnlichen Produkt zu vermeiden –, zeigt sich am deutlichsten an der Unterscheidung von »Made in« und »Made by« oder »Designed in«.[24] Diese Güter können also unter einem Markennamen verkauft werden, dessen nationale Identität vom Marketing herausgestellt wird, was für diese Produkte einen Mehrwert erbringt und häufig auch eine angeblich handwerkliche Fertigung »auf althergebrachte Art« vorspiegelt, die sie aus der Masse heraushebt und ihre vermeintliche Außergewöhnlichkeit verstärken soll. Doch in einer Zeit, in der Standortverlegungen und ihre Auswirkungen auf die wachsende Arbeitslosigkeit viel Kritik er-

22 In Frankreich weisen die 30 größten Marken in der Modebranche einen Gesamtumsatz von 15 Milliarden Euro aus, wovon 85 Prozent durch den Export erzielt werden; vgl. Benjamin Leperchey, a. a. O.

23 Kenzo und Givenchy lagern nach Polen aus; Louis Vuitton nach Rumänien; Hermès zieht nigerianische und madagassische Subunternehmer hinzu. Bei den italienischen Marken ist es genauso: Prada verlegt einen Teil seiner Lederwarenherstellung in die Türkei; Dolce & Gabbana einen Teil seiner Konfektionswarenherstellung nach Ägypten usw. Auch wenn das Produkt in den Ländern seiner Auszeichnung zusammengenäht wird, erfordert die Herstellung der Teile, die von Subunternehmern in einem Niedriglohnland ausgeführt werden, die meisten Arbeitsstunden, wie zum Beispiel der Griff oder Trageriemen einer Handtasche (vgl. Maxime Koromyslov, »Le ›Made in France‹ en question. Pratiques et opinions des professionnels français du luxe«, in: *Revue française de gestion*, 2011/9, S. 107-122).

24 Es gibt keinen allgemeinen rechtlichen Rahmen für die Auszeichnung der Herkunft eines Produkts. Im Unterschied zur amerikanischen Rechtslage sind die rechtlichen Rahmenbedingungen in Europa sehr freizügig: »Die Auszeichnung zum Zeitpunkt der Einfuhr in das und der Vermarktung auf dem Staatsgebiet ist dem Hersteller anheimgestellt und bleibt deshalb freiwillig« (vgl. Maxime Koromyslov, a. a. O.).

fahren, kann das Etikett »Made in France« auch dazu dienen, »das ethische Engagement und die soziale Verantwortung der Luxusfirmen« zu demonstrieren,[25] was ebenfalls den Mehrwert des Produkts erhöht.

Die Luxusindustrie stützt auch den Markt für zeitgenössische Kunst, indem sie Verbindungen zwischen berühmten Künstlern und Markenartikeln fördert, die wie handwerklich gefertigte Einzelstücke behandelt werden (zum Beispiel Hermès-Handtaschen oder Louis-Vuitton-Koffer). Die Geschichte des Kering-Konzerns gibt ein gutes Beispiel dafür ab, wie eine Firma ökonomisch dadurch besonders aufgeblüht ist, dass sie die Vermarktung von Industrieprodukten aufgegeben hat, der sie sich bis dahin gewidmet hatte, um sich ab den 2000er Jahren dem Luxussektor zuzuwenden. Die Auswirkungen derartiger Verlagerungen machen sich bis in große Bildungseinrichtungen wie der HEC (École des hautes études commerciales) oder der Sciences Po (Institut d'études politiques) bemerkbar, deren ehemalige Studierende zum Teil eine Management- oder Marketinglaufbahn einschlagen und die Ausbildungsgänge in zeitgenössischer Kunst in ihre Curricula aufnehmen. Eine der für diese Studiengänge Verantwortlichen rechtfertigt deren Erfolg mit der Bemerkung, »die Studierenden wissen sehr wohl, dass die Luxusmarken eine Verbindung zur zeitgenössischen Kunst eingehen, dass Pinault oder Arnault in Kunstwerke investieren und die großen Manager ihrer Zeit Mäzene sind. Und diese Marken sind ihre zukünftigen Arbeitgeber.«[26]

In der Welt des Luxus floriert ein Bereich ganz besonders: die »Luxuslebensmittel«, die – dem Geographen Vincent Marcilhac zufolge[27] – »für mehrere Hunderttausend Arbeitsplätze und für Dutzende Milliarden Euro Umsatz stehen«. »Dieser Bereich«, fügt derselbe Autor hinzu, »stellt eine Stärke Frankreichs in Be-

25 Maxime Koromyslov, a. a. O.

26 Roxana Azimi, »L'élite prend l'art«, in: *M le magazine du Monde*, 5. April 2014.

27 Vincent Marcilhac, *Le Luxe alimentaire. Une singularité française*, Rennes: Presses universitaire de Rennes, 2012.

zug auf den Handelsüberschuss dar und spielt eine wichtige Rolle für das Image der Marke Frankreich im internationalen Vergleich.«[28] Während ungefähr vom letzten Drittel des 19. Jahrhunderts bis Mitte des 20. Jahrhunderts die sich auf Lebensmittel beziehenden Eingriffe von Produzentenorganisationen und öffentlicher Hand vor allem auf eine Homogenisierung und eine Zertifizierung der Produkte gerichtet waren und auf den Kampf gegen Verfälschungen und Verunreinigungen – mit Hilfe von Maßnahmen, die aus hygienischen Gründen auf die Erhöhung der Lebensmittelsicherheit für die Konsumenten zielten (insbesondere was Milch und Wein anbelangte, weil diese beiden Produkte in den Augen der Mediziner von größter Bedeutung für die Gesundheit sind)[29] –, hat sich die Forschung zur Verbesserung der Produktqualität in den letzten Jahrzehnten in eine andere Richtung entwickelt, wenn sie vor allem die »Authentizität«[30] in den Vordergrund stellt. Dieser Wandel ging nun aber mit einer Bedeutungsverschiebung des Ausdrucks »Qualität« einher, der zunächst für als stabil, homogen und ungefährlich geltende Produkte verwendet worden war, deren Verbesserung auf der Durchsetzung von Normen beruhte, die auch deshalb eher in die Richtung einer Standardisierung, ja sogar Industrialisierung gingen, um ihren Preis zu verringern, mittlerweile aber Lebensmittel bezeichnet, die als außergewöhnlich, nämlich eben gerade als nicht normiert gelten und zu deutlich höheren Preisen verkauft werden.

Dies lässt sich besonders gut am Fall der Weine erkennen, den Marie-France Garcia-Parpet aufs Gründlichste untersucht hat und in dem man besonders im Süden und Südwesten von der für den Konsum der einfachen Leute im Inland bestimmten Mas-

---

28 Ebd., S. 27.

29 Vgl. Alessandro Stanziani, *Histoire de la qualité alimentaire, XIXe-XXe siècle*, Paris: Seuil, 2005.

30 Zur Bedeutung der Authentizität für die Gastronomie, vgl. Shyon Baumann/Josée Johnston, »Democracy versus Distinction. A Study of Omnivorousness in Gourmet Food Writing«, in: *American Journal of Sociology*, Jg. 113, Nr. 1, Juli 2007, S. 165-204.

senproduktion von preiswertem »gewöhnlichen Rotwein« (»Wein vom Fließband«) zu einer Produktion übergegangen ist, die sich der Herstellung von »ursprünglichen« Produkten mit »Charakter« zugewandt hat, welche auf die Weinkultur pocht und auf Export ausgerichtet ist. Diese Transformation ging mit der Aufwertung der »Terroirs« einher, die nicht nur durch besondere mineralische Eigenschaften und spezifische klimatische Bedingungen definiert wurden, sondern auch durch wiederbelebte oder erfundene Traditionen (wie die »Confrérie de Chinon«), die Kreation von Namen und den Gebrauch von historischen Bezugnahmen auf berühmte Personen, die angeblich in der Nähe des Weinbaugebiets gelebt haben (wie Rabelais bei den Loire-Weinen), sowie durch administrative Maßnahmen zur Begrenzung und Steuerung der Produktion.[31] Ein Ergebnis solcher Manöver bestand offenkundig darin, Seltenheitseffekte zu erzeugen, die als Grund für eine Preiserhöhung bei den Produkten angeführt werden können.

Allgemeiner gesagt, hat »die Schaffung von lokalen kulturellen Besonderheiten« die Bildung von »Monopolrenten« erlaubt,[32] weil der gerade anlässlich der Weine erwähnte Lokalisierungsprozess rund um die Terroirs bei einer großen Zahl von anderen Produkten mehr oder weniger lokaler Herkunft – wie Trüffeln, Steinpilze, Rindfleisch (Aubrac) oder Geflügel (Bressekapaune oder -hühner) – nachgeahmt worden ist, aber auch bei Produkten, deren Inhaltsstoffe importiert werden, wie Schokolade, deren Verarbeitung aber angeblich gemäß einer lokalen Tradition erfolgt. Fest verwurzelte Traditionen werden besonders häufig in Reaktion auf ökonomische oder moralische Bedenken angeführt, wie bei der Foie gras, die als nationales Symbol betrachtet wird. In diesem Fall kann man mit Michaela DeSoucey von ei-

31 Marie-France Garcia-Parpet, *Le Marché de l'excellence. Les grands crus à l'épreuve de la mondialisation,* Paris: Seuil, 2009.

32 Vincent Marcilhac, a. a. O., S. 34, und was den wachsenden Einfluss der multinationalen Großkonzerne auf die Traditionsweingüter anbelangt, vgl. Marie-France Garcia-Parpet, a. a. O., S. 140-145.

nem »Gastronationalismus« sprechen.[33] Diese lokale Verwurzelung von Luxuslebensmitteln, die sich auf eine große Zahl von Anbaugebieten verteilen, die angeblich alle eine mit nichts anderem vergleichbare Besonderheit aufweisen, ist nun aber mit einer wachsenden ökonomischen Konzentration der teilweise von französischen Luxusunternehmen absorbierten Luxuslebensmittelbranche einhergegangen. Davon zeugen zum Beispiel die Fusion des Moët-Hennessy-Konzerns mit dem Louis-Vuitton-Konzern oder François Pinaults Übernahme des Château-Latour-Weinguts im Jahr 1993 und der Aufkauf des Weinguts Château-d'Yquem durch Bernard Arnault (LVMH) im Jahr 1998 und 1999 dann des Weinguts Château Cheval Blanc. Solche Prestigeankäufe werden auch von internationalen Konzernen mit Sitz in anderen Ländern getätigt, bei denen es sich um »immer mehr Großkonzerne (Banken, Versicherungen, Verwaltungsgesellschaften, Holdings usw.)« handelt, »für die Investitionen in die französische Luxuslebensmittelindustrie vor allen Dingen eine Geldanlage darstellen«.[34] Insofern ist die Entwicklung der Luxuslebensmittelindustrie gleichzeitig ein Expansionsfaktor des globalen Kapitalismus und ein »Instrument der territorialen Entwicklung«, weil sie die lokale Landwirtschaft fördert und auch bei der Aufwertung von zwei anderen Bereichen eine wichtige Rolle spielt, die wir jetzt untersuchen werden, nämlich einerseits beim Tourismus – mit einem wachsenden Anteil an Esstourismus, Weintourismus und Ökotourismus[35] – und andererseits

---

33 Michaela DeSoucey, »Food Traditions and Authenticity Politics in the European Union«, in: *American Sociological Review*, Jg. 75, Nr. 3, Juni 2010, S. 432-455.

34 Marie-France Garcia-Parpet, a. a. O., S. 172 f.

35 So veröffentlicht zum Beispiel der von der Landwirtschaftskammer des Départments Loiret (einer Region, für die das architektonische Erbe besonders wichtig ist) unterstützte Verein »Bienvenue à la ferme« ⟨Willkommen auf dem Bauernhof⟩, der sich als »erstes französisches Netzwerk für den Direktverkauf und den Empfang auf dem Bauernhof« präsentiert, jährlich ein Heft, in dem lokale Weingüter und Produzenten Rezepte vorstellen, die zwar kosmopolitisch sind, aber mit traditionellen und lokalen Produkten zubereitet werden sollen, zum Beispiel »In der Cocotte geschmortes Sauerkraut mit

bei der Patrimonialisierung, die begünstigt wird durch die Auswirkungen der historischen Veredelung der Standorte, Anbaugebiete und Städte, die mit traditionsbewusster Ernährung in Verbindung gebracht werden.

Ein zentraler Aspekt der Luxusindustrie ist, dass sie auf Marken beruht. Diese können aufgrund des Prestiges, das sie als immaterielle Anlagewerte mit sich bringen, sogar in den Fällen von Konzernen aufgekauft werden, wo ihr Verkaufssaldo negativ ist und durch andere Produkte des betreffenden Konzerns ausgeglichen werden muss, oder wenn es sich um Marken handelt, mit denen gar kein Handel mehr getrieben wird, aber deren Name aufgekauft und wieder in Umlauf gebracht werden kann, indem er mit einer Geschichte aus der Vergangenheit verknüpft wird. Ursprünglich beruht das Prestige dieser Marken auf ihrer Identifikation mit einem Land, mit Italien oder Frankreich, die als politische Entitäten selbst wie Marken behandelt werden, deren Größe wiederum, wie in einem Zirkel, von den außerordentlichen Dingen abhängt, die aus ihnen hervorgehen, und von der »Lebensart«, mit der sie in Verbindung gebracht werden. Die relativ neue[36] Idee, ein Land mit einem Image zu versehen, so wie man es bei einer Handelsmarke machen würde, war Teil der Ent-

---

Fisch und Buttersauce aus Nantes«, das zwei »Loire-Fischer« vorstellen, die »Lamm-Tajine«, die von Schafzüchtern vorgestellt wird, oder der »Pot-au-feu mit alten Gemüsen« der Obst- und Gemüsebauern.

36 Françoise Bonnal hat den Begriff des *»nation branding«* bis in das Jahr 1993 zurückverfolgt, in dem das Buch *Marketing Places* (Free Press) von Philip Kotler erschien ⟨dt.: *Standort-Marketing. Wie Städte, Regionen und Länder gezielt Investitionen, Industrien und Tourismus anziehen* (Aus dem Englischen von Ilse Davis Schauer), Düsseldorf/Wien/New York/Moskau: Econ Verlag, 1994⟩. Er sei zuerst bei der touristischen Vermarktung zum Einsatz gekommen (vgl. Françoise Bonnal, »Comprendre et gérer la marque France. Mode d'emploi pour les acteurs de la marque France«, in: *Revue française de gestion*, 2011/9, Nr. 218/219, S. 27-43). Heute haben sich viele vor allem in London sitzende Agenturen auf die Konstruktion und Verbreitung von Identitätsmarkern und Nationalgeschichten spezialisiert, die Nationen, Regionen und Städte würdigen und sie mit Produkten in Verbindung bringen sollen, um deren Vermarktung zu fördern (vgl. Melissa Aronczyk, *Branding the Nation. The Global Business of National Identity,* Oxford: Oxford University Press, 2013).

wicklung der Bereicherungsökonomie. Ein solches Image kann sich auf eine beliebige Aussage (oder einen »Stereotyp«) stützen, die (oder der) positiv mit dem Land, für das geworben werden soll, assoziiert wird. Im Fall von Frankreich stehen dabei die historischen und patrimonialen Aspekte an erster Stelle, die mit Baudenkmälern, Landschaften, Luxus, Künsten, Ernährung und Parfüms in Verbindung gebracht werden (zum Beispiel: Versailles, Camembert, Veuve Clicquot, Chanel Nr. 5, Saint Laurent[37]). Doch dieses Beharren auf der Vergangenheit muss mit der Vorstellung von etwas *Kreativem* und von daher »Überraschendem und Lebendigem« einhergehen, damit es nicht »als konservativ wahrgenommen wird«.[38]

Mit Hilfe dieser Projizierung der Vergangenheit in die Gegenwart oder, wenn man so will, dieser Art von Äquivalenzsetzung einer von der Gegenwart aus betrachteten Vergangenheit und einer von der Zukunft aus, das heißt bereits als Vergangenheit betrachteten Gegenwart werden die Umrisse des »ewigen Frankreich« entworfen.[39] Die Förderung der Marke »Frankreich« setzt eine enge Zusammenarbeit zwischen »der öffentlichen Hand« und den Handelsmarken, das heißt zwischen der »unternehmerischen Kompetenz des Staates« und den Firmen oder Konzernen voraus, die international aufgestellt sind. Diese Zusammenarbeit äußert sich zum Beispiel in Vorgängen wie der »Ausstattung der TGV-Linien durch Christian Lacroix« oder dem »Exportieren des Louvre nach Dubai« – mit dem Bau von dessen Gebäude wurde der Architekt Jean Nouvel betraut. Dies bringe »unser kulturelles Erbe auf den neuesten Stand«. Zu den »Zielgruppen« gehören vor allem »Meinungsführer, Geschäftsleute, Branchenexperten und Journalisten«, nicht zu vergessen »die breite Öffentlichkeit« und vor allem (weil »Öffentlichkeit nicht gleich Öffent-

37 Françoise Bonnal, a.a.O.

38 Ebd.

39 Zur Erfindung von Tradition, vgl. den Klassiker von Eric Hobsbawm/Terence Ranger (Hrsg.), *L'Invention de la tradition*, Paris: Amsterdam, 2012, englische Originalausgabe 1983. Vgl. auch Anne-Marie Thiesse, *La Création des identités nationales*, Paris: Seuil, 1999.

lichkeit ist«) die »Absolventen der Elitehochschulen der führenden Länder«.[40] Eines der Hauptziele dieser Werbung für die Marke »Frankreich« besteht darin, in einer Weise »auf das Ranking Einfluss zu nehmen«, dass Frankreich entsprechend den sich aus der allgemeinen Verbreitung des *benchmarking* ergebenen Anforderungen seinen Platz auf den »internationalen Ranglisten« behält.[41]

Die Patrimonialisierung

Mit dem Interesse an außerordentlichen Dingen geht zwingend noch ein zweiter Faktor der Wertschöpfung einher, der heute breiten Raum einnimmt. Er hängt mit verschiedenen Prozessen zusammen, die man *Patrimonialisierungsprozesse* nennen kann.[42] Sie sind vor allem für Immobilien von Belang, können sich aber

40 Françoise Bonnal, a. a. O.

41 Zur allgemeinen Verbreitung des *benchmarking*, vgl. besonders Isabelle Bruno/Emmanuel Didier, *Benchmarking. L'État sous pression statistique*, Paris: Zone, 2013, sowie Christian Laval/Francis Vergne/Pierre Clément/Guy Dreux, *La Nouvelle École capitaliste*, Paris: La Découverte, 2011.

42 Die Patrimonialisierungsprozesse erfahren gegenwärtig sehr große Aufmerksamkeit, vor allem unter Historikern und Anthropologen, aber auch unter Soziologen, Geographen und Ökonomen, und die Literatur zu diesem Thema wächst täglich. Eines der bemerkenswertesten Buchprojekte dazu ist die von Pierre Nora zwischen 1984 und 1992 herausgegebene Sammlung der *Lieux de mémoire* (Paris: Gallimard, coll. Bibliothèque des histoires ⟨dt. Teilübersetzung: *Erinnerungsorte Frankreichs* (Aus dem Französischen von Michael Bayer), München: Verlag C.H. Beck, 2005⟩). Vgl. auch Xavier Greffe, *La Valeur économique du patrimoine*, Paris: Anthropos, 1990; Alain Berger/Pascal Chevalier/Geneviève Cortes/Marc Dedeire (Hrsg.), *Patrimoines, héritages et développement rural en Europe*, Paris: L'Harmattan, 2010. Erwähnt sei zudem die Analyse der Patrimonialisierungsprozesse in Palma de Mallorca durch einen Anthropologen. Der Autor zeigt, dass diese Prozesse zwei Gesichter haben: Einerseits legen sie der zunehmenden Gentrifizierung Hindernisse in den Weg. Andererseits begünstigen sie die Vermarktung der Bereiche im Umfeld der ins Kulturerbe aufgenommenen Orte (Jaume Franquesa, »On Keeping and Selling. The Political Economy of Heritage Making in Contemporary Spain«, in: *Current Anthropology*, Jg. 54, Nr. 3, Juni 2013, S. 346-369).

auch auf andere Güterarten ausweiten. Die Patrimonialisierung betrifft Wohnungen, die im historischen Zentrum großer Städte liegen, oder Häuser in der Nähe von Baudenkmälern oder Sehenswürdigkeiten, die als außergewöhnliche Orte gelten, wie zum Beispiel »die schönsten Dörfer Frankreichs« oder als »Parks« eingestufte Bereiche, die am Ende eines Verwaltungsvorgangs für »Schutzmaßnahmen« ausgewählt worden sind, das heißt, dass ihre »Identität« bewahrt wird, was im Übrigen häufig durch die Rekonstruktion einer mehr oder weniger fiktiven Vergangenheit geschieht. Einem solchen Prozess kommt große ökonomische Bedeutung zu, weil es dort, wo er eintritt, zu einer erheblichen Verteuerung der Grundstücke und Immobilien kommt und er beträchtliche Auswirkungen auf den Tourismus hat. So betreten zum Beispiel heute Immobilienmakler die Bühne, die sich in den historischen Vierteln der großen Metropolen niederlassen und sich als Spezialisten für »Immobilien mit Sammlerwert« ausgeben.

Eine andere Begleiterscheinung könnte man *gezielte Patrimonialisierung* nennen. In diesem Fall wird der Kulturerbe-Effekt durch die Ansiedlung neu gegründeter Einrichtungen, wie Museen oder Kulturzentren, oder durch die Veranstaltung von Events (Festivals, Gedenkfeierlichkeiten usw.) ausgelöst. Darüber hinaus gibt es zahlreiche Fälle, in denen ein noch bis vor kurzem vollkommen uninteressantes, abbruchreifes Gebäude oder Objekt – oftmals eine ehemalige industrielle Produktionsstätte – saniert wird und dadurch neu ausgerichtet werden kann auf künstlerische oder kulturelle Aktivitäten, in deren Rahmen es zu Vorführungen mit »Eventcharakter« kommt. Die Patrimonialisierung, ob gezielt oder nicht, kann unabhängig vom Alter des Orts oder des Gebäudes erfolgen, das ganz wiederaufgebaut oder neu ausgestattet, ja sogar vollkommen neu sein kann, denn sie beruht in der Hauptsache auf einer mit ihnen verbundenen Geschichte, die diesen Ort in eine Genealogie einschreibt.

Ein mittlerweile klassisches und häufig nachgeahmtes Beispiel für eine gezielte Patrimonialisierung ist Bilbao – eine Industriestadt im Niedergang, deren Glanz durch die Ansiedlung eines

Guggenheim-Museums wiederhergestellt wurde, das wir dem Architekten Frank Gehry verdanken. Dieser Vorgang war Teil eines umfassenderen, auf Anregung der Direktion des New Yorker Guggenheim-Museums Ende der 1980er Jahre in Angriff genommenen Projekts, das auf den Aufbau eines an verschiedenen Standorten angesiedelten »globalen Museums« abzielte, damit die durch den Ankauf neuer Sammlungen zu eng gewordenen Ausstellungsräume ausgeweitet und diversifiziert werden konnten. Zu diesem Projekt gehörte auch die Einrichtung eines weiträumigen Museums für Konzeptkunst und Minimal Art in North Adams, einer kleinen, sich im Niedergang befindenden Industriestadt in Massachusetts. Doch durch das Spannungsverhältnis zwischen den Anforderungen, die sich aus der Aufwertung der lokalen Identität sowie der Erinnerung an die Arbeiter ergaben, für welche die lokalen Behörden eintraten, und der vom Guggenheim-Museum gewünschten Förderung einer globalen Kunst stieß es auf Schwierigkeiten.[43] In Frankreich ließen sich zahlreiche weitere, ähnlich gelagerte Fälle finden, zum Beispiel die Bemühungen, die die Gemeindeverwaltung von Nantes unternommen hat, um das Image der Stadt aufzupolieren, als sie ihre Aktivitäten vor allem durch die Umwandlung der ehemaligen Räumlichkeiten der Keksfabrik LU in die nationale Theaterbühne Lieu Unique, durch die Einrichtung einer »Kunststrecke« entlang der Loire-Mündung, auf der eine Reihe von »Installationen« von renommierten Künstlern zu sehen sind, durch eine stark erhöhte Zahl von »Events« – Ausstellungen oder Festivals – und durch das Vorantreiben der Ansiedlung von Luxusgeschäften neu auf Kunst und Kultur ausrichtete.[44] Dem Fall Bilbao noch ähnlicher ist der Fall der Stiftung Luma in Arles, die denselben berühmten Architekten, Frank Gehry, damit beauftragt hat, an der Stelle der im Jahr 1984 geschlossenen, ehemaligen Re-

43 Vgl. Sharon Zukin, *The Culture of Cities*, Oxford: Blackwell, 1995, S. 79-108.

44 Vgl. zum Beispiel die Hefte »Nantes, le voyage« und »Nantes, les adresses CHIK«.

paraturwerkstatt für Züge ein Museum zu bauen, um den Tourismus anzukurbeln.

Allgemeiner gesagt, ist die Patrimonialisierung zu einer »territorialen Entwicklungstechnik« geworden, die über eigene Experten für »lokale Entwicklungsstrategien« verfügt, die in der Lage sind, die »territorialen Aktivposten« zu »heben« und das »Potenzial«, das sie bergen, zur Geltung zu bringen. Ihr Instrument ist der »Relaunch«, der das schlummernde Erbe in ein aktives Vermögen verwandelt, indem sie die Fähigkeit der Akteure stimuliert, »sich die Geschichte anzueignen und sie gegebenenfalls zu verändern« (wie zum Beispiel im Fall der Kastanien aus den Cevennen, die man früher mit Armut assoziierte, bis ihre Erzeuger Maßnahmen ergriffen, um sie durch das Siegel AOC [Appelation d'origine contrôlée] rechtlich zu schützen und die Gastronomie auf sie aufmerksam zu machen). Diese »Erben der Geschichte« verwenden sie mit dem Ziel, den Gütern oder Dienstleistungen, die sie liefern, einen Mehrwert zu verleihen, damit »sich die Produkte und Dienstleistungen von denen ihrer Konkurrenten unterscheiden« und »etwas Besonderes« darstellen. Eine solche systematische Ausschlachtung der Vergangenheit durch den »Relaunch« nennen die Experten »Erneuerung des kulturellen Erbes«.[45] Wie wir schon anhand des Falls der Weingüter gesehen haben, stützt sich diese »Erneuerung« häufig auf die Reaktivierung einer altehrwürdigen Persönlichkeit, mögen deren Verbindungen zu dem Ort, dessen Aufwertung vorangetrieben wird, auch ziemlich schwach sein: Die Wahl der Persönlichkeit und die Art und Weise ihrer (Neu-)Erfindung spielen eine große Rolle für den Erfolg des Unternehmens, wie Stéphane Gerson in Bezug auf Salon-de-Provence gezeigt hat. Zwischen 1960 und 1975 war dieses Städtchen die Schlafstadt des Industriegebiets Fos-sur-Mer und verfügte kaum über touristische Ressourcen. Nach dem Niedergang der Petrochemie versuchte es,

45 Vgl. Alain Berger/Pascal Chevalier/Geneviève Cortes/Marc Dedeire (Hrsg.), *Patrimoines, héritages et développement rural en Europe,* a. a. O., S. 5-17.

zu neuem Glanz zu gelangen, indem es die einzige historische Persönlichkeit reaktivierte, die mit seiner Geschichte verknüpft ist: Nostradamus. Dieses Unternehmen erwies sich am Ende wahrscheinlich deshalb als Fehlschlag, weil dieser »große Sohn der Stadt«[46] seine Anziehungskraft nicht aus einem Roman oder Kunstwerk bezog, das seinen und sei es unheilvollen Ruhm begründete – im Unterschied zu Graf Dracula, dessen vermeintliches Schloss in den Karpaten aufgrund von Bram Stokers Roman und dessen vieler Verfilmungen für das Kino (wie Roman Polanskis *Tanz der Vampire*) und in Fernsehserien häufig besichtigt wird.

Hinzu kommt, dass die Patrimonialisierungsprozesse nicht nur die sogenannten historischen Gebäude und die alten Städte erfasst haben, sondern, ganz allgemein, auch die ländlichen Gebiete, und zwar in erster Linie diejenigen, in denen der Übergang von einer landwirtschaftlichen Produktionsökonomie zu einer residentiellen Ökonomie am schnellsten und umfassendsten vonstattenging.[47] Dörfer, Orte, ja sogar ganze Regionen waren davon betroffen. In diesem Fall werden Dinge aus der Vergangenheit, die häufig schon dem Verfall anheimgegeben waren, genauso wie Sammlerobjekte sorgfältig ausgewählt, saniert und mit historischen Geschichten verknüpft, die ihre Interpretation steuern und ihren Wert erhöhen sollen. Im Unterschied zu beweglichen Objekten können solche Gebäude- und Landschaftskomplexe aber nicht an einen anderen Ort verlagert werden, sodass sie nur aus der Ferne durch ihre Eintragung in eine häufig von einer öffentlichen Einrichtung geführte Liste miteinander in Verbin-

46 Stéphane Gerson, »Le patrimoine local impossible. Nostradamus à Salon-de-Provence (1980-1999)«, in: *Genèses*, 2013/3, Nr. 92, S. 52-75.

47 Im Laufe der letzten Jahre haben sich die meisten Haushalte, die umgezogen sind, in einer ländlichen oder stadtnahen Gemeinde niedergelassen. Gerechtfertigt wird diese Wahl mit dem Wunsch nach einem »Leben auf dem Land«. Die jährliche Wanderungsbilanz hat sich zwischen 1999 und 2006 in den ländlichen Gemeinden auf 0,8 Prozent erhöht, während sie in den Ballungszentren bei null lag (Jean Laganier/Dalila Vienne, »Recensement de la population en 2006. La croissance retrouvée des espaces ruraux et des grandes villes«, in: *Insee première*, 1218).

dung gebracht und aufgereiht werden können, deren Vorbild das von der Unesco erstellte Welterbe-Verzeichnis ist.[48] Auf solchen Listen können diese Entitäten dann miteinander verglichen und (zum Beispiel durch die Vergabe von Sternen) hierarchisch gegliedert werden. Solche – widerrufbaren – Einträge gehen im Allgemeinen nicht zuletzt mit finanziellen Zusagen der lokalen Behörden einher, denen die Konservierungspflicht obliegt. Durch diese Art von Patrimonialisierung sind – häufig in den Mittelgebirgen gelegene – Regionen zu neuem Leben erweckt worden, die zwischen 1960 und 1970 durch den Niedergang der kleinen, familiengeführten Landwirtschaftsbetriebe angesichts der für die Jahrzehnte nach dem Krieg prägenden Industrialisierung der europäischen Landwirtschaft der Verödung anheimzufallen drohten, die aber von einer Art ästhetischem Erbe profitieren konnten, weil ihr »traditioneller« Charakter und ihre geographischen Besonderheiten bereits dadurch im Bewusstsein einer breiten Öffentlichkeit verankert waren, dass Schriftsteller, Landschaftsmaler und lokale Gelehrte im Laufe des 19. und in der ersten Hälfte des 20. Jahrhunderts ihren Wert zur Geltung gebracht hatten.[49]

---

48 Zu den öffentlichen Maßnahmen in Bezug auf das kulturelle Erbe und ihrer Ausweitung in den letzten 40 Jahren, vgl. François Hartog, *Régimes d'historicité. Présentisme et expériences du temps* (2003), Paris: Seuil, 2012, S. 241-249. Während sich so nach der Charta von Athen die Restaurierung historischer Baudenkmäler allein »auf die großen Baudenkmäler konzentrierte«, bezog 30 Jahre später die Charta von Venedig »sowohl einzelne architektonische Schöpfungen als auch den städtischen und ländlichen Raum, der Zeugnis von einer besonderen Kultur ablegt«, in den Begriff des historischen Baudenkmals ein.

49 So analysiert Vincent Biot als ein Beispiel unter vielen, wie der Wert des sich von der Tarn- zur Jonteschlucht erstreckenden Kalksteinplateaus Grands Causses zur Geltung gebracht wurde. Noch im 19. Jahrhundert profitierten diese Regionen von einträglichen Wirtschaftsaktivitäten, in deren Mittelpunkt die Viehzucht und vor allem die Gerberei, Hutmacherei und der Handel mit Wolle und Seide standen, die mit Ausnahme der Handschuhfertigung in Millau ab dem ersten Drittel des 20. Jahrhunderts im Niedergang begriffen waren. Die ästhetische Aufwertung des Landstrichs erfolgte durch lokale Gelehrte, die im Anschluss besonders an Charles Nodier und Louis de Malafosse im 19. Jahrhundert und vor allem an Édouard-Alfred Martel das vollziehen, was Vincent Biot die »territoriale Konstruktion« dieser Gegend

Besonders in diesen Regionen wurden die verbliebenen Landwirte dazu ermuntert, sich an der »Verwandlung des landwirtschaftlichen Raums in eine Landschaft« zu beteiligen – ein Prozess, bei dem die Regionalparks eine Vorreiterrolle gespielt haben. Diese ab Mitte der 1980er Jahre in Angriff genommene, durch die europäischen Einrichtungen unterstützte und von der »Direction de la nature et du paysage« des französischen Umweltministeriums koordinierte Wende wurde vor allem durch ökologische Erwägungen gerechtfertigt. Doch sie war auch ein Mittel, sich den Problemen zu stellen, die die europäischen Landwirtschaftsüberschüsse aufwarfen, und vor allen Dingen, die Attraktivität des aufgrund seiner landschaftlichen Qualitäten nachgefragten ländlichen Raums zu erhöhen, der in residentieller Hinsicht sehr wichtig geworden war. Mit dem Landschaftsgesetz von 1993 wurde die »Aufmerksamkeit für die Landwirtschaft«, die sich bis dahin auf außergewöhnliche Orte konzentriert hatte, auf alle Räume ausgeweitet. Viehzüchter und Landwirte wurden dadurch in sogenannte »Mesures agro-environnementales« (MEA – Umweltmaßnahmen in der Landwirtschaft) eingebunden und dazu ermuntert, durch die Erbringung von »Umweltdienstleistungen« einen Beitrag zum »Gemeinwohl« zu leisten, was sie, manchmal gegen ihren Willen, in Landschaftsgestalter verwandelte.[50]

nennt; vgl. Vincent Biot, »Valorisation patrimoniale et développement touristique des Grands Causses. L'empreinte d'Édouard-Alfred Martel (1859-1938)«, in: Jean-Yves Andrieux/Patrick Harismendy (Hrsg.), *Initiateurs et entrepreneurs culturels du tourisme (1850-1950)*, Rennes: Presses universitaires de Rennes, 2011.

50 Vgl. Jacqueline Candau/Ludovic Ginelli, »L'engagement des agriculteurs dans un service environnemental. L'exemple du paysage«, in: *Revue française de sociologie*, 2011/4 (Jg. 52), S. 691-718. Jacqueline Candau und Ludovic Ginelli haben ihre Untersuchung bei Viehzüchtern aus zwei Regionen durchgeführt: aus dem Morvan und aus der Gemeinde Saint-Nectaire.

Die Entwicklung des Tourismus

Ein dritter Faktor der Wertschöpfung ist der Tourismus, und zwar besonders der Qualitätstourismus, der bedauerlicherweise in den Statistiken, die dem Tourismus gewidmet sind, nur selten gesondert erfasst wird.[51] Der Tourismus hat im Laufe der letzten Jahrzehnte eine beträchtliche Weiterentwicklung erlebt. Im Jahr 2012 hat der (an der Zahl der Ankünfte gemessene) internationale Tourismus die Zahl von 1035 Millionen Besuchern (gegenüber 25 Millionen im Jahr 1950, 278 Millionen im Jahr 1980 und 528 Millionen im Jahr 1995)[52] erreicht und sich im Laufe der letzten 20 Jahre mehr als verdoppelt.[53] Europa zieht mehr als die Hälfte des Touristenstroms auf sich, und mit nach Ankunftszahlen 85 Millionen ausländischen Touristen im Jahr 2015[54] und der Aussicht, bis zum Jahr 2030 100 Millionen ausländische Touristen zu erreichen,[55] ist Frankreich weiterhin weltweit die erste Anlaufstelle. Das entspricht ungefähr 1,3 Milliarden Übernachtun-

51 Der Anteil an Hotelübernachtungen im Verhältnis zur Unterbringung auf Campingplätzen und anderen »eingetragenen Beherbergungsbetrieben« (Gasthäuser, Ferienwohnungen, Ferienanlagen usw.) kann als alles in allem sehr grober Indikator für eine erste Einschätzung des Anteils des Qualitätstourismus dienen. In Frankreich, wo sogenannte »Freilufthotels« eine große Rolle spielen, liegt er bei 45 Prozent (»Le tourisme en Europe en 2015«, in: *Insee première*, Nr. 1610, Juli 2016).

52 Der Tourismus stellt eines der Elemente dar, die den Geographen ein Verständnis des Zusammenhangs zwischen Globalisierungsphänomenen und identitären Rückbesinnungsprozessen erlauben; vgl. Peter Burns, »Brief encounters. Culture, tourism and the local-global nexus«, in: Salah Wahab/Chris Cooper (Hrsg.), *Tourism in the Age of Globalization*, Abindgon: Routledge, 2001, S. 290-305.

53 Der internationale Tourismus steht für einen Markt von 1500 Milliarden Dollar, sein Beitrag zur Weltwirtschaft liegt bei 9 Prozent (Frédéric Pierret, »Le tourisme est-il devenu un enjeu stratégique?«, in: *Annales des Mines – Réalités industrielles*, August 2015, Nr. 3, S. 9-13).

54 Quelle: Veille info tourisme, des Ministère de l'Artisanat, du Commerce et du Tourisme ⟨Ministerium für Handwerk, Handel und Tourismus⟩ ⟨www.veilleinfotourisme.fr/⟩.

55 Laut der stellvertretenden Abteilungsleiterin für Tourismus in der Dienststelle für Tourismus, Handel, Handwerk und Dienstleistungen der Unternehmens-Abteilung des Ministère de l'Économie, de l'Industrie et du Numé-

gen (Recheneinheit des Tourismus). Diese Touristen gaben im Jahr 2005 durchschnittlich 80 Euro pro Tag aus, sodass die »Ausgaben der Touristen dem Durchschnittseinkommen von 8 Millionen Franzosen entsprechen«. Die »Handelsbilanz des Tourismus lag im Jahr 2005 in der Größenordnung von 90 Milliarden Euro [...], in derselben Größenordnung wie die Handelsbilanz der Automobil- und der Flugzeugindustrie«.[56] Der Tourismus machte im Jahr 2013 7,4 Prozent des französischen Bruttoinlandsprodukt aus;[57] direkt hat er fast 1,3 Millionen Beschäftige, indirekt kommen noch einmal eine Million Arbeitsplätze hinzu.[58] Diese Entwicklung des nationalen und vor allen Dingen internationalen Tourismus wurde möglich durch das Sinken der Transportkosten, durch die Erhöhung der absoluten Zahl der Reichen, vor allem in den sogenannten Schwellenländern[59] (bei wachsender Ungleichheit), und durch eine Finanzgrundlage, an der Subventionen auf europäischer und auf lokaler Ebene genauso Anteil haben wie internationale Unternehmen, besonders aus der Hotelbranche und der Verkehrswirtschaft.[60]

Der Tourismus hat die Luxusindustrie angekurbelt, und die Fachleute für Tourismus-Marketing heben auf die Wechselwir-

---

rique ⟨Ministerium für Wirtschaft, Industrie und Informationstechnik⟩ (Interview mit den Autoren am 18. Februar 2016).

56 Laurent Davezies, *La République* ..., a. a. O., S. 39.

57 Quelle DGE ⟨Direction Générale des Entreprises, Unternehmens-Abteilung des Ministeriums für Wirtschaft, Industrie und Informationstechnik⟩, abrufbar unter der Adresse: ⟨www.veilleinfotourisme.fr/⟩.

58 Frédéric Pierret, a. a. O.

59 In der Europäischen Union steht die asiatische Klientel bei der außereuropäischen Klientel an erster Stelle (39 Prozent der Übernachtungen), ungefähr gleichauf mit der nordamerikanischen Klientel (37 Prozent). Diese asiatische Klientel steuert zuerst das Vereinigte Königreich an, das vor allem Touristen aus englischsprachigen Ländern oder dem Commonwealth beherbergt, anschließend Frankreich und Italien. Frankreich zieht mehr chinesische und japanische Touristen an als die anderen europäischen Länder; die stark zunehmende chinesische Klientel hat die japanische Klientel seit 2012 eingeholt (»Le tourisme en Europe en 2015«, in: *Insee première*, a. a. O.).

60 Saskia Cousin/Bertrand Réau, *Sociologie du tourisme*, Paris: La Découverte, 2009, S. 59-67.

kung von Tourismus und Luxus ab, wenn sie darüber nachdenken, dass »der Tourismus eine Affinität zu Frankreich und ganz generell zu allem herstellt, was es hervorbringt, das heißt zum ›Made in France‹ und zum ›Luxus‹«, der »tragenden Säule des Image unseres Landes in der Welt«, dessen Kern eines der Hauptmotive der ausländischen Touristen ausmacht: die französische »Lebensart«. Deshalb wird der Tourismus als »Hebel für die Exporte« betrachtet, »die von unserem Staatsgebiet ausgehen«.[61] Die meisten Luxusprodukte beziehen ihre Identität aus der Bezugnahme auf das, was als Land ihrer Entwicklung und Herstellung gilt. Darum werden sie häufig an Orten gekauft, die touristische Ziele sind (als ob das sie »authentischer« machen würde), oder als Mitbringsel auf Flughäfen bzw., wenn sie im eigenen Land erworben werden, in sogenannten »Exotikläden«, deren Besuch einen Ersatz für touristische Aktivitäten darstellt. Die Aufwertung der nationalen Kultur, Luxus und touristische Erschließung machen also eine parallele Entwicklung durch, wie zum Beispiel das Schicksal von Saint-Germain-des-Prés im Zentrum von Paris belegt, das vor 50 Jahren der Inbegriff intellektueller Boheme war und heute eine Hochburg des internationalen Luxus darstellt, der sich die Geschichte dieser berühmt gewordenen Boheme zunutze macht (»Existentialismus«).

Die Erhöhung der Touristenzahl, ob nun aus dem In- oder aus dem Ausland, hat eine große Rolle bei den Veränderungen der Ungleichentwicklung der einzelnen Regionen gespielt. Außerhalb von Paris sind nämlich nur Regionen wie die Côte d'Azur und die Alpen international bekannt und erfüllen gleichzeitig die Erwartungen einer wohlhabenden Klientel, indem sie sie nicht zuletzt in Palästen beherbergen, die es in den übrigen Landesteilen nicht gibt. In den Regionen, in denen sich eine »residentielle Ökonomie« entwickelte, hat durch die wachsende Bevölkerungsgröße in diesem Gebiet die Zahl der Arbeitsplätze (vor allem im

61 Georges Panayotis, »Le tourisme français. Un secteur économique majeur au fort potentiel«, in: *Annales des Mines – Réalités industrielles*, August 2015, Nr. 3, S. 15-19.

Haushalt) zugenommen. Denn die Bevölkerung hat größtenteils nicht nur von der Erhöhung der Zweitwohnungs-, sondern auch der Touristenzahl profitiert, ob es sich dabei nun um Touristen auf der Durchreise oder um Personen handelt, die sich zeitweise, aber regelmäßig dort aufhalten. Für einige Gegenden ist dagegen die Touristifizierung noch schwieriger geworden, weil sie nicht die Gebietsmerkmale aufweisen, die von den in der Regel auf die Vergangenheit oder gegebenenfalls auf die Gegenwartskultur ausgerichteten Behörden gerne in den Vordergrund gestellt werden. Ehemalige oder immer noch industrielle Räume werden dabei als störend empfunden, und auch von der Möglichkeit, eine Moschee so zu touristifizieren wie eine gotische Kirche, wird Abstand genommen.

Der Tourismus befindet sich an der Schnittstelle der verschiedenen von uns genannten Bereiche. Die Ausweitung des Tourismus in den letzten 20 Jahren hat das Wachstum des Handels mit Luxusartikeln gefördert und ist auch einer der wichtigsten Faktoren gewesen, die zur Patrimonialisierung beigetragen haben. Der Qualitätstourismus profitiert von der Umwandlung einer immer noch wachsenden Zahl von Gebäuden in historische Baudenkmäler und von Räumen in »Erinnerungsorte«. Dieser *Touristifizierung* genannte Wandel äußert sich darin, dass man von »bloßen« Orten zu Orten übergeht, die über eine – im Allgemeinen von professionellen Historikern ausgearbeitete – *Geschichte* verfügen, welche die Besichtigung dieser Orte zu einem »Erlebnis« im Sinne einer unvergesslichen Erfahrung macht,[62] sobald sie vor allem durch den Einsatz digitaler Hilfsmittel und das Erzeugen einer »erweiterten Realität« in Szene gesetzt worden sind. Die Leistungsfähigkeit solcher Geschichten ermöglicht die Touristifizierung von Räumen, die mit wenigen Baudenkmälern und Glanzpunkten als solche kaum attraktiv sind, bei denen es sich

62 Zum »Erlebnismanagement« im Tourismus, vgl. Joseph Pine II/James Gilmore, *The Experience Economy*, Boston: Harvard Business School Press, 1999, insbesondere S. 15-17 ⟨dt.: *Erlebniskauf. Konsum als Erlebnis, Business als Bühne, Arbeit als Theater* (Aus dem Amerikanischen von Stephan Gebauer), München: Econ-Verlag, 2000, insbesondere S. 15-18⟩.

aber zum Beispiel um ehemalige Schlachtfelder vor allem aus dem Ersten Weltkrieg handelt.

Aus dieser Perspektive zielen zahlreiche Tourismusmanagement-Studien darauf ab, die »kulturellen Trümpfe« eines Landes wie Frankreich in den Vordergrund zu stellen, für dessen touristische Ausstattung keine Kosten gescheut werden, damit es sich von günstigeren Ländern unterscheidet, das heißt nicht nur von den Ländern der Südhalbkugel, die nach dieser Marketinglogik bekannt dafür sind, »dass sie nichts anderes zu bieten haben als Sonne und Meer«, sondern auch von den südeuropäischen Ländern, die sowohl kulturelle als auch klimatische Angebote in die Waagschale werfen können.[63] Dem »Massentourismus«, der einer Standardisierung nach dem Muster industrieller Normen unterzogen worden ist, stellen die Marketingagenturen so einen »Kulturtourismus« gegenüber, dessen Entwicklung und Förderung im Zusammenhang mit der Definition des »Welterbes« in den Genuss der Aufmerksamkeit der großen internationalen Organe – wie der Unesco, der Welttourismusorganisation oder dem Internationalen Rat für Denkmalpflege (Icomos) – kam.[64] Im bewussten Gegensatz zum »Massentourismus«, gegen den seine

63 Der Anteil der an der Küste verbrachten Übernachtungen im Verhältnis zur Gesamtzahl der Übernachtungen kann als Indikator dafür dienen, wie man innerhalb der europäischen Länder mit hoher touristischer Intensität (Verhältnis der touristischen Übernachtungen zur Wohnbevölkerung) jene Länder unterscheiden kann, deren touristisches Potenzial nicht nur auf den sogenannten »kulturellen« Trümpfen beruht, sondern auch auf der Bedeutung des Küstengebiets und auf klimatischen Vorteilen, die eine Verlängerung der Touristensaison erlauben. Das ist in Spanien der Fall, das sowohl vom »Kulturtourismus« als auch vom »Badetourismus« profitiert; der Anteil der an der Küste verbrachten Übernachtungen (80 Prozent) ist hier doppelt so hoch wie in Frankreich (ungefähr 35 Prozent). So beherbergt Spanien, wo die Zahl der Übernachtungen zwischen 2012 und 2015 um 3,3 Prozent gestiegen ist (gegenüber 0,4 Prozent in Frankreich) vor allem in seinen Seebädern eine große Zahl von Nordeuropäern. Dabei hat es von »negativen Berichten über außereuropäische Länder« profitiert, die als »gefährlich« gelten. Generell ziehen die »südlichen Küstengebiete« die meisten ausländischen Touristen aus Europa an (»Le tourisme en Europe en 2015«, in: *Insee première*, a.a.O.).

64 Saskia Cousin, »L'Unesco et la doctrine du tourisme culturel. Généalogie d'un ›bon‹ tourisme«, in: *Civilisations*, Nr. 57, 2008, S. 41-56.

Gleichgültigkeit gegenüber den »kulturellen« Eigenheiten des jeweiligen Standorts spricht und der sich auf Dienstleistungen konzentriert, die, wenn das Klima es erlaubt und unter der Voraussetzung, dass sie ein lohnendes Investitionsobjekt darstellen, nahezu überall erbracht werden können, soll der »Kulturtourismus« sich mit der Ungezwungenheit, Aufgeschlossenheit und Geborgenheit paaren, die man gemeinhin mit dem Tourismus verbindet, und mit der Art des Sicheinlassens, der persönlichen Erfahrung, von Abenteuer, Unvorhergesehenem, überraschenden Begegnungen usw., aus der sich seit der Romantik die Vorstellung vom »Reisen« speist.[65] Nachdem er zunächst auf den »Kult« um die »historischen Baudenkmäler« als Kern der Kultur gerichtet gewesen war, konnte der Begriff des »Kulturtourismus« mittlerweile dadurch auf eine sehr viel breitere Palette von Orten ausgeweitet werden, dass der Terminus »Kultur« in einem aus Ethnologie und Volkskunde abgeleiteten Sinne verwendet wurde. Nach dieser Logik, von der die im Jahr 1999 vom Icomos erarbeitete Charta des Kulturtourismus zeugt, die an die Stelle der sich auf die Baudenkmäler konzentrierende Charta von 1976 trat, ist der Kulturtourismus mit einer weiten Definition des Erbes verknüpft, die »alle Aspekte« umfasst, die »als charakteristisch für eine Gesellschaft und eine Gegend gelten«, wobei die Themen der Diversität (einschließlich der Biodiversität) und der Identität den Schwerpunkt bilden.[66]

Das Marketing des »Kulturtourismus« vollzieht diese institutionelle Wende nach und ist nicht mehr ausschließlich auf die »geschützten« Sehenswürdigkeiten oder »Denkmäler« ausgerichtet, die zwar den Vorteil besitzen, die Substituierbarkeit der angebotenen Produkte und damit auch ihre Konkurrenz zu verringern, zahlenmäßig aber relativ gering sind. Demzufolge haben die Tourismusorgane den Terminus »Kultur« erweitert, sodass

65 Ein Beispiel für die Verwendung der »Symbolik des Reisens«, deren heutige Heroen Schriftsteller wie Nicolas Bouvier oder Bruce Chatwin sind, als Kritikinstrument an der »Tourismusindustrie« ist Rodolphe Christin, *L'Usure du monde. Critique de la déraison touristique*, Montreuil: L'Échappée, 2014.

66 Saskia Cousin, a. a. O.

man in einer von der Handelskammer Málagas veröffentlichten und zur »Förderung des Kulturtourismus im Mittelmeerraum« bestimmten Broschüre folgende Definition lesen kann: »Der Kulturtourismus stellt eine Reise an Orte dar, die sich vom ständigen Wohnsitz unterscheiden. Er ist motiviert von dem Wunsch, im Rahmen kultureller Aktivitäten andere Kulturen kennenzulernen, zu verstehen und zu erleben, die einen reichen Erfahrungsschatz bieten.«[67] Was den internationalen Tourismus anbelangt, besteht ein Interesse des Kulturtourismus darin, den Gewinnanteil zu erhöhen, der den Dienstleistern im Gastland im Verhältnis zu dem Anteil zukommt, der auf die in der Regel in den Herkunftsländern gelegenen Unternehmen entfällt, die die Reise betreuen oder den Aufenthalt organisieren. Während ein in einem Ferienlager angesiedelter oder vollständig von einem internationalen Tourismusveranstalter betriebener Tourismus dem Gastland wenig einbringt, muss sich ein Tourist auf der Suche nach »authentischen« kulturellen Erfahrungen eigenständiger von Ort zu Ort bewegen,[68] sodass seine Ausgaben auch den Landesregionen zugutekommen, die er besucht.

Folglich können auch gewöhnliche Gegenstände aufgewertet werden und touristisches Interesse wecken, und zwar umso mehr, wenn ihre »traditionelle« Herstellung bei Werkstattbesuchen oder Unternehmensbesichtigungen herausgestellt wird, die so zu einem in Frankreich von der Association pour la visite d'entreprise (Unternehmensbesichtigungs-Verband) geförderten »Know-how-Tourismus« werden.[69] Dieser Aufwertungsprozess wird immer häufiger von den einzelnen Gemeindemitgliedern übernommen, die, indem sie ihrerseits die Perspektive einnehmen, aus der sie zunächst selbst von außen betrachtet worden

67 Handelskammer Málaga, *Le Tourisme culturel en Méditerranée. Quelques opportunités pour l'Espagne, la France, le Maroc, la Tunisie, Invest in Med*, Studie Nr. 25, März 2011, S. 11, hrsg. von *Etinet, Euromediterranean Tourist Network.*

68 ⟨Frz. *déplacer*, wörtlich »verlagern«, im Sinne der für dieses Buch zentralen »Verlagerungen« von Gütern und Personen, die der Kapitalismus vornimmt.⟩

69 Webseite: ⟨www.entrepriseetdecouverte.fr/⟩.

sind, sich bemühen, ihren Alltag und ihre Alltagsgegenstände neu zu gestalten oder Dinge von althergebrachter Machart wiederzubeleben, sowohl um eine wiedergewonnene Identität unter Beweis zu stellen[70] als auch um diese Dinge an Touristen zu verkaufen, die auf Authentizität und Exotismus aus sind und deshalb nach Gegenständen suchen, die sie mit nach Hause nehmen und sammeln können.[71] So kam es zu den »Greetern«, die den Touristen persönliche Besichtigungstouren anbieten, auf denen sich an weniger bekannten, ja sogar »ausgefallenen« Orten die persönliche mit der kollektiven Geschichte mischt.

Dem Bedürfnis nach Sicherheit nachzukommen, ist ein zentrales Anliegen für den Kulturtourismus, denn dabei handelt es sich auch um eine ökonomische Notwendigkeit von entscheidender Bedeutung. Diese Absicherungsaufgabe ist in der Hauptsache in zwei Richtungen orientiert: Die erste, die man als gewöhnlich bezeichnen kann, besteht in der Entfernung der sozial auffälligen, potenziell für gefährlich, unangenehm oder sogar moralisch für anstößig gehaltenen Personen von den meistbesuchten Orten, wie etwa Taschendiebe, Bettler, Zigeuner, psychisch Gestörte, Obdachlose, Drogenabhängige, Alkoholiker. Aber allgemeiner noch wahrscheinlich auch darin, all diejenigen von den für ihre Schönheit, ihren Charme oder ihren traditionellen Charakter berühmten Plätzen fernzuhalten, die deren mit einem be-

70 Jonathan Friedman hat die Rolle analysiert, die der Tourismus für die mit der Globalisierung einhergehenden identitären Affirmationsprozesse spielt. So stellten zum Beispiel im Fall der nordjapanischen Ainu die Neuordnung der Lebenswelt, um sie besser an die Erwartungen der Touristen auf der Suche nach Exotismus anpassen zu können, und die Ausweitung der Produktion von »traditionellen«, zum Verkauf an die Touristen bestimmten Objekten »bewusste« Strategien »zur Identitätsrekonstruktion« dar, die unter Hervorhebung der ethnischen Eigenarten mit Autonomiebestrebungen einhergingen (Jonathan Friedman, *Cultural Identities and Global Process*, London: Sage, 1994, S. 109-113).

71 Vgl. Nelson Graburn (Hrsg.), *Ethnic and Tourist Arts*, Oakland: University of California Press, 1979; Paul van der Grijp, *Art and Exoticism. An anthropology of the yearning for authenticity*, London: Transaction Publishers, 2009; und zur Authentizität als touristischem Argument, vgl. Dennison Nash, *Anthropology of Tourism*, Oxford: Pergamon, 1996.

stimmten »Lebensstil« und einer bestimmten »Lebensart« verbundenes Niveau beeinträchtigen könnten, wie etwa arme Ausländer und Arme im Allgemeinen, es sei denn, sie seien »typisch«. Aber die Sicherheitsfragen belasten das reibungslose Funktionieren der Tourismuswirtschaft noch auf eine viel akutere Weise, wenn in einem Land Terroranschläge drohen, wie sie zum Beispiel im Jahr 2005 in London und im Januar und dann im November 2015 in Paris aufgetreten sind.[72] Wie ihr Name verrät, sollen solche Terroranschläge Schrecken verbreiten und Schocks hervorrufen.[73] Und es gibt kaum eine Bevölkerungsgruppe, die so anfällig für Angst ist wie die Touristen, zum einen weil sie an den anderen Orten eben gerade die Ruhe, den Luxus, die Wonne und sogar den Frieden suchen, den sie zuhause nicht immer finden, und zum anderen weil sie in den Gastländern über keine sozialen Beziehungen verfügen und deshalb leicht zu verunsichern und ratlos sind.

Die Zunahme von kulturellen Aktivitäten

Ein anderer Indikator für die Bildung einer ökonomischen Bereicherungssphäre ist die Entstehung eines besonders bunt zusammengewürfelten, sich auf die zahlreichen Aktivitäten beziehenden Bereichs, die in der Regel unter dem vagen Ausdruck »Kultur« zusammengefasst werden. Dazu zählen Live-Darbietungen, künstlerische oder gestalterische Betätigungen, aber auch das Verlagswesen, Antiquitäten, Museen, Event-Management, das Organisieren von Festivals oder das Ausrichten von Messen. Zudem stehen die Kulturbereiche im ständigen Austausch mit den eben erwähnten Gebieten (Luxus, kulturelles Er-

72 Ganz allgemein spielen in den Ländern, die einen bedeutenden Teil ihrer Einkünfte aus dem Tourismus beziehen, die Sicherheitsanforderungen eine zentrale Rolle und stellen ein Kernanliegen der Fachleute dar, wie man denn auch in Staaten wie Ägypten und Tunesien feststellen konnte, deren Kulturdenkmäler und Museen gezielt angegriffen wurden.

73 Vgl. Gérôme Truc, *Sidérations. Une sociologie des attentats*, Paris: PUF, 2016.

be, Tourismus), was dazu beiträgt, dass sie sich nur schlecht davon abgrenzen lassen. Wie wir gesehen haben, gilt die Kultur als wichtiger touristischer Anziehungspunkt: Auch über das kulturelle Erbe hinaus sorgt sie für Events, wohingegen kulturelle Aktivitäten und Kulturstätten ökonomisch vom Tourismus abhängen. Die Ausweitung der Patrimonialisierung konzentriert sich auf Sehenswürdigkeiten und Baudenkmäler, die unter das regionale oder nationale Erbe fallen und deren Einrichtung und Instandhaltung auf kulturellen Aktivitäten beruht. Die Dreharbeiten von Filmen und Fernsehserien, deren Finanzierung teilweise unter dem Vorbehalt steht, dass sie in Frankreich stattfinden, wirken sich darüber hinaus positiv auf das Image von Sehenswürdigkeiten, wie etwa Schlössern, und Landschaften aus, die oftmals in den touristischsten Regionen liegen.[74] Und schließlich ist es in den letzten zwanzig Jahren zu einer raschen und beträchtlichen Zunahme der in erster Linie finanziellen Verbindungen zwischen dem breitgefächerten, nicht klar umrissenen Bereich der Kultur und der Luxusökonomie gekommen. Die Modefirmen und Hersteller von modischen Accessoires – Uhrmacher, Juweliere oder Parfümeure, aber auch Hoteliers, Gastronomen usw. –, die zu weiten Teilen um die touristische Aufwertung einer Landesregion konkurrieren, spielen eine wachsende Rolle bei der Finanzierung von kulturellen und künstlerischen Aktivitäten, die die großen Luxusunternehmen infolge des relativen Rückzugs des Staates und der öffentlichen Körperschaften mit Kapitalspritzen versehen, um daraus im Gegenzug eine ästhetische Autorität zu beziehen, die das Prestige der Marken und die Gewinnspanne erhöht, die der Verkauf ihrer Produkte generiert.

Da die Tätigkeiten und Berufe, die als Kern des breitgefächerten und nicht klar umrissenen Bereichs der Kultur betrachtet werden, jedoch einem für diesen Bereich zuständigen Ministe-

74 Zum Drehen von Fernsehfilmen in Schlössern, vgl. Sabine Chalvon-Demersay, »La saison des châteaux. Une ethnographie des tournages en ›décors réels‹ pour la télévision«, in: *Réseaux*, 2/2012, Nr. 172, S. 175-213.

rium unterstellt sind, gibt es gleichwohl einen rechnerischen Rahmen, mit dessen Hilfe sich seine unveränderlichsten Aspekte und vor allem seine Entwicklung in den letzten zwanzig Jahren nachvollziehen lassen. Die Statistiken dieses Ministeriums zeigen nun aber einen beträchtlichen Anstieg des ökonomischen Anteils der Kultur an der Gesamtwirtschaft und der Zahl der in ihrem Rahmen beschäftigten Personen. Und das, obwohl solche Erhebungen wahrscheinlich weit davon entfernt sind, all die Aktivitäten zu berücksichtigen, die wir gerade zumindest ansatzweise geschildert haben, und übrigens auch davon, den Akzent immer auf dieselbe Art von Aktivität zu legen.[75] So hat eine im Auftrag des Ministeriums für Kultur und Kommunikation durchgeführte Erhebung,[76] die den von allen Kulturbranchen zusammen erzielten Mehrwert für das Jahr 2011 ermitteln sollte, diesen auf 57,8 Milliarden Euro, das heißt auf 3,2 Prozent des Gesamtmehrwerts Frankreichs geschätzt – das ist genauso viel wie der Agrarsektor, wenn man die Lebensmittelindustrie miteinbezieht (und nach einer anderen Quelle aus demselben Ministerium auf 44 Milliarden für das Jahr 2013[77]). Und diese Zahlen berücksichtigen noch nicht einmal die indirekten bzw. von der Kultur erzeugten ökonomischen Effekte, wie zum Beispiel den Tourismus. In Bezug auf den Mehrwert in den Jahren zwischen 1995 und 2013 war die Zunahme der kulturellen Aktivitäten vor allen Dingen im Mediensektor, bei den darstellenden Künsten, dem kulturellen Erbe und den visuellen Künsten beträchtlich. In diesen verschiedenen Branchen hat er sich verdoppelt, wenn nicht sogar verdreifacht.

---

75 So sind die Zahlen in dieser Art von quantitativer Erhebung in den weitaus meisten Fällen keine absoluten Zahlen und deshalb insofern anfechtbar, als sie von der verwendeten Nomenklatur und der Methodenwahl abhängen, wie etwa im vorliegenden Fall, ob die »indirekten Aktivitäten« mitgezählt werden.

76 Serge Kancel/Jérôme Itty/Morgane Weill/Bruno Durieux, *L'Apport de la culture à l'économie de la France,* IGF, Inspection générale des affaires culturelles, Paris, Dezember 2013.

77 Yves Jauneau/Xavier Niel, »Le poids économique direct de la culture en 2013«, in: *Culture Chiffres*, 2014/5, Nr. 5, S. 1-18.

Die Kultur verteilt sich auf einen mehrheitlich privatwirtschaftlichen Sektor, der vor allem die Medien umfasst[78] (39,4 Prozent des Mehrwerts aus gewerblicher Kulturproduktion im Jahr 2013), und einen nichtgewerblichen Sektor, um den sich der Staat oder die Gebietskörperschaften kümmern und der vor allem in den Bereichen der Live-Darbietungen und des kulturellen Erbes von Belang ist (42,6 bzw. 41,3 Prozent des Mehrwerts aus nichtgewerblicher Kulturproduktion im selben Jahr).[79] Der nichtgewerbliche Teil der kulturellen Aktivitäten hätte sich nicht so gut entwickeln können ohne die Unterstützung des Staates und vor allen Dingen der Gebietskörperschaften, die insgesamt auf einem hohen Niveau verbleiben, obwohl ihre beschlossenen Ausgaben besonders seit der Wirtschaftskrise von 2008 gleich geblieben bzw. leicht zurückgegangen sind, um die allgemeinen öffentlichen Ausgaben einzudämmen bzw. zu verringern. In den Gemeinden mit mehr als 10 000 Einwohnern haben sich die Kulturausgaben pro Einwohner von Anfang der 1980er Jahre bis in die 2000er Jahre mit einem durchschnittlichen Anstieg von jährlich plus 1,7 Prozent, die vor allem für Investitionen verwendet wurden, mehr als verdoppelt (und 8 Prozent des Haushalts erreicht). Mengenmäßig noch viel erheblicher (ungefähr drei Mal so hoch) war dieses Engagement für die Kultur in den Städten mit mehr als 100 000 Einwohnern, in denen die Kulturausgaben fast 10 Prozent der Haushalte ausmachen, die auf einem komplexen Quersubventionierungsraster der einzelnen Gebietskörperschaften (Regionen, Départements, Gemeinden und Gemeindeverbänden) beruhen. Diese Kulturausgaben wurden in abnehmender Reihenfolge für kulturelle Maßnahmen, Bibliotheken, musikalische Ausdrucksformen, Museen,[80] Thea-

78 Unter »Medien« verstehen wir hier Radio, Kino, Fernsehen, Video, Schallplatten.

79 Serge Kancel et al., a. a. O.

80 Die Zahl der öffentlich zugänglichen Museen und Baudenkmäler in Frankreich ist laut einer Bestandsaufnahme in einem im Verlag Cherche-Midi erschienenen Reiseführer von 7000 in der Ausgabe von 1992 auf 10 000 in der Ausgabe von 2001 gestiegen (Josquin Barré, »L'impact de la variable prix

ter und die Instandhaltung des Kulturerbes aufgewendet. Wenn man sich diese Kulturausgaben auf der Ebene der einzelnen Départements ansieht, waren sie vor allem in den Gebieten an der Westküste und im Süden des Landes erheblich, die von der Art von Entwicklung geprägt sind, welche die Geographen »residentiell« oder »präsenziell« nennen – zu Lasten der Industriegebiete im Norden und Nordosten.[81]

Das vom Ministerium für Kultur und Kommunikation beobachtete Wachsen des kulturellen Sektors ist noch beeindruckender, wenn man einen Blick auf die Beschäftigungszahlen wirft. Nach denselben Quellen sind in diesem Sektor ungefähr 700 000 Personen beschäftigt, das sind rund 2,5 Prozent aller Erwerbstätigen, was einem Wachstum von mehr als 50 Prozent (gegenüber 16 Prozent der erwerbstätigen Gesamtbevölkerung) seit Anfang der 1990er Jahre entspricht. Aufgrund der Zeitarbeitsregelungen machte sich dieses Wachstum bei den Bühnenberufen besonders bemerkbar (plus 95 Prozent), aber auch bei den literarischen Berufen (plus 58 Prozent) sowie in den visuellen Künsten und in den gestalterischen Berufen (plus 44 Prozent). Mit einer Erhöhung von 123 Prozent ist die Zahl der Beschäftigten in dieser letzten Kategorie besonders stark bei den sich auf die plastischen Künste, die Mode und die Innenausstattung beziehenden Berufen gestiegen (Grafiker, Stylisten, Designer). Doch sie ist auch bei den Malern und Fotografen bemerkenswert. Hinzu kommt, dass die in den verschiedenen kulturellen Bereichen Beschäftigten über Grundmerkmale verfügen, die sie klar vom Durchschnitt aller Erwerbstätigen unterscheiden. Sie sind jünger (47 Prozent sind unter 40 gegenüber 44 Prozent bei allen Erwerbstätigen), arbeiten häufiger in den Großstädten, wurden häufiger in anderen europäischen Ländern geboren (was zweifellos vor allem mit dem Anteil der Übersetzer in den literarischen

---

dans le tourisme culturel«, in: Jean-Michel Tobelem (Hrsg.), *La Culture mise à prix*, Paris: L'Harmattan, 2005, S. 105-126).

81 Vgl. Jean-Cédric Delvainquière/François Tugores/Nicolas Laroche/Benoît Jourdan, »Les dépenses culturelles des collectivités territoriales en 2010. 7,6 milliards d'euros pour la culture«, in: *Culture Chiffres*, 2014, Nr. 3.

Berufen zusammenhängt) und stammen vor allem aus sehr viel höheren sozialen Schichten (49 Prozent haben einen Vater in leitender Position). Auch wenn diese Kulturberufe weiblicher geworden sind – der Anteil der Frauen ist von 39 Prozent Anfang der 1990er Jahre im Jahr 2011 auf 43 Prozent gestiegen –, bleiben sie mehrheitlich männlich, insbesondere bei den künstlerischen Berufen und in der Architektur, und dieser Frauenanteil bleibt niedriger als der in der erwerbstätigen Gesamtbevölkerung, wo er 48 Prozent erreicht. Doch der ohnehin schon zu Beginn des Messzeitraums große Unterschied zwischen den Personen, die einer Tätigkeit im kulturellen Bereich nachgehen, und dem Durchschnitt aller Erwerbstätigen hat sich seit 1991 vor allem im Hinblick auf das Ausbildungsniveau erhöht. Im Jahr 2011 hatten 44 Prozent von ihnen einen Bachelor-Abschluss oder mehr. Dieses sehr hohe Bildungsniveau, das in den literarischen Berufen einen Höchststand erreicht (66 Prozent), ist auch in den Berufen häufig vertreten, zu denen der Zugang lange Zeit nicht im selben Maße durch das Erlangen von Abschlüssen oder Diplomen versperrt war, wie bei Schauspielern (31 Prozent) und bildenden Künstlern (39 Prozent). Schließlich muss in Bezug auf die Beschäftigung von Personen, die kulturellen Tätigkeiten nachgehen, auf ein weiteres prägendes Merkmal hingewiesen werden, das ihren Status betrifft. Sie sind nämlich (zu beinahe 30 Prozent) drei Mal so häufig selbstständig, wie das in den anderen Berufen der Fall ist, und wenn sie angestellt sind, verfügen viele zudem nur über einen prekären Arbeitsplatz. 30 Prozent von ihnen haben befristete Verträge, das sind doppelt so viele wie beim Durchschnitt aller Erwerbstätigen, und 26 Prozent arbeiten in Teilzeit, häufig weniger als halbtags und mit sehr flexiblen Arbeitszeiten.[82]

Darüber hinaus geht die Entwicklung der Kultur anders als die des Luxus und der hochwertigen Qualitätsgüter nicht in erster Linie auf den Export zurück, weil sich ein Großteil der Kulturgüter nur schlecht transportieren lässt. Sie müssen vor Ort genossen

82 Marie Gouyon/Frédérique Patureau, »Vingt ans d'évolution de l'emploi dans les professions culturelles«, in: *Culture Chiffres*, 2014, Nr. 6.

werden, wie es so schön heißt. Dies gilt natürlich für das kulturelle Erbe, das ortsgebunden ist, aber auch für eine große Zahl von Aktivitäten, wie Live-Darbietungen, Skulpturenausstellungen und sogar für literarische Tätigkeiten, deren Verlagerung in verschiedenen Hinsichten kostspielig ist: Das reicht von den Transportkosten im eigentlichen Sinne bis zu den Kosten für die Versicherung oder Übersetzung, sodass es ökonomisch am sinnvollsten ist, sie zu exportieren, indem man Touristen importiert.

Die Entwicklung der Kulturbereiche geht auf eine erheblich gestiegene Binnennachfrage zurück, die eine Folge der beträchtlichen Erhöhung des Bildungsniveaus in den letzten vier Jahrzehnten ist. Allein in den letzten zwanzig Jahren hat sich der Anteil der Erwerbstätigen, die über einen Bachelor-Abschluss verfügen, verdoppelt (20 Prozent). Der Ausgabenanteil der Haushalte für Kulturgüter und -dienstleistungen (ohne Berücksichtigung von Materialanschaffungen wie etwa Computern) hat im Jahr 2007 2,5 Prozent des Gesamtverbrauchs der Haushalte erreicht, was einer Erhöhung um 23,3, Prozent im Verhältnis zum Jahr 2000 entspricht und sich vor allem im Bühnenbereich bemerkbar machte.[83] Ebenso belegt die von Olivier Donnat in den 1990er Jahren durchgeführte Untersuchung der »kulturellen Praktiken der Franzosen« eine leichte, aber gleichmäßige Erhöhung der Besucherzahlen der Bühnen, Museen, historischen Baudenkmäler, Bibliotheken, was sehr stark mit dem Ausbildungsniveau zusammenhängt, das von den 4 Prozent mit einer abgeschlossenen Berufsausbildung bis zu den 41 Prozent reicht, die erfolgreich ein Master- oder Doktorandenstudium absolviert haben. Der Anteil der Personen, die im Laufe der letzten zwölf Monate eine Kulturerbestätte aufgesucht haben, liegt bei 37 Prozent für Hochschulabsolventen und bei 20 Prozent für Personen mit einer abgeschlossenen Berufsausbildung.[84] Olivier Donnat legt nahe, dass

83 Chantal Lacroix, »Les dépenses de consommation des ménages en biens et services culturels et télécommunications«, in: *Culture Chiffres*, 2009, Nr. 2.

84 Olivier Donnat, *Les Pratiques culturelles des Français. Enquête 1997*, Paris: La Documentation française, 1998, S. 221, S. 270 und S. 291.

der wachsende Konsum von Kultur mit der beträchtlichen Zunahme von Laiendarbietungen vor allem im Theater-Bereich zusammenhängt, die sich im Laufe der 1990er Jahre bei den 15-19-Jährigen abhängig von der Höhe des jeweiligen Bildungsstands beobachten ließ.

Die Ziffern, die wir gerade genannt haben, ob sie nun den Mehrwert der kulturellen Aktivitäten betreffen, die Beschäftigungszahlen oder den Kulturkonsum, mögen relativ bescheiden wirken. Aber davon abgesehen, dass sie, wie gesagt, weit davon entfernt sind, sämtliche Bereiche einzubeziehen, die bei der Bildung einer Bereicherungsökonomie miteinander konkurrieren, lassen sie einerseits die indirekten, von diesen Aktivitäten erzeugten Effekte und andererseits die Anziehungskraft unberücksichtigt, die von ihnen ausgeht. Der Trend, den diese Zahlen deutlich machen, ist vielleicht wichtiger als der absolute Wert, den sie anzeigen. Wenn man diese Daten mit den Daten vergleicht, die für die industrielle Revolution symptomatisch sind – ein Vergleich, der unten weiter ausgearbeitet wird –, dürfte es sinnvoll sein, daran zu erinnern, dass in der ersten Hälfte des 19. Jahrhunderts die große Masse der unteren Schichten aus Landwirten, Handwerkern und Dienstboten bestand (ein Schicksal, das dem Historiker Peter Laslett zufolge[85] in den abendländischen Gesellschaften am Ende des Absolutismus 40 Prozent der Heranwachsenden beschieden war) und dass die Arbeiter in der Großindustrie zu dieser Zeit erst eine kleine Minderheit bildeten – was im Rückblick die Hellsichtigkeit von Marx zeigt, dessen Analysen seinerzeit zum Beispiel im Vergleich mit denen von Proudhon für utopisch gehalten werden konnten, der, wie Pierre Ansart gezeigt hat,[86] in gewisser Weise ein Sprachrohr der aufstrebenden Handwerker gewesen ist, die zu diesem Zeitpunkt noch die treibende Kraft innerhalb der noch nicht klar definierten Arbeiterschaft waren.

85 Peter Laslett, *Family Life and Illicit Love in Earlier Generations*, Cambridge: Cambridge University Press, 1977, S. 43.

86 Pierre Ansart, *Marx et l'anarchisme*, Paris: PUF, 1969.

Wahrscheinlich sind seit Anfang der 2000er Jahre die kaufmännischen Aspekte der kulturellen Aktivitäten in keinem Bereich so häufig kommentiert worden wie in der zeitgenössischen Kunst, in der das Zirkulieren von und Handeln mit Werken einem Wandel unterworfen gewesen ist, der die Aufmerksamkeit einer wachsenden Zahl von Kunsthistorikern, Kunstkritikern, Soziologen und Journalisten auf sich gezogen hat. Wie im Fall der Stars in der Musik-, der Mode- und der Filmbranche war es in diesem Fall nicht der lokale Beitrag der Kultur zur Entwicklung der Landesregionen und deren residentieller Attraktivität, aus dem sich die Einsichten der Experten und ihre Überlegungen in Bezug auf die Zukunft im Wesentlichen speisten, sondern ganz im Gegenteil der besonders markant wirkende globale Aspekt der Phänomene. Dieser Aspekt bezieht sich auf etwas, das als Bildung eines einheitlichen »Markts« für Kunst von oben betrachtet wurde, der sich auf eine weltweit verbreitete Celebrity-Kultur stützt und schon häufig von Journalisten,[87] Kunstkritikern oder aus dem sozialwissenschaftlichen Umfeld[88] beschrieben und analysiert worden ist. Vor allem in den Büchern, die für eine breitere Öffentlichkeit bestimmt sind, ähneln die dabei verwendeten Wörter dem Vokabular, das benutzt wird, wenn von den »Finanzmärkten« die Rede ist, wie zum Beispiel »Aufwärtstrend«, »Kri-

87 Vgl. zum Beispiel Harry Bellet, *Le marché de l'art s'écroule demain à 18 h 30*, Paris: Nil, 2001; Daniel Granet/Catherine Lamour, *Grands et Petits Secrets du monde de l'art*, Paris: Fayard, 2010; Don Thompson, *L'affaire du requin qui valait douze millions. L'étrange économie de l'art contemporain*, Paris: Le Mot et le Reste, 2012, englische Originalausgabe 2008).

88 Vgl. vor allem Isabelle Graw, *Der große Preis. Kunst zwischen Markt und Celebrity Culture*, Köln: DuMont, 2008; Sarah Thornton, *Sieben Tage in der Kunstwelt* (Aus dem Englischen von Rita Seuß), Frankfurt am Main: S. Fischer Verlag, 2009; Pierre-Michel Menger, *Le Travail créateur. S'accomplir dans l'incertain*, Paris: Gallimard/Seuil, coll. Hautes Études, 2009; Nathalie Heinich, *Le Paradigme de l'art contemporain. Structures d'une révolution artistique*, Paris: Gallimard, coll. Bibliothèque des sciences humaines, 2014.

se«, »Crash«, »Mimikry«, »Coup« (in dem Sinne, wie man von »Börsencoups« spricht) oder »Platz« (der in diesem Kontext häufig durch den Ausdruck »Szene« ersetzt wird). Die »unglaublichen« Preise, die manche Werke bei manchen Transaktionen erzielen und die in den Medien veröffentlicht werden, stehen dabei genauso im Vordergrund wie, allgemeiner noch, die »gewaltigen« Geldsummen, die im oberen Segment der Kunstwelt fließen, und die Macht, über die eine kleine Zahl von Personen verfügt, die sowohl über den Preis der Werke als auch über das Renommee ihrer Urheber bestimmen.

Drei Phänomene, die sich erst in den letzten Jahrzehnten entwickelt haben, bilden den Dreh- und Angelpunkt dieser Beschreibungen. Dabei handelt es sich erstens um die wachsende Bedeutung der Auktionen für zeitgenössische Kunst, die von den führenden Auktionshäusern (wie Sotheby's, Christie's, Philipps und, in Frankreich, Artcurial) abgewickelt werden, und, allgemeiner noch, um die Entstehung dessen, was man »Sekundärmarkt« nennt, um es vom Direktverkauf der Galeristen an die Sammler zu unterscheiden.[89] Zweitens um die starke Vermehrung der Rankinglisten, auf denen seit Gründung des deutschen *Kunstkompass* im Jahr 1970 regelmäßig die Rangliste der weltweit wichtigsten Künstler (bis Platz 100) veröffentlicht wird, wobei jeder Künstler nach verschiedenen systematischen Kriterien Punkte bekommt – Ranglisten, die angeblich großen Einfluss auf die Ankäufe der Sammler, Privatpersonen oder öffentlichen Institutionen haben (was zuweilen bestritten wird). Zu diesen Rankinglisten sind seit etwa zehn Jahren weitere Ranglisten der »wichtigsten Persönlichkeiten in der Welt der zeitgenössischen Kunst« auf internationaler Ebene hinzugekommen, und zwar »nicht im Hinblick auf ihre Bekanntheit, sondern in Bezug auf ihren Einfluss und ihre Macht«, zu denen neben den Künstlern im eigentlichen Sinne Kritiker gehören, die Manager der öffentlichen oder privaten Institutionen und Stiftungen, Sammler, Kuratoren, Journa-

89 Vgl. Olav Velthuis, *Talking Prices. Symbolic Meanings of Prices on the Market for Contemporary Art*, Princeton/Oxford: Princeton University Press, 2005.

listen und Blogger. Die berühmteste dieser Listen ist *Power 100*, die in der *ArtReview* erscheint, gefolgt von anderen Zeitungen und Zeitschriften, wie zum Beispiel der Beilage von *Le Monde*, die sich mit den »15 Machern der Mode« beschäftigt (»Quinze qui font la mode«).[90] Ein drittes Phänomen, das wir bereits Gelegenheit hatten zu erwähnen, betrifft schließlich die Beziehungen, die sich zwischen der Kunstwelt und der Geschäftswelt ergeben haben, und zwar besonders in den Firmen, die mit Luxusartikeln handeln. Es sei allerdings darauf hingewiesen, dass solche Verbindungen zwischen Kunst- und Geschäftswelt keineswegs neu sind, wie zahlreiche Biographien von Sammlern belegen, die sich seit dem 19. Jahrhundert sowohl durch ihre finanziellen Erfolge als auch durch ihre Rolle als Entdecker und Mäzene einer ganzen Reihe von Künstlern hervorgetan haben. Tatsächlich neu scheint dagegen zu sein, dass diese früher als privat geltenden Verbindungen – die für den Geschmack, den Prunk und die Prasserei »steinreicher« Einzelpersonen sprachen, die in der Neuzeit die fürstliche Pracht von ehedem verkörperten – weitgehend öffentlich geworden sind[91] und zur Förderung der Publicity dienen, mit der die betreffenden Marken sich umgeben, damit ihre Verkaufszahlen steigen, weshalb man sie eher mit kaufmännischem Nutzen in Verbindung zu bringen geneigt ist als mit der Freigebigkeit, in der einst ihre Größe bestand.

Während der Beitrag der Kultur zur Entwicklung der Landesregionen und ihrer residentiellen Anziehungskraft in den meisten Texten in der Regel mehr oder weniger wohlwollend und fast wie ein soziales Anliegen dargestellt wird, fällt auf, dass über die Prozesse im Zusammenhang mit dem Aufkommen eines internationalen Markts für bildende Kunst meistens schlecht gesprochen wird: entweder implizit, wenn von der Faszination die Rede ist, die von der Schilderung der Reichen und Mächtigen ausgeht –

---

90 Vgl. Alain Quemin, *Les Stars de l'art contemporain. Notoriété et consécration artistique dans les arts visuels*, Paris: CNRS éditions, 2013, besonders in Bezug auf die Personen-Rankings, S. 205-276.

91 Die Sammler werden wiederum nach ihrem Aktivitäts- und Sichtbarkeitsgrad auf der Seite *Larry's List* eingestuft ⟨www.larryslist.com⟩.

und die jederzeit in Empörung umschlagen kann –, oder unverblümt kritisch. Es sieht ganz so aus, als hätte die Anprangerung der Vereinnahmung von Kunst und Kultur durch Geld und Kapital, die – wir werden darauf zurückkommen – ungefähr von der Zwischenkriegszeit bis in die 1960er Jahre mit der Kritik an der Industriegesellschaft einherging – als Ausdruck individueller Einzigartigkeit galt die Kunst als wichtigstes Bollwerk gegen eine alles umfassende Standardisierung –, sich im Laufe der letzten Jahrzehnte auf neue Ausdrucksformen verlagert, die auf der Nähe von Kunst und Finanzwelt beruhen.

Diese Neuausrichtung der kritischen Achsen tritt besonders deutlich bei den Künstlern selbst zutage. Durch die Celebrity-Kultur, die Publicity, die durch die Verbindungen zwischen berühmten Künstlern und Marken entsteht, und das Erscheinen von Rankinglisten wird eine klare Trennungslinie gezogen zwischen einer Handvoll international erfolgreicher Künstler, die in den Museen für zeitgenössische Kunst ausgestellt und deren Werke auf den großen Kunstmessen verkauft werden, und der großen Masse der anderen, von denen die meisten weiterleben bzw. überleben, indem sie ihre Werke entweder über Galerien verkaufen, die keinen oder kaum Zugang zu jenen großen Kunstmessen haben; oder sie verkaufen sie direkt im Rahmen lokaler Netzwerke aus wechselseitigen Bekanntschaften – was keineswegs neu ist; oder sie kommen wie die Bühnenschauspieler in den Genuss von Kulturförderungsmaßnahmen, die von lokalen Körperschaften oder auf regionaler Ebene ergriffen werden. Genauso wie die Welt der Populärmusik, des Films oder des Sports ist die Kunstwelt dadurch zu einem Symbol für ungleiche Gewinne geworden, in der eine kleine Zahl von extrem Begünstigten – die Stars – einer großen Zahl von Abgehängten gegenüberstehen.[92] Dies zu demonstrieren, setzt voraus, dass sich die Gesamtbilanz aller ausgeschütteten Güter mit der Zahl aller in

92 Entsprechend dem sehr erfolgreichen Modell, das Robert H. Frank und Philip J. Cook vorstellen in *The Winner-Take-All Society. Why the Few at the Top Get So Much More Than the Rest of Us*, New York: Free Press, 1995.

einer bestimmten Branche tätigen Personen verrechnen lässt, von denen anzunehmen ist, dass sie um das Gesamtkapital konkurrieren. Doch ein solches Verhältnis hängt seinerseits von der Art und Weise ab, wie sich diese jeweiligen Totalitäten vor allen Dingen in geographischer Hinsicht zusammensetzen. Deshalb wird der Beitrag der global aktiven, berühmten Künstler zu einer Bereicherungsökonomie in der Regel nur dann positiv gesehen, wenn es sich bei der betrachteten Entität um die Gesamtwirtschaft eines mit anderen Staaten konkurrierenden Staates handelt, was voraussetzt, dass die Künstler und, allgemeiner noch, die »Kreativen« wie Marken behandelt werden, deren Name und das, was man Firmensitz nennen könnte, einen nationalen Charakter behalten müssen.

Arles: Von der Lokomotivwerkstatt zur Ausstellungshalle für zeitgenössische Kunst

Wie wir oben bereits angedeutet haben, stellt der Fall der Stadt Arles ein emblematisches Beispiel für den Übergang von einer industriellen Ökonomie zu einer Bereicherungsökonomie dar. Nach ihrem industriellen Niedergang hat sich diese Stadt in Richtung auf den Tourismus neu orientiert und dabei den Wert ihres reichen antiken und mittelalterlichen Erbes geltend gemacht, und mit seiner Hinwendung zur Kultur und besonders zur zeitgenössischen Kunst hat dieser Übergang seit Anfang der 2010er Jahre eine neue Stufe erreicht.

Von den ersten Jahrzehnten des 20. Jahrhunderts bis ungefähr in die 1980er Jahre war Arles eine Industriestadt, in der die sich ausbreitenden, seit der zweiten Hälfte des 19. Jahrhunderts in dieser provenzalischen Stadt angesiedelten Werkstätten der Compagnie des chemins de fer de Paris à Lyon et à la Méditerranée (PLM), der Eisenbahngesellschaft der Züge zwischen Paris, Lyon und dem Mittelmeer, eine maßgebliche Rolle spielten. Im Jahr 1911 hatten diese Werkstätten 1173 Beschäftigte, und mehr als 5000 Personen im Großraum Arles (mit damals 30 000 Einwohnern) lebten von der Eisenbahn. Zwischen 1908 und 1914 wurden dort 45 Lokomotiven gebaut. Im Jahr 1920 stieg die Zahl der Angestellten auf 1800. Zur Eisenbahn hinzu kam die industrielle Nutzung des Salzes in Salin-de-Giraud, wo sich außerdem die Chemiefabrik Solvay (mit 500 Beschäftigten im Jahr 1925) ansiedelte, in der aus dem Salz Natriumcarbonat vor allem für die Marseiller Seifenfabriken hergestellt wurde. Auch der Schiffbau auf der Rhône und die Metallurgie waren wichtig, in den Werften von Barriol waren zum Beispiel in der Zwischenkriegszeit etwa 200 Arbeiter beschäftigt. In den 1930er Jahren ließ sich das Metallbau-Unternehmen Constructions métalliques de Provence (CMP) in Arles nieder und wurde zu einem der bedeutendsten Unternehmen der Stadt. Zu diesen Großbetrieben kamen noch eine auf die Herstellung von Zeitungspapier (vor allem für die Marseiller Tageszeitungen) und später dann Verpackungskartonagen spezialisierte Papierfabrik sowie Lebensmittelwerke für Obst- und Gemüsekonserven hinzu.

In den 1960er Jahren waren 32 Prozent der Erwerbstätigen als Arbeiter in der Industrie (6000 im Jahr 1962) oder als Angestellte in Handel oder Industrie (2000) beschäftigt. In den 1960er Jahren stieg außerdem der Anteil der mittleren und leitenden Angestellten (deren Zahl sich von 754 bzw. 389 im Jahr 1954 auf 1075 bzw. 616 im Jahr 1962 erhöhte). Das Handwerk ging dagegen zurück (weniger als 500 Handwerksbetriebe zu Beginn der 1960er Jahre). Die Bevölkerung wächst durch natürliche Zunahme und Einwanderung (42 000 Einwohner im Jahr 1962, davon 84 Prozent »gebürtige Franzosen«). Zur großen Zahl italienischstämmiger, in der Industrie beschäftigter Immigranten in der ersten Hälfte des 20. Jahrhunderts kamen spanische Immigranten hinzu, die in der Hauptsache auf den Reisfeldern in der Camargue beschäftigt waren. Diese hauptsächlich in der Industrie beschäftigten Arbeitskräfte waren mehrheitlich männlich (im Jahr 1962 waren nur 8682 von 20 000 Frauen erwerbstätig, also 44 Prozent, was weit unter dem nationalen Durchschnitt lag).

Der industrielle Niedergang der Stadt setzte in der zweiten Hälfte der 1970er Jahre ein, in den 1980er Jahren wurden immer mehr Fabriken geschlossen, prägend besonders der Wegzug der Eisenbahnwerkstätten, die 1984 geschlossen wurden, und der Umbau des Metallbau-Unternehmens CMP, das zwar unter dem Namen Constructions métalliques et préfabrication d'Arles noch einmal einen neuen Anlauf nahm und weiterhin Metall-, Blech- und Kupferwerkstätten betrieb, aber nur noch 60 Angestellte hatte. Zu Beginn der 1980er Jahre hatte die lokale Ökonomie bereits 2000 Arbeitsplätze verloren, und diese Verluste erhöhten sich in den folgenden Jahrzehnten (5000 verlorene Arbeitsplätze zwischen 1980 und 2000). So schloss zum Beispiel das 1952 gegründete Unternehmen Rivoire et Carret-Lustucru, das den Reis aus der Camargue verarbeitete und 140 Angestellte hatte, nach der Flutkatastrophe von 2003 seine Pforten.

Diese Situation hatte Arbeitslosigkeit und Armut zur Folge. Im Jahr 2001 erreichte die Zahl der Sozialhilfeempfänger in der Gemeinde 2043, das sind 10,5 Prozent der Anspruchsberechtigten. Mit einer Arbeitslosenquote von ungefähr 15 Prozent (der höchsten in der Region Provence-Alpes-Côte d'Azur (PACA)) ballen sich in der Stadt – laut Insee – »Inseln großer Prekarität« zusammen: 27 Prozent der Einwohner des Großraums Arles leben in Vierteln, die im Rahmen »städtepolitischer Maßnahmen« entstanden sind und unter denen sich eine ganze Reihe von Problemzonen befinden, sogenannte »Zones Urbaines Sensibles« (ZUS), in denen ein Drittel der Bevölkerung über ein durchschnittliches steuerpflichtiges Einkommen von 5700 Euro pro Haushalt verfügt. Die zu einem erheblichen Teil von saisonalen Beschäftigungen (Ackerbau, und zwar vor allem Reisanbau und Obstanbau für Lebensmittel, und Tourismus) abhängenden Arbeitsplätze sind gering qualifiziert und werden schlecht bezahlt. Wie die Steuerdaten zeigen (die 10 Prozent höchsten Einkommen vor Umlagen sind sieben Mal höher als die 10 Prozent niedrigsten),[93] sind die Ungleichheiten in Arles besonders ausge-

93 *Insee Études, Provence-Alpes-Côte d'Azur*, Nr. 31, Mai 2013: Jean-Jacques Arrighi/Marjorie Martin, »Grand Arles. Des difficultés à surmonter, des atouts à exploiter«.

prägt. Wie in anderen Regionen ist auch in Arles der industrielle Niedergang mit steigenden Wählerzahlen für die extreme Rechte einhergegangen: Bei den Präsidentschaftswahlen 2012 hat Marine Le Pen 25 Prozent der Stimmen erhalten.

Auf diesen Niedergang wurde zunächst industriell reagiert, vor allem mit dem Anfang der 1990er Jahre durch die Compagnie nationale du Rhône (CNR) vorgenommenen Ausbau des Rhône-Hafens, damit auch 3500-Tonnen-Schiffe ihn passieren und anlaufen konnten, und mit der Nachrüstung eines Industriegebiets, durch welche die Niederlassung von neuen Unternehmen an diesem Standort gefördert werden sollte. Allerdings haben das bis Anfang der 2000er Jahre erst sieben getan.

In denselben Jahren versuchte die Gemeindeverwaltung von Arles, die städtischen Aktivitäten in den Bereichen Kunst, Kultur und Tourismus weiterzuentwickeln. Nachdem der Wegzug der maßgeblichen Industrieunternehmen sie hatte verarmen lassen, sah die Gemeinde sich großen finanziellen Schwierigkeiten gegenüber und musste nach neuen Ressourcen Ausschau halten. Unter den »Trümpfen«, wie die Verwaltungssprache sie nennt, über welche die Stadt in diesen Bereichen verfügt, stellen die antiken Ruinen (das Amphitheater, das römische Theater, die Totenstadt Alyscamps) und die religiösen Gebäude (das Kloster Saint-Trophime) die Prunkstücke dar. Seit 1976 wurden 92 Baudenkmäler aus verschiedenen Epochen als historische Baudenkmäler eingestuft bzw. auf die Liste der Historischen Monumente gesetzt. Doch die von diesen Baudenkmälern entfaltete Anziehungskraft ist auch bzw. vor allem auf die Patrimonialisierungsbemühungen zurückzuführen, die schon lange in Arles unternommen werden. Diese verdanken sich zu großen Teilen der nationalen Anerkennung, die Schriftsteller aus der Region Ende des 19. Jahrhunderts erlangten (besonders Alphonse Daudet und Frédéric Mistral), die lokale Traditionen in Szene setzten, welche sie in einem ähnlichen Geiste rekonstruiert hatten, wie er zur selben Zeit die volkskundliche Ethnographie beseelte, nicht zuletzt durch die Gründung der provenzalischen Schriftsteller-Vereinigung Félibrige und die Erhebung des Provenzalischen zur Literatursprache. Auf dieser Grundlage wurden zahlreiche Feste und folkloristische Veranstaltungen wiederbelebt oder neu geschaffen. Das kulturelle Erbe, auf das Arles sich berufen kann, besteht also nicht nur aus Ruinen und Baudenkmälern, sondern auch aus den Namen berühmter Künstler, deren Ruhm mit der Stadt in Verbindung gebracht wird. In erster Linie gilt das für van Gogh, der sich 1888 und 1889 dort aufhielt und viele Bilder malte.

Auch der Stierkampf spielt für die Patrimonialisierung der Stadt nicht nur deshalb eine wichtige Rolle, weil er einen Anlass zum Feiern darstellt, dessen folkloristische Dimension die Organisatoren unterstreichen, sondern auch insofern er vor allem von den 1930er Jahren bis in die 1960er Jahre Intellektuelle und Künstler anlockte, die in diesem Zeitvertreib einen zugleich raffinierten, ungezügelten und althergebrachten Höhepunkt der Volkskunst sahen. Während der Folklorismus der Schriftsteller aus der Region (wie Charles Maurras, der für eine Eloge auf den provenzalischen Dichter Théodore Aubanel den Prix Félibrige erhielt) und Maler der Region (wie Yves Brayer) aus Arles einen Ort machte, der politisch rechts Gesinnte anzog (um die Rückkehr zur Bodenständigkeit und zu den Traditionen zu symbolisieren, mischte Pétain sich unter die Viehhirten, als er Arles im Jahr 1940 einen Besuch abstattete), machte der Folklorismus der Stierkampfarena, der mit seinen wilden Stieren und Toreros Spanien (und den Spanischen Bürgerkrieg) heraufzubeschwören vermochte, aus Arles einen Ort, der politisch links Gesinnte anzog. Dass Arles tatsächlich eine linke Stadt ist, in der die CGT, der Französische Gewerkschaftsbund, und die Kommunistische Partei fest verwurzelt sind und die Gemeinde in der Regel zumindest bis in die 1980er Jahre von Linken regiert wird, trägt zu ihrer Anziehungskraft für Künstler wie Jean Lurçat und Ossip Zadkine (die im Jahr 1953 im Musée Réattu ausstellten) und vor allem für Picasso bei, der Stammgast beim Stierkampf war (im Jahr 1959 wurde er an der Seite von Jean Cocteau und des Toreros Luis Miguel Dominguín in der Stierkampfarena fotografiert) und wie Cocteau im Hotel Nord-Pinus abstieg, was zur Festigung des guten Rufs dieses Hauses beitrug. Der Fotograf Lucien Clergue spielt eine maßgebliche Rolle für die Kunstwerdung von Arles, aus dem er eine Stadt der Fotografie gemacht hat – einer »illegitimen« Kunst, deren ästhetische Größe im Laufe der letzten Jahrzehnte stetig zunahm –, zunächst, weil er ab 1965 die Eröffnung einer Fotografie-Abteilung im Musée Réattu vorantrieb, und dann, weil er in den 1970er Jahren in Arles die Rencontres de la photographie aus der Taufe hob, die ab 1982 auch international große Bedeutung erlangten.

Die Stadt investiert in die kulturelle Ausstattung (wie die Mediathek, die im Espace Van Gogh eingerichtet wurde, und vor allem das Antikenmuseum von Arles) und in kulturelle Events wie das (der Populärmusik gewidmete) Festival Les Suds, die Journées de la harpe (Harfen-Tage) oder die Lesungen im Kloster Saint-Trophime, die gemeinsam mit den internationalen Rencontres de la photographie jährlich 300 000 Besucher anlocken. Zahlreiche, von der Stadt unterstützte Kulturvereine sind gegründet worden und ihre ganz verschiedenen Aktivitäten reichen vom Schutz des kulturellen Erbes von Arles bis zur bildenden Kunst und zum Theater.[94] Ein Ziel dieser Investitionen in die Kultur besteht offenkundig darin, Betriebe und Unternehmen nach Arles zu locken, um die Wirtschaftsaktivität der Stadt anzukurbeln und Arbeitsplätze zu schaffen. Der Verlag Actes Sud und der Musikverlag und -vertrieb Harmonia Mundi lassen sich in den 1980er Jahren in Arles nieder (Actes Sud im Jahr 1978, Harmonia Mundi im Jahr 1983). Die École nationale de la photographie zieht im Jahr 1982 in ein Arler Stadtpalais ein, das die Gemeinde von Arles im Jahr 1978 erworben hatte. Genauso verhält es sich mit den sogenannten »Prides« (Pôles régionaux d'innovation et de développement économique solidaire, eine Art Regionalverband aus Unternehmen und Einzelakteuren zur gezielten Wirtschaftsförderung) in der Buch- und in der Musikbranche sowie für Industriekultur und kulturelles Erbe. Die Sparten Ver-

94 Vgl. Jean-Maurice Rouquette (Hrsg.), *Arles. Histoire, territoires et cultures*, Paris: Imprimerie nationale, 2008.

lagswesen und Medien, die Kunst- und Unterhaltungssendungen ausstrahlen, stehen für 1000 Arbeitsplätze. Doch auch wenn diese neuen Arbeitsstellen für Führungskräfte und intermediäre Berufe attraktiv waren, haben sie nicht ausgereicht, um die Arbeitslosigkeit auf eine Quote zu senken, die dem regionalen Durchschnitt entspricht. Der Verlust der Arbeitsplätze in der Industrie ist weder durch die Zweitwohnungen aufgewogen worden, deren Zahl im Vergleich zu 1990 sehr stark gestiegen ist (plus 44 Prozent) und die 1,8 Prozent der Unterkünfte in der Gemeinde ausmachen, noch durch den Tagestourismus, obwohl dieser sich (mit einem Umsatz von 63 Millionen im Jahr 2004) entwickelt hat. In der Gemeinde gibt es 812 Arbeitsplätze in der Tourismusbranche; die Arbeitsplätze in den Beherbergungsbetrieben (6414 Betten, wenn man Campingplätze und Fremdenzimmervermietungen mitzählt) machen im Januar 1,4 Prozent aller Arbeitsplätze aus, in der Sommerzeit das Doppelte. Diese eher häuslichen und saisonalen Beschäftigungen gleichen jedoch den Verlust der Arbeitsplätze in der Industrie und in der Landwirtschaft nicht aus.

In dieser für die Einwohner und den Haushalt der Gemeinde (deren Mitarbeiterzahl sich zwischen 1980 und 2000 von 635 auf 1289 verdoppelte) problematischen Situation ergriff Maja Hoffmann die Initiative und machte Arles zum Sitz ihrer im Jahr 2004 unter der (sich aus den Namen ihrer beiden Kinder Lucas und Marina zusammensetzenden) Bezeichnung Luma gegründeten Stiftung für zeitgenössische Kunst.

Maja Hoffmann, die an der New Yorker New School for Social Research Film studiert hat, ist die Tochter von Luc Hoffmann, der seit den 1940er Jahren teilweise in Arles gelebt hatte und einer der Gründer und Geldgeber der neuen Van-Gogh-Stiftung gewesen war. Diese hatte ihren Sitz in einem umgebauten Gebäude aus dem 15. Jahrhundert, dem Hôtel Léautaud de Donines, in dem Werke impressionistischer Maler und zehn aus dem Amsterdamer Museum entliehene Bilder von van Gogh zu sehen sind. Davor hatte der Amateurornithologe Luc Hoffmann viel Energie und viel Geld in den ökologischen Schutz der Camargue gesteckt. Luc und Maja Hoffmann gehören zu den Erben des Schweizer Pharmaunternehmens Hoffmann-La Roche. Einige Nachkommen der Familie Hoffmann haben sich seit 1948 durch eine Aktionärsvereinbarung dazu verpflichtet, die Kontrolle über das Unternehmen F. Hoffmann-La Roche AG nicht aus der Hand zu geben. Mit Hilfe dieser Vereinbarung werden 45 Prozent der Stimmrechte des Unternehmens kontrolliert. Das Vermögen der Familienmitglieder wurde im Jahr 2012 auf 16-17 Milliarden Schweizer Franken geschätzt,[95] was es zu einem der größten Schweizer Vermögen macht. Wie ihr Vater und ihre Großmutter ist Maja Hoffmann schon lange als Sammlerin und Philanthropin im Bereich der zeitgenössischen Kunst tätig. Aktiv unterstützt sie das Palais de Tokyo in Paris, die Serpentine-Galerie in London und die Biennale in Venedig. Sie ist Präsidentin der Züricher Kunsthalle und Vizepräsidentin der Emanuel Hoffmann-Stiftung in Basel, die von ihren Großeltern zur Aufnahme der eigenen, später im Rahmen einer Schenkung dem Baseler Museum für Gegenwartskunst überlassenen Sammlung gegründet wurde. Wie ihr Vater wohnt Maja Hoffmann schon seit langem in Arles, wo sie ein Haus, ein Hotel und ein Bio-Sternerestaurant in der Camargue besitzt.

Die Ansiedlung der Luma-Stiftung in Arles wurde vom heutigen Bürgermeister, Hervé Schiavetti unterstützt, der Mitglied der Kommunistischen Partei ist. Nach einem Soziologie-Studium an der Universität von Aix-en-Provence war Schiavetti in die Regionalverwaltung gegangen. Im Jahr 2001 wurde er zum Bürgermeister von Arles gewählt und trotz des Widerstands der Linksfront, der Neuen Antikapitalistischen Partei und der Europa Ökologie – Die Grünen, die ihm eine zu große Nähe zur Sozialistischen Partei vorwarfen, ist er in den Jahren 2008 und 2014 wiedergewählt worden.

Ein erstes, von Maja Hoffmann angestoßenes Bauprojekt für die Stiftung wurde von der Commission nationale des monuments historiques abgelehnt, weil es die Kulturerbe-Vorgaben

95 Laut der Zeitschrift *Bilan* vom 30. November 2012.

nicht einhielt. Das derzeitige Projekt – ein 57 Meter hoher Turm mit einer Außenhaut aus zerknittertem Aluminium –, mit dem der Architekt Frank Gehry beauftragt wurde, ist noch eine Baustelle, der Grundstein wurde am 5. April 2015 gelegt und das Museum soll im Jahr 2018 eröffnet werden. Die auf 150 Millionen Euro bezifferten Kosten werden vollständig von Maja Hoffmann getragen. Es handelt sich um die größte europäische Privatinvestition in Kultur. Der Turm wird auf dem Gelände der früheren SNCF-Werkstätten errichtet; darauf hat Maja Hoffmann von der Region Provence-Alpes-Côte d'Azur sieben Gebäude erworben, die erhalten und saniert werden (und bisher die Rencontres de la photographie beherbergten). Diese Werkstätten liegen am Fuß des Hügels, auf dem die antike Stadt stand – einer zum Teil von der Stadt Arles erworbenen Industriebrache von 11 Hektar, in die im Jahr 2000 die auf Multimedia spezialisierte Filmhochschule Supinfocom und ein Studentenwohnheim einzogen.

Maja Hoffmann hat die Absicht, aus Arles ein »französisches Bilbao« zu machen: Die von ihr gegründete Stiftung soll ein Museum beherbergen, Künstlerwohnungen und in Synergie mit anderen lokalen Kultureinrichtungen soll sie Tagungen ausrichten, was »mehrere Hundert Arbeitsplätze« schaffen und der Stadt nach einer Logik, die alle Facetten der Bereicherungsökonomie aufbietet, »internationale Sichtbarkeit« verleihen soll.

Eine ökonomische Neuausrichtung auf die Reichen

Wie die vorstehenden Bemerkungen nahelegen, ist die häufig als vergleichsweise vorteilhaft beschriebene Bildung einer ökonomischen Bereicherungssphäre durch eine vor allem in Frankreich spürbare ökonomische Neuausrichtung der westeuropäischen Länder auf Güter gekennzeichnet, die zur Befriedigung der Nachfrage der Reichen bzw. Superreichen auf der ganzen Welt angeboten werden. Die Zahl dieser Reichen und Superreichen ist im Laufe der letzten 20 Jahre erheblich gestiegen. Sie kommen vor allem aus Ländern, in denen alteingesessene große, immer weiter vererbte Vermögen keine Seltenheit sind – besonders Frankreich und die Vereinigten Staaten – und in denen der Anstieg der Vermögen an der Spitze der Einkommenshierarchie besonders spektakulär gewesen ist. Doch die Zahl der Reichen und Superreichen wächst auch in den Schwellenländern, in denen die Wohlhabenden entweder von Finanzgeschäften profitiert oder Vorteile aus den Gewinnen gezogen haben, die in diesen Niedriglohnländern durch die Industrialisierung generiert wurden. Was auch heißt, dass diese Erhöhung der kleinen Zahl von Reichen und Superreichen weltweit mit einer Vergrößerung der Ungleichheiten einhergegangen ist.

Die Höhe der privaten Geldvermögen (Sparguthaben, Wertpapieranlagen, Lebensversicherungen) stellt vor allem deshalb nicht die Gesamtsumme des akkumulierten Vermögens dar, weil darin die in materiellen, mobilen und immobilen Gütern angelegten Aktiva nicht enthalten sind. Da aber letztere schwerer feststellbar und überschlagbar sind, kann die Erhöhung der Geldvermögen als Indikator für eine Einschätzung der Vergrößerung der privaten Vermögen und der wachsenden Ungleichheit auf globaler Ebene dienen. So ist die Höhe der privaten Geldvermögen im Jahr 2013 um 14,6 Prozent gestiegen. Die reichsten Zonen sind die Vereinigten Staaten (50 Trillionen Dollar), Westeuropa (38 Trillionen Dollar), dicht gefolgt vom asiatisch-pazifischen Raum (37 Trillionen Dollar). Das Wachsen der Privatvermögen ist mit einer Erhöhung der Zahl der Millionäre (in amerikanischen Dollar) einhergegangen, die im Jahr 2013 16,3 Millionen gegenüber 13,7 Millionen im Jahr 2012 erreicht hat. Diese Millionäre, die 1,1 Prozent der Haushalte ausmachen, leben in erster Linie in den

Vereinigten Staaten (7,1 Millionen, die 63 Prozent des amerikanischen Privatvermögens besitzen), und ihre Zahl ist auch in China auf mittlerweile 2,4 Millionen gestiegen. Die Millionärsdichte im Verhältnis zur Gesamtzahl der als ständige Wohnsitze registrierten Haushalte ist am höchsten in Katar, in der Schweiz und in Singapur. Im Jahr 2015 ist die Zahl der Millionäre weiter gewachsen (um 6 Prozent) und hat jetzt eine Zahl von 18,5 Millionen erreicht. Diese 1 Prozent halten 47 Prozent des weltweiten finanziellen Wohlstands. Ein Teil dieser Privatvermögen liegt in Steuerparadiesen (*offshore banking*). Im Jahr 2013 erreichte er 8,9 Trillionen, das ist eine Erhöhung um 10,4 Prozent im Vergleich zum Vorjahr. Schätzungen zufolge entspricht dies etwa zwischen 8 und 11 Prozent des Geldvermögens der Haushalte und dürfte im Jahr 2018 12,4 Trillionen erreichen, wobei die wichtigsten Offshore-Plätze die Schweiz, dicht gefolgt von Singapur und Hongkong sind. In Frankreich wurden im Jahr 2013 wahrscheinlich bis zu 17 Milliarden Euro an Steuern hinterzogen.[96]

Diese ökonomische Neuausrichtung der westeuropäischen Länder auf die Reichen ist durch einen Bruch mit der für die Nachkriegsjahrzehnte typischen Art von Wachstum gekennzeichnet. Die Bedeutung dieses Wandels lässt sich ermessen, wenn man sich erinnert, dass letzteres auf die landesweite Serienproduktion von Standardgütern zurückging, deren Absatz sich zunächst vor allem auf die Bourgeoisie richtete, dann auf die Mittelschichten

96 Vgl. die Berichte der Boston Consulting Group (⟨bcgperspectives.com⟩) sowie Gabriel Zucman, *La Richesse cachée des nations. Enquête sur les paradis fiscaux*, Paris: Seuil, 2013, S. 57 ⟨dt.: *Steueroasen. Wo der Wohlstand der Nationen versteckt wird* (Aus dem Französischen von Ulrike Bischoff), Berlin: Suhrkamp Verlag, 2015, S. 62⟩.

und bei manchen Gütern, wie etwa Haushaltsgeräten und Fahrzeugen, auf die unteren Schichten ausgeweitet wurde, was die Vorstellung zu bestätigen schien, dass die Bereicherung der Eliten am Ende zwangsläufig auch den Mittellosen zugutekommt (der sogenannte *trickle-down*-Prozess). Diese zu jener Zeit häufig als »Demokratisierung« bezeichnete Ökonomie sollte sich das Wachsen der Kaufkraft der weniger Begüterten zunutze machen, das durch die Umverteilung eines Teils jener Gewinne gefördert wurde, die durch die Produktivitätssteigerung generiert worden waren, wie die Ökonomen der sogenannten Regulationsschule gezeigt haben.

Eine Folge der ökonomischen Neuausrichtung ist die wachsende Dualisierung des Konsums in Gestalt der zunehmenden Entgegensetzung eines Massenkonsums von Standardprodukten auf der einen Seite gewesen, die von großen Handelsketten für finanziell schwächer gestellte Käufer kommerziell vertrieben werden, und auf der anderen Seite eines Konsums von Produkten, die eben gerade durch ihre Abweichung von den Standardartikeln definiert sind und die Bedürfnisse von besonders wohlhabenden Käufern befriedigen sollen.[97] Im Nahrungsmittelbereich ist das bei handwerklich hergestellten oder Bio-Produkten der Fall, die mit einem Gütesiegel versehen sind, oder bei persönlichen Gebrauchsgegenständen – wie zum Beispiel Messern – ist das bei Dingen so, deren Fertigung angeblich an althergebrachte Praktiken anknüpft und noch Spuren derjenigen aufweist, die sie hergestellt haben, und garantiert wird das durch die Behauptung, dass sie nicht serienmäßig in einer Fabrik am Fließband unter Einbeziehung einer Vielzahl anonymer Arbeiter angefertigt wurden, sondern aus der Hand einer einzigen Person stammen, die sie »mit Liebe hergestellt« hat.

Im Gegensatz zur demokratisch gerechtfertigten Massenpro-

---

97 Zu den Problemen, die diese Dualisierung des Konsums für die großen Handelsketten aufwirft, vgl. Philippe Moati, *L'Avenir de la grande distribution*, Paris: Odile Jacob, 2001, und ders., *La Nouvelle Révolution commerciale*, Paris: Odile Jacob, 2011.

duktion zielt die Bereicherungsökonomie auf die Nutzung der Kaufkraft derjenigen, die Zugang zu außergewöhnlichen Gütern haben. Deshalb lässt sich die Dynamik der Bereicherungsökonomie mit Hilfe des Begriffspaars von Arm und Reich besser verstehen als durch eine präzise Bezugnahme auf die nach ihrem jeweiligen Einkommens- und Vermögensniveau unterschiedenen sozialen Klassen. Denn Arm und Reich funktionieren im Rahmen einer mit Entgegensetzungen operierenden Relationslogik besser als klar voneinander abgegrenzte Kategorien. Auch wenn die Bereicherungsökonomie vorrangig an Reiche und Superreiche gerichtet ist, besteht eine ihrer Besonderheiten darin, sich auch an die anderen zu richten, als ob sie reich oder zumindest reicher seien, als sie sind.

Zweites Kapitel
Erste Schritte hin zur Bereicherung

Die Charaktereigenschaften einer Bereicherungsökonomie

Die Gebiete, die von der Bereicherungsökonomie erfasst werden, kommen nicht einfach zu den Sparten der industriellen Ökonomie hinzu, als seien sie sich aufeinander schichtende Betätigungsfelder, die jeweils auf ihre Weise zum Gesamtergebnis beitragen. Die Bereicherungsökonomie weist vielmehr Besonderheiten mit weitreichenden ökonomischen und sozialen Folgen auf. Sie beruht auf Mechanismen, die sich in einer ganzen Reihe von Hinsichten deutlich von den Mechanismen der industriellen Ökonomie unterscheiden. Ohne hier eine vollständige Analyse vornehmen zu können, möchten wir einige Beispiele nennen.

Der Preis von Industrieprodukten, die für den Gebrauch bestimmt sind, *sinkt* mit der Zeit erheblich, weil davon ausgegangen wird, dass ihre Verwendung ihre Leistungsfähigkeit mindert, wie man zum Beispiel am Fall von Gebrauchtwagen im Vergleich zu Neuwagen gut sehen kann. Die mehr oder weniger langfristige Zukunft eines Industrieprodukts besteht ausnahmslos darin, dass es zu *Abfall* wird – und zwar in einem solchen Maße, dass die ungeklärte Frage des Abfalls und seiner Beseitigung in den Industriegesellschaften mittlerweile Anlass zu großer Sorge gibt.

Umgekehrt können die Dinge, die im Zentrum der Bereicherungsökonomie stehen, lange wie Abfall behandelt, nicht beachtet, auf Dachböden vergessen, in Kellern abgestellt worden oder in der Erde verscharrt gewesen sein. Ein großer Teil der Dinge, die wir in den Sälen, in denen wertvolle Sammlungen ausgestellt werden, oder in den Museen bewundern – wenn nicht sogar alle, wie der Anthropologe Michael Thompson in seinem bahnbrechenden Buch *Rubbish Theory* nahelegt[1] –, ist zu irgendeinem

1 Michael Thompson, *Rubbish Theory. The creation and destruction of value*, Oxford: Oxford University Press, 1979 ⟨dt.: *Die Theorie des Abfalls. Über*

Zeitpunkt ihres Entwicklungsprozesses schon einmal wie Abfall behandelt worden. Allgemeiner gesagt, kann der Preis für die Dinge, die für die Bereicherungsökonomie am einschlägigsten sind, in einer gegenläufigen Bewegung zu der Entwicklung, die Industrieprodukte nehmen, *mit der Zeit steigen.* Eben solch ein Auswahlprozess, was aufgegeben oder vernichtet werden kann und was erhalten bleiben und konserviert werden soll, steht zum Beispiel im Mittelpunkt der Tätigkeit – und der Sorgen – derjenigen, deren Aufgabe die Bestandsaufnahme des Welt- und Kulturerbes ist, und die bei jedem Objekt aus dem unbegrenzten Universum der auf ihr Überleben hoffenden Dinge eine unabwendbare Entscheidung über deren Schicksal treffen müssen.[2]

Die Gegenstände, die im Rahmen der Bereicherungsökonomie die größte Wertschätzung erfahren, sind nämlich nicht dazu bestimmt, Bedürfnisse zu befriedigen, viele von ihnen kann man noch nicht einmal *benutzen*; sie beziehen ihre Einschlägigkeit aus einer anderen Form, in deren Mittelpunkt die Logik des *Sammelns* steht. Dies gilt selbstverständlich für Antiquitäten oder Kunstwerke. Es gilt aber auch für viele Produkte der Luxusindustrie. Auch wenn diese bisweilen ein Bedürfnis befriedigen können, werden sie nicht vorrangig zu diesem Zweck erworben. Ihre Käufer besitzen in der Regel bereits zahlreiche funktional vergleichbare Objekte (mehrere hochwertige Autos, eine große Zahl von feinen Lederhandtaschen usw.). Dass man sich vor anderen in Szene setzt und sich dabei mit kostspieligen Objekten umgibt, kommt offenkundig häufig vor. Auch die Distinktionseffekte, die seit Thorstein Veblen[3] in der Soziologie und in der

---

die Schaffung und Vernichtung von Werten (Aus dem Englischen von Klaus Schomburg), Stuttgart: Klett-Cotta, 1981; rev. Ausg. unter dem Titel *Mülltheorie*, Essen: Klartext, 2003⟩.

2 Vgl. Michel Melot, *Mirabilia. Essai sur l'inventaire général du patrimoine culturel*, Paris: Gallimard, coll. Bibliothéque des idées, 2012, und was eine Ethnographie des Auswahlprozesses anbelangt, Nathalie Heinich, *La Fabrique du patrimoine*, Paris: Éditions de la MSH, 2009.

3 Thorstein Veblen, *Theorie der feinen Leute. Eine ökonomische Untersuchung der Institutionen* (Aus dem Amerikanischen von Suzanne Heintz und Peter von Haselberg), Köln/Berlin: Kiepenheuer & Witsch, 1958, Neuausg.

Ökonomie immer wieder angeführt werden, wenn es um die Motive für die Ausgaben geht, die im Zusammenhang mit dem ostentativen Konsum von Luxusprodukten entstehen – und um deren Anprangerung –, entbehren natürlich nicht jeglicher Grundlage. Trotzdem werden diese kostspieligen Dinge anscheinend häufig gehortet, ohne den Blicken der anderen dargeboten zu werden, bei großen Sammlern oftmals sogar nicht einmal den eigenen Blicken, weil ihre Zahl zu groß ist. Sie werden also vor allem akkumuliert, um konserviert und gelegentlich einsam betrachtet zu werden; und nach einer Logik, die der Logik des Sammelns im eigentlichen Sinne sehr nahekommt, wird zwischen ihnen und anderen Objekten derselben Art ein Nachbarschaftsverhältnis hergestellt.

Das Anlegen eines Weinkellers mit außerordentlichen Weinen veranschaulicht auf besonders eklatante Weise diese Art von Akkumulationsverhalten, das auf die Erlangung vollständiger Serien abzielt und auf dem Anliegen beruht, die *Leerstellen* innerhalb der sich im Aufbau befindenden Totalität zu *füllen*. Auf diese Weise werden Weinsammler zum Beispiel versuchen, alle zwischen zwei Stichtagen liegenden Jahrgänge eines bestimmten Anbaugebiets oder eines bestimmten Weinguts zu erwerben.[4] Das Anliegen, bestimmte Stücke zu besitzen, um bestimmte, in Bezug auf eine ideelle Totalität definierte Leerstellen zu füllen, stellt eines der wichtigsten Motive dar, dem die Verhaltensweisen innerhalb der Sammler-Community gehorchen. Diese Verhaltensweisen sind besonders auffällig, wenn sie Getränke betreffen, weil sie in diesem Fall paradox sind: Entweder wird der Inhalt der Flasche verwendet, das heißt getrunken, dann verschiebt sich die Vervollständigung der Sammlung auf unbestimmte Zeit, oder bei der Sammlung handelt es sich eher um eine Sammlung von Etiketten als um eine Sammlung von Weinen im eigentlichen Sinne. Denn im Fall von edlen Weinen, deren Beschaffen-

---

Frankfurt am Main: Fischer Taschenbuchverlag, 2007, englische Originalausgabe 1899.

4 Vgl. Marie-France Garcia-Parpet, a. a. O., S. 153.

heit sich durch die Alterungsbedingungen stark verändert, behält die Referenzrelation zwischen den Worten, die auf dem Etikett stehen, und dem Inhalt der Flasche immer einen gewissen Grad an Ungewissheit. Dieselbe Art Sammler, um einen anderen Fall zu nennen, ist auch die Zielgruppe der Abverkäufe von Lederwarenartikeln – zum Beispiel von Hermès-Taschen –, deren Herstellung allerdings noch gar nicht so lange zurückliegt, in den bedeutenden Auktionshäusern, die sich vor allem dem Handel mit Antiquitäten und Kunstwerken, aber auch dem Handel mit alten Uhrmodellen, altem Schuck, alter Kleidung, Designermöbeln und Markenautos widmen, die Sammlerobjekte geworden sind. Dieser Art von Logik zufolge verringert sich die Nachfrage nach etwas nicht, wenn man sich dem Sättigungspunkt nähert, wie das bei Dingen der Fall ist, die einem Bedürfnis nachkommen, sondern hat, wie man am Fall von Sammlungen besonders gut sehen kann, ganz im Gegenteil die Tendenz, in dem Maße zu wachsen, wie die Akkumulation voranschreitet. Das begehrteste Objekt wäre dann nämlich das, was zum Erreichen der Totalität noch fehlt.

Wie wird der Wert der Dinge, die für die Bereicherungsökonomie am einschlägigsten sind, festgelegt bzw., anders gesagt, mit welchen Argumenten lässt sich ihr Preis rechtfertigen? Dabei geht es nicht in erster Linie um Herstellungskosten, die entfallen, wenn der betreffende Gegenstand aus alten Beständen stammt, oder nachrangig sind, wenn, wie zum Beispiel im Fall von feinen Parfüms, der Inhalt des Flakons weniger als 10 Prozent des Verkaufspreises des Produkts in den Läden ausmacht. Wenn man Kosten anführen will, sollten weniger die eigentlichen Herstellungskosten als vielmehr die Restaurierungs- und Konservierungskosten[5] bei alten Objekten und, allgemeiner gesagt, das Berücksichtigung finden, was man *Aufwertungskosten* nennen kann.

Wie die vorangegangenen Bemerkungen nahelegen, lässt sich

5 Ein Problem, das Jean-Pierre Cometti nicht beachtet, als er diese Frage behandelt: Jean-Pierre Cometti, *Conserver/Restaurer. L'œuvre d'art à l'époque de sa préservation technique*, Paris: Gallimard, coll. NRF essais, 2016.

also ein schematisches Tableau zweier ökonomischer Idealtypen skizzieren: Einer auf die industrielle Produktion ausgerichteten Ökonomie steht eine Ökonomie gegenüber, die auf etwas beruht, das man *Bereicherungsprozess* der Dinge nennen kann. In diesem Zusammenhang sei daran erinnert, dass der Ausdruck »Bereicherung« nicht nur als Hinweis darauf zu verstehen ist, dass die Dinge, auf die sich diese Ökonomie stützt, insbesondere für die Reichen bestimmt sind, sondern – im Sinne von »Anreicherung« – auch Operationen bezeichnet, durch die die betreffenden Dinge an Wert gewinnen und ihr Preis steigt.

Der Terminus »Bereicherungsökonomie« passt in unseren Augen besser als der Ausdruck »symbolische Ökonomie«, der meistens in den Arbeiten verwendet wird, die – häufig unter Bezugnahme auf die bahnbrechenden Arbeiten von Pierre Bourdieu[6] – versuchen, den spezifischen Bereich einer »kulturellen« Sozioökonomik herauszuarbeiten.[7] Die Qualifikation als »symbolisch« scheint uns nämlich sowohl zu weit als auch zu vage zu sein, um die Art von Operation zu bezeichnen, auf die wir uns konzentrieren möchten. Wenn man die vom Standpunkt des Kaufinteressenten aus betrachteten Differenzierungsfunktionen der kulturellen Güter hervorhebt, werden die verschiedenen Leerstellen, die dieser Interessent füllen möchte, auf die eine Dimension des Prestiges oder der sozialen Distinktion reduziert, und der Standpunkt des Anbieters, der seine Produkte differenzieren muss, um konkurrenzfähig zu werden, wird unterschätzt oder gar nicht

6 Pierre Bourdieu, »Le marché des biens symboliques«, in: *L'Année sociologique*, Jg. 22, 1971, S. 49-126 ⟨dt.: »Der Markt der symbolischen Güter«, in: ders., *Schriften zur Kultursoziologie 4: Kunst und Kultur. Zur Ökonomie symbolischer Güter* (Aus dem Französischen von Hella Beister), Berlin: Suhrkamp Verlag, 2014, S. 15-94⟩.

7 Ein Thema, das in der amerikanischen Soziologie vor allem ausgearbeitet wurde von Paul DiMaggio, »Classification in Art«, in: *American Sociological Review*, Jg. 52, August 1987, S. 440-455; Sharon Zukin, *The Culture of Cities*, a. a. O.; über den Begriff der »symbolischen Güter« im Bereich der Kultur, vgl. Michelle Lamont/Marcel Fournier (Hrsg.), *Cultivating Differences. Symbolic boundaries and the making of inequality*, Chicago: Chicago University Press, 1992.

berücksichtigt. Darüber hinaus gibt es nicht eine Sache, die keine »symbolische« Dimension hat, wenn sie Teil der menschlichen Beziehungen ist und sprachlich erfasst wird. Etwas Ähnliches ließe sich übrigens über Jean Baudrillards Verwendung des Ausdrucks »Zeichen« und über sein Projekt einer allgemeinen Semiologie der Objekte sagen. Und genauso wenig gibt es eine Operation mit Symbolen oder Zeichen, die keine Grundlage und keine Folgen in der Objektwelt hätte. Indem er (häufig irrtümlicherweise unter dem Einfluss von Marx) die Entgegensetzung von etwas Materiellem und etwa Immateriellem vorzieht, nimmt dieser Ansatz tendenziell nicht zur Kenntnis, dass alle Dinge, die Teil einer Ökonomie sind, unter diesen beiden Aspekten betrachtet werden können.[8] Es wird dann schwierig, die verschiedenen Weisen zu analysieren, wie sie in verschiedenen Arten von Ökonomien kombiniert werden. Denn gerade solche *Kombinationen* kennzeichnen in ihrer jeweiligen Besonderheit die verschiedenen Weisen, wie das, womit Handel getrieben wird, neu gestaltet und aufgewertet wird, das heißt die verschiedenen Ökonomien. Was den von Howard Becker geprägten Begriff der »Kunstwelt« anbelangt, der »alle Personen« bezeichnen soll, »deren Tätigkeiten für die Hervorbringung der ganz besonderen Werke erforderlich sind, die eben diese Welt (und möglicherweise auch andere) als Kunst definieren«,[9] besteht seine Unzuläng-

8 An dieser Stelle folgen wir Cornelius Castoriadis, der in *L'Institution imaginaire de la société* (Paris: Seuil, 1975, S. 174 ⟨dt.: *Gesellschaft als imaginäre Institution* (Aus dem Französischen von Horst Brühmann, Frankfurt am Main: Suhrkamp Verlag, 1984)⟩) schreibt: »Alles, was uns in der gesellschaftlich-geschichtlichen Welt begegnet, ist untrennbar mit dem Symbolischen verwoben. […] die zahlreichen materiellen Produkte, ohne die eine Gesellschaft auch nicht einen Augenblick lang lebensfähig wäre, sind keine Symbole (jedenfalls nicht immer und nicht unmittelbar). Aber beides, die Handlungen und die Produkte, wären außerhalb eines symbolischen Netzes unmöglich.« (S. 199 f.) Das Symbolische kann also weder, wie es häufig der Fall ist, »bloß als neutrale Hülle« behandelt noch auf eine »Eigenlogik« zurückgeführt werden, die eine andere Art von sogenannter »rationaler« Ordnung überlagern würde (S. 201).

9 Howard S. Becker, *Les Mondes de l'art,* Paris: Flammarion, coll. Champs, 2010, S. 58, englische Originalausgabe 1982.

lichkeit darin, dass er zu restriktiv ist und gleichzeitig den Akzent vor allem auf die Tätigkeit von Personen legt, aber der Zirkulation der Dinge, ihrem Preis und ihrem Wert kaum Aufmerksamkeit schenkt.

Es gibt nichts, was sich nicht anreichern ließe, ob es nun aus einer mehr oder weniger lang zurückliegenden Vergangenheit stammt oder ob seine heutige Herstellung auf einem Bereicherungsprozess beruht. Doch ein – beliebiges – Ding kann auf verschiedene Weisen angereichert werden: Es kann physisch reicher werden (wenn man zum Beispiel in einer Altbauwohnung die Balken unverputzt lässt) und/oder kulturell, wenn man es zum Beispiel mit anderen Dingen in Verbindung bringt, mit denen es harmoniert. Eine solche kulturelle Bereicherung setzt immer den Rückgriff auf ein *narratives Dispositiv* voraus, um aus der phänomenalen Vielfalt bestimmte Differenzen auszuwählen, die ein bestimmtes Ding aufweist – Differenzen, die als besonders einschlägig betrachtet werden und deshalb als solche vorgezogen und in den Diskursen, die mit seiner Zirkulation einhergehen, in den Vordergrund gestellt werden müssen. Insofern besteht die Hauptressource der Bereicherungsökonomie in der Herstellung und Neugestaltung von *Differenzen* und *Identitäten*.

Ressourcen der Bereicherungsökonomie

Wenn man die Bildung einer Bereicherungsökonomie verstehen möchte, stellt auf staatlicher Ebene Frankreich aufgrund seines sowohl lokalen als auch globalen Charakters ein paradigmatisches Beispiel dar. Dieselbe Art von Transformation lässt sich auch in Staaten wie Italien und Spanien oder auf lokalerer Ebene in Städten, ja sogar Stadtvierteln beobachten, wie bei der High Line in New York (einem Bahngleis, das im 19. Jahrhundert in Betrieb genommen und zu Beginn des 21. Jahrhunderts in eine mit zeitgenössischen Kunstwerken verschönerte Flaniermeile umgewandelt wurde, die in einem ehemaligen Industrieviertel liegt, in dem sich mittlerweile die Kunstgalerien und Luxusboutiquen drängen).[10] Unverkennbar liegen die Wurzeln der Art von Wandel, den wir zu umreißen versuchen, immer in einem *Bereicherungsgebiet*, das günstige historische und geographische Bedingungen aufweist.

Deshalb kann man versuchen, einen Blick auf den uns hier interessierenden Prozess zu werfen, der sich mit dem Blick vergleichen lässt, den einige Historiker auf den Wandel gerichtet haben, der zunächst bloß lokal zwischen dem Ende des 18. Jahrhunderts und dem ersten Drittel des 19. Jahrhunderts einige Regionen in Großbritannien erfasst hat, bevor er sich über die ganze Welt ausbreitete, und für das kennzeichnend war, was man die erste industrielle Revolution genannt hat. Ein Spezialist für Historische Demographie wie Edward Anthony Wrigley[11] hat die These vertreten, dass diese »Revolution« nicht bloß das Ergebnis der sich entwickelnden Arbeitsteilung gewesen ist. Sie war auch bzw. vor allem die Folge davon, dass andere Ressourcen genutzt wurden, um Wohlstand zu schaffen. Bis Anfang des 19. Jahrhunderts war die Hauptquelle für die Schaffung von Wohlstand organischer Natur: Landwirtschaft, Viehzucht, Wolle, Holz, Zugtiere usw. Das ist der Grund, warum die großen klassischen Ökonomen von Adam Smith bis zu Malthus und Ricardo laut Wrigley pessimistisch in die Zukunft blickten. Ihrer Meinung nach konnte das Bevölkerungswachstum nicht durch die Erschließung neuer Böden ausgeglichen werden, die, weil die besten Böden bereits beackert wurden, nur schlechte Erträge abwerfen würden. Es war nun aber die immer intensivere Nutzung der fossilen Ressourcen, und zwar vor allem der Kohle, deren Ursprung zwar organisch ist, aber in eine weit entfernte Vergangenheit zurückreicht, die – Wrigley zufolge – diese Voraussage Lügen strafte. Sie stellt denn auch das Haupt-

10 Vgl. David Halle/Elisabeth Tiso, *New York's New Edge. Contemporary Art, the High Line, and Urban Megaprojects on the Far West Side*, Chicago: University of Chicago Press, 2014.

11 Vgl. Edward Anthony Wrigley, *Continuity, Chance & Change. The character of industrial revolution in England*, Cambridge: Cambridge University Press, 1990, und ders., *Energy and the English Industrial Revolution*, Cambridge: Cambridge University Press, 2010.

merkmal der Industriegesellschaft dar. Als quantitativer Historiker beleuchtet Wrigley die neue Rolle dieser Energiequelle, auf der die Entwicklung der Maschinentechnologie beruhte, indem er die Finanzströme analysiert, die sich sehr rasch von der Landwirtschaft auf die Bergwerke und Manufakturen verlagerten und so belegen, wie schnell die Kapitaleigner dieser maßgeblichen Quelle zur Schaffung von Wohlstand Bedeutung beimaßen. Was aus Gründen, die nicht mit der Art dieses Wohlstands, sondern mit den Herrschaftsformen zusammenhängen, die seine Verteilung beeinflussten, nicht verhinderte, dass die Ungleichheiten genauso groß blieben wie im Jahrhundert zuvor und in den nächsten Jahrzehnten sogar noch zunahmen. Die Vergrößerung der Ungleichheiten hätte auf unbestimmte Zeit so weitergehen können, wenn der entstehende Pauperismus nicht mit der Bildung und dem Erstarken der Arbeiterbewegung für ein Wiederaufleben der Kritik gesorgt hätte.

Die Hypothese ist nicht abwegig, dass zwischen dem Phänomen, an das wir gerade in groben Zügen erinnert haben, und den Prozessen, die heute in Frankreich ablaufen, eine Analogie besteht. Die Bereicherungsökonomie führt nicht nur zu einer wachsenden Spezialisierung auf den Bereich der Kultur und zu einer immer offenkundigeren Symbiose zwischen diesem und dem kommerziellen Bereich, sondern stellt eine originäre Art der Schaffung von Wohlstand dar, die auf einer sehr viel intensiveren Ausbeutung, als es sie jemals gegeben hat, von *spezifischen Ressourcen* beruht. Diese gehen auf Vorräte zurück, die im Laufe der Zeit akkumuliert wurden und für die *Narrativität* das bevorzugte Wertschöpfungsverfahren darstellt. Dabei handelt es sich um eine Ökonomie, die ihre Substanz aus der *Vergangenheit* bezieht. Eine solche Ökonomie der Vergangenheit beruht also nicht vorrangig auf der industriellen und serienmäßigen Produktion von Standardprodukten, die im Neuzustand vermarktet werden, sondern auf der Aufwertung *bereits vorhandener Dinge*, wie etwa Antiquitäten oder – wie man heute sagt – Vintage-Objekten aus nicht ganz so ferner Vergangenheit oder auch Baudenkmälern, Gebäuden, Sehenswürdigkeiten, kurz all dem, was den großen Bereich des sogenannten *kulturellen Erbes* ausmacht. Doch dies gilt auch für Kunstwerke, die sich, nachdem ihr Wert erst einmal anerkannt worden ist, vermeintlich auch dann, wenn sie von Gegenwartskünstlern stammen, in eine Temporalität einschreiben, die sie aus der Gegenwart herauslöst, sodass sie von einem in der Zukunft liegenden Fluchtpunkt aus betrachtet werden, als ob sie bereits zur Vergangenheit gehören oder ihnen, wenn man so will, so etwas wie *Unsterblichkeit* verliehen wird, weil sie auf unbestimmte Zeit aufgehoben werden sollen – diese Rolle übernehmen die Museen.

Es sei allerdings darauf hingewiesen, dass die Nutzung derartiger Güter in den einzelnen Ländern bisher sehr ungleich verteilt gewesen ist, und zwar abhängig von Variablen, von denen die erste offenkundig der Grad ist, in dem die Kapitaleigner in den verschiedenen Staaten mit Arbeitskräften rechnen können, die sich leicht ausbeuten lassen, aber über keine besonders spezifischen Kompetenzen verfügen. Während ausländische Direktinvestitionen vor allem in den Schwellenländern erfolgt sind, deren Vorteil in einem schlecht bezahlten, zahlenmäßig starken Proletariat bestand, haben sich die Investitionen im Rahmen der Bereicherungsökonomie insbesondere auf die westeuropäischen Länder gerichtet. Prägend für diese Länder ist seit den 1960er Jahren eine erhebliche Ausweitung des höheren und vor allem universitären Bildungssystems gewesen, weshalb dieser Ökonomie zahlreiche gut ausgebildete und in keinem Verband organisierte Arbeitskräfte zur Verfügung standen. Diese Arbeitskräfte fanden, vor allem wenn ihr Fachgebiet literarischer oder künstlerischer Natur war, damals nur schwer Zugang zu bezahlten Festanstellungen in den großen Industrie-, Handels- oder Finanzunternehmen, sodass sie angesichts drohender Arbeitslosigkeit eher bereit waren, befristete, instabile und schlecht bezahlte Beschäftigungen zu akzeptieren, die häufig unter dem Niveau dessen lagen, was sie auf der Grundlage ihrer Abschlüsse und dem, was in der Zeit davor aus diesen Abschlüssen gefolgt wäre, hätten erwarten können – solange sich mit Hilfe dieser Beschäftigungen die kulturellen Aspirationen weiterverfolgen ließen, die sie während ihres Studiums ausgebildet hatten.

Doch es spielt noch ein zweiter Faktor eine Rolle. Dabei handelt es sich um das Vorhandensein umfangreicher Kulturerbe-Bestände in den westeuropäischen Ländern, die es schon lange gibt und die, besonders im nachrevolutionären Frankreich, systematisch erschlossen, konserviert und saniert worden sind, weil der Staat in ihnen Instrumente der nationalen Einheit nach innen und des nationalen Ansehens nach außen sah, wie die Inventarisierungsbemühungen und die Entwicklung der Museen im Laufe des 19. und des 20. Jahrhunderts belegen.[12] Die Ressourcen, die die Bereicherungsökonomie ausbeutet, sind niemals bloß Bestände alter Dinge, sondern machen immer eine bewusste Aufwertung der Vergangenheit erforderlich, die sich auf mehr oder weniger stichhaltige Spuren stützt, aber prinzipiell für jede politische Entität handhabbar sein muss, insofern diese sich durch die Bezugnahme auf eine Vergangenheit legitimiert und deshalb über sie zu verfügen vermag.

Es sollte dennoch nicht in Vergessenheit geraten, dass eine solche Aufwertung des sogenannten nationalen Kulturerbes[13] in Frankreich auch auf etwas zurückgeht, was man – mit einer Paraphrase von Marx – *ursprüngliche Akkumulation* von kulturellem Kapital nennen kann. Genau wie bei der Akkumulation, von der Marx spricht, ist deren Ursprung nicht rein kommerziell. Zu einem beträchtlichen Teil ist sie die Folge der Gewalt, das heißt des militärischen und räuberischen Handelns des Staates, der in Frankreich vor allem nach der Revolution und den Kriegen des Kaiserreichs die Schleifung unzähliger Schlösser, Abteien, Kirchen usw. und die Plünderung der besiegten Länder sowie danach der besetzten Länder in Angriff nahm. Wie Bénédicte Savoy

12 Vgl. Dominique Poulot, *Une histoire des musées en France*, Paris: La Découverte, 2008.

13 Zur Bildung des nationalen Kulturerbes, vgl. Alexandra Kowalski, »The nation, rescaled. Theorizing the decentralization of collective memory in contemporary France«, in: *Comparative Studies in Society and History*, 2012, 54, S. 2, und dies., »State Power as Field Work. Culture and Practice in the French Survey of Historic Landmarks«, in: Richard Sennett/Craig Calhoun (Hrsg.), *Practicing Culture*, London/New York: Routledge, 2007, S. 82-104.

gezeigt hat, verfügte so Vivant Denon zu Beginn des 19. Jahrhunderts die Überführung von sehr vielen an den deutschen Höfen beschlagnahmten Kunstwerken mit der Rechtfertigung nach Paris, dass die »Kunstwerke«, weil sie die »Frucht des Geistes der Freiheit« seien, selbstverständlich »ins Land der Freiheit verbracht werden« müssten.[14]

Wandel der französischen Kulturpolitik

Inwiefern kann man die derzeitige Entwicklung einer Bereicherungsökonomie als einen für die Wende vom 20. zum 21. Jahrhundert prägenden Prozess betrachten? Gegen uns ließe sich leicht einwenden, dass die Bereiche, die uns als Beispiel gedient haben, um dessen Konturen zu umreißen – nämlich besonders die Luxusökonomie, Kunstgegenstände und Antiquitäten, das kulturelle Erbe, der Tourismus, die Kultur, die Gegenwartskunst usw. –, nichts wirklich Neues bieten. Für jeden dieser Bereiche gibt es eine ausführliche und in den letzten Jahrzehnten erheblich umfangreicher gewordene Historiographie, die sich mit der Art und Weise befasst, wie Prozesse, die denjenigen ganz ähnlich sind, die unsere Aufmerksamkeit auf sich gezogen haben, sich im Laufe der vorherigen Jahrhunderte insbesondere in Italien, in Großbritannien und in Frankreich entfaltet haben. Man denke zum Beispiel an die Arbeiten über die Luxusökonomie an den italienischen Renaissance-Höfen,[15] über die Ausbreitung des Luxus im Paris des 18. Jahrhunderts[16] oder über die französische Luxusin-

---

14 Bénédicte Savoy, *Patrimoine annexé. Les biens culturels saisis par la France en Allemagne autour de 1800*, Paris: Éditions de la MSH, 2003 (2 Bde.).

15 Guido Guerzoni, *Apollon et Vulcain. Les marchés artistiques en Italie (1400-1700)*, Dijon: Les Presses du réel, 2011, italienische Originalausgabe 2006. Ein großer Teil des Buches ist der Rolle des Luxus in der italienischen Renaissance-Ökonomie gewidmet.

16 Cissie Fairchilds, »The production and marketing of populuxe goods in eighteenth-century Paris«, in: John Brewer/Roy Porter (Hrsg.), *Consumption and the World of Goods*, New York: Routledge, 1993, S. 228-248.

dustrie im 19. Jahrhundert;[17] über den Zusammenhang zwischen der Patrimonialisierung, der Entwicklung der Museen und der Ausbildung von nationalen oder regionalen Identitäten vor allem seit der Französischen Revolution oder auch über die Art und Weise, wie der Tourismus Ende des 18. Jahrhunderts und im 19. Jahrhundert durch die romantische, weitgehend von Künstler- und Literatenkreisen ausgehende Suche nach dem Erhabenen und Pittoresken angekurbelt worden ist,[18] und danach in der ersten Hälfte des 20. Jahrhunderts durch die Bemühungen der lokalen Eliten, die regionale Identität dadurch aufzuwerten, dass sie sich sowohl auf die gepriesenen Naturschönheiten als auch auf den folkloristischen Reichtum beriefen.[19] Was die Bereiche der Kunst und der Kultur sowohl in populärer als auch in wissenschaftlicher Form anbelangt, so sind sie, teilweise unter dem Einfluss der Faszination, die die Sozialanthropologie vor allem in der zweiten Hälfte des 20. Jahrhunderts auf die Geschichtswissenschaft ausübte, in den Mittelpunkt der historischen Arbeit gerückt – bekanntlich zum Nachteil einer als »Ereignisgeschichte« verschrienen Geschichte der politischen Fakten.

Natürlich kann man auch die wachsende Digitalisierung unserer Interessengebiete anführen und ihre sich vergrößernde ökonomische Rolle hervorheben. Doch wie immer, wenn man es mit schleichenden Prozessen zu tun hat, ist der Schwelleneffekt schwer zu bestimmen. Deshalb werden wir uns vor allem auf Anzeichen stützen, in denen übereinstimmende Veränderungen der Art und Weise zum Ausdruck kommen, wie verschiedene Typen von Akteuren aus Politik, Kultur und Wirtschaft diese Bereiche wahrgenommen haben, und auf die Art des Zusammenspiels dieser Veränderungen. Unserer Ansicht nach haben diese Veränderungen in Frankreich in dem Jahrzehnt eingesetzt, das von Mitte der

17 Louis Bergeron, *Les industries du luxe en France*, Paris: Odile Jacob, 1998.

18 Vgl. Eric Zuelow (Hrsg.), *Touring Beyond the Nation. A Transnational Approach to European Tourism History*, Burlington: Ashgate, 2011.

19 Alain Croix (Hrsg.), *Initiateurs et entrepreneurs culturels du tourisme (1850-1950)*, Actes du colloque de Saint-Brieuc (2.-4. Juni 2010), Rennes: Presses universitaires de Rennes, 2011.

1970er Jahre bis ungefähr Mitte der 1980er Jahre reichte. In diesem Zeitraum, in dem der Niedergang der Industriearbeit begann (nach 1975) und die Arbeitslosigkeit anfing zu steigen, machten sich zum ersten Mal Veränderungen in Bezug auf die Beschäftigungsfelder und -perspektiven bemerkbar.

Kurz gesagt, waren diese Veränderungen dadurch gekennzeichnet, dass die Hoffnung auf eine sowohl unbegrenzte als auch nationale industrielle Entwicklung schwand, die in den vorherigen Jahrzehnten ein gemeinsames Ziel gewesen war, das sowohl von der gaullistischen und postgaullistischen Rechten – die den Schwerpunkt ganz auf das erforderliche Wachstum gelegt hatte[20] – als auch von der kommunistischen und sozialistischen Linken geteilt wurde – deren progressive und reformistische Kritik sich im Wesentlichen auf die ungleiche und ungerechte Art und Weise richtete, wie die »Früchte« dieses Wachstums auf die verschiedenen sozialen Klassen verteilt wurden.[21] Diese Wende führte nicht zur Preisgabe des Progressismus, sondern zu seiner tiefgreifenden Neuausrichtung. Sie wurde von der damals (nach dem ersten Bericht des Club of Rome über »Die Grenzen des Wachstums« im Jahr 1972) einsetzenden Verbreitung eines ökologischen Bewusstseins geschürt,[22] das sich in der antiproduktivisti-

20 Vgl. Pierre Bourdieu/Luc Boltanski, *La Production de l'idéologie dominante* (1976), Paris: Demopolis, 2008.

21 Ein guter Indikator dafür ist ein unter dem Sammelnamen Darras veröffentlichtes Buch, in dem die Redebeiträge eines von Pierre Bourdieu im Jahr 1965 organisierten Kolloquiums versammelt sind, zu dem Soziologen und Anthropologen (P. Bourdieu, J.-C. Chamboredon, C. Durand, R. Sainsaulieu, J. Lautman, J. Cuisenier), Ökonomen (J.-P. Pagé, C. Gruson, M. Praderie) und die Statistiker des Insee (A. Darbel, C. Seibel, J.-P. Ruault) zusammenkamen: *Le Partage des bénéfices.* Das Vorwort stammte von Claude Gruson, einem von der christlichen Soziallehre beeinflussten keynesianischen Ökonomen, der damals Direktor des Insee war, und das Buch widmete sich der Frage, inwiefern es der »Expansion« nicht gelungen war, die auf verschiedenen Ebenen betrachteten Ungleichheiten – bei der Arbeit, in der Landwirtschaft, im Schulwesen usw. – zu verringern. Ganz allgemein lag der Akzent auf der Forderung nach »sozialer Mobilität«: Darras, *Le Partage des bénéfices. Expansion et inégalités en France*, Paris: Minuit, 1966.

22 Vgl. Peter Wagner, *Modernity. Understanding the Present*, Cambridge: Polity Press, 2012, S. 49-52.

schen und libertären Linken in wissenschaftlicher (die Texte von André Gorz, Jacques Ellul, Louis Dumont) oder populärer Form entwickelte (zum Beispiel durch den Erfolg, den die *Charlie Hebdo* nahestehende, von Pierre Fournier unter Mitwirkung von Cavanna, Wolinski, Reiser und Cabu herausgegebene Zeitschrift *La Gueule ouverte* hatte, aber auch mit der Zeitschrift *Le Sauvage* von Alain Hervé, die dem *Nouvel Observateur* nahestand, wo André Gorz Journalist war).

Während der Progressismus in den Jahrzehnten nach dem Zweiten Weltkrieg auf die Entwertung der Vergangenheit und besonders des Landlebens und der Bauern ausgerichtet gewesen war, ging der in diesem Zeitraum entstehende neue Progressismus mit einer *Rehabilitierung der Vergangenheit* einher, deren Aufwertung als eine der Denk- und Möglichkeitsbedingungen von *Zukunft* betrachtet wurde. Durch diese Entwicklung begannen sich auch die Konnotationen der Bezugnahme auf das kulturelle Erbe zu verändern: Sie war jetzt nämlich eher links gerichtet. Davon zeugte – als ein Beispiel unter vielen – der Abriss von elf der zwölf zwischen 1850 und 1870 erbauten Baltard-Pavillons, die die zentralen Pariser Markthallen beherbergt hatten und infolge der Ende der 1950er Jahre getroffenen Entscheidung, die Markthallen nach Rungis zu verlegen, abgebrochen wurden (nur ein Pavillon entging dem Abriss, er wurde abgebaut und 1976 von der Stadt Nogent-sur-Marne aufgekauft). Dieser ab 1971 in Angriff genommene Abriss erfolgte im Geiste der Modernisierung (des Baus des Forum des Halles) trotz einer sehr starken, sogar mit einer Besetzung der Örtlichkeiten verbundenen Gegenwehr von Seiten der alternativen Linken, die dort Kulturveranstaltungen organisierte, und einer Petition, bei der hunderttausend Unterschriften gesammelt wurden. Es ist nun aber mehr als wahrscheinlich, dass dieser Abriss zehn Jahre später nicht stattgefunden hätte und die Pavillons »saniert«, das heißt nicht nur als historische Zeugnisse konserviert, sondern auch so umgebaut worden wären, dass man sie zu ganz anderen Zwecken als denjenigen, für die sie ursprünglich gedacht gewesen waren, hätte gebrauchen können.

Es sieht ganz so aus, als sei die Wende hin zu einer Bereicherungsökonomie nach dem Machtantritt der Sozialisten im Jahr 1981 zumindest teilweise als ein verfügbares Mittel angedacht und vorweggenommen worden, um den möglichen industriellen Niedergang zu kompensieren – während andere Staaten es vorzogen, eher Finanzplätze einzurichten, wie das Vereinigte Königreich in London – und einer angekündigten Katastrophe die Stirn zu bieten: nämlich der Ausweitung der Arbeitslosigkeit von den Gruppen, die bis dahin am stärksten betroffen gewesen waren – nämlich junge Leute ohne Abschluss aus den unteren Schichten und Arbeiter, die älter als 50 waren, bei denen aber »soziale Maßnahmen« ergriffen werden konnten –, auf die jungen Hochschulabsolventen. Die Zahl dieser mehrheitlich aus den höheren Schichten, aber immer häufiger auch aus der Mittelschicht und zu einem geringeren Teil aus den unteren Schichten stammenden jungen Hochschulabsolventen hatte sich durch die »Demokratisierung des Zugangs zu höherer Bildung« beträchtlich erhöht,[23] die im vorangegangenen Zeitraum in Reaktion auf die Kritik, die eine schlechte Aufteilung der »Früchte« der Expansion angeprangert hatte, ein wichtiges Ziel gewesen war. Im Laufe der 1980er Jahre erfolgte die Reorganisation der großen Unternehmen nach neuen Management-Prinzipien (Auslagerung zahlreicher Aufgaben und Rückkehr zum Kerngeschäft, bedarfsgerechte Produktion, Subunternehmertum, Vervielfachung der Standorte, die als Profitcenter ausgewiesen werden, Unternehmensvernetzung, Übertragung der Verantwortung auf die Betreiber, flache Hierarchien, »schlanke«, projektbezogene Produktion usw.),[24] die da-

23 Von Anfang der 1960er Jahre bis in das erste Jahrzehnt des 21. Jahrhunderts hat sich die Zahl der Studierenden um das Sechsfache von 215000 auf 1,3 Millionen erhöht. Im Jahr 1982 hatten 2,1 Millionen aller erwerbstätigen oder schon einmal erwerbstätig gewesenen Franzosen zwischen 25 und 54 Jahren einen Hochschulabschluss, das sind 13 Prozent der Erwerbstätigen in dieser Altersgruppe. Im Jahr 2010 lag die Zahl der Hochschulabsolventen bei 8 Millionen, das sind vier Mal mehr. Von den erwerbstätigen Franzosen zwischen 25 und 34 Jahren machen die Hochschulabsolventen mehr als ein Drittel (36 Prozent) aus.

24 Was eine ausführliche Beschreibung der Reorganisation der Unternehmen und der veränderten Arbeitsbedingungen anbelangt, vgl. Luc Boltanski/

mals gerade entwickelt wurden und unterschiedslos abzielten auf eine Steigerung der Produktivität, Schwächung des Gewerkschaftseinflusses, Erhöhung der Profite und Machtvergrößerung der Aktionäre. Die Folge war die Entlassung einer großen Zahl von Arbeitern, die als »nicht vermittelbar« galten, ein Rückgang der Neueinstellungen, aber auch eine Neuordnung des Verhältnisses von Abschlusszeugnissen und Arbeitsplätzen, die faktisch zu einer Entwertung der Abschlüsse führte.[25]

Ein maßgeblicher Unterschied zwischen der Führung eines Unternehmens und der Führung von Staaten – auch wenn in diesen immer häufiger unternehmerische Führungsmethoden eingeführt werden – besteht darin, dass Unternehmen ihre Aktivitäten auf einen großen geographischen Raum, ja sogar weltweit verteilen und sich vor allem der Werktätigen entledigen können, die sie in bestimmten Ländern oder an bestimmten Standorten für überflüssig halten, indem sie sich räumlich neu aufstellen. Für Staaten ist es dagegen sehr viel schwieriger, Bürger aus ihrem Staatsgebiet auszuschließen, und sei es nur vorübergehend, weil ihre Existenz von der Anwesenheit dieser Bevölkerung auf diesem Staatsgebiet abhängt – es sei denn, sie verfolgten eine Politik, die gezielt be-

---

Ève Chiapello, *Le Nouvel Esprit du capitalisme*, Paris: Gallimard, coll. NRF essais, 1999 ⟨dt.: *Der neue Geist des Kapitalismus* (Aus dem Französischen von Michael Tillmann), Konstanz: UVK, 2003⟩.

25 Diese Entwertung der Abschlüsse, die in den 1980er Jahren einsetzte, gewann vor allem in den zehn Jahren nach 1990 an Bedeutung und ist seither immer stärker hervorgetreten. Im Jahr 1982 kamen 2,1 Millionen erwerbstätige Hochschulabsolventen auf 1,6 Millionen leitende Positionen, also 13 Erwerbstätige mit Hochschulabschluss auf zehn leitende Positionen. Im Jahr 2010 standen 8 Millionen erwerbstätige Hochschulabsolventen für 3,6 Millionen leitende Positionen bereit, also 22 Erwerbstätige mit Hochschulabschluss für zehn leitende Positionen. Im Jahr 1990 haben 45 Prozent der Hochschulabsolventen eine leitende Position inne. 20 Jahre später sind es 37 Prozent. Im gleichen Zeitraum verteilen sich die Aussichten auf Zugang zu einer Anstellung in einer leitenden Position immer ungleicher auf die Landesregionen: Die Hochschulabsolventen auf leitenden Positionen konzentrieren sich auf den Pariser Raum und zu einem geringeren Teil auf die großen regionalen Metropolen wie Lyon, Marseille oder Toulouse (Jean-François Léger, »Plus de diplômes, plus d'inégalités territoriales?«, in: *Population & Avenir*, Nr. 718, Mai/Juni 2014).

stimmte Bevölkerungsgruppen ausschließt. Der organisierte Weggang einer großen Zahl von Bewohnern eines Staates, ob er nun die Form eines Anreizes für die besonders Wohlhabenden oder eines Ausschlusses der besonders Armen annimmt, war Ende des 19. Jahrhunderts in Gestalt der Auswanderung in die Neue Welt und in der ersten Hälfte des 20. Jahrhunderts aufgrund der Aufwertung der Kolonien durch das Mutterland möglich. Doch selbst wenn die Zahl der Werktätigen, und zwar besonders derjenigen mit Hochschulabschluss, die sich entscheiden, ins Ausland zu gehen, weiterhin hoch sein mag, ist in den 1980er Jahren keine solche Form von staatlicher Politik in großem Stil mehr vorstellbar, weil für den Staat in diesen Weggängen inzwischen zum Ausdruck kommt, dass die eigene Attraktivität geringer ist als die der Aufnahmeländer.[26] So wurde die Frage, wie die jungen Hochschulabsolventen eine Anstellung finden sollen – vor allem die Absolventen eines Literatur- oder eines sozialwissenschaftlichen Studiums werden von den Unternehmen wenig geschätzt –, zu einem staatlichen Problem. In Frankreich kam es zu den sich bereits stellenden Raumplanungsfragen hinzu, die mit dem Dezentralisierungsgesetz von 1982 und der Transferierung von etwa zwei Dritteln der öffentlichen Kulturfinanzierung auf lokale Körperschaften einhergegangen waren bzw. darauf folgten und die »Dekonzentrierung« betrafen, das heißt eine bessere Verteilung der kulturellen Aktivitäten auf die Landesregionen. In dem gerade erwähnten Kontext nahmen die Probleme, die mit dem Verhältnis von Kultur und Ökonomie zusammenhängen, eine grundlegend neue Form an und erschien die kulturelle Entwicklung vom Standpunkt des Staates aus nicht bloß als etwas, das für die Pflege des nationalen Gedächtnisses moralisch notwendig oder für die Demokratisierung des Wissens erforderlich ist – was im vorange-

26 In dieser Hinsicht kann man von einer »endlichen Welt« sprechen, wie Zygmunt Bauman es tut (vgl. *Der Mensch im Globalisierungskäfig* [Aus dem Englischen von Michael Adrian], Frankfurt am Main: Suhrkamp 2003, englische Originalausgabe 1998, und *Verworfenes Leben. Die Ausgegrenzten der Moderne* [Aus dem Englischen von Werner Roller], Hamburg: Hamburger Edition 2005, englische Originalausgabe 2004).

gangenen Zeitraum der Fall gewesen war –, sondern als ökonomischer Trumpf von höchster Wichtigkeit.

Zu weiten Teilen hat sich Jack Lang, der während der Präsidentschaft von François Mitterrand in der ersten Regierung Mauroy Kultusminister war, zum Sprachrohr dieses Wandels gemacht. Bei ihm erfuhr jenes Kulturverständnis eine Verlagerung, das dafür gesorgt hatte, dass im vorangegangenen Zeitraum der Staat die kulturellen Aktivitäten übernommen hatte, und das sowohl bei Malraux als auch bei den Kommunisten ein Thema gewesen war. Im Mittelpunkt des Kulturverständnisses der aus der Résistance kommenden Progressisten standen zwei Gegensatzpaare, die in ihren Augen die »Demokratisierung der Kultur« genannte Verbreitung der Kultur unter den Werktätigen rechtfertigten: Das erste ist der Gegensatz von Kultur und Ökonomie, in dem sich der Gegensatz von Seele und Körper widerspiegelt. Als Grundstock der Ökonomie müssten die Werktätigen, und zwar besonders diejenigen, die vor allem körperliche Arbeit verrichten, Zugang zur Kultur erhalten, weil (auch) sie eine Seele besäßen. Das sei man ihnen gewissermaßen schuldig, weil die Ökonomie zwar notwendig, aber nachrangig sei. Doch um diese Rolle spielen zu können, müsse die Kultur von der ökonomischen Sphäre ausgenommen sein. Das zweite ist der Gegensatz von Hochkultur, wie sie von Ehrfurcht einflößenden kulturellen Institutionen (Museen, Universitäten usw.) vertreten wird, und Populärkultur im Sinne von Massenkultur – Kulturindustrie, Kunstgewerbe bzw. Kultur im Dienste der Warenwelt –, die elitärste und häufig reaktionärste Verachtung ebenso auf sich zieht wie die Abscheu mancher linker Denker.[27] So gesehen, besteht die Aufgabe der kultu-

27 Auch wenn sie auf den Handel ausgerichtet waren, drang diese im Zeichen von Uneigennützigkeit und Erhebung stehende Vorstellung von Kultur bis in die Galerien für zeitgenössische Kunst vor, deren Zahl in den Nachkriegsjahren stark zunahm und die mit den Kompromissen des (auf die Verdrängung der Galerien im Besitz von Juden folgenden) Kunstmarkts während der Okkupation brechen wollten, indem sie sich Künstlern zuwandten, die sowohl für die Ablehnung des »Kapitalismus« als auch für ästhetische Suchbewegungen in ihren elitärsten Formen standen. Demselben Phänomen begegnet man im Verlagswesen; vgl. Julie Verlaine, *Les Galeries d'art contemporain*

rellen Demokratisierung darin, die Massen aus den Klauen der Populärkultur zu befreien und dem Niveau der Hochkultur anzunähern.

Es sind diese beiden Gegensatzpaare, deren öffentliche Dekonstruktion Jack Lang angefangen mit seiner berühmten Rede in Mexiko im Jahr 1982 in Angriff nahm. Zum einen versicherte er – erster Gegensatz –, dass Verbindungen zwischen Kultur und Ökonomie nicht skandalös und verwerflich, sondern normal und unverzichtbar seien. Die Ökonomie verderbe die Kultur nicht, sondern sei für sie unabdingbar: ohne Ökonomie, keine Kultur. Und umgekehrt prophezeite er, dass die Ökonomie weltweit durch den Einfallsreichtum der Kultur angekurbelt werden könnte und »das Besiegen der Arbeitslosigkeit ein kultureller Wandel sei, zu dem es wiederum durch eine andere Kulturpolitik kommen werde«.[28] Die Kultur stehe im Dienst der Ökonomie (nicht zuletzt dank dem Tourismus) und solle das auch. Zum anderen – zweiter Gegensatz – weichte Lang die Definition des Ausdrucks »Kultur« auf (und folgte darin der Anthropologie und der Soziologie), um die Grenze zwischen Hochkultur und Populärkultur durchlässiger zu machen. Auf diese Weise fielen auch die sogenannten gewerblichen Künste, wie etwa Mode und Design, oder populäre Künste, wie Chansons, Comics oder Street Art, unter den Begriff der Kultur. Und genauso umfasste das kulturelle Erbe auf gleichberechtigter Basis neben schon lange unter Denkmalschutz stehenden historischen Baudenkmälern auch das Industrieerbe, das durch die zur selben Zeit gegründeten Freilichtmuseen aufgewertet wurde[29] (Lang hatte gegen den Abriss der Baltard-Pavillons gekämpft, die er in ein Haus der Kultur verwandeln wollte). Auf diese Weise konnte alles zu Kultur werden und jeder kreativ, wenn seine Kreativität Anerkennung fand. An die Stelle der »De-

à Paris. Une histoire culturelle du marché de l'art, 1944-1970, Paris: Publications de la Sorbonne, coll. Histoire contemporaine, 2012, S. 23-45.

28 Maryvonne de Saint-Pulgent, *Jack Lang. Batailles pour la culture*, Paris: La Documentation française, 2013, S. 56.

29 Zum Wechsel vom ethnographischen Museum zum Freilichtmuseum, vgl. Martine Segalen, *La Vie d'un musée, 1937-2005*, Paris: Stock, 2005.

mokratisierung der Kultur« trat so die »kulturelle Demokratie«, wodurch eine immer größere Zahl von Prozessen angestoßen wurde, die man »Kunstwerdungsprozesse« nennt.[30] Denn die Anerkennungsmaßstäbe mussten den durch und durch akademischen Institutionen entwunden und den öffentlichen Finanzierungsinstanzen übertragen werden, ob diese nun dem Staat oder lokalen Körperschaften unterstellt waren.

Diese neue Linie wurde nicht nur mit Argumenten vertreten, sondern ging mit konkreten Maßnahmen einher, wie zum Beispiel der Schaffung von Regionalfonds für zeitgenössische Kunst (den sogenannten Fonds régionaux d'art contemporain, Frac), die die Privilegien der Museumskuratoren beschnitten,[31] oder der Association nationale de développement des arts de la mode, dem Nationalverband zur Förderung der Modekunst (im Jahr 1989). Sie zog den Zorn der Verteidiger der Kultur »im Ehrfurcht einflößenden Sinne« auf sich, die von den 1980er Jahren an denjenigen, die sie umsetzten, »Relativismus« vorwarfen – ein Bannfluch, dem eine große Zukunft beschieden war, als die Frage der »Werte« ins Zentrum der politischen Auseinandersetzungen rückte.[32] Die Fracs unterschieden sich insofern von den Museen, als ihre Aufgabe im Aufbau von Sammlungen und in der Organisation von Wanderausstellungen bestand. Solche Neuerungen brachten die bis dahin von den Museumskuratoren angeführte Hierarchie der Vermittlungsinstanzen für bildende Kunst ins Wanken, indem sie Akteuren eine wichtige Rolle zuwiesen, die keinen offiziellen Titel trugen und gegenüber den Institutionen eine gewisse Unabhängigkeit besaßen.[33] Sie gingen mit einer starken Erhöhung der

---

30 Vgl. Nathalie Heinich/Roberta Shapiro (Hrsg.), *De l'artification. Enquêtes sur le passage à l'art*, Paris: Éditions de l'EHESS, 2012.

31 Die 1982 gebildete Delegation für bildende Künste schuf 22 Regionalratsposten für bildende Künste in den Regionaldirektionen für kulturelle Angelegenheiten und genauso viele Regionalfonds für zeitgenössische Kunst (Frac).

32 Die Kritik an der neuen Kulturpolitik, deren Medienwirksamkeit am größten war, ist wahrscheinlich Marc Fumaroli, *L'État culturel. Une religion moderne*, Paris: De Fallois, 1991.

33 Vgl. Laurent Jeanpierre/Séverine Sofio, »Chronique d'une mort annoncée. Les conservateurs de musée face aux commissaires d'exposition dans l'art

Zahl der Ausstellungsmacher (freie »Kuratoren«) einher, die außerhalb der hierarchischen Stufenleiter »projektbezogen« arbeiteten, was häufig mit großer Prekarität und einer verstärkten Abhängigkeit von den großen Sammlern und Galerien verbunden war.

Dieser Neudefinition von Kultur und den mit ihr einhergehenden Maßnahmen lag eine Philosophie zugrunde, die sich zum Teil in der Theorie von Félix Guattari wiederfindet[34] und kreative Prozesse sowie das Bilden von Werten mit dem Ausdrücken von Differenzen verknüpft – von welcher Art diese auch sein mögen: neu – wie bei einer Industriebrache, deren Schönheit plötzlich hervortreten kann – oder alt, wie bei einer romanischen Kirche –, die imstande sind, die Wahrnehmung der Welt bei denjenigen zu verändern, denen diese Differenzen angetragen werden. »Wie kann man es anstellen, dass Musik, Tanz, Kreativität, alle sinnlichen Formen zu vollwertigen Bestandteilen der Gesellschaft werden?«, lautete die Frage, die Guattari stellte.[35] Als Antwort fungiert eine Vorstellung, der zufolge jedes menschliche Wesen immer dann kreativ ist, wenn es seine Menschlichkeit dadurch realisiert, dass es auf Differenzen achtet, in denen es sich wiedererkennt, und wenn es den Wunsch äußert, sowohl die Anerkennung dieser Differenzen als auch die Anerkennung seiner Menschlichkeit, insofern sie in der Aufmerksamkeit für diese Differenzen zum Ausdruck kommt, mit anderen zu teilen. Auf diese Weise ist jeder auf das Ziel hin orientiert, für andere Menschen *interessant zu sein,* ihre *Neugier* zu erregen, und dieser Prozess liegt der Bildung von Gemeinschaften zugrunde, in deren Mittelpunkt die Begeg-

---

contemporain français«, in: Frédéric Poulard/Jean-Michel Tobelem (Hrsg.), *Les Conservateurs de musée. Atouts et faiblesses d'une profession*, Paris: La Documentation française, 2015, S. 111-139.

34 Wie François Dosse feststellt, sollte Guattari »[f]ür Jack Lang [...] die Rolle einer Ideenmaschine spielen«, François Dosse, *Gilles Deleuze et Félix Guattari. Biographie croisée*, Paris: La Découverte, 2007, S. 450 ⟨dt.: *Gilles Deleuze. Félix Guattari. Biographien* (Aus dem Französischen von Christian Driesen), Wien/Berlin: Turia + Kant, 2017, S. 605⟩.

35 Félix Guattari/Suely Rolnik, *Micropolitiques*, Paris: Les Empêcheurs de penser en rond/Seuil, 2007, S. 33.

nung von verschiedenen Wesen steht, die mit anderen die Differenzen teilen möchten, die ihre jeweilige Singularität ausmachen. Dieser Sichtweise zufolge (die Philippe Urfalino sinnvollerweise als vitalistisch bezeichnet[36]) sind kulturelle Organe, das heißt in erster Linie die Organe, welche die Mittel bereitstellen, die die Kultur benötigt, dafür zuständig, Kontakte herzustellen, Begegnungen anzustoßen und zu organisieren, um den Austausch von Identitäten und Differenzen zu fördern.

Geld ist die Energie, die diese Begegnungen durch die Finanzierung von Reisen, Aufführungen, Kolloquien, Festivals usw. möglich macht. Aber solche Begegnungen setzen auch Energie frei, die ihrerseits Geld generiert, sodass die gewissermaßen libidinöse Ökonomie des energetischen Austausches von Akteuren, die von demselben Wunsch beseelt sind, die Neugier der anderen zu wecken, indem sie ihre Differenzen entfalten, und selbst durch den Kontakt mit den Differenzen erweckt zu werden, welche die anderen zum Ausdruck bringen, in der Ökonomie im Sinne der Ökonomen aufgeht. Damit sie funktioniert, setzt diese allgemeine Ökonomie also einerseits ein Zurückhalten oder Aufschieben der Auswahl voraus – denn man kann *a priori* nicht wissen, was die Neugier und die Kreativität der anderen hervorrufen wird, das heißt, auf was die Freisetzung von Energie zurückgeht – und andererseits, dass man sich nicht vor dem Übermaß fürchtet, vor der Fülle, dem Verlust und der Verausgabung, ohne die sich keine Energie bilden kann. Gegen eine solche Vorstellung haben die Spielverderber aus der Controlling-Abteilung eingewandt, dass das Geld, das für die Kultur ausgegeben werde – der Input –, sich leicht zusammenrechnen lasse und häufig ein Verlustgeschäft sei, und dass die Energie, welche die Kultur erzeugen solle, sich nicht nur der buchhalterischen Berechnung, sondern auch jeder anderen Form von Objektivierung entziehe. Dies setzte sich so lange fort, bis die Bedeutung dessen erkannt wurde, was die Geogra-

36 Philippe Urfalino, »De l'anti-impérialisme américain à la dissolution de la politique culturelle«, in: *Revue française de science politique*, Jg. 43, Nr. 5, 1993, S. 823-849.

phen – wie oben gesehen – »residentielle Ökonomie« nennen, und bis den Bürgermeistern der Ballungsgebiete klar wurde, dass kulturelle Investitionen im weitesten Sinne ein dauerhafter Trumpf waren, wo es darum ging, ihre Städte für hochqualifizierte Arbeitskräfte, Touristen, Bewohner aus dem Ausland, reiche Pensionäre und mehr und mehr auch für Unternehmen attraktiv zu machen, die auf die Ausbeutung der Art von Ressourcen spezialisiert sind, auf denen eine Bereicherungsökonomie beruht.

Neue Perspektiven der Wirtschaftsanalyse

Der Kurs, den Jack Lang einschlug, als die Linke 1981 an die Macht kam, ging mit einer Wende einher und ihr an einigen Stellen auch voran, die sich bei den Ökonomen abzeichnete, die oftmals vom Marxismus oder vom ökonomischen Denken der radikalen amerikanischen Linken herkamen. In Frankreich waren viele von ihnen vor allem in Forschungsorganisationen wie dem Insee tätig. Ihre Arbeiten begleiteten die Planifikation in den 1960er Jahren, und an der Wende von den 1960er zu den 1970er Jahren haben sie versucht, die Auswirkungen des internationalen Wettbewerbs auf eine Volkswirtschaft in ihre Modelle einzubeziehen, über die nach dem Krieg vor allem im nationalen Rahmen nachgedacht worden war.[37] In den 1980er Jahren waren alle diese Ökonomen zum einen in großer Sorge um Fragen der Wettbewerbsfähigkeit und zum anderen waren sie sich darin einig, dass die sich auf die großen Industriekonzerne konzentrierenden ökonomischen Modelle sich erschöpft hatten, ohne jedoch deshalb gleich das Projekt einer öffentlichen Einhegung der Wirtschaft aufzugeben, was sie dazu bewog, sich der ökonomischen Strömung zu widersetzen, die auf dem besten Wege war, die Vorherrschaft zu übernehmen und den Akzent vor allem auf die Nachfrage und

37 Vgl. Thomas Angeletti, *Le Laboratoire de la nécessité. Économistes, institutions et qualifications de l'économie*, soziologische Doktorarbeit, Paris: EHESS, 2013.

auf die Dynamik der internationalen Märkte legte. Im Zusammenhang mit der Genealogie der Bereicherungsökonomie, die wir in groben Zügen umreißen möchten, sind ihre Arbeiten einschlägig, weil sie versuchen, auch wenn sie sich weiterhin mehr auf Fragen der Produktion als auf die Fragen konzentrieren, die den Austausch und die Zirkulation der Dinge betreffen, mehrere Wege aufzuzeigen, die Wettbewerbsfähigkeit und Wachstum einschlagen könnten und die von der industriellen Massenökonomie wegführen. Durch diese Ausrichtung rücken sie in die Nähe der Ökonomen, die der Soziologie und, allgemeiner noch, jenen Sozial- und politischen Wissenschaften Bedeutung beimessen, in denen sich in der zweiten Hälfte der 1980er Jahre eine neue Strömung entwickelt hat: die Ökonomie der Konventionen.[38]

Wir möchten zwei Beispiele dafür nennen. Das erste ist das Buch von Michael Piore und Charles Sabel, *The Second Industrial Divide*, das 1984 in den Vereinigten Staaten erschien (und 1989 unter dem Titel *Les Chemins de la prospérité. De la production de masse à la spécialisation souple* ins Französische übersetzt wurde sowie 1985 in der Übersetzung von Jürgen Behrens unter dem Titel *Das Ende der Massenproduktion. Studie über die Requalifizierung der Arbeit und die Rückkehr der Ökonomie in die Gesellschaft* bei Wagenbach auf Deutsch erschien). Es hat großen Einfluss auf die Strömung gehabt, die in Europa, und zwar vor allem in Frankreich und in Italien, die vernetzten, häufig auf familiärer Basis organisierten Kleinunternehmen, die Dynamiken der Nähe und die lokale Entwicklungspolitik in den Vordergrund gestellt hat,

38 Zu den Grundlagen der Ökonomie der Konventionen, vgl. das ihr gewidmete Sonderheft von *La Revue économique* (Jg. 40, Nr. 2, März 1989). Vgl. auch Laurent Thévenot, »Les investissements de forme«, in: *Conventions économiques. Cahiers du centre d'études de l'emploi*, Paris: PUF, 1985, S. 21-72, und ders., »Essai sur les objets usuels. Propriétés, fonctions, usages«, in: *Les Objets dans l'action. Raison pratique*, Nr. 4, Paris: Éditions de l'EHESS, 1993, S. 85-11. Vgl. außerdem Philippe Batifoulier (Hrsg.), *Théorie des conventions*, Paris: Economica, 2001, André Orléan, *Analyse économique des conventions*, Paris: PUF, 2004, und Robert Salais, »Conventions de travail, mondes de production et institutions«, in: *L'Homme et la Société*, 2008/4 – 2009/1 (Nr. 170 und 171), S. 151-174.

in deren Mittelpunkt die Landesregionen und die Industriedistrikte standen.[39] Im Vorwort zur französischen Ausgabe versuchen Michael Piore und Charles Sabel zu zeigen, dass der Gegensatz »zweier widerstreitender Arten des technischen Fortschritts«, auf dem das Buch beruht – auf der einen Seite »die Massenproduktion« und auf der anderen eine »Handwerksökonomie« –, besonders für Frankreich gelte. Während »Frankreich im 19. Jahrhundert« im Unterschied zu »Großbritannien« und den »Vereinigten Staaten« als »seinen Konkurrenten im industriellen Wettbewerb« »wie das Land der Handwerksökonomie schlechthin erscheint«, ist die französische Wirtschaft nach dem Zweiten Weltkrieg »durch eine bewusste Entscheidung der französischen Regierung auf Massenproduktion umgestellt worden und hatte als Prototyp dieser Wirtschaftsform keine anderen Konkurrenten mehr als die amerikanische Wirtschaft«.[40]

Das ökonomische Modell, für das Michael Piore und Charles Sabel Mitte der 1980er Jahre werben, soll für alle Produktionsarten gelten. Als Modell gedient haben ihnen aber vor allem die Unternehmen, die sich der Luxusökonomie zugewandt hatten, und die von den Autoren gepredigte Wende hat sich hauptsächlich im Zusammenhang mit der Herstellung von außerordentlichen Produkten als realistisch erwiesen. Das belegt der Fall des Textildistrikts von Prato in der Toskana, der, »als der Wettbewerbsdruck von Wollwarenerzeugern in Japan und Osteuropa, die mit

39 Ein Überblick findet sich in Arnaldo Bagnasco/Charles Sabel, *PME et développement économique en Europe,* Paris: La Découverte, coll. Recherches, 1994. Zur Entwicklung des »Dritten Italien« im Gegensatz zum Industriedreieck Mailand-Turin-Genua, vgl. auch Arnaldo Bagnasco/Carlo Trigilia, *La Construction sociale du marché. Le défi de la troisième Italie,* Cachan: Les Éditions de l'ENS de Cachan, 1993, italienische Orginalausgabe 1988.

40 Michael Piore/Charles Sabel, *Les Chemins de la prospérité. De la production de masse à la spécialisation souple,* Paris: Hachette, 1989, englische Originalausgabe 1984. In der deutschen Übersetzung *Das Ende der Massenproduktion. Studie über die Requalifizierung der Arbeit und die Rückkehr der Ökonomie in die Gesellschaft* (Aus dem Englischen von Jürgen Behrens), Berlin: Wagenbach Verlag, 1985, ist dieses Vorwort nicht enthalten; das Zitat wurde von der Übersetzerin ins Deutsche übertragen.

niedrigen Kosten produzierten, zunahm«, zu einem paradigmatischen Beispiel für eine lokale Entwicklung auf der Basis vernetzter Kleinunternehmen geworden ist. Sein Erfolg beruhte auf »einer langfristigen Verschiebung von Standard- zu Modeartikeln und einer entsprechenden Umorganisation der Produktion – von der großen integrierten Fabrik zu technologisch differenzierten kleineren Betrieben, die sich auf verschiedene Produktionsabschnitte spezialisierten«.[41] Ein Gegenbeispiel bietet der Fall Lyon, das – nachdem es Ende des 19. Jahrhunderts die handwerkliche Seidenweberei zugunsten der industriellen Spinnereien aufgegeben hatte – Ende der 1950er Jahre den Untergang seiner Textilindustrie erlebte. Im Rahmen der »Industriedistrikte« des Dritten Italien profitierten mittelgroße Fabriken in einem Umfeld dynamischer Gebietskörperschaften von der Aktivierung familialer und politischer Solidarität, was den Erfolg von Bekleidungsfirmen wie Benetton oder später Diesel erklärt, die mittlerweile den Status von Weltkonzernen erlangt haben.[42]

Als zweites Beispiel möchten wir das 1993 erschienene Buch *Les Mondes de production. Enquête sur l'identité économique de la France* von Robert Salais und Michael Storper nennen.[43] Dieses Buch ist besonders für die Bestimmung des Zeitpunkts einschlägig, an dem die Ausrichtung auf außerordentliche Güter mit hohem kulturellen Gehalt erstmals als Mittel betrachtet wurde, um den Niedergang der Serienproduktion abzuschwächen, der den französischen Industrieregionen zu schaffen machte. Auf der Grundlage des aus der Ökonomie der Konventionen stammenden Begriffs der »möglichen Welten« unterscheiden die Verfasser eine industrialisierte Welt, in der die Konkurrenz auf den Preisen beruht und auf »Skaleneffekte und Kostenvorteile« zurückgeht, und eine Welt, in der sich der Wettbewerb auf »Variabilitätsvor-

41 Michael Piore/Charles Sabel, *Das Ende der Massenproduktion*, a.a.O., S. 238-240 und S. 250-254.

42 Vgl. Andrea Colli/Elisabetta Merlo, »Family business and luxury business in Italy (1950-2000)«, in: *Entreprises et Histoire*, 2007/1 (Nr. 46), S. 113-124.

43 Robert Salais/Michael Storper, *Les Mondes de production. Enquête sur l'identité économique de la France*, Paris: Éditions de la MSH, 1993.

teile« stützt und zu der die Verfasser sowohl die Hochtechnologien als auch die Herstellung von Qualitätsprodukten oder außerordentlichen Produkten zählen. Eine der Hürden der französischen Ökonomie von früher habe nun aber darin bestanden, dass sie sich »zu sehr auf das Industrielle konzentriert« habe, »worin sie nicht sonderlich gut abschnitt«, was sich nachteilig auf die »Variabilitätsvorteile« auswirkte, die sich in Bezug auf die Hochtechnologien vor allem in den Vereinigten Staaten als besonders leistungsstark erwiesen und in Bezug auf Luxusartikel in Italien. Daraus folge, dass »die Zukunft nicht den rein ›industriellen‹, sondern anderen Produkten gehört«, die auf »Qualitätskonventionen« beruhen. Und seit dieses Buch erschien, ist es tatsächlich bei den Produkten zu wachsenden Verkaufszahlen gekommen, welche die Verfasser für vielversprechend gehalten hatten, so wie Weine, Parfüms, Schmuck oder Modeartikel.

Eine Umstellung auf mehreren Ebenen

Die Hinwendung zu einer Ökonomie, die sich auf das Lokale konzentriert, auf außerordentliche, auf das Handwerkliche pochende Güter, auf die Luxusökonomie und auf die kulturelle Entwicklung als ökonomischer Trumpfkarte und Mittel im Kampf gegen die Arbeitslosigkeit, wurde zunächst vom Staat und durch öffentliche Maßnahmen in die Wege geleitet, die das genaue Gegenteil der Optionen darstellten, die am Ende des Zweiten Weltkriegs ergriffen worden waren. Sie geht also nicht von vornherein auf hochgradig kapitalistisch agierende Unternehmen und vor allem Großkonzerne zurück, die eher mit Standortverlegungen, Multinationalisierung und Finanzwirtschaft beschäftigt waren. Einfluss auf die französischen Landesregionen lässt sich durch öffentliche Maßnahmen nehmen, und eine solche, durch die Regionalisierung, die Dezentralisierung und die wachsende, den lokalen Gemeinschaften bei der Verwaltung ihres Haushalts zugestandene Autonomie unterstützte Einflussnahme hat die Bildung einer Bereicherungsökonomie begünstigt, allerdings gewissermaßen *von unten*. Dabei handelt es sich um kulturpolitische Maßnahmen und darüber hinaus um die dem Vereins- und Verbandswesen entgegengebrachte Aufmerksamkeit, dessen Entwicklung gefördert und subventioniert wurde.

Die vom Ministerium für Kultur und Kommunikation in Angriff genommenen kulturpolitischen Maßnahmen waren gekennzeichnet durch »eine massive Nutzung vertragsförmiger Instrumente – Verträge, Übereinkommen und andere von öffentlichen oder privaten Organen geschlossene Vereinbarungen, die sich verpflichteten, Aktionsprogramme binnen einer vorab festgelegten Frist zu finanzieren und/oder umzusetzen«. Zwischen 1982 und 1988 mündete dies »größtenteils auf Betreiben von Michel Rocard« in einer »allgemeinen Kontraktualisierung«: »Interkommunale Chartas eine nachhaltige Entwicklung betreffend, Übereinkommen zur kulturellen Entwicklung, Verfahren für die soziale Entwicklung in den Vierteln. In diesen Übereinkommen vermischen sich Urbanes, Soziales, Bildung, Kulturelles, Umwelt.«[44] Dadurch wurden die kulturellen Maßnahmen in die »Raumplanung« einbezogen und untrennbar mit den vollständig auf der *politischen Logik der Landesregionen* fußenden öffentlichen Maßnahmen verbunden, sodass »die kulturellen Maßnahmen« nicht »als Teilmaßnahmen«, sondern in ihrer globalen, in die Entwicklungspolitik der Landesregionen eingebetteten Dimension in Angriff genommen wurden. Ermöglicht wurde dies durch »eine starke Einbeziehung der Volksvertreter«, »einen Dialog mit Verbänden und Gemeinden« und »eine weitgehende Koordinierung der einzelnen Abteilungen: Kultur, Raumplanung, Tourismus«.[45] Das heißt, dass die Umsetzung dieser Politik auf Prozessen der »Absprache«, des »Dialogs«, der »gemeinsamen Erarbeitung« und »geteilten Verantwortung« beruhte, in deren Verlauf die Akteure

---

44 Pierre Moulinier, »Naissance et développement du partenariat contractuel dans le domaine culturel«, in: Philippe Poirrier/René Rizzardo (Hrsg.), *Une ambition partagée? La coopération entre le ministère de la Culture et les collectivités territoriales (1959-2009)*, Paris: Travaux et documents du ministère de la Culture Nr. 26, 2009, S. 46-92.

45 Ebd., S. 46.

auf Seiten der Kultur – Schauspieler, Tänzer, bildende Künstler, Schriftsteller, Bibliothekare usw. – sich dazu veranlasst und in manchen Fällen gezwungen sahen, Kontakt zu den Bürgermeistern, Generalräten, Managern usw. aufzunehmen, damit sie weiterarbeiten konnten, was dem Ideal der »Begegnung« entspricht, auf dem bei Jack Lang die Steigerung der Kreativität beruhte.

Häufig sind die Zeitarbeitsregelungen zur Haupt-, wenn nicht einzigen Ursache für die wachsende Zahl von Personen erklärt worden, die im Bereich der darstellenden Künste beschäftigt sind. Doch davon abgesehen, dass diese Erklärung nicht für die anderen Kulturarbeiter gilt, unterschätzt sie die Rolle, welche die Raumplanung in ihrer seit den 1980er Jahren angenommenen Form bei dieser Erhöhung gespielt hat. Die besagte Vertragspolitik hat vor allem im Bereich der darstellenden Künste die Entstehung von Verbänden und Vereinigungen sowie die sozialwirtschaftliche Entwicklung gefördert (mit Ausnahme der »Sozialhilfe« sind Künste, Live-Shows und kulturelle Aktivitäten der einzige Bereich, in dem die Zahl der Mitarbeiter, die aus Mitteln einer sozialwirtschaftlichen Organisation entlohnt werden – rund 100 000 –, fast genauso hoch ist wie die Zahl der Beschäftigten ohne sozialwirtschaftlichen Hintergrund). Der Anteil der Vereinigungen an der Kulturwirtschaft wird auf ungefähr 10 Prozent geschätzt, im Jahr 2011 waren das 8,3 Milliarden Euro.[46] Doch dadurch hat diese Politik auch die Prekarisierung einer großen Zahl von Kulturarbeitern gefördert. Trotz ihres höheren Bildungsniveaus haben die auf ungefähr 170 000 Personen geschätzten Angestellten von Kulturvereinigungen nämlich häufiger befristete Verträge als die Lohnempfänger in anderen Sparten.[47] Die Kontraktualisierung wies so eine Affinität zur Projektkultur auf, die kennzeichnend für den ungefähr ab Mitte der 1980er Jahre in den Unternehmen

46 Im Jahr 2001 war in Frankreich eine von fünf Vereinigungen im Bereich der Kultur aktiv. Valérie Deroin, »Emploi, bénévolat et financement des associations culturelles«, in: *Culture Chiffres*, 2014/1, Nr. 1, S. 1-12.

47 Ebd.

einsetzenden Wandel der Managementmethoden war, der möglicherweise als Vorbild für sie diente.

Was die der Literatur, dem Comic, dem Theater und vor allem der Musik gewidmeten Festivals anbelangt, so sind sie in Frankreich besonders zahlreich vertreten (allein 2013 fanden 1972 Musikveranstaltungen statt). Ihre Schaffung oder Weiterentwicklung im Laufe der zweiten Hälfte der 1970er Jahre und in den 1980er Jahren wurden von den Akteuren vor Ort – meistens mit staatlichen Stellen interagierende öffentliche Bedienstete – als lokale Entwicklungsinstrumente betrachtet und haben von den Dezentralisierungsmaßnahmen profitiert. Der Haushalt dieser Festivals, der im Einzelfall zu unterschiedlichen Anteilen auf öffentlichen Zuwendungen, Ticketverkäufen und privaten Geldgebern beruht, gerät jedoch leicht aus dem Gleichgewicht, und ihre manchmal aufgrund von Entwicklungen im Zusammenhang mit der Neuaushandlung der Zeitarbeitsregelungen erfolgende Absage, ja sogar ihr vollständiger Wegfall nicht zuletzt aufgrund des Rückgangs der staatlichen Mittel hat über die beteiligten Kulturarbeiter hinaus Auswirkungen auf alle lokalen Dienstleistungen und Geschäfte.

Diese Entwicklung der Bereicherungsökonomie *von unten,* die von staatlichen, häufig durch den Willen, die Arbeitslosigkeit einzudämmen, gerechtfertigten Initiativen und Zuschüssen profitiert hat, ist allmählich durch eine *von oben* erfolgende Expansion überwuchert worden, als die Gewinnaussichten wachsende Investitionen in Luxus, Kulturerbe, Tourismus, Kunst, Kultur usw., also in die Bereiche nach sich zogen, deren Rentabilität für private Kapitalanleger umso ungefährdeter erschien, als sie von der öffentlichen Hand getragen bzw. gefördert wurden. Die Zahl der auf eine Bereicherungsökonomie ausgerichteten Investitionen ist noch schwerer zu ermitteln und zusammenzurechnen als die Arbeitsplätze, weil zur fehlenden Transparenz noch das Fehlen eines angemessenen rechnerischen Rahmens hinzukommt. Verschiedene Anzeichen, wie etwa die Entwicklung der Luxuskonzerne, legen jedoch nahe, dass sie beträchtlich sind und ebenso stetig steigen wie die generierten Profite.

Eine Intensivierung des Verhältnisses von öffentlichen kulturellen Maßnahmen und Privatunternehmertum wurde schon sehr früh für erforderlich gehalten, damit die Idee eines nicht zu übersehenden Beitrags der Kultur zum Wachstum konkretisiert werden konnte, und sie hat die Form einer symbolischen und materiellen Unterstützung der öffentlichen Hand bei dem angenommen, was als »Industriekultur« bezeichnet wurde, um deutlich zu machen, dass ein Interesse daran in Kontinuität zur Tradition des Industriestaats stand, was zunächst den auf internationaler Ebene hohes Ansehen genießenden Bereichen, wie etwa der Haute Couture, der Filmbranche und natürlich dem Kulturerbe, zugutekam. Der in den 2010er Jahren dem Außenministerium unterstehende Tourismus stellt ein anderes Paradebeispiel dar, weil die öffentlichen Anstrengungen zugunsten eines wirklichen nationalen Anliegens wie des Tourismus nichts bewirken, wenn sie keine Unterstützung durch Privatinteressen in den Bereichen des Transport-, Hotel- und Gaststättengewerbes sowie des Handels mit Qualitätsprodukten erhalten, die sich mittlerweile stark auf die Großkonzerne konzentrieren. Das belegt der inzwischen nach langen Debatten verabschiedete Antrag, die Pariser Geschäfte in den sogenannten Tourismuszonen auch sonntags und abends zu öffnen. Doch das Bemühen, das Interesse von Investoren zu erregen, schlägt sich in Gestalt der Werbung für das kulturelle Erbe und die Terroirs auch auf ganz lokaler Ebene nieder. Zu ihren »Exzellenzbereichen« zählt die Abteilung für Tourismus daher den »weintouristischen Bereich«, der »die verschiedenen Akteure der Weinkultur und des Tourismus zusammenführen« soll, vor allem durch die Organisation von »Führungen durch die Weinkeller«; den »ökotouristischen Bereich«, »in dessen Mittelpunkt sanfte Fortbewegungsformen stehen – Fluss-, Fahrrad-, Wander- oder Pferdetourismus« – und der der Entwicklung der ländlichen Regionen zugutekommen soll, indem er den Marktwert der Landschaften erhöht und die Kenntnisse über die gastronomischen Erzeugnisse vergrößert.[48] Aus diesem Grund gehören

48 Auszüge aus dem Material, das auf der Homepage des Außenministeriums zu finden ist.

zu den Personen, aus denen sich der Conseil de promotion du tourisme, der Beirat zur Förderung des Tourismus, zusammensetzt, neben Diplomaten, lokalen Abgeordneten und Journalisten auch ein Vertreter des Groupement national des indépendants, des Nationalen Zusammenschlusses der Selbstständigen, ein Unternehmenschef aus der Qualitätsnahrungsmittelindustrie, ein Gastwirt und der Präsident des Wein- und Spirituosenverbandes.

Hinzu kommt, dass die Entwicklung des Tourismus und, allgemeiner gesagt, die Aufwertung der Regionen und Standorte, die über wichtige patrimoniale Ressourcen verfügen – wie etwa über Schlösser, Abteien, außergewöhnliche Dörfer, exzellente Anbaugebiete und »traditionelles Know-how« – und die kaufkräftige Bewohner anlocken, in erster Linie denen zugutekommen, die, ob nun vor Ort oder von fern, im Besitz der Immobilien und Grundstücke sind. Dadurch hat diese Aufwertung zum Steigen der aus dem kulturellen Erbe bezogenen Einkünfte im Vergleich zum Arbeitseinkommen beigetragen, was eines der prägenden Merkmale des Wandels gewesen ist, der die Bourgeoisie im Laufe der letzten dreißig Jahre erfasst hat.[49]

In diesem Zusammenhang erwähnt werden muss auch eine Einrichtung wie das Forum d'Avignon, das im Jahr 2007 mit Unterstützung des Ministeriums für Kultur und Kommunikation geschaffen wurde und sich selbst als »Ideenschmiede und internationale Begegnungsstätte im Dienste der Kultur und ihres Dialogs mit der Welt der Wirtschaft und der digitalen Welt« bezeichnet.[50] Seine Aufgabe, heißt es auf seiner Internetseite, »ist es, daran zu erinnern, dass Kultur sowohl individuell als auch kollektiv und finanziell gesehen eine Investition ist – und kein Kostenfaktor – und dass sie durch ihre dreifache – künstlerische, ökonomische und soziale – Natur einen aktiven Beitrag zur Entwicklung der Ökonomie und der Landesregionen leistet«. Das Forum stellt

---

49 Thomas Piketty, *Le Capital au XXIe siècle*, Paris: Seuil, coll. Les Livres du Nouveau Monde, 2013 ⟨dt.: *Das Kapital im 21. Jahrhundert* (Aus dem Französischen von Ilse Utz und Stefan Lorenzer), München: Verlag C. H. Beck, 2014⟩.

50 ⟨forum-avignon.org⟩.

Verbindungen zwischen »Künstlern«, »Kreativen«, »Unternehmern« und den Verantwortlichen der öffentlichen Institutionen her – die vertreten werden durch die etwa 20 Personen, aus denen sein Verwaltungsrat besteht – und kümmert sich um Probleme wie die »Besteuerung von Kreativen«, »geistiges Eigentum und Autorenrechte«, »kulturelles Unternehmertum« oder den Beitrag der Kultur zur Weiterentwicklung der »Attraktivität der Landesregionen«. Mit wachsendem Interesse wendet sich das Forum den Folgen der Digitalisierung für die Kulturfinanzierung zu. Das Vorhandensein einer solchen Organisation ist typisch für eine Bereicherungsökonomie, die versucht, drei ihrer Dimensionen miteinander zu vereinbaren, nämlich erstens die Werbung für das Land als Marke im internationalen Wettbewerb (die Marke »Frankreich«), zweitens die Weiterentwicklung der Landesregionen, um ihre Wirtschaftsaktivität aufrechtzuerhalten und, wenn möglich, ihre Attraktivität zu erhöhen, und drittens die Unternehmen, die diese Ressourcen ausbeuten.

Von der patrimonialen Zierde zum Unternehmen Kulturerbe

Der Fall der Adelsschlösser ist besonders einschlägig, wenn man nachvollziehen will, auf welche Weise die von der öffentlichen Hand angestoßenen Maßnahmen zur Aufwertung der Landesregionen mit den Interessen der Vermögenseliten zusammenfielen. Durch die spezifisch den Schlössern gewidmete Arbeit, die Monique de Saint Martin im Rahmen ihres Buches über die Soziologie des Adels geleistet hat,[51] ist es möglich, so etwas wie eine Phänomenologie der Art und Weise zu entwerfen, wie die Bereicherungsökonomie sich nach und nach durchsetzte und wie die

---

51 Monique de Saint Martin, *L'Espace de la noblesse*, Paris: Metailié, 1993 ⟨dt.: *Der Adel. Soziologie eines Standes* (Aus dem Französischen von Jörg Ohnacker), Konstanz: UVK, 2003⟩. Vgl. auch Michel Pinçon/Monique Pinçon-Charlot, *Châteaux et châtelains. Les siècles passent, le symbole demeure*, Paris: Anne Carrière, 2005.

von staatlicher Seite angestoßenen Maßnahmen, und zwar vor allem die steuerlichen Maßnahmen, den Erwartungen und ökonomischen Interessen der alten Eliten entgegenkamen.

Es sei darin erinnert, dass in Frankreich fast die Hälfte (49,57 Prozent) des geschützten Kulturerbes in Privatbesitz ist, das sind ungefähr 22 000 Baudenkmäler.[52] Über die Kredite für den Unterhalt und die Restaurierung hinaus, die sie direkt vom Staat erhalten, kommen die betreffenden Eigentümer auch noch in den Genuss von Steuervergünstigungen. Ein entscheidender Punkt dabei ist das die öffentliche Zugänglichkeit des Gebäudes in den Vordergrund stellende Kriterium für die Zuerkennung dieser Steuervergünstigungen – ein Kriterium, das laut einem Senatsbericht schon in den 2010er Jahren fragwürdig war, weil es nicht mehr »den heutigen touristischen Praktiken« entspreche. Denn »gut geführte, mit Respekt für die historischen Orte eingerichtete Gasthäuser und Fremdenzimmer können für die Öffentlichkeit sehr viel attraktiver sein und höhere öffentliche Einnahmen erzielen als ein paar Wochen öffentlicher Zugang pro Jahr«. Die als Ersatz für die öffentliche Zugänglichkeit vorgebrachte Idee einer »ökonomischen und territorialen Würdigung des Gebäudes« wird unter Berufung auf Viollet-le-Duc gerechtfertigt, für den »das beste Mittel zum Erhalt eines Bauwerks« darin bestanden habe, »für es eine Verwendung zu finden«.[53]

Als patrimoniales Gebäude par excellence bildet das Schloss den zentralen Gegenstand, in dem sich das Gefühl der Zugehörigkeit zum Adel verkörpert, weil in ihm die Beziehung zwischen einem Namen, einem Titel und einer Geschichte eine materielle Wurzel findet. Das Selbstbild eines Adligen ist so beschaffen, dass er die Erinnerung daran aufrechterhält, dass er eine Geschichte hat, dass er Geschichte ist, und wie jede Erinnerung muss sich diese Erinnerung, damit sie erhalten bleibt und weitergegeben

---

52 Vincent Eblé, *Rapport d'information sur les dépenses fiscales relatives à la préservation du patrimoine historique bâti*, Senat, aufgezeichnet am 7. Oktober 2015.

53 Ebd., S. 36.

werden kann, nicht nur in Körper, sondern auch in Dinge und Situationen einschreiben, die sich aus dem Kontakt mit diesen Dingen ergeben. Im Fall des französischen Adels handelt es sich bei jenem Ding, welches das Gefühl, zum Adel zu gehören, verkörpert und den Unterschied oder Abstand zu den anderen Ständen vergegenwärtigt, ohne den es nicht erhalten bliebe, nun aber um nichts anderes als um das Schloss, insofern sich seine Weitervererbung in die Abfolge der Generationen einschreibt, aus der die Ahnenreihe besteht. Doch das Verhältnis zum Schloss, so wie Monique de Saint Martin es analysiert und es ungefähr bis in die 1970er Jahre aufrechterhalten worden ist, hat mit dessen im eigentlichen Sinne ökonomischen, ja sogar ästhetischen Aspekten nichts zu tun. Zum einen brüstet sich derjenige, dem es zufällt, damit, dass er es nur »verwahre«. Zum anderen ändert die Verbissenheit, mit der versucht wird, die Familienschlösser, die man verloren hat, wiederzubekommen, nichts daran, dass ein Erbe des Namens, dem es gelingt, das Anwesen seiner Vorfahren zurückzukaufen und es wieder in die Ahnenreihe einzufügen, es trotzdem »sehr häßlich« finden kann.[54] Diese Schlösser, die »oft keinen großen ökonomischen Wert mehr aufweisen und wenig oder keinen finanziellen Gewinn abwerfen, sind laut Aussage der Betroffenen häufig Ursache von Ausgaben, ›Belastungen‹ oder Schulden«.[55]

Dasselbe lässt sich auch über die Gegenstände sagen, die sich in den Schlössern befinden: »Tatsächlich sind es nicht die ästhetischen Eigenschaften«, schreibt Monique de Saint Martin,

> der Stil der Objekte, Möbel oder Bilder, die geschätzt und gerühmt werden, sondern eher ihre Geschichte und ihre Herkunft: Aufmerksamkeit und Bewunderung richten sich weniger auf die Louis-XV.-Kommode oder den Louis-Philippe-Sessel im kleinen Salon als auf die Kommode, die von C.'s Urgroßmutter stammt oder auf den Sessel, auf dem die Herzogin von R. gesessen hat, die aus Schloß X. stammt; sein Marktwert muß nicht bekannt sein, er steht dort als vertrauter Gegenstand, auf den gar nicht besonders geachtet zu werden

54 Das belegt der Fall von Alain du Plessis de Pouzilhac, den Monique de Saint Martin anführt, a. a. O., S. 95.

55 Ebd., S. 98.

> scheint. Der Ehrenplatz im großen Salon ist meistens nicht dem Gemälde eines Meisters oder eines mehr oder weniger bekannten großen Malers vorbehalten, sondern einem Bild, auf dem Marschall von S. oder der Herzog von R. zu sehen ist, am besten ein Vorfahr, dessen Heldentaten alle Familienmitglieder, von den Ältesten bis zu den Jüngsten, kennen dürften (der abenteuerliche Weg des Bildes durch die Wechselfälle der Geschichte ist oft besser bekannt als seine Wesensmerkmale oder der Lebenslauf des Malers).[56]

Das Buch von Monique de Saint Martin ist deshalb so interessant, weil sie ein Bild des Adels und seines Verhältnisses zu den Gegenständen vermittelt, das in einen Zeitraum fällt, in dem seine »Rekonversionswege«, also Umorientierungsprozesse sich mit der Bildung einer Bereicherungsökonomie überschneiden. Das heißt auf einen Moment, wo die Bedeutung, die der Vergangenheit, der Geschichte und dadurch auch den Geschichten beigemessen wird, die mit den Gegenständen einhergehen und für ihren Wert entscheidend sind, nicht mehr allein von der Bezugnahme auf die Ahnenreihe, das heißt auf eine private, auf ihre Andersheit festgelegte Untergruppe abhängt, sondern eine ökonomische und gleichzeitig öffentliche Dimension bekommt. So gesehen, können die Bereicherungsökonomie und besonders die Patrimonialisierungsprozesse als Erweiterung des Verhältnisses des Adels zur Welt der Objekte verstanden werden, die allerdings einen radikalen Wandel nach sich zieht, durch den sich zum einen das Bezugssystem der Objekte ändert und sich vom Privaten auf das Öffentliche, von der Familie auf das – regionale oder nationale – Territorium

---

56 Ebd. ⟨Übersetzung modifiziert⟩. In ihrem ersten Buch über die Lebensweise der Bologneser Eliten macht Dominique Schnapper eine ähnliche Bemerkung: »Anders als in einer Ausstellung hängen die Bilder in den Salons der alten Aristokratie weiterhin auf die althergebrachte Art zu mehreren über- und untereinander, weil sich ihr Vorhandensein nicht dem persönlichen Geschmack eines Sammlers oder Kunstliebhabers verdankt, der seine Schätze zeigen möchte. Der schlechte Konservierungszustand der Werke, die über viele Generationen weitervererbt worden sind, und ihre ungeschickte Präsentation weisen darauf hin, dass es sich um Erbstücke handelt« (Dominique Schnapper, *L'Italie rouge et noire. Les modèles de la vie quotidienne à Bologne*, Paris: Gallimard, 1971, S. 103f.).

umorientiert und der dieses Verhältnis zum anderen mit den Verlagerungen des Kapitalismus verknüpft. So konnten Familien, deren Vermögen auf ökonomischem Kapital aus der Industrie beruhte und/oder die Umorientierungsstrategien entwickelten, hochdotierte Posten bekleideten, für die ein höherer Universitätsabschluss erforderlich war, die Anwesen ihrer »Vorfahren« als Kostenfaktor, finanzielle »Belastung« oder im besten Fall als patrimoniale Zierde betrachten, die gut für die Aufrechterhaltung der familiären und sozialen Beziehungen waren. Durch den Wandel des Kapitalismus hat sich dieses mit dem Streben nach Distinktion verknüpfte Kulturerbe nach und nach in ein Kapital verwandelt, mit dem sich durch gewerblichen Handel, aber auch mit touristischen Mitteln Profite generieren lassen.

Die Öffnung der Schlösser für Besucher wurde vor allem in den 1970er und 1980er Jahren üblich und ist durch die Steuergesetze vom 23. Dezember 1964 und vom 5. Januar 1988 begünstigt worden. Das erste Gesetz »ermöglicht den Eigentümern [...], alle für Restaurierung und Unterhalt anfallenden Kosten von ihrem zu versteuernden Einkommen abzusetzen, wenn das unter Denkmalschutz stehende oder registrierte ›private historische Baudenkmal‹ mindestens 40 bis 50 Tage im Jahr der Öffentlichkeit zugänglich ist«, und das zweite macht es möglich, dass »private historische Baudenkmäler, die dem Publikum mindestens 80 bis 100 Tage im Jahr offenstehen, bei einer Vererbung an die nächste Generation keiner Besteuerung unterliegen«. Das »Schloß für jedermann« oder »allen zugängliche Schloß« als Ausdruck der »Pflicht [...] gegenüber dem Staat« im »Dienst des öffentlichen Wohls« entwickelte sich unter den Eigentümern rasch zu einem beliebten Thema. Es »gehört [...] zu den neuen Pflichten der Nachfahren des Adels, das ererbte Schloß oder den Stammsitz im Familienbesitz zu halten. Um dies zu bewerkstelligen, müssen Besucher innerhalb sorgsam definierter Grenzen zugelassen und, eventuell sogar persönlich, geführt werden, wobei die Führung mit einschlägigen Anekdoten und Histörchen bereichert wird.« Immer häufiger werden Salons für Empfänge und Hochzeiten zur Verfügung gestellt, und Zimmer werden in »(zu bezahlende) ›Gästezimmer‹«

umgewandelt.[57] Manche Adelsschlösser (wie das des Marquis de Breteuil) verwandeln sich so in echte Unternehmen mit »allen damit verbundenen Aktivitäten wie Besichtigungen, Seminare[n], Kolloquien, Betriebsfeiern, Konzerte[n], Hochzeitsfeiern, Restauration etc.«[58].

Die Verwandlung der privaten Familiensitze in Vermögensgegenstände als unverzichtbaren Bestandteilen der Bereicherungsgebiete ist mit dem Ausbau einer Kulturerbe-Politik einhergegangen, zu deren Aushängeschildern Jack Langs Schaffung der »Journées portes ouvertes dans les monuments historique«, der Tage der offenen Denkmäler, im Jahr 1984 gehörte, die 1991 in den meisten europäischen Ländern eingeführt und vom Europarat unter der Bezeichnung »Journées européennes du patrimoine« bzw. »European Heritage Days« offiziell bestätigt wurden. Im Mittelpunkt dieser landesweit von der für das Kulturerbe zuständigen Generaldirektion koordinierten Tage stand zunächst vor allem die Öffnung von Gebäuden, die gewöhnlich nicht öffentlich zugänglich sind, besonders die sogenannten »Sitze der Macht«, also die Orte, von denen aus staatliche Macht ausgeübt wird. Dann wurden sie auf durch Gebietskörperschaften verwaltete Güter ausgeweitet, aber auch auf eine große Zahl privater Güter, insbesondere »historische« Anwesen, deren Eigentümer auf diese Weise als »Partner« der Patrimonialisierungspolitik anerkannt wurden.[59] Ihre Einbeziehung in dieses System erhöht sowohl das Renommee als auch den Kapitalwert der Güter, die sie besitzen. Eine solche Öffentlich-Private Partnerschaft stützt sich auf Eigentümervereine zur »Wahrung des französischen Kulturerbes« wie »La Demeure historique« (»Das historische Anwesen«), dem ältesten Verein, dem praktisch nur Eigentümer von Adelsschlössern angehören (2000 im Jahr 1989), oder den Verein »Vieilles Maisons françaises« (»Alte Häuser in Frankreich«), der

57 Monique de Saint Martin, a. a. O., S. 102-104 ⟨Übersetzung modifiziert⟩.

58 Ebd., S. 107.

59 Vgl. die Rubrik »Journées européennes du patrimoine« auf der Homepage des Ministeriums für Kultur und Kommunikation: ⟨journeesdupatrimoine.culturecommunication.gouv.fr/⟩.

sehr viel mehr Mitglieder hat (18 000), die nicht alle einen Titel tragen.[60]

Dieser Patrimonialisierungsprozess von ursprünglich adligen Anwesen hatte so also zwei in sich mehr oder weniger widersprüchliche Gesichter. Zum einen hat er die Ausweitung der Erinnerungsfunktion auf Gegenstände bis hin zu Klassen begünstigt, die, obwohl sie nicht zum Adel im eigentlichen Sinne gehören, »Wurzeln« für sich entdeckt haben. Ihre in der Regel in der Stadt lebenden, häufig einen Universitätsabschluss besitzenden und eine leitende Tätigkeit in einem modernen Unternehmen ausübenden Mitglieder haben die Gegenstände und Häuser ihrer häufig vom Land stammenden, bäuerlichen Familien als Schätze betrachtet, die es allein schon deshalb wert waren, bewundert und erhalten zu werden, weil sie aus der Vergangenheit stammten und den Gegenständen und Häusern Erinnerungskraft verliehen. Sie haben Objekte, die vor einigen Jahrzehnten noch geringgeschätzt, ja sogar aufgegeben worden wären, mit Geschichten verknüpft, die ihnen zunächst in ihren eigenen und in den Augen ihrer Kinder als Zeugnisse der Familiengeschichte Wert verliehen. Doch diese Demokratisierung des »Schloss-Effekts«, der unter Bezugnahme auf die Familiengeschichte zur Würdigung noch des winzigsten Bauernhäuschens oder sogar einer ausgebauten Scheune führt, geht zum anderen einher mit der Verwandlung von Gegenständen, die für Privatpersonen über Erinnerungskraft verfügen, in ein kulturelles Erbe, das für eine kapitalistische Nutzung geeignet ist. In Gang gesetzt wird dieser Umwandlungsprozess des Kulturerbes in Kapital durch die wachsende Nachfrage nach Häusern und Gütern mit Wurzeln in der Vergangenheit, die vom Umsichgreifen von etwas ausgelöst wurde, das man *patrimoniales Ethos* nennen könnte und das auch viele Menschen erfasst, die gar kein Immobilienvermögen geerbt haben, sondern ihr Arbeitseinkommen in Häuser und Güter investieren, die ihnen das Gefühl von historischer Tiefe vermitteln. Etwa so wie bei der – übrigens auch nach dem Vorbild des Adels und vor allem von den

60 Monique de Saint Martin, a. a. O., S. 108.

Nachkommen der »großen« Familien praktizierten – Erforschung der genealogischen Wurzeln, die in den letzten Jahrzehnten ebenso zu einer weit verbreiteten »Leidenschaft« geworden ist wie die Praxis des Sammelns von Dingen, deren Gegenstück in Bezug auf Personen sie gewissermaßen darstellt.[61]

Lokale Umbrüche innerhalb des globalen Kapitalismus

Die Deindustrialisierung und die Entwicklung einer Bereicherungsökonomie sind Prozesse, die nicht nur gleichzeitig stattfinden, sondern auch miteinander verknüpft sind. Beide zeugen von einer tiefgreifenden Verlagerung der Strategien, die der westliche Kapitalismus einsetzt, um seine zentrale Stellung zu behaupten. Die Deindustrialisierung und die mit ihr einhergehenden Standortverlegungen auf der einen und die Entwicklung einer Bereicherungsökonomie auf der anderen Seite stellen zwei Reaktionen auf die Krise dar, die den Kapitalismus ab Ende der 1960er Jahre und in den 1970er Jahren erfasste. Kennzeichnend für diese Krise, deren Epizentrum in den Vereinigten Staaten lag, ist ein erheblicher Abfall der Kapitalrenditequote (um mehr als 40 Prozent zwischen 1965 und 1973). Robert Brenner[62] schreibt diese Krise einer Produktionsüberkapazität der Unternehmen mit dem größten Fixkapital zu. In dieser Lage konnten die betreffenden Unternehmen weder eine so hohe Profitrate erreichen wie im vorangegangenen Zeitraum noch ihre Wettbewerbsfähigkeit im Rahmen des zu jener Zeit herrschenden systemischen Konkurrenzkampfes aufrechterhalten. In einem solchen Konkurrenzkampf standen sich seit Ende der 1960er Jahre die alteingesessenen Unternehmen und die Neueinsteiger gegenüber, deren Kosten geringer waren.

---

61 Vgl. Marie-Odile Mergnac, *La Généalogie. Une passion française*, Paris: Autrement, 2003, und Jean-Louis Beaucarnot, *La Généalogie*, Paris: PUF, 1997.
62 Vgl. Robert Brenner, *The Economics of Global Turbulence. The Advanced Capitalist Economies from Long Boom to Long Downturn*, London: Verso, 2006.

Man kann jedoch auch Giovanni Arrighi[63] folgen, der Robert Brenners Analysen kommentiert und verfeinert hat und dabei auch die sich zuspitzenden Konflikte zwischen Arbeit und Kapital von Ende der 1960er Jahre bis etwa Mitte der 1970er Jahre hervorhob. Diese Konflikte waren in Europa und vor allem in Frankreich und Italien besonders intensiv, wo sie die Erschöpfung des sogenannten »fordistischen« Modells anzeigten. Im Rahmen einer fordistischen (oder keynesianischen) Regulationsweise war auf lokaler Ebene die Produktion der Industriegüter auf Kosten einer zunehmenden Standardisierung von Produkten und Arbeit erfolgt. Infolge der relativen Umverteilung der Produktivitätsgewinne sollte sich das Einkommen der Arbeitnehmer erhöhen, damit sie diese Güter erwerben konnten. Die immer umfassenderen, vor allem von Gewerkschaftsseite vorgebrachten Forderungen der Arbeiterschaft in Bezug auf Lohn, Arbeitsbedingungen und Absicherung, die mit stagnierenden Produktivitätsgewinnen einhergingen, haben nun aber diese kapitalistische Regulationsweise in den Jahren zwischen 1960 und 1970 in eine tiefe Krise gestürzt – eine Krise, die vor allem durch eine für die Angestellten günstigere Aufteilung des Mehrwerts und folglich durch sinkende Gewinne auf Seiten der Aktionäre gekennzeichnet war, was unter anderen zum Sinken der produktiven Investitionen führte.

Als sie wieder die Initiative übernahmen, haben die im Sinne von Jonathan Nitzan und Shimshon Bichler[64] »zentralkapitalisti-

63 Giovanni Arrighi, *Adam Smith in Beijing. Die Genealogie des 21. Jahrhunderts* (Aus dem Amerikanischen von Britta Dutke), Hamburg: VSA-Verlag, 2008, S. 156-168, englische Originalausgabe 2007.

64 Wir übernehmen den Begriff »zentralkapitalistisch« von Jonathan Nitzan und Shimshon Bichler, die eine Analysemethode für die Dynamik des Kapitalismus im Hinblick auf den Wettstreit um die Akkumulation von Differenzen, das heißt auf relative Macht entwickelt haben. Nach dieser Logik ist die Dynamik des Kapitalismus mit Verlagerungen verknüpft, die zum einen die Vermarktung ausweiten und zum anderen darauf hinauslaufen, die Industriekapazitäten der Konkurrenten zu »sabotieren« (vgl. Jonathan Nitzan/Shimshon Bichler, *Le Capital comme pouvoir. Une étude de l'ordre et du créordre*, Paris: Max Milo, 2012, englische Originalausgabe 2009). Nitzan und Bichler berufen sich auf die Analysen von Thorstein Veblen (S. 374-384), der als Erster den Begriff der »Industriesabotage« entwickelt hat. Für Veblen stand

schen« Institutionen zunächst in Verbindung mit den wirtschaftspolitischen staatlichen Stellen den Produktions- und Verwaltungsapparat der großen Unternehmen in der Hoffnung neu organisiert (*reengineering*), deren Produktivität vor allem dadurch zu erhöhen, dass man den Maßstab, an dem die Produktivität gemessen wurde, in manchen Fällen bis auf die Ebene einzelner Werkstätten und Abteilungen, ja sogar einzelner Personen verkleinerte (was durch die Entwicklung der Informatik begünstigt worden war), um sich der als unproduktiv oder überflüssig geltenden Arbeitskräfte zu entledigen. Dieses Abspecken führte zu struktureller Arbeitslosigkeit, deren Auswirkungen zunächst durch soziale Maßnahmen und vor allem durch die Inflationsrate abgemildert wurden, sodass das Konsumniveau trotz eines geringen Wirtschaftswachstums aufrechterhalten werden konnte.[65] Als sich diese neue Politik in der Folge als unzureichend erwies, bestand die zentralkapitalistische Strategie darin, sich die gesetzlichen Bestimmungen zur Finanzmarktderegulierung zunutze zu machen, die einen schnellen Kapitalfluss und ausländische Direktinvestitionen förderten, um in den Niedriglohnländern – die später »Schwellenländer« genannt wurden – zu investieren, die über große Reserven an schutzlosen Arbeitskräften verfügten.

Diese Strategie hatte die Standortverlegung eines wachsenden Teils der lokalen Industrie und eine Nichtauslastung der Produktionskapazitäten in den westeuropäischen Ländern zur Folge, in denen ein Teil der potenziellen Arbeitskräfte keine Anstellung fand. Die steigende Arbeitslosigkeit hat zur Auflösung dessen bei-

---

das Spannungsverhältnis zwischen den auf die Erfordernis, »Dinge herzustellen«, zurückgehenden Interessen der Industrie und den »Geschäftsinteressen« im Vordergrund. Da letztere mit den »Preisen der Dinge« zusammenhängen (»einem wesentlicheren Faktor als die Dinge selbst«), »betreffen sie Eigentum und Macht« und spielen sie eine zentrale Rolle für die Dynamik des Kapitalismus (vgl. Thorstein Veblen, *Absentee Ownership and Business Enterprise in Recent Times. The Case of America* (1923), Boston: Beacon Press, 1967).

65 Eine genaue und scharfsinnige Analyse dieser Prozesse findet sich bei Wolfgang Streeck, *Gekaufte Zeit. Die vertagte Krise des demokratischen Kapitalismus*, Berlin: Suhrkamp Verlag, 2013, besonders S. 23-78.

getragen, was man bis dahin Arbeiterklasse genannt hatte, deren immer mehr von staatlichen Maßnahmen und Hilfen abhängigen Mitglieder von nun an eine Art »Plebs« bildeten. In Verbindung mit einer immer größeren Kapitalkonzentration führte diese Strategie dazu, dass der »Zentralkapitalismus« wieder auf die »Unternehmen an der Peripherie«, das heißt auf die lokalen und unselbstständigen Unternehmen zugreifen konnte und über genügend Macht verfügte, um die Festlegung der Preise so beeinflussen zu können, dass er überdurchschnittliche Profite generierte, den Wert seiner Aktien erhöhte und dadurch sein »Standing« im Kampf um die Akkumulation von Differenzen verbesserte.

Die durch das erhebliche Sinken der Transportkosten für Waren (zu dem auch die Verbreitung von »Containern« in den 1980er Jahren beitrug) begünstigte Verlagerung der Produktion führte zur Aufrechterhaltung des relativ hohen Konsumniveaus und Überflusses, welche die sogenannte »Konsumgesellschaft« zur Selbstvergewisserung benötigte. Die in den Niedriglohnländern hergestellten Alltagsprodukte (Kleidung, Elektrogeräte usw.) kosteten weniger und waren folglich leichter zugänglich als die Produkte aus lokaler Herstellung. Aber diese Verlagerung der Produktion warf auch die Frage auf, wie die vor Ort verbliebenen Menschen und vor allem die Absolventen des schnell expandierenden Hochschulsystems eine Beschäftigung finden sollten, von denen die Mehrheit weiterhin aus der Bourgeoisie bzw. den bürgerlichen Mittelschichten stammte.

In diesem Kontext muss man die Entstehung einer Bereicherungsökonomie interpretieren. Durch sie sind Wertschöpfungsformen in das lange von der Manufaktur beherrschte Zentrum der Wirtschaftsaktivität gerückt, die bis dahin marginal gewesen waren. So gab es zum Beispiel zwar eine Tourismus- oder eine Luxusökonomie, doch hatten diese Ökonomien nicht zuletzt deshalb bei weitem nicht die Bedeutung, die sie später erlangen sollten, weil ihr Interessentenkreis sehr viel kleiner war und über stärkere lokale Wurzeln verfügte. Nun ist aber die Zahl der Reichen und Superreichen, welche die Nutznießer der Finanzwirtschaft, der industriellen Ökonomie und der digitalen Ökonomie sowie der sinkenden Transportkosten für Personen gewesen sind, genauso stark gestiegen, wie ihre Mobilität zugenommen hat. Durch die Entwicklung einer Bereicherungsökonomie wurde der Export angekurbelt, der immer häufiger vor allem hochwertige Güter betraf. Sie hat aber auch für die Aufwertung und Ausbeutung der lokalen Ressourcen gesorgt, die entweder nicht ausgelagert werden konnten, wie Landschaften und Baudenkmäler, oder schwer zu transportieren waren. Daraus folgte eine (bei den Nahrungsmitteln – wie oben gesehen – besonders spürbare) Dualisierung der für den Konsum zur Verfügung stehenden Gegenstände: zum einen die in den Niedriglohnländern hergestellten Dinge, deren Preis relativ niedrig bleibt und die für Haushalte mit niedrigem Einkommen bestimmt sind, und zum anderen die für die Reichen bestimmten Dinge, deren Identität sich auf ihre lokalen und historischen Wurzeln bezieht, was sie vor Konkurrenz schützt, weil es ihnen spezifische Monopoleffekte verleiht, sodass sie zu einem hohen Preis angeboten werden können.

Hinzu kommt, dass der zunehmende Handel mit diesen außerordentlichen Gütern auch durch einen Wandel begünstigt worden ist, der einen weiteren und womöglich den hauptsächlichen Ausweg aus der Krise darstellte, die der Kapitalismus erlebte – auch wenn Giovanni Arrighi ihn für ein vorübergehendes Phänomen hält: Dabei handelt es sich um die sogenannte »Finanzialisierung der Wirtschaft«.[66] Diese wurde ausgelöst durch

66 Giovanni Arrighi, dessen Ansatz von Fernand Braudels Arbeiten beeinflusst ist, unterteilt die Entwicklung des Kapitalismus in eine Abfolge von Akkumulationszyklen, von denen jeder einen bestimmten Zeitraum (ungefähr ein Jahrhundert) abdeckt und geographisch um ein Profitcenter kreist (Genua, die Niederlande, England, die Vereinigten Staaten). Eines seiner Argumente lautet, dass in jedem dieser Zyklen auf eine Phase von Handel und Gewerbe eine Phase des Finanzwesens folgt und dass diese Phase des Finanzwesens den Niedergang dieses Zyklus zugunsten eines neuen Zyklus einleitet und ankündigt, der um einen anderen geographischen Pol kreist (vgl. Giovanni Arrighi, *The Long Twentieth Century. Money, Power and the Origins of our Times*, London: Verso, Neuausgabe 2010). Das ist der Grund, warum Giovanni Arrighi, obwohl er in Bezug auf die Bedeutung der vom Kapitalismus seit den 1980er Jahren vollzogenen Finanzwende mit David Harvey übereinstimmt (David Harvey, *The New Imperialism*, Oxford: Oxford Uni-

die Rückführung des Kapitals in seine flüssigsten Formen, um der sinkenden Profitabilität der produktiven Investitionen auch in nichtfinanziellen Unternehmen entgegenzutreten. Eine Vertiefung erfuhr sie durch das Ende des festen Wechselkurssystems im Jahr 1973, das Währungsspekulationen und die Schaffung neuer Finanzprodukte nach sich zog, die als eine Art Absicherung die Ungewissheit bei den Termingeschäften (Derivatprodukten) verringern sollten und schnell selbst zu Spekulationsinstrumenten geworden sind. Die wachsende Rolle, die auf diese Weise den Finanzaktivitäten zukam, hat die Entwicklung einer Bereicherungsökonomie wahrscheinlich in zwei verschiedenen Hinsichten gefördert. Erstens, indem die Ungleichheiten wuchsen. Die Finanzgewinne konzentrierten sich auf die Spitzengruppe der Privatvermögen. Sehr viel mehr als industrielle Profite begünstigten sie die Reichsten auf Kosten der Mittelschichten – ganz zu schweigen von der Masse der Werktätigen, die von dem bei diesen Geschäften erzielten Profit ausgeschlossen waren.[67] Diese Superreichen stellten nun aber die gefragtesten und in finanzieller Hinsicht interessantesten Kunden einer Bereicherungsökonomie vor allen Dingen in Bezug auf Immobiliengeschäfte dar. Zweitens, indem der mit der Rendite von spekulativen Investitionen einhergehende Grad der Ungewissheit wuchs. Die zum Teil gigantischen Summen, die Akteure bezogen, die Glück bei erfolgreichen Finanzoperationen hatten, sind höchstwahrschein-

versity Press, 2003 ⟨dt.: *Der neue Imperialismus* [Aus dem Amerikanischen von Britta Dutke], Hamburg: VSA-Verlag, 2005⟩), insofern von ihm abrückt, als er diese Wende als Zeichen der Krise und des Niedergangs interpretiert. Eines seiner Argumente besteht in der Parallele, die er zwischen der optimistischen Finanzialisierungsphase der Reagan-Thatcher-Zeit und der Finanzialisierung zieht, die auf die Wirtschaftskrise der Jahre 1873-1896 folgte, auf die wiederum eine Erholungsphase folgte (die er »edwardianische Belle Epoque« nennt), in der sich ihm zufolge bereits erste Anzeichen der Krise von 1929 abzeichneten, die das Ende des um England kreisenden Akkumulationszyklus zugunsten der Vereinigten Staaten markierte.

67 Einen Überblick geben Thomas Volscho/Nathan Kelly, »The rise of the super-rich. Power ressources, taxes, financial markets, and the dynamics of the top 1 percent, 1949 to 2008«, in: *American Sociological Review*, Jg. 77, Nr. 5 (Oktober 2012), S. 679-699.

lich,[68] zumindest teilweise, in den Erwerb von hochwertigen Vermögens- und Kulturgütern geflossen, wie etwa außergewöhnlichen Anwesen, Antiquitäten oder alten bzw. zeitgenössischen Kunstwerken, und nicht wieder auf den Finanzmärkten in neue Geschäfte mit mehr oder weniger ungewissem Ausgang investiert worden. Solche Käufe haben weniger als profitträchtige Investitionen denn als Geldanlage gedient, um Kapital dadurch in Sicherheit zu bringen, dass es in Güter gesteckt wurde, deren Preis sich höchstwahrscheinlich dauerhaft auf hohem Niveau halten und dank derer man trotzdem relativ liquide bleiben würde, weil Grund zu der Hoffnung bestand, dass sie schlimmstenfalls früher oder später ohne Verlust wieder verkauft werden könnten.

Im Namen der Dinge

Wenn man die Bildung einer Bereicherungsökonomie verstehen möchte, ist es erforderlich, über eine Soziologie oder eine Ethnologie der Reichen[69] und ihrer Lebens- und Konsumweise[70], ihrer Neigungen, ihrer Vorliebe für Luxus oder, allgemeiner gesagt, über all das in ihren Verhaltensweisen und ihrem Lebensstil hinauszugelangen, was seinen Grund im Streben nach Distinktion hat, damit der Abstand erhalten bleibt, der sie von den anderen sozialen

68 Genaue Informationen, wofür die Reichen ihr Geld verwenden, wie sie ihren Besitz wahren und welcher Teil ihres Vermögens in Wertsachen und nicht in Aktien oder Wertpapieren steckt, sind schwer zu finden, weil diese beiden Arten von Gütern in den Statistiken gemeinhin unterschiedslos unter die Kategorie »Haushaltsvermögen« fallen. Außerdem wird der reale Preis, zu dem mit außergewöhnlichen Gütern gehandelt wird, häufig aus steuerlichen Gründen viel zu niedrig bewertet.

69 Bruno Cousin/Sébastien Chauvin, »L'entre-soi élitaire à Saint-Barthélemy«, in: *Ethnologie française*, 2012/2, Jg. 42, S. 335-345.

70 Dabei denken wir an die lehrreichen Arbeiten von Michel Pinçon und Monique Pinçon-Charlot (vgl. besonders *Les Ghettos du gotha. Au cœur de la grande bourgeoisie*, Paris: Seuil, coll. Points, 2010, und *Sociologie de la bourgeoisie*, Paris: La Découverte, 2005).

Schichten trennt.[71] So nützlich er auch sein mag, nimmt ein solcher Ansatz häufig einen tendenziell zeitlosen Zug an, und sei es nur weil sich auf diese Weise Wesensmerkmale beleuchten lassen, die unabhängig vom betrachteten Zeitraum, ja sogar von der betrachteten Kultur, charakteristisch für die herrschenden Klassen sind. Die Beziehung zwischen den verschiedenen Weisen, wie Werte geschaffen werden, muss dynamisch analysiert werden. Ein solcher Umweg stellt nämlich die Vorbedingung für ein Verständnis der Veränderungen dar, die in den letzten Jahrzehnten nicht nur die herrschenden Klassen – von deren heutigen Charakterzügen der aus dem 19. Jahrhundert stammende Ausdruck »Bourgeoisie«[72] kaum noch eine Vorstellung zu geben vermag –, sondern auch das gesamte soziale Gefüge erfasst haben.

Denn wie die reichlich vorhandene Historiographie über den Niedergang des Agrarfeudalismus und die Bildung der Industriegesellschaften gezeigt hat, beruht das soziale Gefälle, dessen spezifischer Charakter natürlich auch von der politischen Sachlage abhängt, in der es wurzelt und die ihre jeweils eigene Spezifität aufweist, auf der Art und Weise, wie Werte geschaffen werden. Aus diesem Grund setzt unsere Untersuchung zunächst nicht bei Personen und besonders nicht bei den Reicheren (den oberen zehn Prozent) an, für die die von uns als Beispiel genannten Objekte zumindest größtenteils bestimmt zu sein scheinen – bei der Analyse ihres Geschmacks und ihrer Vorlieben, ihres ostentativen Konsums oder der Rolle, welche die symbolischen Marker, mit denen sie sich umgeben, für ihre Ausübung von Herrschaft spielen –, sondern bei den Objekten und der Art und Weise, wie sie mit ihrem jeweiligen Wert belegt werden, das heißt bei den Pro-

---

71 Pierre Bourdieu, *La Distinction. Critique sociale du jugement*, Paris: Minuit, 1979 ⟨dt.: *Die feinen Unterschiede. Kritik der gesellschaftlichen Urteilskraft* (Aus dem Französischen von Bernd Schwibs und Achim Russer) (1982), Frankfurt am Main: Suhrkamp Verlag, 8. Aufl. 1996, Sonderausg. 2003⟩.

72 Vgl. Franco Moretti, *The Bourgeois. Between History and Literature*, London/New York: Verso, 2013 ⟨dt.: *Der Bourgeois. Eine Schlüsselfigur der Moderne* (Aus dem Englischen von Frank Jakubzik), Berlin: Suhrkamp Verlag, 2014⟩.

zessen, durch die sie den Status von Gütern erlangen. Unser Interesse wird sich also in erster Linie auf die Prozesse richten, durch die Besitztümer, das heißt Dinge, die Teil des *Vermögens* sind, sich in dem Sinne in *Kapital* verwandeln, dass sie durch den Tausch in einen auf Akkumulation und Profit zielenden Kreislauf einbezogen werden.[73]

Wenn man sie in Bezug auf die Bildung einer spezifischen Sphäre der Wertschöpfung betrachtet, macht sich die Entwicklung einer Bereicherungsökonomie gleichermaßen im Wachstum jeder der oben erwähnten Einzelbranchen wie in der Intensivierung der Beziehungen bemerkbar, die sich zwischen ihnen knüpfen lassen. So weist zum Beispiel die Entwicklung des Luxushandels enge Verbindungen einerseits zur erhöhten öffentlichen Aufmerksamkeit für kulturelle und künstlerische Aktivitäten auf, deren ästhetische und kaufmännische Dimensionen sich nicht getrennt voneinander betrachten lassen, und andererseits zur Zunahme des Tourismus und der Patrimonialisierung, was wiederum zwei Prozesse sind, die sich wechselseitig verstärken. Deshalb ist die Vervielfältigung dieser Verbindungen in unseren Augen das markanteste Phänomen, denn sie belegt, dass der Kapitalismus der Gegenwart auf die systematische Ausbeutung von Gütern ausgerichtet ist und sich dabei auf die Ausschlachtung der »Tradition« und, allgemeiner gesagt, der Vergangenheit stützt.

Tendenziell tangiert dieser Wandel die Sozialstruktur nicht nur

73 Bei der Unterscheidung von Vermögen und Kapital kann man sich auf Joseph Schumpeters Analysen stützen, obwohl Schumpeter sie vor allem unter Bezugnahme auf die industrielle Produktion betrachtet. Für Schumpeter stellen Besitztümer auch in Form von Geldbesitz nur unter der Bedingung Kapital im eigentlichen Sinne dar, dass mit ihnen gearbeitet wird, das heißt, dass sie in die laufende Zirkulation einbezogen sind. *»Das Kapital ist nichts andres als der Hebel, der den Unternehmer in den Stand setzen soll, die konkreten Güter, die er braucht, seiner Herrschaft zu unterwerfen, nichts andres als ein Mittel, über Güter zu neuen Zwecken zu verfügen oder als ein Mittel, der Produktion ihre neue Richtung zu diktieren.«* (Joseph Schumpeter, *Theorie der wirtschaftlichen Entwicklung. Eine Untersuchung über Unternehmergewinn, Kapital, Kredit, Zins und den Konjunkturzyklus,* München/Leipzig: Verlag von Duncker & Humblot, 2. Aufl. 1926, S. 165)

in einigen, ob nun lokalen oder sektoriellen Hinsichten, sondern er verändert auch die kognitiven Operatoren, auf die sich die Akteure stützen, wenn sie sich eine Vorstellung vom sozialen Raum machen und sich darin orientieren wollen. Nachdem sie vor etwa 30 Jahren mit dem allmählichen Verblassen der Rolle der Bauernschaft noch weitgehend um die Positionen von Führungskräften und Ingenieuren, von Arbeitern und Angestellten als Hauptanziehungspunkten bzw., wenn man so will, *Attraktoren* gekreist waren, das heißt um Tätigkeiten, die in unterschiedlichem Maße mit abhängiger produktiver Arbeit entweder in Privatfirmen oder in Organisationen zusammenhingen, die dem Staat nahestanden, scheinen diese kognitiven Operatoren sich um den Handel herum neu zu organisieren, wovon zum Beispiel die große Zunahme der Zahl der Handelsschulen zeugt.[74] Doch wenn man weiter in die Einzelheiten vordringt, wird deutlich, dass dieser Orientierungswandel der Tendenz nach auch den Charakter der Tätigkeiten verändert, die zumindest auf symbolischer Ebene die Rolle von Attraktoren innehaben, weil ihre Rolle immer wichtiger wird, aber womöglich auch, weil sie Gegenstand intensiver Repräsentationsanstrengungen sind. So stehen für die Position des Attraktors einerseits der schwammige Begriff des *Kreativen* und andererseits eine Kategorie bereit, deren Bedeutung in den gewöhnlichen sozialen Taxonomien wächst und die im Wesentlichen pejorativ verwendet wird, nämlich die des »Bobo«, die sich mit dem englischen Ausdruck »Hipster« kombinieren lässt.[75] Der Erfolg dieser Kategorie hängt wahrscheinlich damit zusammen, dass sie eine neue soziale Konfiguration in den Vordergrund stellt, die sozial als antagonistisch geltende Eigenschaften in ein und derselben Person vereint, von denen manche auf den kommerziellen Handel und andere auf das geistige Leben und die Kultur verweisen. Deshalb ist der Umfang des Begriffs »Bobo« höchst unterschied-

---

74 In Frankreich ist die Zahl der Handelsschulen von 76 im Jahr 1980 auf heute ungefähr 250 gestiegen.

75 Zum Begriff des »Hipster«, vgl. Mark Greif, »What was the hipster?«, in: ders., *Against Everything*, New York: Pantheon Books, 2016, S. 209-219.

lich und seine Bestimmung höchst schwammig, sodass darunter alle, ja sogar noch die unbedeutendsten Kulturschaffenden fallen können, weil diese Kategorie als Verbindungsglied zwischen der Welt der »Reichen« und der Welt der »Kreativen« fungiert. Außerdem fungiert sie immer häufiger als Grundlage für die Kritik am »System« – einem Ausdruck, den man in den 1930er Jahren zur Bezeichnung der schändlichen »Eliten« verwendete und der wieder an Überzeugungskraft gewonnen hat.

Aufgrund der Bedeutung, die in einer Bereicherungsökonomie der Zirkulation von Objekten zukommt, für die unter Bezugnahme auf die Vergangenheit geworben wird – ob es sich dabei nun um bereits vorhandene Gegenstände oder um Objekte handelt, die mit Hilfe »traditioneller« Verfahren hergestellt worden sind –, werden wir uns dieser Ökonomie im Rückgriff auf die *Dinge selbst* nähern, das heißt, indem wir die Modalitäten ihrer Wertermittlung und die Formen in den Vordergrund stellen, auf die sich ihre Zirkulation stützt und die sie zu schätzenswerten Gütern machen. Die Dinge werden also unsere Aufmerksamkeit vor allem in den besonderen Momenten ihres »sozialen Lebens« auf sich ziehen – um einen Ausdruck von Arjun Appadurai aufzugreifen[76] –, in denen sie zirkulieren, das heißt *in andere Hände übergehen* und Gegenstand eines *commerce*, eines Geschäfts oder

76 Arjun Appadurai (Hrsg.), *The Social Life of Things. Commodities in Cultural Perspective* (Cambridge: Cambridge University Press, 1986). Dieses Buch war prägend für die Neubegründung einer anthropologischen Erforschung der Dinge, die an einen von Jean Baudrillard entwickelten Ansatz anknüpfte, dessen zwei wegweisende Bücher, *Le Système des objets* (Paris: Gallimard, 1968 ⟨dt.: *Das System der Dinge. Über unser Verhältnis zu den alltäglichen Gegenständen* [Aus dem Französischen von Joseph Garzuly], Frankfurt am Main/New York: Campus Verlag, 3. Aufl. 2007⟩) und *La Société de consommation* (Paris: Denoël, 1970 ⟨dt.: *Die Konsumgesellschaft. Ihre Mythen, ihre Strukturen* [Aus dem Französischen von Annette Foegen], Wiesbaden: Springer-VS, 2014⟩) in der Soziologie die Voraussetzungen für eine neue, den Dingen entgegengebrachte Aufmerksamkeit geschaffen haben. Ein solches Interesse an der Rolle der Dinge, die auf eine Stufe mit den Menschen gestellt werden, hat besonders Bruno Latour in zahlreichen seiner Arbeiten weiterverfolgt (vgl. vor allem *Aramis ou l'amour des techniques*, Paris: La Découverte, 1992).

Handels in dem sehr weiten Sinne sind, den der Ausdruck auf Französisch hat (wo damit selbst noch ein sprachlicher Austausch im Sinne von gesellschaftlichem Umgang bzw. Verkehr gemeint sein kann), das heißt, wenn sie gegen Geld oder gegen andere Objekte oder Vorteile getauscht werden, oder wenn sie – und zwar besonders an Institutionen – vererbt, ja sogar gespendet oder verschenkt werden. In genau solchen Augenblicken werden die Dinge nämlich einer *Prüfung*[77] unterzogen, in deren Verlauf sich die Frage nach ihrem Wert stellt, der entweder, wenn es sich um eine direkte kaufmännische Prüfung handelt, an ihrem Preis deutlich wird oder, wie im Fall einer Schätzung, auf dem gewerblichen Handel mit Dingen beruht, die als vergleichbar gelten.

77 Dazu, wie der Begriff der Prüfung hier verwendet wird, vgl. Luc Boltanski/Laurent Thévenot, *De la justification. Les économies de la grandeur*, Paris: Gallimard, 1991 ⟨dt.: *Über die Rechtfertigung. Eine Soziologie der kritischen Urteilskraft* (Aus dem Französischen von Andreas Pfeuffer), Hamburg: Hamburger Edition, 2007⟩.

Teil II

Preise und Wertermittlungsformen

Drittes Kapitel
Der Handel mit Dingen

Auf den vorangegangenen Seiten haben wir den ersten Teil unserer Arbeit in Angriff genommen, in dem es um die Identifizierung eines besonders in den westeuropäischen Ländern stattfindenden wirtschaftlichen Wandels ging: eines Wandels, der durch die Entwicklung von etwas gekennzeichnet ist, das wir als Bereicherungsökonomie bezeichnet haben. Deren Schwerpunkt bildet die Ausbeutung einer Wertschöpfungsquelle, die bis dahin für das Erzielen von Profiten und die Erhöhung der kapitalistischen Akkumulation zumindest nicht in diesem Grad und so systematisch verwendet worden war. Wir haben versucht zu zeigen, dass es sich bei dieser Ressource um die *Vergangenheit* handelt. Die Bereicherungsökonomie stützt sich nicht in erster Linie auf die Produktion von neuen Objekten, sondern vor allem auf die Aufwertung bereits vorhandener Objekte, die zum Bestand häufig vergessener oder als bloßer Abfall geltender Dinge aus der Vergangenheit gehören, sowie auf die Herstellung von Dingen, deren Wert an die Vergangenheit gekoppelt ist: zum Beispiel an eine *Marke*, deren Prestige auf ihrer Verwurzelung in der Vergangenheit beruht, wie anhand der Prestigemarken in der Luxusindustrie deutlich wird.

Der Warencharakter

Wir werden die Frage erörtern, wie sich die Art von Dingen, die im Rahmen der Bereicherungsökonomie aufgewertet wird, in die Welt des Handels eingliedern lässt. Die Dinge, auf denen die Bereicherungsökonomie beruht, zirkulieren nämlich inmitten einer großen Menge anderer Dinge, deren Wert nach verschiedenen Logiken ermittelt wird. Trotzdem *gehen* alle diese Dinge *in andere Hände* über, das heißt, sie *zirkulieren* unter einer großen Menge von Personen, die alle mit Fug und Recht ihre Eigentümer werden, das heißt, sie besitzen und sie gegebenenfalls wieder verkaufen können, wenn ein Preis für sie veranschlagt wird. In einer liberalen Marktgesellschaft ist das Eigentum nicht in Stein gemeißelt. Mit Ausnahme einer Reihe von Objekten, die der Staat besitzt – vor allem Kunstgegenstände und Antiquitäten, die in Museen verwahrt werden –, gibt es kein unverfügbares materielles Gut.

Diese Art von Gesellschaft ist vornehmlich ab dem Zeitraum zwischen 1960 und 1970 – mit einer Bezeichnung, die in der Regel kritische Untertöne enthält – *Konsumgesellschaft* genannt worden, wodurch die Tatsache betont wird, dass Menschen, die vor einer großen Menge verschiedener Objekte stehen, diese Objekte entsprechend der ihnen zur Verfügung stehenden finanziellen Mittel kaufen können. Wir möchten dagegen in den Vordergrund stellen, dass eine solche Gesellschaft sich immer mehr zu einer auf den Handel konzentrierten, *kommerzialisierten Gesellschaft* entwickelt, weil davon ausgegangen wird, dass die Akteure zu verhandeln verstehen und nicht abgeneigt sind, selber zu Verkäufern zu werden.

So gesehen, legen wir den Akzent nicht auf die Differenzen zwischen den Gütern, deren Preis nach der klassischen Marktlogik ausschließlich von Angebot und Nachfrage abhängt, und den Gütern, die sich dieser Logik entziehen und deren Preis von einem »Wert« oder einer »Bewertung« abhängt, der bzw. die eine außerökonomische Grundlage hat, wie etwa die Reputation von Künstlern bei Kunstwerken,[1] ihre Würdigung durch die Galeristen,[2] und deren Preise auch nicht auf einer Qualitätshierarchie

1 Jens Beckert/Jörg Rössel, »The price of art. Uncertainty and reputation in the art field«, in: *European Societies*, 2013, Jg. 15, Nr. 2, S. 178-195 ⟨eine frühere deutsche Fassung ist »Kunst und Preise. Reputation als Mechanismus der Reduktion von Ungewissheit am Kunstmarkt«, in: *Kölner Zeitschrift für Soziologie und Sozialpsychologie*, Jg. 56, Heft 1, 2004, S. 32-50⟩.

2 Fabien Accominotti, »The Price of Purity. Brokerage as Consecration in the Market for Modern Art«, in: *American Journal of Sociology*, demnächst, in der Begutachtung.

im Rahmen von Einstufungen oder Rankings beruhen.[3] Was den Markt anbelangt – ein Begriff, der nicht im Mittelpunkt unserer Analyse stehen wird –, so liefert er nur wenige Informationen über »die Verfahren der Preisbestimmung«, wie Michel Callon und Fabian Muniesa feststellen.[4] Denn die Märkte sorgen dafür, dass Anbieter und Kaufinteressenten anlässlich bereits vorhandener und verfügbarer Güter zusammenfinden. Ihre Hauptaufgabe besteht darin, eine Verbindung zwischen Angebot und Nachfrage herzustellen, was eine grundsätzliche Gleichartigkeit voraussetzt, durch welche die Güter substituierbar werden, und dass sich die Ergebnisse einer unbegrenzten Zahl von Tauschvorgängen aggregieren lassen.[5] Genau diese Prinzipien der Substituierbarkeit und der Aggregation werden wir nun aber zu hinterfragen versuchen, indem wir einerseits zu bedenken geben, dass der *Wert* jedes wie auch immer gearteten Gut auf spezifische Weise *ermittelt* werden muss, und andererseits indem wir jeden Warentausch gleichzeitig als *Prüfung* und als *Ereignis* behandeln. Deshalb stützen wir uns auch eher auf den Begriff des *Handels* als auf den des *Markts,* womit wir an Karl Polanyi anknüpfen, wenn er sich in analytischer Hinsicht um eine Unterscheidung der verschiedenen »Institutionen« bemüht, auf denen der Warentausch beruht.[6]

---

3 Lucien Karpik, *L'Économie des singularités*, Paris: Gallimard, coll. Bibliothèque des sciences humaines, 2007, S. 273-303 ⟨dt.: *Mehr Wert. Die Ökonomie des Einzigartigen* (Aus dem Englischen unter Berücksichtigung des französischen Originals von Thomas Laugstien), Frankfurt am Main/New York: Campus Verlag, 2011, S. 247-265⟩.

4 Michel Callon/Fabian Muniesa, »Les marchés économiques comme dispositifs collectifs de calcul« (2003), in: Michel Callon et al., *Sociologie des agencements marchands,* Paris: Presses des Mines – Transvalor, 2013, S. 195-233.

5 Michel Callon, »Innovation et emprise croissante des forces marchandes«, in: *Le Libellio d'AEGIS*, Jg. 11, Nr. 4, Winter 2015, S. 43-61; ders., (Hrsg.), *The Laws of the Markets,* Oxford: Blackwell Publishers, 1998.

6 Karl Polanyi nennt das die »katallaktische Trias von Handel, Geld und Markt« (Karl Polanyi, *La Subsistance de l'homme. La place de l'économie dans l'histoire et la société,* Paris: Flammarion, 2011, S. 133-224, englische Originalausgabe 1977). Was eine historische Analyse von Situationen eines »marktlosen Handels« anbelangt, vgl. auch Karl Polanyi, *Essais,* Paris: Seuil, 2002 (Textauswahl und Einführung von Michèle Cangiani und Jérome Maucourant), besonders, S. 119-174.

Dementsprechend stellt sich die Frage nach der allgemeinen *kaufmännischen Kompetenz*, deren Erwerb Gegenstand eines eigenen empirischen Forschungsprojekts werden sollte.[7] Je nach Erfahrungshorizont sind solche Kompetenzen bei den einzelnen Personen ungleich ausgeprägt, aber alle zum Handel befugten Personen benötigen ein Minimum an Kompetenz, um sich in einer bunt zusammengewürfelten Welt zurechtzufinden, in der Dinge vorkommen, die unterschiedlich sind, sich aber alle zum Kauf und Verkauf eignen (im Umkehrschluss lässt sich das daran erkennen, dass die Personen, denen man eine solche Minimalkompetenz abspricht, einer kompetenten Person überantwortet werden, wie im Fall von Kindern oder Erwachsenen, die ihre Selbstständigkeit verloren haben und unter Vormundschaft stehen). Eine solche Kompetenz muss sich zum einen auf die *Dinge* selbst und zum anderen auf die *Preise* erstrecken. Oder, wenn man so will, auf die *Dinge*, insofern sie mit einem *Preis* verknüpft sind. Vor allem soll eine solche Kompetenz den Akteuren ermöglichen, sich auf die *relativen Preise* der verschiedenen Dinge einzustellen.

Unabhängig davon, ob sie die Position des Käufers oder des Verkäufers bekleiden, müssen die einzelnen Personen über Gründe für ihr Handeln verfügen können, wenn sie mit etwas konfrontiert sind, das man kaufmännische oder *kommerzielle Prüfung* nennen kann. Das heißt, sie müssen in der Lage sein, auf die *Warenstrukturen* zurückzugreifen, die, wie alle Strukturen, sehr ungleich ausgeprägt sein können. Es sei darin erinnert, dass wir all die Dinge *Waren* nennen, die in Verbindung mit einem *Preis in andere Hände übergehen.* Wir werden versuchen, ein Modell für solche Warenstrukturen zu entwerfen. Auch wenn derartige Strukturen wahrscheinlich teilweise für verschiedene Personen und verschiedene Gruppen verschieden sind und nicht allen gleich deutlich vor Augen stehen, müssen sie gleichwohl irgendetwas *gemeinsam* haben, damit die Transaktionen erfolgen können.

---

7 Wie Jeanne Lazarus es für die bankwirtschaftliche Kompetenz versucht hat; vgl. vor allem Jeanne Lazarus, »Tenir ses comptes et bien se tenir. L'apprentissage de l'autonomie par la banque«, in: *Politix*, 4/2014, Nr. 108, S. 75-97.

Diese Strukturen werden wir jetzt skizzieren. Wir werden uns in diesem Kapitel nicht sehr lange bei ihrer Beschreibung aufhalten, sondern drei ihrer Bestandteile vorführen. Erstens eine *Qualifikation* der Objekte, die sich unterschiedlich stark auf institutionelle Instanzen stützt, was erlaubt, die Dinge zu *bestimmen*, die in den Warenkreislauf eintreten. Zweitens die *Preise*, mit denen diese Objekte verknüpft sind, wenn sie *in andere Hände übergehen*. Diese Preise stützen sich auf eine gemeinsame *Metrik*, die sich in monetärer Form äußert. Wie jede Metrik dient diese Metrik dazu, verschiedenste Maßeinheiten innerhalb eines Systems ineinander zu übersetzen. Im Unterschied zur Größe oder zum Gewicht von physischen Objekten ist der Preis allerdings keine intrinsische Eigenschaft der Dinge, für die ein Preis veranschlagt wird, wie die Tatsache belegt, dass ein zum Zeitpunkt t und zum Zeitpunkt $t+1$ als gleich geltender Gegenstand in diesen beiden Augenblicken unterschiedliche Preise erzielen kann; oder auch dass zwei als identisch eingeschätzte Dinge gleichwohl zu verschiedenen Preisen gehandelt werden können, wenn sie auf verschiedene Situationen zurückgehen. Wenn man sie als Zeichen betrachtet, haben die Preise also ein Verhältnis zu den Dingen, das allenfalls einem *Index* gleichkommt, um einen von Peirce vorgeschlagenen Ausdruck aufzugreifen.

Ein wie auch immer geartetes *Ding* verwandelt sich in eine *Ware*, wenn in einer Tauschsituation ein Preis für es *anfällt*. Das ist bei weitem nicht immer und für alle Dinge der Fall. Es gibt bekanntlich Dinge, bei denen noch niemand auf die Idee gekommen ist, einen Preis für sie zu veranschlagen, zum Beispiel weil sie zu alltäglich sind (wie es lange bei der Luft der Fall war, bevor man aufgrund der Luftverschmutzung begann, Orte wegen des Reinheitsgrads ihrer Luft zu schätzen), und Dinge, die ausdrücklich nicht in die Warenwelt einbezogen werden, entweder aufgrund von sozialen Normen, die oftmals ihre Würde geltend machen (in den Gesellschaften der Gegenwart handelt es sich dabei vorrangig um den Menschen), oder weil man der Ansicht ist, dass sie sich nicht in Privatbesitz befinden sollten, auch wenn man sie mieten kann, wie im Fall mancher öffentlicher Güter (eine Privatperson kann ein Kunstwerk in öffentlichem Besitz, wie zum Beispiel die *Mona Lisa*, nicht kaufen, aber sie kann eine Eintrittskarte ins Museum kaufen, um es zu betrachten).

Ein dritter Bestandteil ist schließlich die Bezugnahme auf den *Wert* der Dinge. Anstatt den Wert dem Preis *vorzuschalten* und in den Dingen selbst zu verankern, wie es die klassischen Ökonomen getan haben, oder ihn (unter der organisatorischen Aufsicht eines Auktionators) mit einem theoretischen Gleichgewichtspreis zusammenfallen zu lassen, wie die Neoklassiker, werden wir den Wert dem Preis *nachschalten*. Wir sind nämlich der Ansicht, dass die Bezugnahme auf den *Wert*, der nicht in einer eigenen Metrik zum Ausdruck gebracht werden kann, nur insofern einschlägig ist, als sie den Preis der Dinge zu *kritisieren* oder zu *rechtfertigen* erlaubt. Unser Verständnis von Ware rückt also von den spitzfindigen Debatten über das Verhältnis von Gebrauchswert und Tauschwert und dadurch auch über den Fetischcharakter ab, den Marx ihr verliehen hat und auf dessen vermeintlicher Offenlegung die Verdinglichungstheorien fußten.

Auf der Grundlage dieser Bestandteile werden wir im folgenden Kapitel etwas weiter in die Warenstrukturen vordringen, wenn wir das analysieren, was wir *Wertermittlungsformen* nennen. Diese Wertermittlungsformen tragen zur Partitionierung und damit Strukturierung der Warenwelt bei, weil sie mit Modalitäten – das heißt sowohl mit Instrumenten als auch mit Argumenten – einhergehen, die es erlauben, Aussagen über den Wert verschiedener Dinge zu treffen und außerdem Prüfungen anzustellen, um Begründungen für diese Argumente zu liefern. Die aus verschiedenen Wertermittlungsformen hervorgehenden Argumente vermitteln gewissermaßen zwischen Objekten und Preisen. Zum einen stützen sie sich auf bestimmte Eigenschaften der als einschlägig geltenden Objekte; zum anderen dienen sie zur Kritik oder zur Rechtfertigung von deren Preis.

Wir werden die Zirkulation der Dinge nur insofern untersuchen, als sie mit einem Preis verknüpft ist.

An dieser Stelle sei betont, dass die Zirkulation der Dinge im Hinblick auf Gabe und Gegengabe bzw. genauer gesagt das Zirkulieren-Lassen von etwas, das im Gegenzug die Zirkulation von etwas anderem nach sich zieht, vor allem in der Anthropologie sehr genau untersucht worden ist. So hat Marcel Mauss besonders in seiner berühmten Studie die Verknüpfung der Gabe mit einer Erwiderung in Gestalt einer Gegengabe dargelegt, was Pierre Bourdieu dazu veranlasste, von einer »doppelten Wahrheit der Gabe« zwischen Interesse und Uneigennützigkeit, egoistischem Kalkül und Großzügigkeit als einem Widerspruch zu sprechen, der durch die Zeitspanne zwischen den beiden Akten aufgelöst bzw. »vernebelt« wird.[8]

Ein solches Motiv der Gegengabe ist dahingehend kritisiert worden,[9] dass auf eine Gabe nicht automatisch eine Gegenleistung folgt. Aus diesem Grund hat Philippe Descola vorgeschlagen, Gabe, Tausch und Raub voneinander zu unterscheiden: Bei der Gabe wird etwas ohne Gegenleistung abgegeben, beim Tausch wird etwas gegen eine Gegenleistung abgegeben, während beim Raub etwas genommen wird, ohne eine Gegenleistung anzubieten.[10] Eine andere Herangehensweise an die Zirkulation der Dinge besteht in der Untersuchung der Weitervererbung von Dingen

8 Pierre Bourdieu, »La double vérité du don«, in: ders., *Méditations pascaliennes*, Paris: Seuil, 1997, S. 229-240 ⟨dt.: »Die doppelte Wahrheit der Gabe«, in: ders., *Meditationen. Zur Kritik der scholastischen Vernunft* (Aus dem Französischen von Achim Russer unter Mitwirkung von Hélène Albagnac und Bernd Schwibs), Frankfurt am Main: Suhrkamp Verlag, 2001, S. 246-259, hier S. 246⟩.

9 Vgl. vor allem Alain Testart, *Critique du don. Étude sur la circulation non marchande,* Paris: Syllepse, 2006.

10 Philippe Descola, *Par-delà nature et culture*, Paris: Gallimard, coll. Bibliothèque des sciences humaines, 2005, S. 426-438 ⟨dt.: *Jenseits von Natur und Kultur* (Aus dem Französischen von Eva Moldenhauer), Berlin: Suhrkamp Verlag, 2011, S. 453-468⟩.

durch Kindschaft, also einer Übertragung ohne Gegenleistung. Obwohl einige »Gaben« gleichwohl Gegenleistungen nach sich ziehen, die, wie Descola einräumt, nicht so automatisch erfolgen wie beim »Tausch«, geht es hier jedoch nicht darum zu definieren, was eine »Gabe« ist, sondern darum zu unterstreichen, dass die Frage der Zirkulation der Dinge in der Anthropologie in erster Linie nur im Hinblick auf eine erfolgende oder nicht erfolgende Gegenleistung in Gestalt eines anderen Dings oder gegebenenfalls einer Handlung betrachtet wird. Das heißt, dass anscheinend nicht mehr nachgedacht wird über die Art von Zirkulation, die in den meisten und zu Beginn des 21. Jahrhunderts höchstwahrscheinlich in nahezu allen Gesellschaften am gängigsten und banalsten geworden ist, nämlich die Zirkulation, bei der die Dinge mit einem Preis verknüpft sind, was wir Geschäftsverkehr oder kommerziellen Handel nennen – und bei der die Dinge als Waren betrachtet werden.

Die Preise an sich wecken bei Soziologen und Anthropologen kein besonders großes Interesse. Meistens finden sie anlässlich eines anderen Themas am Rande Erwähnung, das vor allem seit Simmel zu einem eigenständigen Thema geworden ist, nämlich Geld und Währung. So ist es bezeichnend, dass die Themen der Gabe und des Geldes beide in einer Studie von Viviana Zelizer mit dem Titel »L'argent donné«[11] vorkommen können, ohne dass die Frage des Preises auch nur einmal erwähnt würde.

Natürlich sind die Preise nicht vollständig unbeachtet geblieben, schon gar nicht im Zusammenhang mit der Kunst, wo sie außergewöhnliche Züge aufweisen, »willkürlich« oder als bloßer Auswuchs der Machtverhältnisse wirken können, wodurch sie in die Medien gelangen, also bekannt sind, aber womöglich nach wie vor kaum verstanden werden. Doch meistens gelten sie als marginal oder peripher, wie die Arbeit von Pierre Bourdieu über den Handel mit Einfamilienhäusern anschaulich macht.[12] Wenn

11 Viviana Zelizer, »L'argent donné«, in: dies., *La Signification sociale de l'argent*, Paris: Seuil, 2005, englische Originalausgabe 1994.

12 Pierre Bourdieu, *Les Structures sociales de l'économie*, Paris: Seuil, 2000.

sie in den Mittelpunkt gestellt worden sind, dann im Zusammenhang mit einer in den europäischen und amerikanischen Gesellschaften als »exotisch« geltenden Form von Handel, so wie Clifford Geertz es im Zusammenhang mit dem Basar von Sefrou getan hat.[13] Das heißt, dass die kommerzielle Zirkulation von Dingen, die mit einem Preis versehen sind, in den meisten sogenannten kapitalistischen Gesellschaften dermaßen selbstverständlich zu sein scheint, dass sie nicht hinterfragt wird und bei den Philosophen, Anthropologen und Soziologen ein Schattendasein führt, die sie ohne Bedauern den Marketing-Experten überlassen, von denen sie sich ohnehin gerne fernhalten.[14]

Um Missverständnissen so weit wie möglich vorzubeugen, macht die Untersuchung des Handels mit Dingen eine Definition erforderlich, was zumindest in groben Zügen mit diesem Ausdruck gemeint ist. Unter »Dingen« bzw. »Sachen« verstehen wir materielle und bewegliche Formen. Wir nehmen also den Handel mit dem, was immateriell genannt wird, davon aus. Unbewegliche Dinge fallen dagegen unter das Wertermittlungsmodell von beweglichen Dingen. Was man üblicherweise »Dienstleistungen« nennt, deckt ganz verschiedene Tätigkeiten ab, deren Einheitlichkeit vermutlich lediglich in ihrem Gegensatz zu »Gütern« besteht. Trotzdem kommt die Zirkulation von Dingen ohne »Dienstleistungen« nicht zustande, besonders in der Bereicherungsökonomie nicht, wo die Ermittlung des Werts der Dinge häufig mit Hilfe »personenbezogener Dienstleistungen« erfolgt. »Dienstleistungen« als solche werden wir also nicht behandeln, aber das heißt nicht, dass die Tätigkeiten, die dieser Ausdruck abdeckt, keine Berücksichtigung finden, ganz im Gegenteil: Sie spielen bei der Bildung und bei der Rechtfertigung des Preises von Dingen eine unverzichtbare Rolle.

Im Rahmen des feierlichen Eintritts in ein neues Zeitalter des

---

13 Clifford Geertz, *Le Souk de Séfrou. Sur l'économie du bazar*, Saint-Denis: Bouchène, 2003, englische Originalausgabe 1979.

14 Das Gegenteil trifft nicht zu, denn die Marketing-Experten greifen die Arbeiten der Forscher unverzüglich auf.

»Immateriellen« ist dem Handel mit diesen materiellen Dingen schon häufig die Totenglocke geläutet worden. Die Bedeutung, welche die auf digitaler Vernetzung beruhende Ökonomie gewonnen hat, lässt sich nicht leugnen. Gleichzeitig muss man sich jedoch trotzdem dem folgenden Paradox stellen: Obwohl die Herrschaft des Immateriellen angebrochen zu sein scheint, hat es noch nie so viele materielle Dinge gegeben, deren Zukunft für sich genommen zu einem Problem, zu einem der größten ökologischen Probleme überhaupt geworden ist.

Der Handel mit Dingen erfolgt in der Regel in einem rechtlichen Rahmen:[15] Dass ein Ding in andere Hände übergeht, nimmt die Form eines Vertrages an, und die Tatsache, dass etwas in andere Hände übergeht, impliziert einen Besitzerwechsel. Durch die Vermarktung einer Sache ändern sich die Besitzverhältnisse. Eine solche Vermarktung ist etwas anderes als eine Vermietung. Es ist eine Welt vorstellbar, in der eine kleine Gruppe von Eigentümern die Dinge nicht verkauft, sondern an diejenigen vermietet, die sie benutzen möchten. In einer solchen Welt wäre die Ungleichheit so groß, dass diese Welt wahrscheinlich nicht lange Bestand hätte. Man kann die These vertreten, dass die Bedeutung, die der Handel mit Dingen gewonnen hat, eine Möglichkeit ist, der Welt zumindest etwas Stabilität zu verleihen, indem bei einer möglichst großen Zahl von Menschen der Eindruck erweckt wird, dass der Besitz einer geringen Zahl von materiellen Dingen ein vages Gefühl von Gleichheit oder zumindest einer Abmilderung der Ungleichheit auszulösen vermag. Doch dabei handelt es sich um eine Illusion, die noch dazu immer schwächer wird. Denn die Entwicklung der sogenannten immateriellen Ökonomie beruht eben gerade auf der Privilegierung des bezahlten Zugangs, das heißt auf einem Mietsystem und nicht auf einem Besitzerwechsel. Darüber hinaus wird das wichtigste Eigentumsrecht nur ganz selten und zu einem Preis gewährt, der außerhalb der Reichweite gewöhnlicher Sterblicher liegt: Dabei handelt es sich um das

15 Den illegalen Handel, der Probleme aufwirft, mit denen sich diese Arbeit nicht direkt befasst, werden wir nicht berücksichtigen.

Recht am geistigen Eigentum, das vor allem das ausschließliche Reproduktionsrecht in Bezug auf eine Sache regelt bzw. schon den Zugriff auf sie kostenpflichtig macht.

Dieser Ansatz beim Handel mit Dingen unter Berücksichtigung ihres Preises führt zu einer Abkehr von zwei großen soziologischen Traditionen. Die eine behandelt die Dinge, indem sie den Akzent auf die Arbeit und darüber hinaus auf die ihre Produktion erlaubenden professionellen Praktiken, ja sogar ihre Vermarktung legt, was im Allgemeinen dazu führt, dass der Unterscheidung zwischen Gütern und Dienstleistungen eine wichtige Rolle zukommt. Die andere setzt sich mit den Dingen in ihrer Eigenschaft als soziale Zeichen für die Beziehungen zwischen Gruppen auseinander. Selbst wenn dabei der Preis berücksichtigt wird, kann man sich wie Viviana Zelizer trotzdem noch auf die Art und Weise konzentrieren, wie dieser Preis bezahlt wird, und so verfahren, als sei die Form der finanziellen Aufwendung sozial geprägt, was eine Unterscheidung von verschiedenen, die sozialen Beziehungen charakterisierenden Arten von Geld erlauben würde.[16] Auch wenn die Frage, wie der Preis für die Dinge bezahlt wird – bar, mit Scheckkarte, per Online-Überweisung usw. –, nicht völlig bedeutungslos ist, steht sie nicht im Zentrum unserer Untersuchung.

In andere Hände übergehen

Der Handel mit einer Sache findet anlässlich einer Transaktion statt, deren Besonderheit darin besteht, dass sie gleichzeitig ein *Ereignis* und eine *Prüfung* ist, insofern dabei die Welt, das heißt das, was der Fall ist, in eine Realität übergeht, die konstruiert ist und das näher bestimmt, was sie aus der Welt auswählt.[17] Um ein

---

16 Viviana Zelizer, »Ce que l'argent veut dire«, in: dies., *La Signification sociale de l'argent,* a. a. O., S. 322-329.

17 Unter »Welt« ist »alles, was der Fall ist«, zu verstehen und unter »Realität« das, was »durch vorab festgelegte Formate stabilisiert wird«, die von Institutionen getragen werden, welche häufig juristischer oder parajuristischer Art sind.

Ereignis handelt es sich, weil das in der Welt eintretende Übergehen einer Sache in andere Hände immer von den jeweiligen Umständen abhängt: Ich kaufe eben diesen Füllhalter an eben diesem Ort zu eben diesem Zeitpunkt, auch wenn ich das vielleicht nicht geplant hatte, oder ich kaufe zwei Füllhalter, obwohl ich nur einen kaufen wollte, oder ich kaufe diesen hier, obwohl ich vorhatte, den daneben zu kaufen, usw. Da der Verkauf vertraglich geregelt, die Sache mit einem Preis versehen ist und ein Besitzerwechsel eintritt, ist die Transaktion jedoch gleichzeitig auch eine Prüfung, die nach einem bestimmten Format abläuft und sich die Umstände einer konstruierten Realität zu eigen macht.

Eine solche Sache ist kein Zeichen, sondern ein materieller Gegenstand, den man sehen kann, hören kann, wenn man gegen ihn klopft oder er einen Ton von sich gibt, wie beim Ticken einer Uhr, an dem man schnuppern kann, zum Beispiel wenn man zum ersten Mal die Seiten eines neuen Buchs aufschlägt und den Geruch des Leims einatmet, und den man anfassen kann.[18] Trotzdem: Wie bei einem Zeichen, dessen Bedeutung einerseits auf seinem Verhältnis zu anderen Zeichen und andererseits auf seinem Verhältnis zu einer äußeren Realität beruht, auf die das Zeichen sich bezieht, ist auch die jeweilige Sache durch einen Bezug auf ein Außen geprägt, wenn man sie im Hinblick auf ihren Wert betrachtet. Dieses Außen ist nichts anderes als die Leere im Sinne einer Leerstelle, die derjenige empfindet, der nach ihr strebt.

Hinzu kommt, dass sich nicht alle Qualitäten einer Sache durch eine Prüfung mit den Augen oder mit Hilfe der anderen Sinne erschließen. Damit ihre Qualitäten sichtbar werden, muss die Sa-

---

Diese Formate bilden eine Semantik, die besagen soll, *was es mit dem, was ist, auf sich hat.* Sie legen Qualifikationen fest, definieren Entitäten und Prüfungen, und sie bestimmen das Verhältnis, das zwischen Entitäten und Prüfungen bestehen muss, damit sie akzeptiert werden. Luc Boltanski, *De la critique*, Paris: Gallimard, coll. NRF essais, 2009 ⟨dt.: *Soziologie und Sozialkritik* (Aus dem Französischen von Achim Russer und Bernd Schwibs), Berlin: Suhrkamp Verlag, 2010⟩.

18 Gesten, die Sachverständige unweigerlich bei der Untersuchung von Objekten machen, die auf einer Auktion verkauft werden sollen; vgl. Christian Bessy/Francis Chateauraynaud, *Experts et faussaires*, Paris: Métailié, 1995.

che nicht nur für einen kurzen Augenblick, sondern über einen mehr oder weniger langen Zeitraum ausprobiert werden. Im Moment des Handels muss man vor allem darauf hoffen, dass die Beschreibung der Sache durch ihren Anbieter etwaige Zweifel an ihr zerstreut. Doch dieser kann unehrlich sein, lügen oder Informationen zurückhalten, die den Sinnen entgehen. Man muss ihm vertrauen, und um ihm zu vertrauen, muss man überzeugt sein, dass er die Wahrheit über die Sache sagt (aber er kann auch ehrlich sein und sich irren).

Beim Handel mit Dingen ist man also mit Ungewissheit konfrontiert. Diese *Ungewissheit* kann sich auf die interagierenden Personen beziehen oder auf die Sache, die Gegenstand des Handels ist. Der Grad der Ungewissheit kann allerdings ungleich sein, je nachdem, ob man sie vom Standpunkt desjenigen betrachtet, der sie anbietet, oder vom Standpunkt desjenigen, der sie erhält. Vom Standpunkt des Anbieters aus betrifft die Ungewissheit vor allem die Absichten dessen, der sich die Sache aneignen möchte: Ist er dazu entschlossen, und unter welchen Bedingungen? Verfügt er wirklich über die finanziellen Mittel, um das zu zahlen, was von ihm im Tausch gegen die Sache verlangt wird? Vom Standpunkt desjenigen aus, der sich die Sache aneignen möchte, bezieht sich die Ungewissheit zunächst auf die Sache selbst: Entspricht sie dem, was von ihr erwartet werden kann bzw. vermag sie, mit anderen Worten, die *Leerstelle* zu füllen, die das Streben nach ihr leitet? Eine solche Ungewissheit richtet sich unweigerlich auf die Person des Anbieters: Hat er die Sache womöglich frisiert, damit sie besser aussieht, als sie in Wirklichkeit ist? Kann man dem vertrauen, was er über die Sache sagt, der Beschreibung, die er gibt? Und ist er überhaupt der Eigentümer der Sache, die er anbietet?

Je nachdem, ob der Handel nach der von Fernand Braudel analysierten Unterscheidung von ferne oder in der Nähe erfolgt, kann diese Ungewissheit indes verschiedene Züge annehmen. Der sogenannte Nahhandel ist eine Situation, in der die interagierenden Personen einander von vornherein entweder aus unmittelbarer Erfahrung, durch ihre Reputation oder aufgrund ihres

Status nicht ganz unbekannt sind. Außerdem ist in solchen Situationen der Gegenstand des Handels in der Regel beiden Seiten recht gut bekannt bzw., wenn man so will, relativ typisiert. Sein Idealtypus ist der Marktplatz in traditionellen ländlichen Gesellschaften. In einer solchen Situation erlaubt das direkte Aufeinandertreffen demjenigen, der die Sache begehrt, denjenigen, der sie anbietet, in verschiedenen Hinsichten einer *Prüfung* zu unterziehen. Der Tendenz nach reguliert sich der Nahhandel also durch Interaktionen, die sich als Teil der Praxis beschreiben lassen.[19] Der auf diese Weise getätigte Handel erlaubt nicht nur die Verringerung der Ungewissheit in Bezug auf die Personen, sondern auch die Verringerung der Ungewissheit in Bezug auf die Sache, das heißt in Bezug auf die Frage, ob die Sache tatsächlich eine Referenzrelation zu der Leerstelle hat, die zum Streben nach ihr führt. Für einen derartigen Handel stellen die spezifischen Eigenschaften der Dinge (die häufig ihre »Singularität« genannt werden) kein Hindernis dar. Dinge, die in einer bestimmten Hinsicht ähnlich oder gleichartig wirken, können sich insofern als verschieden herausstellen, als die Interaktion zum Vorschein bringt, dass sie sich nicht auf dieselbe Leerstelle beziehen. Umgekehrt kann sich bei Dingen, die verschieden wirken, im Endeffekt herausstellen, dass sie auf dieselbe Leerstelle passen. Man könnte also sagen, dass sie sich auf dasselbe beziehen, sodass eine sich zunächst auf eine bestimmte Sache richtende Option schließlich auf eine andere Sache umschwenken kann. Das Gelingen solcher Anpassungen hängt von der Kompetenz ab, welche die interagierenden Personen in der betreffenden Situation an den Tag legen, damit sie eine Übereinkunft erzielen.

Im Fall des Fernhandels kennen Absender und Empfänger einander dagegen nicht, es kann sich dabei a priori um irgendjemanden handeln. Eben weil sie von weit her kommt, ist es für den Empfänger wahrscheinlich relativ schwierig, die Sache selbst rich-

19 Ein Beispiel für die Ethnographie eines Marktplatzes in der französischen Gesellschaft am Ende des 20. Jahrhunderts gibt Michèle de La Pradelle, *Les Vendredis de Carpentras*, Paris: Fayard, 1996.

tig einzuordnen. In dieser zweiten Art von Situation, deren Idealtypus der weltweite Handel mit schwer zu beurteilenden Dingen darstellt, muss die Beziehung zwischen denjenigen, die etwas anbieten, und denen, die nach etwas streben, Unterstützung durch Formen erfahren, die zwischen sie treten und deren Begründetheit beide Seiten anerkennen, damit sie am Ende handelseinig werden. Solche Formen ergeben sich häufig aus praktischen Beziehungen, für die Vertrauen erforderlich ist (weshalb sie auf Beziehungen innerhalb der Familie oder innerhalb der Gemeinschaft aufbauen können[20]), doch Aussicht darauf, sich tatsächlich dauerhaft durchzusetzen, haben sie nur, wenn sie institutionelle Unterstützung erfahren. Für pragmatische Anpassungen, die immer nötig sind, sobald es zu einer Handelssituation kommt, stellen die eingreifenden Institutionen eine *Semantik* bereit, die ihren Ablauf vereinfacht und die für das Erzielen einer Übereinkunft vereinbarten Kosten (die Transaktionskosten) senkt. Außerdem haben die Institutionen die Aufgabe, zumindest einige der Eigenschaften festzulegen, welche die Personen besitzen müssen. Vor allem sollten sie deren Eigentumsrechte an den Dingen feststellen, das heißt die Verbindung zwischen Dingen und Personen in Rechtsbegriffe fassen.

Auf diese Weise verringern die Institutionen die Ungewissheit, die allen Handelssituationen innewohnt. Indem sie sich von dem Standpunkt lösen, den situierte Personen zwangsläufig gegenüber den Dingen einnehmen, erheben sie den Anspruch, Dinge an sich zu bestimmen und sie so zu beurteilen, wie sie sich dem Blick eines körperlosen Wesens darbieten würden.[21] Diese Form von

---

20 Die Notwendigkeit von Vertrauen zwischen Kaufleuten, die Fernhandel betreiben, und das Risiko, das man eingeht und das zum Scheitern des Geschäfts führt, wenn das Vertrauen missbraucht wird, hat Francesca Trivellato in *Corail contre diamants*, a. a. O., sehr deutlich herausgearbeitet.

21 Zur Rolle von Institutionen beim Zustandekommen von Markttransaktionen, die von persönlichen Beziehungen formal unabhängig sind, vgl. Florence Weber, »Transactions marchandes, échanges rituels, relations personnelles. Une ethnographie économique après le Grand Partage«, in: *Genèses*, Nr. 40, 2000, S. 85-107 ⟨dt.: »Markttransaktionen, ritueller Austausch und persönliche Beziehungen. Eine ökonomische Ethnographie nach der *Great*

Aussage geht einher mit dem Vorlegen von Garantien, die sich sowohl auf die Personen als auch auf die Dinge erstrecken: Die Person, die die Sache anbietet, ist tatsächlich ihr Eigentümer (sie verfügt über einen Eigentumsnachweis); die Identität der Person ist tatsächlich die Identität, die zu besitzen sie behauptet (sie verfügt über Ausweispapiere); was die Sache anbelangt, so kann sie Gegenstand einer Beschreibung sein, die tatsächlich ihren Eigenschaften oder zumindest einigen von ihnen entspricht, und diese Beschreibung kann grundsätzlich allen Beteiligten bekannt sein. Das Eingreifen der Institutionen beseitigt die Ungewissheit der Situation und die Unsicherheit, die sie auslöst, nicht ganz, aber sie verlagert sie tendenziell von den Personen, zwischen denen die Transaktion stattfindet, und den Dingen, die Gegenstand dieser Transaktion sind, auf die Institutionen, die für sie garantieren.

Bei Handelsangelegenheiten besteht die Hauptaufgabe einer solchen Semantik also im Fall von Transaktionen, bei denen es um Worte geht, in einer Verstetigung des Sinns, das heißt des relativen sprachlichen Werts der Termini und ihrer Bezugspunkte; und im Fall von Transaktionen, bei denen es um Dinge geht, in einer Verstetigung des Verhältnisses zwischen den angebotenen Dingen und in der Steuerung der Referenzrelation zwischen bestimmten Leerstellen und bestimmten Dingen, das heißt im Anbieten eines mehr oder weniger festen Punkts, um den ihr Preis kreisen kann. Dadurch machen die Institutionen eine quasi unbegrenzte Ausweitung der Zirkulationsbereiche möglich, weil so das Hindernis, das die Entfernung darstellt, überwunden wird.

Der beträchtliche Wandel sowohl der Produktions- und Transportmittel als auch der Verkaufsmethoden und Kaufmöglichkeiten durch das Internet hat gleichwohl bei einer großen Zahl von Dingen zu einer erheblichen Neuordnung des Verhältnisses von Fern- und Nahhandel geführt, vor allem bei den Dingen, die wir Standardartikel nennen werden, während bei manchen anderen

---

Divide« (Aus dem Französischen von Horst Brühmann), in: *trivium*, 17, 2004.

Dingen, wie etwa bei Kunstwerken, eine solche Unterscheidung bestehen bleibt. Warum kann man in einem Online-Shop problemlos einen Staubsauger oder einen Computer zu einem einheitlichen Preis kaufen oder eine goldene Uhr aus dem 19. Jahrhundert, die auf der Internetseite eines Auktionshauses angeboten wird, während kein Sammler auf derartigen Internetseiten ein Bild von Picasso kaufen würde – zumindest nicht, solange solche Verkaufsunternehmen so organisiert sind wie zum jetzigen Zeitpunkt –, sondern das besagte Bild vor Ort in Augenschein nehmen oder einen Dritten mit der Aufgabe betrauen würde, es sich an seiner statt anzusehen, bevor er zum Kauf schreitet? Um diese Frage beantworten zu können, muss man bedenken, dass der Wert der Dinge nicht immer auf dieselbe Weise ermittelt wird und dass solche verschiedenen Wertermittlungsformen sich auf die Art ihrer Vermarktung auswirken – in der Ferne und in der Nähe.

Die Bestimmung

Eine notwendige Bedingung dafür, dass eine Sache sich vermarkten lässt, besteht darin, dass sie bestimmt und bestimmbar ist, das heißt, dass die Qualifikation, der sie unterliegt, von Verkäufer und Käufer geteilt wird.

Dass die Entitäten, aus denen die Umgebung besteht, klassifiziert werden, ist ein universelles Phänomen. Eine solche Klassifikation könne, wie Lévi-Strauss anmerkt, »nicht allein vom praktischen Nutzen abgeleitet werden«, sondern genüge »intellektuellen Ansprüchen, vor oder anstelle der bloßen Befriedigung von Bedürfnissen«. Sie ziele darauf, »den Anfang einer Ordnung im Universum zu etablieren«, indem sie anzeige, dass »es möglich ist, in irgendeiner Hinsicht« Dinge »zusammenzubringen«. »Wie immer eine Klassifizierung aussehen mag, sie ist besser als keine Klassifizierung.«[22] Die meistens mit Namen versehenen, in manchen Fällen aber auch implizit bleibenden Weisen, wie Dinge klassifi-

22 Claude Lévi-Strauss, *La Pensée Sauvage*, Paris: Plon, 1962, S. 3-21 ⟨dt.: *Das*

ziert werden und sich auf Kategorien verteilen, werden in der Regel von allen Mitgliedern eines Kollektivs geteilt, auch wenn die verschiedenen Untergruppen, aus denen dieses Kollektiv besteht, in ihren praktischen Beziehungen zu den Dingen teilweise unterschiedliche Klassifizierungen verwenden können.[23]

Unsere Optik ist jedoch beschränkter. Innerhalb des riesigen Klassifizierungsuniversums betrifft die Art von Klassifikation, die uns hier interessieren wird, lediglich die Dinge als *Waren*. Insofern besteht ihre Besonderheit darin, dass sie sich in zwei ganz verschiedenen Hinsichten auf die Dinge bezieht. Zum einen, indem sie einige ihrer Eigenschaften berücksichtigt – im Allgemeinen sinnliche Qualitäten und/oder funktionale Eigenschaften, die mit ihrer Verwendung zusammenhängen, so wie wir es im Rahmen unserer alltäglichen Bezugnahme auf die Gegenstände dauernd tun. Zum anderen, indem sie sich um die Art und Weise kümmert, wie sie im Verlauf des Tausches mit einem *Preis* versehen werden können – der keine Qualität der Dinge darstellt, weil er von den Umständen und vom Prüfungsformat der Transaktion abhängt. Wenn man sie entsprechend dieser Logik betrachtet, werden zwei Dinge mit identischer Funktion – zum Beispiel ein Plastikhocker und ein Louis-XV.-Sessel, die beide als Sitzgelegenheit dienen können – nicht nur deshalb nicht als zur selben Klasse gehörend bestimmt, weil sie höchstwahrscheinlich bei einem Verkauf ungleiche Preise erzielen würden, sondern vor allem deshalb, weil die Art der Festsetzung des Preises und die zu seiner Rechtfertigung (oder Kritik) aufgebotenen Argumente in beiden Fällen ganz unterschiedlich ausfallen dürften. Wir behaupten also, dass die Verteilung der als Waren betrachteten Gegenstände auf

wilde Denken (Aus dem Französischen von Hans Naumann), Frankfurt am Main: Suhrkamp Verlag, 1968, S. 9-23, hier S. 19 und S. 20f.⟩.

23 So ließ sich zeigen, dass die vom Insee für den Bereich der Ernährung verwendeten Klassifizierungen auf einer Taxonomie von industriell hergestellten Nahrungsmitteln beruhten, die in einer ganzen Reihe von Punkten nicht den Kategorien entsprachen, die implizit von den Mitgliedern der verschiedenen sozialen Schichten verwendet werden. Luc Boltanski, »Taxinomies populaires, taxinomies savantes. Les objets de consommation et leur classement«, in: *Revue française de sociologie*, 1970, S. 34-44.

Klassen sowohl unter Berücksichtigung ihrer sinnlichen Qualitäten und/oder ihren funktionalen Eigenschaften als auch der Wertermittlungsformen erfolgt, die benutzt werden, um ihren Preis festzulegen. Zwei industriell hergestellte Plastikhocker können als mehr oder weniger zur selben Klasse gehörend bestimmt werden. Ungefähr genauso verhält es sich mit einem Sessel und einem Lehnstuhl, die beide aus der Zeit von Louis XV. stammen. Zumindest unter gewöhnlichen Umständen spricht nichts dagegen, sie als wechselseitig mehr oder weniger substituierbar zu betrachten. Doch es bedarf außergewöhnlicher Umstände, damit ein Plastikstuhl und ein Louis-XV.-Sessel als zur selben Klasse gehörend bestimmt werden – zum Beispiel Umstände, unter denen Sitzen eine Frage auf Leben und Tod und die Zahl der Anwärter sehr viel größer wäre als die der zum Verkauf stehenden Sitzgelegenheiten. In einer solchen Zwangslage würden diese verschiedenen, ob nun alltäglichen oder kostbaren Sitzgelegenheiten aber in gewisser Weise ohnehin ihre marktförmige Bestimmung verlieren, insofern die Festsetzung ihres Preises von nichts anderem mehr abhinge als von der Dringlichkeit, die in einer solchen Situation herrschen würde. Die Behauptung ist nicht übertrieben, dass sie in diesem Fall keinen Preis mehr hätten, also unbezahlbar würden.

Allgemeiner gesagt, muss eine Sache, damit sie mit einem Preis versehen werden kann (unabhängig davon, ob der Anbieter ihn schon vorab bestimmt hat oder ob er sich erst am Ende der Transaktion ergibt), *bestimmt* werden. Eine unbestimmte Sache kann aus einem einfachen Grund nicht eingeschätzt werden, nämlich weil Preise nur Sinn haben, wenn sie aufeinander Bezug nehmen; der Preis einer Sache kann nur in Bezug auf die Preise anderer Sachen festgelegt werden. Und bei einer unbestimmten Sache ist es nicht möglich, ihr einen Platz in der Warenwelt zuzuweisen, sie mit anderen Sachen zu vergleichen und sie dadurch mit einem Preis zu versehen, der im Verhältnis zu anderen Preisen steht. Der Preis einer unbestimmten Sache kann eine beliebige Höhe haben, was darauf hinausläuft, dass sie keinen Preis hat. So lässt sich zum Beispiel ein Kieselstein als solcher nicht einschätzen.

Wenn ich am Strand einen Kieselstein aufsammle und ihn Ihnen anbiete, können Sie ihn ablehnen, ihn ohne Gegenleistung entgegennehmen oder mir aus Mitleid ein paar Groschen geben, wenn ich wirklich arm oder völlig verrückt aussehe. Dieser bloße, unbestimmte Kieselstein ist keine Ware und hat an sich keinen Preis. Aber als Teil eines Haufens Kieselsteine, die zermahlen werden sollen, um daraus Baumaterial zu machen (der Haufen kann gewogen und mit einem Preis versehen werden), oder wenn ein Künstler, dem er aufgefallen ist, ihn ausgewählt und so arrangiert hat, dass aus ihm ein Kunstwerk geworden ist, kann er dagegen sehr wohl eingeschätzt werden. Wenn man sagt, dass eine Sache bestimmt sei, bedeutet das also zwangsläufig, dass man sie einer Klasse marktförmiger Objekte zurechnet und, allgemeiner gesagt, auch, dass man ihr einen Namen gibt, mit dessen Hilfe man sie leicht bestimmen kann, insofern sie dieser Klasse zugerechnet wird.

Vor allem wenn sie unter Tage gefördert werden, haben Rohstoffe (im Gegensatz zu Rohstoffen, die aus Biomasse gewonnen werden) Eigenschaften, die leichter zu bestimmen sind als bei ausgefeilten Artefakten. Das ist wahrscheinlich der Grund, warum Edelmetalle, die nicht nur selten sind, sondern auch noch Gleichförmigkeit anstreben, für die ihnen übertragene Rolle des allgemeinen Äquivalents gewissermaßen prädestiniert sind. Aufgrund ihrer Plastizität sind sie von der ihnen jeweils gegebenen Form unabhängig, weil sie immer wieder eingeschmolzen und in völlig neuer Form wieder auftauchen können. Bei ihnen bezieht sich die häufig schwer zu ermittelnde Hauptinformation auf den Anteil an anderen Metallen, der im Endprodukt noch enthalten ist. Aus eben und möglicherweise vor allem diesem Grund sind in diesem Fall staatliche Autorität beanspruchende Institutionen eingerichtet worden, um den Wert der Dinge, die diese Metalle enthalten, entsprechend dem Edelmetallgehalt dieser Legierungen festzulegen und zu garantieren.

Wie das Beispiel Edelmetalle nahelegt, deren Plastizität sie dazu prädisponiert, als allgemeines Äquivalent zu dienen, steht der Handel mit Dingen, in dessen Verlauf sich deren Preis bildet, vor einer zentralen Frage, nämlich vor der Frage ihrer Singularität oder Einzigartigkeit. Alle Dinge sind insofern einzigartig, als sie Differenzen in sich tragen, deren Erkennbarkeit von dem Maßstab abhängt, mit dem sie betrachtet werden. Man kann sich das mit Hilfe von Fraktalbildern vorstellen, wie zum Beispiel einer Küstenlinie, deren Zuschnitt vom verwendeten Maßstab abhängt.[24] Ihre nach einem bestimmten Maßstab glatte, ebenmäßige Kontur zeigt Unregelmäßigkeiten, die sie aufweichen, wenn man sie in einem kleineren Maßstab abbildet. Doch die fraktale Metaphorik betrifft keineswegs nur räumliche Vorstellungen. Sie gilt auch für all die Äquivalenzsetzungen, auf denen Kategorisierungen unabhängig davon beruhen, ob sie sich auf Menschen beziehen, die zu Gruppen zusammengefasst werden, oder auf Dinge, die sich entsprechend der Nomenklatur von Gattungen oder Arten verteilen – um den Preis einer Glättung, wie die Statistiker sagen, von bestimmten, sie voneinander unterscheidenden Differenzen, damit der spezifische Aspekt zur Geltung kommt, unter dem sie miteinander in Verbindung gebracht wurden.

Die Frage der Einzigartigkeit von Dingen und Personen – ihrer Eigenschaften, was erstere anbelangt, und ihrer Leerstellen, was letztere anbelangt – steht im Zentrum der Handelsbeziehungen. Denn in einer möglichen Welt, in der alle Dinge und alle Leerstellen unaufhebbar einzigartig wären, würde die Wahrscheinlichkeit, dass sie zueinander passen, gegen null tendieren und sich durch radikale Ungewissheit auszeichnen. Als Platzhalter für diese Unwahrscheinlichkeit wird denn auch die Logik der Liebe herangezogen, ob man diesen Terminus nun im Sinne eines elektiven Verhältnisses zwischen Personen oder theologisch versteht. In beiden Fällen soll so der Abstand deutlich werden, der solche Annäherungen zwischen Nichtäquivalentem von den Beziehungen trennt, die durch die alltäglichen Formen des Handels entstehen.

Trotzdem werden wir auch die Rohstoffe von unserer Unter-

24 Benoît Mandelbrot, *Les Objets fractals. Forme, hasard et dimension*, Paris: Flammarion, 1975.

suchung ausnehmen. Denn wir werden uns auf das Gebiet der nicht nur materiellen und beweglichen, sondern auch reproduzierbaren Dinge beschränken. Wenn man einen Rohstoff aus einer Quelle fördert, wie zum Beispiel Öl, oder wenn man mit seiner Produktion immer wieder neu beginnen kann, wie beim Reis, ist nämlich seine Produktionsweise keine Reproduktion im strengen Sinne, auch wenn man sich theoretisch vorstellen könnte, dass dies technisch möglich wäre, wenn man synthetische Rohstoffe herstellen würde, so wie man sich eine von tierischen und menschlichen Klonen bewohnte Welt vorstellen kann. Doch so wie die Realität heute, zu Beginn des 21. Jahrhunderts sozial organisiert ist, teilt die Frage der Reproduktion, der vor allem bei der Gewinnakkumulation sowohl in juristischer als auch in ökonomischer Hinsicht ein wichtiger Platz zukommt, die Dinge ganz klar entlang dieser Linie auf; der einzige große Bruch betrifft zum jetzigen Zeitpunkt die digitale Reproduktionsweise zum Beispiel von Filmen, Musik oder Büchern, die allerdings keine materiellen und beweglichen Dinge mehr sind, weil diese lediglich ihre Träger darstellen (Computer, Smartphone, Tablet). Vermarktet wird allein der Zugang zu ihnen und nicht ihr Besitz als solcher, der erlauben würde, sie nach Belieben legal zu reproduzieren.

Dass die Dinge bestimmt sein müssen, verhindert überdies nicht, dass neue Bestimmungen entstehen, während andere verschwinden bzw. genauer gesagt nur noch als Aufzeichnungen in den Archiven vorhanden sind, eventuell sogar in materieller Form als ein gemeinhin in einer Sammlung als Muster verwahrtes Exemplar. Die Klassifizierung der Dinge ist also entwicklungsfähig, neue Klassifizierungen können sich bilden, wenn noch nie dagewesene Dinge erfunden werden. Von den für die 2010er Jahre besonders charakteristischen Dingen ließen sich die gerade erwähnten Smartphones und Tablets anführen: Als multifunktionale, zwischen Telefon, Fotoapparat und Computer angesiedelte Objekte lassen sie sich auf keine dieser Qualifikationen reduzieren und haben so eine neue Objektklasse begründet.

Es ist sinnlos, einen Preis isoliert und sozusagen an sich zu betrachten. Er ist ein in der Sprache der Arithmetik niedergeschriebenes Zeichen, das sich sowohl auf ein Ding als auch auf eine Währung bezieht, das heißt, sich in die Maßeinheiten eines Währungssystems einfügt und gleichzeitig einem Ding zugeordnet wird.

Bei einer Markttransaktion ist der Preis niemals etwas anderes als ein mit einem Ding verknüpftes Zeichen. So gesehen, wird der Preis nicht als Zeichen für die relative soziale Position von verschiedenen Personen gedeutet, das heißt, er ist kein Symbol sozialer Distinktion. »Diese Uhr ist für 100 Euro verkauft worden«, teilt uns mit, dass jemand unter bestimmten Umständen 100 Euro für eine bestimmte Uhr bezahlt hat, ob nun in bar, mit Scheck, per Kreditkarte oder online. Abgesehen von ihrem Preis und der Tatsache, dass dieser Preis in einer bestimmten Währung angegeben wird, erfahren wir durch eine solche Angabe nichts über die Uhr.

Obwohl jedes Ding und jeder Tausch einzigartig ist, wird beim Übergang in andere Hände ein allgemeines Äquivalent, das Geld, in Anspruch genommen, sodass auf eine solche, in einer souveränen politischen Gemeinschaft geltende Metrik immer und sogar in Situationen zurückgegriffen werden kann, in denen es gar nicht direkt um die Zirkulation von Geld geht (wie beim Tauschhandel oder bei Vermächtnissen). Da die monetäre Metrik bei jeder Art von Transaktion eingesetzt werden kann und die Geldmenge, über welche die Beteiligten verfügen, begrenzt ist (so hoch sie auch sein mag), besteht immer die Möglichkeit, die Geldsumme, die man ausgegeben hat, um eine bestimmte Sache zu erhalten, mit der Geldsumme zu vergleichen, die man für eine andere Sache ausgegeben hätte, und so zu der Ansicht zu gelangen, dass diese Summe anderweitig eine bessere Verwendung gefunden hätte oder finden würde (oder für kommende Tauschgeschäfte hätte gespart werden sollen). Das Eingehen einer Transaktion auf diese Weise zu erwägen, wie es im Grunde auch Investoren tun, die Profit machen wollen, kommt in gewöhnlichen Handelsbeziehungen zumindest latent weiterhin mehr oder weniger häufig vor. Warum soll man auf ein Essen im Restaurant für 20 Euro verzichten, weil man für 100 Euro eine begehrenswerte neue Uhr kaufen möchte, wenn die Aussicht besteht, dasselbe Modell mit etwas Geduld gebraucht auf der Webseite eines Auktionshauses zu einem sehr viel niedrigeren Preis zu finden?

Während des Tauschgeschäfts wird die Verschiedenheit der Dinge dadurch verringert, dass sie alle in eine identische Metrik übersetzt werden, die zwischen ihnen eine Form von Äquivalenz herstellt bzw. herzustellen scheint. »Mein Königreich für ein Pferd« ist eine Aussage – ein Ausruf! –, aus deren Sonderbarkeit die Verzweiflung dessen spricht, der sie trifft. Wenn man indes »Königreich« und »Pferd« mit einer Metrik verknüpft, die zwischen ihnen eine Äquivalenz herzustellen vermag, spricht nichts dagegen, dass der Grenznutzen eines Königreichs und der Grenznutzen eines Pferds in einer bestimmten Situation äquivalent sein könnten.[25] Dann könnte man, wie die neoklassische Ökonomie, davon ausgehen, dass es dank derselben Semantik, nämlich der der Preise, möglich ist, diese ja doch sehr heterogenen Dinge, ein Königreich und ein Pferd, ineinander zu übersetzen. In den meisten tatsächlich getätigten Transaktionen ist dies aber nicht der Fall, weshalb diese aus Verzweiflung getroffene Aussage in unseren Augen ans Absurde grenzt. Denn die Beurteilungs- und Erwerbsarten eines Königreichs (das im Allgemeinen weitervererbt oder erobert wird) haben wenig mit den üblichen Beurteilungs- und Erwerbsarten eines Pferds zu tun (das im Allgemeinen anhand der Dienste, die es verrichten kann, eingeschätzt und gegen Geld eingetauscht wird). Und die Gründe, warum man ein Königreich erwerben möchte, unterscheiden sich stark von den Gründen, warum man ein Pferd erwerben möchte.

---

25 Was eine Kritik der Vieldeutigkeit des Begriffs des Nutzens in der neoklassischen Ökonomie anbelangt, vgl. Jan de Vries, *The Industrious Revolution. Consumer behavior and the household economy, 1650 to the present*, Cambridge: Cambridge University Press, 2008, S. 21-25.

Der immer mögliche Umweg über das Geld erlaubt es, Dinge miteinander in Verbindung zu bringen, die abgesehen von ihrem Preis keinen gemeinsamen Maßstab haben, weil sie in den meisten Hinsichten unterschiedlich sind. Allein die Berücksichtigung ihres Preises erlaubt ihre Einordnung auf derselben rechnerischen Ebene. Durch ein solches Verfahren nehmen die im Hinblick auf ihren Preis betrachteten Dinge allerdings zumindest insofern einen relativen Charakter an, als der Preis einer Sache immer mit den in derselben Währung angegebenen oder in andere Währungen umgerechneten Preisen für andere Dinge verglichen wird. Es gibt keinen »Preis von Dingen ohne Preis« in dem Sinne, dass die fraglichen Dinge idealiter und gewissermaßen von ihrem Wesen her unschätzbar wären, obwohl ihnen in der Praxis ein Preis aufgenötigt wird.

Der Preis ist nicht charakteristisch für eine Sache. Aus diesem Grund können einerseits ganz verschiedene Dinge denselben Preis haben, während andererseits identische Dinge je nach den Umständen und dem Prüfungsformat ganz verschiedene Preise haben können. Da die Preise von der Sachlage abhängen, aus der sie sich ergeben, gibt es keinen Grund, warum sie räumlich und zeitlich stabil sein sollten. Damit sie stabil sind, müssen die Dinge erstens zumindest im eben angeführten Sinne des Ausdrucks *bestimmt* werden, das heißt, die Definition des Dings bzw. der Dinge, auf die sich der Preis bezieht, muss verstetigt worden sein; zweitens müssen die Umstände des Tauschgeschäfts vor allem dadurch verstetigt worden sein, dass es unabhängig von der Person der Geschäftspartner erfolgen kann, damit der Preis gleich bleibt, wenn ein Verkäufer an die Stelle eines anderen und/oder ein Käufer an die Stelle eines anderen tritt.

Preise sind also nur im Rahmen eines Relationsfelds sinnvoll, von dem wir bisher drei Bestandteile ausfindig gemacht haben. Dabei handelt es sich erstens um das Verhältnis zwischen dem Preis und der Sache, die Gegenstand des Tauschgeschäfts ist. Dadurch ist der Preis auf gleiche Weise wie das sprachliche Zeichen bei Saussure eine doppelte Entität in dem Sinne, dass er nur in Bezug auf eine Sache existiert, mit der er trotzdem nicht verwechselt werden darf. Zweitens handelt es sich dabei um das Verhältnis zwischen dem Preis einer Sache und den verfügbaren Geldmitteln, mit denen die am Tauschgeschäft Beteiligten – Anbieter und Kaufinteressenten – rechnen können und deren Höhe ihrer Bereitschaft, sich auf eine bestimmte Transaktion einzulassen, Einschränkungen auferlegt. Doch diese beiden, in jedem einzelnen, immer von den jeweiligen Umständen abhängenden Tauschgeschäft erfolgenden Verhältnisbestimmungen sind ihrerseits nur sinnvoll, wenn sie sich auf ein drittes Verhältnis beziehen, nämlich auf das Verhältnis jedes Einzelpreises zu den Preisen der verschiedenen Dinge, die zusammengenommen das bilden, was gemeinhin als Realität angesehen wird. Auf diese Weise ist jeder Preis mit einem Wert verknüpft – hier nicht im ökonomischen, sondern im linguistischen Sinne (wobei der Ausdruck bei Saussure auf den ästhetischen Wortsinn zurückgeht, mit dem Abweichungen zwischen Tönen markiert werden[26]) –, da er nur unter Bezugnahme auf andere, sich aus anderen Tauschgeschäften ergebende Preise hervorsticht, und zwar unabhängig davon, ob diese Preise sich auf zu Recht oder zu Unrecht für gleichartig gehaltene Dinge oder auf Dinge beziehen, die als radikal anders gelten.

In mehr oder weniger stabilen Situationen, in denen das Verhältnis zwischen Dingen und Preisen keine Überraschungen bereithält, gilt der in der Praxis gebräuchliche Preis, das heißt das, was man durchaus den *gängigen Preis* nennen kann, gemeinhin als »angemessener Preis«. Unter Bezugnahme auf einen solchen »angemessenen Preis« ist es dann möglich, einer Missbilligung Ausdruck zu verleihen, die sich weniger gegen das als konsistente Entität verstandene Preissystem richtet als – in moralischer Hinsicht – gegen Personen, die bewusst als überzogen geltende, große Profite erzielende Preise entweder dadurch durchsetzen, dass sie zum Beispiel nicht »ohne Ansehen der Person« verfahren, das heißt entsprechend der Charakterzüge des Kaufinteressenten verschiedene Preise verlangen, oder dass sie die Unterversorgung in

26 Patrice Maniglier, *La Vie énigmatique des signes. Saussure et la naissance du structuralisme*, Paris: Léo Scheer, 2006, S. 286.

Hungerperioden ausnutzen – wie Raymond de Roover für das ökonomische Denken in der Scholastik gezeigt hat.[27] Die Preismetrik reicht in diesem Fall also anscheinend aus, um ein Urteil über die Angemessenheit des Tauschgeschäfts zu fällen. Doch das gilt nicht für Situationen, in denen die relative Preisstruktur grundlegend durcheinandergeraten zu sein scheint, was die sozialen Akteure aufgrund ihrer Erfahrung bemerken, aber auch wenn sie den Informationen Glauben schenken, die in Medienberichten über die »unglaublichen« Preise verbreitet werden, die an manchen Orten beim Handel mit bestimmten Dingen erzielt wurden (wie zum Beispiel heute, wenn Kunstwerke zu »horrenden« Preisen versteigert werden), oder wenn die Medien sich genüsslich über den ausufernden Luxus auslassen. In solchen geschichtlichen Situationen scheint der Preis der Dinge die Bedeutung verloren zu haben, die ihm bis dahin für gewöhnlich zumindest von der Mehrheit der sozialen Akteure zugestanden worden war.

Abgesehen von den drei bereits erwähnten relationalen Bestandteilen werden wir drei Kerneigenschaften von Preisen herausarbeiten:

Die erste besteht darin, dass Preise insofern *real* sind, als sie faktisch das Ergebnis der *Prüfung* sanktionieren, die jeder Warentausch darstellt. In einer vom frühen Wittgenstein beeinflussten Sprache kann man sagen, dass Preise in dem Sinne *Tatsachen* sind, dass sie, *weil sie der Fall sind*, Teil eines bestimmten *Sachlage* sind.

Die zweite besteht darin, dass Preise den Vorteil besitzen, auf einer Metrik zu beruhen, die kollektiv geteilte Maßstäbe erlaubt. Diese beiden Eigenschaften verleihen ihnen die Art von Robustheit, die man sogenannten *objektiven* Entitäten im Allgemeinen unterstellt.

Doch – dritte Eigenschaft – sie hängen auch von den *Umständen* ab (und in diesem Sinne kann man sagen, dass die Preise, die sich am Ende jedes Tauschgeschäfts ergeben, mit *Ereignissen* verglichen werden müssen). Der Preis einer Sache ist mit ihr nicht so

27 Raymond de Roover, *La Pensée économique des scholastiques. Doctrines et méthodes*, Paris: Vrin, 1971.

verknüpft wie eine relativ stabile Eigenschaft, also zum Beispiel ihre Größe oder ihre Inhaltsstoffe. Er kann zum einen angesichts der Umstände des Tauschgeschäfts variieren, und zwar vor allem wenn die Kräfteverhältnisse zwischen den Geschäftspartnern eine Rolle spielen, was zum Beispiel der Fall ist, wenn der Anbieter dringend verkaufen muss oder wenn der Interessent nur schwer auf andere Tauschsituationen ausweichen kann, entweder weil es keine gibt bzw. keine in Reichweite sind (Monopole) oder weil ihn mit dem Anbieter noch andere Arten von sozialen Beziehungen verbinden. Zum anderen hängt der Preis ganz allgemein von der Temporalität ab, die bei der jeweiligen Sache zum Tragen kommt. Je nachdem, welchem ökonomischen Bereich die Sache angehört – und zwar vor allem abhängig davon, ob sie dem, was wir *Standardform*, oder dem, was wir *Sammlerform* nennen, zuzuordnen ist –, entfaltet diese zeitliche Dimension sich nämlich auf verschiedene Weise. Im ersten Fall sinkt der Preis einer Sache mit der Zeit, während im zweiten gute Aussichten bestehen, dass er steigt. So wird zum Beispiel der Preis einer altmodischen Uhr mit der Zeit sinken, wenn sie auf dem Gebrauchtwarenmarkt verkauft wird. Wenn man sie aber als eine für Sammler bestimmte alte Uhr betrachtet, wird ihr Preis dagegen steigen.

Hinzu kommt, dass sich durch die Abhängigkeit der Preise von den Umständen eine Frage zu einem Problem entwickelt, die in den Wirtschaftswissenschaften durchaus eine zentrale Stellung einnimmt: nämlich die ihrer *Aggregation,* und zwar besonders dann, wenn reale Transaktionen sich vom Idealmodell reiner und vollkommener Konkurrenz entfernen, was bei einer großen Zahl von Gütern der Fall ist, ja wahrscheinlich sogar bei den meisten. Nebenbei gesagt, ähnelt diese Frage sehr stark der Frage, der die Soziologie begegnet, wenn sie nach begrifflichen Werkzeugen und Methoden sucht, um die Bildung von *Kollektiven* auf der Grundlage interagierender Einzelpersonen zu erklären, die zwar alle einzigartig sind und über vielerlei Eigenschaften verfügen, aber dennoch imstande sein sollen, in einer Vielzahl von verschiedenen Hinsichten unter unterschiedlichen historischen Bedingungen Verbindungen zueinander einzugehen und sich dadurch im Rahmen verschiedener »Kategorien« oder »Gruppen« im Sinne einer Aggregation *zusammenzuschließen*.

Ähnliche Probleme stellen sich, wenn man nicht mehr die Preise oder die Personen, sondern die Dinge selbst betrachtet. Sogar im Fall von Industrieprodukten wirft das Wegbewegen eines Interessenten von einem bestimmten Produkt hin zu einem Ersatzprodukt das knifflige Problem auf, wie die Äquivalenz verschiedener Objekte festgestellt werden kann. Denn auch wenn der Preis in Bezug auf eine gemeinsame Maßeinheit festgesetzt wird, ist das bei den Dingen selbst nicht der Fall, bei denen die Ähnlichkeiten sich immer wieder als unzulänglich erweisen können, wenn man ihre *Differenzen* berücksichtigt, was zu grenzenlosen Überraschungen und endlosen Diskussionen darüber führen kann, ob dieses preisgünstigere Objekt tatsächlich jenem teureren Objekt ähnlich ist. Denn in vielen Fällen unterscheidet sich ein teures, aber *»angesagtes«* Objekt durch eine *letzte Differenz* von einem funktional ähnlichen, günstigeren, aber »vorsintflutlichen« Objekt.

Wenn also ein isoliert und an sich betrachteter Preis sinnlos ist, wie wir behauptet haben, muss man davon ausgehen, dass man es stets nicht mit einem, sondern mindestens mit zwei Preisen zu tun hat: mit einem, der sowohl dem Ereignis als auch der Prüfung vorbehalten ist, die der Besitzerwechsel einer Sache darstellt, und mindestens einem weiteren Preis, der mit ihm in einem Verhältnis steht, aber im Regelfall nicht dem gezahlten Preis entspricht. Diesen »zweiten« Preis werden wir *Metapreis* in dem Sinne nennen, dass er für ein Ding nicht bei einem Tauschgeschäft anfällt, sondern sich auf die Vorgänge bezieht, durch die Preise sich bilden.

Einige Ökonomen und Marketingfachleute haben ein umfangreiches Verzeichnis von Preisen mit verschiedenen Merkmalen erstellt. Die aus dem Marketing stammenden *Pricing*-Techniken rücken von einer auf den Kosten (direkte und indirekte Herstellungskosten, zu denen ein Puffer hinzukommt, der als Ausgleich für das vom Unternehmer eingegangene Risiko, das heißt auch als eine Art Kostenfaktor verstanden wird) beruhenden Preisgestaltung ab und versuchen vor allem, die »Zahlungsbereitschaft« des Konsumenten zu berücksichtigen, um eine ganze Skala von »zumutbaren Preisen« zu erstellen, die für verschiedene »Segmente« der potentiellen Zielgruppe auf unterschiedlichen Ebenen angesiedelt werden. Die Preisbildung wird so zu einem zentralen Bestandteil des »strategischen Management«, das von den Anbietern eingesetzt wird, um ein und denselben Artikel je nach Ort und Umständen der Transaktion zu ganz verschiedenen Preisen verkaufen zu können (die bei handelsüblichen Standardartikeln von 1 bis 10 reichen).[28] Als Beispiele lassen sich anführen die Errichtung von »Zumutbarkeitsgrenzen«, denen variable Margen- oder »Multiplikationskoeffizienten« entsprechen; vor allem bei hochwertigen Artikeln oder Luxusprodukten die Einbeziehung der Umkehrung des Verhältnisses von sinkenden Preisen und steigender Nachfrage; die Festlegung einer »Preisspanne« nach Maßgabe der Verteilung der potentiellen Interessenten auf verschiedene Teile der Öffentlichkeit, bei denen von unterschiedlichen Erwartungen und finanziellen Mitteln ausgegangen wird; Tarifgestaltungsverfahren, die vor allem auf einem »Preiskampf« beruhen, bei dem ein Preis unter Bezugnahme auf die Preise der Konkurrenz bestimmt werden kann, zu denen von anderen Anbietern Artikel angeboten werden, die als »gleichwertig« gelten (was in der Europäischen Union verboten ist, aber weithin praktiziert wird); befristete »Sonderangebote« auf bestimmte Produkte oder

28 Vgl. Caroline Urbain/Marine Le Gall-Ely, *Prix et stratégie marketing*, Paris: Dunod, 2009. Diesen Autorinnen zufolge »liegen die bei einem abgegebenen Angebot festgestellten Preisunterschiede je nach geographischer Region in der Automobilbranche bei 50 Prozent und bei pharmazeutischen Produkten bei 500 Prozent, abhängig von der Klasse, den Tarifbestimmungen und den Nutzungsbeschränkungen bei 300 Prozent im Schienenverkehr und nach denselben Kriterien bei 1000 Prozent im Luftverkehr, je nach Saison und Örtlichkeit bei Hotel- und Ferienaufenthalten bei mindestens 300 Prozent, je nach Mengen und Vertragsbedingungen zwischen 300 und 500 Prozent bei Industrieprodukten, je nach Zeitspanne und Betreiber zwischen 50 und 500 Prozent bei Telekommunikationsdiensten und je nach Vertriebsweg bei 500 Prozent für Konsumgüter« (S. 1). Vgl. auch Hermann Simon/Florent Jacquet/Franck Brault, *La Stratégie prix*, Paris: Dunod, 2011.

»Lockvogelpreise«, die »auf ein Produkt aufmerksam machen« sollen, was für einen vorab festgelegten Zeitraum Verkäufe mit Verlust bedeuten kann – in der Hoffnung, dass dieser am Ende wieder wettgemacht wird durch das wachsende Nachfragevolumen einer in der Folge zur Tolerierung höherer Preise bereiten Stammkundschaft; und schließlich und womöglich vor allem das *Yield-* oder *Ertragsmanagement,* das zum Beispiel im Fall der Verkehrswirtschaft die Preise entsprechend dem Verhältnis von Angebot und Nachfrage zu einem gegebenen Zeitpunkt bestimmt, wie jeder im Fall der TGV-Züge in Erfahrung bringen kann, deren Preise zum selben Zielbahnhof sich je nach dem Verhältnis des tatsächlichen Kaufdatums und des Datums, an dem das Ticket faktisch in Anspruch genommen wird, verzehnfachen können.[29]

Diese verschiedenen *Pricing*-Techniken, deren Entwicklung durch die Verbreitung der Angebotstheorien in der Ökonomie angestoßen wurde, streben eine »Flexibilisierung« der Preise, das heißt eine Lockerung des Verhältnisses der Dinge zu ihrem Preis an. Natürlich verfolgen sie die Absicht, gegen die vom Staat oder von einer anderen Disziplinarinstanz vorgegebenen *administrierten Preise* anzugehen, die sich – etwa so, wie der »richtige Gebrauch« in den Grammatiken sich den Vorwurf gefallen lassen muss, die Sprache zum Erstarren zu bringen, anstatt sie dem Erfindungsreichtum des Volkes und den Eingebungen innovativer Schriftsteller zu überlassen – den Vorwurf gefallen lassen müssen, dass auch sie durch die Festsetzung von Äquivalenzsystemen eine Wirtschaftsaktivität zum Erstarren bringen, die man sich nach vitalistischem Vorbild als von ihrem Wesen her sprunghaft und frei vorstellen muss. Hat eine sich an dieser Vorstellung orientierende Reglementierung nicht unweigerlich zur Folge, in Gestalt von »Schwarzmärkten« eine Überschreitung zu erfahren? Trotzdem führt diese Flexibilisierung, vor allem wenn sie zu einem Zeitpunkt erfolgt, der durch einen tiefgreifenden Wandel der Wert-

29 Vgl. Jean Finez, »La construction des prix à la SNCF, une socio-histoire de la tarification. De la péréquation au yield management (1938-2012)«, in: *Revue française de sociologie,* 1/2004 (Jg. 55), S. 5-39.

schöpfungs- und Profitbildungsquellen gekennzeichnet ist, der Tendenz nach zur Verunsicherung einer ganzen Reihe von Akteuren, deren kognitive Karten und Interpretationsfähigkeiten sich als unzulänglich erweisen, was sie zu dem Versuch veranlasst, sich Mittel zuzulegen, mit deren Hilfe sie ein als »vernünftig« und auch als mehr oder weniger »stabil« geltendes *Urteil* über den Preis der Dinge, das heißt sowohl über die Beschaffenheit der Dinge als auch über die Höhe ihres Preises fällen können.

Ein *Metapreis* kann die Form einer dieser vor allem von Marketingfachleuten entwickelten Preisarten annehmen. Er unterscheidet sich darin vom realen *Preis,* dass er weder Ereignis noch Prüfung ist, in den Umständen des Ereignisses sowie den Prüfungsformaten aber doch zum Ausdruck kommen kann. In dem Satz »Diese Uhr ist 100 Euro wert« kann »100 Euro« zum Beispiel einen Preis bezeichnen, wenn die fragliche Uhr tatsächlich für 100 Euro ver- und gekauft worden ist, oder aber einen Metapreis, wenn »100 Euro« dem geschätzten Wert der Uhr entspricht, der als Mindestpreis bei einer Uhrenauktion dienen könnte, als Schätzpreis für Uhren desselben Modells oder aber als Versicherungssumme, wenn die betreffende Uhr zum Beispiel Teil einer großen Sammlung in einem Museum ist.

Es gibt sehr viele *Metapreise*, und es würde sich lohnen, sie auf der Grundlage einer ihrerseits auf einem pragmatischen Ansatz beruhenden Analyse der sozialen Realität systematisch zu untersuchen. Sie können vor allem einen Beitrag leisten zur Berechnung von Versicherungssummen, Wiedergutmachungszahlungen (zum Beispiel infolge der Umweltverschmutzung[30]), Schätzwerten zukünftiger Güter oder Zinssätze, sie können die Form von Schätzpreisen (zum Beispiel bei Sammlerobjekten, wie etwa Briefmarken) annehmen oder von »Mindestpreisen« bei Versteigerungen usw. Ebenso können in Situationen, in denen gefeilscht wird, der zunächst vom Anbieter genannte höchste Preis und der zu-

30 Marion Fourcade, »Cents and Sensibility. Economic Valuation and the Nature of ›Nature‹«, in: *American Journal of Sociology*, Jg. 116, Nr. 6, 2011, S. 1721-1777.

nächst vom Interessenten genannte niedrigste Preis insofern als Metapreise betrachtet werden, als für keinen von beiden gute Aussichten bestehen, am Ende der Transaktion erzielt zu werden.

Metapreise sind keine Tatsachen, sie gehören auch nicht zu den Ereignissen, sondern sind diesen vor- und nachgelagert. Sie sind *Meta-*, weil das Reflektieren über einen Preis (eine Diskussion, ein Vergleich, eine Kritik, eine Rechtfertigung usw.) auf ihnen beruht. Sie werden den Dingen aufgrund von *Schätzungen* zugeschrieben – deren Grundlagen sehr unterschiedlich und deren Realitätsnähe sehr ungleich sein können –, das heißt als *Potenzialitäten*, die freilich nur aktualisierbar sind, wenn sie auf andere Begleitumstände – auf andere Orte oder in andere Zeiten – übertragen werden, deren Konturen bloß angedeutet, ja *imaginiert* werden und keinen Objektivierungsversuch nach sich ziehen.

Metapreise sind Fiktionen in dem Sinne, dass in der konkreten Tauschsituation, um die es geht, kaum Aussicht auf ihre Aktualisierung besteht, und sogar in dem Sinne, dass keineswegs sicher ist, dass es anderenorts eine Situation gibt, die ihnen recht gäbe. Trotzdem haben sie reale Auswirkungen auf die Interaktionen zwischen den Tauschpartnern. Im günstigsten Fall können sie deren Koordinierung einfacher machen, indem sie als Anhaltspunkt dienen. Doch umgekehrt können sie ihre Koordinierung auch erschweren, indem sie illusorische Erwartungen wecken, die schnell in Frustration umschlagen und sich in Kritik verwandeln können.

Es kann jedoch vorkommen, dass Metapreis und realer Preis zusammenfallen, zum Beispiel wenn der Schätzpreis für eine bestimmte Art von Uhr bei 100 Euro liegt und sie tatsächlich für 100 Euro, also in Höhe ihres Schätzpreises, ver- und gekauft wird. Eine derartige Situation ist extrem selten, und wenn man ein Beispiel nimmt, bei dem der Schätzpreis eine sehr wichtige Rolle spielt, nämlich beim Sammeln von Briefmarken, so hat nicht nur der reale Preis einer Sammlermarke seit der Entstehung dieser Art des Sammelns historisch immer unter dem Schätzpreis gelegen, sondern ist das Gefälle zwischen Schätzpreis und realem Preis durch die Vermarktung auf den entsprechenden Internetseiten noch deutlicher hervorgetreten.[31] Im Fall der administrierten Preise von standardisierten Artikeln, zu denen in Frankreich Bücher gehören, ist der Metapreis jedoch häufig derselbe wie der reale Preis. Wer so argumentiert, vergisst allerdings, dass es neben dem Markt für neue Bücher einen Markt für antiquarische Bücher gibt und dass es auf diesem Gebrauchtwarenmarkt neuwertige, zum Beispiel aus den Presseabteilungen stammende Bücher oder Bücher in sehr gutem Zustand zu niedrigeren realen Preisen zu kaufen gibt, wodurch der Neupreis des Buches zum Metapreis wird.

Kritik des Preises

Der Preis, zu dem eine Sache angeboten oder abgegeben wird, ist häufig fragwürdig und lässt sich beanstanden, weil die Bedingungen, unter denen eine Transaktion erfolgt ist, ziemlich häufig fragwürdig sind. Zu solchen Situationen, die nach Einschätzung der neoklassischen Ökonomie ein Zeichen für die »Unvollkommenheit des Marktes« sind, kommt es in der Realität wahrscheinlich sehr häufig, und sei es nur, weil die tatsächlichen Handelsbeziehungen nur selten dem ökonomischen Modell des vollkommenen Marktes entsprechen.

Wie Albert Hirschman gezeigt hat, kann die Beanstandung des Preises zwei Formen annehmen.[32] Die erste ist still und äußert sich im Abwenden von einem Anbieter zugunsten eines anderen (*exit*), das heißt durch Konkurrenz. Die zweite äußert sich verbal (*voice*) und drängt sich besonders dann auf, wenn es im Marktumfeld nicht genügend Konkurrenten gibt.

Die Beanstandung des Preises läuft immer darauf hinaus, dass

31 Vgl. Antony Kuhn/Yves Moulin, »Proximité des acteurs et transformation des conventions. Le cas du marché philatélique numérique«, in: *Revue française de gestion*, 2011/4, Nr. 213, S. 43-56.

32 Albert O. Hirschman, *Abwanderung und Widerspruch. Reaktionen auf Leistungsabfall bei Unternehmungen, Organisationen und Staaten* (Aus dem Englischen von Leonhard Walentik), Tübingen: Verlag Mohr/Siebeck, 1974, Neuausg. 2004, englische Originalausgabe 1970.

sich ein *Machtunterschied* zwischen Anbieter(n) und Interessent(en) Bahn bricht. Dieser Machtunterschied kann mit Hilfe des Modells vom reinen und vollkommenen Wettbewerb gedeutet werden, zum Beispiel wenn man unterstellt, dass die Anbieter den Preis von etwas ihrem eigenen Interesse entsprechend festsetzen können, weil sie das Angebotsmonopol für ein Gut besitzen, das von einer großen Zahl von Interessenten begehrt wird. Das kann der Fall sein, wenn ein einziger Anbieter im Besitz des begehrten Guts ist oder wenn mehrere Anbieter untereinander eine (stillschweigende oder geheime, häufig als eine Art wettbewerbsverzerrendes Komplott beschriebene) Absprache treffen, um den vielen verschiedenen Interessenten gemeinsam gegenüberzutreten, die eigenständig handeln und beim Tauschgeschäft jeweils nur über die eigene Macht verfügen. Für den Schutz der Interessen der letzteren sind also zwei Verfahren erforderlich. Das erste besteht in der Aufdeckung der geheimen Verbindung zwischen den Anbietern – zum Beispiel des »Joghurtkartells«, zu dem sich große Lebensmittelkonzerne durch die heimliche Vereinbarung eines festen Joghurtpreises zusammengeschlossen haben – und kann die Form einer Untersuchung annehmen, auf die im Fall des Nachweises, dass eine solche geheime Verbindung existiert, eine zum Beispiel von einer unabhängigen Wettbewerbsbehörde, wie der Autorité de la concurrence in Frankreich, ausgesprochene Sanktion folgt. Das zweite besteht in dem Versuch, durch die Einrichtung von Verbänden, wie zum Beispiel Konsumentenvereinigungen (oder im Fall der Arbeit durch die Gründung von Gewerkschaften), Geschlossenheit unter den Interessenten herzustellen.

Eine andere Variante (die mit dem ersten Ansatz verknüpft sein kann) besteht in der Berufung auf eine *Informationsasymmetrie*, das heißt, die Beanstandung des Preises kann darauf beruhen, dass zwischen demjenigen, der im Besitz der Sache ist (dem Anbieter), und demjenigen, der sie erwerben möchte (dem Interessenten), eine große Asymmetrie besteht. In solchen Situationen gelangen einige Beteiligte möglicherweise zu der Ansicht, dass der Preis in keinem Verhältnis zur eigentlichen Sache steht, sondern von der Beziehung abhängt, die sich aus den Umständen des Tauschgeschäfts zwischen Anbieter und Interessent ergibt und in Gestalt eines Kräfte- oder Machtverhältnisses zum Ausdruck kommen kann. Das ist der Fall, wenn der Anbieter dringend etwas verkaufen muss (zum Beispiel weil er aus politischen Gründen aus seinem Heimatland fliehen muss) und nicht die Möglichkeit hat, unter mehreren Interessenten ein Konkurrenzverhältnis herzustellen; oder aber umgekehrt, wenn der Interessent etwas ganz schnell benötigt, das er nirgendwo zu einem niedrigeren Preis bekommen kann.

In einer Situation reinen und vollkommenen Wettbewerbs dürfte sich die Beanstandung des Preises immer in der stillschweigenden Bevorzugung eines anderen Anbieters niederschlagen (*exit*). Wie jedoch schon häufig gezeigt wurde, ist es sehr schwierig, überzeugend nachzuweisen, dass eine Marktsituation wirklich eine Situation reinen und vollkommenen Wettbewerbs ist. Letztere beruht nämlich auf so anspruchsvollen Voraussetzungen, dass konkrete, für die Soziologie interessante Tauschsituationen sie nur selten erfüllen. Zu diesen Bedingungen gehören: eine vollkommene Homogenität der konkurrierenden Objekte in allen Hinsichten (dieselbe »Qualität«); die gleiche, für gleiche Zugangskosten sorgende geographische Zugänglichkeit (die nur auf dem Marktplatz gewährleistet ist); die vollständige Unabhängigkeit eines Tauschgeschäfts von anderen Tauschgeschäften und anderen Interaktionsarten, und zwar besonders das vollständige Fehlen von Abhängigkeitsverhältnissen zwischen Anbietern (Monopole), Interessenten (Boykott) sowie Anbietern und Interessenten (Klientelismus) usw. – alles Bedingungen, die für die neoklassischen Modelle konstitutiv sind.

Schließlich muss man, um das Wettbewerbsargument geltend zu machen, in der Lage sein, ein breites Spektrum vermeintlich unabhängiger Tauschgeschäfte zu totalisieren. Eine Aggregation solcher verschiedenartiger Tauschgeschäfte ist nun aber problematisch. Jedes Tauschgeschäft kommt in einer besonderen Situation zustande. Um solche Situationen im Sinne einer Aggregation zusammenzufügen, muss man zeigen können, dass sie vollkommen unabhängig voneinander und gleichzeitig einander in allen Punkten ähnlich bzw. gleichartig sind, das heißt erstens, dass die angebotenen Objekte identisch sind (was nur wahrscheinlich ist, wenn es sich um Exemplare desselben Prototyps handelt) oder mehr oder weniger vergleichbar sind (obwohl sich ihre Ähnlichkeit in einem solchen Fall leicht als fragwürdig erweisen kann); und zweitens, dass auch die Umstände des Tauschgeschäfts identisch sind.[33] Das ist selten der Fall, und sei es nur aus Gründen der geographischen Entfernung bzw. Zugangsmöglichkeiten. So wird zum Bei-

33 Die Kritik an der Hypothese einer Homogenität der Produkte, die zu den Grundannahmen gehört, auf denen die neoklassische Theorie beruht, ist der Ausgangspunkt der Analysen von Edward Chamberlin, der eine Verringerung des Gegensatzes von Konkurrenztheorie und Monopoltheorie anstrebte, indem er zeigte, dass die meisten Tauschgeschäfte verschiedene Kombinationen aus »Kräften« darstellen, von denen einige in Richtung Konkurrenz und andere in Richtung Monopol gehen. Bei Chamberlin führte das in seinem bahnbrechenden, 1933 erschienenen Buch zur Ausarbeitung eines neuen Ansatzes des Warentauschs, den er als »monopolitische Konkurrenz« bezeichnete (Edward Hastings Chamberlin, *La Théorie de la concurrence monopolistique. Une nouvelle orientation de la théorie de la valeur* [Aus dem Englischen von Guy Trancard], Paris: PUF, 1953, englische Originalausgabe 1933). »Mit der Differenzierung«, schreibt Chamberlin in der Einleitung zu diesem Buch, »entsteht das Monopol, und je mehr sie zunimmt, desto wichtiger wird das Monopolelement. Wenn ein bestimmter Differenzierungsgrad erreicht ist, hat jeder Verkäufer das absolute Monopol auf sein Produkt, unterliegt aber der Konkurrenz mehr oder weniger unvollkommener Ersatzprodukte. Da alle Verkäufer Monopolisten sind und trotzdem Konkurrenten haben, können wir sie ›konkurrierende Monopolisten‹ nennen und die dabei aktiven Kräfte als ›monopolistische Konkurrenz‹ bezeichnen.« (S. 7) Zu den monopolistischen Effekten zählt Chamberlin auch die Position des Verkaufsorts: »An dieser Stelle darf keineswegs in Vergessenheit geraten, dass wir das Wort ›Produkt‹ hier im weiten Sinne verstehen. ›Variation‹ kann auf eine veränderte Qualität des eigentlichen Produkts verweisen – technische Änderungen, neues Modell, höherwertiger Rohstoff; man kann darunter eine neue Verpackung oder Schachtel verstehen; oder man kann damit einen schnelleren oder zuvorkommenderen Service meinen, eine andere Art, Geschäfte zu machen oder auch einen anderen Standort.« (S. 77f.) Insofern er die Qualifikation der Güter in den Vordergrund stellt, ist Edward Chamberlin ein Vorläufer der ökonomischen Strömungen, die sich in den 1980er Jahren vor allem in Frankreich entwickeln sollten, und zwar besonders der Ökonomie der Konventionen (vgl. Michel Callon/Cécile Méadel/Vololona Rabeharisoa, »L'économie des qualités«, in: Michel Callon et al., *Sociologie des agencements marchands*, a. a. O., S. 143-170).

spiel ein Käufer, der im Zentrum von Paris wohnt, in Kauf nehmen, dass ein Artikel bei ihm in der Nähe mehr kostet als in einem weit entfernt in einem Vorort gelegenen Discounter.

Allgemeiner gesagt, hängt der Preis einer Sache immer mehr oder weniger von den Umständen ab, da er das Ergebnis der Prüfung ist, in deren Verlauf sie in andere Hände übergeht und die, da sie zur Ordnung der Ereignisse gehört, von den Umständen, unter denen sie stattfindet, nicht zu trennen ist. Preise können zwar mehr oder weniger reguliert bzw. (unter staatlichem Druck) administriert werden, und sind das häufig auch, das heißt, sie sind zumindest in einem bestimmten geographischen Bereich standardisiert. So können Gesetze oder Vorschriften verlangen, dass Dinge einer bestimmten Art unabhängig von ihrem Verkaufsort denselben Einheitspreis haben, wie im Fall der Preisbindung für Bücher, wodurch Metapreis und Preis zusammenfallen; oder sie können eine Einschränkung der Gelegenheiten für Niedrigpreise zumindest in bestimmten Gebieten zum Beispiel auf die Zeit des Ausverkaufs anstreben, was Dumpingpreise nicht ausschließt. Aber bei einer großen Zahl der sich im Umlauf befindenden Dinge hängt der Preis weitgehend von der jeweiligen Tauschsituation ab. Dies gilt besonders für alte bzw. gebrauchte Objekte oder Trödelware, deren Ähnlichkeit mit anderen Objekten, mit denen sie einige (aber nicht alle) Eigenschaften teilen und die unter anderen Handelsumständen zum Verkauf angeboten werden, fragwürdig sein kann.

Bei jedem einzelnen Tauschgeschäft findet eine Sache Ausdruck in einer Geldsumme, einem Metapreis, der vor dem Tauschgeschäft vom Anbieter festgesetzt worden sein kann oder nach einer Verhandlung bestimmt wird, wenn zum Beispiel gefeilscht worden ist. Da aber jedes Tauschgeschäft ein singuläres Ereignis ist – die Begegnung eines Anbieters und eines Interessenten in einem bestimmten Kontext –, hängt der Preis von den Umständen ab. »Dieselbe« Sache kann zu verschiedenen Preisen abgegeben worden sein oder in Zukunft abgegeben werden, und »ähnliche« oder »gleichartige« Dinge können in jeweils anderen Tauschsituationen gleichzeitig zu verschiedenen Preisen angeboten werden: Darin besteht die Grundlage der Konkurrenz. Eine Welt, in der von den Dingen nur ihr Preis bekannt ist, wäre zu Willkür und Kontingenz verdammt. Wenn Informationen über die Anbieter und Interessenten und vor allem Informationen über die getauschten Dinge fehlen, wenn also ein Metapreis fehlt, reicht das Bekanntsein der Preise für einen ordnungsgemäßen Ablauf der Tauschgeschäfte nicht aus, und Wettbewerb wäre reiner Zufall. Zur Verringerung dieser Kontingenz muss der Preis mit Spezifikationen in Bezug auf die Dinge (und übrigens auch die Personen) verknüpft werden, und sei es nur, damit man in der Lage ist, über eine Sache zu sagen, dass sie zu verschiedenen Zeitpunkten »dieselbe« ist, und damit man über zwei Dinge sagen kann, dass sie »ähnlich« oder »gleichartig« sind, das heißt, damit man sie einem Prüfungsformat unterziehen kann.

Daraus folgt, dass die Preise der Dinge immer fragwürdig sind und beanstandet werden können, vor allem wenn man sie auf die Metapreise bezieht, sodass es erforderlich ist, über Argumente und, wenn das möglich ist, über konkrete Überprüfungsinstrumente zu verfügen, um sie zu rechtfertigen. Deshalb sind die Anbieter sogar in Situationen, in denen Konkurrenz herrscht (und in denen die Interessenten möglicherweise den *exit* wählen werden), bereit, den Preis der Dinge, die sie anbieten, zu rechtfertigen. Darin besteht eine der Aufgaben der Werbung. Einem solchen Rechtfertigungsanspruch unterliegen auch die Interessenten, entweder weil sie gegenüber Dritten den Preis rechtfertigen müssen, den sie für eine bestimmte Sache zu zahlen bereit waren, oder weil sie beabsichtigen, den Angebotspreis zu kritisieren. Der Rechtfertigungsanspruch fällt nur in den Situationen weg, in denen das Kräfteverhältnis zwischen den Tauschpartnern ein so asymmetrisches Niveau erreicht, dass die Anbieter sich eine Rechtfertigung sparen können (Friss oder stirb: »Entweder Sie nehmen es oder lassen es bleiben«). Entweder hat eine Instanz (eine Firma oder der Staat) das Monopol auf den Verkauf einer absolut notwendigen Sache (und da der Interessent etwas sehr dringend benötigt, das woanders zu einem geringeren Preis zu bekommen keine Hoffnung besteht, zum Beispiel einen Energieträger oder eine Zugreise, ist der *exit* keine Option). Oder aber die Interessenten verständigen sich darauf, bestimmte Dinge zu dem Preis, zu dem sie angeboten werden, zu boykottieren, was den Rückgriff auf *voice*-Strategien voraussetzt (der Anbieter kann in diesem Fall nicht darauf hoffen, einen anderen Käufer zu finden, der den Preis zahlen wird, den er für die Sache verlangt). Unter Rückgriff auf den Begriff des Werts müssen wir jetzt klären, auf welche Weise der Preis und seine Rechtfertigung miteinander verbunden sind.

Der Wert als Rechtfertigung des Preises

Wir werden den *Wert*[34] als Instrument zur *Rechtfertigung des Preises* definieren. Preise müssen nicht immer gerechtfertigt werden, und in der Praxis wird der Preis von handelsüblichen Dingen, die wir täglich erwerben, selten gerechtfertigt. Die Rechtfertigung des Preises kann entweder eine Reaktion auf die Beanstandung des geforderten Preises sein – und damit läge der klassische Fall vor, dass eine Rechtfertigung auf Kritik reagiert –, oder sie kann im Vorfeld des Kaufs vorgebracht werden, gewissermaßen als Rückversicherung für den möglichen Erwerber, dass der Akt gut begründet ist, den er zu vollziehen beabsichtigt. Aus dieser Perspektive lässt sich Licht in die Frage des Werts bringen, weil sie so von ihren ontologischen[35] oder moralischen Weiterungen abgekoppelt wird.

34 Die sozioökonomische Erforschung von Wert und Bewertung erlebt zurzeit einen großen Boom, besonders in den Vereinigten Staaten. Einen Überblick gibt Michèle Lamont, »A comparative Sociology of Valuation and Evaluation«, in: *The Annual Review of Sociology*, 2012, 38, 21.1-21.2.

35 Unter den vielen Verwendungsweisen des Ausdrucks »Wert« grenzen wir uns hier vor allem von der Konzeption ab, die Bruno Latour vorschlägt, wenn er die Idee vertritt, dass »die Anthropologen der Moderne […] nicht so leicht die wirkliche Existenz der Werte ausklammern [können], an denen uns liegt. Diesen geheimen Vorbehalt, der für den ›interkulturellen Dialog‹ so nützlich war, können sie hier nicht praktizieren. Vor allem, wo wir genau wissen, daß wir uns nicht nur in einer ›Kultur‹, sondern auch in einer ›Natur‹ befinden. Von etwas zu jemandem richtig sprechen heißt zunächst, den exakten ontologischen Tenor dieses Werts zu respektieren, der dem Adressaten wichtig ist und der ihn leben läßt.« Bruno Latour, *Enquête sur les modes d'existence. Une*

Durch das Festmachen des Werts am Preis könnte das Rätsel des Werts, vor dem die Soziologie seit Durkheim steht, gelöst werden. Denn Durkheim hörte gar nicht mehr auf, sich über den »Wert« von Luxusartikeln zu wundern, die nicht deshalb »die teuersten sind«, weil sie besonders selten sind, sondern weil sie »am höchsten bewertet« werden, und darüber, dass »ein kleines Stück Papier zu etwas äußerst Kostbarem werden kann«.[36] Wenn Durkheim begriffen hätte, dass der Wert nicht in den Dingen liegt, hätte er für dessen Anhaften an den Dingen nicht »kollektive Ideale« verantwortlich gemacht, sodass der »Wert [...] aus der Beziehung der Dinge zu den verschiedenen Aspekten des Idealen [entsteht]«. Aus diesem Grund, behauptet Durkheim, opfere ein (guter) Soldat sein Leben, um seine Fahne zu retten, obwohl diese bloß ein Stück Stoff sei. Doch die im Rahmen einer solchen Konzeption behauptete Verbindung zwischen dem Wert einer Sache und dem kollektiven Ideal wird weder erklärt, noch ist sie erklärlich, und in ihr vermengen sich zwei Bedeutungen des Ausdrucks »Wert«. Zum einen fehlt, wenn von Dingen wie Luxusartikeln oder einem kostbaren Stück Papier die Rede ist, für die Herstellung einer Beziehung zwischen dem Wert und diesen Dingen eine Bezugnahme auf deren Preis, denn dass man sich über ihren Wert wundert, ergibt nur dann einen Sinn, wenn man sich über ihren Preis wundert. Zum anderen beruht der Wert einer Fahne darauf, dass sie das Symbol eines Staates darstellt, dessen Untertan der Soldat ist: Wenn er die Fahne rettet, verteidigt er seinen Staat. Vor allem unter dem Einfluss von Dewey[37] setzte sich diese Art von Verwechs-

---

anthropologie des modernes, Paris: La Découverte, 2012, S. 155 ⟨dt.: *Existenzweisen. Eine Anthropologie der Modernen* (Aus dem Französischen von Gustav Roßler), Berlin: Suhrkamp Verlag, 2014, S. 216⟩.

36 Émile Durkheim, »Jugements de valeur et jugements de réalité« (1911), in: ders., *Sociologie et philosophie*, Paris: Presses universitaires de Paris, 1967, S. 90-109 ⟨dt.: »Werturteile und Wirklichkeitsurteile«, in: ders., *Soziologie und Philosophie* (Aus dem Französischen von Eva Moldenhauer), Frankfurt am Main: Suhrkamp Verlag, 1976, S. 137-157, hier S. 144f. und S. 153f.⟩.

37 John Dewey, *La Formation des valeurs*, Paris: La Découverte, 2011 ⟨Aufsatzsammlung, in der auch der auf Deutsch in dem Band *Erfahrung, Erkenntnis und Wert* (Aus dem Englischen von Martin Suhr, Frankfurt am Main: Suhr-

lung nicht selten bis in die jüngste Wirtschaftssoziologie fort. Diese nimmt eine Moralisierung der Ökonomie und ihrer Kritik vor, weil sie den »Wert« mit »Werten« in Verbindung bringt und die Ansicht vertritt, dass die »wirklich interessanten, den ökonomischen Wert betreffenden« Fragen »nach wie vor unauflöslich mit moralökonomischen Fragen verbunden sind«, wie David Stark behauptet.[38] Letzterer stellt einen Zusammenhang zwischen dem Preis im Sinne der ökonomischen Analyse mit dem alltäglichen Ausdruck »einen Preis zahlen« her. Als Beispiel dient ihm ein Maler, der berühmt geworden sei, »ohne den Preis dafür zu zahlen«, das heißt, ohne kreativ zu sein. In den Augen dieses Autors verweist der Ausdruck »Preis« auf das Verhältnis zwischen verschiedenen Größen- oder Wertordnungen (*differing orders of worth*). Dieser Ausdruck entspricht nicht der Art und Weise, wie der Begriff »Größe« in dem Buch *Über die Rechtfertigung*[39] verwendet wird, in dem es um moralische, die Gerechtigkeit betreffende Urteile geht, und nicht um die Preise, die beim Tausch von Dingen bezahlt werden.

Wenn ein Preis nicht als solcher zu verstehen ist, sondern nur in Bezug auf andere Preise, setzt die Bezugnahme auf den Wert einer Sache im Hinblick auf den Tausch voraus, dass es für diese Sache mehrere Wertermittlungsformen gibt, deshalb die Festlegung von Metapreisen. Denn wenn die Dinge immer auf dieselbe Weise und folglich zum selben Preis getauscht werden würden, müsste ihr Wert nicht ermittelt werden, müsste man sich nicht auf den Wert berufen und gäbe es keine Metapreise.

Wenn er – wie es im Allgemeinen der Fall ist – bei einem Tauschgeschäft eine Rolle spielt, steht der Wert einer Sache nicht ein für alle Mal fest, sondern ergibt sich aus einem *Bewertungsprozess*, und er gehört eher zu den Ereignissen als zu den Tatsachen.

---

kamp Verlag, 2004) auf S. 293-361 abgedruckte Aufsatz »Theorie der Wertschätzung« enthalten ist).

38 David Stark, »What's Valuable?«, in: Jens Beckert/Patrik Aspers (Hrsg.), *The Worth of Goods. Valuation and Pricing in the economy*, Oxford: Oxford University Press, 2011, S. 319-338.

39 Luc Boltanski/Laurent Thévenot, *Über die Rechtfertigung*, a. a. O.

Das ist bei den meisten im Alltagsleben auftretenden Tauschgeschäften so, es ist aber auch so, wenn die Akteure auf vorab festgelegte Methoden zurückgreifen, um den Wert mit Hilfe mathematischer Rechenmodelle und Gleichungen zu bestimmen. So kann zum Beispiel der Wert eines Unternehmens ganz unterschiedlich bestimmt werden, je nachdem ob man sich dabei auf eine Schätzung des aktuellen Preises der verschiedenen Teile des Unternehmens stützt (im Vergleich zum Preis von als ähnlich geltenden Dingen, die im betrachteten Zeitraum Gegenstand eines Tauschgeschäfts waren), der Vermögenswert genannt wird, oder ob vor allem die Wachstumsaussichten des Unternehmens und die Investitionsrentabilität, die es verspricht, berücksichtigt werden, das heißt, ob man eine Schätzung im Rahmen der Kapitalisierungslogik vornimmt. Die Interpretation des Werts einer Sache hängt also von der Art und Weise ab, wie ihr *Wert ermittelt wird*.

Um eine Transaktion im Rahmen einer Prüfung beanstanden zu können, muss man in der Lage sein, deren Verfälschung durch die Umstände (zum Beispiel durch die Kräfteverhältnisse) zu kritisieren, das heißt, man muss sich auf den Wert der Sache beziehen, um über ihren Preis zu verhandeln und einen oder mehrere Metapreise für sie vorzuschlagen. Deshalb ist eine Semantik erforderlich, die über mehrere Wertermittlungsformen verfügt.

Ein Käufer, der eine zuverlässige Uhr erwerben möchte, um immer pünktlich zu seinen beruflichen Verabredungen zu erscheinen, mag den Preis übertrieben finden, zu dem ein Händler, der gebrauchte Uhren vertreibt, ihm eine mehrere Jahrzehnte alte Uhr anbietet. Das ist nun aber so, weil er nicht verstanden hat, dass es sich um eine bei vielen Sammlern gefragte Uhr der Marke X handelt. Als für den Gebrauch bestimmte, gebrauchte Uhr weist diese Uhr zwar einen geringen Wert auf und kann für sie kein hoher Preis ausgehandelt werden. Aber als Sammleruhr ist ihr Wert beträchtlich und steigt ihr Preis unaufhörlich. Dieselbe Bezugsgröße kann also Gegenstand mehrerer Wertermittlungsformen sein, bei denen jeweils verschiedene einschlägige Eigenschaften im Vordergrund stehen, sodass die beiden Aussagen »Die alte Uhr in Pauls Nachttischschublade« und »Pauls tolle

Uhr der Marke X« in logischer Hinsicht numerische Identität besitzen können.

Tatsächlich weisen Wert und Preis beinahe gegensätzliche Eigenschaften auf. Der ökonomischen Alltagskompetenz, aber auch der ökonomischen Wissenschaft, und zwar besonders den klassischen, aber auch den modernen Ansätzen zufolge (wenn zum Beispiel versucht wird, den »Fundamentalwert« eines Finanzprodukts im Unterschied zu seinem »spekulativen Wert« zu bestimmen) soll der Wert sich auf eine Eigenschaft der Dinge beziehen, die beständiger ist als der immer wieder Schwankungen unterliegende Preis, ihnen also gewissermaßen innewohnt oder *inhärent* ist. Der Wert wird mithin behandelt, als ob er *realer* sei als der Preis, sodass die Unterscheidung von Preis und Wert als Spannungsverhältnis zwischen zwei verschiedenen Weisen der Entgegensetzung von *Realem* und Künstlichem beschrieben werden kann. Wie das Scheitern der klassischen Versuche, die Arbeit zur Grundlage einer spezifischen Metrik des Werts zu machen, gezeigt hat, besteht das Problem nun aber darin, dass der Wert keine Metrik besitzt, die ihm eigen wäre und folglich erlauben würde, ihn unabhängig vom Preis zu objektivieren. Sodass ein von den Umständen abhängiges *Reales* – der Preise – einem idealen oder fiktionalen *Realen* – des Werts – gegenübersteht.

Im Vergleich mit den Preisen, die in dem Sinne real sind, dass sie aus jener spezifischen Prüfung resultieren, die der Tausch darstellt, hat der Wert immer einen fiktionalen Charakter. Selbst wenn er in die Metrik der Preise übersetzt wird (wie zum Beispiel im Fall von Versicherungen oder wenn der Preis administriert wird), ist sein imperativer Charakter niemals stark genug, um Tauschgeschäfte zwingend in unverrückbare Ziffern zu übersetzen. Um dieses Problem zu lösen, haben wir zwischen *realen Preisen* und *Metapreisen,* das heißt all jenen, in Ziffern rückübersetzten Schätzungen des Werts unterschieden, die nicht aus einem Tauschgeschäft hervorgegangen sind, ob sie nun von Institutionen ausgesprochen werden, auf dem Urteil von Akteuren beruhen, die sich auf ihnen bekannte Beispiele stützen oder sich auf imaginäre Schätzungen – ihre Träume – verlassen, oder sogar vom Brauch bestimmt werden. Die sozialen Akteure beurteilen die Preise immer unter Bezugnahme auf diese Metapreise; auf diese Weise kritisieren sie sie (zum Beispiel wenn sie den Preis einer bestimmten Sache für zu hoch halten), versuchen sie, den Angebotspreis zu rechtfertigen, oder behaupten sie zum Beispiel, den Preis durch einen »Rabatt« zu senken. Und in Bezug auf die Frage des *Werts* und seines Verhältnisses zum *Preis* ist eine Analyse der Metapreise insofern erforderlich, als der *Wert* einer Sache meistens in Form eines *Metapreises* ausgedrückt wird, um ihn von ihrem realen Preis zu unterscheiden. Der Satz »Diese Uhr ist 100 Euro *wert*« kann nämlich unterschiedliche Bedeutungen haben, je nachdem, ob damit eine Tatsache festgestellt wird (ich habe diese Uhr für 100 Euro gekauft) oder ob damit, was häufig der Fall ist, auf ein Spannungsverhältnis hingewiesen werden soll, das zwischen dem Preis der besagten Uhr und dem besteht, was man für ihren wirklichen Wert hält, wie in folgenden Aussagen: »Ich habe diese Uhr für 50 Euro bekommen, aber sie ist mindestens 100 Euro wert« oder »Sie bieten mir 50 Euro für diese Uhr, obwohl sie doppelt so viel wert ist«.

Was meint man, wenn die Rede von einer Sache ist, die einen solchen Wert hat, dass sie vermeintlich »keinen Preis« hat? Es bedeutet, dass die Sache vom Tauschgeschäft ausgenommen ist, man ihr aber trotzdem einen Wert beimisst. Das ist beim menschlichen Körper, seinen Teilen und seinen Produkten der Fall, mit denen zu handeln gesetzlich verboten ist und die nicht Gegenstand des Vermögensrechts werden dürfen, wie gegenwärtig in Frankreich (Artikel 16 des Code Civil). Doch es ist auch bei Dingen der Fall, die als Symbole eines Kollektivs betrachtet werden und in unseren Gesellschaften in den meisten Fällen öffentliches bzw. staatliches Eigentum sind, was sie (in Frankreich) unveräußerlich macht. Die Aussetzung der Zirkulation einer Sache auf dem Markt ist allerdings ein komplexer, sich auf Institutionen stützender Vorgang, der immer wieder beanstandet werden, gefährdet sein und unter Umständen rückgängig gemacht werden kann. Was die Kunstgegenstände in den unveräußerlichen öffentlichen Sammlungen anbelangt, so weist der Wert, der diesen Gegenständen zugestanden wird, durch ihren Versicherungswert faktisch nach wie vor eine Verbindung zur Metrik der Preise auf.

Ökonomisch spielt die Bezugnahme auf den Wert insofern eine zentrale Rolle, als sie den Interessenten erlaubt, die Preise zu *kritisieren*. Doch logischerweise ist sie so auch jedes Mal präsent, wenn ein Anbieter der immer möglichen Kritik des Preises, zu dem die Sache, die Gegenstand der Transaktion ist, angeboten wird, zuvorkommen möchte, indem er ihn entweder im Verlauf des Tauschgeschäfts oder vorher *rechtfertigt*. Je nachdem, zu welchem Bereich die in Umlauf gebrachten Güter gehören, kann eine solche Rechtfertigung ganz unterschiedliche Formen annehmen. Sie kann, was bei industriellen Standardartikeln häufig der Fall ist, sich auf die Herstellungskosten berufen oder bestimmte Qualitäten der betreffenden Sache anführen, die ihren Wert bestätigen, wie ihre Langlebigkeit, ihre hohe technische Ausgereiftheit oder aber – vor allem bei den Objekten, die im Zentrum der Bereicherungsökonomie stehen – ihre Zugehörigkeit zu einer Tradition bzw., allgemeiner gesagt, die *Erinnerungskraft*, die ihr zugeschrieben wird. So ließe sich zeigen, dass eine der Hauptaufgaben der Werbung in dem Manöver besteht, den Angebotspreis vorab zu rechtfertigen, was bei Vermögens- oder Luxusgütern besonders deutlich wird, die sich auf Marken berufen und bei denen die Gewinnspanne hoch ist.

Solche Kritik- und Rechtfertigungsverfahren beruhen auf einem Kunstgriff, der die Bezugnahme auf den Wert zu etwas Natürlichem macht und darin besteht, dass der Wert dem Preis *vorgeschaltet* wird, als ob er der Sache selbst vor jedweder Bewertung zukommt, anstatt sein Vorhandensein zur Kenntnis zu nehmen, wo und wann er sich bemerkbar macht, den Wert also dem Preis insofern *nachzuschalten*, als nur dann offen auf ihn Bezug genommen wird, wenn bestimmte Akteure ein Urteil über den Preis fällen wollen. In diesem Fall kann sich die Spannung zwischen Preis und Wert zwar aufgrund der Habgier der Tauschpartner erhöhen, die als Anbieter und/oder Interessenten ein Interesse daran haben, den Preis der Sache über- bzw. unterzubewerten, indem sie ihren

»realen« Wert preisen oder herabsetzen, um finanziell den größtmöglichen Gewinn aus der Transaktion zu ziehen (was in der Standardökonomie unter Stichworten wie Rationalität und Opportunismus interpretiert wird). Doch wie deutlich zu erkennen ist, wenn die Transaktion von Außenstehenden beurteilt wird, die häufig sogar nur vom Hörensagen über sie Bescheid wissen, oder wenn es weniger um den faktischen Preis als um die Tatsache geht, dass eine bestimmte Sache überhaupt preislich taxiert wird, stützt die sich im Umfeld von Tauschgeschäften entfaltende Kritik sich auch auf moralische Normen, und seien sie implizit, und zwingt dadurch die Rechtfertigung, sich ebenfalls auf dieses Gebiet zu begeben.

Über den Preis als Baustein der Realität

Da die Ökonomie sich auf den Tausch von Dingen, die einen Preis haben, bezieht, *manifestieren sich* die wirtschaftlichen Beziehungen im Wesentlichen auf eine im buchhalterischen Sinne berechenbare Weise. Deshalb kann man sogar die Ökonomie als Nebenprodukt der *Buchführung* betrachten. In ihr geht es um eine Erklärung für das, was passiert, wenn berechenbare Beziehungen hergestellt werden. Genauso wie in der Linguistik der Sprecher über Sprachkenntnisse verfügt, die der Linguist zu explizieren oder theoretisch zu untermauern versucht, verfügt der Buchhalter über ökonomische Kenntnisse, die der Ökonom zu explizieren und theoretisch zu untermauern versucht. Ohne eine wie auch immer geartete Form der Buchführung gibt es keine Ökonomie. Von daher kann man unterscheiden zwischen einerseits explizit berechenbaren Ökonomien, das heißt Ökonomien, in denen das Handeln der Akteure und die Motive für ihre Tauschgeschäfte vollständig durch rechnerisches Kalkül bestimmt sind bzw. sein können, und andererseits Ökonomien, die nur funktionieren, wenn auf der Ebene der Motive für ein Tauschgeschäft zwischen dem rechnerisch-buchhalterischen Aspekt der Motivation und einer anderen Motivation getrennt wird, die sich als nicht berechenbar erweist, sodass der rechnerische Aspekt verdeckt oder sogar kritisiert werden kann.

Die Soziologie hat dagegen eine Konzeption von Realität als Konstruktion und logischerweise eine Konzeption von Kritik als *Dekonstruktionsunternehmen* entwickelt, welche der Verbreitung jener von der analytischen Philosophie, aber auch von der Phänomenologie ausgehenden sprachphilosophischen Ansätze viel verdanken, die zu einem Paradigmenwechsel geführt haben, der als *Linguistic turn* etikettiert wurde. Diesen Wandel hat die sogenannte Mainstream-Ökonomie aufs schönste verkannt, als sie in den sprachlichen und sogar monetären Zeichen *»lediglich einen Schleier«* sahen, »der sich über die unabhängige, objektive Realität gelegt hat«,[40] was dazu beitrug, die Kluft zwischen diesem, den alten positivistischen Formen treu bleibenden Fach und den anderen Sozialwissenschaften zu vertiefen. Doch auf der anderen Seite hat sich die Soziologie, weil sie sich auf die Sprache als Hauptkomponente der sozialen Formate konzentrierte, womöglich zu einem verzerrten Bild der Realität verleiten lassen. Vor allem hat sie es versäumt, jene wirkmächtigen und unübersehbar im Realen wurzelnden Entitäten, welche die *Preise* darstellen, in ihre Beschreibungsraster einzubeziehen, als sie deren Analyse ohne viel Federlesens der Ökonomie überließ. Denn als auf einer gemeinsamen Metrik beruhende Werkzeuge zur Äquivalenzsetzung, mit deren Hilfe Transaktionen möglich werden, bei denen die Dinge in andere Hände übergehen, ohne dass diese Transaktionen zu den wechselseitigen Beziehungen gehören, in die sich die Personen in einer Vielzahl von Hinsichten einbringen, machen die Preise in komplexen Gesellschaften einen wesentlichen Bestandteil der sozialen Realität aus.

Doch da man, wie wir betont haben, Preise nicht isoliert voneinander behandeln kann, hängt die Realität von der *relativen Preisstruktur* ab, das heißt vom Verhältnis zwischen den Preisen der verschiedenen Dinge, die in einem bestimmten Bereich,

40 Olivier Favereau, »La pièce manquante de la sociologie du choix rationnel«, in: *Revue française de sociologie,* Jg. 44, Nr. 2, 2003, S. 275-295.

zu einem bestimmten Zeitpunkt Gegenstand eines Tauschgeschäfts sind (und die sich folglich in einer *relativen Metapreisstruktur* doppelt). So wie insgesamt in der Realität können die sozialen Akteure nur handeln, wenn es ihnen gelingt, das Gegebene auf der Grundlage ihrer eigenen Erfahrung oder von Informationen, die sie von anderer Seite erhalten, zu kapitalisieren, sodass sich so etwas wie kognitive Karten bilden, die ihnen die Orientierung in der sozialen Welt erlauben. Diese kognitiven Instrumente werden jedes Mal eingesetzt, wenn es erforderlich ist, den *Ungewissheitsgrad* zu verringern, der in unterschiedlichem Maße die meisten Tauschgeschäfte umgibt und deren Abwicklung zu verhindern droht, wenn die Erwartungen der Tauschpartner nicht übereinstimmen.[41] Um sich aufeinander abzustimmen, müssen die Akteure nun aber nicht nur strategische Rationalität an den Tag legen, sondern auch interpretative Rationalität, damit sie einerseits versuchen können, die *Fähigkeiten* der Sache herauszufinden, die als Körper Gegenstand des Tauschgeschäfts ist (und welche in der Ökonomie unserer Meinung nach zu ungenau und deshalb zu vage als »Qualität« bezeichnet werden), indem sie sie mit anderen Dingen zusammenbringt und vergleicht,[42] und damit sie andererseits ihren *Preis beurteilen* können, indem sie ihn in eine Welt einordnen, die aus einer großen Zahl verschiedener Metapreise besteht, welche geeignet sind, die Rolle von Entscheidungshilfen oder Anhaltspunkten zu spielen.

Das wird zum Beispiel deutlich in Situationen, in denen ein Ausländer, und sei es nur ein Tourist, sich urplötzlich in einem Tauschzusammenhang wiederfindet, in dem es ihm nicht möglich ist, den Preis einer singulären Sache mit der Metapreis-Welt

---

41 Wie Niklas Luhmann feststellt, »ist und bleibt [...] Unsicherheit Strukturbedingung« (S. 390), und »Erwartungen sind, und insofern sind sie Strukturen, das autopoietische Erfordernis für die Reproduktion von Handlungen« (S. 392); Niklas Luhmann, *Soziale Systeme. Grundriß einer allgemeinen Theorie*, Frankfurt am Main: Suhrkamp Verlag, 1984.

42 Olivier Favereau/Olivier Biencourt/François Eymard-Duvernay, »Where do Markets come from? From (Quality) Conventions«, in: Olivier Favereau/Emmanuel Lazega (Hrsg.), *Conventions and Structures in Economic Organization*, Cheltenham: Edward Elgar, 2003, S. 213-252.

abzugleichen, in die dieser singuläre Preis sich eigentlich einfügen muss. Dagegen kann eine Realität von denen, die mit ihr vertraut sind, als »normal« oder als *selbstverständlich* – eine seit Schütz[43] vor allem in der Ethnomethodologie häufig verwendete Bezeichnung –, ja sogar als »natürlich« betrachtet werden, wenn die getauschten Dinge vorher mehr oder weniger bekannt sind und die relative Preisstruktur mehr oder weniger konstant erscheint und keine Überraschungen bereithält, was sich vor allem dahingehend auswirkt, dass sich die Erwartungshaltungen all der Akteure aufeinander abstimmen lassen, die in unterschiedlichen Funktionen an den Tauschgeschäften beteiligt sind. Diese Sachlage entspricht par excellence der für die Basarökonomie typischen Situation, wie im Basar von Sefrou, den Clifford Geertz so sorgfältig untersucht hat.[44] Deshalb kann Geertz schreiben, der Basar sei »der Ort, der dem Markt des reinen Wettbewerbs der neoklassischen Ökonomie am ähnlichsten ist«.[45] Dabei ist allerdings einerseits zu beachten, dass der Basar nicht nur der Ort ist, an dem Gegenstände getauscht werden, sondern untrennbar davon auch der Ort des allgemeinen mündlichen Austauschs, der die »Informationsbeschaffung«[46] steuert, und dass andererseits die Transaktionen, »weil sie interpersonal sind«, besonders in Bezug auf »die Regelung von Streitigkeiten« auch von den Verbindungen abhängen, welche die Akteure außerhalb des Markts und ihrer »Autoritätsbeziehungen«[47] geknüpft haben können.

Die von Geertz beschriebene Situation steht im Gegensatz zu der Situation, die in den komplexen, kapitalistisch orientierten Gesellschaften herrscht, in denen die Marktbeziehungen aus der Entfernung geknüpft und die Verbindungen zwischen Anbietern

43 Alfred Schütz, *Collected Papers*, 3 Bde., Den Haag: Martinus Nijhoff, 1962-1966 ⟨dt.: *Gesammelte Aufsätze,* 3 Bde., (Aus dem Amerikanischen und mit einem »Nachwort zur Übersetzung« von Benita Luckmann und Richard Grathoff), Den Haag: Martinus Nijhoff, 1971-1972⟩.

44 Clifford Geertz, *Le Souk de Séfrou*, a. a. O.

45 Ebd., S. 156.

46 Wie Clifford Geertz anmerkt, ebd., S. 60.

47 Ebd., S. 176f.

und Interessenten durch mehr oder weniger lange Vermittlungsketten unterbrochen werden, sodass die von den das Angebot in Auftrag gebenden Agenturen und Firmen getroffenen Entscheidungen keineswegs direkt auf die Erwartungen der verstreuten Verbraucher treffen, von denen jeder handelt, als sei er mutterseelenallein im Supermarkt. In diesen Gesellschaften schwankt die relative Preisstruktur als wesentlicher Bestandteil der Realität zwischen Phasen relativer Stabilität und Momenten ausgeprägter Deformationen, die jenseits eines bestimmten Grenzwerts tendenziell die Ungewissheit auf manchmal katastrophale Weise zunehmen lassen, welche immer eine Bedrohung für die Tauschgeschäfte und mit ihnen für die gesamte Realität darstellt.

Ein Effekt der sich unaufhörlich wandelnden Preise ist die Destabilisierung des Verhältnisses der Dinge zu ihrem Preis und vor allem die Destabilisierung der Wahrnehmung dieses Verhältnisses bzw. des Vertrauens, das die Personen in dieses Verhältnis haben können. Dazu kommt es vor allen Dingen ab einem gewissen Abweichungsgrad, und zwar besonders dann, wenn die Preisabweichungen dicht aufeinander folgen, sodass die sozialen Akteure sie bemerken, weil sie sich an die alten Preise erinnern. Dieser Effekt kann sich verstärken, wenn er von Medien aufgegriffen wird, die über das Steigen der Preise für bestimmte Dinge und über das Sinken der Preise für bestimmte andere Dinge informieren und sich darüber wundern (zum Beispiel wenn die Preise von bestimmten Bildern bei Versteigerungen im Fokus stehen). Das Verhältnis zwischen der Sache und ihrem Preis wird dann tendenziell als willkürlich wahrgenommen.

Die Vorstellung, dass Preise willkürlich sind, ist im Übrigen die einzige Art und Weise, wie die kritische Soziologie Preise im Allgemeinen analysiert. Durch eine solche der allgemeinen Ausrichtung der kritischen Soziologie entsprechende Theorie soll gezeigt werden, dass die Realität willkürlich ist, was »die Realität unzumutbar macht«. Zeigen, dass die Realität willkürlich ist, heißt zu zeigen, dass sie »lediglich« Resultat der Kräfteverhältnisse (Herrschaftsverhältnisse) ist, was Argumente dafür liefern soll, dass durch die Änderung dieser Kräfteverhältnisse die Realität verändert werden könne. Doch dies zieht eine Aporie nach sich. Denn diesen Nachweis kann man nur erbringen, wenn man sich, implizit, auf eine Realität stützt, die kein Schein ist. So möchte Bernard Lahire in seiner Untersuchung eines Geschäfts im Zusammenhang mit der Bestimmung und dem Verkauf von Bildern von Poussin zeigen,[48] dass ein »Schinken« einen sehr hohen Preis erzielen kann, wenn die Kräfteverhältnisse sich zugunsten derjenigen entwickeln, die ein Interesse daran haben, seinen Preis in die Höhe zu treiben (Kunstkritiker und Sachverständige, die mit den Händlern unter einer Decke stecken). Doch von einem »Schinken« zu sprechen, setzt implizit ein Urteil über den »realen« Wert des betreffenden Bildes und über den Preis voraus, den es verdient, das heißt über den Preis, zu dem es verkauft werden sollte, wenn die Kräfteverhältnisse anders wären, als sie sind. Dies zeigt, dass die Kritik des Preises, wie Lahire sie sich vorstellt, nicht darauf verzichten kann, sich zumindest implizit auf eine Einschätzung zu stützen, was der »wahre« Preis der Sache ist, ja sogar sein sollte, wenn die Realität der Realität nicht in Frage stehen würde.

Auf eine solche Haltung haben die kritischen Soziologen nun aber keineswegs ein Monopol. Sie wird im Allgemeinen auch von den sozialen Akteuren eingenommen. Diese versuchen nämlich einerseits, die Preisabweichungen auszunutzen, wenn sie für sie günstig sind. Aber andererseits können sie nicht in einer Welt leben, in der die Preise, und zwar vor allem die relativen Preise, sich unaufhörlich ändern, weil in solch einer Welt insofern keine Urteile über die Gegenstände mehr möglich sind, als der Preis eine zentrale Rolle für die Sicherstellung der Realität der Realität spielt. Denn niemand kann in einer Welt leben, in der die Realität immerwährend in Bewegung und ununterbrochen dem »Strom des Lebens« ausgesetzt ist, der stabil gehalten, also verstetigt werden muss.

Was machen die sozialen Akteure, um einerseits von der Varia-

48 Bernard Lahire, *Ceci n'est pas qu'un tableau. Essai sur l'art, la domination, la magie et le sacré*, Paris: La Découverte, 2015.

bilität der Preise, der sie ausgesetzt sind, zu profitieren und andererseits die Realität der Realität so weit wie möglich aufrechtzuerhalten? Als Antwort auf diese Frage können wir jetzt alle oben dargelegten Begriffe noch einmal aufgreifen und Bestimmung, Preis, Metapreis und Wert miteinander verknüpfen. Die sozialen Akteure behelfen sich mit dem Kunstgriff der Unterscheidung von Preis und Wert. Die Preise sind real erzielte Preise, sie ergeben sich aus einem Ereignis sowie einer Prüfung und sind Teil eines Währungssystems. Diese real erzielten Preise werden nun aber mit einem Attribut der Sache abgeglichen, nämlich mit ihrem Wert. Dieses Attribut soll der Sache innewohnen, zu ihrem Wesen gehören und deshalb stabiler und grundlegender sein als der Preis. Doch um dieses Attribut – den Wert – zu beschreiben und zu messen, gibt es keine andere Sprache als die Sprache der Preise, da der Wert über keine eigene Metrik verfügt. Die Bezugnahme auf den Wert ist zentral, um die Realität der Realität aufrechtzuerhalten, das heißt in diesem Fall den relativen Preis für die verschiedenen Dinge und die Metapreise.

Das Festhalten an der Thematik des Werts und der Möglichkeit einer Differenz zwischen Preis und Wert, die einen Metapreis voraussetzt, ist umso wichtiger, als die Bezugnahme auf diesen Wert das einzige Argument ist, über das die Akteure verfügen, um den Preis kritisieren und ihn als willkürlich darstellen zu können, das heißt als Resultat eines Kräfteverhältnisses und nicht als in der Realität begründet. Ohne die Möglichkeit, sich auf den Wert zu beziehen und ihn als Argument zur Rechtfertigung der Preise heranzuziehen, wären die Akteure de facto der Preiswillkür und dem sich aus den Verlagerungen des Kapitalismus ergebenden Wandel des relativen Preises der Dinge hilflos ausgeliefert. Mit anderen Worten wären sie dem Kapitalismus vollständig ausgeliefert.

Denn die Logik des Kapitalismus ist eine Verlagerungslogik, die dazu führt, dass die Kapitalaktivitäten von den Gebieten, wo sie am wenigsten Profit abwerfen (wo sie am unrentabelsten sind), auf die Gebiete verlagert werden, wo sie am meisten Profit abwerfen. Innovation ist ein Bestandteil dieser Verlagerungslogik.

Denn es gehört normalerweise zu dieser Logik, dass sich das Verhältnis zwischen den relativen Preisen der verschiedenen Dinge ständig ändert.

Diese Modifikation der relativen Preis- und Metapreisstruktur ist eine der Formen und womöglich sogar die hauptsächliche Form, in der das Verhältnis von Kapitalismus und Staat zum Ausdruck kommt. Um die Realität vorhersehbar zu machen, muss auf der einen Seite der Staat versuchen, die relativen Preise der verschiedenen Dinge stabil zu halten und das Gefälle zwischen Metapreisen und Preisen zu verringern. Und auf der anderen Seite führt der nach Gewinnmaximierung strebende Kapitalismus dazu, dass sich das Verhältnis zwischen den relativen Preisen unaufhörlich ändert und die Differenz zwischen Metapreisen und Preisen wächst. Damit sind wir beim Gegenteil einer ökonomischen Theorie der »natürlichen«, »gerechten« oder »wahren« Preise angelangt, die, wie Foucault feststellt, »insofern sie den natürlichen Mechanismen des Marktes entsprechen, einen Wahrheitsstandard bilden werden, der es ermöglicht, bei den Regierungspraktiken die richtigen von den falschen zu unterscheiden«.[49] Einer solchen Vorstellung zufolge führt der freie Wettbewerb zu einem »doppelten Gewinn«:[50] Der Verkäufer profitiert und der Käufer profitiert.

Wir vertreten die These, dass die Logik des Kapitalismus zu einer unaufhörlichen Modifikation des Verhältnisses zwischen den relativen Preisen der verschiedenen Dinge führt und dass der Staat versucht, diese Dynamik abzuschwächen oder zu verlangsamen, ohne jemals in der Lage zu sein, sie vollständig zu unterbinden. In den verschiedenen historischen Momenten macht sich diese Dynamik unterschiedlich stark bemerkbar. Warum sind diese Modifikationen von Belang? Weil sie die Struktur der Realität

---

49 Michel Foucault, *Naissance de la biopolitique. Cours au Collège de France 1978-1979*, Paris: EHESS/Gallimard/Seuil, 2004, S. 33 ⟨dt.: *Geschichte der Gouvernementalität II. Die Geburt der Biopolitik. Vorlesungen am Collège de France 1978-1979* (Aus dem Französischen von Jürgen Schröder), Frankfurt am Main: Suhrkamp Verlag, 2004, S. 55⟩.

50 Ebd., S. 55 ⟨dt.: 84⟩.

verändern. Und sie verändern die Struktur der Realität nicht nur, weil sie manche Dinge erschwinglich machen und andere nicht, sondern vor allem aufgrund des Verhältnisses zwischen den Dingen und ihrem Preis. Die Logik des Kapitalismus tritt noch deutlicher hervor, wenn man das Verhältnis zwischen den Währungen anhand der Wechselkurse, das heißt die zwischenstaatlichen Beziehungen mit einbezieht. Der Begriff relativer Preise setzt die Verhältnisbestimmung der in einer bestimmten Währung angegebenen Preise für verschiedene Dinge voraus. Wie jedoch zum Beispiel aus der gewöhnlichen Erfahrung eines Touristen ersichtlich wird, gibt es eine ganze Reihe von alltäglichen Situationen, in denen die Akteure sich veranlasst sehen, die in verschiedenen Währungen angegebenen Metapreise für ein und dieselbe Sache miteinander zu vergleichen. In solchen Situationen kann die Kritik an einem zu hoch erscheinenden Preis sowohl auf einem Metapreis der im Verhältnis zu anderen Dingen begehrten Sache beruhen als auch auf dem relativen Wert der Währung, in der der Preis der Sache im Vergleich zu seiner Angabe in einer anderen Währung angegeben ist. Nach eben dieser Logik kann der Kauf einer Sache als Schnäppchen betrachtet werden, wenn ihr Preis im Verhältnis zu ihrem Metapreis in einer anderen Währung für niedrig gehalten wird.

Entsprechend der kapitalistischen Logik versucht bei einer Transaktion jeder, die Sache, die er begehrt, zum geringsten Preis zu bekommen, und bezieht sich dabei auf Metapreise. Doch gleichzeitig möchte jeder, dass die Dinge den Preis haben, den sie verdienen, und wenn der Preis willkürlich wirkt, beunruhigt ihn das. In einer kommerzialisierten Gesellschaft besteht also im Herzen jedes Akteurs ein Spannungsverhältnis zwischen einer Logik, die man als kapitalistisch bezeichnen kann, die nach Profit strebt und von den Preisänderungen sowie den Verlagerungen im Verhältnis zwischen Dingen und Preisen profitieren möchte, und einer anderen Logik, die das beunruhigt, weil solche Verlagerungen einen Verdacht auf die Realität selbst werfen, da sie das Verhältnis zwischen den Dingen und ihrem Preis und zwischen den relativen Preisen der Dinge modifizieren. Ein solches Spannungsverhältnis führt folglich auch zu einem Vertrauensverlust in den Staat, insofern er für die Stabilität der Realität, das heißt zumindest zum Teil für die Stabilität des Verhältnisses zwischen den Dingen und ihrem Preis sorgen soll. Dies ist in den liberalen demokratischen Gesellschaften besonders stark ausgeprägt, deren Devise, wie Foucault schreibt, »gefährlich zu leben« lauten könnte, was bedeute, »daß die Individuen fortwährend in eine Gefahrensituation gebracht werden oder dass sie vielmehr darauf konditioniert werden, ihre Situation, ihr Leben, ihre Gegenwart, ihre Zukunft usw. als Träger von Gefahren zu empfinden«[51] – eine Kultur der Gefahr, die sich nicht zuletzt im Aufkommen des Kriminal- und dann des Spionageromans niederschlägt.[52]

In den Augen der Akteure wird die Deformation der Preisstruktur offenkundig, wenn am Ende von bestimmten Tauschgeschäften – bei denen es sich immer um singuläre Prozesse handelt, weil sie zur Ordnung der *Ereignisse* gehören – Preise herauskommen, die »rätselhaft« wirken, weil sie auf der phänomenalen Ebene »in keinem Verhältnis« zur getauschten Sache zu stehen, keinen gemeinsamen Maßstab mit ihr zu haben scheinen – ein Eindruck, der eigentlich nur entstehen kann, wenn das Verhältnis eben dieses Preises zu eben dieser Sache implizit mit den Verhältnissen zwischen anderen Preisen und anderen Dingen verglichen wird, aus denen das Gerüst der Realität besteht.

Solche Prozesse sind in der Wirtschaftssoziologie bisher nur selten berücksichtigt worden, es sei denn, es geht um Situationen, in denen wie zum Beispiel in Lateinamerika Hyperinflation herrscht und schon die Möglichkeit von »Vorhersagen« gegen null tendiert, weil das »Verhältnis zwischen Individuen und Gütern« aufgrund der »Inkohärenz der Äquivalenzsysteme« von Grund auf durcheinandergeraten ist.[53] Bei einer Hyperinflation steigen alle

---

51 Ebd., S. 68 ⟨dt.: 101⟩.

52 Luc Boltanski, *Énigmes et complots*, Paris: Gallimard, coll. NRF essais, 2012 ⟨dt.: *Rätsel und Komplotte. Kriminalliteratur, Paranoia, moderne Gesellschaft* (Aus dem Französischen von Christine Pries), Berlin: Suhrkamp Verlag, 2013⟩.

53 Gabriel Kessler/Sylvia Sigal, »Survivre. Réflexion sur l'action en situation de

Preise sprunghaft und auf unvorhersehbare Weise. Doch die Deformationen der Preisstruktur können auch weniger spektakuläre, langsamere und disparatere Formen annehmen, die sich in einigen Fällen als Hausse manifestieren und in anderen als Baisse. Letztere sind nun aber oft besonders heftig in Zeiten, die durch das Auftreten neuer Wertschöpfungsquellen gekennzeichnet sind, welche die Aufwertung von Dingen zur Folge haben, die bis dahin für unbedeutend gehalten, ja sogar überhaupt nicht beachtet worden waren, sodass ihr Preis im Vergleich zum Preis anderer Objekte stieg. Dies war bei der ersten industriellen Revolution mit der allmählichen Verlagerung von einer Ökonomie auf vornehmlich organischer Grundlage (Landwirtschaft, Holz, Wolle, Zugtiere usw.) hin zu einer Ökonomie der Fall, in deren Rahmen die Ausbeutung mineralischer Bodenschätze immer breiteren Raum einnahm. Und dann bei der zweiten industriellen Revolution mit der Intensivierung der industriellen Massenproduktion von Standardartikeln, die der handwerklichen Fertigung Konkurrenz zu machen begann. Doch es ist nicht abwegig anzunehmen, dass dies auch heutzutage aufgrund von drei Phänomenen der Fall sein könnte, die keineswegs voneinander unabhängig sind und die wir bereits erwähnt haben. Dabei handelt es sich erstens um die Deindustrialisierung, die mit der Auslagerung der Produktion von handelsüblichen Artikeln in Staaten einhergegangen ist, die eine Niedriglohnpolitik betreiben; zweitens um die Expansion der Gewinne, die aus Finanzaktivitäten gezogen werden; und drittens um die Entstehung eines neuen Bereichs der Wertschöpfung, in dem wir eine *Bereicherungsökonomie* erkennen und den wir als solche charakterisieren werden.

---

chaos. Comportements et représentations face à la dislocation des régulations sociales. L'hyperinflation en Argentine«, in: *Cultures et Conflits*, Nr. 24/25, 1997, S. 37-77; Federico Neiburg, »Inflation. Economics and economic cultures in Brazil and Argentina«, in: *Comparative Studies in Society and History*, Jg. 48, Nr. 3, 2006, S. 604-633.

Viertes Kapitel
Die Wertermittlungsformen

Struktur und Transformationsgruppe der Wertermittlungsformen

Angenommen, Dinge zirkulieren, indem sie mit Preisen verknüpft werden, die durch Werte gerechtfertigt sind. Wir gehen davon aus, dass solche Weisen des Zirkulierens sich im Rahmen einer Struktur anordnen lassen, durch die Wertermittlungsformen zu einer Transformationsgruppe zusammengeschlossen werden.

Wir hatten betont, dass die Dinge, damit sie zirkulieren können, bestimmt werden müssen, das heißt in einen gewissen, vor allem sprachlichen Zusammenhang gebracht werden müssen. Gleichzeitig werden sie aber differenziert. Angenommen seien zwei verschiedene, aber auf dieselbe Weise bestimmte, das heißt unter dieselbe Kategorie fallende Dinge: Wenn sie denselben Preis haben, warum soll man dann eine Sache eher kaufen als eine andere? Und wenn ihr Preis unterschiedlich ist, warum soll man dann die teurere Sache eher kaufen als die billigere? Mit Hilfe der Struktur, die wir vorschlagen, sollte eine Antwort auf diese rätselhaften Fragen möglich sein.

Mit Hilfe der Struktur muss es nämlich möglich sein herauszufinden, wie bestimmte, unter dieselbe Kategorie fallende Dinge durch die Einführung von Differenzen, aber auch durch ihre zeitliche Einordnung verglichen werden können. Deshalb muss eine solche Struktur zwei Achsen einbeziehen, auf denen sich die Dinge verteilen:

Von einer ersten Achse lässt sich ablesen, welche Differenzen die Dinge aufweisen.

Eine zweite Achse legt dar, wie die Dinge einzuschätzen sind, aber ohne dass diese Einschätzung im eigentlichen Sinne *präsentiert*, also *vergegenwärtigt* werden kann, das heißt, sie ordnet die Dinge zeitlich, und zwar genauer gesagt in ihrer zeitlichen Ungewissheit ein.

Bevor wir zu den Einzelheiten dieser beiden Achsen kommen, sollten wir kurz sagen, was wir unter »Form« verstehen. Formen gestatten eine Verbindung zwischen den Dingen und den Perspektiven, aus denen sie betrachtet werden müssen, damit sie richtig eingeschätzt werden. Von außen gesehen, das heißt von einem übergeordneten und neutralen Standpunkt aus, lassen sich diese Formen mit den Konventionen vergleichen, von denen die konstruktivistisch orientierte Ökonomie der Konventionen spricht. Doch damit diese Formen konkret in die Transaktionspraxis eingreifen können, müssen sie an dem Punkt angesiedelt sein, an dem die Dinge selbst und die Perspektiven, von denen aus sie bestimmt werden, ineinander übergehen, oder müssen sie, wenn man so will, die Kluft zwischen Realismus und Idealismus überwinden, deren Wiederkehr schon immer das Startsignal für einen kritischen Ansatz war. Die Rolle, die diesen Formen zukommt, wenn sie funktionieren, das heißt, wenn ihre konventionelle Seite in Vergessenheit gerät, besteht zum einen in der Schärfung der verschiedenen Perspektiven, die man gegenüber den im Rahmen des Tausches zirkulierenden Dingen einnehmen kann, und in der Verringerung ihrer Zahl. Und zum anderen darin, die praktische Anwendung dieser Perspektiven so einzuteilen, dass sie sich durch Eigenschaften rechtfertigen lassen, die auf die Dinge selbst zurückgehen. Die Dinge müssen mit anderen Worten sozusagen von sich aus beweisen, dass die Perspektive, aus der man sie betrachtet, angemessen ist, damit diese Perspektive nicht rein subjektiv und das heißt in diesem Zusammenhang willkürlich wirkt.

Wir wollen uns jedoch nicht anmaßen, von einem übergeordneten Standpunkt aus alle Perspektiven zu untersuchen, die man gegenüber allen möglichen Dingen einnehmen kann, als ob wir eine vollständige Liste dieser Perspektiven erstellen wollten, was ohnehin nicht zuletzt deshalb ein nicht sehr überzeugendes und wahrscheinlich undurchführbares Projekt wäre, weil diese Perspektiven genauso verschieden und wandelbar sind wie die gesellschaftlichen und historischen Kontexte, in denen sie wurzeln, und damit auch die Arten von Dingen, deren Tausch sie vereinfachen. Und selbst wenn der Tausch universellen Charakter haben mag, so ist er doch keineswegs immer und überall marktförmig, zumindest nicht auf dieselbe Weise und in demselben Maße.

Wenn man den Schwerpunkt vornehmlich auf Formen legt, deren Achsen zum einen auf Differenzen und zum anderen zeitlich ausgerichtet sind, kommt man nicht umhin, das noch einmal zu überdenken, was Lucien Karpik »Ökonomie des Einzigartigen« genannt hat.[1] Unserer Meinung nach besteht das Organisationsprinzip der Zirkulation der Dinge nämlich eher in der Ermittlung ihres Werts durch konventionelle Formen als in der Entgegensetzung von etwas Einzigartigem und etwas, das in Serie produziert wird. Jede Form stellt ein Hilfsmittel dar, auf das alle Bezug nehmen können, wenn sie sich in der Welt der Objekte orientieren, das heißt, wenn sie Unterscheidungen vornehmen oder Dinge aneinander annähern, sie in eine Rangordnung bringen, sie verkaufen und kaufen müssen.

Diese Formen möchten wir jetzt in groben Zügen freilegen. Eine Sache, die präsentiert wird – was in den weiter unten abgebildeten Graphen die vertikale Achse der Formen ausmachen wird –, lässt sich sprachlich auf zwei verschiedene Arten beschreiben: erstens *analytisch* (unterschiedliche, möglicherweise messbare und kodierte Eigenschaften) und zweitens *narrativ* (wenn Ereignisse und/oder Personen in Szene gesetzt werden). Die analytische Präsentationsweise einer Sache erzeugt eine doppelte Hierarchie zwischen den Dingen: eine Hierarchie zwischen Dingen mit verschiedenen Preisen und eine Hierarchie zwischen Dingen, die analytisch unterschiedlich präsentiert werden (zum Beispiel durch Angabe ihres Gewichts, ihrer Größe, ihrer Lebensdauer, einer Empfehlung durch einen Verbraucherverband usw.). Wenn eine Sache narrativ präsentiert wird, entsteht ein Spannungsverhältnis zwischen etwas Inkommensurablem – eine solche Narration steht in keinem hierarchischen Verhältnis zu anderen Narrationen – und den verschiedenen Preisen der Dinge, die diese Dinge durchaus hierarchisch organisieren.

---

1 Lucien Karpik, *Mehr Wert. Die Ökonomie des Einzigartigen*, a. a. O.

Im Rahmen einer sogenannten »naturalistischen« Ontologie besteht ein Unterschied zwischen Dingen und Menschen darin, dass man dazu neigt, so zu tun, als ob man wüsste, woraus die Dinge bestehen, und dass man deshalb so tut, als ob sie sich alle analytisch präsentieren ließen, wohingegen die Menschen über ein Potenzial verfügen, das unendlich sei. Aus diesem Grund wird die analytische Präsentation eines Menschen als »Vergegenständlichung« oder »Verdinglichung« kritisiert.[2] Wie wir zeigen werden, gibt eine solche Theorie allerdings vor allem deshalb schlecht wieder, wie der Wert der Dinge ermittelt wird, weil viele Dinge mit Narrationen und von daher mit Personen verknüpft sein können und weil auch sie eine ungewisse Seite haben. Die umgekehrte Tendenz, von der wir uns hier ebenfalls absetzen möchten, besteht darin, Dinge wie Menschen zu behandeln und ihnen nicht zuletzt Handlungsfähigkeit bzw. Handlungsmächtigkeit (*agency*) zuzuschreiben.[3] Wir werden nämlich die Aufteilung in Menschen und Dinge als notwendige Bedingung beibehalten. Wenn die Dinge wie Menschen wären, gäbe es keinen Grund mehr, sie mit einem Preis zu versehen. Unsere Ontologie setzt voraus, dass es Wesen gibt, die Tauschgeschäfte tätigen, nämlich die Menschen, und Wesen, die getauscht werden, nämlich die Dinge, und die, damit sie austauschbar sind, im Hinblick auf ihre Bestimmung gleich bleiben müssen, auch wenn sie dem Verfall anheimgegeben sein können.

Die ob nun analytische oder narrative Präsentation von Dingen durch ihre Differenzen erzeugt jedoch ein Spannungsverhältnis unter den Dingen, bei denen das Bestimmungsgebot notwendige Bedingung für das Zirkulieren ist. Dieses Spannungsverhältnis weist einige Gemeinsamkeiten mit der Widersprüchlichkeit

2 Axel Honneth, *Verdinglichung. Eine anerkennungstheoretische Studie*, Frankfurt am Main: Suhrkamp Verlag, 2005.

3 Was Theorien der *agency* von Dingen anbelangt, vgl. Alfred Gell, *L'Art et ses agents. Une théorie anthropologique*, Dijon: Les Presses du réel, 2009, englische Originalausgabe 1998, sowie Philippe Descola (Hrsg.), *La Fabrique des images. Visions du monde et formes de la représentation*, Paris: Somogy/Musée du Quai Branly, 2010.

auf, die der Schaffung neuer menschlicher Wesen innewohnt, die ihren Platz in einem bereits bestehenden Kollektiv finden sollen, und die wir an anderer Stelle analysiert haben.[4] In diesem Fall nimmt sie allerdings eine drastischere Form an. Denn der Postulant – im vorliegenden Fall der Fötus – muss – erstes Gebot – als Angehöriger der menschlichen Spezies identifiziert werden (und beispielsweise nicht als Sprössling eines übernatürlichen Geistes oder als Monster) und Zugehörigkeitsklassen (Geschlecht, Verwandtschaft usw.) zugeordnet werden, was dem für den Fall der Waren festgestellten Bestimmungsgebot nahezukommen scheint. Doch bei menschlichen Wesen geht das zweite Gebot, das Differenzierungsgebot, unmittelbar an die Grenze, insofern es sich um ein *Einzigartigkeitsgebot* handelt. Jeder Mensch ist grundsätzlich ein singuläres Wesen, wovon schon die Tatsache zeugt, dass wir ihm einen Eigennamen geben.[5] Auf diese prinzipielle Singularität geht zurück, dass menschliche Wesen nicht mit einem Preis versehen werden und Gegenstand eines nach Profit strebenden, gewerblichen Handels sein können, außer im Fall von Sklaverei, die aber aus eben diesem Grund schon die bloße Zugehörigkeit dieser Wesen zur Menschheit in Frage zu stellen droht.[6]

---

4 Luc Boltanski, *La Condition fœtale. Une sociologie de l'engendrement et de l'avortement*, Paris: Gallimard, coll. NRF essais, 2004 ⟨dt.: *Soziologie der Abtreibung. Zur Lage des fötalen Lebens* (Aus dem Französischen von Marianne Schneider), Frankfurt am Main: Suhrkamp Verlag, 2007⟩.

5 Bei den menschlichen Wesen übernimmt die Verwandtschaft – über die man seit Lévi-Strauss weiß, dass sie wie eine Grammatik strukturiert ist – zu weiten Teilen das, was man Grammatik der Zeugung und Vererbung nennen kann, zu deren Aufgaben es gehört, den Widerspruch zwischen Bestimmungsgebot (die Wesen werden Klassen zugeordnet, innerhalb derer sie substituierbar sind) und Einzigartigkeitsgebot (gemäß dem sie nicht substituierbar sind) abzumildern und zu kaschieren, der sich niemals vollständig beseitigen lässt.

6 Aus diesem Grund beruhte auch die Entstehung des Lohnempfängertums auf einer immer wieder schwer zu begründenden Unterscheidung des Verkaufs seiner eigentlichen Person vom Verkauf seiner Arbeitskraft durch den Arbeiter. Vgl. Mikhaïl Xifaras, *La Propriété. Étude de philosophie du droit*, Paris: Presses universitaires de France, 2004.

Bei jeder Form erhält eine Achse den Vorzug: die analytische oder die narrative, die beiden fungieren als Gegensatzpaar. Die Hierarchie zwischen den analytisch präsentierten Dingen geht auf die mehr oder weniger große Zahl der sich bei ihrer analytischen Zerlegung ergebenden Differenzen zurück. Dagegen wird man einwenden, dass die analytische Präsentation bei einer ganzen Reihe von sogenannten Standardartikeln, die Kopien darstellen, identisch ist. Wie ist in diesem Fall die analytische Hierarchie organisiert? An dieser Stelle muss eine neue Unterscheidung eingeführt werden – nämlich zwischen Exemplar und Prototyp –, die wir unten weiter ausarbeiten werden. Die Dinge mit derselben analytischen Präsentation sind einzelne Exemplare, die auf der Grundlage einer ursprünglichen analytischen Präsentation, nämlich der des Prototyps, produziert wurden. Bei Standardartikeln beruhen die Differenzen also auf den analytischen Präsentationen der Prototypen.

Wenn man eine Sache zeitlich erfasst – was die horizontale Achse der Formen-Graphen ausmachen wird –, enthält ihre Beschreibung unweigerlich eine Ungewissheit. Diese Ungewissheit lässt darauf hoffen, dass die Wertschätzung der betreffenden Sache mit der Zeit zunehmen wird, was rechtfertigt, dass ihr Preis jetzt niedriger ist, als er später sein wird, oder dass die Wertschätzung mit der Zeit abnimmt, was rechtfertigt, dass ihr Preis höher ist, als er sein wird, wenn die Zirkulation der Sache weitergeht. Nach solchen zeitlichen Orientierungen richtet sich also die Einschätzung dessen, was wir *Marktpotenzial* der Dinge nennen werden und was sich mit der Zeit in einem Wertverlust oder Wertgewinn niederschlagen kann. Auch wenn dieses Potenzial sich auf die ungewisse Zukunft einer Sache bezieht, steht es doch immer im Zusammenhang mit ihrer Vergangenheit. Das Potenzial der Dinge, die keine Vergangenheit haben, nimmt nämlich mit der Zeit ab, während bei Dingen, die über eine Vergangenheit verfügen, die Aussicht besteht, dass ihr Potenzial mit der Zeit wächst.

Wenn man das Augenmerk auf die beiden *differentiellen Präsentationsweisen* der Objekte (*Analyse* vs. *Geschichte*) und auf die beiden zeitlichen Orientierungen legt, nach denen sich die Einschätzung ihres Marktpotenzials richtet (an Wert verlieren vs. an Wert gewinnen), ist es möglich, eine Kombinatorik der maßgeblichen Perspektiven zu skizzieren, aus denen Handelswaren in einer kommerzialisierten Gesellschaft identifiziert und differenziert werden können. Diese Perspektiven sind mit Formen verknüpft, die den Wert der Dinge ermitteln und jeweils einer eigenen Logik gehorchen. Außerdem zeichnen sich durch sie Handelszonen ab, die sich zwar teilweise überschneiden können, aber trotzdem relativ deutlich voneinander abgegrenzt sind, sodass sie dazu beitragen, die Warenwelt zu strukturieren.

Zum einen organisieren solche Strukturen die Konkurrenz entsprechend den Regeln der Kommensurabilität oder der Inkommensurabilität mancher Objekte (es ist vernünftig, den Preis zweier neuer Nutzfahrzeuge von ähnlicher Größe zu vergleichen, aber es ist abwegig, einen Zusammenhang zwischen dem Preis eines Nutzfahrzeugs und dem Preis eines für eine Sammlung bestimmten Oldtimers herzustellen; damit man ihnen gerecht wird, müssen diese beiden Objekte aus verschiedenen Perspektiven betrachtet werden). Durch eine Vervielfachung der Hinsichten, in denen sich eine Sache in ihrer Eigenheit bzw. unter Achtung ihrer Würde, wenn man so sagen kann, betrachten lässt, obwohl man sie mit einem Preis versieht, erlauben diese Strukturen zum anderen eine weitestmögliche Öffnung des Feldes der Dinge, die in Waren verwandelbar sind. Dieser Prozess würde keine Grenzen kennen, wenn er nicht dem sich seinerseits an moralische und/oder soziale Normen anlehnenden Recht unterworfen wäre, das zu einem bestimmten Zeitpunkt und in einem bestimmten Tauschbereich maßgeblich ist und von dem der Verlauf der immer umstrittenen und mehr oder weniger beweglichen Grenze abhängt, die etwas, dessen Vermarktung zulässig ist, von dem trennt, was von der Warenwelt ausgenommen ist (oder es sein sollte), wie zum Beispiel das, was in den Intimbereich fällt.[7]

---

7 Viviana Zelizer, *The Purchase of Intimacy*, Oxford: Oxford University Press, 2005.

Hinzu kommt, dass diese Strukturierung der Warenwelt und der Instrumente, welche die Ermittlung des Werts von deren Objekten erlauben, aus mindestens zwei Gründen vorteilhaft für den Handel ist. Zum einen gestattet sie, dass aus dem Verkauf jeder Sache der größtmögliche Profit gezogen wird. Würden alle Dinge aus derselben Perspektive betrachtet, wäre das nicht der Fall, was offenkundig zur Folge hätte, dass eine große Zahl von Dingen an Wert verlieren würde. Wenn man einen Oldtimer aus derselben Perspektive betrachten würde wie ein neues Nutzfahrzeug, würde er auf das niedrige Niveau von schrottreifen Gebrauchtwagen herabgestuft werden. Wohingegen umgekehrt ein neues Nutzfahrzeug sich unter dem abschätzenden Blick eines Sammlers als nicht besonders interessant erweisen würde und zu keinem hohen Preis angeboten werden könnte.

Zum anderen strukturiert dieser Organisationsmodus auch die Kompetenzen der beteiligten Operatoren. Er liefert ihnen Wahrnehmungs- und Bewertungsschemata sowie Beschreibungssprachen, die zwar sehr ungleichmäßig verteilt sein mögen, sich aber doch den gesunden Menschenverstand in seiner kaufmännischen Spielart zunutze machen können, was das Auftreten von Missverständnissen verringert oder zumindest den Akteuren, die in Rechtsstreitigkeiten verwickelt sind – was in einer Welt, die wie die Geschäftswelt auf einem profitorientierten Wettbewerb beruht, sehr häufig vorkommt –, Argumente an die Hand gibt, auf die sie sich bei dem Versuch einigen können, dem Widerstreit, der zwischen ihnen steht, ein Ende zu setzen. Würden die Dinge zum Verkauf angeboten, ohne dass eine begrenzte Zahl von Wertermittlungsformen den Akteuren eine Orientierungshilfe bietet, könnten sie sich nicht aufeinander abstimmen, und da der Preis der Dinge immer wieder in Frage gestellt werden würde und neu verhandelbar wäre, würde deren Zirkulation eine Einschränkung erfahren, ja unmöglich werden. Und mit nur einer Wertermittlungsform könnte man auch nicht darauf hoffen, den größtmöglichen Profit aus jeder einzelnen Sache zu ziehen. Dass das Marktpotenzial negativ oder positiv sein kann, erlaubt es außerdem, die Dinge danach einzuteilen, ob sie verschwinden oder erhalten werden sollen. Wenn es nur ein Marktpotenzial gäbe, würde das dazu führen, dass alle Dinge verschwinden würden oder dass alle Dinge erhalten werden müssten.

Wenn man zwei Präsentationsweisen einer Sache – den analytischen und den narrativen Modus – mit zwei Einschätzungen ihres Potenzials kreuzt – zum Sinken bestimmt oder zur Entfaltung geeignet –, zeichnen sich vier Perspektiven ab, aus denen die Dinge betrachtet werden können und sich ihr jeweiliger Wert ermitteln lässt.

	Analytische Präsentation	*Narrative Präsentation*
Negatives Marktpotenzial	Standardform	Trendform
Positives Marktpotenzial	Anlageform	Sammlerform

Die derselben Perspektive unterworfenen Objekte werden in Bezug auf die *Familienähnlichkeit* betrachtet, die sie besitzen. Aber auch in Bezug auf die Differenzen, die sie aufweisen und von denen alle Metapreise abhängen, die ihnen zugeschrieben werden können. So schaffen die Formen Argumente, die mit einer Sache verknüpft werden, um ihren Metapreis im Vergleich zum Metapreis anderer, im selben Zusammenhang einschlägiger Dinge zu rechtfertigen. Diese Formen gestatten die Rechtfertigung der Preise und begünstigen die Bildung von Preisen, bei denen die Aussicht besteht, dass sie für vernünftig gehalten werden, aber sie können genauso gut die Grundlage für eine Kritik der Preise abgeben.

Doch spielen diese Formen noch eine gegenteilige Rolle. Aufgrund ihrer Pluralität schaffen sie inkommensurable Räume, welche die Warenwelt strukturieren. Wenn man ihn aus einer bestimmten Perspektive wahrnimmt, steht der Wert einer Sache in keinem Verhältnis zum Wert der Dinge, die aus anderen Perspektiven einschlägig sind, sie haben keinen gemeinsamen Maßstab. Die Streubreite des Werts wirkt sich auf das Preisgefüge aus. Die Preise der Dinge, die aus verschiedenen Perspektiven einschlägig sind, können innerhalb derselben monetären Metrik angegeben werden, ohne dass sie sich dadurch gleich gegenüberstellen und miteinander vergleichen lassen. Und genauso lässt die Konkurrenz zwischen Dingen, deren Bestimmung ergibt, dass sie zum Beispiel im Hinblick auf ihre Funktion zur selben Art gehören, die aber unter Hinzuziehung verschiedener Wertermittlungsformen bewertet werden, stark nach, ja entfällt vollkommen, sodass scheinbar substituierbare Dinge nicht länger substituierbar sind (ein gebrauchter Twingo steht nicht in Konkurrenz mit einem Renault Dauphine-Oldtimer; eine im Billigkaufhaus Monoprix gekaufte Standardtasse steht nicht in Konkurrenz mit einer im Lifestylekaufhaus Colette gekauften Trendtasse usw.). Und ebenso stimmen die Tauschpartner sich in Bezug auf die Standardform selbstverständlich dahingehend untereinander ab, dass ein gerade aus der Fabrik kommendes Auto schon deswegen zu einem höheren Preis angeboten werden kann als ein Gebrauchtwagen, der sich auf ähnliche Weise verwenden lässt, weil es *neu* ist. Oder, wenn ihre Koordinierung auf der Sammlerform beruht, dass ein Originalkunstwerk schon deshalb zu einem höheren Preis angeboten werden kann als eine Kopie, selbst wenn diese perfekt gemacht ist, weil es sich um das *Original* handelt. Dass etwas neu oder das Original ist, stellt also vor jeglicher gründlicheren Untersuchung eine Grunddifferenz dar, über die Dinge verfügen. Das Ziel der Wertermittlung besteht mit anderen Worten in der Verringerung der Substitutionseffekte und dadurch in der Verringerung der Konkurrenz. Oder aber in der Spezifizierung der wenigen Objekte, die mit dem Gegenstand des Tauschgeschäfts konkurrieren können, wobei eine große Zahl von anderen möglichen Anwärtern verworfen wird. Das Ziel dieses Prozesses und wahrscheinlich der Traum, der keinen der bei einer Transaktion intervenierenden Operatoren loslässt, ist die Bildung von Monopolen oder Quasi-Monopolen. Denn in Monopolsituationen ist die Macht des Anbieters über die Preisbestimmung am größten und hat folglich sein kaufmännischer Mehrwert gute Aussichten, besonders hoch zu sein.

Dabei ist hervorzuheben, dass die Differenzierung der Dinge, unabhängig davon, ob sie im Rahmen einer analytischen oder einer narrativen Präsentation erfolgt, auf die Konkurrenz zurückgeht. Der Differenzierungszwang ist eine Reaktion auf die Erwartungen der einzelnen Anbieter, die dadurch Profit erzielen möchten, dass sie für die Sache, die sie anbieten, den höchstmöglichen Preis aushandeln. Zu diesem Zweck müssen sie versuchen, die Bereitschaft des Interessenten zu verringern, sich anderen Dingen zuzuwenden, die mehr oder weniger dieselbe Bestimmung haben und deshalb als mehr oder weniger ähnlich gelten, vor allem dann, wenn sie zu einem niedrigeren Preis angeboten werden. In den gegenwärtigen europäischen Gesellschaften (früher, und dafür muss man gar nicht weiter zurückgehen als bis zu den 30 Jahren, die auf den Zweiten Weltkrieg folgten, war das wahrscheinlich nicht in demselben Maße der Fall) besitzen die potenziellen Interessenten aber nun bereits eine große Zahl von Dingen, und zwar besonders von Standardartikeln im technischen Bereich. Sie könnten sich also mit dem zufriedengeben, was sie haben, und müssten sich nicht auf neue Transaktionen einlassen. Wenn ihnen ein neuer Artikel angeboten wird, hat dieser Artikel umso größere Aussichten, ihr Interesse zu wecken, je deutlicher er sich von anderen, bereits vorhandenen Artikeln unterscheidet, sodass diese möglicherweise veraltet wirken. Auch wenn das von Rechts wegen verboten sein mag, kann das *Veralten* bekanntlich gezielt herbeigeführt werden, was heute häufig bei Standardartefakten mit hohem Technikanteil der Fall ist, die entweder so hergestellt werden, dass sie nur relativ kurze Zeit funktionieren, oder so, dass ihre Kompatibilität mit anderen, zum selben technischen Bereich gehörenden Artikeln nach einer bestimmten Zeit Probleme aufwirft, was man zum Beispiel im Zusammenhang mit EDV-Netzwerken erleben kann.

Die hauptsächliche Art und Weise, wie ein Anbieter versuchen kann, sich gegen drohende Konkurrenz zu wappnen und das, was in seinem Besitz ist, gewinnbringend einzutauschen, besteht darin, die *Differenz(en)* zwischen der Sache, die er besitzt und zum Verkauf anbietet, auf der einen, und den von anderen Anbietern angebotenen oder sich bereits im Besitz einer beträchtlichen Zahl von Interessenten befindenden anderen Dingen auf der anderen Seite zur Geltung zu bringen, die von weitem betrachtet alle für mehr oder weniger ähnlich gehalten werden können.

Die Erhöhung des differentiellen Werts einer Sache läuft darauf hinaus, dass bestimmte Zusammenhänge eher hergestellt werden als andere, die ebenfalls vernünftig erscheinen könnten, oder wenn man so will, auf die *Partitionierung* der Klasse, der die Sache oder das Ding angehört, sodass sich Unterklassen bilden. Dieses Ding ist zwar eine chinesische Figur oder ein Auto, aber keine beliebige bzw. kein beliebiges: Die chinesische Figur stammt aus dem tiefsten Altertum, das Auto ist besonders PS-stark, schnell usw. Ein solcher Prozess ist per definitionem endlos. Man kann immer versuchen, neue Differenzen einzuführen bzw. das Differenzsystem zu modifizieren. Der Differenzierungsprozess kann also fortgesetzt werden, bis die Klasse, der die Sache zugeordnet wird, nur noch eine einzige Sache enthält, nämlich diese zum Tausch angebotene Sache selbst, zum Beispiel ein unvergleichliches Meisterwerk.[8]

Zwischen Bestimmungsgebot und Differenzierungsgebot entsteht ein Spannungsverhältnis. Das erste setzt die Zugehörigkeit der Sache zu einer Klasse voraus, die groß und anerkannt genug ist (wie zum Beispiel ein Stil), damit ihre Bestimmung keine Probleme bereitet. Doch das zweite setzt eine Partitionierung dieser Klassen voraus, die die Sache unvergleichlich macht, um ihren höheren Preis im Verhältnis zu anderen Dingen zu rechtfertigen, die weniger kosten und durch die der Interessent sie zu ersetzen geneigt sein könnte.

Die Strukturierung durch die Formen wirkt sich dahingehend aus, dass der Expansion der Warenwelt Vorschub geleistet wird, die so gut wie alles einbeziehen kann. Zudem wird sie allen Dingen gerecht, da ein Objekt, dessen Wert sich aus einer bestimmten Perspektive verringert hat, aus einer anderen an Wert ge-

---

8 Vgl. Gilles Deleuze, *Différence et répétition*, Paris: PUF, 1968 ⟨dt.: *Differenz und Wiederholung* (Aus dem Französischen von Joseph Vogl), München: Wilhelm Fink Verlag, 1990⟩.

winnt, das heißt, sie erlaubt auch, dass aus allen Dingen der größtmögliche Profit gezogen wird. Die Verlagerung der Dinge von einer Form auf eine andere stellt für die Formen nicht nur eine Möglichkeit, sondern eine Existenzbedingung dar. Wenn die Dinge nicht zwischen den Formen zirkulieren könnten, würde es diese als solche – unabhängig voneinander – nicht geben.

Bei jeder der vier Formen, die wir identifiziert haben, erweisen sich die Art, wie der Wert der Objekte ermittelt wird – wie sie in einem bestimmten Umfeld präsentiert und eingeordnet werden –, ihre Präsentationsweise und die Argumente, die ihre Eigenheiten geltend machen sollen, usw., als zutiefst unterschiedlich. Trotzdem ist das Gesamtsystem kohärent und robust genug, um wie selbstverständlich zu funktionieren und den beteiligten Operatoren zu erlauben, sich mühelos zwischen Transaktionen hin und her zu bewegen, die auf verschiedene Modi zurückgehen, weil eine logische Verbindung zwischen den Ausdrucksformen, die den Vorgaben eines Wertermittlungsmodus entsprechen, und den Ausdrucksformen besteht, die den Vorgaben eines anderen Wertermittlungsmodus entsprechen. Solche Verbindungen sind möglich, weil die interne Syntax der vier Wertermittlungsformen sich isomorph zur externen Erzeugungssyntax der Formen verhält und sie dadurch auch untereinander in einem isomorphen Verhältnis stehen. Eines der Wesensmerkmale dieser Syntax ist die Überwindung der Unterscheidungen, die für die Kategorien der Buchhaltung eine große Rolle spielen, wie etwa die Unterscheidung zwischen beweglichen und unbeweglichen Gütern. Auf diese Weise ließe sich zeigen, dass aus einer unbeweglichen Immobilie, je nachdem, welche Bestimmung sie erfährt, durch die Wertermittlung ein unbewegliches Standardgut wird (wie das Einfamilienhaus, das Pierre Bourdieu analysiert hat[9]), eine Immobilie mit Sammlerwert (wie die außergewöhnlichen Anwesen, die Marc Augé beschrieben hat[10]), eine Trendimmobi-

9 Pierre Bourdieu, *Les Structures sociales de l'économie*, a. a. O.
10 Marc Augé, *Domaines et châteaux*, Paris: Seuil, 1989.

lie (wie im Fall der Gentrifizierung[11]) oder eine unbewegliche Geldanlage (wie die Wohnungen auf der Fifth Avenue in Manhattan, im 7. Pariser Arrondissement oder in den Londoner Stadtteilen Kensington und Chelsea).

Wie die externe Syntax wird jede interne Syntax durch die Schnittmenge der für die *differentielle Präsentation* sorgenden Achse und der Achse der *Potenzialeinschätzung* strukturiert. Doch während im Fall der externen Syntax jede Achse zwei verschiedene Modalitäten annehmen kann, müssen die internen Syntaxen der einzelnen Wertermittlungsformen sich für eine einzige Modalität pro Achse entscheiden. Nur dann können sie sich sowohl ausdifferenzieren (zwei Syntaxen, die auf beiden Achsen dieselbe Modalität wählen, wären deckungsgleich) als auch gegenseitig motivieren. Die Beziehungen der verschiedenen internen Syntaxen zueinander zeichnen sich deshalb durch Fremdheit und untrennbar davon Vertrautheit aus. Sie sind insofern wechselseitig nachvollziehbar, als ihre jeweilige Spezifität sich unmittelbar in Bezug auf die und in Absetzung von den anderen erfassen lässt. Jede dieser Syntaxen generiert Kategorien, die eine Qualifikation der Objekte nach ganz spezifischen Modalitäten erlauben. Doch die jeder internen Syntax eigenen Kategorien können mit Hilfe von impliziten Transformationsregeln als Kategorialfunktionen interpretiert werden, die in jeder der anderen Syntaxen eine ähnliche Position einnehmen. Daraus folgt, dass das Gesamtsystem, auf dem die Wertermittlung der Objekte beruht, in dem Sinne als Transformationsgruppe betrachtet werden kann, den Claude Lévi-Strauss diesem Begriff gegeben hat.[12]

---

11 Sharon Zukin, *Naked City. The death and life of authentic urban places*, Oxford: Oxford University Press, 2010.

12 Vgl. Claude Lévi-Strauss, *Das wilde Denken*, a. a. O. Nach einer ersten Definition, der wir folgen, sind die Permutationen in einer Transformationsgruppe im Lévi-Strauss'schen Sinne »fest miteinander verbunden und können in Form einer Tabelle abgebildet werden, in der jedem binären Merkmal ein gegensätzlicher Wert zugewiesen wird«, wie Patrice Maniglier festgestellt hat. Nach einer zweiten Definition »ist eine Transformationsgruppe in der Mathematik durch folgende Eigenschaften definiert: 1. Die Verknüpfung zweier Transformationen entspricht einer Transformationsgruppe; 2. diese

Eine solche Semantik, die sich »immer auf halbem Wege zwischen sinnlich wahrnehmbaren Eindrücken und Begriffen« befindet – wie Claude Lévi-Strauss über die »mythische Reflexion« geschrieben hat[13] –, kann auf einen aus unterschiedlichen, ja sogar singulären Dingen bestehenden Stoff sowohl auf differenzierende als auch auf homogenisierende Weise angewendet werden, da das, worauf sie zugreift, einerseits in Bezug auf seine substantielle Unterschiedlichkeit, das heißt auf diskontinuierliche Weise erfasst wird, und andererseits in Bezug auf seine Zugehörigkeit zur Warenwelt in ihrer Kontinuität. Da sie mit dem »auskomm[t]«, was sie »zur Hand« hat – wie Lévi-Strauss schreibt –, bildet sie sich, diversifiziert sie sich und bildet sie sich neu, indem sie »alle [...] sich ihr bietenden Gelegenheiten« nutzt, »den Vorrat zu erneuern oder zu bereichern oder ihn mit den Überbleibseln von früheren Konstruktionen oder Destruktionen zu versorgen«.[14] Dadurch liefert sie Operatoren, die es möglich machen, ein sehr weites und a priori unbegrenztes Feld zu durchlaufen, sodass sie sich auch auf Objekte erstrecken kann, die sie bis dahin nicht erkundet hatte, ob diese nun im eigentlichen Sinne neu sind oder noch nicht im Hinblick auf ihre marktförmige Zirkulation in Betracht gezogen wurden, etwa so, wie eine metaphorische Logik zwischen objektiv unterschiedlichen Gebieten Schemata hin und her laufen lässt, damit aufscheint, was sie möglicherweise gemeinsam haben, oder auch »wie jene Kaufmannsregeln, die« – wie wiederum Lévi-Strauss schreibt – »aufgrund eines Extrakts der vergangenen Berufserfahrung die Möglichkeit bieten, auf ökonomische Weise allen neuen Situationen zu begegnen (unter der Bedingung allerdings, daß sie von derselben Art sind wie die alten)«.[15] Aus diesem Grund kann jede der von uns identifizierten Formen zu zwei

---

Transformationen können assoziiert werden; 3. es gibt eine identische Transformation (die nichts verändert); 4. die Transformationen sind umkehrbar«. Patrice Maniglier, *Le Vocabulaire de Lévi-Strauss*, Paris: Ellipse, 2002, S. 55f.

13 Claude Lévi-Strauss, *Das wilde Denken*, a. a. O., S. 31.

14 Ebd., S. 30.

15 Ebd., S. 33.

verschiedenen Ansätzen führen, einem *enger gefassten* und einem *weiter gefassten*.

Im engeren Sinne lässt sich eine Form anhand von zentralen Fallbeispielen betrachten, das heißt anhand von Objekten, die sich aufgrund ihrer Eigenschaften und Verwendungsweisen für Wertbestimmungsvorgänge eignen, aus denen sich dann die Hauptmerkmale der betreffenden Form entwickeln. In solchen exemplarischen Objekten, bei denen die Bestandteile jeder Form in enger Korrelation stehen, laufen die einschlägigen Informationen über jede Wertermittlungsform zusammen.[16] So kann sich eine Analyse dessen, was besonders spezifisch für die Standardform ist, auf die Wertermittlung bei Industrieartikeln mit hohem Technikanteil stützen; eine Analyse der Trendform kann in hohem Maße vom Fall modischer Kleidung profitieren; Versteigerungen von Kunstgegenständen geben ein gutes Beispiel für die Anlageform ab und die Eigenschaften der Sammlerform treten besonders deutlich hervor, wenn man Akkumulationspraktiken vergleicht, deren Gemeinsamkeit in ihrer systematischen Vorgehensweise und ihrer Ausrichtung auf ein Interesse an der Vergangenheit besteht, ob sie nun beispielsweise Briefmarken betreffen, Uhren oder Bilder usw.

Doch in genau dem Maße, wie sie es mit »Mitteln« zu tun bekommen, »deren Zusammensetzung merkwürdig ist«[17] und die sich tendenziell in eine andere Richtung orientieren, wenn die Konturen der Waren sich verändern, können die Wertermittlungsformen immer – und zwar wiederum etwa so wie beim »mythischen Denken« – in einem weiten Sinne operieren und »mit Analogien und Vergleichen« »arbeite[n]«, »wie bei der Bastelei«, deren »Schöpfungen […] sich immer auf ein neues Arrangement von Elementen zurückführen lassen, deren Natur nicht je nach dem, was sie im instrumentalen Ganzen oder in der Einordnung

16 Eleanor Rosch, »Classification of real-word objects. Origins and representations in cognition«, in: P. N. Johnson-Laird/P. C. Wason (Hrsg.), *Thinking. Readings in cognitive science*, Cambridge: Cambridge University Press, 1977, S. 212-222.

17 Claude Lévi-Strauss, *Das wilde Denken*, a. a. O., S. 29.

auf einen Zweck hin darstellen, verändert wird«.[18] Deshalb kann jede Form – sozusagen getrieben von der Notwendigkeit, den Dingen zur Rechtfertigung oder Kritik ihres Preises einen Wert zu verleihen – in der Tauschpraxis auf Gebiete ausgeweitet werden, deren Eigenschaften den Eigenschaften der exemplarischen Objekte fernstehen, die den Anschein erwecken, als könnten sie das, was für jede Form spezifisch ist, am besten illustrieren.[19] Die einzigen Grenzen, auf die man dabei stößt, sind die Grenzen, die ihnen durch die gleichzeitigen Bewegungen der anderen Formen gesetzt sind.

Auf diese Weise konnte zum Beispiel in einer Industriegesellschaft, in der die fordistische Produktionsweise die Vorherrschaft erlangt hatte, die Standardisierung in einem solchen Maße ausgeweitet werden, dass sie nicht nur neue Gebiete erreichte – wie etwa das Schlachten von Tieren oder die Verkaufstechniken –, sondern beinahe auch die Verwertung von Menschen, was einen der Hauptkritikpunkte ausmacht, denen diese soziale Formation ausgesetzt gewesen ist. So ist die Standardform zu einer Verkörperung dessen geworden, was für die Welt der Wirtschaft besonders spezifisch sein mag, und damit auch für die Gesellschaft, in der sie mittlerweile den Ton angibt. Auch die Sammlerform kann eine Ausweitung erfahren, vor allem in den westeuropäischen Ländern, in denen sie sich tendenziell dadurch weiterentwickelt, dass sie eine immer größer werdende Zahl von Gegenständen, Gebieten und sogar Erfahrungen vereinnahmt, obwohl diese ihrem prototypischen Kern fernstehen, wie zum Beispiel Immobilien in den im Zentrum der Großstädte liegenden alten Vierteln sowie, auf noch allgemeinere Weise, touristische und kulturelle Einrichtungen. Und zwar in einem solchen Maße, dass man, genauso wie man in der Standardisierung das Paradigma einer be-

18 Ebd., S. 34.

19 Was derartige Prozesse anbelangt, die das Verhältnis zwischen »visuellen Kategorisierungsschemata« und »gemeinsamen Verständigungssystemen« nutzen, indem sie die Möglichkeit einer »multiplen Beschreibung« eröffnen, vgl. Bernard Conein, *Les Sens sociaux. Trois essais de sociologie cognitive*, Paris: Economica, 2005, S. 51-67.

stimmten Art von Industriegesellschaft sehen konnte, obwohl in dieser keineswegs alles standardisiert wurde, wahrscheinlich auch im Sammeln das Paradigma einer anderen, im Entstehen begriffenen Art von Gesellschaft sehen kann, auch wenn das Sammeln im eigentlichen Sinne darin keine zentrale ökonomische Rolle spielt und die Gesellschaftsmitglieder keineswegs alle leidenschaftliche Sammler sind.

Vollständig verwirklichen kann der Kapitalismus sich nur, wenn es eine Struktur gibt, wie wir sie hier erkunden, die mithin die Vereinnahmung einer großen Zahl von Dingen durch Expansion gestattet. Doch eine solche Dynamik hat zur Folge, dass sie diese Struktur ständig wieder auf den Prüfstand stellt, ja sie womöglich sogar aufweicht oder verwandelt. Wir werden sie in ihrer aktuellen Ausprägung beleuchten – wie eine Photographie der auf den Handel ausgerichteten Gesellschaft.

Die analytische und die narrative Präsentation eines Dings

Damit ein Ding zum Verkauf angeboten werden kann, muss es bestimmt werden, und damit sein Wert ermittelt werden kann, muss es präsentiert werden. Ein Ding verrät nämlich nicht von selbst, was es ist, und in den meisten Fällen nimmt man nicht zur Kenntnis, wie es hergestellt wurde. Die Wertermittlung beruht außerdem darauf, dass Menschen gemeinhin nur das aufregend oder erschütternd finden, was sie noch nie erlebt haben und was sie nur durch Informationen kennen, die sie erhalten haben und die sie unmöglich oder nur schwer überprüfen bzw. verifizieren können.

Die Präsentation eines Dings wird vor allem durch den Hauptverantwortlichen für die Wertermittlung vorgenommen, nämlich den Verkäufer. Die Präsentation eines Dings kann vorgeschaltet, das heißt vom Hersteller des Dings ausgearbeitet worden sein, wenn es sich dabei um jemand anders als dessen Vermarkter handelt, doch meistens wird sie in einem solchen Fall zumal dann direkt übernommen, wenn der Hersteller die Präsentation eines

Dings durch großangelegte Werbekampagnen öffentlich verbreitet hat, in denen das Ding mit einem Image und einem Slogan verknüpft wird. Aber auch die Käufer können eine Präsentation des Dings vorlegen, nicht zuletzt wenn sie sich zu Verbraucherverbänden zusammengeschlossen haben, deren Ziel darin besteht, die Produkte durch einen Abgleich mit der Präsentation der Verkäufer zu testen und zu vergleichen, oder wenn sie sich zu einer Reihe von Stellungnahmen und Bewertungen im Internet zusammentun. An dieser Stelle sollten wir etwas mehr über die beiden Präsentationsformen sagen.

Die analytische Präsentation besteht darin, die dem Objekt zugeschriebenen Eigenschaften so lange zu zergliedern, bis sie sich in minimaler, leicht speicherbarer, reproduzierbarer und transportabler Form fixieren lassen, was das Vergleichen einfacher macht. Eine solche Präsentation ist besonders für den Fernhandel geeignet, sofern mehrere Dinge analytisch auf dieselbe Weise präsentiert werden.

Da es sich mit der Niederschrift von Eigenschaften behilft, die in Zahlen übersetzt werden können, wie sich mustergültig am Fall von Technikartikeln beobachten lässt, aber auch eingesetzt werden kann, wenn Wörter aus der gewöhnlichen Sprache verwendet werden, die in diesem Fall oft als Slogans fungieren, ist dieses Präsentationsverfahren in vielen Fällen mit einem Kodierungsvorgang vergleichbar. Im Allgemeinen zerlegt die analytische Präsentation die Sache in einschlägige Eigenschaften, die jeweils durch ein Zeichen wiedergegeben werden und die zusammengenommen eine Information liefern, die Anspruch auf Vollständigkeit und Objektivität erhebt und die betreffende Sache aus der Ferne und ohne Zuhilfenahme der direkten Erfahrung erkennbar macht. Sie ist insofern quasi zeitlos, als eine Bezugnahme auf die Zeit abgesehen vom Herstellungsdatum, von der Lebensdauer, die der Sache gegeben wird, oder auch vom Garantiezeitraum nur selten, aber nie in Form einer Ereigniskette eine Rolle spielt.

Die zweite Beschreibungsweise, die wir betrachten möchten, besteht in der Ermittlung des Werts eines Dings durch eine Narration. Während die analytische Präsentation sich an das Ding selbst hält und es in seiner reinen Dinglichkeit abbilden will – von der angenommen wird, dass sie unabhängig von dem Kontext, in dem das Ding steht, mit sich identisch bleibt –, erlaubt die Narration, die Beschreibung des Dings mit der Nennung von Situationen zu verknüpfen, in denen es sich befindet oder befunden hat, und mit der Nennung von Personen, die zu ihm in einer Beziehung stehen oder gestanden haben, ob es sich dabei nun zum Beispiel um Personen handelt, die es angefertigt haben, oder um Personen, in deren Besitz es war bzw. aktuell ist. Im Unterschied zum quasi zeitlosen Charakter der analytischen Präsentation besitzt die Narration eine chronologische Ausrichtung, durch die dieser Repräsentationsmodus besonders geeignet ist, sich um die Vergangenheit zu kümmern, und das heißt nicht nur um die Vergangenheit des Dings selbst, sondern auch um Situationen, Ereignisse und Personen, mit denen das Ding in der Vergangenheit in Berührung gekommen sein könnte. Sodass jemand, der ein solchermaßen präsentiertes Ding erwirbt, seinerseits Teil der mit ihm verknüpften Narration wird: Wenn er in den Besitz des Dings gelangt, geht seine Lebensgeschichte in die Geschichte des Dings ein.[20]

Dadurch macht die narrative Präsentation die Aktivierung von Erinnerungsfunktionen möglich, zu denen die analytische Präsentation aus mindestens zwei Gründen keinen Zugang gewährt. Zum einen weil Menschen sich Narrationen sehr viel leichter merken können als Analysen, was übrigens kognitivistischen Untersuchungen zufolge eines der Merkmale ist, durch die das Gehirn von Personen und der Aufbau von Computern sich voneinander unterscheiden.[21] Und zum anderen weil es zur Struktur der

---

20 Woraus sich die Illusion speisen kann, dass ein Sammlerobjekt die Eigenschaften einer Person hat. Vgl. Brigitte Derlon/Monique Jeudy-Ballini, *La Passion de l'art primitif. Enquête sur les collectionneurs*, Paris: Gallimard, coll. Bibliothèque des sciences humaines, 2008.

21 Pascal Boyer, *Et l'homme créa les dieux*, Paris: Robert Laffont, 2001 ⟨dt.: *Und Mensch schuf Gott* (Aus dem Englischen von Ulrich Enderwitz), Stuttgart: Klett-Cotta Verlag, 2004⟩.

Narration gehört, dass sie eine Vorstellung von der Vergangenheit sowie die Einbettung der heraufbeschworenen Vergangenheit und des Bezugs auf eine sich an sie erinnernde Gegenwart in ein und dieselbe Geschichte möglich macht. Allerdings ist eine solche Geschichte aus eben diesen Gründen nicht so stabil wie eine Analyse. Im Unterschied zur analytischen Präsentation, die wenn sie erst einmal steht, besonders dann unverändert so bleiben kann, wenn sie, wie es häufig der Fall ist, einer institutionellen Garantie unterliegt, verdankt die narrative Präsentation, auch wenn sie schriftlich niedergeschrieben und auf diese Weise fixiert wurde und auch wenn sie sich auf die Autorität von Gelehrten stützt, ihrer primären Aufgabe – nämlich von Person zu Person weitergegeben zu werden – eine Flexibilität, die eine Vielzahl von Interpretationen möglich macht, aus denen vielfältige, einander in manchen Fällen widersprechende Lesarten hervorgehen, von denen möglicherweise einige die Absicht verstärken, die ursprüngliche Geschichte, auf der die Wertermittlung von dem beruht, dessen Geschichte nachgezeichnet wird, in Frage zu stellen.

Insofern sie Ereignisse, und seien es flüchtige, in den Vordergrund stellt, geht es bei einer narrativen Präsentation darum, Dinge mit dem Namen von Einzelpersonen oder Personengruppen in Verbindung zu bringen. Diese Personen können berühmt und heldenhaft sein. Meistens sind sie tot, sie können aber auch noch am Leben sein. Diese Personen gelten als real, wenn es für sie verschiedene Arten von Nachweisformen gibt, die sich so weit überschneiden, dass sie zu historischen Personen werden. Sie sind fiktiv, wenn sie nur in der mündlichen Überlieferung, im Rahmen einer Narration oder auch einer Reihe von Narrationen existieren und es keine andere Nachweisform gibt. Man zieht nicht in Zweifel, dass Napoleon eine historische Person ist, die wirklich existiert hat. Doch die physische und historische Existenz von Ödipus wird bezweifelt. Und schließlich sind manche, nur in fiktiven Geschichten existierende Personen voll und ganz fiktional, so wie Emma Bovary. Aber einerseits sind die Figuren in manchen Romanen Abziehbilder von realen Personen, besonders von deren Autor, wie zum Beispiel in den Geschichten von Patrick Modiano, und andererseits verleihen die Leser manchen fiktiven Figuren eine Quasiautonomie, sodass sie sich der alleinigen Kontrolle des Autors entziehen können, so wie bei Sherlock Holmes.[22] Die Narrationen setzen diese berühmten, historischen, mythischen oder fiktionalen Personen in Szene, indem sie sie mit Ereignissen, mit Räumen und häufig mit Gegenständen in Verbindung bringen – vor allem, wenn diese Narrationen filmische Gestalt annehmen.

Damit eine solche Narration als Beitrag zur Wertermittlung eines Orts oder eines Dings betrachtet werden kann, muss sie allerdings zwei verschiedene Arten von Bezugnahmen enthalten, die durch eine *Spur* miteinander verbunden sind. Erstens muss, ob nun durch Tod oder durch Unerreichbarkeit, ein Abstand zu den berühmten Personen (zu den Helden, die von den Ereignissen in Szene gesetzt werden) oder Personengruppen (die »französischen Bauern im 19. Jahrhundert«), auf die Bezug genommen wird, geschaffen werden. Und zweitens muss der Bezug auf Dinge oder Orte sowohl *materiellen* als auch *aktuellen* Charakter haben. Immerhin soll nachgewiesen werden – und genau darin besteht die Rolle der Narration –, dass zwischen den verstorbenen Helden und den materiellen und aktuellen Objekten, die ihre

22 »Fiktionale Landschaften« – wie Thomas Pavel sie nennt – beruhen auf ganz verschiedenen »textuellen und diskursiven Konventionen«. Wertermittlungsgeschichten greifen vor allem auf die Konvention des »Realismus« zurück, die das »Ideal referentieller Präzision« verfolgt. Doch die zur Ermittlung des Werts einer Sache beitragende Geschichte kann auch auf einer extensionalen Ontologie wie zum Beispiel der von Alexius Meinong beruhen, der im Ausgang von »der Beobachtung, dass jeder reale Gegenstand aus einer Auflistung von Eigenschaften besteht«, eine allgemeinere Fassung des Gegenstandsbegriffs vorschlägt, »indem er festlegt, dass jeder möglichen Auflistung von Eigenschaften ein Gegenstand entspricht, ob dieser nun existiert oder nicht«. Eine solche Ontologie begünstigt eine Annäherung zwischen gegebenen, real existierenden Gegenständen, zu denen die Sache gehört, deren Wert ermittelt wird, und Gegenständen, bei denen die Frage, ob sie existieren oder nicht, sogar im Fall der Gegenstände offen bleiben kann, deren fiktionaler Charakter erwiesen ist (vgl. Thomas Pavel, *Univers de la fiction*, Paris: Seuil, 1988, S. 145 und S. 40f., englische Orginalausgabe 1986).

Spur bewahren sollen, ein physisches Verhältnis besteht (sie haben sie berührt usw.). Für die Sammlerform spielen solche narrativen Darstellungen sowohl im engen Sinne als auch in ihrer Ausweitung auf die Bereicherungsökonomie eine maßgebliche Rolle. Die in der Werbung häufig verwendete Verbindung von Namen verstorbener Helden mit Dingen oder Orten fördert die Identifikation mit dem Helden (was in der Heldenliteratur, die zu befolgende Vorbilder präsentiert, immer der Fall ist) und eröffnet gleichzeitig die Möglichkeit, sie mit Hilfe von Dingen, die man sich aneignen und tauschen kann, oder mit Hilfe von Orten, die man besichtigen kann, Wirklichkeit werden zu lassen.

Das Problem der Wertermittlung durch Bilder

Bei der Unterscheidung einer analytischen Präsentation und einer narrativen Präsentation, die wir gerade vorgeschlagen haben, lag der Akzent zumindest implizit auf der Sprache und insbesondere auf dem Text. Dieser wird bei der Narration verwendet, ist aber auch für die analytische Präsentation nützlich, obwohl er in diesem Fall häufig mit numerischen Daten verknüpft wird. Doch welcher Platz kommt den Bildern zu, die sehr oft mit der Präsentation von Objekten einhergehen?

Die maßgebliche Rolle, die Bilder, und zwar besonders unbewegte photographische Bilder in der Werbung spielen, deren Siegeszug mit dem Aufblühen der Zeitschriftenpresse nach dem Zweiten Weltkrieg begann, könnte den Gedanken nahelegen, dass das photographische Bild das Hauptmedium sei, das bei der Ermittlung des Werts von Dingen verwendet wird. Wird in der Werbung nicht vor allem versucht, die auf dem Markt angebotenen Artikel durch Bilder attraktiv zu machen? Wir werden trotzdem von dieser Position abrücken, weil sie in unseren Augen verschiedene semiotische Operationen im Zusammenhang mit der Prüfung von Waren durcheinanderbringt, die jeweils auf einer anderen Vorstellung vom Interessenten beruhen und sogar von unterschiedlichen anthropologischen Grundlagen ausgehen, vor allem insofern sie entweder die Reflexivität der Akteure gar nicht berücksichtigen (was Vorstellungen zugutekommt, die sich auf so etwas wie ein »Unbewusstes« berufen) oder diese ganz im Gegenteil mit Intentionalität und der Fähigkeit versehen, diese Intentionalität reflexiv auf ein Handlungsmotiv auszurichten.

Insbesondere seit die Werbefachleute auf die Tiefenpsychologie zurückgreifen – ein Prozess, der ungefähr in den 1950er Jahren einsetzte –, hat sich die Werbung auf eine Anthropologie konzentriert, in deren Mittelpunkt der »Wunsch« oder auch das »Begehren« steht. Dieser Anthropologie zufolge wohnen den Akteuren »Triebe« inne, deren Stimulation Aufgabe der Werbung sei, sodass »Wünsche geweckt« werden, denen der Käufer impulsiv und ziemlich unreflektiert freien Lauf lässt.

Für die Ausübung dieser Verführungsfunktion scheint die Photographie tatsächlich ein gutes Medium zu sein, weil mit ihrer Hilfe ein beliebiges Objekt in eine Umgebung versetzt werden kann, die gezielt repräsentativ und wertvoll wirkt und deren photographisches Bild auf eine aus »modellhaften Bildern« bestehende »Enzyklopädie« im Sinne der Semiotik verweist, die den potenziellen Käufern bereits weitgehend bekannt sein dürften. Im Rahmen einer assoziativen Logik sollen die durch das modellhafte Bild hervorgerufenen Wünsche sich auf das Bild der zum Verkauf stehenden Sache verlagern. Das ist zum Beispiel bei Flaschen mit Sprudelwasser aus einer in Italien gelegenen Quelle der Fall, die unter einem Markennamen vertrieben werden und deren photographisches Bild mit der stereotypisierten Photographie einer italienischen Stadt verbunden wird, sodass sich der Wunsch stärker auf das unter diesem Markennamen verkaufte Wasser richtet als auf irgendein anderes Wasser.

Über die Marktwirkung solcher Annäherungsversuche kann man diskutieren – was die Werbefachleute selbst auch tatsächlich tun –, es ist aber bemerkenswert, dass mit ihrer Hilfe kein Zusammenhang zwischen der Sache und ihrem Preis hergestellt werden kann, der auf den meisten Werbebildern nicht angegeben wird. Ohnehin liegt der Gedanke nahe, dass ihr Ziel genau darin besteht, die ganze Aufmerksamkeit der potenziellen Käufer auf das Bild der Sache zu verlagern, damit nicht nur die Frage nach deren Gehalt, sondern besonders nach ihrem Preis in den Hintergrund tritt, und dadurch etwaige kritische Regungen abzuwehren, die eben gerade die Sache und ihren Preis in ein Spannungsverhältnis zu anderen *Dingen + Preisen* versetzen würden.

In dieser Hinsicht weichen die Verführungsstrategien von der Logik der Wertermittlung ab. Sie geben keine Argumente an die Hand, die geeignet wären, auf mögliche Kritik zu reagieren und Rechtfertigungen zu liefern. Ohnehin liegt der Gedanke nicht fern, dass die Photographie und, allgemeiner gesagt, die unbewegten Bilder, deren hohe Anschaulichkeit zur Erfüllung assoziativer Aufgaben herangezogen werden kann, demgegenüber eine schwache argumentative Kraft aufweisen, wenn sie nicht in Begleitung von Texten auftreten. Und zwar nicht zuletzt aufgrund ihres Momentcharakters, aufgrund der Dürftigkeit ihrer syntaktischen Artikulationsfähigkeit und vielleicht vor allem aufgrund ihres nur schwach ausgebildeten Zugangs zur Metasprache, der eine spezifische Eigenschaft der natürlichen Sprachen ist und gestattet, sich unter Verwendung desselben Codes auf einen realen Gegenstand und die ihn repräsentierenden symbolischen Mittel zu beziehen. Aus eben diesem Grund musste die sich entfaltende Zeitschriftenpresse auch eine spezifische Rhetorik entwickeln, in deren Rahmen sowohl Bilder als auch Texte zum Einsatz kommen. Das wird zum Beispiel an den Bildunterschriften deutlich, mit denen die Photographien versehen werden und die nach Meinung der Magazinjournalisten unverzichtbar sind, weil sie den Bildern »Sinn geben«, wie sie sagen, das heißt, ihre Interpretation in eine bestimmte Richtung lenken. Die Hauptaufgabe der Bildunterschrift besteht nämlich darin, eine einzige Bedeutung zum Ausdruck zu bringen, und zwar die einzige, wozu das stumme Bild nicht in der Lage ist. Denn ohne Rückgriff auf einen Text lässt sich ein Bild nicht durch ein anderes Bild interpretieren, sodass die Bildunterschrift nichts anderes ist als eine Gebrauchsanweisung für das Bild.

Aus diesen Bemerkungen sollte man allerdings nicht schließen, dass der meistens in Texte eingebettete Rückgriff auf Bilder keine große Rolle bei der Ermittlung des Werts von Dingen spielt. Das entspräche nicht den Tatsachen. Doch die Verwendung von Bildern ist bei den einzelnen Wertermittlungsformen Teil der Rechtfertigung des Verhältnisses der Dinge zu ihrem Preis. Das heißt, dass Bilder, die bei oberflächlicher Betrachtung ähnlich erscheinen mögen, je nach der – ob nun analytischen oder narrativen – Präsentation, zu der sie gehören, mit verschiedenen Bedeutungen verbunden sind. An diese differenzierte Verwendung von Bildern möchten wir jetzt kurz erinnern.

Bei der Standardform (analytische Präsentation) richtet sich das Verhältnis von Bild und Text (oder numerischen Daten) vor allem dann nach der Unterscheidung von *Außen* und *Innen,* wenn die Gegenstände einen hohen Technikanteil aufweisen (wie zum Beispiel ein Fotoapparat oder ein Personal Computer). Im Bild spiegelt sich das Design der Sache, aber es sagt nichts über deren *Potenzial*, das heißt über die Frage aus, was diese Sache im Vergleich zu anderen Dingen, die von außen gesehen ähnlich oder hochwertiger erscheinen können, zu leisten vermag. Das Bild ist also vor allem dann von Bedeutung, wenn bei der Differenzierung der Dinge das äußere Erscheinungsbild im Vordergrund steht. Doch bei Standardartikeln, die zum Gebrauch bestimmt sind, reicht das von der Photographie wiedergegebene Aussehen in der Regel nicht aus, um ihren Preis im Verhältnis zu anderen Artikeln zu rechtfertigen, die angesichts der vorliegenden textlichen und numerischen Daten leistungsfähiger zu sein scheinen. Ähnliches ließe sich über Artikel sagen, die von der ebenfalls eine analytische Präsentation in Anspruch nehmende Anlageform aus betrachtet werden. In diesem Fall hat das Bild der Sache eine noch geringere Bedeutung, weil ihr Preis durch die Berücksichtigung ihres Liquiditätsgrads und des Mehrwerts gerechtfertigt werden kann, den man bei ihrem Wiederverkauf zu erzielen hofft. Dennoch kann die Photographie zu Begutachtungszwecken verwendet werden. Dabei muss sie allerdings selbst begutachtet werden, damit ihre »Objektivität« garantiert ist.

Bei einer narrativen Präsentation wirft das Verhältnis von Bildern und Texten andere Probleme auf. Wenn sie in Begleitung von Texten auftreten, können sogar unbewegte Bilder bei der Zusammenstellung der jeweiligen Geschichten eine große Rolle spielen. Dabei müssen die Abbildungen danach unterschieden werden, ob der Wert der Objekte im Hinblick auf die Sammlerform oder im Hinblick auf die Trendform ermittelt wird.

Im Fall der Sammlerform, die den Wert von Objekten ermittelt, die nicht zum Gebrauch bestimmt sind, ist die Unterscheidung zwischen Außen und Innen relativ nachrangig (obwohl sie auch eine Rolle spielen kann, wenn die gesammelten Gegenstände technischer Natur sind und in einer mehr oder weniger fernen Vergangenheit in Bezug auf die Standardform einschlägig waren, zum Beispiel wenn es sich um Uhren, Füllhalter oder Oldtimer handelt, deren Preis zum Teil von ihrer Funktionsfähigkeit abhängen würde). Ganz allgemein gesagt, beruht die Ermittlung des Werts der Objekte bei dieser Form auf der Demonstration ihrer *Authentizität*. Dabei kommt es darauf an, die *Erinnerungskraft* der Gegenstände durch die Beibringung von Merkmalen zu wahren, die eine Unterscheidung des in dem Sinne authentischen Objekts, dass es Personen oder Ereignissen aus der Vergangenheit physisch nahe gekommen ist, und seiner Reproduktion, Kopie oder Fälschung erlauben. Ein Bild des Objekts, und besonders eine Photographie, kann dazu beitragen. Doch für sich allein bietet die Photographie kaum Ansatzpunkte zur Unterscheidung des Originals von einer vollkommen gleich aussehenden Kopie, wenn dabei nicht gleichzeitig die *Geschichte* des Objekts *erzählt* werden würde – eine Aufgabe, welche die Photographie nur schwer wahrnehmen kann, weil sie keine Temporalität besitzt. Eine Geschichte kann ihre Argumente dagegen auf *Enzyklopädien* historischer Art stützen. Ohne Rückgriff auf solche Enzyklopädien fällt es anhand von Photographien schwer, zwischen einem alten, aber makellos restaurierten Baudenkmal und einem Baudenkmal zu unterscheiden, das auf der Grundlage von alten Bildern wiederaufgebaut worden ist (wie zum Beispiel im Fall der zwischen 1939 und 1945 von den Nazis systematisch zerstörten historischen Viertel von Warschau, die in den 1950er Jahren nicht zuletzt unter Anlehnung an die Gemälde von Canaletto exakt so nachgebaut wurden).

Bei den Objekten, bei deren Wertermittlung es auf die Trendform ankommt, verhält es sich etwas anders, weil in diesem Fall der Wert, der den Objekten beigemessen wird und ihren Preis rechtfertigt, auf der inszenierten Nähe dieser Objekte – bzw. von Objekten im selben Stil – nicht zu Personen oder Ereignissen aus der Vergangenheit beruht, sondern zu berühmten Personen – zum Beispiel Fernseh- oder Filmstars –, die in derselben Raum-Zeit wie die Kaufinteressenten leben, auch wenn für diese kaum die Aussicht besteht, ihnen zu begegnen. Diese Objekte können auch mit aktuellen oder noch nicht lange zurückliegenden Ereignissen in Verbindung gebracht werden (zum Beispiel das Kleid, das eine bestimmte Schauspielerin beim rituellen »Gang über den roten Teppich« auf dem Filmfestival von Cannes getragen hat). Bei solchen Objekten kann der narrative Effekt sich deshalb stärker auf die Photographie stützen, weil diese sie (oder Objekte im selben Stil) nah an den Körper der Berühmtheiten heranrückt, denen sie ursprünglich gehört haben. In diesem Fall liefern die Medien die Enzyklopädie, die man im Großen und Ganzen wenn nicht bei allen, so doch zumindest bei denjenigen als bereits bekannt voraussetzen kann, von denen wiederum die Anbieter glauben, dass sie an diesen Objekten interessiert sein könnten.

Doch sogar in diesen Fällen muss auf Texte zurückgegriffen werden, um das Verhältnis zwischen den Dingen und den Personen dadurch zu untermauern, dass die Art und Weise dokumentiert wird, wie eine bestimmte Person an ein bestimmtes Objekt gekommen ist, zum Beispiel dass sie es direkt aus den Händen seines »Schöpfers« in Empfang genommen hat, der diese Kreation anlässlich einer von einer Marke für die Lancierung eines Produkts organisierten Festivität entworfen hat, oder aber dadurch, dass die Modalitäten mitgeteilt werden, wie man eine bestimmte Sache angemessen benutzt (zu welchem Anlass, an welchen Orten, zusammen mit welchen anderen Dingen usw.). Bei der Trendform verdankt heute die narrative Organisation der Wertermittlung wahrscheinlich viel der Rhetorik der Illustrierten, die, was das Verhältnis von Text und unbewegtem Bild anbelangt, zusammen mit dem Comic zu den wesentlichen Neuerungen des 20. Jahrhunderts gehört – Neuerungen, mit denen versucht wurde, die narrativen Instrumente auf den Raum einer gedruckten Seite zu übertragen, mit deren Hilfe dem Film die Bildung einer eigenständigen Sprache gelungen ist, die Redefluss und bewegtes Bild in dieselbe Temporalität integriert.

Über die Reproduktion der Dinge

Die Frage der Reproduktion der Dinge ist für alle Formen zentral, doch sie stellt sich jeweils auf andere Weise und beruft sich dabei auf eine Reihe von Gegensatzpaaren.

Zunächst einmal ist die Möglichkeit ins Auge zu fassen, dass eine Sache reproduziert werden kann, indem sie vornehmlich als in analytischer Hinsicht »unterschiedslos« im Vergleich zu einer anderen Sache präsentiert wird. Diese Möglichkeit wohnt zwei Paaren inne: dem von »Prototyp und Exemplar« sowie dem von »Original und Kopie«. Eine Unterscheidung dieser beiden Paare ist erforderlich, weil es unserer Meinung nach möglich ist, dass eine Sache gleichzeitig ein Prototyp und ein Exemplar ist, wenn es sich zum Beispiel um ein »Einzelstück« handelt, wohingegen man von keiner Sache behaupten kann, sie sei gleichzeitig Original und Kopie. Original und Kopie verweisen auf die Sache, indem sie sie einer einzelnen oder kollektiven Person sowie einer Epoche und dem genauen Ort ihrer Produktion zuschreiben. Auch wenn sich das Paar »Prototyp und Exemplar« im Hinblick auf den Prototyp mit einer Person in Verbindung bringen lässt, kann es im Produktionsprozess gemeinhin als unabhängig von namentlich genannten oder benennbaren Personen angesehen werden. Diese Paare können sich natürlich verschränken: Ein Gemälde von Picasso kann gleichzeitig ein Original, ein Prototyp und ein einzelnes Exemplar im Sinne eines Prototyps sein, von dem es nur ein einziges Exemplar gibt.

Außerdem kann eine Sache mit Abweichungen reproduziert werden. Diese Reproduktionsart entspricht dem Paar »Modell und Nachahmung«. Bei einer solchen Präsentation werden einige hervorstechende Züge reproduziert, wohingegen andere Merkmale in der Nachahmung klare Differenzen gegenüber dem Modell aufweisen. Ihnen ist ein bestimmter *Stil* gemeinsam. Und diesen Stil kann man nun nicht nur mit Dingen, sondern auch mit Personen in Verbindung bringen, denen die Schaffung einer Sache, das heißt ihre Kreation, zugeschrieben wird. In diesem Sinne spricht man zum Beispiel vom Stil Caravaggios oder vom Chanel-Stil. Auf diese Möglichkeit bezieht sich das Paar »echt und falsch«. Eine Sache wird »echt« genannt, wenn man der Ansicht ist, dass ihre Präsentation sie mit einer Person verbindet, die sie kreiert, berührt oder hergestellt hat, wohingegen bei einer »Fälschung« eine Sache falsch zugeschrieben wird. Man gibt ein bestimmtes Gemälde von Vermeer als »echt« aus, als ob er es gemalt hätte, obwohl es sich um eine »Fälschung« handelt, das heißt von einem im 20. Jahrhundert lebenden Fälscher gemalt wurde, und ohne dass es sich gleich um eine Kopie handeln muss, denn er hat lediglich den Stil von Vermeer reproduziert, das heißt eine Reihe von Merkmalen, die auch anderen diesem Maler zugeschriebenen, »echten« Gemälden eigen sind. Das Paar »echt und falsch« ist ein Äquivalent des Paares »authentisch und unauthentisch«.

Die Paare »Original und Kopie« sowie »echt und falsch« werden häufig miteinander verwechselt, insbesondere im Zusammenhang mit Kunstwerken, aber es ist ein Fehler, sie äquivalent zu gebrauchen. Das zeigt sich, wenn man zwei Fälle bedenkt, die übrigens nicht unter die Formen fallen, die wir hier untersuchen: Kinofilme und Reliquien. Man bezeichnet einen Film nicht als »Fälschung«, obwohl es viele legale und illegale Kopien von ihm gibt. Dagegen ist man der Ansicht, dass es »echte« und »falsche« Reliquien gibt, aber es ist niemals davon die Rede, dass die »Kopie« einer Reliquie problematisch sein könnte. Es ist nahezu unmöglich, einen gefälschten Film zu drehen und als echten auszugeben: Man müsste ein falsches Filmteam erfinden, was das

Risiko, dass die Falschheit ans Licht kommt, durch die Anzahl der beteiligten Personen in einer Zeit um ein Vielfaches erhöht, in der sehr viele Spuren dieser Personen gespeichert werden. Wenn ein Kunstwerk restauriert wird, ist es möglich, dass ihm ein anderer Urheber zugeschrieben wird. Wenn man einen Film restauriert, stellt sich die Frage einer anderen Urheberschaft nicht. Beim Kampf gegen Fälschungen und Kopien muss daher unterschieden werden zwischen einerseits einem Kampf gegen das In-Umlauf-Bringen von illegalen Kopien, für den man nicht die Kompetenz von Historikern, Kritikern usw. benötigt, sondern Personen und Technologien, die in der Lage sind, den Strom der Dinge zu überwachen und zu kontrollieren; und andererseits einem Kampf gegen das In-Umlauf-Bringen von Fälschungen, für den durchaus die Kompetenz von Historikern, Kritikern, Experten usw. benötigt wird. Bei Kunstwerken besteht das Problem darin, dass sie gleichzeitig eine Kopie und eine Fälschung sein können. Man geht häufig von der Vorstellung aus, dass ein Kunstwerk Kopie und Fälschung zugleich ist, aber ihre Verwechslung ist ein Fehler.

Damit eine Sache »echt« ist, muss sie regelmäßig, häufig, idealerweise sogar ständig einem Überwachungsdispositiv unterworfen werden oder ihr Vorhandensein muss sich zumindest auf eine Weise beglaubigen lassen, die ihr »narrative Identität« verleiht.[23] Wenn man nicht erzählen kann, was während eines bestimmten Zeitraums aus einer Sache geworden ist, eröffnet sich die Möglichkeit, dass es sich um eine Kopie oder eine Fälschung handelt. Das Problem von Fälschungen ist die Inkohärenz mit anderen Elementen, die wiederum ein kohärentes Ganzes bilden. Das Problem von Kopien ist das Auftreten einer Differenz innerhalb der Ähnlichkeit (ohne dass es sich um Mimikry handelt). In einer Hinsicht sieht man die Differenz nicht, es ist »dasselbe«, doch in

23 Paul Ricœur, *Temps et récit*, Bd. III: *Le temps raconté*, Paris: Seuil, 1985, S. 355-359 ⟨dt.: *Zeit und Erzählung*, Bd. 3: *Die erzählte Zeit* (Aus dem Französischen von Andreas Knop), Paderborn: Wilhelm Fink Verlag, 2. Aufl. 2007, S. 395-400⟩.

einer anderen kommt eine Differenz zum Vorschein: Eine solche Sache ist kopiert worden, das heißt, sie hat nach einer anderen Sache die Bühne betreten und ist nach deren Vorbild geschaffen worden. Die Anschuldigung, dass eine Kopie vorliegt, setzt voraus, dass die Kopie auf das Original folgt. Die Anschuldigung, dass eine Fälschung vorliegt, setzt voraus, dass die Fälschung in einem Verhältnis zu etwas Echtem steht, aber chronologisch gesehen kann sie vor, während oder nach der Entstehung dieses Echten erfolgen. Wenn ein Jugendwerk eines Malers »entdeckt« wird, von dem bis dahin nur Werke aus der Reifezeit bekannt waren, stellt sich mit Blick auf diese späteren, bereits als echt geltenden Werke die Frage, ob es sich um eine Fälschung oder um ein echtes Werk handelt.

Je nachdem, um welche Form es sich handelt, unterscheidet sich der Stellenwert dieser Paare aus mindestens zwei Gründen. Erstens ist jedes der Paare bei den einzelnen Formen verschieden stark an der Ermittlung des Werts der Dinge beteiligt. Das Paar »Prototyp und Exemplar« liegt der Standardform zugrunde, das Paar »Original und Kopie« ist bei der Sammlerform für große Preis- und Metapreisunterschiede verantwortlich, so wie das Paar »echt und falsch« bei der Anlageform, und das Paar »Modell und Nachahmung« steht im Zentrum der Organisationsweise der Dinge bei der Trendform. Zweitens stellt sich bei jeder der Formen die Frage, wer die Macht hat, diese Paare zu aktivieren, wenn sie sich aktivieren lassen.

Bei der Standardform versteht das Paar »Prototyp und Exemplar« nur, wer weiß, wem die Reproduktion der einzelnen Exemplare auf der Grundlage eines Prototyps vorbehalten ist. Die einzelnen Exemplare eines Prototyps bilden Serien, die a priori aus einer unbegrenzten Zahl von Elementen bestehen. Daraus folgt, dass die Differenzierungsfunktion je nach Fall dem Prototyp oder den einzelnen Exemplaren zufallen kann. Im Fall von in Serie produzierten Standardartikeln, die fabrikneu verkauft werden, fällt die Differenzierungsfunktion dem Prototyp zu. Durch die Differenzierung werden die Prototypen voneinander unterschieden, und jede Sache wird unter Bezugnahme auf den Prototyp, von dem sie ein Exemplar ist, von einer anderen Sache unterschieden.

Aber die Unterscheidung von Prototyp und Exemplar spielt zum Beispiel auch im Fall der Sammlerform eine Rolle. Wie wir sehen werden, wird in den Bereichen, in denen der Wert der Dinge durch diese Form ermittelt wird, eine Unterscheidung getroffen zwischen einerseits Dingen, die, auch wenn sie aktuell nicht mehr produziert werden, in der Vergangenheit in einer mehr oder weniger großen Zahl von Exemplaren hergestellt worden sind, und andererseits Dingen, von denen es nur wenige Exemplare gibt oder die sogar als einziges Exemplar dieser Art betrachtet werden können und so gewissermaßen Prototyp und Exemplar zugleich verkörpern. Die Sammlerform zeichnet sich zudem durch ein Reproduktionsverbot der Dinge aus. Denn sie muss dafür sorgen, dass zwischen Original und Kopie ein Preisunterschied bestehen bleibt. Wenn Original und Kopie völlig gleich aussehen, ist es sehr schwierig, diesen Preisunterschied aufrechtzuerhalten. Deshalb wird eine Reproduktion des Originals vermieden. Doch wenn es einen hohen, mit seiner Erinnerungskraft zusammenhängenden Preis behält, kann das Original reproduziert werden, wohingegen der Preis der Kopie sehr niedrig ist und zwangsläufig mit der Zeit sinken und nicht etwa gleich bleiben oder steigen wird.

Im Fall von Objekten, die insbesondere dann, wenn sie unter die Standardform fallen, Exemplare von sich kaum unterscheidenden Prototypen sind, also von Prototypen, deren Exemplare leicht mit den Exemplaren anderer Prototypen in Konkurrenz geraten, führen die Aufwertungsbemühungen womöglich nur zu einer geringen Erhöhung des Preises, zu dem jedes Exemplar gehandelt wird. In derartigen Fällen hängt nämlich der Gewinn vor allem von der Zahl der verkauften Exemplare ab, von denen jedes einzelne nur eine geringe Gewinnspanne bietet. Die Konkurrenz zwischen den Anbietern (Herstellern und/oder Verkäufern) betrifft also vor allem die Preise und den Vertrieb. Bei leichter Differenzierung der Produkte nicht zuletzt durch ihre Verpackung können immerhin Vertriebswege, die auf Kunden mit unterschiedlicher Zahlungsbereitschaft zielen, den Profit steigern. Alle Beteiligten werden versuchen, den Preis des eigenen Produkts im Vergleich zu den Preisen der Konkurrenzprodukte zu senken und es so flächendeckend wie möglich zu vertreiben, sodass ein Interessent, dem die Differenzen zwischen den Prototypen eher gleichgültig sind, immer ein verfügbares Exemplar vorfindet. Die einfachste Art und Weise, den Profit zu steigern, besteht also in diesem Fall zum einen in der Erhöhung der Zahl der verkauften Exemplare (Skaleneffekt) und zum anderen in der Verringerung der Herstellungskosten, besonders durch Drücken der variablen Kosten und vor allem der Löhne (zum Beispiel durch die Auslagerung der Herstellung in Niedriglohnländer). Im Hinblick auf den Profit kommt dem Mehrwert durch Arbeit größere Bedeutung zu als dem kaufmännischen Mehrwert.

Wenn hingegen der Akzent auf der Differenzierung der Prototypen und darüber hinaus, wie ganz allgemein am Fall von Luxusprodukten deutlich wird, auf deren Verwurzelung in der Vergangenheit liegt, beruht das Profitstreben tendenziell eher auf dem kaufmännischen Mehrwert als auf dem Mehrwert durch Arbeit. Denn in diesem anders gelagerten Fall erfährt die Erhöhung des Preises für eine Sache nur durch die von den unterschiedlichen Gruppen potenzieller Interessenten akzeptierten Zumutbarkeitsgrenzen eine Einschränkung. Und in Bezug auf diese Grenzen sind immer höhere Gewinnspannen vorstellbar.

Leerstellen, Totalitäten und Seltenheit

Vom *Mangel* im Sinne einer Leerstelle geht eine Kraft aus, die den Interessenten dazu bewegen kann, eine neue Sache zu erwerben, obwohl er bereits über andere Dinge verfügt, die von einem größeren Maßstab aus betrachtet, das heißt von einem Maßstab, bei dem bestimmte Differenzen nicht mehr sichtbar sind, ähnlich wirken mögen und dieselbe Bestimmung zu haben scheinen. Doch was wir hier als *Leerstelle* bezeichnen, ist nicht als psychologischer Begriff gemeint und bezieht sich nicht auf das Innenleben eines Subjekts, ganz im Gegenteil: Die auf die Leerstelle zurückgehende Kraft ist objektiv in dem Sinne, dass sie von den Dingen selbst hervorgerufen wird. Eine Leerstelle wird von dem System erzeugt, das den Dingen Sinn verleiht. Der »Mangel« im Sinne einer Leerstelle tritt also zum einen an die Stelle des »Wunsches« oder »Begehrens« (und der langen Reihe, die daraus folgt: Trieb, Verlangen usw.) und zum anderen an die Stelle der Nützlichkeit. Eine Sache verursacht nicht deshalb eine Leerstelle, weil sie nützlich ist, sondern aufgrund einer systemischen Dimension der Dinge untereinander, das heißt in Bezug auf eine Totalität. Durch die Leerstelle verlagert sich also die Kraft, die es unbedingt erforderlich macht, eine Sache zu erwerben, von der Libido des Subjekts auf das System der Dinge selbst.

Diese Totalität kann sich allerdings auf zwei Weisen entfalten. Man kann sie als ein *vollständiges Ganzes* von Dingen verstehen oder als ein *vollständiges Ding*. Vollständiges Ganzes und vollständiges Ding sind in der Regel ideelle Totalitäten, die nie oder nur ganz ausnahmsweise realisiert werden können. Je nachdem, ob es sich um eine analytische oder um eine narrative Präsentation handelt, das heißt je nachdem, von welcher Wertermittlungsform die Rede ist, sind diese Totalitäten unterschiedlich verteilt. Das *vollständige Ganze* organisiert die Leerstellen bei der Sammler- und bei der Trendform, die sich auf eine narrative Präsentation stützen, wohingegen ein *vollständiges Ding* die Leerstellen bei der Standard- und bei der Anlageform organisiert, die sich auf eine analytische Präsentation berufen.

Zur Erläuterung dieser Unterscheidungen möchten wir nun die Sammler- und die Standardform genauer erörtern.

Bei der Sammlerform kann der Wert einer beliebigen Sache unter Bezugnahme auf eine Geschichte aus der Vergangenheit ermittelt werden. Man nimmt an, dass allein die Erinnerungskraft der Dinge (ihre Beziehung zu Personen oder Ereignissen) ihren Seltenheitsgrad gewährleistet. Doch tatsächlich bringt das Dispositiv des Sammelns selbst relative Seltenheit in Bezug auf das vollständige Ganze der einschlägigen Differenzen hervor. Wenn es Differenzen gibt, die auf dem Weg zur vollständigen Sammlung nicht akkumuliert wurden, müssen die Leerstellen gefüllt werden, um sich der Vollständigkeit zu nähern. Solche Leerstellen bestehen für alle, die sich demselben System von Differenzen verschreiben, das heißt derselben Art Sammlung frönen oder anhängen. Solche Differenzen können bei einer großen Zahl (in einer Briefmarkensammlung) oder bei einer kleinen Zahl von Gegenständen (in einer Sammlung von Fabergé-Eiern) auftreten. Aber alle Sammler haben einen zwingenden Grund, warum sie alle einschlägigen Differenzen haben möchten, was einerseits zu einem Wettbewerb zwischen den Sammlern und andererseits zur Seltenheit der Dinge führt, welche die bei wenigen von ihnen auftretenden Differenzen in sich tragen. Die Seltenheit nimmt proportional zur Zahl der konkurrierenden Sammler zu.

Dieses mit der Sammlerform verknüpfte Dispositiv erzeugt objektive Leerstellen innerhalb einer Totalität und folglich relative Seltenheit. Es wirkt sich also auch auf den Preis und die Metapreise aus. Es unterscheidet sich von der analytischen Präsentation der Sache selbst. Es lässt sich rechtfertigen, dass diese Brille sehr teuer ist, weil sie von Sigmund Freud benutzt wurde, was etwas anderes ist, als wenn man zur Rechtfertigung ihres Preises das Argument anführt, dass sie selten sei, das heißt, dass eine große Zahl von Sammlern sie benötigt, um eine Leerstelle (zum Beispiel in einer Sammlung mit Brillen von Psychoanalytikern) zu füllen.

Wie haben es hier also mit zwei Arten von Dispositiven zu tun: Das eine erlaubt die Rechtfertigung des Preises eines Objekts nach Maßgabe seines Eigenwerts (Freuds Brille); das andere erzeugt relative Seltenheit aufgrund des systematischen Charakters des Sammelns, das auf einem System einschlägiger Differenzen beruht, und diese Seltenheit beeinflusst den Preis von außen, das heißt, ohne dass er durch den intrinsischen Wert der Sache gerechtfertigt wird. Der Sammler hat schon deshalb einen zwingenden Grund, eine bestimmte Sache zu erwerben, die er noch nicht besitzt, weil sie zur Vervollständigung des Ganzen fehlt.

Gehen wir nun von der Möglichkeit einer Leerstelle aus, die nicht innerhalb eines Ganzen auftritt, sondern eine Sache betrifft bzw., genauer gesagt, mehrere Dinge mit derselben Bestimmung. Zur Standardform gehören zum Beispiel Dinge mit derselben Bestimmung, die sich durch hohe Funktionalität auszeichnen: Ein Fotoapparat dient zum Machen von Fotos. Wenn eine neue Funktion hinzukommt – ein Apparat, mit dem man sowohl telefonieren als auch fotografieren kann, wie bei einem Smartphone –, wird eine neue Bestimmung für eine Sache geschaffen, was allerdings kein besonders alltäglicher Vorgang ist. Im Rahmen der Standardform erfolgt die Beschreibung und Wertermittlung bei jeder Sache auf analytische Weise und in Bezug auf andere Dinge. So kann in der Zeitschrift eines Verbraucherverbandes eine Rangliste präsentiert werden, die zehn auf dem Markt konkurrierende Digitalkameras benotet.

Bei der Standardform wird die Leerstelle nicht durch eine Sache erzeugt, die sich auf mehrere andere, in eben diesem Moment auf dieselbe Art bestimmte Dinge bezieht, denn das würde auf das Sammeln zum Beispiel von Digitalkameras hinauslaufen. Sie schreibt sich vielmehr in eine Temporalität ein: Sie wird durch die Weiterentwicklung von Prototypen im Sinne eines Fortschritts erzeugt. Dieser Weiterentwicklungsgedanke lässt sich besonders gut am Fall von technischen Geräten erkennen. Er ergibt sich aus der gängigen Vorstellung von Wissenschaft und Technik, von denen behauptet wird, dass sie auf einen beständigen Fortschritt hin orientiert sind.

Es gibt also auch bei dieser Form ein System von Differenzen, die, wenn sie neu sind, wie Verbesserungen oder Fortschritte wirken. Durch ihr konkretes Auftreten entstehen Leerstellen in Bezug auf die bestehenden Dinge, das heißt, sie sorgen für zwingende Gründe, die neue Sache zu erwerben. Wenn sich für eine Sache erst einmal eine neue Bestimmung durchgesetzt hat, geht es nach dieser Weiterentwicklungslogik nur noch darum, neue Leerstellen zu schaffen. Ein in dieser Hinsicht berühmter Fall ist das iPhone, von dem das Unternehmen Apple jedes Jahr eine neue, verbesserte Version auf den Markt bringt, wobei der höhere Perfektionsgrad der jeweils neuen Version als Mangel der früheren Versionen präsentiert wird, die dadurch veralten. Aus dieser Perspektive wäre das vollständige Ding etwas, in dem schon alle möglichen Weiterentwicklungen enthalten wären, oder das, noch einmal anders ausgedrückt, am Ende der Weiterentwicklung stände. Genauso wie ein Sammler keinen Grund mehr hat, eine neue Sache zu kaufen, wenn seine Sammlung vollständig ist, es sei denn, er ist auf Dubletten aus, hätte jemand, der ein vollständiges Ding kaufen würde, keinen Grund mehr, ein neues zu kaufen (es sei denn, er möchte es ersetzen).

Die Differenzen, welche die Weiterentwicklung einer Sache mit sich bringt, beruhen in der Hauptsache auf einer analytischen Präsentation und ermöglichen deshalb in der Regel entweder die Verbesserung einer schon benannten Qualität (leichter, schneller, langlebiger usw.) oder das Hinzukommen einer neuen Qualität. Weil sie auf Fortschritt ausgerichtet ist, ist es der Standardform vorbehalten, Dinge anzubieten, welche die Möglichkeit, von neuen, verbesserten Dingen übertroffen zu werden, schon in sich tragen. Es kann sein, dass solche Verbesserungen von vornherein dazugehören bzw. vorweggenommen werden, aber erst nach und nach zum Tragen kommen, sodass das Veralten »vorprogrammiert« ist: Auf diese Weise ist eine Sache nicht in dem Sinne überholt, dass sie nicht mehr in Mode ist, wie bei der Trendform, sondern in dem Sinne, dass sie von einer Sache übertroffen wird, die besser ist als sie. Auf Kosten anderer Dinge orientieren sich die Käufer dadurch auf eine bestimmte Zahl von Dingen, und es entsteht eine relative Seltenheit, die Wettbewerb hervorruft.

Bei den beiden anderen Formen sind die Leerstellen auf wieder andere Weise organisiert. Bei der Trendform bietet die Mode ein System von Differenzen, das auf die Zeit bezogenen Leerstellen erzeugt, wie bei der Standardform, aber diese verlaufen zyklisch und bestehen nicht in einer Weiterentwicklung. Es geht nicht um beständigen Fortschritt, sondern um die ewige Wiederkehr, die jedes Mal leicht abgewandelt wird. Diese Leerstellen werden narrativ präsentiert, das heißt, sie werden mit einem Ereignis oder einer Person verknüpft. Aus dieser Perspektive ist die Totalität ein Ganzes, das den gesamten Zyklus umfasst. Wenn eine Person alle nur möglichen Arten von Jacken besitzt, Jacken, die gegenwärtig in Mode sind, aber auch unmoderne Jacken, kann sie, weil die Mode zyklisch verläuft, sich immer modisch kleiden, denn sie muss nur die Jacke aus ihrem Schrank ziehen, die der jeweiligen Mode entspricht. Wie bei der Standardform geht die Totalität mit einer Aufhebung der Zeit einher.

Bei der Anlageform betrifft die Leerstelle das Ding und kein Ganzes. Aber sie entsteht dadurch, dass mehrere Personen dasselbe Ding wollen und deshalb dadurch, dass aufgrund von Mimikry einem Käufer ein Ding fehlt, nach dem andere streben. Das vollständige Ding wäre dann etwas, nach dem jeder strebt, weil alle nach ihm streben, um es mit Gewinn zu verkaufen.

Die Dispositive zur Erzeugung von Leerstellen und folglich zur Erzeugung von Seltenheit sind für das Erzielen von Profiten und die Bildung eines kaufmännischen Mehrwerts unverzichtbar.

Institutionen und Wertermittlungsformen

Die Wertermittlungsformen, die wir hier beschreiben werden, erfahren institutionelle Unterstützung. Es sei daran erinnert, dass Institutionen, wie wir sie verstehen,[24] sich von sogenannten gewöhnlichen Personen dadurch unterscheiden, dass sie anders als diese keinen Körper besitzen, doch eben diese Eigenschaft ihnen gestattet, von einer übergeordneten Warte aus allgemeingültige Definitionen aufzustellen. Weil sie einen Körper haben, sind gewöhnliche Personen nämlich immer in der Welt situiert und können ihr gegenüber deshalb nur einen partiellen und/oder eigennützigen Standpunkt einnehmen. Aus diesem Grund delegieren sie, wie John Searle sehr richtig gesehen hat,[25] die semantische

24 Vgl. Luc Boltanski, *Soziologie und Sozialkritik*, a. a. O.

25 John R. Searle, *Die Konstruktion der gesellschaftlichen Wirklichkeit. Zur Ontologie sozialer Tatsachen* (Aus dem Englischen von Martin Suhr), Berlin: Suhrkamp Verlag, 2011, englische Originalausgabe 1995.

Aufgabe an die Institutionen, die darin besteht, die Formate zu schaffen, auf denen die soziale Ordnung beruht, bzw., anders ausgedrückt, darin, das durchzuführen, was die Soziologie seit 40 Jahren die Konstruktion der Wirklichkeit nennt: Sie sagen, was es mit dem, was »ist«, auf sich hat. Doch auf der anderen Seite der Medaille können die Institutionen, gerade weil sie keinen Körper haben, sich nur durch die Vermittlung eines Sprachrohrs artikulieren, bei dem es immer möglich ist, dass es nicht im Namen der Institution spricht, wie es vorgibt, sondern im eigenen Namen und im eigenen Interesse.

Eine solche Architektonik soll die Ungewissheit verringern und dadurch die Realität stabilisieren. Das Konstruieren der Wirklichkeit setzt nun aber immer eine Auswahl unter verschiedenen Interpretationen dessen voraus, was in der Welt der Fall ist. Der Verdacht, der sich hinsichtlich des Sprachrohrs einstellt, stützt sich auf die Erfahrung der Akteure in einer als »alles, was der Fall ist«, verstandenen Welt, auf deren Grundlage sie die von den Institutionen angebotenen Beschreibungen der Wirklichkeit kritisieren können. Da die Welt in sich widersprüchlich ist, kann die Kohärenz, die Institutionen in ihr herstellen, nämlich immer als eine Interpretation von vielen verworfen werden. Durch genau solche Verfahren zeichnet sich Kritik aus.

Drei Bestandteile der Realität sind besonders wesentlich: Sprache, Preise und Dinge. Da die Realität in den meisten Fällen auf Dauerhaftigkeit angelegt ist, geht es für die Institutionen erst einmal darum, Qualifikationen, Normen und Geschichten hervorzubringen, sei es mit Hilfe der Statistik, des Rechts, der Bildung oder der universitären Forschung. Aber die Konstruktion der Wirklichkeit durch die Institutionen erfolgt auch über die Auswahl einer Reihe von Dingen, die im Rahmen der Sammlerform aufbewahrt, das heißt konserviert werden. In diesem Zusammenhang kann man auf die wachsende Zahl der Museen auf der ganzen Welt hinweisen, nicht zuletzt in den sogenannten »Schwellenländern«. Zwischen 1995 und 2013 sind auf der Welt mindestens 652 neue Museen entstanden, davon 139 in den Vereinigten Staaten, 68 in Japan, 67 in Deutschland, 50 in Spanien, 43 in

Frankreich und 35 in China.[26] Bemerkenswert ist, dass die 23 Architekten, deren Entwürfe am häufigsten den Zuschlag erhielten, davon allein 176 Museen gebaut haben.

In seinem Alltag macht wiederum jeder die Erfahrung, dass Preise ein zentraler Bestandteil der Realität sind. Abgesehen von den administrierten Preisen kümmern sich die Institutionen allerdings nicht direkt um sie. Doch gerade weil sie keinen institutionellen Charakter haben und als Ergebnis blinder Mechanismen betrachtet werden – wie »die Ökonomie« sie beschreibt –, gelten die Preise als »unschuldig«. Man kann sie dafür halten, weil sie nicht durch einzelne Personen bedingt sind, da allein der »freie« Wettbewerb für die »freie« Festsetzung der Preise verantwortlich sein soll. Wenn die Preise »unschuldig« sind, können sie als Grundlage für die Grenzziehung zwischen den Dingen, die für die Reichen bestimmt sind, und den Dingen für diejenigen dienen, die nicht reich sind – eine Grenze, die der Staat selbst nicht institutionalisieren darf, es sei denn statistisch, da seine offizielle Aufgabe das Gemeinwohl ist.

Einer der Widersprüche der ökonomischen Wissenschaft beruht möglicherweise genau auf dem Spannungsverhältnis zwischen den Dingen und ihrem Preis. Die Dinge unterliegen nämlich einer ganzen Reihe von Qualifikationsprozessen, von denen viele eine rechtliche Grundlage besitzen und die sich über mehr oder weniger lange Verkettungen auf Institutionen, ja sogar auf staatliche Institutionen zurückführen lassen. Solche Qualifikationen sind wie eine Semantik strukturiert. Aber die Preise bleiben frei, sodass sie – wenn man so will – rein pragmatischen Charakter haben, weil sie von den Umständen der Transaktion abhängen. Und das, obwohl sie in einem Rahmen angegeben werden, im Rahmen der Währung, dem wiederum sehr wohl institutionelle Aufmerksamkeit und Unterstützung zuteilwird. Doch dieser Rahmen liefert nur eine allgemeine Metrik und greift nicht oder nur selten in die Struktur der relativen Preise ein, es sei denn

26 Guido Guerzoni (Hrsg.), *Museums on the Map, 1995-2012*, Turin, Fondazione di Venezia: Umberto Allemandi, 2014.

in Krisensituationen. Nur in Extremsituationen – Hyperinflation, gleichzeitiges Vorhandensein mehrerer konkurrierender Währungen – ist es erforderlich, die Metrik wieder zu stabilisieren und sich wahrscheinlich auch um die relativen Preise zu kümmern. Wird nämlich die Deformation der Preisstruktur zu groß, kann der Staat (oder eine andere Art von politischer Entität wie die Europäische Union) intervenieren entweder im Rahmen seiner Währungspolitik im Allgemeinen, wenn es um Inflation geht, oder im Hinblick auf eine besondere Preiskategorie, zum Beispiel durch eine Steuer, oder, wie im Fall der Immobilienbranche, um zum Beispiel das Steigen der Mietpreise in Stadtvierteln einzudämmen, in denen die Gebäude immer mehr auf den Tourismussektor (Gastronomie, Hotelgewerbe) oder auf den Verkauf von Luxusprodukten zugeschnitten werden, oder aber als Kapitalanlagen aufgekauft und weiterverkauft werden, aber nicht mehr bzw. immer weniger als dauerhafter Wohnsitz für die Stadtbewohner dienen (wie in Barcelona, in Venedig oder je nach Stadtviertel in geringerem Maße in Paris).

Jede der Wertermittlungsformen – Standardform, Sammlerform, Anlageform und Trendform – stützt sich auf Institutionen.

Damit die Standardform gut funktioniert, werden standardisierte Normen und der gesetzliche Schutz von Prototypen sowie großen Marken institutionell garantiert: Dies erlaubt, dass allein dem Besitzer der Rechte an einem Prototyp dessen Reproduktion in Form von Exemplaren vorbehalten ist und dass die Exemplare unter der Voraussetzung vermarktet werden dürfen, dass die Normen eingehalten werden, die ihre Kompatibilität mit anderen Artikeln sicherstellen (wodurch wiederum andere Arten von Dingen ausgeschlossen werden, die den Funktions-, den Sicherheitsnormen usw. nicht entsprechen).

Damit sie unter die Sammlerform fällt, muss der Wert einer Sache im Zusammenhang mit einer Narration aus der Vergangenheit ermittelt werden, was ihr Erinnerungskraft verleiht. Vor allem Museen und universitäre Institutionen garantieren eine solche Erinnerungskraft durch deren narrative Präsentation und indem sie manchen Dingen Unsterblichkeit verleihen, das heißt sie für die Aufbewahrung in unveräußerlichen Sammlungen auswählen. Die Museen scheinen gerade deshalb »Freiräume« anbieten zu können, »in denen man sich den Folgen der zunehmenden Kommerzialisierung der Kunst entziehen kann«, wie Chantal Mouffe behauptet,[27] weil sie, wenn sie Kunstwerke in einem Kontext präsentieren, der sie von »kommerziellen Produkten« unterscheidet, dazu beitragen, ihre Position innerhalb der Bereicherungsökonomie zu festigen.

Wenn man sie als Kapitalanlagen betrachtet, werden die Dinge allein zu dem Zweck gekauft (gegen eine Geldsumme eingetauscht), um wiederverkauft, das heißt wieder in Geld zurückverwandelt zu werden. In diesem Fall garantiert die Institution die Stabilität der Währung, was den Kauf bestimmter Dinge mit der Aussicht erlaubt, sie teurer weiterzuverkaufen, weil ihr Preis vor dem Hintergrund der Stabilität der Währung und der anderen Preise stark steigt.

Wird der Wert der Dinge im Rahmen der Logik der Trendform ermittelt, werden sie, selbst wenn sie benutzt werden, nicht vorrangig unter Bezugnahme auf den Gebrauch betrachtet, zu dem sie bestimmt sind, sondern vor allem als Zeichen, das heißt als Marker der Position, die jemand innerhalb des sozialen Beziehungsrasters durch ein immer wieder neu ansetzendes Hin und Her zwischen Ähnlichem und Unähnlichem einnimmt. Da diese Form zyklischen Charakter hat, muss sie aus der Vergangenheit schöpfen, um den Zyklus in Gang zu halten, und sie muss sich von dem absetzen, was institutionell anerkannt ist: Alles Institutionalisierte ist bereits altmodisch geworden.

27 Chantal Mouffe, *Agonistik. Die Welt politisch denken* (Aus dem Englischen von Richard Barth), Berlin: Suhrkamp Verlag, 2014, S. 154, englische Originalausgabe 2013.

Den Phänomenen, die wir hier analysieren, kann man sich mit Hilfe zwei verschiedener Ansätze nähern, die beide auf Strukturen Bezug nehmen, auch wenn diese in beiden Fällen auf ganz unterschiedliche Weise Berücksichtigung finden.

Der erste Ansatz geht in dem Sinne von Strukturen aus, dass sein Gegenstand eine Konstellation von Vorgaben ist, deren Zusammenspiel ein Kraftfeld erzeugt. Vom dynamischen Standpunkt aus betrachtet, stellen die Beziehungen zwischen diesen Vorgaben Kausalverkettungen dar und nehmen die Form von mehr oder weniger unumkehrbaren Prozessen an. Diesen Ansatz kann man als systemisch bezeichnen.

Auch der zweite Ansatz geht von Strukturen aus. Diese haben zwar kollektiven Charakter bzw. werden, anders ausgedrückt, von allen geteilt, aber ihre Agency im Sinne von Wirkmächtigkeit zeigt sich nur im Rahmen der Kompetenzen, welche die Akteure an den Tag legen, wenn sie handeln müssen. Deshalb kann man sie als kognitiv bezeichnen, wenn man möchte. Allerdings nur unter der Voraussetzung, dass man das Handeln nicht mit einer behavioristischen Brille (nach dem Reiz-Reaktions-Modell) betrachtet, sondern in seiner Abhängigkeit nicht nur von der Interaktion der Akteure, sondern auch von dem Verhältnis, das jeder Akteur zu sich selbst und zu seinem Handeln entwickelt, das heißt, insofern es auch reflexive Schleifen umfasst. Dieser zweite Ansatz wird häufig als mikrosoziologisch bezeichnet, da er sich so eng wie möglich an die Akteure hält, oder als »pragmatisch«, da er die Bedingungen des Handelns und die Reflexionsprozesse berücksichtigt, die es begleiten. Diese beiden Ansätze haben uns bei unserer Arbeit geleitet, weshalb wir versuchen werden zu verdeutlichen, wie sie zusammenhängen.

In dem Fall, der uns beschäftigt, nämlich dem der durch das Zusammentreffen einer Sache mit ihrem Preis beim Tausch definierten Ware, legen beide Ansätze den Schwerpunkt auf das Streben nach Vorteilen und die Konkurrenz bei der Profitbildung und -erlangung, auch wenn sie die Erscheinungsformen und Auswirkungen der Konkurrenz in zwei verschiedenen Hinsichten betrachten: einerseits insofern sie auf systemische Mechanismen zurückgehen; andererseits insofern in ihnen die Reflexivität der Akteure zum Tragen kommt.

In dem von uns gezeichneten Bild spielt unter den verschiedenen Charakterzügen, die gemeinhin mit dem Kapitalismus in Verbindung gebracht werden, das Konkurrieren um Profit die Hauptrolle. Denn die Verlagerungen des Kapitalismus bzw. seine Dynamik, um einen Ausdruck von Braudel zu verwenden, beruhen auf dem Gesetz dieser Konkurrenz. So konnten wir die Kausalanalysen nutzen, die diese Verlagerungen durch das Sinken der Profitrate in einem bestimmten Geschäftsbereich und die Suche nach neuen, höhere Profitraten versprechenden Bereichen erklären sollen. Diese Analysen, die für sich häufig eine marxistische (oder in manchen Fällen weberianische) Perspektive in Anspruch nehmen, lassen sich nun aber mit Luhmanns Konzeption vereinbaren, insofern dieser die Struktur als »*Einschränkung der im System zugelassenen Relationen*« definiert, durch die sich »innere Führung« gewinnen ließe, die »Selbstreproduktion« möglich mache.[28] Diese Analysen haben nämlich in dem Sinne systemischen Charakter, dass sie den Kapitalismus als einen sich selbst erhaltenden, globalen Prozess verstehen, der auf die unbegrenzte Akkumulation eines Kapitals gerichtet ist, dessen Bewegungen sich nach dem Kausalverhältnis von Kräften richten, die so zwingend aneinandergekoppelt sind oder gegeneinander arbeiten, dass man ihr Verhältnis beschreiben kann, ohne sich auf die Ebene der Akteure hinabzubegeben und vor allem ohne dass

28 Niklas Luhmann, a.a.O., S. 384.

deren Reflexivität zum Tragen kommt. Deshalb wird so viel Nachdruck auf die Notwendigkeit gelegt, die im System herrscht und alles erfasst.

Niemand entgeht diesen Kräfteverhältnissen, die zu Recht als asymmetrisch beschrieben werden, nicht einmal die Kapitaleigner, die von ihnen profitieren. Denn die Kapitaleigner, die in manchen Fällen sogar sich selbst gegenüber eine objektivistische Haltung einnehmen – vor allem, wenn sie frühere Aktivitäten beschreiben –, gelangen häufig zu der Auffassung, dass auch sie unter dem Zwang der Notwendigkeit gehandelt hätten, um das Überleben ihres Unternehmens, ihres Geschäftsbereichs, ihres Familienbesitzes, ja sogar des Nationalstaats usw. sicherzustellen, das heißt zu deren Existenzerhaltung, und dass sie gewissermaßen nur den »Willen« des Kapitals erfüllt hätten, dessen mehr oder weniger vom Glück begünstigte, aber stets treue Diener sie gewesen seien. Unter bestimmten Voraussetzungen ist eine derartige systemische Beschreibung zutreffend. Sie beleuchtet eine von einem übergeordneten Standpunkt aus und auf lange Sicht betrachtete Realität, insofern Prozesse gestaltend und transformierend auf sie einwirken, deren Phasen kausal miteinander verkettet sind. Auf makrohistorischer Ebene ist eine solche Beschreibung nützlich, sie erweist sich jedoch als unzureichend, wenn man den Maßstab wechselt und näher an den Akteuren Rechenschaft darüber ablegen soll, wie diese durch ihre Aktivitäten und genauer gesagt ihre Tauschgeschäfte zur Stimulierung dieser Prozesse beitragen. Dann wird es schwierig, ihre Reflexivität auszuklammern und außer Acht zu lassen, wie letztere sich auf den Verlauf der einzelnen Tauschgeschäfte auswirkt.

Kapitalismus und Märkte

Die Unterscheidung, an die wir gerade erinnert haben, ist sowohl epistemologischer als auch ontologischer Natur. Jene beiden Ansätze fördern nicht dieselbe Realität zu Tage. Deshalb ist es vernünftig, nach den Beziehungen zwischen den beiden Realitäten zu fragen, auf welche die jeweiligen Ansätze ein Schlaglicht werfen. Eine Möglichkeit, das zu tun, besteht darin, beide Ansätze mit Hilfe eines Gedankenexperiments aufeinander zu projizieren. Aus der Perspektive eines makroanalytischen Maßstabs läuft der Ansatz, der von reflexiven Individuen ausgeht, in etwa auf die Annahme einer von den Entscheidungen einer kleinen Zahl von Akteuren beherrschten Welt hinaus, die über außergewöhnlich viel Macht verfügen, was zumindest für die meisten historischen Situationen kaum glaubhaft ist.

Umgekehrt bleibt die auf einen mikroanalytischen Maßstab verlagerte Perspektive, die zu Beschreibungen von einem übergeordneten Standpunkt aus führt, welche auf Langfristigkeit beruhen und den Akzent auf die sich im Zusammenhang mit Konkurrenz aus dem Zusammenspiel verschiedener Zwänge ergebende Notwendigkeit legen, nur dann effizient, wenn man sie auf die insgesamt ziemlich seltenen Situationen richtet, in denen entweder ein einziger Anbieter oder eine kleine Zahl von Anbietern (die sich explizit oder insgeheim abgesprochen haben) das Zugangsmonopol zu Gütern innehat, die für eine große Zahl von Interessenten unverzichtbar sind, die sie begehren, weil sie zwingende Bedürfnisse befriedigen, und in denen die Kräfteverhältnisse folglich ebenso klar wie unabänderlich sind.

Durch ein solches Gedankenexperiment rückt das Verhältnis zwei verschiedene Vorstellungsweisen von der Sphäre des Tausches in den Vordergrund. Die erste beruft sich auf den Kapitalismus; die zweite, die den Schwerpunkt auf funktionierende Märkte legt, auf den Liberalismus. Man kann diese beiden Systeme gleichsetzen, wie die heutige Vulgärkritik des Neoliberalismus es häufig tut, oder aber unterscheiden, wie Fernand Braudel es getan hat. In Anbetracht der Allgemeinheit und Alltäglichkeit der Märkte sah Braudel eines der Hauptmerkmale des Kapitalismus in der Nutzung der Ausdifferenzierung, durch die sich ein Kräfteverhältnis errichten und dadurch Einfluss auf die Funktionsweise von Märkten nehmen lässt. In diesem Sinne kann man – immer noch im Anschluss an Braudel – in der »Transparenz« der »sich selbst regulierenden« Märkte eine Art moralisches

Ideal sehen, das, wenn man so will, wie ein moralisches Über-Ich Einfluss auf den Kapitalismus nimmt. Wir haben versucht, diese beiden Positionen dadurch miteinander zu kombinieren, dass wir gezeigt haben, dass die Analyse des Kapitalismus der Gegenwart zwar den systemischen Zwängen und Kräfteverhältnissen Rechnung tragen muss, aber trotzdem bestimmte zentrale Charakterzüge des Tausches im liberalen Kontext nicht außer Acht lassen darf.

Diese lassen sich folgendermaßen zusammenfassen: Erstens besteht im Hinblick auf die zu erringenden Vorteile und Gewinne zwischen den Anbietern, aber auf ihre Weise auch zwischen den Interessenten eine Konkurrenz, die je nach Situation unterschiedlich stark ist. Keiner von ihnen muss seine Gewinnerwartungen aufgrund andersgearteter Verpflichtungen einschränken, auch wenn man diesen »Besitzindividualismus« von einem moralischen Standpunkt aus im Namen der Verbundenheit mit verschiedenen Zugehörigkeitssphären (wie dem Vaterland, der Familie, der sozialen Schicht, ja sogar der Menschheit) missbilligen kann. Zweitens steht es den Anbietern desungeachtet frei, die Güter in ihrem Besitz zu verkaufen oder auch nicht zu verkaufen, und genauso steht es den Interessenten weiterhin frei, die zum Verkauf stehenden Güter zu erwerben oder auch nicht zu erwerben. Und zwar selbst dann, wenn die asymmetrischen finanziellen Mittel und Machtverhältnisse dieser Freiheit mehr oder weniger »formalen« Charakter verleihen (ein »freier Fuchs in einem freien Hühnerstall«).

Aufgrund dieser Situation ist der Preis zum wesentlichen Abstimmungswerkzeug beim Tausch geworden. Die Anbieter, die nur zu einem bestimmten Preis verkaufen wollen, möchten gegenüber der Konkurrenz einen Vorteil erringen, indem sie die Differenzen in den Vordergrund stellen, welche die Dinge, die sie anbieten, in sich tragen. Auf diese Weise versuchen sie – wie Chamberlin als Erster gefolgert hat –, sich durch das und sei es vorübergehende Einnehmen einer quasi-monopolitischen Position der Konkurrenz zu entziehen. Was die über ungleiche Zahlungsmittel verfügenden Interessenten anbelangt, die nur zu einem bestimmten Preis kaufen möchten, so haben sie die Möglichkeit, sich von der angebotenen Ware abzuwenden. Sie können vom Kauf absehen und sich überlegen, dass sie das Notwendige schon besitzen. Oder sie können die Einschlägigkeit der von den verschiedenen, nach einem Sieg über ihre Konkurrenten strebenden Anbietern geltend gemachten Differenzen in Abrede stellen (sie können zum Beispiel statt etwas Neuem etwas Gebrauchtes kaufen, weil sie sich überlegen, dass es den Zweck genauso gut erfüllt).

In der Tauschpraxis betreffen solche Entscheidungen selten Dinge an sich, sondern in der Regel Dinge, die mit einem Preis verknüpft sind, das heißt, bei denen es sich eben gerade um Waren handelt. Als Ware betrachtet, lassen sich die Dinge nicht von ihrem Preis trennen. Es handelt sich (fast) immer um *Dinge + Preise*, die durch den Tausch zirkulieren. Es sei jedoch darauf hingewiesen, dass solche Tauschsituationen nicht unbedingt zwingend sind, da der Anbieter nichts (unter einem bestimmten Preis) anbieten muss und der Interessent nichts (über einem bestimmten Preis) erwerben muss. Obwohl diese Art von Situationen im Allgemeinen asymmetrisch sind, wenn man die Ungleichheit der Mittel und der Machtverhältnisse bedenkt, ergibt sich aus ihnen nur in den Fällen eine absolute Verpflichtung, in denen der Anbieter das Monopol auf lebensnotwendige Güter besitzt.

Die Rolle der Reflexivität

An dieser Stelle kommt die Reflexivität ins Spiel. Denn der Anbieter muss den Interessenten überzeugen, dass das, was er anbietet, einen bestimmten Preis wert ist, indem er die Vorbehalte des Interessenten ausräumt, dem es seinerseits freisteht, den Preis, zu dem die Sache ihm angeboten wird, zu kritisieren. Dieses reflexive Vermögen setzt ein, wenn verschiedene *Dinge + Preise* verglichen werden. Da sowohl die Anbieter als auch die Interessenten reflexive und in der Regel sogenannte »vernünftige« Personen und keine bloßen Systemagenten sind, die blind oder unter Zwang handeln, müssen sie Argumente vorbringen, mit denen sich das Verhältnis zwischen einer Sache und einem Preis rechtfertigen oder kritisieren lässt, was nur geht, wenn sie die Sache mit einem aussagekräftigen Diskurs darüber verknüpfen, warum die Sache im Vergleich zu anderen (mit anderen Preisen verknüpften) Dingen einen bestimmten Preis wert ist. Und diese Argumente sowie die Diskurse, in die sie eingebettet sind, müssen, um überhaupt Wirksamkeit zu erlangen, sowohl für die mit den Forderungen der Anbieter konfrontierten Interessenten als auch für die Anbieter verständlich sein, die sich den Vorbehalten der Interessenten gegenübersehen.

Was wir Wertermittlungsformen genannt haben, wirkt sich auf die Warenordnung lediglich insofern aus, als diese Formen die Gestalt der Diskurse über die als Waren betrachteten, das heißt mit einem Preis verknüpften Dinge beeinflussen. Doch gerade weil sie nicht auf die Dinge selbst, sondern auf die Diskurse über die Dinge einwirken, sind sie strukturiert. Und dadurch tragen sie wiederum maßgeblich zur Strukturierung der Ware bei. Eine völlig unabhängig von jeglichem Diskurs betrachtete Dingwelt kann zwar – nach einer Logik, die ohne Umschweife als positivistisch zu bezeichnen wäre – durchaus als ein Gebilde beschrieben werden, in dem ausschließlich Konstanten, Funktionen oder stochastische Interaktionen den Ton angeben, ja man kann sie sogar als amorph und chaotisch ansehen (übrigens genauso amorph und chaotisch wie die Bestandteile der Welt selbst, sofern sie nicht in den Rahmen einer Realität übernommen werden, deren Konstruktion unter Einsatz eines regelgeleiteten Sprachgebrauchs erfolgt, für den das Recht ein paradigmatisches Beispiel darstellt). Ein Diskurs über die Dinge muss sich dagegen genauso wie jede andere Ausdrucksform dem bestehenden sprachlichen Gefüge beugen, das in einem konkreten kognitiven Rahmen allein einen Signifikationseffekt zu erzeugen vermag. Und zwar durch das Zusammenspiel von Differenz und Wiederholung, Annäherung und Entgegensetzung, das eine Sache so zu erfassen erlaubt, wie man einen Ausdruck oder ein Wort versteht, das heißt, indem man sich »aufmerksam« zeigt »für alle semantischen Entgegensetzungen, die negativ seinen Gehalt eingrenzen und das Feld seiner möglichen Verwendungen auf differentielle Weise festlegen«.[29] Genauso wie bei den als Zeichen betrachteten Wörtern, deren Wert – im Saussure'schen Sinne – sich nach der Position richtet, die sie innerhalb der Sprache einnehmen, werden Dinge immer differentiell, das heißt in Bezug auf ihre Differenz gegenüber anderen Dingen identifiziert und können so durch ihre Verknüpfung mit einem Preis zu Waren werden, dessen Einschlägigkeit unter Bezugnahme auf die Preise anderer Waren gerechtfertigt oder kritisiert wird.

Die Struktur der Wertermittlungsformen

Aus diesem Grund tritt auch der Diskurs, der den Wert ermittelt, selbst differenzierend auf und verteilt sich auf mehrere Formen, die aufgrund von Strukturähnlichkeiten untereinander regelgeleitete Differenzen aufweisen, was den Anbietern und Interessenten erlaubt, unter Anstrengung ihrer Phantasie im Hinblick auf die Frage, über welche, ihren Preis rechtfertigende Besonderheit die zum Tausch stehende Sache verfügt, Einigkeit zu erzielen oder nicht. Damit es funktioniert, muss das Feld der Wertermittlungsdiskurse sowohl plural als auch einheitlich sein und auf Kategorien beruhen, deren Struktur erhalten bleibt, auch wenn sie regelgeleiteten Transformationen unterliegt. Wenn es nur einen einzigen Wertermittlungsdiskurs für alle Dinge gäbe (zum Beispiel einen Ausruf wie »das ist super« oder »das ist besser«), wovon übrigens die Art der Verwendung des Ausdrucks »Qualität« in der ökonomischen Fachsprache häufig ausgeht, würde es für den Vergleich verschiedener Dinge nicht genügend Ansatzpunkte geben, um den Preis der einzelnen Dinge zu rechtfertigen oder zu kritisieren. Alles wäre mit allem vergleichbar, was die Waren-

29 Gildas Salmon, *Les Structures de l'esprit. Lévi-Strauss et les mythes*, Paris: PUF, 2013, S. 241.

welt tendenziell in einen amorphen und chaotischen Zustand zurückversetzen würde.

Wenn aber auf der anderen Seite die verschiedenen Wertermittlungsformen aus Kategorien bestehen würden, die gar keinen Bezug zueinander hätten, würde sich die Warenwelt tendenziell auflösen und in eine Vielzahl von Isolaten zerfallen, zwischen denen keine Annäherung möglich wäre, was die Einheit des für den Vergleich der Dinge in ihrer Eigenschaft als Waren verwendeten Messinstruments in Frage stellen würde, das heißt das Preissystem. Jedes dieser Isolate müsste dann über ein eigenes Messinstrument verfügen – eine Möglichkeit, die der möglichen Dispersion der Sprache in eine unbegrenzte Zahl von Privatsprachen ein wenig ähnelt, von der Wittgenstein spricht. Aus diesem Grund hat die Verteilung des Diskurses über die Dinge innerhalb einer Transformationsgruppe in dem Fall, der uns beschäftigt, eine optimale Form angenommen.

Man muss sich trotzdem davor hüten, diese verschiedenen Weisen, den Wert der Dinge zu ermitteln, als rein formale Modelle zu betrachten, die mit den Modellen vergleichbar sind, die Wirtschaftsmathematiker entwerfen. So wie immer im Fall von Diskursen, die Bestandteile der Welt aufgreifen und sie eben dadurch, dass sie sie aufgreifen, in die Realität einbinden – als selektive, aber genau deshalb organisierte und vorhersehbare Totalisierung, die an die Stelle der als ganze unfassbaren und dadurch unvorhersehbaren Welt zu treten vermag –, bearbeiten die Wertermittlungsformen nur Konkretes. Sie gehen von disparaten Elementen aus, die einer überholten Sicht der Dinge abgewonnen worden sein mögen, deren Erinnerungseindrücke aber noch nicht vollständig verflogen sind, doch sie greifen vor allem das auf, was durch ihren Gebrauch aus den Dingen wird.

Dabei kann es sich um Handelsgepflogenheiten handeln, die Schritt für Schritt von geschickten Geschäftsleuten auf lokaler Ebene eingeführt wurden, oder um Verwendungsweisen, die sogenannte gewöhnliche Menschen für Dinge haben. Denn auch wenn ein Besitzerwechsel eigentlich nur den rechtlichen Status einer Sache verändert, kann die Tatsache, dass sie in neue Hände übergeht, die sie sich zu eigen machen, um neue Praktiken zu entwickeln, sogar zur Veränderung ihres Charakters führen – was Michel de Certeau in *L'Invention du quotidien* »Kunst des Handelns« genannt und in Weiterführung der von Claude Lévi-Strauss im *Wilden Denken* entwickelten Analogie mit der »bricolage«, also der Bastelei in Verbindung gebracht hat.[30] Die Wertermittlungsformen speisen sich aus diesen disparaten Elementen, aber sie passen sie den strukturellen Zwängen an, die über den Aspekt entscheiden, ihn sozusagen auswählen, unter dem diese Dinge betrachtet werden sollen, damit sie mit anderen Dingen verglichen werden, um sie richtig einzuschätzen. Der Aspekt, auf den die Wahl fällt und der sich aus dem Kontext ergibt, in dem die Sache steht (wie in Wittgensteins berühmten Bild von der Hasen-Ente), verändert nicht nur die Weise, wie die Sache wahrgenommen und eingeschätzt wird, sondern auch die Art, wie diejenigen, die in Kontakt mit ihr kommen, auf ihr Vorhandensein reagieren sollen. Das heißt, dass die Diskurse über die Dinge auch als Diskurse betrachtet werden müssen, die an Personen gerichtet sind, was diese sich sowohl nach den Lebensformen richten lässt, die zu diesen Dingen passen, wenn ihr Wert auf eine solche Weise ermittelt wird, als auch die Erwartungshaltungen koordiniert, die sie in Bezug auf diese Dinge haben können.[31] Die Wertermittlungsformen können also sowohl aus einer strukturalen Perspektive betrachtet werden – wenn man sich für die Art und Weise interessiert, wie ihre Differenzen artikuliert werden müssen, um verstanden zu werden – als auch vom Standpunkt einer Pragmatik aus, ja genauer gesagt sogar einer »nor-

30 Michel de Certeau, *L'Invention du quotidien*, Bd. I: *Arts de faire* (1980), Paris: Gallimard, coll. Folio essais, 1990 ⟨dt.: *Kunst des Handelns* (Aus dem Französischen von Ronald Voullié), Berlin: Merve-Verlag, 1988⟩.

31 Auf die Wertermittlungsformen lässt sich also das anwenden, was Jean-Pierre Cometti über die Sprachspiele bei Wittgenstein sagt: Sie sind angesiedelt »zwischen Sprache und Handeln in Zusammenhängen der Kooperation und Interlokution, die dem Zweck gemeinsam verfolgter praktischer Tätigkeiten dienen« (vgl. Jean-Pierre Cometti, *La Démocratie radicale. Lire John Dewey*, Paris: Gallimard, coll. Folio essais, 2016, S. 105).

mativen Pragmatik«,[32] wenn man die Art und Weise in den Vordergrund stellt, wie sie in Situationen eingebracht werden, in denen das Problem darin besteht, die Ungewissheit über den Preis zu verringern, indem explizit auf den Wert Bezug genommen wird.

32 Zur normativen Dimension der im Zentrum des pragmatischen Ansatzes stehenden situativen Sprachgebräuche, vgl. Robert Brandom, *Making It Explicit*, Cambridge (Mass.): Harvard University Press, 1994, S. 3-66 ⟨dt.: *Expressive Vernunft. Begründung, Repräsentation und diskursive Festlegung* (Aus dem Englischen von Eva Gilmer und Hermann Vetter), Frankfurt am Main: Suhrkamp Verlag, 2000, S. 35-121⟩.

Teil III

Die Warenstrukturen

Fünftes Kapitel
Die Standardform

Das Modell der Standardform

Die Erfindung der *Standardform* ist eine der wesentlichen Neuerungen, auf denen die Entwicklung der Industriegesellschaft seit dem 19. Jahrhundert beruhte. Charakteristisch für diese Wertermittlungsform ist die enge Kohärenz zwischen ihr und einer bestimmten Herstellungsweise von Gegenständen, während die anderen Wertermittlungsformen auf Gegenstände ganz verschiedenen Ursprungs anwendbar sind, von denen nur einige standardmäßig produziert wurden. Diese Herstellungsweise beruht auf der Reproduktion eines *Prototyps* in Form einer a priori unbegrenzten Zahl von *Exemplaren*. Eine solche Standardisierung führt nun aber nicht nur zur Erhöhung der Produktionsleistung durch die Nutzung von Skaleneffekten und Produktivitätsgewinnen. Im Rahmen seiner *analytischen Präsentation*, die in der Regel als Patent angemeldet wird, legt sie auch die einschlägigen Eigenschaften des Prototyps fest. Ein solches Patent gewährt seinem Inhaber das Monopol auf die Reproduktion des Prototyps. Außerdem werden die einschlägigen Differenzen zwischen den verschiedenen Produkten, deren Aussehen und/oder Funktionalität sich teilweise ähneln können, mit Hilfe dieser Form öffentlich beschreibbar, was die Rechtfertigung des geforderten Preises erlaubt und durch die Bereitstellung von Kommensurationsinstrumenten[1] auch dessen Kritik. In den Wirtschaftszweigen, die – häufig in Verbindung mit Marken und Modellen – auf der Verwendung von Standards beruhen, soll nämlich der Verbraucher Zugang zu allen Informationen besitzen, die er benötigt, um eine überlegte Wahl zu treffen und nicht zuletzt eine Beziehung zwischen den Qualitäten der Sache und ihrem Preis herzustellen.

1 Wendy Espeland/Mitchell Stevens, »Commensuration as a Social Process«, in: *The Annual Review of Sociology*, Jg. 24, 1998, S. 313-343.

Diese Art, die Ungewissheit des Verbrauchers zu verringern, kommt erst dann voll zur Geltung, wenn es darum geht, *neue* Produkte miteinander zu vergleichen, deren Eigenschaften den Verdacht der *Fehlerhaftigkeit* auf sich ziehen können, wenn sie Abweichungen von ihrer kanonischen Beschreibung aufweisen. Die Dinge, deren Wertermittlung auf der Standardform beruht, sind immer für den *Gebrauch* bestimmt. Da nun aber die Gegenstände durch den Gebrauch zufälligen Veränderungen unterliegen, die auch der gründlichsten Überprüfung entgehen können, besteht bei einer solchen Transaktion eine *Informationsasymmetrie* zwischen dem Verkäufer und dem möglichen Erwerber. Durch diese Asymmetrie nimmt die *Ungewissheit* des letzteren zu, wie in einem berühmten, Anfang der 1970er Jahren erschienenen Aufsatz über den Gebrauchtwagenmarkt vorgeführt worden ist.[2] Ein solchermaßen wachsender Ungewissheitsgrad ist also Teil des *Entwicklungsprozesses* von Standardprodukten.[3] Diese sind beschreibbar, sie unterliegen einer Garantie, wenn sie die Fabrik verlassen, und ihre Bestimmung besteht ausnahmslos darin, mehr oder weniger langfristig zu *Abfall* zu werden, das heißt zu etwas, das niemand mehr benutzen kann bzw. niemand mehr haben möchte und das man loszuwerden versucht, indem man es wegwirft, vernichtet oder seine Bestandteile recycelt, um sie erneut in einen Produktionszyklus einzuspeisen. Aus diesem Grund kann man sagen, dass die Standardform die Gegenwart ausschlachtet.

---

2 George Akerlof, »The market for ›lemons‹. Quality, uncertainty and the market mechanism«, in: *Quarterly Journal of Economics*, Jg. 84, 1970, S. 488-500.

3 Zu den Spannungen, die entstehen können, wenn ein standardisierter und »normierter« Gegenstand benutzt wird, nachdem er die Fabrik verlassen hat, das heißt »verschiedenen Aneignungsarten« begegnet, die mit »verschiedenen Formen des Engagements« verknüpft sind, vgl. Laurent Thévenot, »Essai sur les objets usuels. Propriétés, fonctions, usages«, in: *Raisons pratiques*, Nr. 4, 1993, S. 85-111, und ders., »Un gouvernement par les normes. Pratiques et politiques des formats d'information«, in: Bernard Conein/Laurent Thévenot (Hrsg.), *Cognition et information en société, Raisons pratiques*, Nr. 8, 1997, S. 206-241.

STRUKTURSCHEMA DER STANDARDFORM[4]

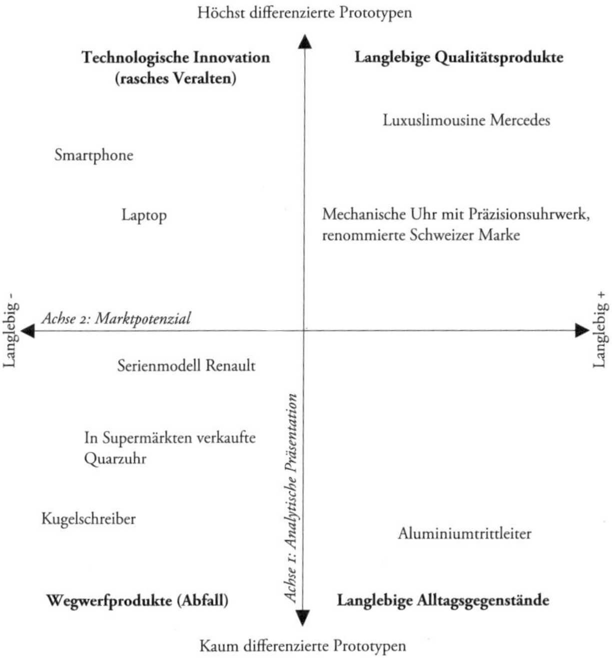

Das mit der Standardform verknüpfte Wertermittlungssystem lässt sich anhand der Verteilung der Gegenstände auf zwei Achsen schematisieren. Im unteren Teil der vertikalen Achse, die man *Differentialachse der analytischen Präsentation* nennen kann, befinden sich Objekte, die zur Befriedigung allgemeiner Bedürfnisse dienen und häufig für den täglichen Gebrauch bestimmt sind. Ihre Prototypen sind kaum differenziert, weisen also kaum Unterschiede auf, sodass die Konkurrenz zwischen den Pro-

4 Wie die folgenden beruht auch dieses Schema nicht auf quantitativen Daten, sondern soll die Modelle veranschaulichen, auf die unsere Analysen sich stützen.

dukten sich vor allem am Vertriebsnetz und am Preis festmacht. Häufig handelt es sich um Gegenstände, deren technologische Ausstattung relativ alt ist. Ein gutes Beispiel dafür sind Kugelschreiber, deren Marken und Modelle für den Benutzer letzten Endes von ziemlich geringer Bedeutung sind, der sich ihrer bedient, wenn er ein dringendes Bedürfnis befriedigen muss – zum Beispiel eine Adresse oder eine Telefonnummer zu notieren. Am oberen Ende der analytischen Präsentationsachse stehen dem nun aber höchst differenzierte Objekte gegenüber, die häufig auf neueren Technologien beruhen und deren innovativer Charakter ein wichtiges Wettbewerbsargument darstellt. Ein gutes Beispiel dafür sind Geräte zur elektronischen Datenverarbeitung wie Computer oder Mobiltelefone.

Die horizontale Achse, die das *Marktpotenzial* anzeigt, verteilt die Dinge entsprechend ihrem Verhältnis zur Zeit. Sie bezieht sich darauf, wie lang das Produkt seinen Benutzer zufriedenstellen dürfte, bevor es zu Abfall wird. Dabei ist häufig von der *Qualität* des Produkts die Rede. Das *Veralten* eines Produkts kann allerdings vorprogrammiert sein, sodass der Benutzer gezwungen ist, es zu ersetzen, bevor es nicht mehr funktioniert und zu *Abfall* wird, was zum Beispiel im Bereich der elektronischen Datenverarbeitung häufig der Fall ist. Am linken Ende dieser Achse befinden sich die Produkte, die zum kurzzeitigen Gebrauch bestimmt sind, wovon sogenannte »Wegwerfprodukte« (wie zum Beispiel Rasierer) ein paradigmatischer Fall sind, und am rechten Ende Produkte, die vermutlich langlebig sind, wie zum Beispiel wertvolle Uhren, die der Käufer sein ganzes Leben lang tragen und sogar an seine Nachkommen weitervererben können soll.

Wenn es über einen Standardartikel heißt, er habe eine kurze Lebensdauer, bedeutet das, dass sein Marktpotenzial gering ist, wohingegen ein großes Marktpotenzial es erforderlich macht, dass etwas über eine lange Lebensdauer verfügt. Die absolute Besonderheit der Preise für Standardartikel besteht, wie gesagt darin, dass ihr höchster Preis der sogenannte »Neupreis« ist, der in der Folge selbst dann unaufhörlich sinkt, wenn ein gebrauchter Artikel im Hinblick auf seine Materialbeschaffenheit und Funktionalität keinerlei Unterschied gegenüber einem fabrikneuen Artikel aufweist, es sei denn, er wird als neu ausgegeben, wie zum Beispiel im Fall eines »rekonditionierten«, also überholten und neuverpackten Produkts, das ein Kunde kurz nach dem Kauf, manchmal sogar gleich nach dem Auspacken zum Verkäufer zurückgebracht hat, der es wieder zum Kauf anbieten möchte. Ein gutes Beispiel dafür ist auch der Fall eines makellos weißen Kühlschranks, auf dem noch der kleinste Kratzer zu sehen ist; ein verkratzter Kühlschrank kann nun aber, auch wenn er technisch uneingeschränkt funktionstüchtig ist, nur noch heruntergesetzt, also zu einem Preis verkauft werden, der niedriger ist als der Neupreis. Wenn ein Produkt »langlebig« ist, hat das zur Folge, dass es lange und wiederholt zirkulieren kann, dass sich also sein Marktpotenzial auch als Gebrauchtware in Form eines großen Kreislaufs von Kaufgelegenheiten entfaltet. Die Objekte dagegen, die ein geringes Marktpotenzial besitzen, zirkulieren meistens nur einmal – wenn sie neu gekauft werden – und enden danach schnell auf dem Abfallhaufen.

Unter Berücksichtigung dieser beiden Achsen kann man überdies eine Diagonale ziehen, die eine Unterscheidung der Objekte nach ihrer »Wertigkeit« vornimmt, wie es im Marketing häufig gemacht wird. *Minderwertiger* Dutzendware, die kaum differenziert und gleichzeitig kurzlebig ist (zum Beispiel eine Zahnbürste), stehen dann *hochwertige*, höchst differenzierte und gleichzeitig sehr langlebige Artikel gegenüber (zum Beispiel ein Auto der Marke Mercedes).

Standardform und industrielle Produktion

Im Mittelpunkt der Welt, in der sich die Standardform entfaltet, steht die Nützlichkeit. Nur bei Artikeln – in der Regel Artefakte, die ein gewisses technisches Niveau aufweisen –, die bei ihrer Entwicklung, ihrer Herstellung und womöglich noch deutlicher bei ihrem Verkauf und ihrem Erwerb ausdrücklich dazu bestimmt sind, eine vorab definierte Funktion zu erfüllen, kann der Wert mit Hilfe von Argumenten ermittelt werden, denen die Standardform Einschlägigkeit und Schlüssigkeit verleiht. Zuerst war dies wahrscheinlich bei Artikeln der Fall, die für das Militär bestimmt waren und vom Staat in Auftrag gegeben wurden, besonders Waffen und Uniformen, und auch bei Produktionsgütern, Werkzeugen und Maschinen, die in der Industrie verwendet werden. Wir interessieren uns hier aber vor allem für ganz gewöhnliche Artikel, die für Privatpersonen zum alltäglichen Gebrauch bestimmt sind.

Diese Objekte sind in Bezug auf die Funktionen, die sie erfüllen sollen, vorab definiert und beruhen deshalb auf einer für Funktionen vorgesehenen Nomenklatur, auch wenn die einzelnen Funktionen entweder sehr spezifisch oder aber ziemlich offen bleiben können (wie im Fall von Geräten zur elektronischen Datenverarbeitung), und auch wenn der Gebrauch, den verschiedene Benutzer vom selben Gegenstand machen, beträchtlich variieren kann. Eine solche vorab erfolgende funktionale Festlegung liefert eine Beschreibungssprache und Beurteilungskriterien, welche die Kommunikation zwischen Anbietern und Kaufinteressenten vereinfachen. Trotzdem reicht sie nicht aus, wenn es darum geht, die Leistungsfähigkeit des zum Verkauf stehenden Objekts auszuloten, das heißt vor dem Kauf abzuschätzen, was es tatsächlich zu leisten vermag, wenn es die verlangten Aufgaben ausführen soll, und wie lange seine Benutzung sich als zufriedenstellend erweisen wird.

Dieses instrumentelle Verhältnis zu den Gegenständen ist häufig als Besonderheit der Industriegesellschaft betrachtet worden und wurde in dieser Eigenschaft zum Dreh- und Angelpunkt einer Vielzahl von Kritiken, die seit dem 19. Jahrhundert die entzauberte Moderne in Frage gestellt und ihr die zauberhafte Welt der Tradition entgegengehalten haben. Zur Charakterisierung der Standardform in ihrer absoluten Besonderheit reicht es allerdings nicht aus. Zum einen wurde das Nützlichkeitskriterium – wie man sich denken kann – nicht erst seit dem Auftauchen von Standardartikeln herangezogen, um ein Urteil über die Dinge zu fällen. Zum anderen sind die Kausalbeziehungen, die zwischen der

Entwicklung der Standardform und der industriellen Revolution bestehen, keineswegs selbstverständlich und eindimensional.

Ohne uns anmaßen zu wollen, die industriellen Revolutionen und ihre Phasen in Form eines großen Überblicks nachzuzeichnen, deren Geschichte inzwischen so breit, so unterschiedlich und teilweise so widersprüchlich dokumentiert ist, dass sie in keiner Weise zu Überblicksversuchen einlädt,[5] sei erwähnt, dass mindestens bis ungefähr ins letzte Drittel des 19. Jahrhunderts die sogenannte erste industrielle Revolution vor allem die Bereiche der Energie, des Verkehrs, der Produktionsmittel und der Herstellung von bestimmten Halbfertigwaren erfasst hat, wie Baumwollstoffe, Nutzholz oder Mehl, ohne dass die Welt der Dinge, die im Zuge alltäglicher Beziehungen getauscht werden, sich grundlegend veränderte. Es wäre also, wie Patrick Verley schreibt, »völlig anachronistisch, die Standardisierung in einem Atemzug mit der industriellen Produktion in der ersten Hälfte des 19. Jahrhunderts zu nennen«.[6] Insbesondere in den bäuerlichen Gemeinschaften, die nur selten über Geld verfügten, wurde eine große Zahl der Dinge für den täglichen Gebrauch weiterhin im häuslichen Rahmen oder in winzigen protoindustriellen Landwerkstätten angefertigt. Durch die Urbanisierung, die Bildung eines Proletariats und die Entstehung der Mittelschichten beginnt zwar in der ersten Hälfte des 19. Jahrhunderts der Anteil der Dinge zu wachsen, die gekauft und nicht zu Hause angefertigt wurden. Verstärkt wurde dies am unteren Ende der sozialen Leiter durch die Erwerbstätigkeit von Frauen und die Länge der täglichen Arbeitszeit, die sie von den häuslichen Aufgaben abhielten, und in den höheren Schichten durch die Verbreitung eines neuartigen, »industriösen« Verhältnisses zur materiellen Kultur,[7]

---

5 Zu den ambitioniertesten neueren Werken gehören: Patrick Verley, *L'Échelle du monde. Essai sur l'industrialisation de l'Occident*, Paris: Gallimard, coll. NRF essais, 1997; Paul Bairoch, *Victoires et déboires. Histoire économique et sociale du monde du XVIe siècle à nos jours*, Paris: Gallimard, coll. Folio histoire, 1997, 3 Bde.

6 Patrick Verley, a. a. O., S. 153.

7 Vgl. Jan de Vries, *The Industrious Revolution*, a. a. O.

das mit einer wachsenden Bedeutung der Frauen für die Hauswirtschaft einherging.[8]

Aber die meisten dieser Gegenstände wurden mit Hilfe von Verfahren und Organisationsformen hergestellt, in denen sich die Verfahren und Organisationsformen fortsetzten, die schon die vorherigen Generationen gekannt hatten, und zwar selbst dann, wenn dabei der sich gerade entwickelnde Maschinenbetrieb genutzt wurde, sei es indirekt, insofern industrielle Halbfertigwaren weiterverarbeitet wurden, sei es direkt, wenn ein Teil der aufgewendeten Energie nicht menschlichen oder tierischen Ursprungs war, sondern von Maschinen geliefert wurde, die in der Nähe der Werkstätten standen. Außerdem sei darauf hingewiesen, dass derartige Einrichtungen während der ersten industriellen Revolution relativ selten waren: Ihre Entwicklung beruhte auf der Nutzung von kostspieligen und platzraubenden Dampfmaschinen, die von einer zentralen Stelle aus eine in geringem Maße flexibel einsetzbare Energie lieferten, weil deren Übertragung auf die verschiedenen, von den Arbeitern benutzten Geräte, ein komplexes System aus Achsen und Rollen erforderlich machte. Und sogar in den Werkstätten, die Dampfmaschinen einsetzten, blieb der Anteil der Aufgaben, und zwar besonders der Endfertigungsaufgaben, hoch, die von Facharbeitern per Hand ausgeführt wurden.

Erst durch die zweite industrielle Revolution Ende des 19. und im ersten Drittel des 20. Jahrhunderts hat der zunehmende Gebrauch von Elektromotoren die Verbreitung des Maschinenbetriebs auf kleinerer Ebene und die Entwicklung von selbstständig funktionierenden Geräten begünstigt.[9] In diesem Zeitraum

---

8 Zur Nutzung des Handels durch Frauen zur Erlangung von Autonomiespielräumen im 19. Jahrhundert, vgl. Laurence Fontaine, *Le Marché. Histoire et usages d'une conquête sociale*, Paris: Gallimard, coll. NRF essais, 2014, S. 196-198.

9 David S. Landes, *Der entfesselte Prometheus. Technologischer Wandel und industrielle Entwicklung in Westeuropa von 1750 bis zur Gegenwart* (Aus dem Englischen von Franz Becker), Köln: Kiepenheuer & Witsch, 1973, S. 223f., englische Originalausgabe 1969. In Frankreich wird zwischen 1890 und 1910 das Netz aufgebaut, das die Weiterleitung von Elektrizität über weite Entfernungen erlaubt (Alexandre Fernandez/Jean-Charles Asse-

wurden auch die Herstellungsverfahren entwickelt, die den Austausch der verschiedenen Teile, aus denen ein Standardartikel besteht, ermöglichen und folglich seine Reparatur gestatten, wobei das Teil, das sich als fehlerhaft erwiesen hat, durch ein neues Teil ersetzt werden kann. Diese Möglichkeit, die komplexe technische, organisatorische und kaufmännische Probleme aufwirft und innerhalb der Produktionssysteme erst im Laufe des letzten Drittels des 19. Jahrhunderts allmählich zur Verfügung steht – erste Beispiele dafür sind Nähmaschinen und Fahrräder in den Vereinigten Staaten –, gilt häufig als eines der wesentlichen Attribute, dem sich die Entwicklung der Standardform verdankt.[10]

Daraus kann man schließen, dass während eines langen, durchaus von der industriellen Entwicklung geprägten Zeitraums die auf dem Markt zirkulierenden Gegenstände, deren Zahl vor allem ab der zweiten Hälfte des 18. Jahrhunderts auf dem Lande im Zusammenhang mit dem Aufkommen des Verkaufs von Haus zu Haus[11] sowie während des gesamten 19. Jahrhunderts wächst, einen Charakter bewahren, den man kurz gesagt als traditionell bezeichnen kann. Sie unterscheiden sich nicht wesentlich von den handwerklich oder in kleinen lokalen Werkstätten gefertigten Gegenständen. Das ist zum Beispiel bei der von Schneidern oder Nähern in Heimarbeit auf Lohnbasis angefertigten Kleidung der Fall, aber auch bei allen möglichen Gerätschaften für den Haushalt, ganz zu schweigen von aufwändigen Lebensmitteln, von denen die meisten weiterhin im häuslichen

---

lain, *Industrialisation et sociétés en Europe occidentale, 1880-1960*, Paris: Messene, 1997, Bd. 2, S. 18).

10 David Hounshell, *From the American System to Mass Production, 1800-1932*, Baltimore: Johns Hopkins University Press, 1984.

11 Vgl. Laurence Fontaine, *Histoire du colportage en Europe, XVe-XIXe siècle*, Paris: Albin Michel, 1993. Bei den Hausierern werden vor allem neue Artikel erworben, wie Uhren, Objekte, die zum Herausputzen oder zur Zierde bestimmt sind, Kurzwaren, Besteck, Haushaltswaren und, allgemeiner gesagt, Gegenstände, die sich vom »Alltäglichen« abheben, und Imitationen, ja sogar Fälschungen von »luxuriöseren« oder ausgefalleneren Dingen sein können, die für die Landbevölkerung bestimmt sind und in den Läden der Stadt verkauft werden.

Rahmen hergestellt werden. Eines der Merkmale dieser nichtindustriellen Produktionsweise, die mit der Entwicklung des gewerblichen Handels während der industriellen Revolution einhergeht, besteht darin, dass sie eine Entgegensetzung nicht erhärtet, die erst dann zentral wurde, als der Siegeszug der Standardform begann, nämlich die Entgegensetzung von neuen, aus erster Hand gekauften Artikeln und aus zweiter Hand gekauften Artikeln. »Eine große Zahl der Läden verkauft keine neuen, sondern gebrauchte Fertigwaren.«[12] In Anknüpfung an die Schriften von Louis-Sébastien Mercier hat Laurence Fontaine die Vielfältigkeit dieser Art von vor allem von Frauen genutzten Handel im Paris des 18. Jahrhunderts vorgeführt.[13] So gab es zum Beispiel im Jahr 1725 in Paris neben 3500 Schneidern und Näherinnen (die neue Kleidung anfertigten oder alte Kleidung ausbesserten) 700 Händler für gebrauchte Kleidung und genauso viele Händlerinnen für gebrauchte Damenunterwäsche, zu denen noch 6000 bis 7000 Frauen hinzugefügt werden können, die mit Gütern aus zweiter Hand auf dem Schwarzmarkt handelten.[14] Daher kam, immer noch für den Fall der Bekleidung, die Bedeutung von Secondhandläden, die lange zumindest in den städtischen Unterschichten die Hauptquelle für die Anschaffung von gebrauchter Kleidung waren, welche so lange geändert oder ausgetauscht wurde, bis sie dermaßen abgetragen war, dass sie unbenutzbar wurde. Die starke Zunahme der Läden, deren Erfolg darauf beruhte, dass sie Kredit gewährten, ist so eher Teil einer »Wiedergewinnungsökonomie« als einer »Verbraucherwirtschaft«.[15] Eine solche Wiederverwendung der Gegenstände, deren Abstieg in den Orkus über die verschiedenen Stufen der so-

12 Patrick Verley, a. a. O., S. 276.

13 Laurence Fontaine, »The exchange of second-hand goods between survival strategies and ›business‹ in eighteenth-century Paris«, in: Laurence Fontaine (Hrsg.), *Alternative Exchanges. Second-hand circulation from sixteenth century to the present*, Oxford: Berghahn Books, 2008, S. 97-114.

14 Daniel Roche, *La Culture des apparences. Une histoire du vêtement, XVIIe-XVIIIe siècle*, Paris: Fayard, 1989, S. 328.

15 Ebd.

zialen Hierarchie verläuft, unterscheidet sich deutlich von dem Schicksal, das ihnen beschieden war, als die Massenproduktion sich zu entwickeln begann, die weitgehend auf der Standardform beruhte. Eines von deren Merkmalen besteht darin, noch benutzbaren Gegenständen nach relativ kurzer Zeit den Status von Abfall zu erteilen. Deshalb ist die Anhäufung von Abfall zu einem besonders kritischen und besonders heftig kritisierten Aspekt der Massenproduktion geworden.

Prototypen und Exemplare

Das heißt, dass man sich davor hüten sollte, der industriellen Revolution und dem Einsatz von Maschinen eine radikale Transformation anzukreiden, die zur Folge gehabt habe, dass handwerklich gearbeitete, für ihr Ideenreichtum und ihre Verschiedenartigkeit bewunderte Produkte brutal durch industrielle, für ihre plumpe Einförmigkeit verschriene Erzeugnisse ersetzt worden seien. Aus diesem Motiv speist sich die Künstlerkritik am Kapitalismus, die häufig in eine Kritik an der Industriegesellschaft insgesamt übergeht, wenn sie die Gegensätzlichkeit von Dingen aufbauscht, die auf sogenannte »traditionelle« Weise hergestellt würden, allesamt unterschiedlich seien und die man in gleichem Maße als »authentisch« bezeichne, wie diejenigen es gewesen seien, die sie mit ihren eigenen Händen angefertigt hätten, und den im Maschinenzeitalter hergestellten Dingen, die in Geschäften gegen Geld eingetauscht würden, was nicht nur zur Entfremdung der Arbeiter, die sie hergestellt hätten, und der Ladenbesitzer, die mit ihnen handelten, sondern auch zur Entfremdung derjenigen geführt habe, die sie begehren, kaufen und benutzen. Denn man kann genauso gut davon ausgehen, dass sogenannte handwerklich gefertigte Gegenstände, wie zum Beispiel Holzpantinen, einander zumindest in einer bestimmten Gegend sehr ähnlich sein können – was den Ethnologen, die sie heute liebevoll zusammensammeln, nicht entgangen ist –, und dass sogenannte Industrieartikel auch aufgrund ihrer Verschiedenartigkeit gefragt sein können – was die Sammler wissen, die sie gerade deshalb sammeln und in einen Zusammenhang bringen, um ihre Differenzen hervorzuheben.

Dabei wird außerdem übersehen, dass die Uniformierung der Dinge ihren Ausgang auch vom Christentum nahm. So ging die Grabplastik zur Zeit der Römer, wie Panofsky in seinen Vorlesungen über die Grabplastik zeigt, auf eine nahezu unbegrenzte Vielfalt von Erfahrungen und Diskursen zurück, die sich aus der offiziellen Religion, aus der literarischen und bildlichen Tradition der Mythologie der Initiationsriten und aus verschiedenen philosophischen Lehren speiste, sodass es unzählige verschiedene Grabstätten gab und neben dem Begraben der Leichname ohnehin noch eine Feuerbestattung möglich war. Die christliche Religion hat nun aber wenn nicht »dem verwirrten Verlangen der Menschen nach Unsterblichkeit« (wie Panofsky es ausgedrückt hat), so doch zumindest den auf dieses Thema bezogenen Diskursen und indirekt auch den Grabstätten eine einheitliche Richtung gegeben, die durch die »einigende[...] Kraft des Christentums« Einfachheit und absolute Folgerichtigkeit erlangten.[16] Demselben Vereinheitlichungsstreben begegnet man im 15. und 16. Jahrhundert in Deutschland wieder, als es darum ging, die Identität religiöser Bilder und vor allem des Bildes von Jesus Christus festzulegen. Ab dem 15. Jahrhundert, stellt David Freedberg fest, sind die mittlerweile günstigen und leicht erhältlichen, zum stillen Gebet bestimmten Bilder einem großen Teil der Bevölkerung zugänglich. Gleichzeitig unterliegen sie aber »einer unvorstellbaren Uniformierung«. Alle beten[17] vor identisch reproduzierten Bildern, auf denen Jesus Christus nach einheitlichen

16 Erwin Panofsky, *Grabplastik. Vier Vorlesungen über ihren Bedeutungswandel von Alt-Ägypten bis Bernini*, hrsg. v. Horst W. Janson (Aus dem Englischen von Lise Lotte Möller), Köln: DuMont Schauberg, 1964, S. 42, englische Originalausgabe 1964.

17 Um das Beten einfacher zu machen, soll man sich vor ein Bild setzen, auf dem eine Geschichte aus dem Evangelium zu sehen ist, und sich in das Bild versenken, erklärt im 16. Jahrhundert der heilige Franz von Borja, »denn die Funktion des Bildes besteht sozusagen darin, der Nahrung, die man zu sich nehmen muss, Geschmack und Würze zu verleihen, sodass man erst gesättigt

Kriterien zu erkennen ist. »Dadurch legen sich die vormaligen Identifizierungsschwierigkeiten und die Dringlichkeit, die von ihnen ausging«, schreibt Freedberg, »alle beten vor Bildern, deren Identität gesichert ist.«[18]

Die retrospektive Illusion von der Uniformierung der Dinge durch die industrielle Revolution, in dessen Mittelpunkt die Abscheu vor Fabriken, Maschinen und Geld steht – im Unterschied zu den Verkaufsständen der Handwerker, der Geschicklichkeit der Hände und der edlen Gabe –, verschleiert einen bedeutenden Einschnitt in der Ordnung der Dinge, der vornehmlich im ersten Drittel des 20. Jahrhunderts erfolgt, als sogenannte *Standardprodukte* beginnen, den Bereich der alltäglichen Tauschgeschäfte zu erobern.[19]

Für die Objektwelt stellte die Entwicklung der Standardform zwar eine noch nie dagewesene Neuerung dar, aber diese verdankte keineswegs alles den Maschinen – auch wenn ihre Entfaltung auf dem Einsatz von Maschinen beruhte – und dem Geld – auch wenn ihre Entstehung durch das Profitstreben gefördert wurde. Da sie nicht nur von technischen, sondern auch von organisatorischen und rechtlichen Veränderungen ihren Ausgang nahm, die mit einem Wandel der Klassenverhältnisse einhergingen, ist die Standardform weniger durch Uniformierung und Seriation als durch eine Neuverteilung der Dinge nach Maßgabe einer Differenz gekennzeichnet, die zwar nicht absolut neu gewesen ist, aber bis dahin noch nie in einem solchen Maße her-

ist, wenn man sie verspeist hat« (David Freedberg, *Le Pouvoir des images*, Paris: Gérard Monfort, 1998, S. 205, englische Originalausgabe 1989).

18 Ebd., S. 202.

19 Das massenhafte Hereinbrechen von industriell hergestellten Konsumgütern, das die Zwischenkriegszeit prägen sollte, setzt zu Beginn des 20. Jahrhunderts vor allen Dingen in den Vereinigten Staaten ein. Paul Bairoch nennt den Ventilator, Waschmaschinen, das Grammophon, das Radio, das Motorrad und natürlich das Automobil (vgl. Paul Bairoch, a. a. O., Bd. II, S. 41). Eine Beschreibung vieler Standardartikel mitsamt ihrer Geschichte und dem Zeitpunkt ihres Aufkommens findet sich in: Jack Challoner (Hrsg.), *1001 Erfindungen, die unsere Welt veränderten* (Aus dem Englischen von Stefanie Kuballa-Cottone), Zürich: Olms, 2015, englische Originalausgabe 2009.

vorgetreten war. Der Knotenpunkt, an dem sich diese Differenz festmachen lässt, betrifft die Beziehung zwischen *Dingen* und *Personen* und kann als solcher ontologisch genannt werden. Bis zum Aufkommen der Standardform beruhte die Seinsontologie im Wesentlichen auf einer – aus der aristotelischen Metaphysik stammenden und von den scholastischen Philosophen weitgehend übernommenen – Trennung von sogenannten natürlichen Wesen, »welche aus der Natur hervorgeh[en]«, und »Werktätigkeiten«, das heißt Wesen, die »durch Kunst« entstehen und in denen sich ein Stoff, der nicht erzeugt wird, sondern »vorhanden« ist, und eine Form, die »im Geiste des Künstlers« liegt, verbinden. Deshalb führt »das Gewordene nicht den Namen dessen [...], woraus es geworden ist« (eine eherne Kugel heißt nicht Erz, sondern ehern, das heißt *aus* Erz). Doch auch die Form selbst ist als Wesenheit vorhanden, »hervorgebracht« wird »die nach ihr benannte Vereinigung« von Form und Stoff – eine Vereinigung, die ihre Existenz dem Wirken des Künstlers verdankt.[20] Auf der Grundlage der Unterscheidung von Stoff und Form kann jede Wesenheit, deren Entstehung auf menschlichem Wirken beruht – jedes Artefakt – folglich als eine Konstellation betrachtet werden, deren Washeit (»als welches es an sich bezeichnet wird«[21]) durch das Einwirken von Körpern auf vorhandene Stoffe hervorgebracht wird, deren Intention darin besteht, diesen Stoffen eine Form zu verleihen. Daraus folgt, dass man jeden artefaktischen Gegenstand zumindest implizit insofern als Ergebnis einer Art Verschmelzung von Dingen und Personen ansehen konnte, als in der Substanz jedes Artefakts Spuren der Intentionen des- oder derjenigen zurückbleiben sollen, der oder die es angefertigt haben, aber auch Spuren der Intentionen des- oder derjenigen, der oder die ihn unbedingt besitzen wollten und ihn in Auftrag gegeben haben.[22]

---

20 Aristoteles, *Metaphysik*, hrsg. v. Ursula Wolf (Aus dem Griechischen von Hermann Bonitz), Reinbek bei Hamburg: Rowohlt Taschenbuch Verlag, Neuausgabe 1994, S. 189-199 (1032a-1036a).

21 Ebd., S. 181 (1029b).

22 Was eine zeitgenössische Neuinterpretation dieser Vorstellungen anbelangt, vgl. Richard Sennett, *The Craftsman*, New Haven/London: Yale University

Diese Vorstellung, deren Weg vom Mythos der Chora (den Platon im *Timaios* ausgearbeitet hat) über eine christliche Neuinterpretation der griechischen Philosopheme, die durch die klassische Schulbildung weite Verbreitung erfuhren,[23] bis in die Alltagsmetaphysik verlaufen ist, schafft die Standardform nicht aus der Welt, aber sie verteilt die Rollen anders. Die Neuerung, die diese Art der Hervorbringung und auch Wertermittlung von Dingen darstellt, beruht nämlich auf der Unterscheidung zwischen der Erschaffung eines *Prototyps* auf der einen Seite, der ein vollumfänglich realisierter Gegenstand sein oder bloß in virtueller Form vorliegen kann, und der Herstellung von Gegenständen, die diesen Prototyp in Form einer a priori unbegrenzten Zahl von *Exemplaren* reproduzieren. Nur letztere stehen zum Verkauf und werden Teil der Warenwelt. Im Rahmen dieser neuen Konstellation konzentriert nun aber der Prototyp all jene Spuren menschlicher Intentionen auf sich, die ausschlaggebend für die Entwicklung des Gegenstands waren, dessen Beschreibung in Form eines Patents verstetigt wird, das – nach Richtlinien, die der Gesetzeslage entsprechen – seine einschlägigen Eigenschaften festlegt, das heißt durch einen Rechtsakt, der gewährleistet, wer jeweils das Monopol auf die Produktion der den Prototyp reproduzierenden Exemplare und damit auf die Profite besitzt, die durch deren Verkauf erzielt werden können. Aber als die ausschließlichen Gegenstände, welche die Kunden sich aneignen – von denen jeder Einzelne den Gegenstand, den er erworben hat, so betrachten kann und so behandeln wird, als sei er etwas Einzigartiges, weil er ja jetzt ihm gehört –, tragen diese Exemplare als Einzelne keine Spuren der menschlichen Intentionen mehr in sich, die sich unverändert auf das einzige We-

---

Press, 2008 ⟨dt.: *Handwerk* (Aus dem Amerikanischen von Michael Bischoff), Berlin: Berlin-Verlag, 2008⟩.

23 Vgl. Émile Durkheim, *L'Évolution pédagogique en France* (1938), Paris: PUF, 1969, besonders das Kapitel über Rabelais, S. 205-219 ⟨dt.: *Die Entwicklung der Pädagogik. Zur Geschichte und Soziologie des gelehrten Unterrichts in Frankreich* (Aus dem Französischen von Ludwig Schmidts), Weinheim und Basel: Beltz Verlag, 1977, S. 165-176⟩.

sen konzentrieren, auf das sich die Exemplare beziehen und das nichts anderes ist als der Prototyp. Erst diese Anordnung von Prototyp und Exemplaren macht den Bruch verständlich, den die Standardform im Verhältnis zu der Vereinheitlichung der Dinge darstellt, die eine Institution wie die Kirche hervorzubringen vermochte, aber ohne dass sich diese Vereinheitlichung zum Beispiel der Gräber oder der Jesusbilder auf einen Prototyp stützen konnte.

Von daher kann man sagen, dass durch die Standardform Wesenheiten Eingang in die Dingwelt finden, die insofern ganz neue Eigenschaften besitzen, als ihre Besonderheit darin besteht, dass sie, obwohl sie ein Produkt menschlichen Wirkens sind, *Gegenstände an sich* darstellen – einfach nur Dinge und nichts sonst –, da ihr humaner Anteil sich vollständig auf den Prototyp konzentriert. Erst im Augenblick ihrer Aneignung besteht die Aussicht, dass diese Gegenstände wieder menschliche Gestalt annehmen, wenn man so sagen kann, weil sie dann als Sache für jemanden von Belang sind, dem sie gehören, der sie mit seinen Wünschen besetzt und ihnen schon allein dadurch eine andere Richtung gibt, dass er sie benutzt, das heißt, sie einer Behandlung unterzieht, die auf verschiedenen Lebensumständen beruht und deshalb immer etwas Besonderes hat. Wenn sie aber zum Beispiel am Ende nicht verkauft werden können, auch wenn sie in einwandfreiem Zustand sind, und die Lagerhäuser blockieren, gehören sie zu jenem Ramsch, der im Ausverkauf zu Spottpreisen verschleudert wird. In diesem System besteht die einzige Verbindung zwischen Gegenständen und Menschen im Besitz; nur der Besitz kann den einzelnen Exemplaren eine eigene Identität verleihen.

Dies ist wahrscheinlich der Grund, warum die Geschäfte, die diese Exemplare zum Verkauf anbieten, es in der Regel vermeiden, eine große Zahl verschiedener Exemplare desselben Artikels gleichzeitig nebeneinander zu zeigen – vor allem dann, wenn es sich um kostspielige und emotional besetzte Dinge (wie zum Beispiel Qualitätsprodukte oder Luxusartikel) handelt. Und es ist wahrscheinlich auch der Grund, warum die Fabriken, in denen diese Dinge hergestellt werden und in denen sie reihenweise in ihrer Massenhaftigkeit zu sehen sind (wie am Fließband), in der Regel für potenzielle Käufer nicht zugänglich sind oder sogar schamhaft verborgen werden, als ob ihre konsumistische Bestimmung sozusagen aus dem kollektiven Bewusstsein getilgt werden soll. Andererseits hängt aber davon, dass sie keine Einzelstücke sind und vollständig mit dem Prototyp übereinstimmen, das Vertrauen ab, das die potenziellen Verbraucher in die Exemplare setzen, auf die sie das Vertrauen übertragen, das sie in den Prototypen und in die Firma haben, in der er entwickelt wurde. Deshalb entsteht durch die Ermittlung des Werts der Dinge im Rahmen der Standardform eine maximale Diskrepanz zwischen neuen Gegenständen und gebrauchten Dingen. Denn allein ein neuer Gegenstand kann völlige Übereinstimmung mit dem entsprechenden Prototyp für sich in Anspruch nehmen und dadurch seine Dinglichkeit in Reinform entfalten, da menschliche Intentionalität ihm ja nur durch Aneignung und Gebrauch erneut zufallen kann.

Das ungebremste Wuchern unpersönlicher Dinge

Man kann in dieser Transformation der Beziehung zwischen Dingen und Personen, durch die sich im Zuge der Entwicklung der Standardform die Identität der Dinge allein auf den Prototyp verlagert, eine Art Projektion der radikalen Asymmetrie zwischen geistiger Arbeit und Handarbeit – in der für Marx ein besonders spezifisches Merkmal des Kapitalismus bestand – auf die Dinge selbst sehen. Während die Spuren der für seine Produktion erforderlichen geistigen Arbeit direkt an der Figur des Prototypen festgemacht und gepriesen werden, sodass daraus in manchen Fällen ein andächtig konservierter, vergötterter Gegenstand wird – was eine strukturelle Analogie zum Ursprünglichkeits- oder Herkunftskult aufweist (und dadurch Übergänge von der Standardform zur Sammlerform möglich macht) –, besteht die Wertschätzung der Exemplare lediglich darin, dass sie nichts anderes sein sollen als vollkommene Reproduktionen des Prototyps, das heißt nicht darin, dass sie als solche für sich selbst stehen, sondern nur darin, dass sie – im Sinne einer Vertretung – für die prototypischen Eigenschaften stehen, die ihr Modell verkörpern. Das geht so weit, dass die Entdeckung noch der kleinsten Differenz zwischen dem Prototypen und einem seiner Exemplare, die Aufgabe der Qualitätskontrolle ist, als Fehler des Exemplars betrachtet wird, das durch die mangelnde Übereinstimmung entstellt wird und seinen gesamten Marktwert verliert.

Die Möglichkeit, dass sich ein Gegenstand (der Prototyp) in einem anderen (dem Exemplar) exakt *wiederholt*, das heißt, die Möglichkeit einer differenzlosen Erzeugung und Vervielfältigung stellt einen Kraftakt dar, wie er vor dem Aufkommen der Standardform weder in der natürlichen noch in der kulturellen Ordnung je vollzogen worden ist, und verdankt sich durchaus dem Einsatz von Maschinen. Allerdings nur, insofern dieser mit einer radikalen Änderung der Arbeitsorganisation und der rechtlichen Regelungen einherging, durch die im Übergang von der Manufaktur zur Fabrik ein Arbeitsprozess, der auf dem Zusammenspiel von Einzelarbeitern beruhte, zwischen denen eine Aufteilung der Zuständigkeit für verschiedene Bestandteile des Endprodukts (was Marx »subjektive« Arbeitsteilung nennt) theoretisch möglich gewesen wäre, in eine Produktionsweise verwandelt wurde (die Marx »objektiv« nennt), bei der die Herstellung der die Fabrik verlassenden Exemplare allein dem Produktionssystem selbst zukommt.[24]

Eine solche Reproduktion geht auf eine rein mechanische Arbeitsweise zurück, durch die keine der besonderen Eigenschaften des Agens, das diese Arbeit ausgeführt hat, auf den Körper der Sache übertragen werden soll. Ob es sich bei diesem Agens um eine Maschine oder um einen Menschen handelt, spielt keine große Rolle, da die von ihm erwartete Aufgabe nur dann als erledigt gilt, wenn es die Vorschriften, Instruktionen und Anweisun-

24 Karl Marx, *Das Kapital*, Erster Band, in: Karl Marx/Friedrich Engels, *Werke*, Bd. 23, Berlin: Dietz Verlag, 1971, Dreizehntes Kapitel, S. 400-465.

gen ganz genau befolgt hat. Während die Arbeit, welche die Anfertigung des Prototyps möglich gemacht hat, als *kreativ* gilt, wird die Reproduktionsarbeit nach Kriterien des bloßen Machens betrachtet, die als solche an unterschiedliche Formen der Knechtung erinnern. Diese Vorstellung von Arbeitsteilung, die wahrscheinlich von der Kampfbereitschaft bis zur Organisation der Waffenarsenale aus militärischen Zusammenhängen stammt, erreichte ihren Höhepunkt und wurde zur üblichen Herstellungsweise von einfachen Gebrauchsgegenständen, als die Standardform im Zuge der Herausbildung und der anschließenden allmählichen Umsetzung der tayloristischen Prinzipien sich voll entwickelt hatte, zu deren Hauptzielen es gehörte, die kapitalistischen Unternehmen von der Macht, die angeblich die Facharbeiter über die Produktion hatten, unabhängig zu machen.[25] Die tayloristische Arbeitsorganisation ist nämlich nicht vorrangig durch die Bedeutung gekennzeichnet, die sie Maschinen beimisst, sondern dadurch, dass sie die unvermeidlichen menschlichen Handgriffe Personen überlasst, die sich mühelos und schnell ersetzen lassen, weil jede dieser Personen nur noch relativ unspezifische Einzelaufgaben zu verrichten hat, für die bloß allgemeine Kompetenzen erforderlich sind.

---

25 Der Taylorismus hat die Erfüllung eines Wunsches ermöglicht, der die Herstellungsbetriebe seit dem ersten Drittel des 19. Jahrhunderts umgetrieben hatte. So findet sich in dem 1835 erschienenen Buch *Philosophy of manufactures* von Andrew Ure (an dem Marx sich häufig mit kritischer Verve abgearbeitet hat), folgende Bemerkung: »Infolge der Schwäche der menschlichen Natur kommt es vor, daß ein Arbeiter, je geschickter er ist, um so eigensinniger und unlenksamer werden kann und natürlich um so weniger geeignet als Glied eines mechanisierten Systems, in welchem er durch seine gelegentlichen Unregelmäßigkeiten der Gesamtheit großen Schaden zufügen kann. Eine große Sorge des Industriellen heute ist, durch Verbindung von Kapital und Wissenschaft die Aufgabe seiner Arbeiter auf die Ausübung von Wachsamkeit und Gelenkigkeit einzuschränken – also auf Fähigkeiten, die in der Jugend schnell zur Vollkommenheit gebracht werden können, wenn sie auf einen einzigen Arbeitsvorgang konzentriert werden« (zitiert in Georges Friedmann, *Problèmes humains du machinisme industriel*, Paris: Gallimard, 1946, S. 184 ⟨dt.: *Der Mensch in der mechanisierten Produktion* [Aus dem Französischen von Burkart Lutz unter Mitwirkung von Katharina Fuchs], Köln: Bund-Verlag, 1952, S. 198⟩).

Eben weil ihr vorgeworfen wurde, Arbeiter wie Maschinen zu behandeln und Menschen in Automaten zu verwandeln, wurde die Standardform zwischen 1920 und 1930 denn auch heftig kritisiert, als sie ihr höchstes Ausmaß erreicht hatte, dessen Inbegriff das von Henry Ford gegründete Automobilunternehmen darstellte. Einem ersten Widerhall davon begegnet man in der Literatur, zum Beispiel in Aldous Huxleys 1932 erschienenen Zukunftsroman *Schöne neue Welt*, der im Jahr 632 einer neuen Zeitrechnung namens *Ford* spielt, oder bei dem sozialistischen Schriftsteller Upton Sinclair, der 1937 unter dem Titel *The Flivver King* (dt.: *Am Fließband*) einen satirischen Roman über die Ford-Werke veröffentlichte, aber auch im Kino, in dem Film *Es lebe die Freiheit* von René Clair (1931), der die fordistische Arbeitsorganisation als Gefängnissystem beschreibt, oder auch in *Moderne Zeiten* von Charlie Chaplin (1936).[26] Im selben Zeitraum schreibt Walter Benjamin den Aufsatz »Das Kunstwerk im Zeitalter seiner technischen Reproduzierbarkeit«,[27] in dem die Einzigartigkeit des Originals und die Bedrohung hervorgehoben wird, welche die Reproduktion für die Aura des Kunstwerks darstellt, sodass sich die Furcht vor einer möglichen Ausweitung der Standardform bis zur Vereinnahmung dessen vergrößert, was in den Augen der Philosophen der Frankfurter Schule, und zwar vor allem Adornos, die letzte Bastion der Zivilisation gegen die Maschinenbarbarei darstellt, nämlich die Welt der Kunst und der Kultur.[28]

26 Vgl. David Hounshell, a. a. O., S. 315-323.

27 Walter Benjamin, »Das Kunstwerk im Zeitalter seiner technischen Reproduzierbarkeit«, in: ders., *Gesammelte Schriften*, Bd. I, 2, Frankfurt am Main: Suhrkamp Verlag, 1974, S. 431-469 (Erste Fassung) und S. 471-508 (Zweite Fassung).

28 Der Gedanke liegt nahe, dass die Bestürzung, welche die Entwicklung der Standardisierung der Dinge ausgelöst hatte und eine ähnliche Standardisierung bei Menschen befürchten ließ, eine Rolle bei der Welle von Fragen gespielt hat, die ab den 1930er Jahren in den Vereinigten Staaten in der Philosophie und in der Literatur aufgeworfen wurden. Sie wischte Deweys Fortschrittsoptimismus vom Tisch und eroberte so die US-amerikanische Geisteswelt. Vgl. Mark Greif, *The Age of the Crisis of Man*, Princeton: Princeton University Press, 2015.

Diese Organisationsform der Produktion ist nicht nur in dem Sinne kapitalistisch, dass sie den Profit gesteigert hat, indem sie die Ausbeutung der Arbeitskraft verstärkte und die Gewinnung von Mehrwert erlaubte. Sie ist es auch, insofern sie die analytische Präsentation zu einer Frage des Eigentums gemacht hat, wodurch das Gefälle zwischen Besitzenden und Nicht-Besitzenden ins Unermessliche wächst. Da sie auf einer Kodifizierung beruht, entsteht durch die Standardisierung eine radikale Asymmetrie zwischen den Eigentümern des Codes der analytischen Präsentation und denjenigen, die diesen Code lediglich reproduzieren oder anwenden. Die allgemeine Geltung von Patenten und des Rechts am geistigen Eigentum, die ursprünglich von der Welt der Kommunikation und insbesondere der Buchbranche ihren Ausgang nahm, bevor sie auf alle ob nun materiellen oder immateriellen Dinge ausgeweitet wurde, die sich in gewerblicher Form in Umlauf bringen lassen, hat einen Enteignungseffekt, der häufig zu Recht mit den Folgen der *enclosures* verglichen worden ist – jenen Einhegungen, in denen sich Marx zufolge ein Vorbote der kapitalistischen Akkumulation im großen Stil erkennen ließ. Angesichts der mit der Entwicklung der Standardisierung verknüpften Ausweitung des industriellen Eigentums sind die Produktionsmittel nicht mehr vorrangig Eigentum derjenigen, welche die Geräte und die Ausrüstung besitzen, die für die Produktion der Standardartikel erforderlich sind, sondern auch bzw. sogar vor allem derjenigen, die das durch ein Patent offiziell bestätigte geistige Eigentumsrecht an dem Code innehaben, der dem Prototypen und/oder einem Modell des Prototypen zugrunde liegt, welchem die Verbesserungen und die auf einer Standardisierung der verwendeten Symbole beruhende Kodifizierung des Industriedesigns Rechtmäßigkeit verleihen. Es ist zunächst und vor allem der Besitz eines Patents, der dessen Inhaber die Möglichkeit eröffnet, Unternehmer zu werden, wenn es ihm gelingt, Investoren und Banken davon zu überzeugen, dass es profitabel ist, ihm Kredit zu gewähren und ihm die Mittel an die Hand zu geben, um Artikel in a priori unbegrenzter Stückzahl zu produzieren und zu vermarkten, deren Eigenschaften das Patent festgelegt hat und die von nun an von anderen nicht mehr legal hergestellt werden können.

Die durch die Entfaltung der Standardform im Verhältnis zu den Artefakten verursachte Asymmetrie macht sich nicht nur im Bereich der Produktion, sondern auch auf dem Gebiet des Konsums und des Gebrauchs bemerkbar. Im Zuge der Verbreitung von Standardartikeln verliert der Käufer die Macht, die Eigenschaften des Artikels, den er beabsichtigt zu erwerben, vorab zu definieren oder sogar ein Vorkaufsrecht auf ihn wahrzunehmen – eine Macht, die ihm denn auch ausdrücklich streitig gemacht wird, als die Standardform den höchsten Punkt ihrer Entwicklung erreicht. Sie erweist sich nämlich zu häufig als irrational, ja absurd, weil es sich »um eine persönliche Launc handelt«, wie Henry Ford in seinen Memoiren zur Rechtfertigung der Option schreibt,[29] das Unternehmen auf die Produktion eines nachgerade rationalistisch durchgeplanten, an einem als optimal geltenden Kaufpreis orientierten Einheitsmodells zu konzentrieren (eine, wie man meinen möchte, »veblenianisch« anmutende Kritik, die bei Ford ausdrücklich gegen die Frauen gerichtet ist, denen er vorwirft, Handlangerinnen dessen zu sein, was wir Trendform nennen). Und zwar damit man in der Lage ist, den irrationalen Wünschen der Einzelpersonen Paroli zu bieten und über die Mittel zu verfügen – wie Marx sagt –, Konsum und Konsumenten zu produzieren (»indem sie die […] Consumtion schafft«, »producirt die Production die Consumtion«[30]). Im Rahmen dieser

29 Zitiert nach François Eymard-Duvernay, *Le Travail dans l'entreprise. Pour une démocratisation des pouvoirs de valorisation, document de travail* (Collège des Bernardins, département économie), April 2011, S. 26 ⟨dt.: in: Henry Ford, *Mein Leben und Werk* (Einzig autorisierte deutsche Ausgabe von Curt und Marguerite Thesing), Leipzig: Paul List Verlag, o. J., S. 83⟩. François Eymard-Duvernay ist hier zu folgen, wenn er anmerkt, dass diese Position der neoklassischen Standardtheorie widerspricht, die im Verbraucher den einzigen Akteur sieht, der über Bewertungsmacht verfügt.

30 Karl Marx, »Ökonomische Manuskripte 1857/58 (Einleitung zu den ›Grundrissen der politischen Ökonomie‹)«, in: Karl Marx/Friedrich Engels, *Gesamtausgabe* (MEGA), *Zweite Abteilung »Das Kapital« und Vorarbeiten*, Bd. 1, Berlin: Akademie Verlag, 2. Aufl. 2006, S. 30.

neuen Konstellation können die Prototypen zwar weiterhin einen Teil der Intentionen der potenziellen Käufer in sich tragen. Doch da diese mit Hilfe der Marktforschung zusammengetragenen Intentionen – worin eine der Hauptaufgaben des Marketings besteht – keine Verbindung mehr zu den Optionen und Wünschen von Privatpersonen aufweisen, werden sie auf der Grundlage statistischer Datensätze rekonstruiert, die sie einer Kategorie potenzieller Käufer oder einer Marktnische für potenzielle Käufer zuweisen.[31]

Die Binnenspannung der Standardform

Die Standardform hat die »Massenproduktion« möglich gemacht. Diesem zwischen 1920 und 1930 geprägten Ausdruck war von Anfang an ein enormer Erfolg beschieden. Wenn man jedoch den Analysen von David Hounshell folgt, ist diese Bezeichnung vor allem für die Beschreibung eines Projekts angemessen, zu dessen Sinnbild Henry Ford geworden ist und das sich in dieser Form ungefähr zwischen 1913 und 1925 herausgebildet hat und allmählich weiterentwickelt wurde. Was Peter Drucker die von Ford vollbrachte »wirtschaftliche Revolution« genannt hat, lässt sich nicht auf die Erfindung des Fließbands reduzieren. Sie beruht vor allem darauf, gezeigt zu haben, dass die Firma die größten Profite einfahren konnte, wenn sie die Produktion bei

31 Die Anstrengungen zu einer besseren Anpassung an die Kundennachfrage, die ab den 1980er Jahren infolge einerseits der Sättigung der Märkte für ganz alltägliche Artikel und andererseits aus der Kritik an der Massenproduktion unternommen wurden, haben in einer besonders starken Konkurrenzsituation die Herstellung differenzierterer Güter nach sich gezogen. Es sei jedoch darauf hingewiesen, dass diese Diversifizierung des Angebots, die sich häufig auf die Forderung nach größerer Authentizität berufen hat, keine grundlegende Veränderung der Haupteigenschaften der Standardform bewirkte. Was die Annahme bestätigt, dass letztere eher mit Hilfe des sich wandelnden Verhältnisses von Prototypen und Exemplaren charakterisiert werden sollte als durch eine Einförmigkeit der zum Verkauf stehenden Dinge, die dank der neuen Produktionssysteme überwunden werden konnte.

gleichzeitiger Verringerung der Produktionskosten maximierte, das heißt, wenn sie die Monopollehre umschiffte.[32] Die Art von Management und Marketing, die den Erfolg von Fords Modell T möglich gemacht hatte, traf jedoch ab der zweiten Hälfte der 1920er Jahre auf Hürden, als Fords Konkurrenten begannen, ausgefeiltere Wagen zu entwickeln und vor allen Dingen Produktionstechniken einzusetzen, die eine rasche Erneuerung der Modelle und eine quasi ununterbrochene Schaffung neuer Differenzen erlaubten. Die Standardform stößt dabei nämlich auf einen Widerspruch, der vom Schema her folgendermaßen aussieht: Die Verringerung der Kosten und das Senken der Verkaufspreise machen hohe Investitionen in die Produktionsanlagen erforderlich. Aber damit diese Investitionen sich amortisieren, müssen Produktion und Verkauf der auf denselben Prototyp abgestimmten Exemplare über einen langen Zeitraum hinweg aufrechterhalten werden. Zwar sind die Stückzahlen bei der Standardform grundsätzlich unbegrenzt, aber wenn die angebotenen Artikel identisch mit dem Prototyp bleiben, aus dem die Serienproduktion hervorgegangen ist, kommt es vor allem dann leicht zu einem Versiegen der Nachfrage, wenn die Artikel so unverwüstlich sind wie das Modell T von Ford und keine so großen technischen Schwachstellen aufweisen, dass ihre Erneuerung erforderlich ist. Und eine solche Sachlage ermutigt nun nicht gerade dazu, neue Investitionen auf den Weg zu bringen.

Aus diesem Grund gab Ford im Jahr 1926 schweren Herzens die Produktion des T-Modells auf, obwohl er es weiterhin für vollkommen rational und passend für die Bedürfnisse der Massen hielt, und stürzte sich in die Serienproduktion von Exemplaren eines anderen Prototyps, nämlich des A-Modells. Dieser auf finanziellen Gründen beruhende Verzicht machte den Hoffnungen ein Ende, die in die unbegrenzte Entwicklung der Standard-

---

32 Peter F. Drucker, *Concept of the Corporation* (1946), New York: John Day, 1972, S. 219f. ⟨dt.: *Das Großunternehmen. Sinn, Arbeitsweise und Zielsetzung unserer Zeit* (Aus dem Amerikanischen von Ulf Pacher), Düsseldorf/Wien: Econ-Verlag, 1966, S. 259f.⟩.

form als ultimativer Ausdrucksform technischer Rationalität gesetzt worden waren. Indirekt gab dies der von Thorstein Veblen formulierten Kritik Recht, der seit Beginn des Jahrhunderts nicht müde geworden war, den Vorrang kommerzieller Motive vor den Produktionserfordernissen und die Macht der Banker über die Erfinder und Ingenieure anzuprangern.[33]

Man muss allerdings zugeben, dass die rasche Erschöpfung der Standardform, die in Reinform nur in den kommunistischen Ländern beibehalten wurde (was wahrscheinlich zu deren Untergang beigetragen hat[34]), sich durch einen Wandel auf Konsumentenseite beschleunigte, den die Standardform selbst möglich gemacht hatte. Ursprünglich ging die Entwicklung der Standardform mit einer von ihr angeregten, veränderten Rolle der Gegenstände einher, in denen soziale Unterschiede zum Ausdruck kamen. Im Rahmen der Entwicklung des Liberalismus, der jede Person zum Erwerb eines Guts berechtigte, die über die finanziellen Mittel dazu verfügte, sorgte die Vervielfachung von reinen Gegenständen, wie Standardartikel sie darstellen, für die Aufhebung oder Abschwächung der Statusschranken, die bis dahin einen Zusammenhang zwischen der sozialen Stellung und den gekauften Gütern hergestellt hatten. So hat sich das Produktionssystem der Art und Weise angepasst, wie in einer liberalen Gesellschaft die Klassenverhältnisse und die Ungleichheiten gehandhabt werden, die zu weiten Teilen auf ungleiche finanzielle Ressourcen zurückgehen. Die Demonstration der sozialen Stellung verlagert sich dadurch vor allem auf den Besitz von im Neuzustand erworbenen Artefakten, was das Gewicht anderer Statussymbole tendenziell verringert. Doch diese Sachlage führt schnell zu Konkur-

33 Einen Gesamtüberblick über die kritischen Ideen von Thorstein Veblen gibt Raymond Aron, »Avez-vous lu Veblen?«, in: ders., *Les Sociétés modernes*, hrsg. u. eingeleitet von Serge Paugam, Paris: PUF, 2006, S. 239-266.

34 Vgl. Georgi Derluguians vorzügliche Analyse der Probleme, auf welche die Massenkonsumgüterproduktion in der UdSSR stieß, in: Immanuel Wallerstein et al., *Stirbt der Kapitalismus?* (Aus dem Englischen von Thomas Laugstien), Frankfurt am Main/New York: Campus Verlag, 2014, S. 123-162, englische Originalausgabe 2013.

renz zwischen Personen hinsichtlich des Erwerbs von Gegenständen, die wie Distinktionsmerkmale behandelt werden, was wiederum die Konkurrenz zwischen den Dingen anfacht, die jeweils die Differenzen deutlich machen müssen, in denen ihre Identität besteht. Da die sozialen Unterschiede vor allem darin zum Ausdruck kommen, dass man Dinge besitzt, die andere nicht besitzen, sind Produzenten und Händler angehalten, immer differenziertere Artikel anzubieten, was das Veralten der bereits vorhandenen Dinge und ihre Erneuerung nach sich zieht, schon bevor sie nicht mehr benutzt werden können. In Anbetracht der Grenze, welche die Standardform auf diese Weise erreicht, wird denn auch die Bedeutung verständlich, die das, was wir Trendform nennen, im Kapitalismus der Gegenwart gewonnen hat. Sie machte sich erstmals bemerkbar, als in der Zwischenkriegszeit die Firmen in den Vereinigten Staaten begannen, den Bau von Einfamilienhäusern und die Herstellung des Mobiliars zu standardisieren. Diese Versuche schlugen nun aber am Ende fehl, weil sie Dinge betrafen, mit denen die Menschen etwas verbinden wollten, das ihrer Meinung nach konstitutiv zu ihrer Intimsphäre gehörte.[35] Wenn sie über die Mittel dazu verfügten, neigten die möglichen Käufer also dazu, sich von diesen Produkten trotz ihres sehr günstigen relativen Preises zugunsten von Produkten abzuwenden, die teurer waren, aber in ihren eigenen und in den Augen der anderen besser und direkter zum Ausdruck brachten, was sie für ihre Besonderheit, das heißt für ihren eigenen Geschmack hielten, wobei sie nicht zur Kenntnis nahmen, dass auch dieser sozial konstruiert war, worüber die Soziologen sie umgehend – wenn auch vergeblich – unterrichtet haben.

Die Reaktion der Firmen auf diese Situation bestand darin, von den in die absolute Standardisierung gesetzten Hoffnungen in Richtung auf etwas abzurücken, das flexible Massenproduktion genannt wurde. Diese gab die Standardisierung nicht auf, wandelte sie aber in zwei Hinsichten ab: auf der Ebene der Produktion durch den Einsatz von Instrumenten, die variable Proto-

35 Vgl. David Hounshell, a. a. O., S. 263-301.

typen und dadurch die Erzeugung von Exemplaren zuließen, deren Differenzen deutlich genug waren, um die ostentativen Distinktionserwartungen zu befriedigen, ohne dass dafür gleich die Fertigungsmaschinen und Fließbänder von Grund auf modifiziert werden mussten; auf der Ebene der Vermarktung durch das Ausnutzen psychologischer und soziologischer Erkenntnisse, sodass Marketingtechniken entwickelt werden konnten, mit deren Hilfe die vermeintlich spontanen und unvorhersehbaren Vorlieben der Verbraucher nachvollzogen und beeinflusst werden konnten.

Doch die Probleme, auf die solche, auf die Vereinbarkeit von Standardisierung und Differenzierung zielenden Prozesse eine Antwort geben sollten, haben sich schnell als unerschöpflich erwiesen. Das belegt ihre Wiederkehr in alter Stärke in den 1980er Jahren, als der Kapitalismus sich einer Situation stellen musste, die einerseits durch Produktionsüberkapazitäten und andererseits vom Versiegen der kaufkräftigen Nachfrage gekennzeichnet war. Wie 50 Jahre vorher bestanden manche der vorgeschlagenen Lösungen im Vorantreiben einer Radikalisierung der flexiblen Massenproduktion – der sogenannten »behutsamen Spezialisierung« – und der neuerlichen Würdigung von Herstellungsweisen, die sich auf die diversifizierten Kompetenzen in den Werkstätten beriefen, in denen auf Knowhow und Traditionen mit lokalen Wurzeln zurückgegriffen wurde.[36] Man kann in dieser Option, die sich auf Fallstudien vor allem in Italien und Frankreich stützte, eine Vorform der ökonomischen Wende sehen, die den Übergang zu einer Bereicherungsökonomie markierte.

36 Vgl. Michael Piore/Charles Sabel, *Les Chemins de la prospérité. De la production de masse à la spécialization souple*, a. a. O., und Arnaldo Bagnasco/Charles Sabel, *PME et développement économique en Europe*, a. a. O.

Wie die vorangegangenen Analysen nahelegen, kann das Gewicht, das einer bestimmten Form der Wertermittlung von Dingen in einer gegebenen Gesellschaftsformation zukommt, so groß sein, dass der Einfluss dieser Form zunimmt und bis in Praktiken vordringt, die den Handel gar nicht direkt betreffen. Durch sie können sogar die Vorstellungen in eine andere Richtung gehen, die man sich von der betreffenden Formation macht, um sie zu beschreiben, um ihre Errungenschaften zu preisen oder aber um sie zu kritisieren, das heißt, sie beeinflusst sogar weitverbreitete und in dieser Hinsicht dominant zu nennende Ideologien.

Am Fall der Standardform lässt sich das klar erkennen: Da sie vor allem aus Fabriken stammende Gegenstände betraf, wurde mit ihr eine besondere Art von Gesellschaft assoziiert, nämlich die sogenannte – ob nun gepriesene oder kritisierte – Industriegesellschaft. Denn diese wurde in manchen Fällen dafür gerühmt, dass sie – in Bezug auf die Verbesserung der alltäglichen materiellen Lebensbedingungen – Fortschritt und – in Verbindung mit der Entwicklung der Demokratie – Freiheit mit sich brachte,[37] und in anderen Fällen abgelehnt, und zwar gleichzeitig – was

37 Dafür gibt es eine Vielzahl von Beispielen, darunter Raymond Aron, *Dix-huit leçons sur la société industrielle,* Paris: Gallimard, 1962 ⟨dt.: *Die industrielle Gesellschaft. 18 Vorlesungen* (Aus dem Französischen von Gernot Gather), Frankfurt am Main: S. Fischer Verlag, 1964⟩. In diesem Buch, das auf die ersten Vorlesungen zurückgeht, die er an der Sorbonne im Studienjahr 1955/1956 gehalten hat, nimmt Raymond Aron sich vor allen Dingen vor, den mit der Entwicklung der Industriegesellschaft verknüpften Begriff des historischen Fortschritts neu zu interpretieren und ihm im Anschluss an Montesquieu einen politischen Sinn zu geben (»die Hierarchie mit der Gleichheit […] in Übereinstimmung […] bringen«, S. 63); außerdem will er die marxistische Kritik an der Industriegesellschaft als kapitalistischer Gesellschaft widerlegen. Für unsere Belange relevant ist die Tatsache, dass Raymond Aron »Religion und […] Kunst« von den Dingen ausnimmt, die zu »Fortschritt« führen können, weil diese Gebiete seiner Meinung nach der »Wirtschaft [und der] Politik« fremd sind (S. 59), was in der Zeit des französischen Wirtschaftswunders – der sogenannten »Trente Glorieuses« –, in der er schreibt, noch auf gesundem Menschenverstand zu beruhen scheint.

auf den ersten Blick paradox erschienen mag – als Verursacherin von Differenzierung, das heißt nach allgemeiner Einschätzung wachsender Ungleichheit der Lebensbedingungen, und als Verursacherin der Uniformierung der Lebensweisen sowie von Ausbeutung und Entfremdung.[38] Der auf Hegel zurückgehende und von Marx uminterpretierte Begriff der Entfremdung, der in der Zwischenkriegszeit von zahlreichen Autoren vor allem in Deutschland in unterschiedlicher Ausprägung und in manchen Fällen auch nur implizit wieder aufgegriffen wurde, diente dabei zur Bezeichnung dessen, was die Besonderheit der Lage des modernen Menschen ausmachte, nämlich des Verlusts der Möglichkeit, »im Besitz oder Herr seiner selbst bzw. einer eigenen Identität zu sein [...], und zwar aufgrund äußerer Zwänge«.[39] Man gewinnt einen Eindruck von der Verbreitung dieses philosophischen Kritikpunkts – der mittlerweile zu einem echten Gemeinplatz geworden ist und als solcher vielfältigste Querverbindungen von hochfliegenden Ideen zu politischen Schlagworten (und wieder zurück) erlaubt –, wenn man sich in Erinnerung ruft, dass er auf nahezu vergleichbare Weise von Denkern, die zur äußersten Linken gehören (und häufig Verbindungen zur Frankfurter Schule aufweisen), und im konservativen Denken, wie zum Beispiel bei Spengler oder Heidegger, zum Ausdruck gebracht worden ist.

Im Zuge dieser Fragestellung, die in dem Zeitraum, in dem sich das Potenzial der Standardform bestätigte, das heißt ungefähr zwischen dem letzten Drittel des 19. Jahrhunderts und den 1970er Jahren, tief in die Sozialphilosophie und die Soziologie vorgedrungen ist, wurde die Abwehr, die das Hereinbrechen der Industrieartikel unter den Eliten verursacht hatte (obwohl sie die ersten waren, die davon profitierten), auf die Menschen an sich, und zwar besonders auf diejenigen ausgeweitet, die den

---

38 Vgl. Peter Wagner, *Soziologie der Moderne. Freiheit und Disziplin*, Frankfurt am Main/New York: Campus Verlag, 1995. Vgl. außerdem Peter Wagner, *Modernity. Understanding the Present*, a. a. O., besonders S. 4-10.

39 Diese Definition von Entfremdung übernehmen wir aus Claire Pagès' Buch über das Werk von Jean-François Lyotard, *Lyotard et l'aliénation*, Paris: PUF, 2011, S. 13.

Unterschichten oder dem Kleinbürgertum angehörten. Das tägliche Leben wurde von Standardartikeln überschwemmt, deren Ähnlichkeit als Exemplare desselben Prototyps oder als fast identische Prototypen, die so entworfen wurden, dass sie sich nur durch nebensächliche Einzelheiten von konkurrierenden Prototypen unterschieden, bei ihnen Verblüffung und Abscheu hervorrief. Wie Christian Borch gezeigt hat,[40] verlagerten diese Empfindungen sich von den Dingen auf Personen. Das belegen die Weiterführungen des von Gustave le Bon[41] und Gabriel Tarde[42] angestoßenen Themas großer Menschenmengen, in denen der Akzent auf den Verlust jeglicher Individualität, ja sogar jeglicher Singularität bei den Menschen gelegt wurde, die sich dicht an dicht zu riesigen Aufmärschen versammelten, und in denen die zentrale Rolle von Nachahmungsprozessen betont wurde, die sie zu Kopien voneinander machten, so wie die Dinge Reproduktionen desselben Typus waren.

Etwas später wird diese Fragestellung durch das Thema der Massen als körperlos-abstrakten und versprengten Menschenmengen überlagert, die aus der Ferne durch politische Propaganda[43] und die Medien[44] manipuliert werden. Vollständig entwickelt wurde dieses Thema erst in der Zwischenkriegszeit, als die totalitären Kräfte die Verkörperung der Macht eines ganzen Volkes in einer einzigen Person, nämlich in der Person des Führers, anstrebten und diese Entäußerung durch die Inszenierung

40 Christian Borch, *The Politics of Crowds. An Alternative History of Sociology*, Cambridge: Cambridge University Press, 2012.

41 Gustave le Bon, *Psychologie des foules* (1895), Paris: PUF; 2013 ⟨dt.: *Psychologie der Massen* (Autorisierte und von Rudolf Marx bearbeitete Übersetzung aus dem Französischen von Rudolf Eisler), Stuttgart: Kröner Verlag, zuletzt 2008⟩.

42 Gabriel Tarde, *Les Lois de l'imitation* (1890), Paris: Les Empêcheurs de penser en rond, 2001 ⟨dt.: *Die Gesetze der Nachahmung* (Aus dem Französischen von Jadja Wolf), Frankfurt am Main: Suhrkamp Verlag, 2003⟩.

43 Sergej Tschachotin, *Le Viol des foules par la propagande politique* (1939), Paris: Gallimard, 1952.

44 Zur Geschichte der aktuellen Weiterführungen des Themas der mentalen Manipulation, vgl. Arnaud Esquerre, *La manipulation mentale. Sociologie des sectes en France*, Paris: Fayard, 2009.

gewaltiger Umzüge zur Schau stellten, bei denen eine riesige, dieselben Uniformen tragende und zur gleichen Zeit die gleichen Bewegungen vollführende Menschenmenge zum Analogon der im Rahmen der sich unter der Ägide des Staates entwickelnden Industriemacht ebenfalls massenhaft produzierten Standardartikel wurde. Diese Vision einer Massengesellschaft als typischer Ausdrucksform der Moderne wurde – wie noch einmal unterstrichen werden muss – geteilt von denjenigen, die sich auf sie beriefen und sie zur Grundlage der ungeheuren Machtfülle machten, die sie an sich gerissen hatten, und denjenigen, die sich ihr im Namen der Persönlichkeitsrechte und der individuellen Kreativität zu widersetzen gedachten. Die meisten der Letztgenannten richteten ihre Angriffe nicht nur gegen die Vermassung der Menschen, sondern auch gegen die Vermassung der Dinge; dem ungebremsten Wuchern sich ähnelnder Standardartikel setzten sie die Vielfältigkeit, ja sogar Einzigartigkeit dessen entgegen, was der Hand eines Handwerkers und mehr noch eines Künstlers entstammte. Und zwar unabhängig davon, ob ihre konservativen Überzeugungen sie in eine Sehnsucht nach der alten, ländlichen Welt hineintrieben oder ob sie unter marxistischem Einfluss die Vermassung als Entfremdung interpretierten. Alles, was sich der Standardisierung zu entziehen schien, konnte demnach zum Ansatzpunkt für die Vorstellung dienen, dass nicht nur eine vom Kapitalismus, sondern, weitgehender noch, eine von der Herrschaft der ökonomischen Zwänge befreite Welt möglich ist.

Als hätte die Bedeutung, welche die Standardform gewonnen hatte, sie geblendet, haben diese kritischen Denker den ökonomischen Prozessen nicht genügend Aufmerksamkeit geschenkt, die mit der Zirkulation der Dinge – besonders in Kunst und Kultur – einhergingen und auf sie so gewirkt zu haben scheinen, als ob sie nicht zum Kernbereich des Kapitalismus gehörten. Da sie den fortschreitenden Kapitalismus nur in Gestalt einer allgemeinen Standardisierung betrachteten, haben sie die Transformationen des Kapitalismus nicht vorhergesehen, welche die Ausbeutung auch jener Objekt- und Erfahrungsbereiche erlauben sollten, in denen sie noch eine Art von Rückhalt gesehen hatten, von dem aus die Wiedereroberung sowohl der Gesellschaft als auch der Subjektivität in Angriff genommen werden konnte. Ein Aspekt dieser Transformationen bestand nun aber darin, dass durch sie Wertermittlungsformen Verbreitung fanden, die keine Standardisierung vornahmen oder in denen sie nur eine untergeordnete Rolle spielte und durch deren Stärkung sich die Vermarktung in neue Richtungen entwickelte.

Trotzdem haben diese Verteufelungen der modernen Technik dazu beigetragen, dass die Grundvorstellungen von der sozialen Welt und die Modalitäten ihrer Kritik sich änderten. Zum Beispiel kann man in der Kritik an der Konsumgesellschaft, an der Werbung, an der Mode und an den Medien, die in den 1960er Jahren einsetzte und in der Infragestellung der Gesellschaft des Spektakels – Höhepunkt der Entfremdung als »Herabwürdigung des Seins zum Haben«, bei der »das Haben zum Scheinen herabgewürdigt wird« – und des »Simulakrums« mündete,[45] eine Vorstufe der kritischen Beschreibung einer sozialen Welt sehen, in der die Trendform, auch wenn sie weder radikal neu ist noch Vorrang vor anderen Profitquellen hat, zumindest eine sehr viel wichtigere Rolle zu spielen begann, als es in der Vergangenheit der Fall war. Ähnliches ließe sich wahrscheinlich auch über die vielen kritischen Beschreibungen sagen, die sich vor allem ab der zweiten Hälfte der 1990er Jahre den Übergang von der Konsumgesellschaft zu einer kommerzialisierten Gesellschaft vornahmen und dabei auf die Herrschaft des Geldes und des Markts in einer sich allem Anschein nach voll und ganz in den Fängen des Neoliberalismus und des Finanzwesens befindenden Welt abhoben. Diese Kritik speiste sich aus der Entfaltung dessen, was wir Anlageform nennen, besonders im Fall des Verkaufs von Kunstwerken. Die mediale Berichterstattung über den Wandel, der die Zirkulation von alten sowie vor allem zeitgenössischen Kunstwerken und Antiquitäten durch die Entwicklung von Ran-

---

45 Anselm Jappe, *Guy Debord*, Paris: Denoël, 2001, S. 22, und was eine Analyse des Verhältnisses des Begriffs des Spektakels zum Begriff des »Simulakrums« bei Baudrillard anbelangt, S. 204-206.

kings und Auktionen auf internationaler Ebene erfasst hatte, hat viele konkrete Beispiele geliefert, die sich zur Untermauerung der Idee anführen ließen, dass die Gesellschaft der Gegenwart fast vollständig von der Macht des Geldes und vom Profitstreben beherrscht wird.

Sechstes Kapitel
Standardisierung und Differenzierung

Die Geschichtlichkeit der Wertermittlungsformen

Als soziale Formen haben die verschiedenen Weisen, wie der Wert von Handelsartikeln ermittelt wird, ohne jeden Zweifel eine historische Dimension. Trotzdem ist es schwierig und möglicherweise sinnlos, ihren Ausgangspunkt bestimmen oder gar ihre Genealogie nachvollziehen zu wollen. Jede von ihnen stellt nämlich ein strukturiertes und relativ zusammenhängendes Gebilde dar, besteht aber aus mehr oder weniger disparaten Teilen, Überbleibseln früherer Konstruktionen, die jeweils ihre eigene Geschichte haben, und lässt sich darin – wie die Sprache in Wittgensteins berühmter Metapher – mit einer alten Stadt und ihren Wegen und Häusern aus verschiedenen Epochen und in verschiedenen Baustilen vergleichen. So könnte man überlegen, ob die Produktion einer großen Zahl von mehr oder weniger ähnlichen, nicht zuletzt fürs Militär bestimmten Gegenständen tatsächlich erst mit dem Aufkommen der Standardform begonnen hat oder ob letztere durch das Aufkommen von gedruckten Büchern entstanden sei. Wie Roger Chartier festgestellt hat, kann die Standardisierung allerdings nicht vollständig dem Buchdruck zugeschrieben werden, weil der gedruckte Text zumindest bis ins 18. Jahrhundert insofern »entwicklungsoffen« gewesen sei,[1] als die Neuauflagen eines Werks untereinander vor allem deshalb zahlreiche Unterschiede aufwiesen, weil während des Drucks Korrekturen angebracht wurden usw. Originalhandschriften von Autoren von vor 1750 sind in Frankreich ohnehin extrem selten, da eine einmal abgeschriebene Handschrift als wertlos galt und vernichtet wurde. Der Kauf und Verkauf von Autographen sowie das Sam-

1 Roger Chartier, *La Main de l'auteur et l'esprit de l'imprimeur*, Paris: Gallimard, coll. Folio histoire, 2015, S. 25.

meln von Originalunterschriften setzten erst Ende des 18. Jahrhunderts ein.

Wenn man viele Debatten der Gegenwart verfolgt, kann man sich auch die Frage stellen, wann das Sammeln aufkommt und welche Ähnlichkeiten und Unterschiede zwischen den alten »Kuriositätenkabinetten« und modernen Sammlungen bestehen.[2] Außerdem kann man sich in Bezug auf die Trendform fragen, ob das Interesse, das Gegenständen als Zugehörigkeitszeichen und Distinktionsmerkmalen entgegengebracht wird, ein universelles Phänomen ist oder aber auf die italienischen Fürstentümer des 15. Jahrhunderts zurückgeführt werden muss, auf die höfische Gesellschaft Frankreichs im 17. Jahrhundert oder auf die Entstehung eines neuen Verhältnisses zum Konsum, zum Luxus und zu etwas, das die Historiker *populuxe*, also sozusagen Luxus für das Volk genannt haben, in England. Alle diese Themen fanden weite Verbreitung in Debatten und in Form von sei es begeisterten, sei es kritischen Aufsätzen. Ähnliches ließe sich über die Anlageform sagen. Wahrscheinlich könnte man in mehr oder weniger weit zurückliegenden Epochen Beispiele für »kostbare« Objekte finden, die zu Spekulationszwecken schnell in Umlauf gebracht wurden, wie im berühmten Fall der holländischen Tulpenzwiebeln im 17. Jahrhundert,[3] oder umgekehrt, als Wertgegenstände vom Tausch ausgenommen und auf die Seite gelegt wurden.[4]

Der Position, die den Ursprungspunkt immer weiter nach hinten verlegt, weil sie von der Suche nach Vorläufern besessen

---

2 Zu den ersten und wichtigsten Arbeiten gehört Julius von Schlosser, *Die Kunst- und Wunderkammern der Spätrenaissance* (1908), zuletzt Dresden: Fachbuchverlag Dresden, 2014.

3 Anne Goldgar, *Tulipmania. Money, Honor, and Knowledge in the Dutch Golden Age*, Chicago/London: The University of Chicago Press, 2007.

4 »Im Unterschied zu anderen Formen akkumulierten Reichtums« bestehen Wertgegenstände »aus Prestigegütern […], deren bloßer Besitz ihrem Inhaber soziales Ansehen, Macht und Einfluss verschafft.« Wertgegenstände werden »nicht als Tauschmittel benutzt«, auch wenn sie, »wie andere Machtquellen«, »große ökonomische Bedeutung gewinnen können« (Karl Polanyi, *La Subsistance de l'homme. La place de l'économie dans l'histoire de la société*, a.a.O., S. 179f.).

ist, und die, weil sie sich in Einzelheiten verliert, häufig mit der relativistischen, historisch ernüchternden Feststellung endet, dass es unter der Sonne nie etwas Neues geben werde, werden wir eine andere Sichtweise entgegensetzen, die man kurz gesagt als strukturell bezeichnen kann. Sie bemüht sich, die Orte und Zeitpunkte ausfindig zu machen, an denen der Sinn bereits vorhandener Dinge und Praktiken sich grundlegend ändert, weil sie aufgrund eines Wandels in neue Konstellationen eintreten, der möglicherweise zunächst nur einen geringen Teil ihrer Umgebung erfasst und marginal erscheinen mag.

In dem Fall, der uns hier beschäftigt, nehmen Veränderungen, die ganz langsam und fast stufenlos wirken mögen, wenn man sich mit den Dingen als Dingen befasst, historisch einen sehr viel markanteren Charakter an, wenn man die Dinge als Waren betrachtet. Oder, anders gesagt, alle Dinge waren vorhanden, es war möglich, dass sie gegen Bezahlung zirkulierten und in andere Hände übergingen, dass sie benutzt, aufbewahrt, weitergegeben oder fallen gelassen wurden, aber sie waren keine Waren in dem Sinne, den wir diesem Ausdruck geben, weil die Warenwelt als solche sich noch nicht gebildet hatte. Für die Bildung einer Ware als solche sind Strukturen erforderlich, die erlauben, ganz verschiedene Objekte als äquivalent zu behandeln, wenn sie, mit einem Preis versehen, getauscht werden. Damit Dinge sich bei einem solchen Tausch zu Waren entwickeln können, müssen sie sich auf eine Art des Dingseins beziehen lassen, die Allgemeinheitscharakter hat. Eine zentrale Besonderheit dieser Art des Dingseins besteht nun aber darin, dass sie das Verhältnis von Homogenität und Heterogenität neu gestaltet, das heißt das Verhältnis zwischen der Tatsache, dass alle Dinge sich auf einen Preis reduzieren lassen, und der Aufrechterhaltung ihrer mit Hilfe von Formen geltend gemachten Unterschiedlichkeit. Mit anderen Worten erlaubt sie eine Betrachtung der unterschiedlichsten Dinge, einerseits indem ihre Identifizierung sich genau danach richtet, worin sie spezifisch und worin sie verschieden sind, und andererseits indem mit ihnen so umgegangen wird, als ob man sie auf dieselbe Weise behandeln könne. Als Dinge werden sie nach

Kategorien eingeteilt, die ihrer Unterschiedlichkeit Rechnung tragen und ihre Pluralität organisieren. Doch als Waren sind sie Auflagen unterworfen, die sie behandeln, als gehörten sie zur selben Ordnung.[5]

Einen Hinweis auf die Notwendigkeit, Produkte zu diversifizieren, die durch ihr Eintauchen in die Warenwelt ihre Differenzen zu verlieren drohen, gibt die gestiegene Bedeutung, die Ende des 19. Jahrhunderts der Marke zugeschrieben wurde und im Siegeszug des Marketings eine Fortsetzung erfahren hat.[6] Vor allem von der Zwischenkriegszeit an wurde die Marke zu einem Motor. Die sich auf Marken konzentrierende Werbung inszenierte deren Image und verschaffte ihnen eine Verbreitung, die universell wirken sollte. Die allen vertrauten und bekannten Marken wurden so zu einem wichtigen Bestandteil der sozialen Realität. Dieser Mechanismus zielte nicht nur auf die Ankurbelung des Umsatzes. Er spielte auch eine zentrale Rolle für den Wandel des Machtverhältnisses zwischen Herstellern und Händlern und dadurch für die Veränderungen des Kapitalismus, die mit der zunehmenden Bedeutung der Standardform einhergingen. »Während der gesamten Neuzeit«, schreibt Patrick Verley, »haben die Händler mehr von der Vermarktung der Produkte profitiert als die Her-

5 In einem Text über den Begriff des Arbeitswerts bei Marx hat Cornelius Castoriadis das Spannungsverhältnis analysiert, das bei Marx zwischen einer positivistischen Position, der zufolge die Arbeit die Quelle allen Tauschwerts ist, und einer historistischen Position besteht, für die der Kapitalismus den Arbeitswert als Homogenisierungsmodus an sich heterogener Dinge *»erscheinen«* lässt und eben dadurch die Ware als solche schafft. »Marx weiß das sehr wohl; er ist der erste, der darauf hinweist, daß die scheinbare Gleichmachung der Produkte und Arbeiten erst mit dem Kapitalismus auftaucht. Erst der Kapitalismus *lässt sie entstehen«* (Cornelius Castoriadis, »Valeur, égalité, justice, politique, de Marx à Aristote et d'Aristote à nous«, in: ders., *Les Carrefours du labyrinthe*, Bd. 1, Paris: Seuil, 1978, S. 325-413 ⟨dt.: »Wert, Gleichheit, Gerechtigkeit, Politik. Von Marx zu Aristoteles und von Aristoteles zu uns«, in: ders., *Durchs Labyrinth. Seele, Vernunft, Gesellschaft* [Aus dem Französischen von Horst Brühmann], Frankfurt am Main: Europäische Verlagsanstalt, 1981, S. 221-276, hier S. 233⟩).

6 Franck Cochoy, *Une histoire du marketing. Discipliner l'économie de marché*, Paris: La Découverte, 1999.

steller von ihrer Arbeit. Erstere schickten sich an, Letztere zu kontrollieren.«[7] Dieses Machtverhältnis blieb zunächst so bestehen, ja verstärkte sich sogar noch, als im letzten Drittel des 19. Jahrhunderts die Standardprodukte für den Alltagsgebrauch (wie Lebensmittel oder Toilettenartikel) hinzukamen, die über Großhändler in den Einzelhandel gelangten, sodass es praktisch unmöglich wurde festzustellen, woher sie kamen. Das Vertrauen, das die Käufer ihnen entgegenbrachten, hing im Wesentlichen von dem Vertrauen ab, das sie in den Einzelhändler als der einzigen menschlichen Person hatten, der das Produkt zugeordnet werden und als Empfehlung für es dienen konnte. Ziel des Markenmechanismus war die »Emanzipation des Herstellers vom Händler«, indem eine Identifizierungsweise von Objekten gewährleistet wurde, die relativ unabhängig von der Identität der Personen war, die sie zum Kauf anboten. Er strebte die Übertragung des Kundenvertrauens auf den Hersteller an, der bis dahin im Dunkeln geblieben war, um den Kunden unabhängig vom Standort, an dem es zum Verkauf angeboten wird, an das Produkt zu binden und Monopoleffekte zu erzielen, indem man die Käufer von Ersatzprodukten abbringt, die Händler ihnen vorschlagen könnten, weil sie ihre Aufmerksamkeit auf andere, angeblich ähnliche Produkte lenken möchten, die sie vorrätig haben und loswerden wollen.[8]

Zu diesem Zweck müssen die Marken und die Werbung, die sie bekannt macht, die Eigenschaften der Standardform gleichzeitig zur Schau stellen und konterkarieren. Zum einen müssen sie das *Dasein* der Objekte in ihrer ganzen Gesichtslosigkeit bekräftigen. Sie müssen den potenziellen Verbrauchern versichern, dass die Produkte, die sie möglicherweise begehren, immer verfügbar, immer vorhanden sein und außerdem alle mit ihrem Prototypen, das heißt mit der ihn definierenden analytischen Prä-

---

7 Patrick Verley, a. a. O., S. 182.

8 Vgl. Alain Beltran/Sophie Chauveau/Gabriel Galvez-Behar, *Des brevets et des marques. Une histoire de la propriété intellectuelle*, Paris: Fayard, 2001, S. 184-188; und Joel Stillerman, *The Sociology of Consumption. A global approach*, Cambridge: Polity Press, 2015, S. 27-30.

sentation übereinstimmen werden, wenn man sie neu kauft. Dadurch soll die Ungewissheit des Verbrauchers verringert und er davon abgehalten werden, gebrauchte Objekte für weniger Geld zu erwerben. Und außerdem muss ihm versichert werden, dass eine Garantie besteht, die sich über den Zeitpunkt des Kaufs hinaus verlängern kann, und dass es einen Kundendienst gibt, falls die gekaufte Sache nicht ordentlich funktionieren sollte. Doch zum anderen muss die Marke auch relativ widersprüchlichen Anforderungen genügen. Besonders wenn das Objekt kostspielig ist, muss sie das Gefühl vermitteln, dass es, auch wenn es immer, selbst aus einer plötzlichen Laune heraus von einem Tag auf den anderen verfügbar und immer da ist, trotzdem selten bleibt. Dies geschieht, indem der Wert der außergewöhnlichen Qualitäten geltend gemacht wird, die das Objekt im Unterschied zu den anderen, anscheinend ähnlichen, aber nichtssagenden Dingen besitzt. Vor allem muss sie es vermenschlichen, und zwar indem sie die Aufmerksamkeit in drei verschiedene Richtungen lenkt: erstens auf den Hersteller (oder Fabrikgründer), dessen Namen die Marke häufig trägt (Gillette, Renault, Guerlain usw.). Vor allem in der Zeit, als die Standardform entwickelt wurde und noch nicht unverwüstlich war, geschah dies häufig dadurch, dass jedes Exemplar des Produkts mit einem Bild, auf dem angeblich der Unternehmer, aus dessen Fabrik dieses Produkt stammen sollte, zu sehen war, und manchmal auch mit einer Unterschrift als persönliche graphische Spur versehen wurde. Zweitens auf den potenziellen Verbraucher, indem das Produkt mit einem typisierten Bild der Art von Person versehen wird, für die es gedacht ist – einem Kind, einer Hausfrau, einem leitenden Angestellten, einem Jugendlichen usw. (ein Verfahren, das bei der Trendform auf die Spitze getrieben wird, wo Photographien von realen und berühmten Personen an die Stelle der Photographien bloßer Platzhalter treten). Drittens auf das Produkt selbst – vor allem dann, wenn seine weltweite Verbreitung angestrebt wird und es deshalb nicht mehr unter Bezugnahme auf eine Persönlichkeit von lokaler Bekanntheit identifiziert werden kann –, indem es mit einem Symbol verknüpft wird, das sich am Vorbild von Wappen orientiert, für das Produkt steht und für dessen Wiedererkennbarkeit sorgt. Zu den ältesten Beispielen gehören das Michelin-Männchen (1898) und der Doppelpfeil im Citroën-Logo (1922). Citroën war einer der ersten Automobilbauer, der systematisch mit der Entwicklung eines Markenimages begann.

Durch solche Mittel soll vor allem die Ungewissheit des Verbrauchers in der Ferne verringert werden. Sie sollen dafür sorgen, dass er den die analytische Präsentation des Produkts betreffenden Informationen beipflichtet, die durch die Werbung nur sehr unvollkommen in bildlicher und/oder diskursiver Form übermittelt werden, deren Bekanntheit aber vorausgesetzt wird, um den Preis des Produkts zu rechtfertigen. Diese Informationen werden weitestgehend vom Hersteller kontrolliert. Um sich eine Meinung über das zum Verkauf stehende Produkt zu bilden und es mit anderen Produkten zu vergleichen, die sich vermeintlich auf ähnliche Weise verwenden lassen, muss der potenzielle Käufer also auf den Hersteller und/oder ihm bekannte Personen vertrauen, die schon Erfahrungen mit diesem Objekt gemacht haben. Dies führte zur Gründung von Verbraucherverbänden, die erstmals Ende des 19., Anfang des 20. Jahrhunderts in Erscheinung traten[9] und ab den 1970er Jahren, nicht zuletzt in Reaktion auf die Kritikpunkte des Juristen Ralph Nader,[10] zusammen mit den Verbraucherinstituten weiterentwickelt wurden. In solchen Verbrauchereinrichtungen werden verschiedene Objekte getestet, deren Funktionen als ähnlich gelten und die als konkurrierende Marken im Handel sind, und die Ergebnisse dieser Tests werden veröffentlicht. Es sei jedoch darauf hingewiesen, dass solche Bewertungen, die den Verbraucher mit Informationen versorgen sollen, die neutraler sind als die von den Marken selbst verbreiteten, ihrerseits formalisierten Standards unterliegen, insofern sie auf Kodifizierungen beruhen, durch die auf der Grundlage eines

9 Vgl. Marie-Emmanuelle Chessel, *Consommateurs engagés à la Belle Époque. La Ligue sociale d'acheteurs*, Paris: Presses de Sciences Po, 2012.

10 Ralph Nader, *Ces voitures qui tuent*, Paris: Flammarion, 1966, englische Originalausgabe 1965.

Rasters, das als geeignet für die Anwendung auf verschiedene Prototypen gilt, die zur Prüfung anstehenden Exemplare in eine Reihe von einschlägigen Eigenschaften zerlegt werden.

Von Geschäften mit Dingen zur Warenzirkulation

Für die Betrachtung von Dingen als Waren gibt es wahrscheinlich kein aussagekräftigeres Beispiel als die großen Kaufhäuser, also jenes neuartige Geschäftsmodell, dessen Aufkommen in der zweiten Hälfte des 19. Jahrhunderts sich bereits in der Vermehrung der »Passagen« abgezeichnet hatte, die Walter Benjamin zur Veranschaulichung seiner Analysen dienten.[11] Wie auf den sich ebenfalls Ende des Jahrhunderts mehrenden internationalen Messen und Ausstellungen verteilen sich die Dinge in den großen Kaufhäusern auf verschiedene Abteilungen, die jeweils eine Vielzahl von Dingen zu unterschiedlichen Preisen anbieten. Die Versammlung der Dinge am selben Ort erlaubt eine Vorführung ihrer Ähnlichkeiten und Differenzen, was Substitutionseffekte freisetzt. Doch worin auch immer ihre Substanz, ihre Form, ihre Funktion und die Gründe bestehen, die angeführt werden, um sie attraktiv zu machen, werden all diese verschiedenen, auf unterschiedliche Abteilungen – die jeweils von einem Fachverkäufer (dem »Abteilungsleiter«) geleitet werden, der

11 Walter Benjamin, »Paris, die Hauptstadt des XIX. Jahrhunderts« und »Paris, Capitale du XIXème siècle«, in: ders., *Gesammelte Schriften*, Bd. V.1, a. a. O. »Weltausstellungen sind die Wallfahrtsstätten zum Fetisch Ware. ›L'Europe s'est déplacé pour voir des marchandises [Europa reiste dorthin, um Waren zu sehen]‹, sagt Taine 1855. […] Die Weltausstellungen verklären den Tauschwert der Waren. Sie schaffen einen Rahmen, in dem der Gebrauchswert zurücktritt. Die Weltausstellungen waren eine Schule, in der die mit Gewalt vom Konsum abgehaltenen Massen den Tauschwert der Waren solange in sich aufsogen, bis sie sich mit ihm identifizierten: ›Das Berühren der Ausstellungsgegenstände ist verboten‹« (S. 50 ⟨Ab »Die Weltausstellungen waren eine Schule …« ist der letzte Passus dieses Zitats ein Zusatz der französischen Fassung von Benjamins Aufsatz (S. 65) und wurde von der Übersetzerin ins Deutsche übertragen⟩).

in der Lage ist, den potenziellen Käufern Auskünfte zu erteilen und ihre Fragen zu beantworten – verteilten Dinge, kaufmännisch auf ähnliche Weise abgewickelt: vor dem Verkauf im Hinblick auf die Beziehung zu den Zulieferern, den Versicherungen und der Lagerverwaltung und nach dem Verkauf im Hinblick auf den Kundendienst, die Garantieleistungen und vor allem die Buchführung, da Eingänge und Ausgänge rechnerisch in weitgehend einheitlicher Form in den Büchern vermerkt werden.

Hinzu kommt ein entscheidender Faktor in Bezug auf das Verhältnis zur Zeit, zum Raum und zu den Personen. Unabhängig von ihrer nicht zuletzt geographischen Herkunft teilen sich alle Dinge in den Auslagen der großen Kaufhäuser dieselbe Gegenwart sowie denselben Raum. Vor allem haben sie sich aber von den Personen gelöst, die sie angefertigt und angeliefert haben, sodass der Käufer ihnen persönliche Identität nur dann zusprechen kann, wenn er sie mit der Person des Verkäufers oder allerhöchstens mit der Persönlichkeit in Verbindung bringt, die das große Kaufhaus als juristische und kollektive Person mittlerweile nicht zuletzt mit Hilfe der Werbung erlangt hat. Und dies gilt auch dann, wenn, wie vor allem in der ersten Hälfte des 20. Jahrhunderts, die Objekte durch die Weiterentwicklung der Marken tendenziell eine Art von substanzieller, vom Ort ihrer Vermarktung unabhängiger Identität zurückgewonnen haben.

Eine solche homogene Geschäftsbeziehung zu heterogenen Objekten ist ein historischer Prozess von zentraler Bedeutung, der einen Bruch gegenüber den Wirtschaftsformen darstellt, die in unterschiedlichem Grade und in verschiedenen Hinsichten als präkapitalistisch bezeichnet werden können. Um sich davon zu überzeugen, reicht es aus, die Beschreibungen der häufigsten Tauschformen in der französischen Gesellschaft des 18. Jahrhunderts zu lesen, also weniger als 100 Jahre bevor mit der Revolutionierung des Handels ein radikaler Wandel einsetzte, durch den die Einheitlichkeit verschiedenartiger Dinge in ihrer Eigenschaft als Waren hervortrat. Unter Bezugnahme auf die Analysen von Jean-Yves Grenier sowie deren einflussreiche Auslegung durch

Alain Guerreau[12] lässt sich die um die Mitte des 18. Jahrhunderts herrschende Sachlage folgendermaßen zusammenfassen:

Es sind relativ wenige Objekte im Umlauf, weil die Wirtschaft zu weiten Teilen auf Selbstreproduktion und auf Renditen beruht, die nach wie vor häufig in Sachleistungen bestehen. Die Herstellung und der Verkauf von Objekten stellen eine nebensächliche Bereicherungsquelle dar, deren Erlöse in Bodenrenten umgewandelt werden, sodass den »aus der Kontrolle des Grund und Bodens bezogenen Einkünften eine uneingeschränkte Vormachtstellung zukommt«. Eine einheitliche Währung liegt in weiter Ferne, was Alain Guerreau zu der Bemerkung veranlasst, »dass es im Ancien Régime kein allgemeines Äquivalent gibt«, sondern »so viele Beziehungen zum Geld, also so viele Festlegungen des Werts des Geldes, wie Tauschformen«,[13] nicht zuletzt aufgrund des Plurimetallismus. Die zirkulierenden Objekte »erlangen ihre Bestimmung ausnahmslos durch eine spezifische Identifizierungs- und Personalisierungsstruktur, die tendenziell zu einer sehr geringen Substituierbarkeit führt«, sodass »Anpassungen partiell, punktuell und ungewiss«[14] und »die für den Tausch produzierten Güter« in hohem Grade individualisiert sind.[15]

Der Tauschhandel nimmt nach wie vor beträchtlichen Raum ein, sodass der Tausch gegen Geld keine Vorherrschaft erlangt.[16]

---

12 Jean-Yves Grenier, *L'Économie d'Ancien Régime. Un monde de l'échange et de l'incertitude*, Paris: Albin Michel, 1996. Alain Guerreau, »Avant le marché, les marchés. En Europe, XIIIe siècle – XVIIIe siècle«, in: *Annales HSS*, 2001/6, S. 1129-1175.

13 Alain Guerreau, a. a. O., S. 1134. Und Guerreau fügt hinzu: »Was erstaunlicherweise der Dualität von Rechnungsgeld als rein buchhalterischer, numerischer Größe und konkreten, realen Währungen entspricht, die keinerlei Wertangabe enthalten«. Guerreau unterscheidet drei Inkassoarten, je nachdem, ob das Geld zur Thesaurierung dient, für Transaktionen verwendet oder zu Spekulationszwecken herangezogen wird.

14 Ebd., S. 1139.

15 Ebd., S. 1160.

16 Auch Laurence Fontaine unterstreicht, dass im Ancien Régime die Überlassung von gebrauchten Objekten zur Begleichung von Schulden dienen konnte, sodass diese Güter »eine alternative Form von Geld« darstellten (Laurence Fontaine, »Alternative exchanges«, a. a. O.).

Bei bestimmten Gütern, wie etwa bei Luxusartikeln oder Kunstgegenständen, bleiben Gabe – im Tausch gegen Status und Prestige –, Oktroi – im Tausch gegen Privilegien – und manchmal sogar Erpressung, ja Diebstahl nicht zu vernachlässigende Zirkulationsmittel.[17] Da die Objekte ihre Bestimmung durch die Bezugnahme auf Personen und in Bezug auf einen Ort erlangen, verläuft ihre Zirkulation auf lokaler Ebene reibungslos, wird aber immer schwieriger und die Transaktionskosten steigen, wenn die Entfernung zunimmt. Bei dieser Sachlage spielen »räumliche Variablen« eine maßgebliche Rolle (was durch das Interesse, das die ersten Ökonomen des 18. Jahrhunderts ihnen entgegenbringen, belegt wird, die eine Verbindung zwischen Preisunterschieden und räumlichen Unterschieden herstellen – ein Interesse, das im 19. Jahrhundert wieder aus dem ökonomischen Denken verschwindet). Der Raum der Warenzirkulation ist kein »kartesischer Raum«, sondern »ein Gebilde, das aus Punkten besteht, deren Eigenschaften differenziert und über unterschiedliche Entfernungen miteinander verbunden sind«,[18] und in dem »jeder Produktionsstandort relative Autonomie in Bezug auf die allgemeine Konjunktur besitzt«. Aufgrund der schwierigen Transportlage, des schlechten Zustands der Zirkulationswege sowie der Vielzahl und Verschiedenartigkeit der Zölle liegen diese markanten Punkte weit voneinander entfernt. Da die Profite an die Nutzung der räumlichen Unterschiede gebunden sind, ist »das Interesse an einer Homogenisierung« und an einer »Verflüssigung der Tauschgeschäfte« gering.[19]

Wie Jean-Yves Grenier zeigt, hängt die Profitbestimmung zu weiten Teilen von »Kräfteverhältnissen« ab, die »auf der Kontrolle über den Tausch und nicht über den Produktionsprozess« beruhen (was Fernand Braudel kaufmännischen Mehrwert nennt, um ihn von dem Mehrwert zu unterschieden, der aus der Ausbeu-

17 Für eine Demontage im selben Geiste der Idee eines »Kunstmarkts« in Italien zwischen dem 15. und dem 18. Jahrhundert, vgl. Guido Guerzoni, *Apollon et Vulcain*, a. a. O., besonders S. 22-32.

18 Alain Guerreau, a. a. O., S. 1164.

19 Ebd., S. 1165.

tung der Arbeitskraft gezogen wird). Diese Kräfteverhältnisse äußern sich nun aber entweder in Form von Regelungen, die sich auf die Institution des Königs berufen,[20] oder sie hängen von den Vorschüssen ab, die im Vorfeld die Zirkulation möglich machen. Doch der Kredit behält einen persönlichen Charakter, weil auch er sich auf Institutionen stützt, sodass »ökonomische Herrschaft nicht ohne größere gesellschaftliche Macht erreicht werden kann«. Was Jean-Yves Grenier zu der Bemerkung veranlasst, in einer solchen Situation »der unvollständigen Objektivierung der sozialen Beziehungen« mache sich die Bedeutung des »Kapitals« bemerkbar, ohne dass man gleich von »Kapitalismus« sprechen könne, weil »die Beziehungen Teil eines größeren Rahmens sind, der nachgeordnet auch die Bedingungen der ökonomischen Verhältnisse schafft«, sodass »nichts die Vereinheitlichung der Formen von ökonomischer Herrschaft erlaubt, die mithin vom Begriff der sozialen Produktionsverhältnisse nicht erfasst werden«.[21]

Diesen Analysen zufolge gab es im Rahmen der Wirtschaftsformen des Ancien Régime zwar eine Vielzahl (wenn auch eine sehr viel geringere Zahl als 100 Jahre später) von Objekten, die von Hand zu Hand gingen. Doch diese Dinge, die genauso zirkulierten wie Personen (die, wie die historische Demographie gegen die rückwirkende Illusion von der Unbeweglichkeit der Dorfbewohner hat zeigen können, häufig umgezogen sind[22]), lassen sich trotzdem nicht mit Waren vergleichen, weil ihre Aneignung sich nicht auf dieselbe Weise handhaben ließ, was die Möglich-

20 Zur Rolle, die dem Raum von Ökonomen des 18. Jahrhunderts (Cantillon, Turgot, Necker) zugewiesen wurde, und zu den Raumfragen, um die es in der Debatte über die Messen und Märkte auf institutioneller Ebene ging, vgl. Dominique Margairaz, »La formation du réseau des foires et marchés: stratégies, pratiques et idéologies«, in: *Annales, Économies, Sociétés, Civilisations*, 41. Jg., Nr. 6, 1986, S. 1215-1242.

21 Jean-Yves Grenier, a.a.O., S. 84-87.

22 Vgl. Paul-André Rosental, *Les Sentiers invisibles. Espaces, familles et migrations dans la France du XIXe siècle*, Paris: Éditions de l'EHESS, 1999; Daniel Roche, *Humeurs vagabondes. De la circulation des hommes et de l'utilité des voyages*, Paris: Fayard, 2003.

keit einer sich auf denselben Totalisierungsmodus berufenden Gesamterfassung einschränkte. Die Bestimmung der Dinge war weitgehend der Bestimmung der Personen untergeordnet, sie folgte den »grundlegenden« Unterteilungen »der konkreten sozialen Organisationsform«,[23] das heißt vor allem den Machtverhältnissen und persönlichen Abhängigkeiten.

Die Entstehung der Wertermittlungsformen ist also als Absetzbewegung von der Zirkulationsweise der Dinge im Ancien Régime zu verstehen. Denn wenn man erstens einerseits bedenkt, dass es keine einheitliche Währung gab, die als gemeinsame Metrik für die Preise dienen konnte, und andererseits die Bedeutung des Tauschhandels berücksichtigt, lässt sich die Hypothese aufstellen, dass der Preis einen weniger zentralen Stellenwert hatte, als ihm bei der Standardform zukommen sollte, die sich auf »Neupreise« stützte, und aus diesem Grund stellen jene Preise für einen Historiker, der sie einordnen möchte, »ein im wahrsten Sinne des Wortes unbeschreibliches Durcheinander« dar.[24] Folglich war der Schritt, sich wegen ihres Preises von einer Sache ab- und einer anderen Sache zuzuwenden, der auf der Grundlage von Preisen eine Art Kritik erlaubt, kaum relevant bzw. wirkungslos. Zudem konnten zweitens jene Dinge mehr oder weniger als Kopien voneinander produziert werden, ohne dass sich die Frage eines Ausschließlichkeitsanspruchs oder Reproduktionsverbots stellte. Denn das Reproduktionsmonopol auf Fertigerzeugnisse zeigte erst nach der Einführung des Patents oder, allgemeiner gesagt, des Rechts auf geistiges Eigentum Wirkung.

Die Dinge stellen sich nicht als durch den Preis vorherbestimmt dar, den der Anbieter für sie erzielen will, oder als vorab definiert durch die Inszenierung eines Werts, der zwar ihren Preis rechtfertigen soll, letztendlich aber ausschließlich in Geldwert angegeben werden kann. Im Zuge der Entwicklung der Standardform verschwindet die Verteilung der Dinge auf typisierte Situationen und Verwendungsweisen, die den praktischen Zwän-

---

23 Alain Guerreau, a. a. O., S. 1158.
24 Ebd., S. 1140.

gen, das heißt den Handlungsumständen angepasst sind, zwar nicht vollständig. Aber sie beherrscht die Zirkulation der Dinge nicht mehr, die als Waren ihre Bestimmung eher durch die Bezugnahme auf den in Geldwert angegebenen, berechenbaren Profit erlangen, der explizit oder implizit zum Telos des Warentausches wird.

Diese Homogenisierung kann sich allerdings deshalb nicht zu einer Uniformierung entwickeln – wie manche gedacht haben mögen, als sie die Standardform zum Zeitpunkt ihrer vollen Entwicklung analysierten, um sie zu verteufeln –, weil die Logik des Kapitalismus, deren *Zweck* darin besteht, beim Handel aus jedem einzelnen Ding den größtmöglichen Profit zu ziehen, es erforderlich macht, hierfür die bei der Festlegung von dessen Wert eingesetzten *Mittel* zu diversifizieren. Auch wenn sie mit einem Preis versehen sind, der in einer gemeinsamen Metrik angegeben wird, und auch wenn sie aufgrund ihrer Ausrichtung auf Geld und Profit Einheitlichkeit erlangen, verteilen sich die Dinge trotzdem noch in einer anderen Hinsicht neu, nämlich in Bezug auf den Wert, der ihnen beigemessen wird. Für sich genommen, sind die Preise Signifikanten ohne Signifikat, sodass sie, auch wenn sie eine Hierarchie aufweisen, niemals hinreichen, um der Zirkulation Sinn zu verleihen. Denn gerade weil sie flottieren – da derselbe Preis für die unterschiedlichsten Dinge anfallen kann –, stoßen diese Signifikanten auf Kritik, die verlangt, dass Informationen über die Dinge, auf die sich die Preise beziehen, vorgelegt und dadurch die für sie veranschlagten Preise gerechtfertigt werden. Und eben diese Instrumente, die eine Annäherung zwischen Dingen vornehmen, die im Hinblick auf die Art und Weise, wie ihr Preis zustande kommt, als ähnlich angesehen werden, nennen wir Wertermittlungsformen.

Die Auswirkungen der Standardisierung auf die Bildung der Wertermittlungsformen

In der Aufklärung, das heißt in einer Zeit, bevor die Ökonomie ihre politische Dimension zu verleugnen und sich nach dem Vorbild der positiven Wissenschaften neu zu erfinden begann, lag der Akzent der Geschichte des ökonomischen Denkens zu weiten Teilen auf dem ideologischen Wandel, mit dem vor allem im Anschluss an Mandeville das Eigeninteresse legitimiert wurde,[25] und auf den rechtlichen Veränderungen, durch die im Zuge der Französischen Revolution liberale Fragestellungen genutzt wurden,[26] um die Hindernisse zu beseitigen, die der Zirkulation von Personen und Gütern im Wege standen. Dadurch wurden die Dinge von den Personen abgelöst und die Tauschgeschäfte liberalisiert. Doch die Neuausrichtung der Perspektive auf die Dinge hätte allein nicht ausgereicht, um die Handelsstrukturen von Grund auf zu ändern und die Entfaltung der Warenform zu unterstützen, ohne dass sich die Dinge selbst veränderten. Die Warenform ist an die Erfindung und Verbreitung der Standardform gebunden, die, wie wir gesehen haben, erst im letzten Drittel des 19. Jahrhunderts volle Fahrt aufnahm. Da sie die Produktion einer a priori unbegrenzten Zahl von Exemplaren durch die Reproduktion desselben Prototyps gestattet, führt die Standardform nicht nur zu einer beträchtlichen Erhöhung der Zahl der zum Tausch angebotenen Artikel und zur Senkung von deren Preis. Sie versucht auch, die Dinge von den Personen abzulösen, und dadurch, dass sie sich über räumliche Beschränkungen hinwegsetzt, dafür zu sorgen, dass jede beliebige Sache an jedem beliebigen Ort für jedermann zugänglich ist, wenn ein Preis für sie veranschlagt wird. Der

25 Albert O. Hirschman, *The Passions and the Interests. Political arguments for Capitalism before its triumph*, Princeton: Princeton University Press, 1977 ⟨dt: *Leidenschaften und Interessen. Politische Begründungen des Kapitalismus vor seinem* Sieg (Aus dem Amerikanischen von Sabine Offe), Frankfurt am Main: Suhrkamp Verlag, 1980⟩.

26 Christian Laval, *L'Homme économique. Essai sur les racines du néolibéralisme*, Paris: Gallimard, coll. NRF essais, 2007.

Anonymität der Dinge entspricht die Anonymität der Käufer dieser Dinge, die den Marktraum von nun an nur noch als Konsumenten betreten.

Genau diese – übrigens oftmals eher herbeigesehnte und beschworene als reale – allgemeine Anonymisierung sollte zum Hauptmerkmal der Marktgesellschaft werden. Bekanntlich ist sie einer der zentralen Punkte gewesen, um die auf der einen Seite die Kritik der Marktverhältnisse und auf der anderen das Marktprophetentum unablässig kreisten. Den Kern der antikapitalistischen Argumente auf Seiten der Kritik bildete die mit einer Kritik der Standardisierung verknüpfte Anonymität der Marktbeziehungen, ohne dass diese beiden Themen sauber voneinander unterschieden wurden, weil dafür die Entwicklung des Kapitalismus zu stark mit der Entwicklung der Standardform identifiziert wurde. Diese Argumente wurden vor allem im Deutschland der Zwischenkriegszeit von Philosophen entwickelt, die der Frankfurter Schule mehr oder weniger nahestanden und die Ausweitung der Standardisierung anprangerten, die sich von den Dingen auf die Menschen selbst verlagert und zu einer *Verdinglichung* der sozialen Beziehungen und Personen geführt habe.[27]

Dem kann man auf der anderen Seite die politischen Philosophen gegenüberstellen, die den Akzent auf die befreiende Rolle des Markts legen und ihn mit der Demokratie in Verbindung bringen.[28] Und natürlich vor allem die Ökonomie, die sich, nachdem sie den Status einer Wissenschaft erlangt hat, in der zweiten Hälfte des 19. Jahrhunderts mit der Neoklassik um die Produktion und Zirkulation von Objekten herum, die auf die Standardform zurückgehen, weitgehend neu strukturiert. Und zwar dadurch, dass sie aufhört, die Frage der Räumlichkeit und auch die persönlichen Beziehungen zu berücksichtigen, die in den Augen derjenigen, die sie angefertigt haben, und in den Augen der-

27 Was eine historische Analyse dieses Themas und seine Neuformulierung anbelangt, vgl. Axel Honneth, *Verdinglichung*, a. a. O.

28 Was eine neuere Analyse dieser Rolle des Markts anbelangt, vgl. Laurence Fontaine, *Le Marché. Histoire et usages d'une conquête sociale*, a. a. O.

jenigen, die sie erwerben, die Dinge miteinander verbinden. Doch die Hauptauswirkung einer Neuausrichtung der Ökonomie auf die Standardform besteht darin, dass sie ihr erlaubt, sich um die Beziehung zwischen zwei Instanzen herum neu aufzubauen; nämlich einerseits den menschlichen Personen, die über Wünsche verfügen, und andererseits den Dingen, die über Preise verfügen. Trotzdem kann diese Beziehung nur dann wie ein unpersönlicher und sich selbst erhaltender Mechanismus funktionieren, wenn die Wünsche als relativ formbar definiert werden, sich verändern und sich den Umständen anpassen können; und wenn die Dinge insofern substituierbar sind, als die Bevorzugung einer Sache zu einem bestimmten Preis sich auf eine andere, ähnliche, aber günstigere Sache übertragen lässt. Die *Substituierbarkeit*, die für dieses Modell eine zentrale Rolle spielt, setzt nun aber zum einen voraus, dass eine einheitliche Warenwelt geschaffen wird, und zum anderen, dass sie sich auf eine allgemeine Klassifizierung der Güter stützen kann, die für deren Vergleichbarkeit sorgt, und schließlich, dass die Dinge unter der Voraussetzung, dass sie nur im Neuzustand vermarktet werden, garantiert ihrem Modell entsprechen. All diese Eigenschaften kann allein die Standardform gewährleisten.

Man kann also die Hypothese vertreten, dass die Entwicklung der Standardform nicht nur die Bildung einer autonomen Warenwelt begünstigt hat, sondern dieser darüber hinaus eine spezifische Struktur verlieh. Letztere ist jedoch immer komplexer geworden, je weiter der Kapitalismus sich entwickelte und auf der Suche nach neuen Profitquellen die Ausweitung der Warenform vorangetrieben hat, damit die Vereinnahmung von Entitäten – von Dingen, aber auch von Erlebnissen, ja sogar von Personen – möglich wurde, die bis dahin für die Standardform nur eine Randerscheinung gewesen waren. Zu der Zeit, als die Standardform an Bedeutung gewann, beruhte die Warenstruktur in der Hauptsache auf der Unterscheidung von Standardartikeln und anderen Artikeln. Die Bezugnahme auf diese vage Vielzahl von nicht standardisierten Dingen diente als Ansatzpunkt für die Kritik der Standardisierung und dadurch, da die Standardisierung mit dem Kapitalismus zusammenhängt, für eine Form von Kapitalismuskritik (die im Anschluss an César Graña[29] später als Künstlerkritik bezeichnet wurde, um sie von der Sozialkritik zu unterscheiden).

Die Vielzahl der nicht standardisierten Dinge stellt so eine Art *Außen* des Kapitalismus dar, doch da die Haupteigenschaft dieser Dinge negativ bestimmt ist – sie sind das, was sie sind, nur dadurch, dass sie nicht standardisiert sind –, kann dieses Außen relativ vage und unstrukturiert bleiben. Dazu gehören in erster Linie Kunst- oder Kulturgegenstände, aber auch all die Dinge, die verbunden sind mit persönlichen Erfahrungen, insofern sie privat sind, das heißt nach dieser Logik nicht vermarktet werden können, wie zum Beispiel Reiseerlebnisse oder die Erfahrung von Luxus und, allgemeiner gesagt, geistige Erfahrungen,[30] wie die Lebensweise von Dandys sie mit sich bringen, die genau dadurch definiert ist, dass ein Dandy sich auf eigene Verantwortung dem Reiz der von den Massen Besitz ergreifenden standardisierten Dinge und der Standardisierung seiner Erlebnisse entzieht, die dadurch herbeigeführt wird, dass das Kapital alles vereinnahmt. In diesem Sinne erreicht die Ablehnung der Standardisierung – insbesondere im Werk von Georges Bataille[31] – ihren Hö-

29 César Graña, *Bohemian versus bourgeois. French society and the French man of letters in the nineteenth century*, New York: Basic Books, 1964.

30 Als er im Jahr 1930 auf eine Umfrage von *L'Esprit français* über die »gegenwärtige Rolle des *Kapitals* für die Geistesarbeiter« antwortet, baut André Bretons Text auf der Entgegensetzung von Warenproduzenten, und seien es geistige Waren, auf der einen und Intellektuellen auf der anderen Seite auf, die »durch ihr Produkt vor allem ihre eigenen geistigen Bedürfnisse zu befriedigen suchen«. Und dann zitiert er Marx: »Ein Ding«, sagt Marx, »kann nützlich und Produkt menschlicher Arbeit sein, ohne Ware zu sein. Wer durch sein Produkt sein eigenes Bedürfnis befriedigt, schafft zwar Gebrauchswert, aber nicht Ware. Um Ware zu produzieren, muß er nicht nur Gebrauchswert produzieren, sondern Gebrauchswert für andre, gesellschaftlichen Gebrauchswert.« Und Breton fährt mit dem Argument fort, dass es »unmöglich« sei, den Wert geistiger Arbeit »nach dem gemeinsamen Maßstab der Arbeitszeit« zu »ermessen«. André Breton, »Rapport du travail intellectuel et du capital«, in: ders., *Point du jour* (durchgesehene und korrigierte Neuauflage), Paris: Gallimard, 1970, S. 87-90.

31 Georges Bataille, *La part maudite*, Paris: Minuit, 1949 (vorangestellt der Auf-

hepunkt in der Sakralisierung der Überschreitung, wie sie im *Acte gratuit* und gleichzeitig immer auch in der Verausgabung zum Ausdruck kommt – in einer Verausgabung als reinem Verlust, wie beim Potlatsch, dessen Matrix die Sexualität darstellt. Die Möglichkeit dieser Vereinnahmung von allem, und zwar vor allem von Kunst und Kultur, durch den Kapitalismus wird von den maßgeblichen Autoren der Frankfurter Schule besonders dramatisch in Szene gesetzt. Doch in der Zwischenkriegszeit ist eine solche Vereinnahmung nur als eine Art unbegrenzter Ausweitung der Standardisierung vorstellbar.

Nach dieser Logik ist es möglich, eine Verbindung herzustellen zwischen der Entstehung der drei anderen Wertermittlungsformen, deren Konturen wir umrissen haben (der Trend-, der Sammler- und der Anlageform), und einer schrittweisen Ausweitung des Kapitalismus auf das, was in der Zeit, als er sich vor allem aus der Produktion und der Vermarktung von Standardartikeln speiste, sein Außen dargestellt hatte. Die Besonderheit dieser Ausweitung hätte dann darin bestanden, dass sie sich zwei Vorgaben beugen musste, nämlich zum einen der Erfordernis, jene Objekte in die Warenwelt zu integrieren, von denen sich durch die Berührung mit der Standardform überhaupt erst ein homogener Begriff gebildet hatte, und zum anderen der Notwendigkeit, den heterogenen Charakter der neuen Dinge zu berücksichtigen, die sich vollständig in diese Welt einfügen, das heißt in finanzieller Hinsicht zu einer Profitquelle werden und dabei den Anforderungen der vorhandenen Formen der Buchführung genügen sollen. In eben dieser Verknüpfung von Homogenem und Heterogenem besteht die Konsistenz der sich heute entwickelnden Warenstrukturen. Denn diese beruhen auf Primäroppositionen, die sich im Rahmen einer begrenzten Zahl pluraler Formen reduplizieren. Dabei erfahren sie Transformationen, die ihre An-

satz »La notion de dépense«, der aus dem Jahr 1933 stammt) ⟨dt. »Der verfemte Teil« und »Der Begriff der Verausgabung« (Aus dem Französischen von Traugott König unter Mitwirkung von Gerd Bergfleth), in: ders., *Das theoretische Werk in Einzelbänden*, Bd. 1: *Die Aufhebung der Ökonomie*, Berlin: Matthes & Seitz, 2., erw. Aufl. 1985, S. 33-236 und S. 7-32⟩.

passung an die Vielfalt der auftretenden Objekte erlauben, wenn diese Objekte sich auf die vier Formen verteilen lassen, die diese Transformationsgruppe hervorbringt.

Materielle Ökonomie, immaterielle Ökonomie

Durch die vier Formen, die wir herausgearbeitet haben, werden zwar sicher nicht alle Mittel ausgeschöpft, die potenziell herangezogen werden können, um Dingen einen Wert zu verleihen. Aber beim derzeitigen Entwicklungsstand der Warenstrukturen scheint es nur schwer möglich zu sein, den Wert von etwas zu ermitteln, ohne sich auf eine dieser Formen zu berufen, und zwar sogar dann, wenn das, wovon die Rede ist, relativ weit von den paradigmatischen Objekten entfernt liegt, die den Kern jeder Form ausmachen und ihre Anschaulichkeit erhöhen. Gleichwohl kann man davon ausgehen, dass die zunehmende Vermarktung in Verbindung mit dem umfassenden technischen Wandel, von dem die Warenwelt aktuell betroffen ist und der ihre Konturen insbesondere dadurch neu zuschneidet, dass er die Grenze zwischen materiellen und immateriellen Komponenten verwischt, es immer schwerer machen wird, allen Dingen durch ihre Subsumierung unter eine dieser Formen Wert zu verleihen.

In den letzten Jahrzehnten haben die Wertschöpfungsmodalitäten, die allem Anschein nach von den Wertermittlungsformen, um die es in unserer Analyse geht, nicht erfasst werden, ein noch nie dagewesenes Ausmaß erreicht. Abgesehen von der Finanzbranche, die weitgehend zur Schaffung von Zahlungsvolumina beigetragen hat, aus denen sich die Bereicherungsökonomie speist, wäre an die Profite zu denken, die durch häufig nicht nur in dem Sinne als immateriell bezeichnete Güter generiert werden, dass sie eine »symbolische« Dimension aufweisen, was auf jedes Ding zutrifft, wenn es Gegenstand eines Tauschgeschäfts wird, sondern in dem Sinne, dass sie unabhängig von ihrer physischen Grundlage betrachtet werden. Genau genommen gehen solche Güter auf die gleichzeitige Entwicklung von Internet und Digitalisierung zurück.[32] Dieser Wandel ist »immaterieller Kapitalismus« oder »kognitiver Kapitalismus« genannt worden.[33] Doch derartige Ansätze neigen in der Regel dazu, die Bedeutung der Zirkulation materieller Dinge zu unterschätzen, die immer noch zunimmt, auch wenn der Handel mit ihnen inzwischen weitgehend über Internetseiten abgewickelt wird, die sich aber unter die Versandhandelskataloge einreihen und mittlerweile auch die Organisation von An- und Verkaufsgeschäften zwischen Privatpersonen im Angebot haben.

Als Beispiel zur Veranschaulichung der ökonomischen Bedeutung dieser Güter werden nämlich häufig die Profite genannt, welche die Inhaber von Eigentumsrechten an Inhalten unabhängig von den Trägersubstanzen machen, an die diese Inhalte gebunden sind. Die Entstehung und das schwindelerregende Wachstum des Internets haben zwar solche Gewinnaussichten beträchtlich erhöht. Trotzdem sei daran erinnert, dass die rechtlichen und ökonomischen Fragen, die sie aufwerfen, keineswegs vollkommen neu sind. Besonders im Fall des Buches stellen sie sich, seitdem im 18. Jahrhundert das geistige Eigentumsrecht an einem Inhalt (dem Text eines Autors) vom Eigentumsrecht an einer materiellen Trägersubstanz (dem Buch aus Papier) unterschieden wurde, die dessen Niederschrift, Konservierung und Verbreitung erlaubt. Die Frage der »Piraterie«, das heißt der unrechtmäßigen Nutzung eines durch ein geistiges Eigentumsrecht geschützten Inhalts, stellt sich nicht erst, seit es Netzwerke und Digitalisierung gibt, und, wie Robert Darnton im Hinblick auf Bücher anmerkt, »zu Beginn der Neuzeit war die Piraterie in Eu-

---

32 Jeremy Rifkin, *Access. Das Verschwinden des Eigentums. Warum wir weniger besitzen und mehr ausgeben werden* (Aus dem Englischen von Klaus Binder und Tatjana Eggeling), Frankfurt am Main/New York: Campus Verlag, 3., erw. Aufl. 2007, englische Originalausgabe 2000. Vgl. auch im Anschluss an Rifkin, Olivier Bomsel, *L'Économie immatérielle. Industries et marché d'expériences*, Paris: Gallimard, 2010.

33 André Gorz, *L'Immatériel. Connaissance, valeur et capital*, Paris: Gallimard, 2003 ⟨dt.: *Wissen, Wert und Kapital. Zur Kritik der Wissensökonomie* (Aus dem Französischen von Jadja Wolf), Zürich: Rotpunktverlag, 2004⟩; Yann Moulier-Boutang, *Le Capitalisme cognitif*, Paris: Éd. Amsterdam, 2007.

ropa so verbreitet, dass die bestverkauften Bücher in den Buchhandlungen keine so großen Erfolge feierten, wie das heute der Fall ist«.[34]

Die Entwicklung des Internets und der Digitalisierung hat die Komplexität dieser Probleme trotzdem stark erhöht, nicht zuletzt weil die Personen und Firmen, die über ein Eigentumsrecht an Software und Webseiten verfügen, unabhängig davon, ob sie frei zugänglich sind oder nicht, gratis sind oder kostenpflichtig, Vorrichtungen ausnutzen können, mit deren Hilfe die Adressen und Profile der ausgesprochen zahlreichen Personen kontrolliert und gespeichert werden, die diese Seiten frequentieren, was ihnen die Möglichkeit gibt, die Adressen dieser User, Auskünfte über ihre Verhaltensmuster oder Werbeflächen zu verkaufen, deren Wirkung weitreichend und gleichzeitig zielgenau sein kann. Was allerdings zum einen die Werbung anbelangt, sollte man nicht vergessen, dass ähnliche Funktionen lange Zeit von den Presseorganen wahrgenommen worden sind und zu weiten Teilen für deren Finanzierung gesorgt haben, bis diese eben gerade Konkurrenz durch das Internet bekommen haben. Und zum anderen sollte der in diesem Zusammenhang ziemlich ungeeignete Ausdruck »verkaufen« besser durch den Ausdruck »vermieten« ersetzt werden, denn die einem Kunden für einen vertraglich begrenzten Zeitraum überlassenen Werbeflächen verbleiben ja im Besitz derjenigen, die das Eigentumsrecht an den Trägersubstanzen innehaben, unabhängig davon, ob diese nun in Form von Papier oder auf einem Bildschirm in Form von Computeralgorithmen materiell in Erscheinung treten.

Mit diesen Bemerkungen soll nicht die Rolle kleingeredet werden, welche die digitale Ökonomie und die Netzwerkökonomie für den wirtschaftlichen Wandel spielen, der weltweit die letzten Jahrzehnte geprägt hat, aber sie sollen nahelegen, dass deren Untersuchung ein neuerliches Stellen der Frage nach den Wertermittlungsformen in Bezug auf ihren Fall voraussetzen würde,

34 Robert Darnton, *Apologie du livre. Demain, aujourd'hui, hier*, Paris: Gallimard, coll. NRF essais, 2011, S. 98, englische Originalausgabe 2009.

die wir in diesem Buch auf der Grundlage des Handels mit Dingen entwickelt haben. Dabei würde es weder um den Versuch gehen, die digitalen Inhalte in ihrer Eigenschaft als ökonomische Güter in den Rahmen der vier Formen, die wir ausgearbeitet haben, einzubeziehen, noch darum, eine fünfte zu schaffen, die ausschließlich diesen Inhalten gewidmet wäre, was den Ansatz bei der Warenstruktur sprengen würde. Parallel zu der Untersuchung, die wir hier im Hinblick auf den Handel mit Dingen unternommen haben, müsste vielmehr eine eigenständige Arbeit in Angriff genommen werden, in der die Entwicklung der geistigen Eigentumsrechte und die ökonomischen Folgen von deren wachsender Bedeutung Berücksichtigung finden würden.

Hinzu kommt, dass es schwierig ist einzuschätzen, welche Auswirkungen das Wachstum einer Ökonomie, die auf dem Handel mit »immateriellen« Gütern beruht, im Gegensatz zu einer Ökonomie, die auf dem Handel mit Dingen beruht, auf die Art und Weise haben könnte, wie der Wert der Dinge ermittelt wird, und möglicherweise allgemeiner noch auf die Formen des Wohlstands selbst, wenn die ökonomische Logik des Zugangs die Oberhand über die Logik des sogenannten vollumfänglichen und vollständigen Besitzes gewinnt. Diesbezüglich wären mehrere Möglichkeiten denkbar: zum Beispiel entweder die Neuverteilung der Güter auf verschiedene Welten, die jeweils durch eine besondere Aneignungsform definiert wären, wie sie sich bereits im Hinblick auf die immer größere Rolle beobachten lässt, die Vermietung oder kostenpflichtiger Zugang spielen, ohne dass sich die Besitzverhältnisse ändern. Oder aber das Auftreten neuer struktureller Konstanten, was das Erlöschen der Transformationsgruppe, die wir analysiert haben, und gegebenenfalls ihre Ersetzung durch andere Formationen nach sich ziehen würde. Denn, wie Claude Lévi-Strauss festgestellt hat, ist »jeder vorherige Zustand einer Struktur selbst eine Struktur«.[35] Wie unsere ganze Arbeit zu veranschaulichen versucht, sind die Wertermittlungsformen, die

35 Claude Lévi-Strauss, *Mythologiques*, Bd. IV: *L'homme nu* (1971), Paris: Plon, 2009, S. 560 ⟨dt.: *Mythologica IV, Der nackte Mensch*, 2 (Aus dem Französi-

dem Handel vor allem dadurch eine Grundlage verschaffen, dass sie die Entstehung von Metapreisen begünstigen, die geeignet sind, die Rolle von Fluchtpunkten zu spielen, auf welche die Kritiken und Rechtfertigungen der Anbieter und Interessenten zulaufen können, sind diese Wertermittlungsformen historische Formationen. Deshalb sind sie nicht dazu berufen, unabänderlich zu sein.

schen von Eva Moldenhauer), Frankfurt am Main: Suhrkamp Verlag, 1975, S. 734⟩.

Siebentes Kapitel
Die Sammlerform

Die Modernität der Sammlerform

Was wir über die historische Dimension der Wertermittlungsformen gesagt haben, gilt in erster Linie für alles, was unter die Sammlerform fällt. Dank der Arbeit zahlreicher Historiker, Kunsthistoriker, Anthropologen oder sich noch anderen sozialwissenschaftlichen Disziplinen, ja sogar der Philosophie oder der Psychoanalyse zurechnenden Experten, die sie in Angriff genommen haben,[1] ist die Geschichte des Sammelns heute ein gut dokumentiertes Gebiet. Deshalb kann man sich die Frage stellen, in welchem Verhältnis die von den Fürsten oder religiösen Orden im Mittelalter angehäuften Schätze auf der einen Seite, in denen Reliquien eine wichtige Stellung zukam, zu der im 16. und 17. Jahrhundert sehr großen Zahl von Kuriositätenkabinetten auf der anderen Seite stehen, in denen ganz unterschiedliche, aufgrund ihrer Merkwürdigkeit ausgewählte Dinge versammelt waren, und wie sich dazu schließlich im ersten Drittel des 19. Jahrhunderts das Aufkommen dessen verhält, was man *systematische Sammlungen* nennen kann. Und zwar entweder, um den Versuch zu unternehmen, zwischen diesen verschiedenen Akkumulationsformen eine Kontinuität herzustellen, oder um ganz im Gegenteil, oftmals im Anschluss an die Analysen von Michel Foucault und an den Bruch, den er zwischen einer Episteme, die auf einer Theorie der Signaturen gründet, und einer Episteme ansiedelt, die auf

1 Insbesondere im Anschluss an die bahnbrechenden Arbeiten von Krzysztof Pomian. Vgl. besonders Krzysztof Pomian, *Collectionneurs, amateurs et curieux. Paris, Venise: XVIe-XVIIIe siècle*, Paris: Gallimard, coll. Bibliothèques des histoires, 1987. Und zu den Kuriositätenkabinetten, vgl. Julius von Schlosser, a. a. O. Was die »Kuriositätenliebhaber« anbelangt, vgl. auch Antoine Schnapper, *Curieux du Grand Siècle. Collections et collectionneurs dans la France du XVIIe siècle*, Paris: Flammarion, 1994.

einer Theorie der Repräsentation beruht,[2] ihre Diskontinuität zu unterstreichen.

Eine systematische Sammlung hat kurz gesagt eine *serielle* Dimension. Sie vereinigt Dinge, die *in einem bestimmten Verhältnis* zueinander in einen Zusammenhang gebracht worden sind und sich nach *Differenzen* verteilen, die als *einschlägig* gelten und *systematisch* organisiert sind. Zum Beispiel werden Töpfergefäße, auch wenn sie in einer bestimmten Epoche an einem bestimmten Ort hergestellt worden sind, im Hinblick auf ihre Größe, ihre Farbe, ihre Form, die Figuren, mit denen sie verziert sind, usw. differenziert. Im Fall von systematischen Sammlungen ist das Prinzip, nach dem die Annäherung der Dinge erfolgt, also im Allgemeinen eine spezifische, häufig ursprünglich funktionale Eigenschaft, die eine übergeordnete Stellung einnimmt, nach der sich die Organisation der nachrangigen Eigenschaften richtet. Es ist nicht ausgeschlossen, dass diese Form zuerst im Bereich der Naturwissenschaften aufgetreten ist, nicht zuletzt um Mineralien und organische Überreste von Tieren oder Pflanzen zu klassifizieren und zu präsentieren,[3] bevor sie für Gruppen anderer Art verwendet wurde, die aus von menschlicher Hand hergestellten Artefakten bestanden, ob es sich dabei nun um für den Gebrauch bestimmte Gegenstände, um volkskundliche bzw. ethnologische Objekte[4] oder um Kunstwerke handelte.

Trotzdem wird uns die Geschichte des Sammelns vor allem im Hinblick auf ihr Verhältnis zum Entstehungsprozess der Warenform und zur Entwicklung einer kommerzialisierten Gesellschaft

---

2 Michel Foucault, *Les Mots et les Choses*, Paris: Gallimard, 1966 ⟨dt.: *Die Ordnung der Dinge. Eine Archäologie der Humanwissenschaften* (Aus dem Französischen von Ulrich Köppen), Frankfurt am Main: Suhrkamp Verlag, 1971⟩.

3 Was den Übergang vom Kuriositätenkabinett zur naturwissenschaftlichen Sammlung anbelangt, vgl. Antoine Schnapper, *Le Géant, la Licorne et la Tulipe. Les cabinets de curiosité en France au XVIIe siècle*, Paris: Flammarion, 1988. Sowie Noël Coye, »La collection introuvable de l'abbé Breuil«, in: Odile Vincent (Hrsg.), *Collectionner? Territoires, objets, destins*, Paris: Créaphis, coll. Silex, 2011, S. 52-70.

4 Vgl. Benoît de L'Estoile, »L'anthropologie après les musées?«, in: *Ethnologie française*, 2008/4, Jg. 38, S. 665-670.

interessieren. Dabei wird ein erstes Indiz unsere Aufmerksamkeit auf sich lenken, nämlich das neu entwickelte Interesse, das im 19. Jahrhundert der Entstehung von systematischen Sammlungen entgegengebracht wird, das zahlreiche Spuren vor allem in der Literatur hinterlassen hat.[5] Eines der ersten Werke, das Sammlungen und Sammlern gewidmet war und von allen wahrscheinlich das berühmteste und eindringlichste gewesen ist, war Honoré de Balzacs 1847 erschienener Fortsetzungsroman *Vetter Pons*.[6] Doch es ließen sich weitere Beispiele nennen, die für dasselbe Interesse sprechen, besonders der erste Roman von Anatole France, *Die Schuld des Professors Bonnard*.

Zum Verständnis des neu entwickelten Interesses, das den Sammlungen in der zweite Hälfte des 19. Jahrhunderts entgegengebracht wird, möchten wir folgende Hypothese vorschlagen: Sie macht sich fest an dem *zweideutigen Verhältnis*, in dem die Entwicklung der Sammelpraxis und die Beschaffenheit der gesammelten Objekte zur Entstehung der Warenwelt und damit zur Entwicklung des Kapitalismus standen. Einerseits wurde die Praxis des Sammelns als eine Art Metapher für den Kapitalismus wahrgenommen. Andererseits wurde sie gewissermaßen als dessen Umkehrung betrachtet. Die beiden Seiten dieser Zweideutigkeit möchten wir jetzt analysieren.

Sehen wir uns zunächst an, was Sammeln und Kapitalismus miteinander verbindet. Das ist in erster Linie der *systematische* Charakter dieser Tätigkeit, die von außen betrachtet auf eine Akkumulation als solche, eine Akkumulation um der Akkumulation willen gerichtet zu sein scheint – da ja die akkumulierten Objekte nicht zur Benutzung bestimmt sind – und sich anscheinend unbegrenzt, auf quasi obsessive Weise fortsetzt. In zweiter Linie ist es auch die Beschaffenheit der akkumulierten Objekte und die

---

5 Vgl. Dominique Pety, *Poétique de la collection au XIXe siècle. Du document de l'historien au bibelot de l'esthète*, Paris: Presses universitaires de Paris Ouest, 2010.

6 Honoré de Balzac, *Le Cousin Pons*, Paris: LGF, Le Livre de Poche, 1983 ⟨dt.: »Vetter Pons« (Aus dem Französischen von Hans Kauders), in: ders., *Vetter Pons, Vater Goriot, Gobseck*, München: Winkler Verlag, 1960, S. 5-361⟩.

Art, wie sie zirkulieren. Die Dinge, nach denen die Sammler suchen, sind ursprünglich kostbare Gegenstände gewesen, die im Ancien Régime im Besitz hochgestellter – in der Regel dem Ersten oder Zweiten Stand angehörender – Persönlichkeiten waren und häufig nach deren Wünschen auf Bestellung von renommierten Künstlern oder Handwerkern gefertigt wurden. Aufgrund des personalisierten Charakters ihrer Anfertigung und ihres Verwendungszwecks waren diese Objekte nicht mit den alltäglicheren Produkten zu verwechseln, die es auf Marktplätzen gab, und auch nicht mit den Dingen, die für eine bürgerliche oder sogar kleinbürgerliche Klientel bestimmt waren und auf die sich die Historiker häufig unter Verwendung des Ausdrucks »Populuxe« beziehen. Infolge der großen politischen und sozialen Umwälzungen, die mit der Französischen Revolution und den Kriegen des Kaiserreichs einhergingen, fanden viele dieser Dinge, die bis dahin in für sie vorgesehenen, geschlossenen Räumen verwahrt worden waren – zum Beispiel in Schlössern oder Gotteshäusern –, sich nun aber sozusagen auf der Straße wieder und waren »herrenlos«, wie es in der Rechtssprache über Güter heißt, die allen und niemandem gehören. Einige von ihnen, die bei Plünderungen erbeutet worden waren, hatten ihre Identität verloren und waren quasi zu Abfall geworden. Als sie in den Händen von Schiebern oder »Trödlern« wieder auftauchen, werden sie zum Tausch angeboten, sie können zirkulieren und von jedem erworben werden, der ihren »Wert« zu erkennen und ihren Preis zu bezahlen vermag.

Die Episode mit dem Fächer in Balzacs *Vetter Pons* als der Erzählung, in der das Thema des Sammelns und die Person des Sammlers ihren ersten großen Auftritt in der französischen Literatur verzeichnen, ist in dieser Hinsicht besonders aufschlussreich. Der Trödler in der Rue de Lappe, bei dem Pons den Fächer ergattert, den er seiner Cousine, der Präsidentin de Marville, zu schenken beschließt, ist in Dreux auf dieses Ding gestoßen, wo während der Französischen Revolution das Schloss Aulnay »ausverkauft«, also gefleddert worden war. In diesem Schloss hatte nun aber Madame de Pompadour zuweilen gewohnt. Pons meint, dass jener Fächer ihr gehörte und glaubt, die Bemalung darauf Watteau zuschreiben zu können. An einer vorangegangenen Stelle spielt Balzac außerdem auf die »Auvergnaten« und auf die »Bande-Noire« an, wie man die Spekulanten nennt, die während der Revolution verdächtigt wurden, nationale Güter aufzukaufen, um sie auszuschlachten und wieder zu verkaufen (»beide Auvergnaten [...], diesen Satelliten der schwarzen Bande, die auf Karren die Herrlichkeiten der Pompadour-Zeit weggeschleppt hatten«). In der auf die Revolution und die Kriege des Kaiserreichs folgenden Zeit erwacht das Interesse an Trödel (und wird auch der Neologismus »bric-à-brac« für »Schnickschnack« oder »Trödel« geprägt) und erfahren auch die großen, ob nun privaten oder öffentlichen Kunstsammlungen eine Bereicherung nicht zuletzt infolge der Plünderung der deutschen Schatzkammern, die Bénédicte Savoy untersucht hat,[7] oder der italienischen Schatzkammern, die, wie Francis Haskell gezeigt hat, zur Bestückung der Sammlungen der reichen französischen und englischen Käufer beitrug.[8] Nach der Russischen Revolution von 1917 war es genauso. So wurde Gorki von Lenin damit beauftragt, eine Expertenkommission einzurichten, um »die Objekte von großem künstlerischen und materiellen Wert« zu sichten, die von den Emigranten in ihren von den Bediensteten »geplünderten« Häusern und Wohnungen zurückgelassen worden waren.[9] Dinge, die bisher weggeschlossen gewesen waren, sind nun »auf dem Markt«,[10] um eine häufig von Trödlern benutzte Formulierung zu verwenden, die den Vorteil hat, dass in der Schwebe bleibt, ob etwas verkauft, gefunden oder gestohlen wurde. Und wahrscheinlich könnte man zeigen, dass die Entstehung von Samm-

7 Bénédicte Savoy, *Patrimoine annexé. Les biens culturels saisis par la France en Allemagne autour de 1800*, a.a.O.

8 Vgl. Francis Haskell, *La Norme et le Caprice. Aspects de goût, de la mode et de la collection en France et en Angleterre, 1789-1914*, Paris: Flammarion, 1986, englische Originalausgabe 1976.

9 Michel Melot, *Mirabilia*, a.a.O., S. 24.

10 Vgl. Hervé Sciardet, *Les Marchands de l'aube. Ethnographie et théorie du commerce aux Puces de Saint-Ouen*, Paris: Economica, 2003.

lungen ganz allgemein gesagt auf Zeiten des politischen Wandels und häufig auf Revolutionen oder Kriege folgt, die dazu führen, dass Tausende von Objekten auf der Straße landen und nur noch den Stellenwert von Abfall haben, die bis dahin als Kostbarkeiten an geschlossenen Orten wie großen Anwesen, Schlössern, Klöstern, Kirchen usw. verwahrt worden waren.

Noch erstaunlicher ist das neue, mit der Entwicklung der Sammelpraxis einsetzende Verhältnis zu den Dingen aber, wenn die Objekte, nach denen systematisch und manchmal mit großer Beharrlichkeit gesucht wird, sich als ganz gewöhnlich erweisen und ihr Wert sich allein durch den Bezug auf den systematischen und totalisierenden Charakter der Akkumulation bestimmt, in deren Rahmen sie zum Füllen von Leerstellen beitragen. Das sieht man besonders gut im ersten Roman von Anatole France, *Die Schuld des Professors Bonnard*, der 1881 erschien,[11] also etwas mehr als drei Jahrzehnte nach *Vetter Pons*. Sylvestre Bonnard ist ein ziemlich mittelloser Gelehrter, Mitglied des Institut de France, er sammelt Handschriften und auf der Suche nach einer seltenen Handschrift der *Legenda aurea* reist er nach Sizilien. In Sizilien begegnet er einer jungen Frau aus Frankreich, die mit dem unermesslich reichen russischen Fürsten Dimitri Trepof verheiratet ist, einem Verführer und großen Sammler. Die junge Frau erklärt ihm, warum sie auf so abgelegenen Wegen umherirren:

> »Wir gehen nach Mello; das ist ein schreckliches Dorf, sechs Meilen von Girgenti, und Sie erraten es nimmermehr, warum wir dorthin gehen. Versuchen Sie es auch gar nicht. Wir suchen eine Streichholzschachtel; Dimitri sammelt nämlich Streichholzschachteln. Er hat es mit allerlei Sammlungen versucht, mit Hundehalsbändern, Uniformknöpfen und Briefmarken. Doch jetzt interessieren ihn nur noch die Zündholzschachteln, die kleinen Pappschachteln mit farbigen

---

11 Anatole France, *Le Crime de Sylvestre Bonnard*, Paris: Calmann-Lévy, 1956 ⟨dt.: »Die Schuld des Professors Bonnard. Roman eines Entführers« (Aus dem Französischen von J. Wahl und F. Le Bourgeois), in: ders., *Die Schuld des Professors Bonnard und Die Götter dürsten*, Zürich: Coron-Verlag, o. J., S. 52-185, hier S. 81f.⟩. Die Handlung ist komplex, womöglich liegt ihr eine symbolische Struktur zugrunde, die eine sexuelle Dimension aufweist.

Bildern. Wir haben schon fünftausendzweihundertundvierzehn solche Arten beisammen, darunter solche, die aufzufinden uns schreckliche Mühe gekostet hat.«

Und Trepofs Gattin zeigt Sylvestre Bonnard ihre Ausbeute:

»Häßlich ist sie, aber selten. Solche Schachteln sind unauffindbar; man muß sie an Ort und Stelle kaufen. Um sieben Uhr morgens war Dimitri schon in der Fabrik; Sie sehen, wir haben unsere Zeit nicht vergeudet.«[12]

»Ich empfand (darf ich es gestehen?)«, sagt der Erzähler Sylvestre Bonnard, »eine gewisse mitleidige Teilnahme für diese beharrlichen Sammler. Besser hätte es mir natürlich gefallen, wenn Herr und Frau Trepof in Sizilien alte Marmorstatuen, bemalte Vasen und Medaillen gesammelt hätten; es wäre mir lieb gewesen, hätten sie sich um Agrigentums Ruinen und die poetischen Überlieferungen des Eryx gekümmert. Indessen sie sammelten, sie gehörten zur Zunft; konnte ich mich also über sie lustig machen, ohne mich selbst auch ein wenig zu verspotten?«

Doch außer als Metapher für den Kapitalismus wird die Praxis des Sammelns – und genau darin besteht ihre Zweideutigkeit – noch als dessen Umkehrung betrachtet, insofern sie zwar als Akkumulationspraxis den Kapitalismus nachahmt, im Unterschied zu diesem aber nicht das Ziel finanzieller Bereicherung verfolgt. Vetter Pons ist arm und Geldfragen sind ihm fremd. Genauso verhält es sich mit Sylvestre Bonnard, der keinerlei Interesse an Geld hat. Was den steinreichen Fürsten Trepof anbelangt, so gibt er sein Vermögen allein in der Absicht aus, Dinge zu akkumulieren, die nicht nur keinen Marktwert, sondern auch nicht den geringsten ästhetischen Wert besitzen, weil er von einem Totalisierungsprojekt besessen ist, das er niemals zum Abschluss bringen wird. So wie Vetter Pons auf alles verzichtet hatte, um den Objekten, die er bewundert, ihren Warencharakter zu nehmen, verfügt Fürst Trepof über die Macht, noch den trivialsten Handelsartikel – eine Schachtel Streichhölzer – in etwas zu verwandeln, nach dem zu trachten sich jedes Opfer lohnt. Gerade weil ihre Unter-

12 Ebd., S. 88.

nehmungen aber lediglich eine Totalisierung anstreben (und keinen kaufmännischen Gewinn), steht es in ihrer Macht, beliebigen Dingen einen Wert zu verleihen, ob es sich dabei nun um Objekte handelt, die früher kostbar waren, dann aber vergessen und quasi zu Abfall wurden, oder um so bescheidene Waren wie Streichholzschachteln – so wie der Kapitalismus durch die Nutzung einer Vielzahl verschiedener Ressourcen Werte schafft.

Ein besonders typisches Beispiel für ein systematisches Sammeln, das in der zweiten Hälfte des 20. Jahrhunderts aufkam und sich schnell im großen Stil verbreitete, ist das Briefmarkensammeln gewesen. Diese Art des Sammelns bot den Vorteil, dass sie im Rahmen einer gleichbleibenden Form auf viele, ganz verschiedene Weisen umgesetzt werden konnte, in manchen Fällen war der Preis hoch, andere – die meisten – verursachten geringere Kosten. Außerdem sind Briefmarkensammlungen interessant, weil sie sehr schnell eine Ausrichtung auf Kinder und Jugendliche erfuhren, da Eltern und Erziehungseinrichtungen in ihnen ein Instrument vor allem zur Vermittlung von historischer und geographischer Bildung sahen. Wie Steven Gelber gezeigt hat,[13] weitete die Praxis des Briefmarkensammelns sich aus, als deutlich wurde, dass die Sammlermarke ein Objekt war, das gekauft und verkauft werden konnte. Auf diese Weise konnte diese Praxis auch zu einem Instrument für kaufmännische Bildung werden, weil mit ihrer Hilfe die aus dem Bürgertum und dem Kleinbürgertum stammenden jungen Leute umso besser mit bestimmten Aspekten der kapitalistischen Welt vertraut gemacht werden konnten, als sie spielerisch und uneigennützig zu sein schien. Der Rückgang der Praxis des Briefmarkensammelns bei den jungen Leuten rührt möglicherweise daher, dass ihre erzieherische Rolle nicht mehr im selben Maße erforderlich zu sein scheint, seit die Gewöhnung an den Kapitalismus aufgrund von dessen Ausweitung zu einer Schule des Lebens in einer kommerzialisierten

13 Steven Gelber, »Free market metaphor. The historical dynamics of stamp collecting«, in: *Comparative Studies in Society and History*, Jg. 34, Nr. 4, Okt. 1992, S. 742-769.

Gesellschaft geworden ist (und darüber hinaus seit den 2000er Jahren elektronische Nachrichten weitgehend an die Stelle der Briefpost getreten sind).

Doch auch wenn die Rolle des Briefmarkensammelns kleiner geworden ist, haben Sammelpraktiken im Laufe der letzten Jahrzehnte eine noch nie dagewesene Bedeutung gewonnen. Erstens quantitativ gesehen: Den vor allem angelsächsischen, der Soziologie des Sammelns und der Sammler gewidmeten Arbeiten zufolge haben in den westlichen Gesellschaften der Gegenwart ungefähr ein Viertel aller Personen angegeben, dass sie etwas sammeln oder gesammelt haben.[14] Solche Sammlungen haben offenkundig ganz unterschiedliche Größenordnungen und betreffen ganz verschiedene Objekte, deren Marktwert pro Stück von ein paar Euro – zum Beispiel im Fall von Postkarten-, Vereinsabzeichen- oder Bierdeckelsammlungen – bis zu mehreren Millionen Euro reichen kann, wie bei einigen Sammlungen alter Kunstwerke oder zeitgenössischer Kunst. Darüber hinaus ist die Zahl und das Aktivitätsniveau der Gemeinschaften, die sich rund um den Tausch von Objekten gebildet haben, die nach ihrem Typus oder ihrer Art definiert werden, höchstwahrscheinlich gestiegen, was belegt wird durch die Entstehung von Fachzeitschriften, von Vereinen und seit den 2000er Jahren vor allem von Internetseiten, die nicht zuletzt durch Auktionen wie bei eBay die Tauschgeschäfte fördern. Um nur ein Beispiel zu nennen, gibt es eine französische Internetseite, die sich ausschließlich dem Tausch und dem Plausch unter Sammlern von Uhren widmet, die zwischen den 1940er und den 1960er Jahren in der UdSSR hergestellt worden sind.

So wie wir sie hier beschreiben, tritt die Neuartigkeit der Sammlerform umso deutlicher hervor, wenn man sie mit der Art und Weise vergleicht, wie der Wert von Reliquien vor allem innerhalb der orthodoxen und der katholischen Kirche ermittelt worden ist. Die Vorstellung einer Kontinuität zwischen dem

---

14 Vgl. besonders Susan Pearce, *Collecting in Contemporary Practices*, London: Sage, 1998.

»Sammeln« von Reliquien und von Kunstwerken ist häufig unter Anführung der Tatsache vertreten worden,[15] dass es sich in beiden Fällen um Dinge handle, deren Wert von ihrer Verbindung zu außergewöhnlichen Wesen herrühre. Gleichwohl sei der Handel mit ersteren »unlauter«, also unzulässig, während er mit letzteren zulässig sei.[16] Eine solche Annäherung, die den Eindruck erweckt, als habe die Wertermittlung im Rahmen der Sammlerform schon vor mehreren Jahrhunderten eingesetzt, geht trotzdem insofern in die Irre, als sie die Besonderheit von Reliquien außer Acht lässt. Zwar verfügen diese über Erinnerungskraft im Hinblick auf eine einzigartige Person. Aber Reliquien haben nur innerhalb einer Institution einen Wert, und dieser Wert bemisst sich an der Verehrung, die sie erfahren. Im Codex des kanonischen Rechts (Kanon 1190), der den Handel mit Reliquien verbietet, wird das ganz deutlich: Besonders die Reliquien, »denen im Volk große Verehrung zuteilwird«, dürfen nicht ohne Erlaubnis des Heiligen Stuhls veräußert oder an einen anderen Ort verbracht werden. Werden die Reliquien aber erst einmal auf Auktionen im Internet zum Verkauf angeboten, was häufig vorkommt, ist ihr Preis dagegen nicht sehr hoch.

Noch besser versteht man den Unterschied zwischen Reli-

15 Krzysztof Pomian, *Des saintes reliques à l'art moderne. Venise-Chicago, XIIIe-XXe siècle*, Paris: Gallimard, coll. Bibliothèques des histoires, 2003.

16 Dieser Standpunkt wird vor allem von Bernard Lahire vertreten, in dessen Augen »ein Vergleich zwischen heiligen Reliquien und den Werken der großen Meister sich dem Forscher beinahe zwangsläufig aufdrängt«. Diesem Autor zufolge »gehen die Kunstwerke, so wie Reliquien mit einzigartigen Persönlichkeiten in Verbindung stehen, die sich von den gewöhnlichen Sterblichen unterscheiden (Jesus, die Heiligen), zunächst einmal auf einzigartige, mehr oder weniger bekannte und anerkannte Künstler zurück. Wie die Aura des Kunstwerks beruht auch die Aura der Reliquie auf der engen Verbindung zwischen einem als außergewöhnlich geltenden Wesen – dem Heiligen oder Künstler – und einzigartigen Objekten«. »Nach dem Reliquienmarkt etabliert sich der Kunstmarkt. [...] Auch wenn Reliquien wie Kunstwerke verkauft und gekauft werden, blieb der Reliquienmarkt zu weiten Teilen unlauter, während der Kunstmarkt sich legal entwickelte und alle Akteure sich in Sachen Kunst an die Verbindung von ökonomischen Werten und ästhetischen Werten gewöhnt haben« (S. 278f.). Bernard Lahire, *Ceci n'est pas qu'un tableau*, a.a.O., S. 278f.

quien und Kunstwerken, wenn man bedenkt, dass die religiöse Institution die Reliquien zerteilen kann und dass jedes Stück den gleichen Wert besitzt. Aus diesem Grund können sich die Gebeine desselben Heiligen über eine große Zahl von Orten verteilen. So sollen die Gebeine des heiligen Vinzenz von Paul in 97 Reliquien aufgeteilt worden sein, die auf 50 Pariser Kirchen verteilt wurden.[17] Aber kein öffentliches oder privates Museum käme auf den Gedanken, seinerseits Reliquien zu zerteilen, die sich in ihren Sammlungen befinden, weil sie der Ansicht wären, dass sie durch eine solche Zerteilung ihren Wert ebenso verlieren würden wie ein Gemälde von Leonardo da Vinci, wenn man es in 97 Stücke zerteilte: Keines dieser Stücke wäre mehr viel und auf jeden Fall weniger wert als das vollständige Gemälde. Dieser Unterschied zwischen Sammlungen von Reliquien und von Kunstwerken klärt sich auf, wenn man bedenkt, dass menschliche Überreste, die vorübergehend oder dauerhaft in einem Gotteshaus ausgestellt werden sollen, vom Körper einer »Ursprungsperson« stammen und für ihre Ausstellung und Konservierung von einer oder mehreren Personen bearbeitet worden sein müssen. Im Rahmen einer (katholischen oder orthodoxen) religiösen Institution werden die menschlichen Überreste mit dem Eigennamen der Ursprungsperson verknüpft, während die Person bzw. häufiger die Personen, die sie bearbeitet haben, anonym bleiben können. Es ist nicht wichtig zu wissen, wer den Leichnam des oder der Heiligen geöffnet, wer die Gebeine ausgegraben oder aufgelesen hat, auch wenn die Namen von manchen dieser Personen bekannt sein mögen und schriftlich festgehalten werden, wenn innerhalb der religiösen Institution Untersuchungen durchgeführt werden, die diese Überreste für »authentisch« erklären sollen. Wesentlich ist der Name der oder des Heiligen, mit der oder dem diese Reliquie verknüpft ist und die oder der verehrt wird. Das Kunstsystem funktioniert genau anders herum als dieses religiöse System. Es misst dem Eigennamen der bearbeitenden Person gro-

17 Yves Gagneux, *Reliques et reliquaires à Paris (XIXe-XXe siècle)*, Paris: Cerf, 2007, S. 287.

ße und dem der Ursprungsperson geringe Bedeutung bei, wenn ein Kunstwerk Bestandteile hat, die von einem menschlichen Körper stammen, zum Beispiel Haare, Blut, Urin usw., wie es in den 1970er Jahren in der Kunst gängige Praxis war. Nun wird man einwenden, dass erstere sich manchmal nicht von letzterer unterscheidet. Trotzdem ist es der Name der bearbeitenden Person, der Name, mit dem der Künstler signiert, der für die Präsenz jener von der Ursprungsperson stammenden körperlichen Bestandteile sorgt, auch wenn es sich dabei um ein und dieselbe Person handelt.[18]

Das Dispositiv des systematischen Sammelns

Den Gedanken, dass das Sammeln, und zwar besonders das systematische Sammeln in seiner Eigenschaft als Akkumulationsinstrument, die Matrix abgeben konnte für die schrittweise Entwicklung einer spezifischen Form, den Wert von Dingen zu ermitteln, die in einer Bereicherungsökonomie eine zentrale Rolle spielt, werden wir unten weiter ausführen. Die Etablierung dieser Form hat jedenfalls zur Verlagerung der Wertschöpfungsmodalitäten beigetragen, als die kapitalistische Dynamik sich im Zuge der Verlegung der Standardartikelproduktion in Niedriglohnländer sehr viel stärker der Ausschlachtung der Vergangenheit zuwandte. Denn die Ausweitung der Vermarktung auf Dinge, die nicht produziert werden mussten, weil sie schon vorhanden waren, setzte die Schaffung von Argumentationsfiguren und Prüfungsverfahren voraus, die ganz anders waren als diejenigen, auf denen die Standardproduktion beruht. Doch bevor wir das Ausmaß analysieren, das die *Sammlerform* heute in einer wachsenden Zahl ganz unterschiedlicher Marktsituationen angenommen hat, müssen wir noch einige Worte über das Dispositiv des Sammelns verlieren. Denn auf der Grundlage dieses Wertermittlungsdispositivs haben sich die Argumente und Prüfungen gebildet, die spe-

18 Vgl. Arnaud Esquerre, *Les Os, les Cendres et l'État*, Paris: Fayard, 2011.

zifisch für die Sammlerform sind und die zu empirischen Sammlungen und sogar zu deren Dispositiv in einem teils buchstabengetreuen, teils eher distanzierten, ja metaphorischen Verhältnis stehen können.

An dieser Stelle möchten wir in schematischer Form die Hauptmerkmale darlegen, die für das Sammeldispositiv einschlägig sind.

Eine Sammlung ist eine Akkumulation von Entitäten, die, damit sie gesammelt werden können, einen *Körper* besitzen müssen. So können zum Beispiel Bücher – also materielle Dinge, die Aussagen und Gedanken enthalten – in ihrer Eigenschaft als Dinge von Buchliebhabern gesammelt werden – aber nicht aufgrund der Gedanken, die in ihnen enthalten sind. Eine Bibliothek, die als geistige Ressource dient (zum Beispiel die Bibliothek eines Forschers oder eines Schriftstellers, die auch auf einem elektronischen Datenträger gespeicherte E-Books umfassen kann), ist keine Sammlung. Außerdem müssen diese Dinge (vorzugsweise) verlagerbar sein, damit sie an einem Ort zusammengetragen werden können, um ihre Differenzen zur Geltung zu bringen.

Eine notwendige Bedingung dafür, dass es sich um eine Sammlung handelt, besteht darin, dass sie *Dinge* enthält, die sie auf eine gewisse Weise anordnet. Dass sie Materialität besitzen und Teil der körperlichen Welt sind, macht eine unverzichtbare Eigenschaft der Dinge aus, die in dieser Art von Dispositiv vertreten sind. Im Unterschied zu Gedanken, die – schriftlich oder mündlich – durch Sprache vermittelt werden, oder auch im Unterschied zu anderen Schöpfungen – wie etwa Live-Performances, die unter die Kategorie des Events (*happening*) fallen –, besitzen die Dinge dauerhafte materielle Einmaligkeit, was ihre mühelose Aneignung durch eine Einzelperson oder ein Kollektiv ebenso möglich macht wie ihre Bestimmung als separate Einheiten, ihre Kombination, ihre Lagerung oder Hortung, ihren Transport und ihren Tausch. Wenn es sich um alte Dinge handelt, deren Produktion eingestellt wurde und die durch kein Patent mehr geschützt werden, können sie ganz einfach als solche, ohne Rücksicht auf mögliche Rechte ihrer Erfinder wertgeschätzt werden.

Die Dinge, die zu einem bestimmten Zeitpunkt in eine Sammlung aufgenommen werden, fallen unter die Rechtsform des entweder privaten (individuellen oder auch kollektiven, wenn die Sammlung im Besitz einer Stiftung oder Firma ist) oder öffentlichen (wenn sie dem Staat, einer Gemeinde oder einer Gebietskörperschaft gehört) Eigentums. Es gibt keine »herrenlosen« Sammlungen. Doch stützen sich diese Dinge auf die gleichen juristischen Fiktionen, auf denen auch Eigentum im Allgemeinen beruht, das, wie zum Beispiel am Fall des geistigen Eigentums deutlich wird, ausgefeilte Formulierungen erforderlich macht. Dies gilt sogar dann, wenn bestimmte Dinge, wie zum Beispiel Kunstwerke,[19] verschiedenen Eigentumsformen (gewöhnliches Eigentum, Vermögenseigentum oder geistiges Eigentum) angehören.

Sammlerobjekte werden getauscht und zirkulieren. Diese Zirkulation führt zur Bildung von Sammlergemeinschaften, die gleichzeitig Tauschgruppen sind. Ein Sammler ist selten der Einzige, der eine bestimmte Art von Dingen akkumuliert, und vor allem übt er diese Tätigkeit niemals allein aus – wenn man von einigen pathologischen Fällen oder dem Fall einmal absieht, wenn ein Künstler selbst eine ganze Sammlung realisiert, um diese Art von Tätigkeit vorzuführen. Doch dann kann man sagen, dass das, was er da realisiert, eher eine Metasammlung als eine Sammlung im eigentlichen Sinne darstellt.

Es gibt zwar Akteure, die Objekte einsam für sich allein akkumulieren und möglicherweise in einem Verhältnis zueinander anordnen. Doch dabei handelt es sich meistens um Tätigkeiten von Personen, die als deviant oder geisteskrank zu bezeichnen sind. Im Zuge des entstehenden Interesses an der Art brut sind viele solcher Akkumulationen sichergestellt und ausgestellt worden,[20] und einige von ihnen haben großen Ruhm erlangt, wie das berühmte »Palais idéal« des Postboten Ferdinand Cheval. Wahr-

19 Vgl. Judith Ickowicz, *Le Droit après la dématérialisation de l'œuvre d'art*, Dijon: Les Presses du Réel, 2013.

20 Wie zum Beispiel die von Luigi Lineri zusammengetragenen Kieselsteine, die 2012 in der Halle Saint-Pierre, dem Pariser Art brut-Museum, ausgestellt wurden.

scheinlich haben mehrere Künstler, vor allem in den 1970er Jahren, auch aufgrund dieses Interesses an der Art brut das Thema des Sammelns als solipsistischer Tätigkeit aufgegriffen.[21] In Frankreich markierte die 1974 vom Pariser Musée des arts décoratifs ausgerichtete Ausstellung »Ils collectionnent….«[22] einen wichtigen Schritt nach vorn, der zahlreiche Künstler dazu bewogen hat, sich für das Dispositiv des Sammelns zu interessieren. Immerhin wurden in dieser Ausstellung Kreisel-, Gasmasken-, Trillerpfeifen-, Brillen-, Feuerzeug-, Messer-, Stein-, Sanduhren-, Füllhalter-, Pfeifen-, Werkzeug-, Kronkorken-, Votivbilder-, Lichtschalter-und-Steckdosen-, Dreikönigskuchenbohnen- und viele weitere Sammlungen gezeigt; im Katalog sind insgesamt 79 verschiedene Arten von Sammlungen aufgeführt, was man durchaus als *Sammeln von Sammlungen* bezeichnen kann.

Weil sie getauscht werden, sind die Sammlerstücke ökonomische Güter, für die ein Preis anfällt, wenn sie in andere Hände übergehen. Wenn ein Sammlerobjekt Staatseigentum ist, kann es unveräußerlich sein (wie in Frankreich). Gleichwohl wird ihm ein *Metapreis* zugeschrieben, der seiner (zum Zeitpunkt der Aufnahme eines Objekts in eine Sammlung oder seines Verleihs für eine Ausstellung geschätzten) Versicherungssumme entspricht. Ein Sammlerobjekt, das keinen Preis hat, ist eine Entität, die es nicht gibt. Doch Sammlerstücke können auch weitervererbt oder verschenkt werden oder Gegenstand einer Schenkung sein (das heißt eines Geschenks an ein staatliches Organ im Tausch gegen eine Steuerbefreiung im Erbfall). Die öffentlichen Sammlungen, die aus Dingen bestehen, die durch Ankäufe, Spenden oder Schenkungen (und manchmal auch durch Erpressungen oder Beschlagnahmungen) erworben wurden, haben durch die Einbeziehung entweder von Dingen aus privaten Sammlungen oder von bereits vollständigen, als Totalität vorliegenden priva-

---

21 Vgl. die ersten Arbeiten von Annette Messager, die sich als »Sammlerin« versteht, oder die Arbeiten von Henri Cueco, die er zusammengestellt hat in dem Buch *Le Collectionneur de collections*, Paris: Seuil, 1995.

22 Vgl. den Katalog: Musée des arts décoratifs, *Ils collectionnent*, Paris: Adrien Maeght, 1974.

ten Sammlungen eine nicht abreißende Bereicherung erfahren. Doch wenn sie sich dann in der Obhut öffentlicher Einrichtungen befinden, können die erworbenen Dinge, die nicht weiterverkauft werden dürfen, unabhängig davon, ob sie nun in häufig ohnehin unvollständigen Verzeichnissen aufgeführt werden oder nicht, trotzdem in Depots verbannt, ausgelagert, ja sogar vergessen werden, so wie Abfall ganz hinten im Keller.

Auch wenn sie vom Tausch ausgenommen sind, behalten diese öffentlichen Sammlungen eine ökonomische Rolle, die Auswirkungen auf das gesamte Sammelgebiet hat. Damit sich die ökonomische Dimension des Sammeldispositivs erfassen lässt, muss also die Unterscheidung von Öffentlichem und Privatem überwunden werden. Die (häufig als Laune, Marotte oder Manie beschriebenen bzw. verschrienen) einzelnen Akkumulationsunternehmungen und die großen staatlichen Institutionen zur Bildung und Bewahrung des sogenannten nationalen Erbes, ja sogar Welterbes müssen zusammen betrachtet werden.

Was die Kosten anbelangt, so werden bei der Sammlerform im Gegensatz zur industriellen Ökonomie nicht in erster Linie die Arbeitszeit und die Produktionskosten geltend gemacht, um den Preis der Objekte zu rechtfertigen. In ihrem Fall müssen aber andere Kosten berücksichtigt werden, die keineswegs vernachlässigbar sind, und zwar die *Konservierungskosten*, also nicht nur die Kosten für die Lagerung und die Instandhaltung der Objekte, sondern auch die Kosten, die für ihre Versicherung und Restaurierung anfallen.

Unter der Bedingung, dass es sich auf ein Totalisierungsprinzip beziehen lässt, kann jedes beliebige Ding Teil einer Sammlung werden. Zu den möglichen Sammelobjekten gehört also a priori alles, was eine Form hat (ob diese ihm nun »von Natur aus« zukommt oder Folge eines menschlichen Eingriffs ist) und im Verhältnis zu anderen Formen Varianten aufweist, die sich unter einem seriellen Blickwinkel betrachten lassen. Gleichwohl setzt sich das riesige Gebiet möglicher Sammelobjekte insgesamt aus *Feldern* zusammen, die aus Dingen bestehen, deren Wert als höchst ungleich angesehen wird, wie die Preise belegen, zu denen sie gehandelt werden und die in keinem Verhältnis zueinander stehen. Dabei handelt es sich zum einen um eine Reihe von nicht besonders alten Dingen, die ziemlich leicht zugänglich und relativ kostengünstig sind, obwohl sie schon eine Zeit lang von einer großen Zahl von Personen gesammelt werden, und zum anderen um eine Reihe von schwer zugänglichen und sehr kostspieligen Dingen. Auch wenn sie ohne Umschweife zugeben würden, dass alle Sammlungen etwas gemeinsam haben und alle Sammler unabhängig von den Objekten, denen ihre Vorliebe gilt, aus demselben Holz geschnitzt sind, haben passionierte Sammler sich auf Unterscheidungen zwischen »schönen Dingen« oder »außerordentlichen« Dingen und »gewöhnlichen« oder »nichtssagenden«, ja sogar »trivialen« Dingen verständigt. Deshalb neigen sie dazu, die sehr ungleichen Preise, welche die Dinge bei Tauschgeschäften erzielen, durch Qualitäten zu rechtfertigen, die den Dingen als solchen inhärent und aus diesem Grund von der Sammeltätigkeit unabhängig sein sollen (ungefähr so wie die Operatoren auf den Finanzmärkten, wenn sie den »Grundwert« anführen, der den Aktien inhärent ist, und diesem den Preis gegenüberstellen, den dieselben Aktien in Spekulationsphasen erreichen können).

Sammlerobjekte

Sammlerobjekte können sowohl zu einem hohen Preis erworbene »Wertgegenstände«, »schöne Dinge« oder »bedeutende Werke« als auch Dinge sein – und dieser Fall ist gar nicht so selten –, die unbeachtet geblieben oder in Vergessenheit geraten, ja die sogar zu *Abfall* geworden sind, das heißt Dinge, deren Hauptmerkmal eben gerade darin besteht, einen geringen Preis zu haben oder wertlos zu sein.[23] Sie können zu einem niedrigen Preis erworben oder nur »gefunden«, das heißt der Umgebung entnommen wor-

23 So wie das Steingutgeschirr, das früher industriell hergestellt wurde und dessen Wegstrecke Thierry Bonnot minutiös rekonstruiert hat. Thierry Bonnot, *La Vie des objets*, Paris: Éditions de la MSH, 2002.

den sein, ohne dass ein Pfennig dafür gezahlt wurde, oder sogar gestohlen worden sein. Wenn man jedoch davon ausgeht, dass die Dinge Gegenstand eines Tausches gegen Geld werden, die häufig bereits dadurch eine Aufwertung erfahren haben, dass sie schon in frühere Sammlungen aufgenommen wurden – was sich dadurch feststellen lässt, dass sie auf ihrem Weg materielle Spuren oder Spuren in der Erinnerung hinterlassen haben –, kann man die Behauptung wagen, dass es nichts gibt, was gesammelt wird oder gesammelt werden kann, das in einem mehr oder weniger lang zurückliegenden Stadium seiner Existenz nicht in Form von Abfall existiert hat, bevor es bemerkt, aufgelesen, eingeordnet und in Obhut genommen worden ist. Par excellence wird das an archäologischen, prähistorischen oder paläontologischen Sammlungen deutlich, die aus Dingen bestehen, die in der Erde vergraben waren, aus der sie zu Tage gefördert wurden. Diese Eigenschaft weisen nun aber wahrscheinlich die meisten, wenn nicht alle Sammlerobjekte auf, sodass es keine Übertreibung wäre zu sagen, dass Sammlungen das Ergebnis von *Ausgrabungen* sind.

Sammlerobjekte sind Dinge, die *bereits vorhanden* sind. Sie kommen also aus der *Vergangenheit*, diese kann allerdings fern oder nah sein (wie im Fall der zeitgenössischen Kunst). Viele dieser Dinge sind also nicht fürs Sammeln produziert worden, sodass die Art von Ökonomie, in die sie sich einfügen, keine Ökonomie ist, in der die Produktion eine so entscheidende Rolle für die Wertermittlung spielt wie bei der Standardform. Es kommt nur selten vor, dass man diese Dinge bekommt, indem man eine Bestellung bei einem Zulieferer aufgibt. Diese ganz allgemein geltende Behauptung kann in einigen Fällen eine Einschränkung erfahren; denn bestimmte Dinge (wie zum Beispiel Limousinen der Luxusklasse) werden in kleinen Stückzahlen produziert und sind dann faktisch für Sammler bestimmt.

Sammlerstücke sind nicht für den Gebrauch gedacht. Dies gilt auch für Dinge, die der sogenannten »natürlichen« Umgebung entnommen worden sind (wie etwa Kieselsteine) oder für Artefakte, die auf eine menschliche Tätigkeit zurückgehen (so wie Töpfe oder Knöpfe). Keines dieser Dinge wird erworben, damit es eine praktische, auf ein Bedürfnis abgestimmte Funktion erfüllt (im Unterschied zu Steinen, die man sich anschafft, um ein Haus zu bauen, oder Schuhen, die man kauft, um zu laufen). Sie erfüllen noch nicht einmal eine ostentative Funktion im Rahmen einer sozialen Distinktionslogik (wie zum Beispiel Stiefeletten einer bestimmten Marke und zu einem bestimmten Preis). Das Interesse, das Sammlerstücken entgegengebracht wird, ist mit anderen Worten nicht durch Erwägungen diktiert, die auf Äußerlichkeiten beruhen, ob diese nun materieller Art (feste Schuhe, um im Regen zu laufen) oder sozialer Art sind (Schuhe, die einen »umhauen«). Man kann natürlich, wenn man im neoklassischen Rahmen bleiben möchte, sagen, dass diese Dinge durchaus nützlich sind. Aber diese Nützlichkeit bezieht sich einzig und allein auf den Platz, den sie möglicherweise in der einen oder anderen Sammlung einnehmen werden.

Die zu einer Sammlung zusammengestellten Objekte werden nicht benutzt, sie wecken zwei Arten von Interesse, die in der Regel eng miteinander zusammenhängen: Die erste Art von Interesse wird durch das geweckt, was das Ding in seiner Einzigartigkeit zu evozieren vermag. Die andere Art von Interesse konzentriert sich auf die Spannung zwischen *Wiederholung* und *Differenzen*, die durch die Annäherung dieser Dinge hervortritt. Das heißt zwischen dem, was eine große Zahl von Dingen gemeinsam hat, einerseits, und dem, was sie voneinander unterscheidet, andererseits. Die »Schönheit« der Dinge, die von den Sammlern häufig zur Rechtfertigung dessen angeführt wird, was sie ihre »Leidenschaft« nennen – eine Eigenschaft, die nicht den Dingen als solchen zukommt, sondern sich auf die Empfindungen bezieht, die sie hervorrufen –, bildet sich an der Schnittstelle dieser beiden Arten von Interesse.

Wir möchten zunächst die erste Art von Interesse untersuchen, die übrigens sowohl Objekte betreffen kann, die in »Kuriositätenkabinetten« versammelt sind, als auch die Objekte in den von uns so genannten *systematischen Sammlungen*. Da sie aus der Vergangenheit kommen, erinnern die aufgelesenen und aufbewahrten Dinge an Personen, Ereignisse oder Situationen, von denen man annimmt, dass früher eine Verbindung zu ihnen bestanden habe. In dieser Hinsicht sind sie mit dem vergleichbar, was man als »Souvenir« im Sinne eines Erinnerungsstücks bezeichnet, also nicht mentale Zustände, sondern Dinge, die möglicherweise mentale Zustände hervorrufen, indem sie etwas heraufbeschwören oder ins Gedächtnis rufen. Das ist zum Beispiel bei einem Federhalter so, der Marcel Proust gehört hat, bei einem in der »Nacht der Barrikaden« während des Mai 1968 aus dem Pflaster der Rue Soufflot herausgebrochenen Stein oder bei »der Uhr, die mein Großvater getragen hat« und die ihm auf dem Sterbebett abgenommen wurde. Diese Dinge sind voller *Erinnerungskraft,* deren Grad von der Bedeutung abhängt, die mehr oder weniger große Kollektive dem beimessen, an das sie erinnern.[24]

Die zweite Art von Interesse, die beim systematischen Sammeln besonders deutlich hervortritt, betrifft das, wodurch eine Sammlung sich von einem *Haufen* unterscheidet. Eine Sammlung liegt in der Regel in Form einer Akkumulation von Dingen vor, deren Annäherung unter Bezugnahme auf eine Eigenschaft gerechtfertigt wird, die allen zusammengetragenen Dingen zukommen soll. In den meisten Fällen ist das, was diese Dinge gemeinsam haben, auf Anhieb sichtbar. Es kann für das ungeübte Auge deutlich werden, das an den Dingen (zum Beispiel an den Töpfen, Uhren, Schlüsseln) so etwas wie eine *Familienähnlichkeit* wahrnimmt, wenn in Rechnung gestellt wird, wozu die Dinge gedient haben, als sie noch in Gebrauch waren, oder es gibt sich den geübten Augen desjenigen zu erkennen, der über die Geschichte dieser Dinge Bescheid weiß (zum Beispiel im Fall von Dingen, die aus demselben Ort, aus derselben Epoche usw. stammen). Das systematische Sammeln beruht also auf einer gezielten *Wiederholung.* Diese vermutlich allen Dingen in einer Sammlung ge-

---

24 Eine solche Wertermittlung unter Bezugnahme auf eine Narration aus der Vergangenheit unterscheidet sich von dem »Erinnerungswert«, den Alois Riegl vorgeschlagen hat, weil sie eine Rechtfertigung des Preises darstellt und keinen Wert, der in den Dingen enthalten ist; vgl. Alois Riegl, *Der moderne Denkmalkultus. Sein Wesen und seine Entstehung,* Wien/Leipzig: Braumüller, 1903.

meinsame Eigenschaft erlaubt eine Aussage darüber, was in der Sammlung gesammelt wird: den Stand der Dinge bzw. ihre *Sachlage*. Wenn dieses »Etwas«, das die Dinge gemeinsam haben sollen, nicht vorhanden ist, würde die Akkumulation zu einem *Haufen* zerfallen, das heißt zu einer durch nichts gerechtfertigten Nachbarschaft – einem Produkt der Kontingenz, des Zufalls und des zerstörerischen Einwirkens der Zeit. Im *Aufgehäuft-Sein* besteht das Wesen von Dingen, die zu Abfall geworden sind. Dadurch, dass es von menschlicher Hand aus der kontingenten Nachbarschaft zu den anderen Dingen auf demselben Haufen entfernt und in die unmittelbare Nähe von Dingen gerückt wird, mit denen es etwas gemeinsam hat, erlangt ein Ding Zugang zum Feld möglicher Sammelobjekte, also zum Sammelgebiet.

Zur Charakterisierung des Sammeldispositivs ist die Figur der Wiederholung allerdings nicht hinreichend. Dinge, die nach bestimmten Standards gefertigt werden, damit sie einem Prototypen so ähnlich wie möglich sind (zum Beispiel Schrauben, die in derselben Form gegossen wurden), und am selben Ort versammelt sind, stellen noch keine Sammlung dar. Auch dabei hat man es weiterhin mit einem Haufen zu tun, allerdings mit einem Haufen gleichartiger Schrauben. Es gibt also zwei Arten von Haufen, nämlich einerseits Haufen, auf denen heterogene Dinge versammelt sind, zwischen denen sich unzählige Unterschiede erkennen lassen, und andererseits Haufen, auf denen vermeintlich ähnliche Dinge versammelt sind (auch wenn sich bei einer aufmerksamen Untersuchung zum Beispiel unter Verwendung eines Mikroskops Unterschiede zwischen ihnen feststellen ließen). Eine Sammlung steht zwischen diesen beiden entgegengesetzten Haufen: dem Haufen, auf dem alles verschieden ist (einem Haufen Plunder), und dem Haufen, auf dem alles ähnlich ist (einem Vorrat von Exemplaren desselben Prototyps).

Der Unterschied zwischen Akkumulation und Sammlung lässt sich auch noch auf folgende Weise präzisieren. Akkumulationen sind grundsätzlich unbegrenzt bzw. offen. Akkumulierten Dingen können unaufhörlich andere Dinge hinzugefügt werden, denen man so etwas wie Ähnlichkeit zuerkennt. Doch das Hinzufügen aufgrund von Ähnlichkeit oder Gleichartigkeit kann eine Akkumulation von immer unterschiedlicheren Dingen nach sich ziehen, wenn die Ähnlichkeit immer zwischen zwei in einer Reihe direkt aufeinanderfolgenden Dingen besteht, in der sich das Interesse erst auf eine Sache und dann auf die nächste Sache richtet (wie in jenem Kinderspiel, bei dem Verbindungen über den Klang gebildet werden, also etwa »Spazierstock – Stockwerk – Werkzeug, usw.«). Bei dieser Art von Akkumulation entsteht die Nähe zwischen den ausgewählten Dingen jeweils durch die Berücksichtigung von Eigenschaften, die relativ verschieden sein können. Doch je mehr dem spielerischen Gleiten von einer Eigenschaft zur anderen freier Lauf gelassen wird, desto eher nähert sich die Akkumulation insgesamt einem Haufen (wie auf den Regalen eines Trödlers, auf denen von jedem etwas, das heißt alles Mögliche liegt).

Die Objekte, die zur selben Sammlung gehören, müssen systematische *Differenzen* untereinander aufweisen. Damit man es mit einer Sammlung zu tun hat, müssen die Dinge, die aufgrund einer bestimmten Ähnlichkeit in die Nähe voneinander gerückt worden sind oder eine bestimmte Familienähnlichkeit haben, also Differenzen untereinander aufweisen, an denen sie sich unterscheiden lassen, aber trotzdem dürfen diese Differenzen nicht so groß sein, dass sie die Ähnlichkeit zwischen den versammelten Dingen zunichtemachen. Die richtige Form für eine Sammlung besteht also der Tendenz nach in einer Akkumulation von Dingen mit kleinen Unterschieden, die, wenn man sie sozusagen aus größerer Entfernung ansieht, auch im Hinblick auf ihre Ähnlichkeit betrachtet werden können. Eine solche Form ist nicht stabil. Wenn die Differenzen zwischen den Dingen zu groß sind, bildet sich die Sammlung zu einem Haufen der ersten Art zurück (dem Haufen Plunder). Aber wenn sie nicht mehr voneinander unterscheidbar sind, nähert sich die Sammlung einem Haufen der zweiten Art an (dem Vorrat). Man kann das analog zu einer Kartierung verstehen, bei der die Umrisse einer Insel je nach verwendetem Maßstab in Form einer durchgezogenen oder einer gestrichelten Linie dargestellt werden.

Die Unterschiede zwischen den Dingen, die zur selben Sammlung gehören, müssen sich in Form eines Systems einschlägiger Differenzen organisieren lassen. Die Sammlerform gibt so einen bestimmten ontologischen Rahmen vor, innerhalb dessen eine a priori unbegrenzte Vielzahl von Entitäten entsprechend ihrem Verhältnis zu einer *Richtschnur* angeordnet wird, die dadurch, dass sie durch die Annäherung der Entitäten verwirklicht wird, deren Verhältnis zu den anderen Dingen auf der Welt ausblendet, die in der Regel ohnehin physisch weit von der Umgebung entfernt sind, in die sie versetzt werden. Sie werden also von einem *Rest* abgekoppelt und aus der Perspektive ihres Verhältnisses zueinander betrachtet. Gleichzeitig beginnen ihre Unterschiede zu diesem Rest zu verblassen, während die Unterschiede, die sie nach wie vor trennen, deutlich hervorgehoben und beschrieben werden müssen. Eine solche Beschreibung kann sich nun aber nicht um alle Unterschiede zwischen diesen stets im Übermaß versammelten, heterogenen Dingen kümmern. Die Interpretationsarbeit besteht also darin, zwischen verschiedenen Arten von Unterschieden zu differenzieren. Einige bleiben unberücksichtigt, andere werden der Kontingenz zugerechnet und wie vereinzelte, zufällige Mängel behandelt, und wiederum andere werden schließlich für *einschlägig* und im Besitz eines gewissen Grads an Beständigkeit und Stabilität gehalten. Man kann sie benennen, sodass das Vorhandensein der so spezifizierten Differenz bei einer a priori unbegrenzten Anzahl von Dingen, die sie möglicherweise in sich tragen, immer wieder von neuem festgestellt werden kann.

Das Verhältnis zwischen dem, was wir *Richtschnur* genannt haben (und was spezifiziert, welche Art von Dingen in der Sammlung akkumuliert wird), einerseits, und den nach einer bestimmten Richtschnur für einschlägig gehaltenen *Differenzen*, andererseits, kann Schwankungen unterliegen. Was wir Richtschnur genannt haben, ist immer nur eine Differenz unter vielen, die für eine bestimmte Zeit eine Position einnimmt, von der aus mögliche Sammelobjekte sich eingrenzen lassen. So kann, um nur ein ganz einfaches Beispiel zu nennen, Luftpost die Richtschnur für eine bestimmte Briefmarkensammlung sein, in der die Unterschiede zwischen den Ländern als einschlägige Differenzen behandelt werden. Doch wenn man ein bestimmtes Land als Richtschnur wählt, wird der Unterschied zwischen Post auf dem Landweg und Luftpost zur einschlägigen Differenz. Die verschiedenen Arten von Unterschieden, die wir gerade ermittelt haben, stehen nämlich keineswegs ein für alle Mal fest. Ein bis dahin übergangenes Merkmal kann zu einer einschlägigen Differenz werden, und Differenzen, die bisher für einschlägig gehalten wurden, können nicht mehr berücksichtigt oder mit Mängeln in Verbindung gebracht werden usw. Das heißt, dass die *Konventionen*, nach denen ein bestimmtes Sammelgebiet organisiert ist, und ihre Tragfähigkeit vor allem vom Handeln der Operatoren abhängig sind, vom Alter des betreffenden Gebiets, von den Machtverhältnissen, die dort herrschen, vom Vorhandensein oder Nichtvorhandensein spezifischer Institutionen und wahrscheinlich in erster Linie von der Zahl der Tauschgeschäfte und ihrem Preisniveau. Konventionen und Tauschgeschäfte bilden einen Kreislauf. Die Hauptaufgabe solcher Konventionen besteht darin, die Verständigung über die Wertschätzung der Dinge unter den Umständen des Tauschgeschäfts zu erleichtern. Gleichzeitig sind die Bildung und die Festigung dieser Konventionen aber von den tatsächlich vollzogenen Tauschgeschäften abhängig.

Wenn das Organisationspattern eines bestimmten Sammelgebiets erst einmal feststeht (was nicht immer der Fall ist, vor allem dann nicht, wenn das fragliche Gebiet gerade entsteht), richten die Objektakkumulationen, welche die Operatoren in Angriff nehmen, sich nach einer im Großen und Ganzen gemeinsamen Vorstellung von Totalität, nämlich der Totalität einer vollendeten im Sinne einer abgeschlossenen Sammlung. Man muss also die *objektalen Totalisierungen*, die von den verschiedenen Sammlern bei der Akkumulation in Angriff genommen werden, von der *ideellen Totalität* unterscheiden, die – auch wenn sie wahrscheinlich von niemandem je vollständig verwirklicht werden wird – den Fluchtpunkt darstellt, auf den hin die verschiedenen Akkumulationen sich zu orientieren versuchen. Durch die Interaktionen innerhalb einer ob nun dauerhaft etablierten oder noch im Entstehen begriffenen Gemeinschaft wird das System der Annäherungsprinzipien und einschlägigen Differenzen aufgebaut, die unter Bezugnahme auf geteilte Konventionen überallhin verstreute Unternehmungen regulieren sollen, von denen jede einzelne zu Recht als persönlich, ja sogar einzigartig empfunden wird. Die Bildung eines Sammelgebiets, in dessen Rahmen sich eine große Zahl von systematischen Sammlungen entwickelt, setzt nämlich voraus, dass die einzelnen Akkumulationen, die zufälligen Begegnungen, der Verschiedenheit der Geschmäcker, ja sogar der Phantasie jedes einzelnen Sammlers sicherlich viel verdanken, trotzdem unter Bezugnahme auf eine *ideale Sammlung* reguliert werden. Eine ideale Sammlung umfasst mithin die vollständige Reihe der Objekte, die demselben Sammelprinzip unterworfen werden und sich dadurch voneinander unterscheiden, dass sie Differenzen in sich tragen, die nach Modalitäten, die wiederum konventioneller Art sind, für einschlägig gehalten werden.

Bei einem derartigen Format enthält eine Akkumulation, aus der eine sich nach der Bezugnahme auf eine ideelle Totalität richtende Sammlung wird, nicht nur Dinge (wenn das der Fall wäre, ließe sie sich nur schwer von einem Haufen unterscheiden). Eine Sammlung im eigentlichen Sinne umfasst drei Arten von Entitäten. Dabei handelt es sich zunächst einmal zwangsläufig um *Dinge*. Doch es handelt sich zweitens auch um *Differenzen*, und man kann sogar so weit gehen zu behaupten, dass eine Sammlung vor allem eine *Sammlung von Differenzen* ist, auch wenn diese Differenzen nicht darstellbar sind und sich nicht zuletzt deshalb den Augen nicht zu erkennen geben, weil sie in den Dingen stecken. So gesehen, kommt den Dingen als solchen weniger Bedeutung zu als im Hinblick auf die Differenzen, die sie *in sich tragen*. Deshalb stellen zwei Dinge, die dadurch gekennzeichnet sind, dass sie dieselben einschlägigen Differenzen in sich tragen, der Logik des Sammelns zufolge *Dubletten* dar, sodass eines dieser Dinge, das ja dann als überflüssig erachtet wird, aus der Sammlung aussortiert und, häufiger Ausweg, gegen ein fehlendes Ding eingetauscht werden kann, das heißt gegen ein Ding, das Differenzen aufweist, die in dieser Sammlung in ihrer Eigenschaft als objektale Totalisierung noch nicht vertreten sind. Hinzu kommt, dass auch wenn verschiedene Dinge, die einschlägige Differenzen in sich tragen, auf verschiedene Weise wertgeschätzt und zu den verschiedensten Preisen eingetauscht werden können, die für ein bestimmtes Sammelgebiet konstitutiven Differenzen trotzdem dasselbe Gewicht haben.

In ihrer Eigenschaft als objektale Totalisierung umfasst eine Sammlung noch eine dritte Art von Entität, die man als *Leerstelle* bezeichnen kann, an der etwas *fehlt*. Dabei handelt es sich um Differenzen, die nach dem System der idealen Sammlung einschlägig sind, doch die Dinge, die sie in sich tragen, gehören nicht oder noch nicht zur betreffenden Sammlung in ihrer Eigenschaft als objektale Totalität.[25] Alle Sammler, die auf einem bestimmten Sammelgebiet aktiv sind und sich unter Bezugnahme auf dieselbe ideelle Totalität orientieren, werden versuchen, die *Leerstellen* in ihren Sammlungen *zu füllen*, das heißt sich neue Dinge anzueignen, in denen bestimmte einschlägige Differenzen stecken, die in den Dingen, die sie bereits besitzen, nicht vorhanden sind. Wenn man sagt, dass jede Sammlung sowohl aus Dingen, die einschlägige Differenzen in sich tragen, als auch aus *Leerstellen* besteht, bedeutet das, dass die fehlenden Dinge – als Leerstellen – immer innerhalb der Sammlungen präsent sind. Daraus folgt, dass die Sammeltätigkeit in erster Linie von der Sorge geleitet ist, diese Leerstellen zu füllen. Und weil diese Sorge sie umtreibt, lassen die Sammler sich auf Tauschgeschäfte ein.

Wenn sie bereits herausgefunden haben, für welche Dinge sie stehen, können diese Leerstellen den einzelnen Sammlern ziemlich genau vor Augen stehen, selbst wenn es schwierig ist, sie zu bekommen und sie in die in Angriff genommene Sammlung einzugliedern. Sie können aber auch relativ unbestimmte Vorstellun-

---

25 Was wir hier als »Leerstelle« bezeichnen, kommt dem nahe, was Serge Reubi »Lücke« nennt. Vgl. Serge Reubi, »La lacune, miroir des pratiques de collections«, in: *Traverse*, 2012/3, S. 81-90.

gen von diesen Leerstellen haben. Dass es sie gibt, kann in manchen Fällen eine bloße Annahme sein (so wie man in der Paläontologie vom »Missing Link«, dem fehlenden Glied, spricht). Sie sind also hypothetisch genug, damit die Dinge, für die sie möglicherweise stehen, zum Gegenstand oftmals langwieriger Nachforschungen mit ungewissem Ausgang werden können, aber gleichzeitig hat man von ihnen eine Ahnung, die stark genug ist, um die Nachforschungen eher in eine Richtung zu lenken als in eine andere. In beiden Fällen orientiert sich die Suche an der Dynamik des Sammelns selbst, die sich wiederum nach den Umrissen einer sich bildenden ideellen Totalität richtet, zu deren Präzisierung jede objektale Totalisierung beiträgt.

Wenn ein Sammler seine Akkumulation vorantreiben will, muss er also über zwei ganz verschiedene Geistesverfassungen verfügen. Einerseits muss er sich mit der vorurteilsfreien oder »offenen« Einstellung von jemandem auf die Suche nach neuen Dingen begeben, der bereit ist, etwas aufzulesen und zu erwerben (wenn er »darüber stolpert«), dessen Einschlägigkeit ihm ebenso hätte entgehen können wie anderen zuvor, weil sie sich bis dahin noch nicht in Bezug auf die ideelle Totalität einordnen ließ. Aber andererseits muss er seine Vorlieben vorrangig auf die Dinge richten, die dazu geeignet sind, die Leerstellen der Sammlung zu füllen, die er in Angriff genommen hat, was voraussetzt, dass er sich von den Umrissen einer ideellen Totalität leiten lässt, zu deren Konturierung er auf diese Weise beiträgt. Wenn sie darüber sprechen, was sie bewegt, bringen die Sammler im Allgemeinen diese beiden Orientierungen durcheinander, die sie unter dasselbe Idiom fassen, nämlich unter das des Wunsches oder des »Begehrens«, das als eine Art Trieb verstanden wird, der sich ihrer bemächtigt und sie quasi unfreiwillig auf Objekte zusteuern lässt, die sie »um jeden Preis« erwerben müssen. Eine solche Subjektivierung ihrer Beweggründe lässt freilich die Tatsache außer Acht, dass sie vor allem von Leerstellen angezogen werden, das heißt von Entitäten, die zwar abwesend sind, deren Wesen aber trotzdem *objektiv* ist, weil die Objekte, für die sie stehen, im Pattern der idealen Sammlung vorgesehen sind. Ihr »Begehren« wurzelt also nicht in ihrer Subjektivität, das heißt in ihrem Inneren, sondern darin, mit welcher *Sachlage* sie jeweils konfrontiert sind.

Die Sammelgebiete können Schwankungen unterliegen, vor allem wenn es sie noch nicht lange gibt und sie Objekte betreffen, die leicht zugänglich und preisgünstig sind, sie können aber auch Unterstützung durch Kataloge, Experten, Vereine usw. erfahren, die ihnen Stabilität verleihen und sie mit einem Apparat versehen. Doch sie sind selten streng institutionalisiert in dem Sinne, dass insbesondere ihr Umfang und ihre Funktionsweise Gegenstand von Rechtsvorschriften wären oder unter staatlicher Kontrolle stünden. Institutionen mögen dafür zuständig sein, die Authentizität der Dinge festzustellen, das heißt über ihre Zuschreibung zu befinden, sodass Originale sich von Kopien oder Fälschungen unterscheiden lassen. Aber es ist nicht ihre Aufgabe, Aussagen darüber zu treffen, was es mit der Organisationweise einer bestimmten Sammlung auf sich hat oder, was auf dasselbe hinausläuft, auf sich haben sollte. Ein bestimmtes Sammelgebiet und das System aus Richtschnüren und Differenzen, auf denen es beruht, sind mit anderen Worten nicht *kodifiziert*, das heißt, sie stützen sich nicht auf schriftliche Anweisungen und auf Definitionen, die rechtliche Autorität beanspruchen. Wie im Fall von Dialekten – im Gegensatz zu den unter der Aufsicht von Grammatik-Autoritäten verstetigten Nationalsprachen – hängt ihre Akzeptanz also vor allem von der stillschweigenden Anerkennung ab, die ihnen die Teilnehmer an den Tauschgeschäften zollen. Und von ihrer Fähigkeit, trotz allmählicher, leichter (im Fall von Dialekten vor allem räumlicher und im Fall des Sammelns zeitlicher) Verlagerungen, durch die sich ihr Verhältnis unaufhörlich verändert, Bereiche zu bewahren, auf denen Einvernehmen herrscht.

Sehen wir uns jetzt auf genauso schematische Weise die Tauschmechanismen und ihre Auswirkungen auf die Preisbildung und die Wertbestimmung von Sammlungen an:

Auf einem bestimmten Sammelgebiet, das durch Konventionen gekennzeichnet ist, die mehr oder weniger geteilt werden und die Grundlage für ideelle Totalitäten bilden, geraten die Operatoren rasch miteinander in *Konkurrenz*. Ihre Vorlieben sind eher auf einige Dinge gerichtet als auf andere, was den Umfang der gefragten Dinge tendenziell begrenzt. Damit sie ihr Ziel erreichen, das heißt, damit sie Leerstellen füllen, die Objektivität erst erlangen, wenn die in Angriff genommene Totalisierung – und sei es bloß in der Vorstellung – mit einer ideellen Totalisierung abgeglichen worden ist, werden die Sammler versuchen, sich auf die Dinge zu konzentrieren, welche die einschlägigen Differenzen in sich tragen. Wenn es ihnen nicht gelingt, sich diese zu beschaffen, können sie offenkundig auch für Dinge optieren, die weiter vom Kern der Sammlung entfernt sind; dann laufen sie aber Gefahr, dass diese sich zu einer bloßen Akkumulation im Sinne eines Sammelsuriums zurückbildet. Es sei darauf hingewiesen, dass eine solche Neuausrichtung der Interessen vieler Sammler auf einige Dinge anstelle von anderen nicht unbedingt die Folge eines Wandels des Geschmacks oder der individuellen »Leidenschaften«, ja noch nicht einmal eine »Modeerscheinung« ist. Sie wird von der Logik des Sammelns selbst hervorgerufen, die auf das Füllen bestimmter Leerstellen drängt.

Die Bildung eines Sammelgebiets kann eine rapide und in manchen Fällen beträchtliche Erhöhung des *Preises* nach sich ziehen, zu dem die Dinge gehandelt werden, welche die in diesem Gebiet einschlägigen Differenzen in sich tragen. Ein solcher Preisanstieg bei Sammlerstücken ist erstens auf die narrative Präsentation des betreffenden Dings (auf seine Erinnerungskraft) zurückzuführen, zweitens darauf, ob es sich um eine Reproduktion handelt oder nicht, und drittens auf die Differenzen, die jedes Ding im Rahmen einer ideellen Totalität in sich trägt.

Dinge, die nicht mehr produziert und nicht mehr benutzt werden und so quasi den Status von Abfall erlangt haben, können neue Käufer finden, wenn diese an ihnen das Vorhandensein von Differenzen feststellen, die geeignet sind, Leerstellen in ihren Sammlungen zu füllen. Auf diese Weise kann ein veralteter, im Vergleich mit neueren Modellen nicht besonders gut funktionierender Kugelschreiber, dessen Herstellung schon vor langer Zeit eingestellt und der ganz hinten in einer Schublade vergessen wurde, wieder Interesse auf sich ziehen und einen bestimmten Preis erzielen, wenn Kugelschreibersammlungen sich auszubreiten beginnen. Dann wird erkennbar, dass er Differenzen in sich trägt, die im Rahmen der in solchen Sammlungen herrschenden Konventionen einschlägig sind. Eine solche Änderung des Preises steht wohlgemerkt in keinem Zusammenhang mit substanziellen Eigenschaften des betreffenden Dings. Es handelt sich immer noch um dasselbe Ding. Der Übergang vom Abfall-Stadium zu einem Gegenstand der Wertschätzung beruht also einzig und allein auf der sich durch das Sammeln bietenden Möglichkeit, verschiedene Dinge nach derselben Richtschnur aneinander *anzunähern*, die den Hintergrund bildet, vor dem diese Differenzen hervorstechen können. Insofern kann man sagen, dass das Sammeldispositiv als solches eine Wertschöpfung vornimmt, die sich nicht den Dingen selbst verdankt, sondern sozusagen *ex nihilo* erfolgt. Eine solche Verwandlung hat nichts von einem mysteriösen Wunderwerk und liegt auch nicht am überkommenen Charme, der alten Dingen nachgesagt wird. Sie darf also weder einer Art »Magie« zugerechnet werden noch einem Streben nach »Distinktion«. Sie ergibt sich aus den Leerstellen, die das Sammeldispositiv zum Vorschein bringt.

Innerhalb desselben Sammelgebiets fällt die Preiserhöhung trotzdem unterschiedlich aus. Denn auch wenn eine Sammlung nach einer bestimmten Richtschnur einen Zusammenhang zwischen allen einschlägigen Differenzen herstellen soll und diese Differenzen alle dieselbe Tragweite haben, sind die Objekte, die sie in sich tragen, trotzdem nicht alle gleichermaßen zugänglich. Daraus folgt, dass manche Leerstellen (fehlende Differenzen) sehr viel schwerer zu füllen sein können als andere, weil die Objekte, die sie in sich tragen, kaum zugänglich bzw. bereits im Besitz von jemand anders sind. Und besonders bei derartigen Objekten wird der Preis steigen.

Zudem ist der Preis der einzelnen Dinge relational: Der Preis jedes einzelnen Sammlerstücks ist, wenn überhaupt bekannt, ein Metapreis, der als Richtmaß für alle Dinge gilt, die derselben Totalität angehören. Wenn ein Werk eines Künstlers oder ein historisch-anthropologisch angereichertes Objekt in die öffentliche Sammlung einer großen Einrichtung aufgenommen wird, erhöht sich deshalb der Preis aller Werke dieses Künstlers bzw. aller Objekte derselben Kategorie. Das liegt an der Unsterblichkeit, die ein Stück erlangt, wenn es in ein Museum aufgenommen wird. Genauso hat ein Sammler oder Galerist, wenn er den Preis der Werke, die er besitzt, stabil halten oder in die Höhe treiben will, ein Interesse daran, den hohen Preis eines Werks, das einer besonders gut sichtbaren Totalität seines Bestandes angehört, dadurch sicherzustellen, dass er es zum Beispiel zu einem hohen Preis auf dem Sekundärmarkt kauft. Aus diesem Grund haben aber viele Werke – vor allem wenn ihr Verkauf auf Vermittlung etwa von Kunstmaklern erfolgt – auch Preise, die nur die Letzteren und die Käufer kennen, die also nicht öffentlich sind, wodurch sich eine Wertminderung der anderen Werke verhindern lässt, die derselben Totalität angehören.

Eine solche Preiserhöhung bei gefragten, aber nur schwer zugänglichen Dingen ist darauf zurückzuführen, dass die Logik des Sammelns die kostengünstigere Lösung nicht zulässt, die darin bestände, die Leerstellen dadurch zu füllen, dass man *Kopien* der Dinge, welche die einschlägigen Differenzen in sich tragen, anfertigt oder in einer Werkstatt in Auftrag gibt. Außerdem bleibt in dem Fall, dass eine Kopie eines Sammlerstücks gemacht wird – was zum Beispiel in Museen vorkommt, die Kopien der Werke ausstellen, um die Originale vor Beschädigungen zu bewahren –, der Preis der Kopie sehr viel niedriger als der des Originals, der sich nach den anderen Originalen derselben Totalität richtet.

Wie von Historikern gezeigt wurde, die über Kunstwerkstätten und den Kunsthandel gearbeitet haben, ist die Ablehnung, auf die eine Kopie stößt, allerdings ein relativ neues Phänomen.[26] Das belegt zum Beispiel Gérard Labrots Untersuchung des neapolitanischen Kunstmarkts im 17. und 18. Jahrhundert.[27] Ähnliches ließe sich über die Bedeutung sagen, die der Signatur von Gemälden zukommt. »In der Neuzeit nur gelegentlich, ja selten praktiziert«, wird die Signatur erst in der ersten Hälfte des 19. Jahrhunderts zu einem maßgeblichen Zeichen für Authentizität. »Zeitlich fällt« dieser Wandel, schreibt Charlotte Guichard, »mit der Entwicklung des Kunstmarkts zusammen, die von der Verstreuung der adligen Kunstsammlungen im Zusammenhang mit den Beschlagnahmungen während der Revolution profitiert.«[28] Die sich im 19. Jahrhundert entwickelnde Ablehnung von Kopien ist eine Begleiterscheinung der Einführung einer Unterscheidung von Kunst, die verschiedene soziale Funktionen erfüllen soll (religiöse Erbauung, Machtdemonstration, Ausschmückung von öffentlichen Orten oder privaten Anwesen usw.), und reiner Kunst, das heißt »L'Art pour l'art«, also Kunst um der Kunst willen, deren Werke vor allem in spezifischen Sammlungen unterkommen sollten, ob es sich dabei nun um Privatsammlungen oder um Sammlungen in staatlichen Museen handelt, deren Konzept im selben Zeitraum entsteht.

Die Neuausrichtung der Kunst auf Sammlungen, die man als systematisch bezeichnen kann (um sie von der gewöhnlichen Ge-

26 Wie Guerzoni anmerkt, »wurde Originalität nicht immer geschätzt, genauso wenig wie der faszinierende und subtile Charme von Einzelstücken. Die Käufer waren oftmals auf bestimmte Werke fixiert (Tizian malte nicht weniger als elf Versionen des *Ecce homo*), ohne sich um die Frage zu scheren, ob auch andere ähnliche oder identische Werke besaßen«; solche Käufer »schrieben den Reproduktionen einen Wert zu und begegneten ihnen mit einem Wohlwollen, deren Ausmaß sich unserem Zeitalter der technischen Reproduzierbarkeit nicht erschließt«, Guido Guerzoni, *Apollon et Vulcain*, a. a. O., S. 345.

27 Gérard Labrot, »Éloge de la copie. Le marché napolitain (1614-1764)«, in: *Annales*, 2004/1, 59. Jg., S. 7-35.

28 Charlotte Guichard, »La signature dans le tableau aux XVIIe et XVIIIe siècles. Identité, réputation et marché de l'art«, in: *Sociétés & Représentations*, 1/2008, Nr. 25, S. 47-77.

brauchskunst ebenso zu unterscheiden wie von den Kuriositätenkabinetten), führte zur Ächtung von Kopien und zum Ziehen einer klaren Trennungslinie zwischen dem Original und seinen Kopien – einer Trennungslinie, die bis dahin aufgrund des Vorhandenseins einer großen Zahl von Stücken, die sich in einem Zwischenstadium befanden (wie am Fall von Leonardo da Vincis *Felsgrottenmadonna* deutlich wird), im Ungefähren verlaufen war. Ab Ende des 19. Jahrhunderts wurden die Anfertigung von Fälschungen und Kopien, das heißt von Reproduktionen oder Adaptionen, die als echt und als Originale ausgegeben und als solche verkauft wurden, und die Strafbarkeit von Fälschungen zu besonders einschlägigen Indikatoren für künstlerischen Erfolg. In manchen Fällen (zum Beispiel bei »Design-Möbeln«) werden die in den Sammlungen vertretenen Dinge zwar neu hergestellt. Aber eine solche als »Neuauflage« bezeichnete Reproduktion betrifft lediglich eine begrenzte Zahl von Dingen, deren Menge kontrolliert wird (im Gegensatz zur langfristigen Serienproduktion, die fortgesetzt wird, solange eine Nachfrage besteht), und die in Umlauf gebrachten neuen Exemplare erheben nicht den Anspruch, mit den Stücken der Originaledition und erst recht nicht mit dem Prototypen verwechselt zu werden, der bei deren Herstellung Pate stand.

Der Abwertung von Kopien geht mit einer Aufwertung der *Authentizität* einher, die zwar weitgehend überdeterminiert ist, für die aber die *Zuschreibung* im Rahmen einer kausalen Logik eine besonders große Rolle spielt.[29] Authentisch ist etwas, dessen

29 Diese Aufwertung der Authentizität wird wahrscheinlich nirgends so deutlich wie beim Geltendmachen von »Authentizität« durch Gewerbebetriebe, bei denen sie besonders schwer vertretbar ist. Auf diese Weise sind zum Beispiel die von Raymonde Moulin (in Anknüpfung an eine Untersuchung von Francine Couture über diese Art von Unternehmen in Montreal) dargestellten Werkstätten, die »im Dutzend« »Farbdrucke« herstellen, darum bemüht, »eine fiktive Künstleridentität zu konstruieren«, um »den Urhebern oder Pseudo-Urhebern« der zum Kauf angebotenen Bilder »ein individuelles Gesicht zu geben« (vgl. Raymonde Moulin, *L'Artiste, l'Institution et le Marché*, Paris: Flammarion, 1992, S. 34-44). Man könnte auch den Fall der Firma ArtCo anführen, den Julie Verlaine untersucht hat. Die Geschäftsidee die-

Herkunft bekannt ist und dessen Ursachen sich von dem Moment an, in dem es Teil der Realität wird, bestimmen lassen, entweder weil es von jemandem (für gewöhnlich einer über einen Namen verfügenden Einzelperson) angefertigt wurde oder weil es entdeckt worden ist (wie im Fall der Dinge, mit denen sich die Archäologie oder die Paläontologie befassen). Das heißt auch, dass sich sein Werdegang bis in unsere Tage nachvollziehen oder beschreiben lässt. Doch der Kult des Authentischen und Originalen, der historisch an der Wende vom 18. zum 19. Jahrhundert aufkam und weite Verbreitung fand, interessiert uns hier nur im Hinblick auf seine entscheidende Rolle für die Preisbildung bei Sammlerobjekten.

Abgesehen davon, dass die Dinge möglicherweise aus einem Material gefertigt wurden, dessen Preis – wie im Fall von Metallen oder Edelsteinen – bereits zum Zeitpunkt der Herstellung dieser Dinge sehr hoch war und im Laufe der Zeit stabil geblieben ist, was aus ihnen Wertgegenstände gemacht hat, steigt der Preis von akkumulierten Dingen im Wesentlichen schon deshalb, weil in ihrem Fall das Dispositiv des Sammelns zum Tragen kommt, und zwar vor allem im Hinblick auf die Erinnerungskraft. Deshalb sollte die Unterscheidung zwischen »schönen Dingen« und »gewöhnlichen Dingen« relativiert oder zumindest nachjustiert werden, die im Diskurs der Sammler und vor allem der Händler eine große Rolle spielt, bei denen sie sich eindecken. Die »schönen Dinge«, die hohe Preise erzielen, sind dadurch gekennzeichnet, dass viele von ihnen schon lange erst gehortet und dann ge-

---

ser 1949 gegründeten Firma bestand im Handel mit Reproduktionen von modernen Kunstwerken, die mit Hilfe eines »Aeply-Verfahren« genannten neuen Verfahrens hergestellt wurden, das verschiedene Techniken mit dem Anspruch kombiniert, Kopien anzufertigen, die insofern perfekt aussehen, als sie durch nichts vom Original zu unterscheiden sind. Diese Kopien, deren Auflage angeblich »limitiert« war, wurden »weder als Original noch als Reproduktion‹« präsentiert. Zu ihrer näheren Bestimmung hat das Unternehmen die Bezeichnung »Multiple Originale« erfunden (vgl. Julie Verlaine, »Une histoire de la société ArtCo. Le commerce des reproductions d'art après la Seconde Guerre mondiale«, in: *Vingtième siècle. Revue d'histoire*, 4/2010, Nr. 108, S. 141-151).

sammelt worden sind und dass sie über große Erinnerungskraft verfügen, während dies bei »gewöhnlicheren« Dingen erst seit kurzer Zeit der Fall ist. Der Wert, der die Rechtfertigung ihres Preises erlaubt, ist den begehrtesten Dingen also im Laufe ihrer Geschichte zugeschrieben worden, für die ihr Wechsel erst von verschiedenen Schatzkammern in verschiedene Kuriositätenkabinette und dann in verschiedene Sammlungen prägend war, und die Erinnerung daran hat sich sozusagen in ihnen abgelagert.

Die Sammlerform erlaubt eine enge Verbindung zwischen der Bezugnahme auf den »intrinsischen Wert« einer Sache, der häufig als das ausgegeben wird, was ihre Einzigartigkeit und dadurch Unvergleichlichkeit mit allen anderen Dingen ausmacht, und ihrem »Marktwert« (das heißt ihrem Metapreis), der durch den Preis konkrete Formen annimmt, der sich bei der Prüfung ergibt, die das Tauschgeschäft darstellt. Die Spannung, die zwischen diesen beiden Beurteilungsweisen – zwischen Bewertung und Wertschätzung – besteht, wird hier gewissermaßen aufgehoben. Zwar kann der Preis (im Rahmen einer Pragmatik) im Großen und Ganzen mit den Umständen des Tauschgeschäfts in Verbindung gebracht werden, wohingegen der Wert von etwas mit seinem Wesen verknüpft wäre (im Rahmen einer Semantik, wenn man so will). Aus diesem Grund kann bei der Beanstandung des Preises von etwas immer sein Wert angeführt werden. Trotzdem ist ein Sammelgebiet anscheinend erst dann mehr oder weniger stabil, wenn es Instrumente gibt, die für ein zumutbares Verhältnis von Preis (der beim Tausch ans Licht kommt) und Wert (der für »rein subjektiv« gehalten werden kann) sorgen, wodurch es tendenziell zu weniger Transaktionen kommt, an denen Kritik laut wird. In diesem Zusammenhang sind die Instrumente besonders wichtig, welche die Gültigkeit und Unabhängigkeit der Instanzen sicherstellen, von denen die Definition des Werts abhängt, indem sie sie klar von den Instanzen abgrenzen, die Einfluss auf die Preisbildung haben.

Das lässt sich gut an den Transaktionen zwischen Kunstsammlern veranschaulichen. Der Wert, der den Werken zuerkannt wird, stützt sich auf eine große Zahl von Bewertungsinstrumenten, die über eine institutionelle Grundlage verfügen und oftmals mehr oder weniger direkt dem öffentlichen Sektor oder, besonders in Europa, dem Staat unterstehen, wie etwa die Instrumente, an denen Konservatoren, Historiker und Kritiker mitwirken, die in verschiedenen Hinsichten mit Museen oder Universitäten in Verbindung stehen.[30] Die Urteile, die diese Akteure fällen, sollen eigentlich den Preis der Werke unberücksichtigt lassen. Eine solche Indifferenz gegenüber sogenannten »ökonomischen« Erwägungen wird (bzw. wurde lange Zeit) als Bedingung für ihre Gültigkeit betrachtet. Aber andererseits gilt (bzw. galt lange Zeit) die Unabhängigkeit der Bewertungsinstanzen auch als eine der Bedingungen, die sicherstellen, dass bei den Transaktionen zwischen Künstlern, Händlern und Sammlern der Preis der Werke gerechtfertigt ist. Damit das der Fall ist, muss der Preis anscheinend wie durch ein Wunder dem Wert entsprechen, der dem Werk in den Arenen zuerkannt worden ist, in denen angeblich Urteile gefällt werden, bei denen die Preise hinter einem Schleier des Nichtwissens verborgen liegen. Doch damit diese Fiktion glaubhaft wird, muss es sich bei den Akteuren und Instrumenten, welche die künstlerische Bewertung sicherstellen, um andere Akteure und Instrumente handeln, als an den Transaktionen beteiligt sind.[31]

30 Das ist zum Beispiel beim »Art déco« der Fall, dessen »Etikett in den 1960er Jahren kreiert wurde«, und zwar von Ausstellungskuratoren und Kritikern, die in verschiedenen europäischen und US-amerikanischen Museen eine Reihe von Ausstellungen auf die Beine gestellt hatten. Die Erschaffung einer spezifischen Stilrichtung namens »Art-déco«, zu deren Merkmalen Plastizität und Hybridisierung im Hinblick auf Standorte und Länder gehören, ist minutiös von Élodie Lacroix Di Méo analysiert worden (vgl. »Les enjeux identitaires de la patrimonialisation de l'art déco«, in: Jean-Claude Nemery/Michel Rautenberg/Fabrice Thuriot (Hrsg.), *Stratégies identitaires de conservation et de valorisation du patrimoine*, Paris: L'Harmattan, 2008, S. 55-62).

31 So beschreibt Olav Velthuis in seiner ethnographischen Arbeit über die Amsterdamer und New Yorker Kunstgalerien die Instrumente, welche die Abgrenzung der »heiligen Welt der Kunst« von der »profanen Welt des Handels« erlauben. Im Anschluss an Erving Goffmans Unterscheidung von »Bühne« und »Kulissen« analysiert er den Gegensatz zwischen dem Raum, wo die Vorstellung stattfindet (*front space*), und dem Raum, wo verhandelt wird (*back space*), bzw. zwischen dem Primärmarkt, auf dem der Galerist an Preisen festhält, die angeblich an den künstlerischen Wert des jeweiligen

Wenn diese beiden Gruppen von Akteuren sich nämlich zu nahe stehen oder vermischen, läuft die Ermittlung des Werts des betreffenden Werks Gefahr, als *Manöver* angeprangert zu werden, durch das sein Preis gestützt oder in die Höhe getrieben werden soll.

Vielleicht haben die heutigen Proteste von Seiten der Künstler und vor allem der Kunstkritiker eine derartige Situation vor Augen, wenn sie die wachsende Rolle hinterfragen, die den Sammlern zum Nachteil der institutionellen Instanzen und Kritiker[32] nicht nur bei der Wertschätzung, sondern auch bei der Bewertung von Werken zukommt.[33] Sie bringen diese Entwicklung mit einer Reihe von Veränderungen in Verbindung, die vor allem durch den Rückgang der öffentlichen Finanzierungsmittel gekennzeichnet sind, aber auch mit der wachsenden Bedeutung, die Rankings für die Bewertung von Kunstwerken und Künstlern ha-

---

Werks gebunden sind, und dem Sekundärmarkt, auf dem ausschließlich spekuliert wird (vgl. Olav Velthuis, *Talking Prices*, a. a. O., S. 42-52).

32 Vgl. Isabelle Graw, *Der große Preis. Kunst zwischen Markt und Celebrity Culture*, a. a. O., und Isabelle Graw/Daniel Birnbaum (Hrsg.), *Canvases and Careers Today. Criticism and its markets*, New York: Sternberg Press, 2008. Das zweite Buch versucht zu analysieren, wie die wachsende Rolle der Sammler und Organisationen, mit denen die großen Kunstauktionen stehen und fallen, das ökonomische Umfeld verändert hat, in dem von den Impressionisten bis etwa in die 1970er Jahre der Wert gebildet worden war, der Kunstwerken zugeschrieben wurde – ein Umfeld, dessen Bildung Harrison und Cynthia White in einem mittlerweile klassischen Buch meisterlich beschrieben haben (vgl. dies., *La Carrière des peintres au XIXe siècle*, Paris: Flammarion, 1991, englische Originalausgabe 1965).

33 Vgl. Nathalie Heinich, *Le Paradigme de l'art contemporain*, a. a. O., bes. S. 223-230. In neueren, oftmals von Journalisten verfassten Büchern speziell über zeitgenössische Kunst finden sich zahlreiche, mit ebenso fasziniertem wie kritischem Unterton geschilderte Anekdoten über die Art und Weise, wie die großen Sammler den Schätzwert von Künstlern »manipulieren«. Zum Beispiel darüber, wie François Pinault systematisch Werke von Rebeyrolle aufkaufte und einlagerte oder wie Charles Saatchi gleichzeitig über alle Werke von Sandro Chia verhandelte, damit ihr Kurs fiel, bzw. sich umgekehrt mit Hilfe verschiedener Manöver darum bemühte, den Kurs der Stücke von Damien Hirst zum Steigen zu bringen (vgl. vor allem Harry Bellet, *Le marché de l'art s'écroule demain à 18 h 30*, a. a. O., und Don Thompson, *L'affaire du requin qui valait douze millions*, a. a. O.).

ben. Die Gründung des *Kunstkompass* zu Beginn der 1970er Jahre führte zunächst zu empörten Reaktionen (einige der auf den betreffenden Listen aufgeführten Künstler verlangten sogar die Streichung ihres Namens), es wurden aber immer mehr,[34] immer vielseitigere Rankings aufgestellt, die mittlerweile zu unumgänglichen Werkzeugen für die Bewertung und Wertschätzung von Kunstwerken und für die Auswahl von Künstlern geworden sind. Ohne die Macht bestreiten zu wollen, die den Sammlern heute zugestanden wird, sei dennoch angemerkt, dass dies zwar auf finanzieller Ebene fraglos der Fall sein mag, dass die öffentlichen Einrichtungen und besonders die Museen aber trotzdem für die künstlerischen Weihen weiterhin eine wichtige Rolle spielen. Das belegt nicht zuletzt die Tatsache, dass zumindest in Frankreich die Ambitionen privater Sammler, große Museen zu errichten, sich schnell zu einer Staatsaffäre ausweiten, oder auch die Tatsache, dass ein großer Teil der Nachlässe wohlhabender Sammler steuerlich durch Schenkungen an Zahlungs statt von Werken aus deren Sammlung an den Staat abgegolten wird.

---

34 Wie neuere Untersuchungen gezeigt haben, beschränkt sich die gewachsene Bedeutung von Rankings keineswegs auf die Welt der Kunst. Sie lässt sich ebenfalls nicht nur in den großen Konzernen feststellen, in denen Management-Techniken Einzug gehalten haben, die sich auf *benchmarking* berufen, sondern immer häufiger auch im öffentlichen Sektor, und zwar nicht zuletzt im Bereich der Verwaltung und der Ausrichtung der universitären Forschung (vgl. dazu Alain Desrosières, *L'Argument statistique*, Paris: Mines ParisTech, 2008, Bd. 2: *Gouverner par les nombres*, besonders S. 27-32; ders., *Prouver et gouverner. Une analyse politique des statistiques publiques* (hrsg. und eingel. v. Emmanuel Didier), Paris: La Découverte, 2014; sowie Isabelle Bruno/Emmanuel Didier, *Benchmarking. L'État sous pression statistique*, a.a.O., und zu den neuen Formen des Forschungsmanagements, Isabelle Bruno, *À vos marques, prêts … cherchez! La stratégie européenne de Lisbonne, vers un marché de la recherche*, Paris: Croquant, 2008).

Dass Dinge das Abfall-Stadium verlassen und zu begehrten Stücken werden, verdankt sich zu einem großen Teil dem Wirken der Erstsammler, die auch künstlerische Autorität besitzen, ob es sich dabei nun um bekannte Künstler, um Mäzene oder um die Organisatoren von Kunstausstellungen und -veranstaltungen handelt. Eine solche, im Zuge vorheriger Prüfungen innerhalb der Kunstwelt erworbene Autorität verleiht diesen Akteuren genug Macht, um den Status von Dingen binnen kurzer Zeit zu erhöhen, die ihnen aufgefallen sind und auf die sich ein Teil der mit ihrem Namen verbundenen Größe überträgt. Indem sie sammeln und aufbewahren, was ihnen gefällt (bzw. was sie nach eigenem Bekunden inspiriert, wenn es sich um Künstler handelt), bringen sie auf der Grundlage von zufälligen Begegnungen mit Dingen und ihrem Tausch oder Austausch (insofern es sich um den Tausch von Dingen oder um den Austausch über Dinge handeln kann) allmählich die Konventionen hervor, die dafür sorgen, dass die zunächst als Ausdruck individueller Originalität geltenden Vorlieben und Begierden von anderen geteilt werden. Und zwar selbst dann, wenn diese Erstsammler, weil es keine vorab festgelegten Konventionen gibt, am Anfang sozusagen eher akkumulieren, also Dinge, die ihnen zusagen, zusammensammeln und nebeneinanderstellen, ohne dass eine solche Annäherung auch nur der geringsten systematischen Organisationsform gehorchen würde. In diesem Fall ist es die Bezugnahme auf ihre Person als solche, die derartige Akkumulationen in Sammlungen verwandelt. Denn wenn es sich um Künstler handelt, die durch ihre kreative Tätigkeit allmählich Berühmtheit erlangt haben, wird ihre Identität – mit allen Merkmalen, die damit verbunden sind – zum Grundprinzip (zur Richtschnur) einer auf ihren Namen getauften Sammlung (so wie man von der »Sammlung Breton« spricht), aus deren Objekten angeblich die Tiefgründigkeit ihrer Persönlichkeit spricht.

Dafür gibt es reichlich Beispiele. Häufig werden dabei externe, intellektuelle, ästhetische und/oder politische Veränderungen genutzt. Zu den bekanntesten Beispielen zählen die Begründung der »Art nègre«, also der schwarzafrikanischen Kunst in Paris ungefähr zwischen 1910 und 1920; der »Art brut« in den 1950er Jahren vor allem in Frankreich und in der Schweiz; oder aber, dass man vor noch nicht allzu langer Zeit, nämlich im Laufe der 1970er Jahre in New York damit begann, die von Graffiti-Sprayern auf den Straßen hinterlassenen Spuren als Kunstwerke zu betrachten. In all diesen Fällen hat die Aktivität der Erstsammler – individuelle Neuerer und Künstler – rasch das Interesse der Sammler im eigentlichen Sinne und dadurch der Galeristen geweckt, auf die später Museen oder andere öffentliche Einrichtungen folgten. Diese Zweitsammler, die zunächst über keine spezifischen Kompetenzen verfügen, neigen dazu, die Dinge vor allem im Hinblick auf die Persönlichkeit der Künstler wertzuschätzen, die sie als Erste entdeckt haben. So heißt es, dass die ersten systematischen Sammler von »primitiver Kunst« die Dinge, die sie erwarben, unter Berufung auf die namhaften Künstler wertgeschätzt haben, in deren Besitz sie sich zunächst befunden und die ihnen dadurch einen Wert verliehen hatten, dass sie einen Teil des mit ihren eigenen Werken verbundenen Werts auf sie übertrugen (»dies stammt aus der Sammlung Vlaminck«).

Es sei jedoch darauf hingewiesen, dass derartige Prozesse sich nicht auf die berühmten Beispiele beschränken, an die wir gerade erinnert haben. Sie gehen immer mit der Entstehung eines neuen Sammelgebiets einher. Der von Michael Thompson analysierte Fall der Stevenbilder stellt ein klassisches Beispiel dafür dar.[35] Dabei handelt es sich um aus verschiedenfarbigen Seidenfäden gewebte Bilder, deren maschinelle Fertigungsweise mit Hilfe von Jacquard-Webstühlen von einem Fabrikanten aus Coventry, Thomas Stevens, erfunden wurde, der sie zum ersten Mal im Jahr 1879 auf einer Schau der Stadt York präsentierte. Solche in großer Stückzahl hergestellten und von den Anschaffungskosten her günstigen Bilder mit ganz verschiedenen Motiven (Schiffe, religiöse Darstellungen, Abbildungen der nackten Lady Go-

35 Michael Thompson, *Mülltheorie*, a. a. O., S. 35-54.

diva auf ihrem Schimmel usw.) sind ein typisches Beispiel für die Industriekunst, die dem englischen Kleinbürgertum zwischen dem Ende des 19. Jahrhunderts und dem ersten Drittel des 20. Jahrhunderts zur Veredelung ihrer Wohnungseinrichtungen diente. Dann ging das Kaufinteresse zurück, die Produktion wurde eingestellt und die in Coventry verwahrten Modelle wurden bei der Bombardierung der Fabrik im Jahr 1940 zerstört. Die Stevenbilder sind also schrittweise vom Status populärer und preisgünstiger, von einer breiten Öffentlichkeit geschätzter Dinge ins Stadium von Quasi-Abfall übergegangen, der vergessen auf Dachböden herumliegt oder in einem wüsten Durcheinander neben einer Vielzahl anderer Dinge in den Auslagen ganz einfacher Trödler zu finden ist. Sie waren von der Bildfläche verschwunden und praktisch nichts mehr wert, bis sie im Laufe der 1960er Jahre zu besonders geschätzten und gefragten Sammlerobjekten wurden. Innerhalb weniger Jahre stieg ihr Preis rapide, bis er ein Niveau erreichte, das weit über der Höhe ihres Preises lag, als sie noch industriell hergestellte Handelsartikel waren.

Michael Thompson hat versucht zu rekonstruieren, wie diese »Wiederbelebung« vonstattenging und wessen Werk sie war. Die Wiederbelebung hängt zusammen mit dem Erscheinen von Artikeln im *Collectors' Magazine* und dann gut dokumentierten, von Akademikern und Kunsthistorikern verfassten Büchern mit systematischem Anspruch. Anscheinend ging die Entstehung einer an Stevenbildern interessierten Gruppe von Kennern und Sammlern am Anfang auf Einzelpersonen zurück – »Exzentriker«, meint Michael Thompson –, bei denen sich auf je eigene Weise und aus unterschiedlichen Gründen der Blick geändert hatte, mit dem sie diese zum damaligen Zeitpunkt nur vereinzelt erhältlichen und gering geschätzten Dinge betrachteten. Daraufhin hätten diese Einzelpersonen nicht zuletzt über Fachzeitschriften Kontakt zueinander aufgenommen, um derartige Dinge tauschen und Informationen über sie austauschen zu können. Und dann sind die Stevenbilder Sammlerobjekte geworden, die bei einer großen Zahl von Personen gefragt waren. Die Rekonstruktion der vollständigen, mutmaßlich aus der Fabrik in Coventry stammenden

Produktreihen durch die ersten Kenner und die Identifizierung von Spuren auf der Rückseite einiger weniger, deshalb als besonders selten geltender Exemplare bildeten die Grundlage für die Ausbildung von Konventionen, an denen sich die Sammler zu orientieren vermochten. Letztere konnten nun den (nicht realisierbaren) Plan zu einer vollständigen Sammlung fassen, sich eine Vorstellung vom Preis der verschiedenen, nach dieser neuen Richtschnur zusammengestellten Dinge machen, Leerstellen in ihren Sammlungen feststellen und ein Urteil über den Preis fällen, zu dem ihnen die Dinge angeboten wurden.

Die Sammelgebiete stehen also nur selten ein für alle Mal fest. Und zwar vor allem deshalb, weil diese Gebiete interagieren und so jeweils sowohl durch ihre eigene Richtschnur als auch durch die Bildung, Stärkung oder Schwächung der anderen, mehr oder weniger benachbarten Gebiete eine Begrenzung erfahren. Diese Interaktionen ergeben sich aus den Schritten, welche die Sammler unternehmen, um ihre objektalen Akkumulationen in die Wege zu leiten oder voranzutreiben.

Infolge einer *Dynamik*, die vor allem auf die Konkurrenz zwischen den Sammlern zurückzuführen ist, nimmt so jedes Sammelgebiet – wenn auch in unterschiedlichem Maße, je nachdem, wie unflexibel es schon geworden ist – immer wieder neue Formen an. Eine Modellskizze davon müsste der Tatsache Rechnung tragen, dass die einzelnen Sammler insbesondere finanziell nicht über die gleichen Mittel verfügen und vor allem nicht zum selben Zeitpunkt mit dem Sammeln begonnen haben. Einige sind schon ziemlich lange dabei (sie können zu den Neuerern gehört und bei der Bildung eines neuen Sammelgebiets eine Rolle gespielt haben), verfolgen aber ihr Unterfangen, das sie als noch nicht abgeschlossen betrachten, trotzdem weiter. Andere sind Neulinge. Die langjährigen Sammler und die Neulinge befinden sich in einer zutiefst asymmetrischen Situation.

Die Operatoren, die als Erste auf einem bestimmten Sammelgebiet Stellung bezogen haben, sind aus mindestens zwei Gründen im Vorteil. Erstens haben sie im Laufe ihrer Sammeltätigkeit, die sich über ein ganzes Leben erstrecken kann, zur Errichtung eines neuen Systems von Richtschnüren und Differenzen beigetragen, das der Tendenz nach mit der Zeit immer unflexibler geworden ist. Sie haben also auf die *Bestimmung der Differenzen* Einfluss nehmen können, aus denen im Laufe der Zeit anerkannte Konventionen werden, und dadurch auch Einfluss auf den Umfang der idealen Sammlung, die zwangsläufig den neuen Sammlern als Vorbild dient.[36] Da sie zweitens als Erste die Bestände der bis dahin häufig als Abfall betrachteten, an verschiedenen Orten verstreuten Einzeldinge erschlossen haben, konnten sie diese zu einem niedrigen Preis erwerben und von der Aufwertung profitieren, die mit der Annäherung dieser jetzt im Rahmen von systematischen Sammlungen zusammengestellten Dinge einhergegangen ist. Dass die Dinge, in denen einschlägige Differenzen stecken, zu Beginn dieses Zeitraums zugänglich waren, hat ihnen erlaubt, eine große Zahl von Leerstellen zu füllen und mithin schnell eine Sammlung aufzubauen (die, daran sei erinnert, eine Sammlung von Differenzen, nicht nur von Dingen ist). Im Laufe dieses Akkumulationsprozesses sind sie auf zahlreiche *Dubletten* gestoßen, die sie gegen Dinge eintauschen konnten, die Differenzen in sich trugen, welche nach der Logik der Sammlung, die sie in Angriff genommen hatten, erforderlich waren, in den vorhandenen Dingen aber noch keine objektive Gestalt angenommen hatten (oder gegen ein monetäres Äquivalent, das deren Erwerb gestattete). Trotzdem hält sie das Vorhandensein von schwer füllbaren Leerstellen weiter auf Trab, weil es ihrer Hoffnung im Wege steht, dass sich eines Tages ihre objektale Totalisierung und die ideelle Totalität decken, auf die ihre Bemühungen gerichtet sind und deren Vorstellung sie im Übrigen häufig mitgeprägt haben.

Die *Neueinsteiger* in ein feststehendes Sammelgebiet sind in einer ganz anderen Situation. Die externen Bestände sind zum

36 Was beispielsweise den Fall von Briefmarkensammlungen anbelangt, vgl. die zahlreichen Beispiele, die sich in dem Aufsatz von Antony Kuhn und Yves Moulin über die Bildung von konventionellen Differenzen finden: Antony Kuhn/Yves Moulin, »Le rôle des conventions de qualité dans la construction d'un marché. L'évolution du marché philatélique français (1860-1995)«, in: *Entreprises et histoire*, 2008/4, Nr. 53, S. 54-67.

Teil von den Erstankömmlingen erschöpft worden, sodass ihre Ausbeutung nicht zuletzt deshalb sehr viel schwieriger und kostspieliger wird, weil die Zwischenhändler (zum Beispiel Trödler oder Makler) mittlerweile und sei es nur ansatzweise über den Preis der Dinge Bescheid wissen, die sich in ihrem Besitz befinden. Das Vorhandensein vieler, von den versierten Sammlern wieder in Umlauf gebrachten Dubletten erlaubt es den Neuankömmlingen zunächst trotzdem, die Leerstellen zu füllen, welche die an einer relativ großen Zahl von Dingen feststellbaren Differenzen betreffen. Doch diese Neuankömmlinge werden ziemlich schnell erleben, dass ihr Unterfangen dadurch ins Stocken gerät, dass es schwierig ist, die Dinge zu bekommen, welche die noch fehlenden Differenzen aufweisen, aber schwer zugänglich sind. Diese Dinge, von denen es nur wenige Dubletten gibt, sind nämlich bereits im Besitz der erfahrenen Sammler, die überhaupt kein Interesse daran haben, sie wieder in Umlauf zu bringen, weil sie wissen, dass sie sich schwertun würden, noch einmal Dinge zu finden, die ähnliche differenzielle Werte aufweisen. Eine solche Situation führt ziemlich rasch zur Blockierung eines auf ein etabliertes System aus Richtschnüren und Differenzen ausgerichteten Sammlergebiets. Den Neuankömmlingen, die wenig Aussicht haben, ein Totalisierungsniveau zu erreichen, das der Konkurrenz der großen etablierten Sammler standhalten würde, stehen mehrere Strategien offen, wenn sie das Sammeln fortsetzen möchten.

Eine erste (geringe) Möglichkeit besteht darin, das eigene Sammelgebiet *zu verlagern*. Wenn ihre Akkumulationsbemühungen auf einem Gebiet dadurch ins Stocken geraten, dass es schwierig ist, die ihnen fehlenden Dinge zu bekommen, weil sie zu kostspielig geworden sind, geben die Sammler die laufende Sammlung auf und nehmen eine neue Sammlung auf einem anderen Gebiet in Angriff (hier lässt sich der Fall eines erfahrenen Sammlers anführen, der im Laufe seines Lebens 25 verschiedene Sammlungen in Angriff genommen hat, die alle unvollendet blieben).

Eine zweite, im Allgemeinen kostspielige und wohlhabenden Sammlern vorbehaltene Möglichkeit kann in dem Versuch bestehen, bereits begründete, verwaiste Sammlungen (von Wertgegenständen) aufzukaufen. Derartige Gelegenheiten bieten sich vor allem bei Vererbungsfällen. Die Vererbung einer Sammlung oder ihre Auflösung nach dem Tod dessen, der sie begründet hat, stellt in vielen Fällen einen der heikelsten Momente dar, dem sich die Dinge im Laufe ihres sozialen Lebens gegenübersehen. Die Dinge genießen dann nicht länger die Aufmerksamkeit einer bestimmten Person als Teil eines Projekts, das nur ihr Bestes will und mit dem diese Person ihr eigenes Wohl und manchmal auch ihre Identität verknüpft hat, sondern sind nur noch durch das Recht geschützt, das unterschiedlich gedeutet werden kann. Ihr Besitz kann zwischen mehreren Erben oder zwischen Privatpersonen und öffentlichen Organen strittig sein, was ihnen zum Verhängnis werden kann und den Neueinsteigern Gelegenheit zu interessanten Transaktionen bietet.

Einer dritten Möglichkeit werden wir besonders viel Aufmerksamkeit schenken. Sie besteht in dem Versuch einer leichten Verlagerung des Systems aus Richtschnüren und Differenzen, sodass sich neue Zugangsweisen zu möglichen Sammlerstücken eröffnen. Dadurch wird weder die Einschlägigkeit der nach einer bestimmten Richtschnur bestehenden Differenzen noch, als Folge davon, die Validität der bestehenden großen Sammlungen in Frage gestellt. In den Fällen, die wir jetzt betrachten möchten und die man als gewöhnlich bezeichnen kann, weil sie innerhalb eines Sammelgebiets erfolgen und mit der alltäglichen Sammeltätigkeit einhergehen, werden nach und nach die Tragweite einer Richtschnur und die berücksichtigten Differenzen modifiziert. Und zwar häufig auf fast unmerkliche Weise, mit Hilfe einer Kombination aus gekonnten Einzelschritten, deren Erfolg beim Verkauf oder Kauf die hauptsächliche Validitätsprüfung darstellt.

Es sei jedoch darauf hingewiesen, dass bei solchen sich in den Sammelgebieten infolge interner Kräfte vollziehenden Verlagerungen auch externe Kräfte ästhetischer und/oder politischer Art genutzt werden. So ist es unmöglich, die Aufwertung der »primitiven Kunst« unabhängig sowohl vom Kolonialismus als auch von den Bemühungen zu verstehen, die nicht zuletzt Ethnologen an den Tag gelegt haben, um den Kulturen einen Wert zu verleihen, die der Kolonialismus im Begriff war zu zerstören.[37] Ebenso wenig lässt sich die Entstehung der Art brut von dem zur selben Zeit auf dem Gebiet der Kunst (mit der Verbreitung des Surrealismus) und auf dem Gebiet der Psychiatrie eintretenden Wandel trennen.[38] Noch die »Bauernmöbel«-Welle, die in den 1960er und 1970er Jahren die bürgerlichen Haushalte erfasste, war eine Folge des Niedergangs des ländlichen Raums, den sich die Trödler und Antiquitätenhändler zunutze machten. Auch in diesem Fall eignen sich neue Gruppen und neue Schichten, die sich mit den »bürgerlichen Parvenüs« vergleichen lassen, von denen Balzac spricht, Dinge an, die eine versunkene Welt bevölkert hatten. Von daher zieht die Zerstörung einer bestimmten Welt immer eine Flut von Fundstücken und Abfällen nach sich, auf denen Sammlungen aufbauen, in deren Rahmen einige dieser Abfälle eine Aufwertung erfahren.

Der Gedanke liegt nahe, dass der Preis, zu dem Dinge gehandelt werden, die bis dahin vergessen oder verschollen waren und dann zu neuem Leben erwachen, weil sie das Interesse von neuen Sammlern wecken, in der Hauptsache von ihrer *Seltenheit* abhängt. Sich selbst überlassen und schutzlos, wären diese Dinge dann dem Sturm der Zeit ausgesetzt gewesen und zerstört, verscharrt, abgeschrieben oder verloren worden, sodass es, auch wenn sie zu der Zeit, als man sie aufgrund ihrer Verwendungsmöglichkeiten schätzte, zahlreich vorhanden waren, nur noch wenige von ihnen gibt. Die Überlebenden – wenn man so sagen kann, wenn man von seelenlosen Wesen spricht – wären so Zeugen einer Art von natürlicher Selektion. Es sieht allerdings so aus, als ob dies keineswegs immer der Fall ist, wie wir anlässlich der von Michael Thompson untersuchten Stevenbilder gesehen haben.[39] Wenn eine neue Sammelordnung entsteht, kommt es nämlich ganz im

37 Vgl. Elizabeth Edwards/Chris Gosden/Ruth B. Phillips (Hrsg.), *Sensible Objects. Colonialism, Museums and Material Culture*, Oxford/New York: Berg, 2006.

38 Vgl. John MacGregor, *The Discovery of the Art of the Insane*, Princeton: Princeton University Press, 1989.

39 Michael Thompson, *Mülltheorie*, a. a. O.

Gegenteil häufig vor, dass die Sammlerstücke in großer Zahl und zu weiten Teilen zugänglich sind. Erst wenn es immer mehr Sammler gibt, die um dieselben Dinge *konkurrieren* (weil sie dieselben *Leerstellen* füllen müssen), wird die Seltenheit dieser Dinge, deren Reproduktion prinzipiell ausgeschlossen ist, zu einem der wesentlichen Aspekte, die über ihren Preis bestimmen. Bis dahin waren die Dinge zwar vorhanden, häufig sogar im Überfluss, dies aber lediglich an entlegenen Orten, durcheinandergemischt, ohne jegliche Ordnung, das heißt in einem *Haufen*. Sie waren also nicht unbedingt *versteckt* in dem Sinne, dass sie völlig von der Bildfläche verschwunden waren. Insofern waren sie zwar *sichtbar*, aber sie blieben trotzdem *unbemerkt* oder man hat sie, wenn man so will, nicht *erkannt,* als ob diejenigen, die sie sahen, nicht in der Lage waren, sie zu identifizieren und infolgedessen zu erkennen, was sie Spezifisches und Interessantes an sich haben könnten. Wir behaupten also, dass die Dinge nicht deshalb gesammelt werden, weil sie selten sind, sondern dass ihre Seltenheit eben darauf beruht, dass sie gesammelt werden. Das ökonomische Interesse am systematischen Sammeln bestände demnach vor allem im *Erzeugen von Seltenheit;* den Grundstock dazu bilden Dinge, die ausgesprochen reichlich vorhanden sind, nämlich Abfälle.

Deshalb kann man das Sammeldispositiv als Auswahl- oder *Selektionsdispositiv* betrachten. Eben solch ein Auswahlprozess, was vernichtet werden kann und was erhalten bleiben und konserviert werden soll, steht im Mittelpunkt der Tätigkeit – und der Sorgen – derjenigen, deren Aufgabe die Bestandsaufnahme des Welt- und Kulturerbes ist, und die bei jedem Objekt aus dem unbegrenzten Universum der auf ihr Überleben hoffenden Dinge eine unabwendbare Entscheidung über deren Schicksal treffen müssen.[40] Im Fall von Sammlungen beruht die Auswahl auf den Konventionen, die dem System aus Richtschnüren und einschlägigen Differenzen Stabilität verleihen. Doch diese Konventionen, die, wie wir gesehen haben, zwischen den Sammlern, und zwar

---

40 Was eine Untersuchung anbelangt, welche die Selektionsverfahren in der Praxis verfolgt hat, vgl. Nathalie Heinich, *La Fabrique du patrimoine*, a. a. O.

vor allem zwischen alteingesessenen Sammlern und Neulingen umkämpft sind, geben relativ leicht nach, weil sie nur selten rechtlicher Art sind, sodass man versuchen kann, sie, und sei es nur ganz leicht, zu verlagern, um ein neues, in sich abgeschlossenes Sammelgebiet für den Wettbewerb zu eröffnen.

Die Struktur der Sammlerform

Der Raum der Sammlerform lässt sich anhand zweier sich kreuzender Achsen veranschaulichen, nämlich einerseits der Achse der Präsentation des betreffenden Dings und andererseits der Achse seines Marktpotenzials.

Sehen wir uns zunächst – wie bei der Standardform – die *Präsentationsachse* an – und untersuchen wir, welche Art der Anordnung und Hierarchisierung der für die Sammlerform einschlägigen Dinge sie erlaubt. Sie ist auf das Verhältnis zweier möglicher Sachlagen ausgerichtet: Die Dinge werden als *Prototypen* oder als *Exemplare* betrachtet, die unter Bezugnahme auf einen bestimmten, bereits eingeführten Prototyp angefertigt wurden. Am unteren Ende dieser Achse lassen sich die Sammlungen ansiedeln, in denen Dinge versammelt sind, die als Exemplare von bestimmten Prototypen betrachtet werden. Par excellence ist das bei den vielen Sammlungen der Fall, die handwerklich gefertigte oder industriell hergestellte Objekte enthalten, deren Wert ursprünglich nach dem Modus der Standardform ermittelt wurde, die dann aber, häufig nachdem sie mehr oder weniger lange Zeit Abfall gewesen waren, der Logik der Sammlerform angepasst worden sind. Dabei handelt es sich zum Beispiel um Akkumulationen jener banalen Dinge, aus denen die meisten gewöhnlichen Sammlungen bestehen und an deren Existenz wir oben erinnert haben: Objekte wie Streichholzschachteln, Pfeifen, leere Bier- oder Whiskyflaschen; oder aber die Stevenbilder, deren Weg Michael Thompson nachgezeichnet hat. Der Preis solcher Artefakte, die ursprünglich zu einem relativ niedrigen Preis verkauft wurden und dann jeglichen Marktwert verloren, stieg

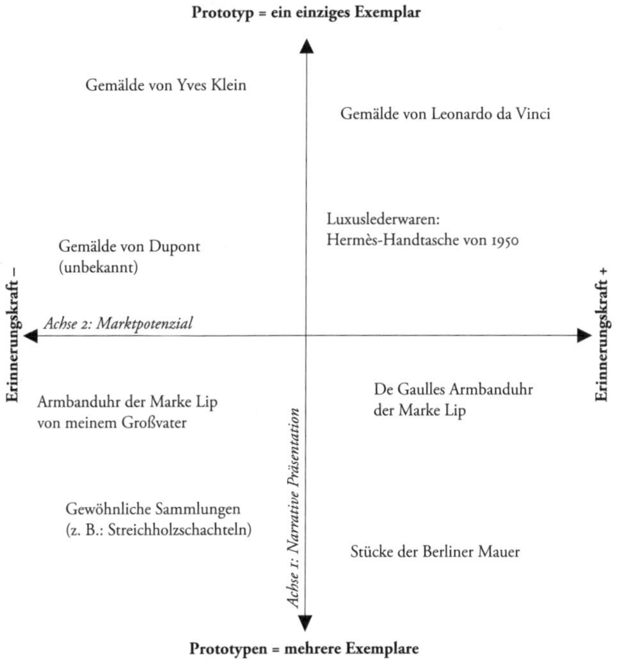

rasch mitunter in beträchtlichem Umfang an, als sie zu Sammlerobjekten wurden, die noch erhältlich waren.

Weiter oben auf dieser Präsentationsachse befinden sich die Sammlungen, in denen ebenfalls Exemplare vertreten sind, die Prototypen entsprechen, doch in ihnen sind Dinge versammelt, die in geringerer Stückzahl in Serie hergestellt wurden. Das ist bei Artikeln der Fall, die von der Luxusindustrie in Umlauf gebracht werden, wie zum Beispiel hochwertige Uhren oder außergewöhnliche Oldtimer. Als Beispiel lässt sich hier die Uhrensammlung anführen, die der Objektkünstler und Allessammler Arman (der einer Ausstellung seiner Werke den Titel »Sammlungsakkumulationen« gegeben hat) im Jahr 1982 verkaufte. »Sie enthielt so seltene Stücke wie eine goldene Patek Philippe mit Datumsanzeige und Mondphasen von 1955 und seltene Modelle der ersten elektrischen bzw. elektromechanischen Uhren aus den 1950er Jahren der Marken Hamilton, Elgin, Illinois usw. Unter den etwa 300 Stücken waren auch Rolex-Uhren aus den 1930er und 1940er Jahren sowie als Prunkstücke der gesamten Sammlung zwei Uhren, die Andy Warhol gehört haben: eine Kingsley aus rosa Platin mit einem diamantbesetzten Ziffernblatt und eine goldene Vacheron Constantin aus den 1950er Jahren«[41] – was belegt, dass der Wert einiger Stücke dieser Sammlung sich eher nach ihrem differenziellen Wert innerhalb der Produktreihe richtete und der Wert anderer eher nach ihrer Erinnerungskraft.

An der Spitze dieser Differenzialachse liegen schließlich die Sammlungen, die aus Objekten bestehen, bei denen das Gefälle zwischen Prototyp und Exemplaren der Tendenz nach abnimmt, ja sogar wegfällt. Par excellence ist das bei sehr berühmten Kunstwerken der Fall, ob es sich dabei nun um alte Werke handelt (zum Beispiel um die *Felsgrottenmadonna* von Leonardo da Vinci) oder um moderne bzw. zeitgenössische Werke (wie zum Beispiel *›Das türkische Zimmer‹* von Balthus oder Yves Kleins *Blaues Monochrom*). Auf sie lässt sich die Analyse anwenden, die Claude Lévi-Strauss im *Wilden Denken* entwickelte, als er in dem Kapital über das »Individuum als Art« den Abstand zu verringern versucht, der zwischen der Logik der Eigennamen und der Logik der kategorialen Entitäten besteht.[42] Er zieht dabei die Möglichkeit von Arten in Betracht, von denen es nur ein Exemplar gibt (wie zum Beispiel im Fall des Phönix). Diese oftmals »einzigartig« oder »singulär« genannten Stücke kann man wie Prototypen behandeln – Prototypen allerdings, von denen es nur ein einziges Exemplar gibt.

Untersuchen wir jetzt die zweite Achse, welche die Größe des *Marktpotenzials* wiedergibt. Wie wir gesehen haben, zeigte diese Achse im Rahmen der Standardform die Verwendungsdauer an,

---

41 Pierre Cabanne, *Les Grands Collectionneurs*, Bd. 2, Paris: Les Éditions de l'Amateur, 2004, S. 297f.

42 Claude Lévi-Strauss, *Das wilde Denken*, a.a.O., S. 223-250.

die bei Dingen zu erwarten ist, die zum Gebrauch bestimmt sind: am einen Ende die Wegwerfartikel und am anderen höherwertige Artikel, die ein ganzes Leben lang benutzbar sein sollen, ja sogar an die Nachkommen vererbt werden können. Bei der Sammlerform liegt der Fall offenkundig anders, da sie den Wert von Dingen ermittelt, zu deren Eigenschaften es nun gerade gehört, dass sie von der Gebrauchsprüfung ausgenommen sind bzw. mit anderen Worten nicht gebraucht werden. Wie wir andererseits eben am Beispiel der Kunstwerke gesehen haben, die innerhalb der Sammelordnung eine zentrale Stellung einnehmen, verfügen solche Dinge, wenn die Wahl erst einmal auf sie gefallen ist, über fiktive Unsterblichkeit, sodass die Zeit sozusagen keinen Zugriff auf sie hat. Dennoch stellt sich die Frage der Zeit erneut, wenn auch auf andere Weise.

Denn neben ihrem Differenzierungsvermögen, dem die erste Achse Rechnung trägt, spielt eine zweite Eigenschaft bei der Wertermittlung der Dinge eine wichtige Rolle, auf die sich die Sammlerform bezieht, nämlich in welchem Maße sie in der Lage sind, Erinnerungseffekte hervorzurufen bzw., wenn man so will, ihre *Erinnerungskraft*. Eine solche, Dingen, die von ihrem Nennwert her relativ unbedeutend oder belanglos sein können, zukommende Erinnerungskraft geht darauf zurück, dass sie an irgendeinem Moment ihres Entwicklungsprozesses mit wichtigen Personen oder Ereignissen in Berührung gekommen sind. Diese Eigenschaft – die *physische Nähe* – erklärt zwei für Sammlerstücke einschlägige Merkmale, die zu erwähnen wir bereits Gelegenheit hatten. Das erste ist, dass die Ermittlung ihres Werts weitgehend von der *Geschichte* abhängt, die sie begleitet. Während Industrieartikel sich durch eine Verknüpfung von Standards, das heißt eine Form der Kodifizierung beschreiben lassen, sind Sammlerobjekte durch Geschichten beschreibbar, die besonders an die Bedingungen, unter denen sie entstanden sind, und an die Personen erinnern, die sie erschaffen oder denen sie gehört haben. Die *Narrativität* ist Teil ihres In-der-Welt-Seins.[43]

---

43 Mieke Bal, »Telling objects. A narrative perspective on collecting«, in: John

Mit der Frage der Erinnerung hängt ein zweites Merkmal zusammen, das für die Ökonomie der Dinge, die unter die Sammlerform fallen, von größter Wichtigkeit ist, nämlich ihr Anspruch auf *Authentizität*. Darunter ist die Garantie zu verstehen, für die in den meisten Fällen ebenfalls eine Geschichte zuständig ist, dass eben dieses in seiner reinen Materialität betrachtete Ding, vor dem man steht, physisch mit mittlerweile weit in der Vergangenheit liegenden, aber in der Erinnerung der Menschen immer noch präsenten Orten, Personen oder Ereignissen in Berührung gekommen ist. Aus diesem Grund kann keine *Reproduktion* – und sei es eine perfekt ausgeführte *Kopie* – das Original in einer Sammlung ersetzen und natürlich auch keinen äquivalenten Preis erzielen, wenn sie der Prüfung unterzogen wird, die der Tausch darstellt. Es sind mithin die Zuschreibungsprozesse und nicht die intrinsischen Eigenschaften der einzelnen Dinge, die bei der Preisbildung der Objekte, die uns hier interessieren, eine fundamentale Rolle spielen.[44]

Die diesen Dingen zukommende Erinnerungskraft hängt wiederum vom entweder mehr oder weniger individuellen oder mehr oder weniger kollektiven Charakter der Personen, Orte und Ereignisse ab, die von diesen Dingen heraufbeschworen werden. Unter »Erinnerungskraft« ist also keine immanente Eigenschaft, sondern eine Qualität zu verstehen, die einem Ding sozial zugeschrieben wird und sich anhand von Hinweisen erkennen

---

Elsner/Roger Cardinal (Hrsg.), *The Cultures of Collecting*, London: Reaktion Books, 1994, S. 97-115.

44 Ein mittlerweile berühmtes Beispiel ist die Auseinandersetzung um die auf Pergament gezeichnete »Bella Principessa«, die im 15. Jahrhundert aus einem Buch über die Sforza-Familie ausgeschnitten und in Warschau verwahrt worden sein soll. In dem Streit geht es um die Frage, ob diese Zeichnung von Leonardo da Vinci stammt oder nicht. Bei Christie's wurde ihr Wert auf zwischen 12 000 und 15 000 Dollar geschätzt, doch wäre dieselbe Zeichnung wahrscheinlich rund 150 Millionen Dollar wert, wenn die Experten sie tatsächlich da Vinci zuschreiben würden (vgl. Martin Kemp, *La bella Principessa. The story of the new masterpiece by Leonardo da Vinci*, London: Hodder & Stoughton, 2010. Kemp gehört zu den Experten, die sich um eine Authentifizierung des Werks bemühen).

lässt, die seine Bekanntheit zu messen erlauben, welche je nach dem Stand der Geschichtsschreibung im Laufe der Zeit variieren kann.[45] So lassen sich am einen Ende der Zeitachse die Dinge einordnen, deren Erinnerungskraft gering ist, weil das, was sie heraufbeschwören, nur für eine begrenzte Zahl von Personen bzw. sogar nur für eine Person von Bedeutung ist. Auf diese eingeschränkte Erinnerungskraft bezieht man sich, wenn man einem Objekt die Qualität eines mehr oder weniger »persönlichen« »Souvenirs« zuschreibt. Damit ist gemeint, dass es zwar für denjenigen, dem es gehört, oder zum Beispiel für eine Gruppe von Familienangehörigen, die es an einen verstorbenen Verwandten erinnert, großen »Wert« besitzt, dass es aber nicht den geringsten Wert für andere beanspruchen kann (zum Beispiel die Armbanduhr der Marke Lip, die mein Großvater getragen hat). Am entgegengesetzten Ende derselben Achse sind dagegen die Objekte vertreten, die über große Erinnerungskraft verfügen, weil man ihnen eine physische Nähe zu Personen, Orten oder Ereignissen zuschreibt, die einer großen Zahl von Menschen, ja sogar ganzen Völkern in Erinnerung geblieben sind (zum Beispiel das Modell T 18 der Uhrenmarke Lip, das General de Gaulle Winston Churchill geschenkt haben soll[46]). Par excellence ist das bei Sammlungen von Dingen der Fall, deren Annäherung nicht auf einer Funktion oder einer Epoche beruht, sondern auf eine denkwürdige Person zurückgeht.[47]

---

45 Vielleicht werden Objekte, denen Unsterblichkeit prophezeit wurde, gerade deshalb absichtlich zerstört oder zu bloßem Abfall reduziert, wie im Fall des Ikonoklasmus, weil ihre Erinnerungskraft ausgelöscht werden soll (vgl. Olivier Christin, *Une révolution symbolique. L'iconoclasme huguenot et la reconstruction catholique*, Paris: Minuit, 1991).

46 Zumindest wenn man bereit ist, dem Argument wenigstens etwas Glauben zu schenken, das in der Werbung vorgebracht wird, um Repliken begehrenswert zu machen und vermarkten zu können, die diesem Modell nachempfunden sind, dessen Originalexemplare die Werkstatt dieses Uhrenfabrikanten etwa in den 1940er Jahren verlassen haben.

47 Mit diesen unterschiedlichen Erinnerungswerten hat der Künstler Christian Boltanski gespielt, als er alle möglichen Dinge in Museen ausstellte – wie etwa Photographien, Lampen oder Bänder –, die einer kürzlich verstorbenen unbekannten Person gehört haben. In einem solchen öffentlichen Erinne-

Dasselbe gilt natürlich für Objekte, die weitgehend erfolglos Kunstwerkstatus anstreben, oder für Objekte, bei denen ganz im Gegenteil niemand auf den Gedanken kommen würde, ihnen diesen Status abzusprechen, ob ihre Wertschätzung nun auf einer »ästhetisch« zu nennenden Ebene erfolgt oder nicht. So kann ein von den meisten nicht beachtetes oder als »Schinken« betrachtetes Gemälde in den Augen der Mutter desjenigen einen großen Wert besitzen, der es einst in der vergeblichen Hoffnung geschaffen hat, sich als Künstler einen Namen zu machen. Und umgekehrt ist ein anderes, einem berühmten Künstler, von dem zahlreiche Werke in Museen hängen, zugeschriebenes Gemälde, das er mit seinen eigenen Händen geschaffen haben soll, nur aufgrund dieser Zuschreibung mit erheblicher Erinnerungskraft ausgestattet. Doch wehe, wenn sich verdrießliche Experten Gehör verschaffen, die behaupten, dass es nicht vom Meister stammt, sondern von einem in seiner Wertstatt tätigen Lehrling oder, schlimmer noch, einem Kopisten! Dann wird diese Erinnerungskraft mehr oder weniger vollständig schwinden und einen atemberaubenden Absturz des Preises nach sich ziehen, zu dem dieses Gemälde gehandelt werden kann. Und trotzdem handelt es sich sehr wohl um *dieselbe* Sache, zumindest wenn man sie in ihrer materiellen Qualität betrachtet und von ihren narrativen Dimensionen absieht.[48]

---

rungsakt, der leicht identifizierbar und in gewisser Weise banal gewesen wäre, wenn sein Ziel in einer Gedächtnisfeier für eine berühmte Person bestanden hätte, lässt sich ein Äquivalent zu etwas erkennen, was man früher »Vanitas« genannt hat. Denn alle Sterblichen sind gleich viel wert (vgl. zum Beispiel den Katalog, *List of Exhibits belonging to a woman of Baden-Baden, followed by an explanatory note*, Museum of Modern Art, Oxford, 1973).

48 Viele zeitgenössische Künstler haben die Frage der Authentizität ins Zentrum ihrer Arbeit gestellt, um sie zu hinterfragen, insbesondere Daniel Spoerri, zum Beispiel mit seinen »Fallenbildern«, die andere ausgearbeitet haben, aber vom Künstler signiert wurden, der für sie »garantiert«.

Achtes Kapitel
Sammeln und Bereichern

Die Nützlichkeit des Nutzlosen

Dass die Entwicklung einer Bereicherungsökonomie auf der steigenden Zahl, der zunehmenden Aktivität und dem wachsenden Reichtum der Sammler im eigentlichen Sinne beruht, wäre offenkundig eine vollkommen übertriebene Annahme. Deshalb verschiebt sich die Beziehung, die wir hergestellt haben zwischen dem *formalen Sammeldispositiv* auf der einen und dem, was wir *Sammlerform* als Wertermittlungsmodalität genannt haben, auf der anderen Seite, auch entsprechend dem jeweils vorliegenden Fall auf einer Achse, die von der buchstabengenauen Anwendbarkeit bis zur Synekdoche reicht. Trotzdem wäre, als die sich durch die Massenproduktion zumindest in Westeuropa – also immerhin in den Ländern, in denen der Kapitalismus aus der Taufe gehoben wurde – bietenden Profitaussichten zu versiegen drohten, die Verlagerung des Kapitalismus auf neue Betätigungsfelder ohne den Rückgriff auf neue Formen der Wertermittlung schwierig gewesen. Deren Rolle ist eine doppelte.

Denn einerseits müssen diese Formen eine strukturelle Grundlage für die großflächige Vermarktung von Dingen schaffen, die durch ihre »Einzigartigkeit« und »Seltenheit« gekennzeichnet sind – beides Qualifikationen, die eben gerade darauf zurückzuführen sind, dass sie sich als genaue Gegensätze zu Standardartikeln ausgewiesen haben. Für diese sogenannten »außergewöhnlichen« Dinge – deren »Seltenheit« zum Beispiel von Ricardo als »natürlich und absolut« angesehen wurde, weil sie nicht reproduzierbar waren –, die früher nicht nur als relativ marginal, sondern vor allem als Ausnahmen von den mit Blick auf die industrielle Produktion ermittelten »Gesetzen der Wirtschaft« galten, musste nun aber, weil sie sich in Ressourcen verwandelt hatten, durch deren Ausbeutung eine Wertschöpfung erfolgen konnte, eine Sprache gefunden werden, in der ihre Wertschätzung zum

Ausdruck kam. Das heißt, sie mussten sich mit Instrumenten verknüpfen lassen, die geeignet waren, ihren Preis festzulegen und vor allem dessen Rechtfertigung dadurch zu ermöglichen, dass sie sich auf Argumente stützten, die den Wert dieser Dinge deutlich machten.

Doch auf der anderen Seite sind diese spezifischen Wertermittlungsformen auch dafür verantwortlich, die Preise der aus solchen Ressourcen gewonnenen Objekte gegenüber den Preisen von Dingen *nachvollziehbar* zu machen, die in die Zuständigkeit anderer Formen fallen, in erster Linie gegenüber den Preisen von Standardartikeln, aber auch von *Trendobjekten* und von den Objekten, die als *Kapitalanlagen* geschätzt werden.

Auch wenn eine Bereicherungsökonomie sich keineswegs allein an »Sammler« richtet, wie wir gerade unterstrichen haben, ist die Sammlerform ein kognitiver Operator, der eine Einschätzung des Werts von Dingen erlaubt, die als »außergewöhnlich« gelten, weil sie diese Dinge von einem Standpunkt aus betrachtet, der mit der Perspektive vergleichbar ist, die ein »Sammler« ihnen gegenüber einnehmen würde, das heißt jemand, der mit Leidenschaft Dinge akkumuliert, die nicht benutzt, aber einerseits wertgeschätzt werden, weil sie eine Hinterlassenschaft der Vergangenheit darstellen, und andererseits weil sie sich seriell organisieren lassen, sodass ihre Ähnlichkeiten und Differenzen zum Vorschein kommen.

In der Regel wurde die Praxis des Sammelns als Zeitvertreib oder Hobby und folglich als eine marginale oder sogar parasitäre Betätigung betrachtet, die zu anderen Zugangsmöglichkeiten zum Reichtum unabhängig davon hinzukam, ob dieser auf Erbschaft, Arbeit oder Finanzgeschäfte zurückging. Gerade weil sie wie ein Hobby, also wie eine überflüssige Betätigung wirkte, hat die Sammeltätigkeit überhaupt die eigenständige Position innerhalb der Wirtschaftsordnung einnehmen können, die sie bis heute bekleidet. Unabhängig davon, wie viel Zeit und wie viel Geld man in sie investiert, ist die Praxis des Sammelns nämlich Teil einer kognitiven Struktur, die mit der Entwicklung des Kapitalismus einhergegangen ist und auf einer Reihe von Entgegensetzungen beruht, die in einem homologen Verhältnis zueinander stehen. Dabei handelt es sich um die Entgegensetzung von Arbeit und Freizeit (bzw. Nicht-Arbeit); von Notwendigkeit und Überfluss; eines auf die Geschäfte (das Business) gerichteten Handelns und eines Handelns, das auf Uneigennützigkeit ausgerichtet ist, das heißt in diesem Fall auf Vergnügen, Leidenschaft, Verausgabung, die in diesem Zusammenhang sowohl eine ästhetische als auch eine sexuelle Ausrichtung besitzen (die »Manie« des systematischen Sammlers wurde schon in der ersten Hälfte des 19. Jahrhunderts als Ersatz für sexuelle Aktivität betrachtet[1]).

In diesen Entgegensetzungen setzt sich eine Unterscheidung fort, die für das Bürgertum im 19. Jahrhundert und in der ersten Hälfte des 20. Jahrhunderts eine zentrale Rolle gespielt hat und Seinsweisen und Praktiken nach dem Geschlecht voneinander trennt: auf der männlichen Seite Geschäfte, Geld, Arbeit, Wissenschaft, Sport und außerhäusliche Aktivitäten, und auf der weiblichen Seite Geschmack, Romane, innerhäusliche Praktiken, Religion. Die zum weiten Feld der »Kultur« oder der »Künste« gehörenden Aktivitäten neigen demnach je nach Praxismodalität (professionell, institutionell und lukrativ für die männliche Seite, kostenlos oder in Verbindung mit reiner Verausgabung und Geschmack für die weibliche Seite) mal mehr dem maskulinen Pol,

1 Womöglich liegt in der Figur des Vetter Pons als einem von den Frauen ignorierten oder abgelehnten Hagestolz, der seine Triebe auf Tafelfreuden und Kunst umorientiert hat, der Ursprung dieses Stereotyps, das später nicht zuletzt mit Hilfe der Psychoanalyse umfassend weiterentwickelt werden sollte. Die psychoanalytische Literatur über Sammlungen und Sammler ist ziemlich umfangreich, wozu auch der Umstand beitrug, dass Freud selbst Sammler war (vgl. besonders Michelle Moreau Ricaud, *Freud collectionneur*, Paris: Campagne Première, 2011; Gérard Wajcman, *Collection, suivi de L'avarice*, Caen: Nous, 1999; Werner Muensterberger, *Sammeln – eine unbändige Leidenschaft. Psychologische Perspektiven* (Aus dem Amerikanischen von H. Jochen Bußmann), Frankfurt am Main: Suhrkamp Verlag, 1999, englische Originalausgabe 1994). Jean Baudrillard greift das Thema einer Verbindung von Sammelleidenschaft und Sexualität in dem Kapital von *Das System der Dinge* wieder auf, das dem Sammeln gewidmet ist (a. a. O., S. 110-114).

mal mehr dem weiblichen Pol zu.[2] So hat Steven Gelber gezeigt, wie das Sammeln von Briefmarken, als es in den Jahren um 1850-1860 aufkam, zunächst als weibliche Praxis gelten konnte, weil der Akzent auf den dekorativen Aspekt der Marken gelegt wurde, bis die Entstehung eines organisierten Markts dieser Praxis bis Mitte des 20. Jahrhunderts erzieherischen Charakter verlieh, insofern sie bei Jungen vor allem die akkumulativen und kaufmännischen Neigungen anregen sollte.[3]

Was die Form des systematischen Sammelns bei ihrer Entstehung im 19. Jahrhundert besonders hervorstehen ließ und zu weiten Teilen auch ihren Reiz für die bürgerliche Welt ausgemacht hat, war die Tatsache, dass sie praktische Verhaltensweisen förderte, die sich den gerade genannten Unterscheidungen entzogen. In diesem nur am Rande wichtigen Bereich konnte die Spannung zwischen dem, was dem »Schönen« und Kostenlosen zugerechnet wurde, und dem, was zum »Nützlichen« gehörte, an dem ein »Interesse« bestand, aufgehoben werden (häufig unter Berufung auf das antike *otium*[4]). Noch bevor die großen Sammler Gegenstand zahlloser Biographien wurden oder ihrerseits Autobiographien veröffentlichten, erschien in der Literatur der zweiten Hälfte des 19. Jahrhunderts eine beträchtliche Zahl von Geschichten, in denen Sammler in Szene gesetzt wurden. In diesen fiktionalen Geschichten sind nun aber Anekdoten, die unter die Kategorie Leidenschaft und unter die Kategorie Handel oder Kommerz fallen, absolut untrennbar miteinander verwoben. In ihnen werden Geschichten inszeniert, die von der Liebe zu Dingen erzählen, die sich aus einem weit vom Kalkül entfernten Begehren speist, und gleichzeitig Geldgeschichten sind, die häufig – wie beson-

2 Vgl. Luc Boltanski, »Pouvoir et impuissance. Projet intellectuel et sexualité dans le Journal d'Amiel«, in: *Actes de la recherche en sciences sociales*, I, (5-6), November 1975, S. 80-108.

3 Vgl. Steven Gelber, *Hobbies. Leisure and the Culture of Work in America*, New York: Columbia University Press, 1999, S. 114-124.

4 Zum Begriff des *otium* als im römischen Altertum kultivierter Aktivität, vgl. Paul van der Grijp, *Passion and Profit*, London: Transaction Publishers, 2006, S. 11.

ders im Fall von Balzac – in ihrer ganzen Niederträchtigkeit unter Aufbietung von Gefühlen geschildert werden, die mit kritischen Vorstellungen vom Geldwesen einhergehen, wie Hartherzigkeit, Geiz und vor allem Betrug. So ist Vetter Pons – um eines der ersten und berühmtesten Beispiele für den *Charakter* des Sammlers aufzugreifen – eigentlich erst zufrieden, wenn es ihm gelungen ist, die von ihm begehrten »schönen« Dinge zu einem Preis zu erwerben, der seiner Meinung nach unter ihrem »wahren« Preis liegt, das heißt entweder unter dem Preis, den andere, weniger Versierte dafür zu zahlen bereit wären, oder unter dem Preis, der für solche Dinge in Zukunft ausgehandelt werden könnte. Diese Befriedigung kann Balzac als ästhetisch und untrennbar davon als kaufmännisch beschreiben, weil sie in beiden Fällen gleichermaßen auf der Fähigkeit des Käufers beruht, den Wert von *kleinen Unterschieden* zu erkennen, die den Augen der anderen und bei der Transaktion selbst insbesondere den Augen des Verkäufers verborgen bleiben, das heißt, wenn man so will, auf *Informationsasymmetrien*. Solche Asymmetrien erzeugen ein Begehren, das nur mit Hilfe differenzieller Abweichungen gestillt werden kann. Die Zufriedenheit, etwas unter Preis zu kaufen, verstärkt objektiv den Stolz des Kenners, der kleine Unterschiede zu identifizieren vermag, sowie die soziale Distinktion bei demjenigen, der sich den Neulingen überlegen fühlt. Es läuft also alles so, als ob ein Kenner wie Pons für die Dinge nicht *bezahlen* müsste – wie für einen beliebigen Standardartikel, den er im Katalog bestellt –, sondern dass sie ihm, und nur ihm, gewissermaßen *geschenkt* würden.

Die Verknüpfung des Sammeldispositivs mit den sich im Rahmen einer Bereicherungsökonomie entwickelnden Konsumweisen war noch in anderer Hinsicht relevant, nämlich in Bezug auf das Verhältnis zum *Nutzlosen*. Wie Russell Belk aufgefallen ist,[5] tritt das Sammeln als Phänomen erst in Gesellschaften in Erscheinung, die durch einen Überfluss an Gütern gekennzeichnet sind. Die Vermehrung der Güter war nun aber eines der Hinder-

5 Russell Belk, *Collecting in a Consumer Society*, London: Routledge, 1995.

nisse, auf die der expandierende Kapitalismus stieß, dessen Rechtfertigung sich auf die Frage der *Bedürftigkeit* stützte und sich sowohl auf die Notwendigkeit als auch auf die Nützlichkeit und die Seltenheit der Dinge berief, die für das Überleben und – marxistisch ausgedrückt – besonders für den Erhalt der Arbeitskraft erforderlich waren. Doch durch die ungleiche Verteilung der finanziellen Ressourcen, die für den Erwerb massenhaft produzierter Konsumgüter notwendig waren, das heißt durch die Schwierigkeit, die kaufkräftige Nachfrage auszuweiten, was immer häufiger zum Rückgriff auf Kredite führte,[6] geriet dieser für die Jahrzehnte direkt nach dem Zweiten Weltkrieg in den europäischen Ländern typische Kapitalismus, in denen der Krieg Unterversorgung nach sich gezogen hatte, rasch an seine Grenzen.

Für einen großen Teil der potenziellen Konsumenten war es schwer, in den Besitz der zum Kauf stehenden Güter zu gelangen, wohingegen diejenigen, die über die Mittel verfügten, um sich die Dinge zu leisten, die aus den Fabriken auf den Markt kamen, schon versorgt waren, was, als diese Situation kein Ende zu nehmen schien, ja sich sogar noch verschärfte, zu einer produktiven Überkapazität führte. Warum sollte man ein zweites Auto – ein neueres Modell, obwohl das, was man besaß, die Transportbedürfnisse bereits erfüllte –, einen neuen Kühlschrank, einen neuen Fernseher kaufen? Oder eine neue Uhr, was ein besonders interessantes Beispiel ist, wenn man bedenkt, dass die Erfindung der Quarzuhr im Laufe der 1970er Jahre dieses Instrument besonders zuverlässig und besonders preisgünstig gemacht hat, noch bevor elektronische Uhrwerke in die Mobiltelefone eingebaut wurden, wodurch sich die Nützlichkeit des Tragens einer Uhr verringerte, weil diese Geräte sehr schnell immense Verbreitung fanden. Nach einer heftigen, aber vorübergehenden Krise, die vor allem die Schweiz traf, die ein Quasi-Monopol auf die Herstellung von Uhren besaß, hat sich nun aber gerade im Zuge der Wiederankurbelung der Uhrenindustrie in diesem Land eine

6 Vgl. Jeanne Lazarus, »Le crédit à la consommation dans la bancarisation«, in: *Entreprises et histoire*, 2/2010, Nr. 59, S. 28-40.

neuartige, besonders rege und einträgliche Luxusindustrie entwickelt.

Im Vergleich zu den heiklen Problemen, welche die Erschöpfung einer im Rückgriff auf die Frage der Bedürftigkeit und folglich der Notwendigkeit und Nützlichkeit gerechtfertigten Form des Kapitalismus aufgeworfen hat, bietet die Verallgemeinerung des Sammeldispositivs eine Ressource, welche die Akkumulation auf Seiten der Konsumenten dadurch wieder in Schwung zu bringen vermag, dass sie diese nicht auf die Nützlichkeit stützt, sondern ganz im Gegenteil den Akzent auf den Wert einer Akkumulation des Nutzlosen legt, das heißt einer *Akkumulation um der Akkumulation willen.*

An dieser Stelle setzen Georges Batailles Intuitionen an, wenn er in »Der verfemte Teil«[7] die Frage der Seltenheit im Sinne eines Mangels, die mindestens seit Malthus im Zentrum des ökonomischen Denkens gestanden hatte, in ihr Gegenteil verkehrt und im *Überfluss* eine der größten Herausforderungen sieht, vor der die Gesellschaften stehen.[8] Wenn man sich von den Formulierungen löst, die das Übermaß aus der Überschreitung herleiten, kann man versuchen, diese Fragestellung für die Erkundung eines der Wege fruchtbar zu machen, den die Agenzien des Kapitalismus

7 »Dieser Überschuß erschwert dann das Wachstum wieder, denn dieses ist nicht mehr in der Lage, ihn ganz zu verbrauchen. Das Interesse an der Erweiterung wird also an einem bestimmten Punkt von dem entgegengesetzten Interesse des Luxus neutralisiert [...]: *an erster Stelle* geht es jetzt nicht mehr um die Entwicklung der Produktivkräfte, sondern um die luxuriöse Verausgabung ihrer Produkte. An diesem Punkt bereiten sich riesige Vergeudungen vor: Nach einem Jahrhundert der Bevölkerungszunahme und des industriellen Friedens wurden, als die provisorische Grenze der Entwicklung erreicht war, durch die zwei Weltkriege die größten Verschwendungsorgien an Reichtümern – und Menschenleben – inszeniert, die die Geschichte je gekannt hat. Dennoch folgt auf diese Orgien eine spürbare Erhöhung des allgemeinen Lebensstandards: die Masse der Bevölkerung kommt in den Genuß immer zahlreicherer unproduktiver Dienstleistungen, die Arbeitszeit ist verkürzt und die Löhne sind durchschnittlich gestiegen« (Georges Bataille, »Der verfemte Teil«, a. a. O., S. 63f.).

8 Eine selten erörterte Frage, die kürzlich in der Sprache der zeitgenössischen Soziologie neu ausgearbeitet worden ist von Andrew Abbot in »The Problem of Excess«, in: *Sociological Theory*, 2014, Jg. 32 (I), S. 1-26.

eingeschlagen haben, um einen Ausweg aus der Krise der 1960er und 1970er Jahre zu finden und wieder Profite zu generieren. Dieser Weg bestand nicht zuletzt in einer Wiederankurbelung des Akkumulationsprozesses durch seine Verlagerung auf ökonomische Tätigkeitsfelder, die, wie die Bereicherungsökonomie, weitgehend von einem Rechtfertigungsanspruch, der sich auf die Nützlichkeit beruft, befreit sind. Dabei sollte jedoch nicht vergessen werden, dass sich – immer noch im Anschluss an Georges Bataille – in jeder sozialen Formation eine spezifische Weise entwickelt, wie Überfluss hervorgerufen und von den Konsumenten abgebaut wird, nämlich zum Beispiel durch Krieg, durch vernichtenden Wettbewerb oder durch ostentative *Prachtentfaltung*, wie es im 15. Jahrhundert in Italien der Fall war, wo – wie Malcom Bull gezeigt hat – die an eine Neuinterpretation mythologischer Themen gekoppelte Vorstellung vom prächtigen, um seiner Herrlichkeit willen entblößten und prunkvoll verzierten Körper zum symbolischen Ausdruck einer weltlichen, untrennbar politischen, militärischen und finanziellen Macht geworden war, die bildlich darzustellen der christlich inspirierten, negativ gefärbten Ikonologie so schwerfiel.[9]

Doch im demokratischen, meritokratischen und ethische Erwägungen goutierenden Europa nach dem Ende des Kalten Kriegs stand nach Recht und Gesetz keine dieser Konsumformen zur Verfügung, um die Bedrohung nachlassenden Konsums abzuwenden. In dieser Situation war die Sammlerform interessant, weil sie ein Modell für eine Akkumulation um der Akkumulation willen bereitstellte, das geeignet war, die Extravaganz gänzlich nutzloser Ausgaben und die Hauptmerkmale des kapitalistischen Ethos – so wie Max Weber es thematisiert hat – miteinander zu vereinbaren, nämlich Gewissenhaftigkeit, eine Art von Zurückhaltung, die bis zum widerwärtigsten Geiz reicht, rechnerische Fähigkeiten und die Entfaltung uneigennütziger, aber unter Umständen in Profitstreben umschlagender fieberhafter Aktivitäten.

9 Malcom Bull, *The Mirror of the Gods. How Renaissance Artists Rediscovered the Pagan Gods*, Oxford: Oxford University Press, 2005.

Das geschieht besonders dann, wenn die akkumulierten Dinge aus dem Sammeldispositiv herausgelöst und der *Anlageform* zugeschlagen werden. Denn genauso wie Finanzgeschäfte, die sich von Investitionen im eigentlichen Sinne entfernen, erlaubt das Sammeldispositiv die Erzeugung von Seltenheit in Bezug auf alles bzw., was auf dasselbe hinausläuft, auf nichts – auch in Bezug auf Abfälle –, da es, indem es sich auf den Aufbau von seriellen Totalisierungsformen stützt, Leerstellen schafft, die unbedingt gefüllt werden müssen. So betrachtet, besitzt die Sammlerform also eine spezifische Eigenschaft, die im Hinblick auf die kapitalistische Welt einen unleugbaren Vorzug darstellt und in nichts anderem besteht als in ihrer Fähigkeit, Werte zu schaffen, ohne im großen Stil auf menschliche Arbeit zurückgreifen zu müssen, das heißt, ohne sich um die Verwaltung von zuweilen zu »Aufständen« neigenden Arbeitermassen und von technischen Apparaten kümmern zu müssen, deren Wartung kostspielig und Pannenanfälligkeit hoch ist. Und darüber hinaus noch ohne sich unbedingt auf Rechtfertigungen stützen zu müssen, die sich auf die Frage der Bedürftigkeit berufen.

Auf diese Weise ist es mit Hilfe der Sammlerform gelungen, verschwenderisch hohe Summen ohne die direkte Verletzung egalitärer Empfindlichkeiten dadurch mit einem Rahmen zu versehen, dass sie einem durch den Reiz der Schönheit, ja sogar einer Art von Euergetismus sublimierten Zeitvertreib zugerechnet wurden, der allen zugutekommt. Und zwar so, als ob die Möglichkeit einer Akkumulation um der Akkumulation willen keinerlei Zusammenhang mit der Mittellosigkeit der großen Masse derjenigen aufweisen würde, die davon ausgeschlossen sind und in denen der globalisierte Kapitalismus trotzdem gleichzeitig die sicherste Quelle für zukünftige Gewinne erblicken kann, die auf der »Demokratisierung des Handels« beruhen, das heißt auf seiner Ausweitung bis zum »unteren Ende der Pyramide« in den Ländern und Schichten, die bis dahin der Sphäre des Konsums weitgehend ferngestanden hatten.[10] Oder aber als ob auch Selten-

10 Zur Produktion von Dingen, die für die Armen bestimmt sind, als neue Per-

heit »produziert« werden könnte, so wie der Industriekapitalismus Konsumartikel produziert, und deshalb abgekoppelt wäre von der »Erfahrung der Notwendigkeit«, in der Sartre die »Ursprungsstruktur« zu erkennen meinte, die dem »menschlichen Geschick« zugrunde liegt.[11]

Wie das Sammeln vom Marketing aufgegriffen wird

Direkt lässt sich das Sammeldispositiv nicht auf alle Objekte anwenden, deren Tausch und Zirkulation im Rahmen einer Bereicherungsökonomie zur Wertschöpfung führt. Es leuchtet unmittelbar ein, wenn man zum Beispiel den Handel mit Kunstwerken und Antiquitäten betrachtet, für Bereiche wie Luxus und Tourismus mag es auf den ersten Blick weniger adäquat erscheinen, ganz zu schweigen von den Patrimonialisierungsprozessen, die fest verwurzelte, nicht transportable Dinge betreffen, oder auch nur jenes breit gefächerte und vage Gebilde, das man »Kultur« nennt und das zwar teilweise in Dingen steckt, die über einen Körper verfügen, sich aber auch in Form von Texten, Wörtern, Konzepten und »Ideen« entfaltet. Trotzdem ist der Gedanke nicht abwegig, dass das Sammeldispositiv in den Regionen oder Ländern, in denen der Kapitalismus sich teilweise von einer produktiven Ökonomie auf eine Bereicherungsökonomie verlagert hat, ein *Repertoire* von Konzepten bereitstellt, die so abgeändert

spektive für den Kapitalismus, vgl. Coimbatore Krishnao Prahalad, *The Fortune at the Bottom of the Pyramid. Eradicating Poverty through Profits*, Upper Saddle River (NJ): Pearson Education Inc., 2009 ⟨dt.: *Ideen gegen Armut. Der Reichtum der Dritten Welt* (Aus dem Englischen von Susanne Schindler und Cosima Grun), München: Redline-Verlag, 2010⟩. Einen fundierten Kommentar liefert Laurence Fontaine, *Le Marché*, a.a.O., S. 231-240.

11 Jean-Paul Sartre, *Critique de la raison dialectique*, Bd. 1: *Théorie des ensembles pratiques* (1960), Paris: Gallimard, 1974, S. 200f. ⟨dt.: *Kritik der dialektischen Vernunft*, Bd. I: *Theorie der gesellschaftlichen Praxis* (Aus dem Französischen von Traugott König), Reinbek bei Hamburg: Rowohlt Verlag, 1967, S. 130f.⟩.

werden können, dass sich im weitesten Sinne die Konturen einer Form abzeichnen, den *Wert* von Dingen *zu ermitteln*.

Wie lassen sich so unzusammenhängend wirkende Betätigungsfelder wie Luxus, Tourismus, Patrimonialisierung und Kultur miteinander verbinden, und warum ist die Sammlerform dabei so zentral? Ausgangspunkt sind die Touristen, und zwar vor allem die besonders wohlhabenden Touristen, die am gefragtesten sind und deren wachsenden Stellenwert für die Wirtschaft der westlichen Länder und vor allem Frankreichs wir unterstrichen haben: Damit sie sich von einem Ort angezogen fühlen und eher dorthin reisen als an einen anderen Ort, kann man diesen Ort patrimonialisieren; und mit Hilfe der Kultur, genauer gesagt mit Geschichten, wird ihre Aufmerksamkeit erregt. Doch wenn sie erst einmal an einen Ort gereist sind und man ihnen eine Geschichte erzählt hat, muss man den Touristen immer noch Dinge verkaufen. Und diese Dinge dürfen keine Standardartikel sein, die sie genauso gut bei sich zu Hause kaufen könnten. Deshalb müssen sich diese Objekte auf die Sammlerform stützen und fallen so unter die Kategorie von Luxusartikeln bzw. Luxus anstrebenden Artikeln. Da die Sammlerform nicht auf den Gebrauch ausgerichtet ist, kann sie die Akkumulation von Dingen rechtfertigen, die im Hinblick auf ihre Benutzung als quasi gleichartig und deshalb substituierbar angesehen werden würden. Wenn sie auf diese Dinge *ausgeweitet* wird, bildet sie deshalb eine starke Antriebskraft für deren Kauf und folglich für den Profit. Diejenigen, die aus dieser Verkettung den größten Nutzen ziehen, gehören bereits zu den Reichsten und können auch zu den Touristen gehören, allerdings in anderen Ländern.

Wir werden also versuchen herauszuarbeiten, was die Sammlerform in einem *weiten* Sinne den Merkmalen verdankt, die das Sammeldispositiv kennzeichnen, aber wir möchten auch zeigen, wie diese Merkmale im Laufe der Herausbildung ihres Repertoires eine Auswahl erfuhren und neu strukturiert wurden, wobei manche eine zentrale Position eingenommen und andere an Bedeutung verloren haben und mit Eigenschaften verknüpft wurden, die aus anderen Formationen übernommen wurden, damit insgesamt eine sehr viel größere Zahl von Situationen abgedeckt werden konnte. Wir werden von der Annahme ausgehen, dass diese Form für die Ermittlung des Werts von außergewöhnlichen, für ein wohlhabendes Publikum bestimmten Dingen eine maßgebliche Rolle spielt. Dieser Annahme zufolge tritt die Sammlerform immer weiter in den Vordergrund und weitet mittlerweile ihren Einflussbereich auf Kosten der Standardform aus.

Das Marketing als Fachwissen über die Aufwertung von Waren

Genauso wie die Lektüre von Management-Büchern einen der erhellendsten Wege darstellt, um den Wandel zu erfassen, dem die Kontrolle und die Ausbeutung der menschlichen Arbeit unterliegen, sind Marketing-Bücher eine wertvolle Informationsquelle für die Art und Weise, wie der Kapitalismus sich methodisch die verschiedenen Formen, den Wert von Waren zu ermitteln, zunutze macht. Diese beiden Arten von Fachwissen – Management und Marketing – ergänzen sich in Bezug auf die Profitgewinnung: ersteres, insofern es sich auf den Mehrwert durch Arbeit konzentriert, und letzteres, insofern es sich auf den kaufmännischen Mehrwert konzentriert.

Im Einzelnen stehen die Elemente, die im Rahmen einer Bereicherungsökonomie für die Sammlerform kennzeichnend sind, im Zentrum der zwischen 2005 und 2015 in Frankreich erschienenen Marketing-Handbücher über Kunst, Luxus und Tourismus, wie eine Auswahl von Zitaten aus den folgenden Büchern belegt:

M 1: Briot, Eugénie und Lassus, Christel de (Hrsg.), *Marketing du luxe. Stratégies innovantes et nouvelles pratiques*, Cormelles-le-Royal: EMS, 2014.

M 2: Chevalier, Michel und Mazzalovo, Gérald, *Ma-*

nagement et marketing du luxe, Paris: Dunod, 2. Aufl. 2011.
M 3: Frochot, Isabelle und Legohérel, Patrick, *Marketing du tourisme*, Paris: Dunod, 3. Aufl. 2014.
M 4: Mahé de Boislandelle, Henri, *Marché de l'art et gestion de patrimoine*, Paris: Economica, 2005.
M 5: Meyronin, Benoît, *Le Marketing territorial*, Paris: Vuibert, 2009.
M 6: Nielsen, Karen, *Le Mécénat mode d'emploi*, Paris: Economica, 2007.
M 7: Petr, Christine et al., *Marketing de l'art et de la culture*, Paris: Dunod, 2009.

Ziemlich schlüssig wirkt die Annäherung von Prozessen, die mit einer Bereicherungsökonomie einhergehen, und dem Sammeldispositiv im Fall von Antiquitäten, Kunstwerken aus den Werkstätten alter Meister, ja sogar von im Vergleich dazu weniger alten Uhren oder Autos renommierter Marken, deren Produktion eingestellt wurde. Doch im Fall anderer Branchen, die in einer Bereicherungsökonomie eine wichtige Rolle spielen, müssen die vom Sammeldispositiv übernommenen Merkmale modifiziert und angepasst werden, damit hier eine Wertermittlung möglich ist.

Im Allgemeinen kann der Wert von Orten, insofern sie Gegenstand eines kommerziellen Handels sind, genauso ermittelt werden wie der Wert von Dingen, allerdings mit der Einschränkung, dass sie nicht verlagert werden können. Paradebeispiel eines nach der Standardform mit einem Wert versehenen Orts ist das in Serie gebaute Einfamilienhaus. Im Rahmen der Sammlerform wird der Wert von Orten, wie zum Beispiel Baudenkmälern, Wohnvierteln, Städten, Dörfern oder ländlichen Gebieten, ja sogar ganzen Regionen vor allem durch Patrimonialisierungsprozesse geltend gemacht. In diesem Fall werden Dinge aus der Vergangenheit, die oft schon beinahe Abfall sind, wie Sammlerobjekte ausgewählt, saniert und mit einer *narrativen Präsentation* verknüpft, das heißt mit einer historischen Geschichte, die ihre Interpretation in die richtigen Bahnen lenken und ihren Wert hervorheben soll. Dies führt dazu, dass an die Stelle der physischen Annäherung, die objektale Sammlungen kennzeichnet, eine Annäherung aus der Ferne treten muss.

Die narrative Präsentation

»Die Geschichte der Marke oder des Produkts beruht häufig auf der realen Geschichte von einem der beiden, aber es spricht nichts dagegen, wie im Fall des 1991 gegründeten Unternehmens Bell & Ross, eine fiktive Geschichte der Marke vorzulegen, die zwar die Gründungskosten des Unternehmens nicht unangetastet lässt, aber zum zukünftigen Erfolg von dessen Produkten erheblich beiträgt« (M 1, S. 131).

»Das Storytelling ist eine auf einer Geschichte beruhende Kommunikationsmethode, deren Aufgabe in der Zusammenführung der verschiedenen Elemente der Erlebnisebene besteht [...]. Ziel ist die Bearbeitung von Geschichten, die einen hohen Wiedererkennungsfaktor haben und bei den Konsumenten starke Emotionen hervorrufen werden [...]. Durch das Erzählen der Geschichte löst der Autor Emotionen aus, die den Konsumenten empfänglicher für die Botschaft machen werden. Die Geschichte wird die Aufmerksamkeit des Konsumenten auf sich ziehen und durch die Erzählweise wird der Konsument stärker in die Rede einbezogen. [...] Dabei verwendet der Erzähler Anekdoten, witzige und unterhaltsame Geschichten, unbekannte Details und nimmt auch historische Elemente mit auf (einschließlich Legenden, die bei Touristen hoch im Kurs stehen). Aus der Intensität der hervorgerufenen Emotionen wird sich die Denkwürdigkeit des Erlebnisses speisen« (M 3, S. 113).

»Das Konzept von Gespenster-Besichtigungen besteht darin, eine als einzigartig erlebte Führung durchs Stadtzentrum anzubieten, die sich deutlich von traditionellen Führungen unterscheidet. Solche Besichtigungstouren finden im Allgemeinen nachts oder gegen Abend statt, um das Dämmerlicht zu nutzen, das eine ganz besondere Stimmung erzeugt. Ziel ist es, eine ganz andere Perspektive auf die Stadt zu bieten. Dazu wird ein Storytelling verwendet, das sich besonders den örtlichen Legenden, lokalen Geheimnissen und Gespenstergeschichten widmet. Im Besichtigungsprogramm enthalten sind auch ›klassischere‹ Informationen über die Geschichte und die Kultur der Stadt. Dabei handelt es sich um wahrheitsgetreue historische Tatsachen« (M 3, S. 115).
»An der Bedeutung der Orte zu arbeiten heißt, auf die Identität bezogene, persönliche und historische Komponenten mit einzubeziehen. Dabei geht es darum, dass eine Konstruktion oder Rekonstruktion von Geschichten gelingt, die einem bestimmten Gebiet Bedeutung verleihen« (M 5, S. 16).

In der Hinsicht betrachtet, die uns hier interessiert, kann der Begriff der Kultur mit Hilfe einer Logik interpretiert werden, die Übergangsmöglichkeiten zur Sammlerform eröffnet. Das ist der Fall, wenn Gebäude oder Ruinen zu »historischen Denkmälern« erklärt werden, zu »von Menschenhand geschaffenen« Attraktionen, die stärker über die Auswahl der Touristen bestimmen als »natürliche Ressourcen (Strände, Naturparks usw.)«.[12] Doch der Ausdruck »Kultur« kann auch in einem Sinn verstanden wer-

12 Aurélie Corne/Laurent Botti, »*Benchmarking*, attraction et valeur touristique du territoire. Une analyse par le secteur hôtelier français«, in: *Management & Avenir*, 2/2016, Nr. 84, S. 179-196.

den, der sich von der Bedeutung herleitet, die Ethnologie und Volkskunde ihm verliehen haben. Dieser Logik zufolge können Alltagsgegenstände – wie zum Beispiel Tücher, Seife, Messer – gesammelt, aufgewertet und musealisiert werden, genauso wie die Plastiktüten, die 2012 vom Musée de design et d'arts appliqués contemporains (MUDAC) in Lausanne ausgestellt wurden.[13]

Das Thema Luxus wirft andere Probleme auf. Zunächst sei daran erinnert, dass die Existenz von Luxus bekanntlich nichts wirklich Neues ist. Luxus, und zwar die Herstellung von Luxusartikeln, die für die besonders Wohlhabenden bestimmt sind, ist in verschiedenen historischen Formationen ein prägender Faktor gewesen, und zwar sowohl in ökonomischer Hinsicht als auch als Gegenstand moralischer Debatten, in denen sich zuweilen der Wille, die wohltuende Wirkung des Luxus hervorzuheben (wie im Fall von Voltaire), und eine oftmals christlich inspirierte, ganz gewöhnliche Entrüstung gegenüberstanden. Das war besonders in Phasen und an Orten der Fall, die durch Praktiken gekennzeichnet waren, die in Richtung des sich bildenden Kapitalismus gingen, wie im Fall der norditalienischen Städte während der Renaissance[14] oder im Fall der westeuropäischen Metropolen Paris und London im 18. Jahrhundert.[15]

Die Unternehmen, die sich in den 2000er Jahren mit ihm in Verbindung bringen ließen, haben sich allerdings nicht immer zum Ausdruck »Luxus« bekannt. Beleuchten lässt sich dieser Ge-

13 Ausstellung »Coup de sac!«, MUDAC, Lausanne, 19. Juni – 6. Oktober 2013.

14 Werner Sombart hat als einer der ersten Wirtschaftshistoriker die Bedeutung der Luxusökonomie für den sich bildenden Kapitalismus, besonders in Italien, hervorgehoben. Vgl. Werner Sombart, *Der moderne Kapitalismus*, Bd. 3: *Das Wirtschaftsleben im Zeitalter des Hochkapitalismus* (1902), 2 Teilbde., Berlin: Duncker und Humblot, 1955. Ein interessanter Kommentar zu den von Sombart vertretenen Positionen und zu den oftmals moralisierenden Kritiken, die ihm entgegengehalten wurden, findet sich bei Guido Guerzoni, *Apollon et Vulcain*, a. a. O., S. 86-105.

15 Zu den moralischen Debatten, die mit dem Aufkommen des Luxus im 18. Jahrhundert einhergingen, vgl. Audrey Provost, *Le Luxe, les Lumières et la Révolution*, Seyssel: Champ Vallon, 2014.

sinnungswandel anhand der *Lettre mensuelle du Comité Colbert*, dem Monatsbrief des Comité Colbert. Im Jahr 1976 geben sich die Unternehmen als Teil des »Kunst-, Mode- und kreativen Gewerbes« aus. Im folgenden Jahrzehnt taucht der »Luxus« als »neue Idee« auf.[16] In den 1970er Jahren galt er nämlich als »überholt«, wie folgender Kommentar zu einer im selben Monatsbrief erschienenen Umfrage erklärt:

> »Haben Sie in den letzten Monaten Luxusprodukte gekauft? Ja: 42 Prozent.«
> »Haben Sie in den letzten Monaten Parfüm, Schmuck usw. gekauft? Ja: 87 Prozent.«
> Kommentar:
> »Die Franzosen erkennen sich in dem Wort ›Luxus‹ nicht wieder (für das noch niemand einen befriedigenden Ersatz gefunden hat), das möglicherweise überholt klingt und sogar negativ konnotiert ist. Bekanntlich wird es in der sprachlichen Kommunikation ohnehin nicht mehr verwendet. Früher gab es ›Luxuszüge‹, aber wer würde von der Concorde als einem ›Luxusflugzeug‹ sprechen? Was das Wort abdeckt, wird dagegen von einer großen Mehrheit befürwortet: 87 Prozent.«

Doch durch einen Wandel, der sowohl generationsbedingt ist als auch den Auftakt zu einem neuen Verhältnis von Arbeit und Vermögen bildet, wie Thomas Piketty zeigt, ändert sich die Bedeutung, die dem Wort »Luxus« zukommt: Jetzt »ist Luxus ein junges, vollkommen in die Denkweise der neuen Generationen integriertes Phänomen«.

16 *Lettre du Comité Colbert*, Nr. 33, März/April 1984.

Auch dies wird in derselben Umfrage erklärt:

> »Da alle Antworten auf die Fragen nach Altersgruppen aufgeschlüsselt wurden, wird allgemein deutlich: Je jünger die Befragten sind, desto besser analysieren sie den Luxus und ›leben sie mit dem Luxus‹. Das folgende Beispiel ist sehr aufschlussreich:
> Als Sie ein Luxusprodukt kauften, haben Sie gedacht ›Das war dumm von mir‹: Jünger als 24 Jahre: 14 Prozent/Älter als 65 Jahre: 31 Prozent.
> ›Ich habe mir etwas gegönnt‹: Jünger als 24 Jahre: 53 Prozent/Älter als 65 Jahre: 16 Prozent.
> Die Älteren empfinden noch so etwas wie Schuldgefühle; die Jüngeren haben – offenkundig – keinen Komplex in Bezug auf Luxus, der unter die Spontankäufe fällt.«

Im Zuge der Entstehung einer Bereicherungsökonomie hat die Rechtfertigung des Luxus und der Preise von Luxusartikeln eine neue Wendung genommen, bei der Argumente und soziale Beziehungen genutzt werden konnten, die mit dem Sammeldispositiv in Zusammenhang stehen. Das Thema des Sammelns ist zum einen über die neuen sowohl persönlichen als auch organisationellen und finanziellen Verbindungen (die wir im ersten Kapitel erwähnt haben) in die Luxusindustrie eingedrungen, die vor allem in den letzten beiden Jahrzehnten zwischen den Luxuskonzernen und der Welt der zeitgenössischen Kunst geknüpft worden sind. Außerdem legen diese Konzerne sich zum Beispiel auch ein künstlerisches Image zu, indem sie Kunstwerke kaufen und Ausstellungen organisieren oder ganz direkt bekannte Künstler bitten, ihren Namen für Modelle zur Verfügung zu stellen, die angeblich von ihnen inspiriert oder entworfen wurden, oder die Orte auszustatten, an denen diese Modelle zum Kauf angeboten werden. Auf diese Weise können die Konzerne die Banalität von Objekten kaschieren, die in großer – und sei es begrenzter – Zahl reproduziert worden sind: Ein Künstler setzt seine Signatur nicht deshalb darauf, weil er mit eigenen Händen ein Kunstwerk geschaffen hat, sondern weil sich bei einem Werk eine bestimmte Zahl von Produktionsregeln auf ihn zurückführen lassen, die dessen Bestimmung möglich machen.[17]

Die neue Vorstellung, welche die Luxusunternehmen so von ihren Aktivitäten vermitteln wollten und die der Inszenierung dieser Verbindungen zur Kunst viel verdankte, wurde durch die Ausweitung begünstigt, welche die Qualifikation des »Kreativen« erfuhr. Diese bestand zu weiten Teilen darin, dass mit den Objekten, die diese Firmen in Umlauf brachten, so umgegangen wurde, als ob es sich um Dinge handelte, die es wert seien, in Sammlungen vertreten zu sein, und für Käufer bestimmt seien, die über das Ethos eines Sammlers verfügen. Eine solche Ausrichtung wirkt umso paradoxer, als die Welt des Luxus zur selben Zeit immer mehr auf den Industrieapparat zurückgriff. Auch wenn die »Handfertigung« von Objekten, die für einen einzigen Kunden bestimmt sind oder in ganz geringer Stückzahl auf den Markt kommen, ihren Kern ausmacht, ist sie heute auf Stücke mit sehr hohen Preisen beschränkt.[18] Die handwerklichen Werkstätten, die noch in Betrieb sind, widmen sich vor allem der Schaffung von Prototypen und/oder dienen als Aushängeschilder für die »Luxusindustrie«-Konzerne, deren Produktlinien – vor allem für den Export – heimlich, still und leise auf industrielle Weise (und – wie wir gesehen haben – häufig an ausländischen Standorten) hergestellt und gemanagt werden, um die steigende Nachfrage zu befriedigen.[19]

---

17 Vgl. Judith Ickowicz, *Le Droit après la dématérialisation de l'œuvre d'art*, a. a. O.

18 Vgl. die Arbeiten von Anne Jourdain über die Handwerkskunst: »Réconcilier l'art et l'artisanat. Une étude de l'artisanat d'art«, in: *Sociologie de l'art*, Jg. 21, 2012, S. 21-42, und »La construction sociale de la singularité. Une stratégie entrepreneuriale des artisans d'art«, in: *Revue française de socio-économie*, Jg. 6, 2010, S. 13-30.

19 Was einen Blick auf die Luxusindustrie sowohl von innen als auch aus kriti-

Trotzdem bemühen diese Firmen sich, eine Identität zu bewahren oder zu konstruieren, die mit einem Namen (der »Marke«) verknüpft ist, der ihnen zu Dauerhaftigkeit verhelfen soll und geeignet ist, ihren Anspruch auf Außergewöhnlichkeit aufrechtzuerhalten. Während der außergewöhnliche Charakter von Luxusartikeln in einer noch nicht lange zurückliegenden Vergangenheit meistens im Wesentlichen durch ihre Neuartigkeit gerechtfertigt wurde, wird er immer häufiger unter Bezugnahme auf die Tradition gerechtfertigt bzw., genauer gesagt, durch subtile Kompromissbildungen zwischen Tradition und Erneuerung, das heißt zwischen Merkmalen, die aus der Vergangenheit stammen, und Merkmalen, die in die Zukunft projiziert werden. Diese Alchimie verdankt sich zu weiten Teilen dem Nachdruck, der auf den unvordenklich weit zurückreichenden Bekanntheitsgrad bestimmter Marken gelegt wird, auf die Verbindung, die angeblich zwischen ihrer Geschichte und der Geschichte von historischen Persönlichkeiten, Ländern, Regionen und vor allem Familien besteht, deren Mitglieder sich »vom Vater über die Söhne« sowohl der Pflege des traditionellen Knowhows gewidmet als auch Erneuerungen im ästhetischen Sinne des Worts vorangetrieben haben. Aus diesem Grund konkurrieren die globalisierten Luxuskonzerne zum Beispiel um den Aufkauf von rückläufigen oder sogar defizitären alten Marken, deren Vergangenheit und Althergebrachtheit schon ihren Preis und die Investitionen rechtfertigen, die sie wieder flottmachen sollen.

Die Vorgaben der Sammlerform für Luxusartikel

»Eine Luxusmarke hat nationale Wurzeln« (M 1, S. 82). »In den meisten Fällen besitzen die Luxusunternehmen nur eine oder zwei Fabriken, in der die Prototypen und einige wenige Produktserien hergestellt wer-

scher Perspektive anbelangt, vgl. Marie-Claude Sicard, *Luxe, mensonge et marketing*, Paris: Pearson, 2010.

den. Der Rest wird sorgfältig kontrolliert, aber von Subunternehmern hergestellt« (M 2, S. 44).
»In der Luxuswelt ist es nahezu unmöglich, Fabriken zu besichtigen. […] Es ist sehr schwierig, automatisierte Fabriken zu besichtigen, denn die Marken möchten nicht, dass die Kunden von ihrer Existenz erfahren« (M 2, S. 6).

Eines der Verfahren, die eine Einbeziehung der auf das Sammeldispositiv zurückgehenden Elemente in die Luxusindustrie erlauben, ist die Anfertigung von *limitierten Serien* eines Teils der in Umlauf gebrachten Dinge gewesen, was mit den Gepflogenheiten der Standardform bricht, deren Serien prinzipiell unbegrenzt sind und so lange weitergeführt werden, wie eine Nachfrage besteht (außer im Fall des gezielt herbeigeführten Veraltens, wie wir gesehen haben). Diese in limitierter Serie angefertigten Dinge werden in zahlreichen Fällen nur auf Bestellung produziert und solche Aufträge können dann erst nach einem oder mehreren Jahren Wartezeit ausgeführt werden. Schließlich wird im Fall von limitierten Serien die Anfertigung eines mit dem ursprünglichen Prototyp übereinstimmenden Objekts über die Grenzen der ersten Serie hinaus als *Reproduktion* oder »Neuauflage« ausgewiesen (ein Ausdruck, der zum Beispiel bei Designermöbeln häufig verwendet wird). Doch während der Preis der Objekte der ursprünglichen Serie im Laufe der Zeit steigt, wie es in der Regel auch bei Sammlerobjekten der Fall ist, verlieren die neu aufgelegten Objekte, auch wenn sie den Originalen ganz genau gleichen, im Allgemeinen einen Teil ihres Werts, wenn sie älter werden, genauso wie ein beliebiges Standardprodukt.

Darüber hinaus haben diese Luxuskonzerne ausgiebig von der Marketing-Technik Gebrauch gemacht, die *Storytelling* genannt wird,[20] um Vermarktungsstrategien zu verfolgen, die ihre Pro-

20 Zu einer Analyse dieser Techniken und zu ihrer Verwendung in Marketing

dukte, Modelle und Marken einzigartig machen sollen, indem sie sie mit historischen Figuren, berühmten Personen, wie zum Beispiel Schauspielern und renommierten bildenden Künstlern der Gegenwart in Verbindung bringen. Die Geschichte, die dabei erzählt wird, kann die Geschichte der Besitzerfamilie der Marke sein, deren langer Fortbestand die Althergebrachtheit der hergestellten und vermarkteten Dinge garantieren soll (zum Beispiel die Geschichte der italienischen Schuhmacherfamilie Ferragamo), oder die Geschichte des »Schöpfers«, dessen Stil die Marke geprägt hat (zum Beispiel die Geschichte von Yves Saint Laurent, der zu einer in der Literatur, im Kino und in Fernsehfilmen gefeierten Ikone des guten Geschmacks geworden ist). Diese Art und Weise, Dinge dadurch aufzuwerten, dass man sie mit einer eigenen Geschichte ausstaffiert und diese Geschichte mit der Geschichte von Menschen in Verbindung bringt, die sie entweder gestaltet oder besessen, das heißt in beiden Fällen *physisch berührt* haben – weil sie ja gewissermaßen mit ihnen gelebt haben –, spielt nun aber eine zentrale Rolle für das Sammeldispositiv.

Eine der wichtigsten Besonderheiten der Sammlerform ist die Geringschätzung der Reproduktion. Auf diese Weise übernimmt die Bereicherungsökonomie vom Sammeldispositiv die Vorliebe für das *Authentische* sogar beim Luxus, auch wenn sie trotzdem nicht davor zurückschreckt, einen Teil (und zwar in manchen Fällen den größten Teil) der Dinge, die zum Kauf angeboten werden, industriell und in Serie produzieren zu lassen (deshalb ist es so wichtig, in diesem Fall auf die Verbindung des betreffenden Standardartikels mit dem Namen einer einzigartigen Persönlichkeit zurückzugreifen, die Spuren auf ihr hinterlassen hat, auch wenn diese nicht eindeutig nachgewiesen werden können).

---

und Politik, vgl. Christian Salmon, *Storytelling. La machine à fabriquer des histoires et à formater les esprits*, Paris: La Découverte, 2007.

»Der Luxuskunde ist weder ein Begriff noch eine Kategorie, sondern ein menschliches Wesen, das aus unzähligen, mehr oder weniger eingestandenen und miteinander vermengten Gründen von Luxus träumt und Luxusartikel kauft: Status, Belohnung, Verführung, Vergnügen, Glück, Spaß, Freiheit, Beziehungen zu anderen, Zugang zum Kreativen, zum guten Geschmack, Überraschung, Komfort, der Wunsch, einzigartig und anders zu sein und Einzigartiges und Anderes zu kaufen, sowie das Streben nach äußerstem Wohlbefinden« (M 2, S. VII).

»Selbst wenn die Produkte in Industriegrößen hergestellt werden, wie im Fall von Parfüm, möchten sie [die Kunden] glauben, dass der Artikel direkt aus der Werkstatt kommt, in der er kreiert wurde« (M 2, S. 6).

»Ein Luxusartikel ist immer einem gründlichen und subtilen ästhetischen Suchprozess unterworfen worden. [...] Es handelt sich beinahe um ein Kunstwerk« (M 2, S. 5).

Wenn man sich jetzt der Seite der Käufer von außergewöhnlichen Dingen zuwendet, kommt man nicht umhin, festzustellen, dass die Luxuskonzerne dadurch, dass sie diese so ansprechen, als seien sie reale oder potenzielle »Sammler«, eine Neigung besonders hervorheben, mit der sie sich bereitwillig brüsten – und sei es nur, weil sie die Akkumulation kostspieliger und nutzloser Dinge rechtfertigt. Denn auch wenn die Luxusartikel so wirken mögen, als seien sie zum Gebrauch bestimmt, werden sie nicht vorrangig erworben, um einen Bedarf zu decken oder ein Bedürfnis zu befriedigen. Ihre Käufer besitzen in der Regel bereits zahlreiche funktional vergleichbare Objekte (mehrere hochwertige

Autos, eine große Zahl von feinen Lederhandtaschen usw.). Dass man sich vor anderen in Szene setzt und sich dabei mit kostspieligen Objekten umgibt, kommt offenkundig häufig vor. Auch die Distinktionseffekte, die seit Thorstein Veblen[21] in der Soziologie und in der Ökonomie immer wieder angeführt werden, wenn es um die Motive für die Ausgaben geht, die im Zusammenhang mit dem ostentativen Konsum von Luxusprodukten entstehen – und um deren Anprangerung –, spielen sicherlich eine wichtige Rolle. Trotzdem werden diese kostspieligen Dinge anscheinend in vielen Fällen gehortet, ohne den Blicken der anderen dargeboten zu werden, bei großen Sammlern oftmals sogar nicht einmal den eigenen Blicken, weil ihre Zahl zu groß ist. Sie werden also vor allem akkumuliert, um konserviert zu werden; und nach einer Logik, die der Logik des Sammelns sehr nahekommt, wird zwischen ihnen und anderen Objekten derselben Art ein Nachbarschaftsverhältnis hergestellt.

Wie die Luxusunternehmen die Sammlerform verwenden

Die Untersuchung von zwei Großkonzernen mit hohem Umsatz (29 Milliarden Euro im Fall von LVMH, von Moët Hennessy – Louis Vuitton, und 9,7 Milliarden im Fall von Kering für das Jahr 2013) und starkem Wachstum, LVMH und Kering,[22] deren Besitzer und wichtigste Manager in Frankreich ansässig sind (bzw. steuerlich in Belgien im Fall von LVMH), wird uns eine ausführlichere Erläuterung erlauben, inwiefern die Sammlerform im Zentrum der Neuorientierung des Kapitalismus steht. Deren einzelne Etappen werden deutlich, wenn man den Wandel der Aktivitäten der Firma Kering seit den 1960er Jahren verfolgt. Die Besonderheit von LVMH und Kering besteht darin, dass sie es

21 Thorstein Veblen, *Theorie der feinen Leute*, a.a.O.

22 Das Material für unsere Analyse stammt in der Hauptsache aus den im Jahr 2014 veröffentlichten (und von daher das Jahr 2013 betreffenden) Jahresfinanzberichten der beiden Konzerne.

sich zum Ziel gesetzt haben, das Vermögen der besonders Wohlhabenden abzuschöpfen, und zwar sowohl in den reichsten Regionen (Europa, Vereinigte Staaten, Japan) als auch in den Regionen, in denen ein starkes Wachstum und große Ungleichheit beim Einkommen sowie beim Vermögen zusammen dafür sorgen, dass es Wohlhabende gibt (vor allem China, Indien, Mexiko, Brasilien). Um diesen Reichtum abzuschöpfen, setzen diese Firmen auf den Handel mit Luxusprodukten, die hohe Gewinnspannen und einen Markennamen besitzen, der in der Vergangenheit von Ländern »verwurzelt« ist, deren Lebensstil zum Kulturerbe erhoben wurde (besonders Italien, Frankreich, die Schweiz, aber auch China). Bei diesen Produkten, die in zahlreichen Zeitschriften zu sehen sind, handelt es sich entweder um Standardprodukte, die einen »Sammlereffekt« haben (Kleidung und Modeaccessoires), oder um Produkte, die gesammelt werden können (Wein, Schmuck und Uhren), wobei manche Standardprodukte sogar unvermutet unter die Sammlerprodukte fallen können (Lederwaren) und Eingang in die zeitgenössische Kunst finden oder mit ihr verschmelzen können.

Vom Holzhandel zu Luxusprodukten: Die Verwandlung des Pinault-Konzerns in den Kering-Konzern

Sowohl bei LVMH als auch bei Kering sind Marken, denen Luxusprodukte zugeordnet werden können, zu Konzernen zusammengeschlossen worden. Historisch sind diese Zusammenschlüsse aber verschieden abgelaufen. Der LVMH-Konzern ist das Ergebnis der Zusammenlegung der Koffer-Firma Louis Vuitton mit dem Champagner-Unternehmen Moët-Hennessy im Jahr 1987, das seinerseits das Ergebnis der Zusammenlegung von zwei Champagner-Unternehmen, Moët et Chandon mit Hennessy, im Jahr 1971 war.

Die Geschichte des Kering-Konzerns wirft ein Licht auf die Verlagerungen des Kapitals und damit des Kapitalismus in der zweiten Hälfte des 20. Jahrhunderts in Frankreich und darüber hinaus in den reichsten Weltregionen.

Im Jahr 1963 gründete François Pinault ein gleichnamiges, zunächst auf den Handel mit Holz und dann auf dessen Vertrieb und Weiterverarbeitung spezialisiertes Unternehmen. Es handelt sich also um ein Unternehmen, das einen für die Produktion von Standardartikeln bestimmten Rohstoff vermarktet. Im Laufe der 1990er Jahre weitete der Konzern seine Vertriebsaktivitäten aus: auf elektronische Geräte (Erwerb der Cfao im Jahr 1990), Möbel für ein breites Publikum (Übernahme von Conforama im Jahr 1991), Standardprodukte allgemeiner Art (Übernahme der Au Printemps AG im Jahr 1992, die nicht zuletzt im Besitz von 54 Prozent des Versandhandelsunternehmens La Redoute war), »Kulturgüter« (Übernahme der Fnac im Jahr 1994). Im Jahr 1994 änderte der Konzern dann auch seinen Namen und wurde zu Pinault-Printemps-Redoute (PPR), um seine Verwandlung in eine Vertriebsgesellschaft von Standardprodukten zum Ausdruck zu bringen, die in nahezu allen alltäglichen Lebensbereichen der Mittelschicht präsent waren: von Einrichtungsgegenständen über Computertechnik und Elektrogeräte sowie Bücher, Schallplatten und andere kulturelle Güter bis hin zu Kleidung. Vervollständigt wurde das Konzernprofil durch eine Vertriebsgesellschaft für Büroausstattung und Büromöbel (Übernahme von Guilbert im Jahr 1998) und für Mikrocomputer (Erwerb von Surcouf im Jahr 2000).

Trotzdem war der PPR-Konzern in den 2000er Jahren mit mehreren Umbrüchen konfrontiert. Erstens entmaterialisierte die Digitalisierung die meisten kulturellen Güter vor allem im Musik- und Videobereich und damit seine Aktivitäten auf diesem Sektor (Fnac), zweitens nahm durch die Entwicklung des Internets die Konkurrenz beim Fernverkauf von Standardprodukten beträchtlich zu. Davon abgesehen, wuchs aber auch die Ungleichheit der Einkommen und Vermögen, und es wurde überaus interessant, sich vor allem denjenigen zuzuwenden, die besonders wohlhabend waren.

Deshalb stieß der PPR-Konzern im Jahr 1999 durch den Erwerb von 42 Prozent der italienischen Marke Gucci und dann der Marken Yves Saint Laurent und Sergio Rossi in den Luxusprodukt-Sektor vor. Das Luxusbekleidungsunternehmen Gucci erwarb wiederum im darauffolgenden Jahr das Schmuckunternehmen Boucheron und im Jahr 2001 dann die Unternehmen Bottega Veneta und Balenciaga. PPR übernahm immer mehr Kapitalanteile an Gucci und erwarb schließlich im Jahr 2004 nach einem öffentlichen Übernahmeangebot 99,4 Prozent.

Gleichzeitig zog sich der Konzern zwischen 2002 und 2013 schrittweise aus allen Vertriebsgesellschaften von Standardprodukten zurück, die er in den Jahrzehnten zuvor erworben hatte, und gab sie nacheinander ganz auf: Guilbert (2002-2003), Pinault Bois et Matériaux – sein ursprüngliches Kerngeschäft aus den 1960er Jahren – (2003), France Printemps (2006-2007), Conforama (2008-2011), Surcouf (2009), Fnac (teilweise ab 2010), Cfao (2009-2012), La Redoute (2014).

Im selben Jahrzehnt trieb der Konzern den Erwerb von Luxus- sowie Sportmarken voran (Puma). Allein im Jahr 2013 hat er die Mehrheit an zwei Schmuckmarken – einer chinesischen (Qeelin) und einer italienischen (Pomellato) –, an einer luxuriösen Modedesigner-Marke (Christopher Kane) und an einer Gerberei (France Croco) erworben. Um diese neuerliche Verwandlung sichtbar zu machen, änderte der Konzern in dieser Zeit abermals seinen Namen: aus PPR (auf das sich das »Pinault-Printemps-Redoute« im Jahr 2005 reduziert hatte) wurde der nahezu vollständig auf Luxusprodukte und zu einem geringen Teil auf Sportartikel spezialisierte Kering-Konzern.

Das Vermögen der besonders Wohlhabenden abschöpfen

Warum hat sich zu Beginn des 21. Jahrhunderts ein Konzern binnen eines Jahrzehnts von Grund auf gewandelt, indem er sein gesamtes Tätigkeitsfeld bis hin zu seinem Namen änderte und sich aus dem Vertrieb von Standardprodukten zurückzog, um sich auf die Produktion von und den Handel mit Luxusprodukten zu konzentrieren? Weil er von Kapitaleignern geführt wird, deren Befund sich mit dem Befund der Ökonomen in der akademischen Welt deckt, dass nämlich in einer großen Zahl von Staaten die Ungleichheit von Einkommen und Vermögen wächst. Doch während einige Ökonomen vorschlagen, diese Ungleichheit zu verringern, sind die Kapitaleigner darauf aus, Profit aus ihr zu schlagen, das heißt Produkte und Dienstleistungen anzubieten, die gestatten, das Kapital der besonders Wohlhabenden abzuschöpfen, ohne diese dadurch gleich direkt beteiligen zu müssen. Ein Problem der Verlagerung von Kapital besteht nämlich darin, dass diejenigen, die Formen anbieten, die das Kapital anziehen sollen, dadurch möglicherweise Rechte an diejenigen abtreten müssen, die es besitzen. Das ist nicht zuletzt bei Aktiengesellschaften der Fall. Doch im Fall von Luxusprodukten und Objekten, die ganz allgemein unter die Sammlerform fallen, besitzt der Neueigentümer den Luxusartikel oder das Sammlerobjekt, ohne dadurch gleich als Privatperson Einfluss auf die Zukunft desjenigen nehmen zu können, der ihn bzw. es herstellt und vermarktet, und auch ohne dass es ihm freisteht, den Markennamen des erworbenen Objekts weiterzuverwenden, der durch das Recht auf geistiges Eigentum geschützt ist.

Wie eine von Xerfi Global (2013) weltweit durchgeführte Marktanalyse von Luxusmarken für den Zeitraum zwischen 2013 und 2018 erklärt,[23] macht die Suche nach wohlhabenden Konsumenten bei den Luxuskonzernen ein Denken erforderlich, das an der Ungleichheit des Pro-Kopf-Einkommens und -Vermögens orientiert ist:

> In den Schwellenländern verbirgt sich eine nicht unerhebliche, wachsende Schicht von wohlhabenden Konsumenten.
>
> Das Pro-Kopf-Einkommen und die Ungleichheit der Einkommen können für die Einschätzung des Marktpotenzials von Luxusproduktkonsumenten herangezogen werden. In den entwickelten

23 Alessandro Schiliro, *Luxury Apparel Brands. World. Market Analysis, 2013-2018 Trends*, Xerfi Global, Dezember 2013.

TABELLE AUS DER MARKTANALYSE VON XERFI GLOBAL (S. 34):

Pro-Kopf-Einkommen				
Sehr hoch	Norwegen, Schweden, Dänemark, Deutschland	Niederlande, Frankreich	Vereinigte Staaten	
Hoch	Japan	Kanada, Vereinigtes Königreich, Italien, Spanien		
Mittel	Tschechische Republik	Polen	Russland, Türkei	Mexiko, Brasilien
Niedrig		Indien	China, Indonesien	
	Egalitär	*Nahezu egalitär*	*Nahezu egalitär*	*inegalitär*

Einkommensverteilung

Ländern ist das Pro-Kopf-Einkommen höher und gleichmäßiger verteilt, was sie zu wichtigen Märkten für persönliche Luxusgüter macht.

Entwicklungsländer wie Mexiko, Brasilien, Russland, Indonesien und China sind dagegen durch ein niedrigeres Pro-Kopf-Einkommen und starke Ungleichheit gekennzeichnet. In Anbetracht der hohen Bevölkerungszahlen in diesen Ländern bedeutet große Ungleichheit folglich eine signifikante Zahl wohlhabender Konsumenten. Die wachsenden Einkommen in diesen Ländern machen deutlich, warum sie zur Zielgruppe der Luxusindustrie geworden sind (S. 34).

Auch der Jahresbericht von Kering hebt unter den Wachstumsfaktoren für den Luxusmarkt »die zunehmende Zahl von wohlhabenden Privatpersonen innerhalb der Weltbevölkerung« hervor,[24] und zwar zum einen in den »entwickelten Ländern«, wo die meisten von ihnen leben, und zum anderen in den »Ländern mit starkem Wachstum«. Die Zahl der wohlhabenden Kunden wird im Jahr 2012 mit weltweit 12 Millionen angesetzt, die für insgesamt 46 200 Milliarden Dollar ständen, und sie müsse jähr-

24 Kering, 2013, S. 16.

lich um 6,5 Prozent wachsen, um 55 800 Milliarden Dollar zu erreichen.[25]

Demnach werden die meisten Luxusprodukte dort verkauft, wo die besonders Wohlhabenden anzutreffen sind. Im Hinblick auf die Umsatzzahlen im Luxussektor, der mit 74 Milliarden Euro angesetzt wird, ist Europa mit 34 Prozent des weltweiten Umsatzes im Jahr 2013 die führende Region (die vier Länder mit den höchsten Umsatzzahlen sind Italien mit 16 Milliarden Euro, Frankreich mit 15 Milliarden Euro, das Vereinigte Königreich mit 12 Milliarden Euro und Deutschland mit 10 Milliarden Euro). Die Vereinigten Staaten machen allein 62,5 Milliarden Euro Umsatz aus. Japan (17 Milliarden), China (15 Milliarden), Südkorea (8 Milliarden) und Hong Kong (7 Milliarden) sind die asiatischen Staaten mit den höchsten Umsatzzahlen.[26]

Bei Kering wird der sich im Jahr 2013 auf 6,4 Milliarden Euro belaufende Umsatz in der Luxusbranche also logischerweise zu 33 Prozent in Westeuropa, zu 41 Prozent in Asien-Pazifik (davon allein 10 Prozent in Japan) und zu 19 Prozent in Nordamerika erzielt. Bei LVMH verteilt sich der im Jahr 2013 2,7 Milliarden Euro betragende Umsatz der Branche »Uhren und Schmuck« (TAG Heuer, Hublot, Zenith, Bulgari, Montres Dior, De Beers und Fred) zu 34 Prozent auf Europa, zu 40 Prozent auf Asien (davon allein 13 Prozent in Japan) und zu 12 Prozent auf die Vereinigten Staaten.

Wert und Preis der Luxusprodukt-Marken

Luxusprodukte können einen größeren Teil des Vermögens der Wohlhabenden abschöpfen als Standardprodukte, weil die sich beim Handelsverkehr ergebende Gewinnspanne besonders hoch ausfallen kann. Bei LVMH beträgt die operative Gewinnspanne

25 Von Kering zitierte Quelle: Capgemini/RBC 2013, World Wealth Report 2013.

26 Quelle: Kering.

für Mode und Lederwaren 32 Prozent (ein operatives Ergebnis von 3,1 Milliarden Euro bei einem sich auf 9,8 Milliarden Euro belaufenden Absatz) und für Wein und Spirituosen 33 Prozent (ein operatives Ergebnis von 1,3 Milliarden Euro bei einem sich auf 4,2 Milliarden Euro belaufenden Absatz). Im Vergleich dazu ist diese Gewinnspanne bei Uhren und Schmuck sehr viel geringer und beläuft sich auf »nur« 13 Prozent (375 Millionen Euro operatives Ergebnis bei einem Gesamtabsatz von 2,7 Milliarden Euro). Im selben Jahr hat bei Kering Gucci ein operatives Ergebnis von 1,1 Milliarden Euro bei einem Umsatz von 3,5 Milliarden Euro erzielt.

Den Kern eines derartigen Unternehmensmodells bildet der zentrale Begriff der »Marke«, was die Bedeutung erklärt, der ihrem Schutz durch das geistige Eigentumsrecht und dem Kampf gegen Fälschungen zukommt.

Doch welchen Preis hat eine Marke? Angesichts hoher Gewinnspannen lässt sich eine Marke offenbar nicht auf die Produktionskosten reduzieren und kann auch nicht allein durch die Arbeit der Angestellten eines Unternehmens erfasst werden. Bei der Taxierung der Aktivseiten ihrer Marken greifen Kering und LVMH auf verschiedene Berechnungsweisen zurück. Bei Kering wird der Wert der wichtigsten Marke des Konzerns, Gucci, nach den Lizenzgebühren berechnet, die in Zukunft unter der Voraussetzung eingenommen werden würden, dass der Markenname von einem Dritten genutzt wird.[27] Dieses sogenannte Tantiemenmodell wird auch von LVMH verwendet. Darüber hinaus benutzt dieser Konzern ein auf vergleichbaren Transaktionen beruhendes Modell, eine »Methode, die als Multiplikatoren Umsatzzahlen und erzielte Ergebnisse noch nicht lange zurückliegender Transaktionen benutzt, die ähnliche Marken betreffen oder auf Börsenmultiplikatoren beruhen, die auf die betreffenden Aktivitäten anwendbar sind«.[28] Trotzdem verwendet LVMH noch zwei weitere

27 Kering, 2013, S. 126.
28 LVMH, 2013, S. 31.

Methoden: die von Gewinnspannenunterschieden, die anwendbar ist, wenn die unterschiedlichen Einnahmen gemessen werden können, die eine Marke generiert; und die der Wiederherstellungskosten einer äquivalenten Marke, vor allem in Form von Ausgaben für Werbung und Sonderangebote.

Diese verschiedenen Berechnungsweisen einer Marke[29] machen erstens vollumfänglich deutlich, in welchem Maße der Wert eine Rechtfertigung des Preises darstellt. Zweitens sind sie alle Facetten, die kennzeichnen, was eine Marke ist: nämlich gleichzeitig etwas, das mit einem Preis versehen und mit anderen ähnlichen Dingen vergleichbar ist, die verkauft und gekauft werden, ein renommierter Name, für den nicht unerhebliche Ausgaben (an Werbung) in Kauf genommen werden, um diesen guten Ruf zu bewahren, ja sogar zu verbessern, ein durch das geistige Eigentum geschützter Name, der mithin durch die Zahlung von Tantiemen genutzt werden kann, und schließlich ein Name, der im Vergleich zu den Produktionskosten und zu anderen Namen eine Gewinnspanne zu erzeugen vermag. Die »Weinanbaugebiete«, die LVMH besitzt, werden dagegen allein nach ihrem Marktwert verbucht, das heißt in Bezug auf noch nicht lange zurückliegende Transaktionen in derselben Region.

Ein großer Unterschied zwischen Standardprodukten und Luxusmarken besteht darin, dass die Standardprodukte innerhalb eines großen Unternehmens, zum Beispiel in der Forschungs- und Entwicklungsabteilung entworfen werden können, wohingegen eine Luxusmarke im Allgemeinen von einer Person unter ihrem Namen lanciert und anschließend von einem großen Unternehmen aufgekauft und weiterentwickelt wird. Dies führt dazu, dass die Luxusunternehmen, die sich vergrößern wollen, nach neuen, bereits unabhängig von ihnen existierenden Marken suchen und sie erwerben müssen. Nach ihrem Kauf werden diese

29 Zu den Methoden der finanziellen Evaluierung von Marken, vgl. Adel Beldi et al., »Pertinence des méthodes d'évaluation financière des marques. Une étude empirique internationale«, in: *Revue française de gestion*, 2010/8, Nr. 207, S. 153-168.

Marken im Hinblick auf ihre »künstlerische« Positionierung erhalten und gleichzeitig ökonomisch neu ausgerichtet. So wendet der Kering-Konzern einen Managementstil namens »freedom within a framework«, also eine innerhalb eines vorgegebenen – finanziellen – Rahmens »eingehegte Freiheit«[30] auf die Marken an, wie im Jahresbericht erklärt wird, »die ein signifikantes und echtes Verbesserungspotenzial im Hinblick auf die finanzielle Leistungsfähigkeit in sich tragen, das Kering im Laufe der Zeit heben und nutzen könnte«.[31]

Eine Luxusmarke trägt im Allgemeinen einen häufig auf ihren Gründer zurückgehenden Eigennamen (wie Yves Saint Laurent bei Kering oder Marc Jacobs bei LVMH), der einerseits mit einem Gebiet verknüpft ist, das örtlich sehr begrenzt sein kann, wie bei Weinen (Ruinart, Hennessy, Moët et Chandon, Krug, Dom Pérignon in der Champagne, oder auch Château d'Yquem bei LVMH), oder einer größeren Region, ja sogar einem Land entspricht (Frankreich, die Schweiz, Italien), und andererseits mit einem Gründungsdatum. Eigenname, Gebiet, Geschichte: Diese drei sich überschneidenden Qualitäten bilden gemeinsam den Kern der Bereicherungsökonomie und können darüber hinaus Teil einer von Seiten der öffentlichen Hand entweder auf lokaler oder auf nationaler Ebene verfolgten Kulturerbe-Politik werden bzw. sind damit vereinbar.

Abgesehen von Château d'Yquem stammen die meisten der ältesten Marken bei den Uhren aus dem 17. und 18. Jahrhundert (bei Kering: Jeanrichard von 1681, Girard-Perregaux aus der Schweiz von 1791), beim Schmuck (bei Kering: Boucheron aus Frankreich von 1858) und bei den Lederwaren (bei LVMH: Louis Vuitton von 1854) aus dem 19. Jahrhundert und bei der Mode aus dem 20. Jahrhundert (bei Kering: Balenciaga von 1919, Yves Saint Laurent von 1961), ja sogar aus dem 21. Jahrhundert (bei Kering: Stella McCartney von 2001). Die mit diesen Marken ver-

30 Kering, 2013, S. 10.
31 Kering, 2013, S. 9.

knüpften Narrationen verankern sie in einem Gebiet, ja sogar in einem lokal begrenzten »Know-how«. So wird die 1966 gegründete Marke »Bottega Veneta« (Kering) präsentiert als aus Venezien stammend und als »ursprünglich auf Lederwarenprodukte spezialisiert, die durch die berühmte Technik des *intrecciato* weltbekannt wurden« – einer Methode, die von den Handwerkern erfunden wurde, um das weiche Leder widerstandsfähiger zu machen. Wie in seinem Jahresbericht erklärt wird, sucht der Kering-Konzern »nach Marken, die sich durch ein außergewöhnliches Identitätskapital auszeichnen: fest verankerte Werte und der Anspruch, Teil des Erbes zu sein«.[32]

Doch die Verankerung in der Vergangenheit reicht nicht aus, sie muss auch einen aktuellen Bezug aufweisen. Die Produkte der Bereicherungsökonomie gelten nämlich nur als gelungen, wenn »Zeitgemäßes« und »Tradition« in ihnen ein Bündnis eingegangen sind, das heißt, wenn eine Geschichte verfasst worden ist, welche die Gegenwart in der Vergangenheit verankert, als wenn die Produkte auch der neuesten Marken sich mit Sicherheit in der Vergangenheit verankern lassen würden. Hätten sie lediglich eine Verbindung zur Gegenwart, wären die Objekte an die Vorstellung von Wegwerfbarkeit gekoppelt, das heißt, sie wären zeitgebunden und könnten aus der Mode kommen; würden sie lediglich aus der Vergangenheit stammen, wären sie bereits Abfall oder »veraltet«, das heißt altmodisch. Allein durch die Verbindung von Gegenwart und Vergangenheit in einer Geschichte erlangen sie »Unsterblichkeit«. Auf diese Weise lässt sich Gucci als »Kombination aus Tradition, Modernität, handwerklichem Know-how und Innovation« präsentieren.[33] An dieser Stelle kann man auch auf die Kollektion »Pom Pom« des Mailänder Juweliers Pomellato verweisen, in der »jeder Ring von einem aufgrund seiner Seltenheit, seiner Größe oder seiner Form einmaligen Stein seinen Ausgang nimmt, um zu einem ausgefeilten und zeitgemäßen

32 Ebd.

33 Kering, 2013, S. 22.

Schmuckstück zu werden, dessen Wert in der Vereinigung von Tradition und Nonkonformismus liegt«.[34]

Standardprodukte mit »Sammlereffekt« und Sammlerprodukte

Die verschiedenen Luxusprodukte der Konzerne LVMH und Kering sind zusammen in zahlreichen Zeitschriften sowohl auf den Werbeseiten als auch in den redaktionellen Artikeln zu sehen: Weine und Spirituosen, Mode und Lederwaren, Parfüms und Kosmetik, Uhren und Schmuck.

Diese Produkte lassen sich aber trotzdem in zwei Gruppen unterteilen: Zum einen werden eine ganze Reihe von Produkten weiterhin auf standardisierte Weise hergestellt und sind, wie Standardprodukte, dadurch gekennzeichnet, dass sie an Wert verlieren, sobald sie verkauft worden sind. Das ist vor allem bei Mode und in geringerem Maße bei Lederwaren der Fall. Aber diese Produkte unterscheiden sich dadurch von den Produkten der gewöhnlichen Standardform, dass sie mit dem ausgestattet sind, was wir »Sammlereffekt« nennen werden. Das heißt, dass modische Kleidung zwar schnell altmodisch werden soll – und so Teil eines Kreislaufs wird, der für die Trendform charakteristisch ist –, dass ihre Präsentation aber gemäß der Sammlerform in Gestalt einer Kollektion erfolgt – »Kollektion« ist ein Ausdruck, der auf den sogenannten Modewochen (*fashion week*) direkt als Bezeichnung verwendet wird, in deren Rahmen die jeweiligen Herbst-Winter-Kollektionen und später dann die Frühjahrs-Sommer-Kollektionen in Szene gesetzt werden.

Zum anderen fungieren Weine, Schmuck und Uhren direkt als Sammlerobjekte. Ihr Wert kann nämlich nach ihrem erstmaligen Verkauf mit der Zeit steigen, sie sind bei Sammlern begehrt und werden als Sammlerobjekte auf dem Sekundärmarkt weiterverkauft. So hat die Schmuckmarke Boucheron ihre Kollektion

34 Kering, 2013, S. 38.

2014 schon auf der Biennale der Antiquitätenhändler in Paris präsentiert, das heißt, sie hat Neuheiten an die Seite von alten Objekten gestellt und auf diese Weise ihrer Zukunft als möglichen Sammelobjekten den Weg geebnet.[35]

Es ist signifikant, dass solche Objekte Eingang in die zeitgenössische Kunst finden, ja sogar mit ihr verschmelzen können. So hat die Champagnermarke Dom Pérignon sich im Jahr 2013 an den Künstler Jeff Koons gewandt, der für die Markeneinführung des Dom Pérignon Rosé 2013 die Skulptur »Balloon Venus pour Dom Pérignon« schuf. Eine Champagnermarke des LVMH-Konzerns, Ruinart, ist »beteiligt an den internationalen Messen« für zeitgenössische Kunst und hat sich an den Künstler Piet Hein Eek gewandt, der ein Werk zu Ehren des Erbes dieses Hauses schuf und sich zwei Kollektionen in limitierter Auflage hat einfallen lassen. Muss schließlich überhaupt noch daran erinnert werden, dass es sich bei den Gründern und immer noch Besitzern dieser Konzerne – Bernard Arnault bei LVMH und François Pinault bei Kering – um die beiden größten Sammler zeitgenössischer Kunst in Frankreich handelt?

Einer der erfolgreichsten Fälle der Anwendung der Sammlerform in der Luxusindustrie ist der Fall der Vorzeigemarke von LVMH: Louis Vuitton. Ursprünglich war diese Firma ein ziemlich nichtssagender Reisegepäckhersteller, der sich durch die Verwendung eines nach dem Tod des Markengründers im Jahr 1896 erfundenen Monogramms von den anderen Marken abhob. Wie diese in Serie hergestellten Gebrauchsgegenstände zu Luxusartikeln und Sammelobjekten geworden sind, wurde im Jahr 2015/2016 bei einer Ausstellung im Pariser Grand Palais besonders gut in Szene gesetzt. Denn diese Ausstellung präsentierte die Koffer als mit einer Narration verknüpfte Sammlerobjekte, die »das Werk von Louis Vuitton« heraufbeschworen. So wurde der Kofferhersteller zum »Schöpfer« (»er verwendete neue Stoffe und Motive, um sich von den anderen abzuheben und sich gleichzeitig vor Fälschern zu schützen«), sein Werk mit den Stars der zeit-

35 Kering, 2013, S. 34.

genössischen Kunst in Verbindung gebracht (Damien Hirst, Richard Prince, Takashi Murakami), mit Schriftstellern (»das Haus Louis Vuitton hat berühmte Schriftsteller und unbekannte Literaturliebhaber, für die Schreiben unverzichtbar ist, auf ihren Reisen begleitet«[36]), Musikern (»Ob Geige, Gitarre oder Dirigentenstab: Als Kofferhersteller haben wir unsere Schutzhüllen als wohldurchdachte samtene Schatullen konzipiert«) und mit Filmstars (ausgestellt wurde zum Beispiel eine »Deauville-Handtasche mit Monogramm-Muster, die Elizabeth Taylor gehört hat«, oder ein »Schrankkoffer Modell Wardrobe mit Monogramm-Muster, der Katharine Hepburn gehört haben soll«). Das Prinzip, dass eine Kollektion bzw. Sammlung Dinge aufwertet, die sonst ganz gewöhnlich und ohne großen Wert gewesen wären, wurde zuerst von Gaston-Louis Vuitton umgesetzt (»Abgesehen von alten Koffern sammle ich alles, was mit dem Beruf des Kofferherstellers zu tun hat, besonders alte Werkzeuge, wie etwa Hämmer, Zangen, Hobel, [...] alte Papiere, das heißt Rechnungen, Briefpaper, Visitenkarten«); es wurde auch bei der Präsentation von »Hotelaufklebern aus der Privatsammlung von Gaston-Louis Vuitton« wieder aufgenommen. Die Überschneidung mit einem anderen Aspekt der Bereicherungsökonomie, dem Tourismus, wird umso deutlicher, als Touristen sich mit Gepäck fortbewegen, doch dieser Ausdruck wurde wiederum durch den vornehmeren des »Reisens« mit dem »Automobil«, mit dem Zug, mit dem Schiff oder mit dem Flugzeug ersetzt.

Sammlerform und zeitgenössische Kunst

Auch die Rolle, welche die Sammlerform für die Einbeziehung der zeitgenössischen Kunst in den Rahmen einer Bereicherungsökonomie spielt, muss näher untersucht werden. Die Verbindung zwischen der zeitgenössischen Kunst und dem Sammeln mag wir-

36 Ausstellung Louis Vuitton, »Volez, Voguez, Voyagez« ⟨Fliegen, Hinausfahren, Reisen!⟩, Grand Palais, Paris, 4. Dezember 2015 – 21. Februar 2016.

ken, als würde sie sich nicht zuletzt deshalb von selbst verstehen, weil der Handel mit Werken zeitgenössischer Kunst heute eine so wichtige Rolle für die Geschäftsaktivitäten spielt, die sich aus den Praktiken der Sammler ergeben. Und zwar vor allem dann, wenn die Sammler, was häufig vorkommt, die Kunstwerke nicht vorrangig erwerben, um die Örtlichkeiten, die sie bewohnen, damit zu schmücken, was in gewisser Weise noch eine Art von Gebrauch wäre, sondern im Rahmen einer auf dem Sammeldispositiv beruhenden Akkumulationsabsicht anstreben, die Leerstellen einer seriellen Totalität zu füllen. Eine solche Erwerbsabsicht mag insofern nachrangig wirken, als diese Sammler – vor allem die besonders Wohlhabenden unter ihnen – in einem Maße mit Künstlern Umgang pflegen, dass sie sich in manchen Fällen als Koproduzenten von deren Werken betrachten.[37] So gilt der große Sammler François Pinault als Vertrauter der Künstler und ihrer Galeristen von New York über Basel bis nach Paris, der stolz dar-

37 Nathalie Moureau, Dominique Sagot-Duvauroux und Marion Vidal haben 2014 eine Umfrage unter Sammlern von zeitgenössischer Kunst durchgeführt, bei der 322 Antworten eingeholt wurden (bei denen es, wie die Verfasser zugeben, schwierig ist einzuschätzen, inwiefern sie eine »repräsentative« Stichprobe der Gesamtsammlerschaft bilden, da es keine Referenzgruppe gibt, deren Umfang offiziell definiert wurde). Auf der Grundlage dieser Umfrage haben sie eine Sammler-»Typologie« erstellt, bei der sie »quasi professionelle Sammler«, deren Sammlungen mehr als 200 Werke umfassen, deren maximaler Kaufpreis jährlich höher als 200 000 Euro sein kann, »engagierte Sammler«, deren Sammlungen 100 bis 200 Werke umfassen, deren Anschaffungspreis zwischen 10 000 und 50 000 Euro schwankt, »durchschnittliche Sammler« und »unabhängige Sammler« unterscheiden. Diese Sammler, und zwar besonders diejenigen, die unter die ersten beiden Kategorien fallen, verkehren nun aber eifrig mit der Kunstwelt, knüpfen freundschaftliche Bande zu Galerien, besuchen Ateliers (88 Prozent von ihnen), um »vielversprechende« Künstler ausfindig zu machen, deren Schätzpreis nicht besonders hoch ist, bei dem in ihren Augen aber die Aussicht besteht, in mehr oder weniger naher Zukunft zu steigen; »die meisten Sammler«, schreiben die Verfasser, »auch die besonders wohlhabenden«, erklären, dass sie »nicht in der Lage sind, mit dem für die aktuelle Funktionsweise des Kunstmarkts typischen Klettern der Preise mitzuhalten«. Vgl. Nathalie Moureau/Dominique Sagot-Duvauroux/Marion Vidal, »Collectionneurs d'art contemporain. Des acteurs méconnus de la vie artistique«, in: *Cultures études*, 1/2015, (Nr. 1), S. 1-20.

auf ist, ihnen einen großen Teil seines Lebens zu widmen: »Für die Liebe zur Kunst braucht man Zeit.«[38] Aber durch diese Nähe der Sammler zu den Künstlern sollte nicht in Vergessenheit geraten, dass man sie nicht als Sammler bezeichnen würde, wenn sie nicht zu Besitzern der Kunstwerke geworden wären.

Zudem geht es gar nicht um die Frage der von den Sammlern angegebenen und über die Medien sowie die die Sammler preisenden Bücher verbreiteten Motive, sondern um die Statusänderung, die von Künstlern signierte Dinge erfahren, wenn das, was diese Künstler hervorgebracht haben, von den Sammlern anerkannt wird, wodurch diese Dinge zu Werken werden. Mit Hilfe dieses Prozesses lässt sich ein offenkundiger Widerspruch zwischen zeitgenössischer Kunst und Sammlerform auflösen, der folgendermaßen aussieht: Wie wir gesehen haben, ist die Sammlerform auf die Wertschätzung von Dingen ausgerichtet, die der Vergangenheit abgewonnen wurden. Nun scheint aber nichts gegenwartsbezogener zu sein als die zeitgenössische Kunst, nicht nur weil sie in der Gegenwart geschaffen wird, sondern auch, insofern sie darauf pocht, der Zukunft zugewandt zu sein. Dieser offenkundige Widerspruch kann aber trotzdem überwunden werden, wenn man sich die Formen und Phasen dessen klarmacht, was man *Kunsterzeugung* nennen könnte. Das heißt den Prozess, durch den die Dinge den Rang von *Werken* entweder dadurch erlangen, dass die Personen, die sie geschaffen haben, Künstlerstatus anstreben, oder dass dieser Status ihnen von anderen, gewissermaßen von außen und manchmal ohne dass sie selbst Anspruch auf ihn erhoben hätten, gewährt wird, wie zum Beispiel am Fall der sogenannten »Art nègre« oder auch der Art brut und noch allgemeiner deutlich wird, wenn man sich die erst seit kurzem unter dem Stichwort der »artification«, also der »Kunstwerdung« untersuchten Abläufe ansieht.[39] Einem beliebigen Artefakt kann nämlich das Gütesiegel Kunstwerk erst dann verliehen werden, wenn es ihm gelungen ist, in die Zirkulationssphäre

38 Vgl. Pierre Cabanne, *Les Grands Collectionneurs*, Bd. 2, a. a. O., S. 365-379.
39 Vgl. Nathalie Heinich/Roberta Shapiro (Hrsg.), *De l'artification*, a. a. O.

vorzudringen, in der Güter dieser Art getauscht werden, sodass der eindeutigste Indikator dafür, ob etwas sich in ein Kunstwerk verwandeln lässt, nichts anderes ist als seine Aufnahme in eine Sammlung. Dies gilt besonders für die moderne oder zeitgenössische Kunst, die im Unterschied zu Objekten, die in früheren Zeiten geschaffen wurden, immer häufiger über gar keine externen Funktionen mehr verfügt und zu wesentlichen Teilen eine Kunst für Sammler geworden ist.

Dabei darf nun aber nicht außer Acht gelassen werden, dass der Prozess, durch den beliebige Objekte den Status von Kunstwerken erlangen, extrem selektiv ist. Das heißt nebenbei gesagt, dass nur wenige Tätigkeiten so viel *Abfall* produzieren wie die künstlerische Betätigung. Man denke nur an die Masse von Gemälden, die nie einen Käufer gefunden haben und kaum mehr sind als *Zeug*, das in irgendwelchen Kellern vermodert, oder auch an die öffentlichen Denkmäler, die nicht als historische Denkmäler eingestuft werden – wie zum Beispiel etliche Denkmäler für die Gefallenen des Erstens Weltkriegs, bei denen sogar die für das nationale Erbe zuständigen Behörden zögern, ihren kostspieligen Fortbestand zu gewährleisten. Ähnliches ließe sich über die Museen als den offiziell zur Konservierung befugten Instanzen sagen, in denen der Anteil der Werke, die in ihren Magazinen schlummern und noch nie gezeigt, ja manchmal noch nicht einmal katalogisiert worden sind, den Anteil der Werke bei weitem überwiegt, die den Blicken der Öffentlichkeit dargeboten werden. Und zwar auch dann, wenn sie aufgrund der Tatsache, dass sie sorgfältig behandelt worden sind, um ihren Verfall zu verhindern, immer noch die geringe Aussicht haben, zu neuen Ehren zu kommen.

Angesichts dieses drastischen Selektionsprozesses kann man in Erwägung ziehen, ob nicht eines der maßgeblichen Zeichen, die belegen, dass ein Artefakt Kunstwerkstatus erlangt hat, in seinem Verhältnis zur Zeit besteht. Die Auswahl eines Artefakts aus der dem Verfall geweihten Masse seinesgleichen (was das normale Schicksal von Dingen im Rahmen der Standardform ist, wie wir gesehen haben), um ihm den Status eines Kunstwerks zu verleihen, bedeutet nämlich, dass von denjenigen, die es von nun an betrachten werden, schon jetzt eine Einschätzung dieses Artefakts verlangt wird, wie künftige Betrachter sie abgeben werden. Das heißt, in der Gegenwart aus einer vermeintlich zukünftigen Position heraus gegenüber diesen Artefakten einen Schritt zurück zu machen und sie folglich, auch wenn sie gerade erst geschaffen worden sind, so zu behandeln, als ob sie bereits Teil der Vergangenheit wären oder vielmehr als ob sie gewissermaßen von ihrem Wesen her vom zeitlichen Verfall ausgenommen seien. Und ein solcher Schritt, der darin besteht, die Dinge im Hinblick auf die Möglichkeit zu betrachten, dass sie so etwas wie *Unsterblichkeit*[40] erlangen, stellt nun eines der spezifischen Merkmale der Sammlerform dar.

Die Wechselwirkung zwischen den Anstrengungen der Künstler, dem Vergessen (als dem normalen Schicksal alles Gegenwärtigen) zu entgehen, und den Auswahlstrategien der Sammler ruft Konkurrenzeffekte einerseits zwischen den Künstlern, die dauerhaft existieren wollen, indem sie die Aufmerksamkeit der Sammler auf sich ziehen, und andererseits zwischen den Sammlern hervor, die entweder Leerstellen füllen oder den Umfang möglicher Sammelobjekte verlagern wollen, indem sie sich Künstlern anschließen und sie fördern, die noch nicht anerkannt sind, weshalb ihr Werk erschwinglich ist. Solche Prozesse haben im Rahmen der kollektiven Verlagerungen, denen die Geschmacksurteile unterliegen, breiten Raum eingenommen und tun dies immer noch, und diese Verlagerungen wirken sich sowohl auf die Orientierung der Märkte als auch auf die ästhetischen Innovationsprozesse aus.[41] Ästhetische Neuerungen sind oft mit der Rolle in Ver-

---

40 Der Begriff der Unsterblichkeit wird hier in dem Sinne verstanden, den Hannah Arendt ihm gibt. Vgl. *Vita activa oder Vom tätigen Leben*, München: Piper Verlag (Lizenzausgabe: Stuttgart: Kohlhammer Verlag), 1960, S. 124-163, englische Originalausgabe 1958.

41 Dafür finden sich zahlreiche Beispiele in den Arbeiten von Francis Haskell, der zeigt, wie wichtig die Rolle ist, die Sammler bei der Bildung von Geschmacksurteilen spielen. Vgl. Francis Haskell, *La Norme et le Caprice*, a. a. O., ders., *L'Amateur d'art,* Paris: LGF, Le Livre de poche, 1997, und, jün-

bindung gebracht worden, welche die für die moderne Kunst bzw. die »L'art pour l'art« charakteristische »Originalitätsnorm« spielt, die vor allem ab der zweiten Hälfte des 19. Jahrhunderts an Bedeutung gewann, als die Avantgarden gegen den Konformitätsdruck rebellierten, der vom Kontrollsystem der Akademien ausging.[42] Im Anschluss an die Arbeiten von Pierre Bourdieu,[43] aber auch von Raymonde Moulin[44] ließ sich das Aufkommen dieser »Originalitätsnorm« als Ergebnis der Bildung spezifischer, »relativ autonomer« Felder betrachten, in deren Rahmen Künstler und »Kreative« um Anerkennung konkurrieren. Ohne diese Art von struktureller Interpretation in Zweifel ziehen zu wollen, die den Akzent auf die Distinktionsstrategien der Kreativen selbst legt, kann man sich gleichwohl die Frage stellen, ob sie nicht zur Unterschätzung der Rolle *derjenigen* führt, *die auswählen*, das heißt im Fall der Kunst der mit den Händlern und Kritikern interagierenden Sammler. Die sogenannte »L'art pour l'art« ist in erster Line eine *Kunst für Sammler*. Da ihr keineswegs jede externe (oder »soziale«) Funktionalität fehlt, wie behauptet worden ist, verfügt also auch die »L'art pour l'art« durchaus über eine funktionale (und soziale) Orientierung, aber diese bringt lediglich die Vorgaben zum Ausdruck, denen die Sammler nachkommen müssen, wenn sie ihre Sammlungen vervollständigen oder erweitern möchten.

Wie oben angedeutet, können diese Sammler nun aber, vor allem wenn es sich um Neulinge handelt, auf Schwierigkeiten stoßen, wenn sie ihre Hand nach selten und teuer gewordenen Stücken ausstrecken, mit denen sich die Leerstellen in ihren Samm-

---

geren Datums, ders., *Le Musée éphémère*, Paris: Gallimard, coll. Biliothèque des histoires, 2002, englische Originalausgabe 2000.

42 Zum Begriff des »Singularitätsregimes«, vgl. Nathalie Heinich, *L'Élite artiste. Excellence et singularité en régime démocratique*, Paris: Gallimard, coll. Bibliothèque des sciences humaines, 2005.

43 Pierre Bourdieu, *Les Règles de l'art. Genèse et structure du champ littéraire*, Paris: Seuil, 1992 ⟨dt.: *Die Regeln der Kunst. Genese und Struktur des literarischen Feldes* (Aus dem Französischen von Bernd Schwibs und Achim Russer), Frankfurt am Main: Suhrkamp Verlag, 1999⟩.

44 Raymonde Moulin, *L'Artiste, l'Institution et le Marché*, a. a. O.

lungen füllen ließen. In diesem Fall können sie versuchen, den Umfang der möglichen Sammelobjekte zu verändern und deren Einschlägigkeitskriterien zu verlagern, was dazu führt, dass sie sich neuen Künstlern zuwenden, von denen es genügend kostengünstige und deshalb leicht zugängliche Werke gibt (ob es sich dabei um unbedeutende, bis dahin vergessene oder verschmähte alte Meister[45] oder um noch unbekannte junge Künstler handelt, ist relativ unerheblich). Daher müssen sie gemeinsam mit Kunstkritikern und Kuratoren aktiv werden, um den Wert dieser Neuankömmlinge zu ermitteln: Deren spezifische Differenzen werden dabei in eine Narration eingefügt und mit einem Namen versehen, wobei häufig eine Annäherung zwischen verschiedenen »Kreativen« vorgenommen wird, sodass »Schulen« entstehen. Wenn dieses Vorhaben gelingt, wird sich das Interesse einer wachsenden Zahl von Sammlern tendenziell den Werken zuwenden, die durch die Personen und Instanzen »anerkannt« wurden, die eine Vermittlungsrolle zwischen der Welt der Kunst und der Welt der ob nun öffentlichen oder privaten Sammlungen spielen.

Die vielschichtigen Differenzen zwischen den Werken verschiedener Künstler, die, auch wenn diese in derselben Epoche zur wechselseitigen Nachahmung neigen, mit der bloßen Tatsache zu tun haben, dass es sich um verschiedene Personen handelt, werden mit anderen Worten von den Vermittlungsinstanzen etwa so ausgewählt – wenn dieses Bild erlaubt ist –, wie bei Darwin die individuellen Unterschiede von dem Milieu ausgewählt werden, dem diejenigen, bei denen diese Unterschiede auftreten, ihr Überleben verdanken. Gegenwärtig ist ein solcher Prozess in den sogenannten »Schwellenländern« – wie zum Beispiel China, Indien oder Brasilien – zu erkennen, in denen neue Sammler teilweise aus nationalistischen Gründen Werke aufwerten, die ur-

45 Im Fall von alten, bereits weitgehend anerkannten Werken – was Raymonde Moulin »klassifizierte piktorale Werte« nennt – besteht eine Möglichkeit, der zunehmenden Knappheit des Angebots zu begegnen, die bis zu dessen Versiegen führen kann, in der »Wiederentdeckung«, das heißt »Wiederaneignung« des Werks von bis dahin vernachlässigten Künstlern; Raymonde Moulin, *Le Marché de la peinture en France*, Paris: Minuit, 1967, S. 417-432.

sprünglich von Künstlern geschaffen wurden, die aus ihrem Land stammen, auch wenn sie häufig in Europa oder in den Vereinigten Staaten wohnen, bisher aber relativ unbeachtet geblieben oder unterschätzt worden sind. Durch die Einfügung dieser Werke in neue Sammlungen erhöht sich möglicherweise nicht nur ihr Schätzpreis, sondern kann sich auch der Umfang jener riesigen imaginären Sammlung verändern, die man Kunstgeschichte nennt, weil sie ihr eine globale Dimension verleiht.[46] Solche Prozesse führen dazu, dass die Preise steigen, zu denen als Kunst geltende Dinge getauscht werden, weil sie sich aus einer beständig wachsenden Zahl von Sammlern und Museen ergeben, die sich, um sich einzudecken, um »Kreativität« bemühen müssen, das heißt in ihrem Umfeld neue Differenzen auswählen müssen, wenn die Werke, die bereits kanonisierte Differenzen in sich tragen, zu teuer geworden oder nicht mehr verfügbar sind, weil sie in öffentliche Sammlungen aufgenommen wurden.

Die Strategien zur Verlagerung des Umfangs möglicher Sammelobjekte können sich dennoch als langwierig und schwer umsetzbar erweisen. Damit auf mehr oder weniger lange Sicht die Aussicht besteht, dass sie von Erfolg gekrönt sein werden, setzen sie auf Seiten derjenigen, die sie in Angriff nehmen, die Fähigkeit voraus, sich einen gewissen Einfluss auf alle Operatoren zu verschaffen, die auf demselben Gebiet tätig sind, was den vorherigen Erwerb von spezifischen Kompetenzen und vor allem eines guten Rufs voraussetzt. Letzterer hängt häufig von der Bekleidung einer Autoritätsposition ab, wie zum Beispiel auf dem Gebiet der Kunst die Position eines einflussreichen Kritikers, eines Kustos in

46 Das belegt zum Beispiel die Ausstellung »Modernités plurielles, 1905-1970«, die 2013/2014 unter der Leitung von Catherine Grenier im Centre Pompidou gezeigt wurde. Diese gigantische Ausstellung strebte einen Entwurf zu einer Neuschreibung der Kunstgeschichte an, indem sie berühmten Bildern, echten Ikonen der modernen Kunst, Werke von randständigen Künstlern an die Seite stellte, die in den Sammlungen des Musée national d'art moderne verwahrt wurden und von denen einige bis dahin noch nie in der Öffentlichkeit zu sehen waren. Viele dieser Gemälde wurden nun aber von Künstlern geschaffen, die neuerdings sehr begehrt bei den Sammlern sind, die erst vor kurzem in ihren Herkunftsländern in Erscheinung traten.

einem wichtigen Museum, eines hochanerkannten Ausstellungskurators oder eines großen Sammlers, dessen Ansehen gleichermaßen auf seiner Geschmackssicherheit wie auf seinem Geschäftssinn beruht. Im Fall von Sammlern spielt die Fähigkeit, ihr persönliches Handeln mit den Aktivitäten von privaten Institutionen, wie Stiftungen, und vor allem öffentlichen Institutionen zu verknüpfen, wie Museen sie darstellen,[47] eine ganz wichtige Rolle für das Erlangen einer Stärke, die ihnen das Verlagern des Umfangs möglicher Sammelobjekte erlaubt.

Die Widersprüchlichkeit der Bereicherungsökonomie

Wenn man das Paradebeispiel Frankreich betrachtet, so ist die Bereicherungsökonomie dort am weitesten entwickelt (als touristisches Reiseziel weltweit an erster Stelle, ausgeprägter kultureller Sektor mit dem Zeitarbeitssystem, zahlreichen Künstlern und den beiden weltweiten Luxusgiganten LVMH und Kering, deren Hauptaktionäre gleichzeitig zwei der größten Sammler zeitgenössischer Kunst auf der Welt sind), aber sie wird trotzdem nicht als solche anerkannt. Das wirft die Frage auf, warum diese sich auf die Sammlerform stützende Bereicherungsökonomie, obwohl sie

47 Wie die Umfrage von Nathalie Moureau, Dominique Sagot-Duvauroux und Marion Vidal zeigt, versuchen die »besonders engagierten« Sammler auf diese Weise, ihre Tätigkeit mit Institutionen zu verknüpfen, zum Beispiel indem sie an Ausstellungsprojekten mit- und mit Ausstellungskuratoren zusammenarbeiten (wie 35 Prozent von ihnen), sich an der Veröffentlichung von Katalogen der Künstler beteiligen, die in ihren Sammlungen vertreten sind (33 Prozent), den Fördervereinen von Museen beitreten (60 Prozent), den Museen Werke leihen (27 Prozent) oder sich dem Verwaltungsrat eines Museums oder einer Ankaufskommission anschließen (14 Prozent). Dass »ihre künstlerische Wahl durch ein Museum bestätigt wird«, verleiht ihnen eine »Autorität«, die auf den geschätzten Metapreis aller Kunstwerke abfärbt, die sie besitzen. Wie die Verfasser dieser Arbeit außerdem anmerken, »führt schon die bloße Tatsache, der Ankaufskommission einer Institution anzugehören, zu Einfluss und Macht« (vgl. Nathalie Moureau/Dominique Sagot-Duvauroux/Marion Vidal, »Collectionneurs d'art contemporain. Des acteurs méconnus de la vie artistique«, a. a. O.).

sich fest im Gerüst der Realität eingenistet hat, nicht wie ein realer Gegenstand behandelt und vor allem, warum sie von den staatlichen Institutionen nicht zur Kenntnis genommen wird.

Es sieht ganz so aus, als hätte das, was wir die zur Bereicherungsökonomie erweiterte Sammlerform nennen, bisher nicht denselben Verallgemeinerungsgrad erreicht wie die zur industriellen Ökonomie erweiterte Standardform, und zwar weder auf deskriptiver Ebene noch in kritischer Hinsicht. So widmen sich in Frankreich nur eine relativ geringe Zahl von Studien der Entwicklung des Tourismus und seiner Bedeutung, und die dem Tourismus kritisch gegenüberstehenden Ansätze konzentrieren sich nach wie vor auf den Massentourismus, der als eine Art standardisiertes und von daher würdeloses Reisen verstanden wird, auch wenn das Profitstreben im Tourismus sich immer mehr auf den Sondertourismus konzentriert, der eine Erkundung der authentischen Erlebnisse in Aussicht stellt, die gebildete Kulturliebhaber haben, wenn sie mit den für ihre Altehrwürdigkeit und Einmaligkeit gewürdigten Kulturerbe-Stätten in Kontakt kommen. Allgemeiner gesagt, erlaubt das Verhältnis zwischen der gewerblichen Ausschlachtung der Vergangenheit und der Entwicklung von Ideologien, die den Schwerpunkt auf die Kultur (sowohl im elitären Sinne als auch in der Bedeutung, die die Sozialanthropologie diesem Ausdruck gibt), auf die Tradition und auf die Autochthonie legen, im Augenblick keineswegs einen Gesamtüberblick. Deshalb kann die Welt der Kunst und der Kultur weiterhin behandelt werden, als ob es sich dabei um ein außerhalb des Kapitalismus gelegenes Rückhaltsgebiet handelt, das zwar belagert wird, aber Widerstand leistet, ohne dass die beträchtlichen Profite, die es generiert, oder die neuen Ausbeutungsformen zur Kenntnis genommen werden, mit denen die immer größere Zahl von Menschen konfrontiert sind, die in diesen Bereichen arbeiten. In der ökonomischen Literatur werden Luxus, Tourismus, Kultur und Patrimonialisierung als verschiedenartig aufgefasst. Wie wir gezeigt haben, sind diese verschiedenen Aktivitäten aber keineswegs unabhängig voneinander.

Die Nähe, die zwischen diesen Aktivitäten besteht, wird jedoch in Frankreich weder von den ökonomischen Institutionen noch von den für Statistik zuständigen staatlichen Institutionen offiziell anerkannt, was ihre Aufdeckung und statistische Untersuchung nicht leichter macht. In dieser Hinsicht befindet sich die Bereicherungsökonomie in einer ähnlichen Situation wie die industrielle Ökonomie vor den statistischen Neuerungen der 1930er Jahre bis hin zur Reform der volkswirtschaftlichen Gesamtrechnung und des statistischen Instrumentariums. Sie verfügt auch nicht über dieselbe Sichtbarkeit wie die digitale Ökonomie, die häufig als radikale Wende präsentiert wird, wodurch allerdings leicht in Vergessenheit gerät, dass es in dieser digitalen Ökonomie teilweise um Dinge geht und dass der Akzent, der dabei auf die Diskontinuitäten gelegt wird, die Kontinuitäten zurücktreten lässt, denen sie ihre Entwicklung ebenfalls verdankt.

Der Gedanke liegt nahe, dass es sich dabei nur um eine verspätete Reaktion der Institutionen auf einen Wandel handelt, der die soziale Realität erfasst hat, und dass diese Verspätung in naher Zukunft wieder aufgeholt werden wird. Trotzdem sollte man sich die Frage stellen, ob diese wohlmeinende Annahme richtig ist und ob die Blindheit der politischen, ökonomischen und statistischen Institutionen nicht eine tiefere Ursache hat.

Denn wenn man das Problem genauer untersucht, zeigt sich, dass die Institutionen in Anbetracht dieser Ökonomie ein doppeltes Spiel spielen: Einerseits erkennen sie sie nicht als zusammenhängende Totalität an und betrachten sie die Beziehungen weiterhin getrennt voneinander, die zwischen den verschiedenen Aktivitäten bestehen, auf denen diese Ökonomie beruht. Durch die Sprache, die sie verwenden, durch die Art, wie sie die Preise managen, und durch ihre Betrachtungsweise der Dinge selbst, steuern diese Institutionen aber, wie gesagt, andererseits de facto die Organisationsweise dieser Aktivitäten, insofern sie alle marktförmig verfasst sind. Doch der mit diesen verschiedenen Aktivitäten einhergehende Handel bzw. Kommerz greift auf verschiedene Wertermittlungsformen zurück, die nicht nur verschieden sind, sondern sich sogar zu widersprechen scheinen.

Als Erklärung für die fehlende Anerkennung der Bereicherungsökonomie reicht die Verspätung der semantischen, rechtlichen und statistischen Rahmenbedingungen, auf denen die Beschreibung der ökonomischen und sozialen Welt beruht, also nicht aus – als seien diese auf der Grundlage der industriellen Ökonomie geschaffen und noch nicht an den ökonomischen Wandel angepasst worden, welcher der Aufmerksamkeit der staatlichen Behörden und nicht zuletzt der nationalen Wirtschaftsprüfer entgangen wäre.

Höchstens Romanschriftsteller vermochten einen derartigen Wandel in Szene zu setzen.[48] Wie wir bereits festgestellt haben, gibt es kein Kategoriensystem bzw. keinen rechnerischen Rahmen, das bzw. der erlauben würde, die ökonomische Bedeutung, die dem verschwommenen Etwas zukommt, dessen Konturen wir versuchen zu umreißen, und die Zahl der Personen, deren Hauptbeschäftigung sich daran festmacht, relativ genau zu bestimmen. Das liegt vor allen Dingen daran, dass es eine Nähe herstellt zwischen Branchen (wie der Kunst und dem Tourismus), Tätigkeiten (wie der Leitung eines Museums oder der Herstellung von Krokodilledertaschen), Status (wie zum Beispiel des prekär Beschäftigten, des Festangestellten, des Beamten und des Rentiers) und Berufen, die in der statistischen Nomenklatur auf Einheiten verstreut sind, die jeweils nach verschiedenen Logiken zusammengestellt wurden und eher im Einklang mit den alten Klassifikationen der industrialisierten Welt stehen.

Infolgedessen fehlen Statistiken, auf die sich die Totalisierungen stützen könnten, anhand derer es möglich wäre, die spezifischen Prozesse herauszuarbeiten, die im Zentrum dieser Entwicklung hin zu einer Bereicherungsökonomie stehen, und ihren Verlauf zu verfolgen. Aus diesem Grund verteilt sich die Darstellung dieser ökonomischen Neuausrichtung auf die Reichen in der gängigen ökonomischen Literatur auf verschiedene Gebiete, die nach unterschiedlichen Berechnungsformen erfasst werden

48 Vgl. Michel Houellebecq, *La carte et le territoire*, Paris: Flammarion, 2010 ⟨dt.: *Karte und Gebiet* (Aus dem Französischen von Uli Wittmann), Köln: DuMont Buchverlag, 2012⟩.

und häufig auf heterogenen Definitionen und Kategorien beruhen.

Wenn man aber die Bedeutung, die diese verschiedenen Tätigkeiten angenommen haben, auch wenn man sie weiterhin getrennt voneinander betrachtet, und die Tatsache in Rechnung stellt, dass der Staat seit den 1980er Jahren diese Transformationen wenn nicht initiiert, so doch zumindest beständig begleitet hat, auch wenn er dabei diese Aktivitäten nach wie vor getrennt voneinander betrachtet, kann man die Tatsache, dass so eng miteinander verknüpfte Aktivitäten unverbunden geblieben sind, auf einen *Institutioneneffekt* zurückführen. Nicht nur gibt es keine nähere Bestimmung, die versuchen würde, einen Zusammenhang zwischen ihnen herzustellen und sie zusammenzufügen, sondern die Institutionen sind ganz im Gegenteil bemüht, wenn nicht diese Aktivitäten, dann zumindest die Vorstellung, die sie davon verbreiten, weiterhin getrennt voneinander zu betrachten.

Warum? Zunächst einmal weil es eine Grenze gibt, die anzuerkennen die Institutionen nicht umhinkönnen. Dabei handelt es sich um die Grenze zwischen Kulturgütern, deren Bestimmung in unser aller geistigen Erbauung besteht – die Kultur, laut Malraux ein Demokratisierungsobjekt –, und Handelsgütern, vor allem wenn sie für Reiche bestimmt sind. Die explizite Verknüpfung im Rahmen einer institutionellen Logik von Kunst auf der einen Seite, die häufig idealisiert und so behandelt wird, als sei sie nur dann wirklich vollkommen, wenn sie der »L'art pour l'art« zuneigt, und auf der anderen Seite dem Verkauf von Parfüm oder der stark zunehmenden Zahl von Romantikhotels hat sozial etwas Unerträgliches an sich: als würde man die »Vermarktung« von allem akzeptieren und sich dadurch zur Zielscheibe der moralischen Kritik der Vermarktung machen.

Doch das ist nicht der einzige Grund. Eine solche Nähe würde, wenn sie eine offizielle Form annähme, das gesamte System der Bereicherungsökonomie gefährden. Denn die Verbindungen zwischen Tourismus, Kultur und Luxus müssen inoffiziell bleiben, damit jeder dieser Bereiche seine Dynamik behält. Und zwar ungeachtet der Tatsache, dass keiner dieser Bereiche ohne die Vorteile, die ihm die Beziehungen bringen, die er zu den anderen unterhält, eine so starke Dynamik erleben würde.

Die fehlende Anerkennung der Bereicherungsökonomie kommt also den Kapitalismusformen zugute, die daran beteiligt sind. Zum einen produzieren sie nur für die Reichen, können aber so tun, als würden sie für alle produzieren – allerdings nur unter der Voraussetzung, dass früher oder später alle reich werden. Was die Differenz zwischen der Hochkultur, die sich vermeintlich nicht vermarkten lässt, und den gewöhnlichen Dingen anbelangt, die vermarktet werden, so spielt sie in diesem System eine entscheidende Rolle, weil die Dinge, die Teil der Hochkultur sind, nur dann zu einem hohen Preis verkauft werden können, wenn ihr Wert unter Bezugnahme auf ihre nicht vorhandene Marktförmigkeit ermittelt wird. Dies wird ihnen gewissermaßen dadurch bescheinigt, dass man sie in die Nähe von Werken rückt, die in Museen verwahrt werden, was sie mit einem Ewigkeitsversprechen versieht, das quasi metaphorisch auf alle Güter übertragen werden kann, denen es gelungen ist, unter Bezugnahme auf die Kunst qualifiziert zu werden. Und schließlich stellen die Verantwortlichen in den staatlichen Institutionen, wie zum Beispiel die Haushaltsämter, die für die Rahmenbedingungen und die Ankurbelung der in den Bereich einer Bereicherungsökonomie fallenden Tätigkeiten zuständig sind, die Schwierigkeit in den Vordergrund, unter allen »Konsumgütern« die Güter, die zum Luxusbereich gehören, von den gewöhnlichen Gütern zu trennen. Dass eine solche Aufteilung nicht institutionalisiert wird, erlaubt nun aber den in Frankreich zum Comité Colbert zusammengeschlossenen Luxusunternehmen, selbst zu entscheiden, was unter Luxus fällt und was nicht.

Die Bereicherungsökonomie ist also in ihrem Kern widersprüchlich. In wichtigen Teilbereichen der Bereicherungsökonomie besteht nicht die Absicht, diese Widersprüchlichkeit aufzulösen, es soll vielmehr erreicht werden, dass sie akzeptiert oder zumindest zur Gewohnheit wird, als ob sie selbstverständlich sei, damit man lernen kann, mit ihr zu leben. Besonders gut veranschaulichen lässt sich diese Widersprüchlichkeit am Gebrauch, der von der bereits erwähnten Marke »Frankreich« gemacht wird. Die Art und Weise, wie sie eingesetzt und gemanagt wird, belegt ihre Beteiligung an der Bereicherungsökonomie. Sie verbindet politische Interessen – die Bereitschaft zu einem Diskurs über die »Werte« einer Gemeinschaft – mit den ökonomischen Interessen der großen Luxuskonzerne, die vom Ausland aus betrachtet Frankreichs Image schlechthin verkörpern. Wie ein hoher Beamter im Ministerium für Wirtschaft und Finanzen erklärt, »machen Vuitton, Chanel usw. Frankreichs Image aus. Die großen Marken stehen im Mittelpunkt, weil sie die Trägerinnen von Frankreichs Image sind. Sie haben den Begriff der französischen Lebensart geschaffen und profitieren jetzt davon.«[49] Doch vorgeführt wird diese »Lebensart«, wie jeder feststellen kann, der die Air-France-Magazine oder die Beilagen der großen französischen Zeitungen durchblättert, vor allem kulturell: Aus diesem Grund werden dort, allerdings in *verschiedenen* Rubriken, die Werbung für Luxusuhren mit Artikeln, die das Leben von zeitgenössischen Künstlern schildern, und Ratschlägen für einen gelungenen Aufenthalt in Paris gepaart.

Die Widersprüchlichkeit im Kern der Bereicherungsökonomie besteht nicht zwischen einer der kapitalistischen Logik innewohnenden Homogenisierung und der Heterogenität der Kulturgegenstände, also zwischen »einer Wertschätzung des Einmaligen, Authentischen, Besonderen, Originellen und aller Dimensionen des sozialen Lebens« und der »Homogenität, die von der Waren-

49 Im Dezember 2015 mit Benjamin Leperchey geführtes Interview. Mit ähnlichen Worten hat derselbe hohe Beamte in einem Artikel folgenden Gedanken zum Ausdruck gebracht: »Luxus ist ein Botschafter Frankreichs im Ausland: Selbst wenn den großen französischen Häusern beim ›Pflegen‹ ihrer Marken die Aura Frankreichs zugutekommt, ist unbestreitbar auch das Gegenteil der Fall.« So umfasst das Comité Stratégique de Filière (CSF), der Strategische Branchenausschuss der Mode- und Luxusindustrie, denn auch neben Vertretern der Berufsverbände Repräsentanten der »Auftraggeber«, das heißt der großen Luxusfirmen wie Balenciaga, Dior, Hermès oder Vuitton, und Vertreter staatlicher Organe, wie der Banque publique d'investissement (der Staatlichen Investmentbank) und dem Ministerium für Kultur und Kommunikation (Benjamin Leperchey, a. a. O.).

produktion vorausgesetzt wird«, wie David Harvey in einer Studie über die Stadt Barcelona und ihren Wein behauptet.[50] Das Problem liegt nämlich nicht darin, dass der Kapitalismus sich zwei Dilemmata gegenübersieht, nämlich zum einen, »sich der reinen Vermarktlichung so weit zu nähern, dass die Distinktionsmerkmale verlorengehen, auf denen die Monopolrenten beruhen«, und zum anderen »so singuläre Distinktionsmerkmale zu entwerfen, dass sie schwer zu nutzen sind«.[51] David Harvey fasst den Kapitalismus nur in seiner Standardform ins Auge; was seiner Analyse an dieser Stelle fehlt, ist eben gerade die Sammlerform. Denn sobald man die Existenz mehrerer Wertermittlungsformen in Erwägung zieht, von denen eine sich die Ausbeutung der Differenzen zunutze macht, die in der Vergangenheit der Dinge liegen, lösen sich die von Harvey dargelegten Widersprüche von selber auf.

50 David Harvey, »L'art de la rente. Mondialisation et marchandisation de la culture« (2001), in: ders., *Géographie de la domination*, Paris: Les Prairies ordinaires, 2008, S. 23-56.

51 Ebd., S. 51.

Neuntes Kapitel
Die Trendform

Trend, Zeichen und Distinktion

Zum Abschluss der Transformationsgruppe, durch die sich unserem Vorschlag zufolge die Warenstrukturen sowohl vereinheitlichen als auch diversifizieren lassen, möchten wir jetzt zwei weitere Formen vorstellen: die *Trendform* und die *Anlageform*. Genauso wie die Sammlerform betrifft die Trendform nämlich Dinge, deren Wert mit Hilfe von Narrativität ermittelt wird, aber diese Dinge sind dazu bestimmt, sehr schnell an Wert zu verlieren, sodass ihr Verhältnis zur Zeit sich spiegelverkehrt zur Temporalität verhält, die wir im Fall der Sammlerform beobachtet haben. Was die Anlageform anbelangt, so beruht sie, wie die Standardform, auf einer analytischen Wertermittlungsweise, doch die von ihr berücksichtigten Objekte sind nicht dazu bestimmt, im Laufe der Zeit an Wert zu verlieren, sondern bei ihnen ist ganz im Gegenteil mit der Möglichkeit eines wachsenden Marktpotenzials zu rechnen.

Da die verschiedenen Wertermittlungsformen sich in Teilen überschneiden müssen, damit Wege offenstehen, die den Übergang von einer Form zur anderen erlauben, kann die Trendform einerseits mehr zur Standardform tendieren, weil das Los der meisten Trendobjekte, wenn sie überhaupt Gefallen finden, darin besteht, dass sie ziemlich schnell in die Massenproduktion übernommen werden, was dann ihre Wertminderung nach sich zieht. Aber andererseits kann sie auch zur Sammlerform tendieren, insofern der Wert der betreffenden Objekte auf Differenzen zurückgeht, für deren Auftreten die Intervention von »Kreativen« verantwortlich ist. Und dieser Aspekt der Trendobjekte prädisponiert sie dazu, nach einer bestimmten Zeit zu Sammlerobjekten zu werden. Wir werden sehen, dass dieser Doppelaspekt mit der Zweideutigkeit der Trendform zusammenhängt, die sowohl auf Distinktionsstreben als auch auf Nachahmungsprozesse setzen muss.

Die Trendform beruht auf der gewerblichen Nutzung der sozialen Hierarchien. Das heißt in erster Line auf der Vermögens- und/oder Klassenhierarchie, aber auch auf anderen Hierarchien, die auf anderen Differenzierungsarten basieren, wie etwa Berühmtheit, Alter oder auch physische Schönheit, ja sogar Geschlecht oder ethnische Herkunft. Obwohl die Trendform häufig und vor allem mit der Kleidermode in Verbindung steht, kann durch sie – vor allem mit Hilfe des entsprechenden Designs – alles eine Aufwertung erfahren.

Der Tendenz nach tritt eine besondere Aufmerksamkeit für die Trendform in jeder sozialen Formation auf, in der drei Bedingungen erfüllt sind. Die erste Bedingung besteht darin, dass viele unterschiedliche, sich rasch und häufig wandelnde Dinge zirkulieren, wobei einige Dinge auf den Regalen der Händler vertreten sind, während andere daraus verschwinden. Die zweite besteht darin, dass diese Dinge unter den Akteuren, Gruppen oder Klassen, die in verschiedenen Hinsichten hierarchisch unterschiedliche Positionen bekleiden, höchst ungleich verteilt sind. Doch darüber hinaus muss es in diesen sozialen Formationen einen gewissen Grad an Ungebundenheit und Durchlässigkeit geben: Die in einer bestimmten Hinsicht Unterprivilegierten müssen die Gelegenheit haben, Dinge zu erwerben, die an die Objekte erinnern, die im Besitz derjenigen sind, die in eben dieser Hinsicht über ihnen stehen. Ein solcher Prozess ist nur möglich, wenn die Zuordnung von Dingen, zum Beispiel von Kleidung, nicht statutarisch in dem Sinne ist, dass sie auf im weitesten Sinne rechtlichen Codizes beruht (wie im Fall von Uniformen oder Ehrenzeichen). Die dritte Bedingung besteht schließlich darin, dass der Erneuerungsrhythmus der Dinge und die hierarchische Position in einer Relation zueinander stehen. Diese Relation ergibt sich aus einem Wechselspiel zwischen Dingen und Personen, bei dem entweder die in einer bestimmten Hinsicht privilegierten Personen als Erste Dinge aufgreifen, die erst relativ kurz auf dem Markt sind, oder Dinge neu auf den Markt kommen, weil sie unter den in der betreffenden Hinsicht privilegierten Personen gefragt sind.

In einem System dieser Art erzeugen die sozialen Hierarchien

Leerstellen. Den »Alten« fehlt, dass sie nicht »jünger sind«, den »Hässlichen«, dass sie nicht »schön« sind, den »Hinterwäldlern«, dass sie nicht »berühmt« sind, den »Armen«, dass sie nicht »reich« sind, den »Otto Normalverbrauchern«, dass sie nicht »schick« sind usw. Es fehlt ihnen, weil andere es sind. Daraus folgt, dass das Verhältnis zu den Dingen durch das Verhältnis zu Personen vermittelt wird. Denn der Erwerb von neuen Dingen füllt Leerstellen, die nicht durch ein Bedürfnis gerechtfertigt sind – wie bei der Standardform – und auch nicht auf einen Totalisierungsanspruch zurückgehen – wie bei der Sammlerform –, sondern nur für Personen erkennbar sind, die sich hierarchisch strukturierten Kollektiven gegenübersehen. Wenn man sie aus dieser Perspektive betrachtet, werden die Dinge als solche nicht vorrangig wegen ihrer Nützlichkeit geschätzt, selbst wenn man sie durchaus benutzen kann, sondern als *Zeichen*, das heißt als Marker der Position, die man innerhalb des sozialen Beziehungsgefüges bekleidet. Die Totalität, in deren Rahmen die Leerstellen auftreten, ist also ebenfalls semiotischer Art. Sie besteht aus allen Signalen, die als Hinweise auf die soziale Stellung aufgefasst werden können oder vielmehr aus der Relation zwischen diesen Hinweisen, die man als indirekt bezeichnen kann, und den Kennzeichen oder Symbolen, die auf offizielle Qualifikationen verweisen. Während sich die offiziellen Kennzeichen nur schwer oder gar nicht ändern lassen, wirken auf diese sozusagen frei zugänglichen Indizierungssysteme ununterbrochen zwei zyklische Bewegungen ein: Mimikry und Distinktion.

Die Trendform stützt sich nicht einfach auf vorab bestehende, ein für alle Mal festgelegte und auf einer institutionellen (oder sogar rechtlichen) Basis beruhende, durch Titel oder auch einen Kanon (so wie man von einem Schönheitskanon spricht) objektivierte soziale Hierarchien, ja noch nicht einmal auf unbestreitbare Vermögenshierarchien. Sie erkennt nur die Zeichen an, in denen diese Hierarchien zum Ausdruck kommen. Und da diese Zeichen je nach dem Kontext, in dem sie sich äußern, Schwankungen unterliegen, lassen sie sich im Rahmen der Trendform nur in Kontexten identifizieren, in denen ein Trend bevorzugt zum

Ausdruck kommt. Das heißt, ein Trend setzt Zeichen, die zu einem bestimmten Zeitpunkt tatsächlich zu einem Trend werden, weil man sie mit Akteuren in Verbindung bringt, die in der Szene, in der Trends sich äußern, präsent sind.

Die Merkmale, die sich der Trendform bzw. deren Prämissen zuordnen lassen, waren besonders für Soziologen und Historiker von Interesse,[1] denn dadurch, dass sie ihnen Aufmerksamkeit schenkten, konnten sie den Dingen einen anderen Stellenwert geben, als ihnen im Allgemeinen gewährt wird, wenn sie vom Standpunkt der Ökonomie oder der Technikgeschichte aus betrachtet werden, und sie konnten ihnen, indem sie sie in das Idiom übersetzten, das ihnen am vertrautesten ist, nämlich das von Gruppen und Hierarchien, Sinn abgewinnen. So findet sich in dem Aufsatz, den Pierre Bourdieu mit Yvette Delsaut über die Haute Couture geschrieben hat, eine erhellende Analyse der Modeerscheinungen, die für die Trendform eine entscheidende Rolle spielen.[2] An der Wende der 1960er zu den 1970er Jahren war der Strukturalismus für viele Forscher zu einem Hilfsmittel geworden, mit dem soziale Phänomene sich unter Anwendung von Methoden beschreiben ließen, die aus der Linguistik stammten, was sie dazu veranlasste, sich die Zirkulation der Dinge homolog zur Zirkulation von Zeichen vorzustellen,[3] wie nicht zuletzt bei Roland Barthes[4] und Jean Baudril-

1 Für Frankreich zum Beispiel Daniel Roche, *La Cultures des apparences*, a.a.O.

2 Pierre Bourdieu mit Yvette Delsaut, »Le couturier et sa griffe. Contribution à une théorie de la magie«, in: *Actes de la Recherche en Sciences Sociales*, 1975, Jg. 1, Nr. 1, S. 7-36. Ein Gesamtüberblick über Pierre Bourdieus Forschungen zur Rolle von Objekten in Herrschaftsprozessen findet sich in *Die feinen Unterschiede*, a.a.O.

3 Vgl. Patrice Maniglier (Hrsg.), *Le Moment philosophique des années 1960 en France*, Paris: PUF, 2011 (besonders der Beitrag von David Raboin, »Structuralisme et comparatisme en sciences humaines et en mathématiques. Un malentendu?«, S. 37-58).

4 Dabei denken wir besonders an Roland Barthes' Beiträge zum Objekt in *Mythologies*, Paris: Seuil, 1957 ⟨dt.: *Mythen des Alltags* (Aus dem Französischen von Helmut Scheffel und Horst Brühmann), Berlin: Suhrkamp Verlag, 2010⟩; *Le Système de la mode*, Paris: Seuil, 1967 ⟨dt: *Die Sprache der Mode*,

lard[5] deutlich wird. Die Trendform beruht eher auf einer empirischen und praktischen Semiologie als auf einer Semantik, und das ist der Grund, warum sie eine solche Faszination auf die Semiologen ausgeübt hat. Sie verhält sich wie ein Möbius-Band: Ein Akteur, der die Zeichen des Trends verkörpert, liegt im Trend, aber gleichzeitig liegen die Zeichen im Trend, die von den Trendakteuren bzw. von den Akteuren verkörpert werden, auf die der Trend zurückgeht.[6] In Anbetracht der Tatsache, dass die Akteure die Dinge ausschließlich bzw. vor allem wegen ihrer differenziellen Bedeutung begehren und sich aneignen, das heißt in Bezug auf etwas, das aus der Sicht einer Saussure'schen Semiologie ihre Diskrepanz gegenüber anderen Dingen zum Ausdruck zu bringen vermag, hat sich dieser Ansatz als vereinbar mit einer kritischen, auf die Konsumgesellschaft und/oder die Klassengesellschaft zielenden Perspektive erwiesen, die dazu tendierte, das Verhältnis zur Differenz nach der Logik eines unaufhörlichen, durch Herrschaftseffekte hervorgerufenen Distinktionsstrebens zu interpretieren.

Da sie besonders die »symbolische« Dimension der Güter in den Vordergrund stellte – wobei die Bezeichnung »symbolisch« oftmals einen Gegensatz zum »Materiellen« implizierte –, konnte diese im Marxismus wurzelnde Kritik leicht im Sinne ganz anderer, eher moralisch eingefärbter Formen von Kritik uminterpretiert werden. Diese stützten sich entweder, wie bei Thorstein Veblen, auf ein progressives, ja sozialistisches Loblied der industriellen Ordnung oder auf eine katholisch inspirierte Form von Antichrematistik, die dem »Nützlichen«, das die »Bedürftigen« brauchten, das »Nutzlose« gegenüberstellte, das als Zeichen für

---

Frankfurt am Main: Suhrkamp Verlag, 3. Aufl. 2003⟩; »Sémantique de l'objet«, in: ders., *L'Aventure sémiologique*, Paris: Seuil, 1985, S. 249-260 (Erstpublikation in einer Zeitschrift: 1966) ⟨dt: »Semantik des Objekts«, in: ders., *Das semiologische Abenteuer* (Aus dem Französischen von Dieter Hornig), Frankfurt am Main: Suhrkamp Verlag, 3. Aufl. 1994, S. 187-198⟩.

5 Jean Baudrillard, *Das System der Dinge*, a. a. O.; *Die Konsumgesellschaft*, a. a. O.

6 Zum selben Schluss gelangt Patrik Aspers in *Orderly Fashion. A Sociology of Markets*, Princeton: Princeton University Press, 2010, S. 49-54.

Verschwendung und Vergeudung gebrandmarkt wurde, oder sogar auf eine sich vage in manchen Fällen auf Adorno und in manchen auf Heidegger berufende Kritik, die den Akzent auf die in der Autonomie des Subjekts wurzelnde »Authentizität« legte – im Gegensatz zur Inauthentizität des »mimetischen Begehrens«, das durch das »Begehren des Begehrens des anderen« motiviert sei und die entfremdeten Menschen im anonymen »Man« versinken lasse.

So, das heißt in ihrer allgemeinsten und quasi transhistorischen Form betrachtet, könnte die Trendform auf den Bereich der Modeerscheinungen im weitesten Sinne reduziert werden, die in einer bestimmten Gesellschaft dazu führen, dass die Akteure sich dem »Zeitgeschmack« oder dem »guten Ton« anpassen und das anstreben, was *»en vogue«*, *»up to date«* oder der »letzte Schrei« ist, wobei diejenigen, die nach »sozialer Anerkennung« streben, die nachahmen, die sie angeblich bereits erlangt haben. Solche Erscheinungen machen sich besonders an Orten und in Zeiten bemerkbar und sind auch diffamiert und lächerlich gemacht worden, in denen die soziale Ordnung anscheinend so sehr in Bewegung geraten ist, dass die Akteure versuchen, ihr neue Konturen zu verleihen, indem sie ihre Seins-, ihre Lebens- und ihre Verhaltensweise anderen gegenüber ändern, das heißt besonders dann, wenn die Verlagerung der Finanzströme statutarische Äußerlichkeiten in Frage zu stellen scheint. Das ist der Fall, wenn eine bis dahin subalterne Gruppe versucht, auf die Stufe der herrschenden Gruppe zu gelangen, wie zum Beispiel die Literatur in reichem Maße belegt, deren Zielscheibe besonders im 17. und im 18. Jahrhundert entweder die bürgerlichen Anstrengungen waren, den Adel nachzuahmen, oder das Nachahmungs- und das davon nicht zu trennende Distinktionsfieber, das sich in Mikrogesellschaften wie den höfischen Gesellschaften auf engstem Raum zwischen Personen unterschiedlichen Rangs entwickelte, die ihre Position dadurch zu verändern suchten, dass sie die Gunst des Fürsten errangen.

Trotzdem darf die Trendform nicht ausschließlich mit den mimetischen Nachahmungs- und Distinktionsprozessen in Verbindung gebracht werden, die sich innerhalb der Eliten entwickeln. Wir werden nur dann von einer Trendform im eigentlichen Sinne sprechen, wenn die Bereitschaft, »dem Trend« zu folgen, die einen quasi anthropologischen Charakter hat, sich im Rahmen des Kapitalismus Bahn bricht, das heißt, wenn die Akteure spezifische Instrumente einsetzen, um sie in Profit zu überführen. Solche Werkzeuge machen nicht zuletzt die Verlagerung der von Personen aufgrund ihrer Berühmtheit akkumulierten Kraft auf Waren möglich, um deren Preis zu erhöhen und die potenziellen Kaufinteressenten dazu zu bewegen, diesen Preis zu bezahlen, worin eine der Aufgaben des Marketings besteht, das Peter Drucker zufolge dazu berufen ist, »den Kunden zu erschaffen«.

Diese, mit dem Aufstieg des Kapitalismus einhergehende Entwicklung setzt in der zweiten Hälfte des 18. Jahrhunderts ein, in der es zu einer Transformation einerseits der sozialen Differenzierungsdynamiken und andererseits der Herstellung und Zirkulation von Waren kommt, deren semiotischer Dimension diejenigen, die mit diesen Waren handeln, und diejenigen, die sie erwerben, immer häufiger ausdrücklich Rechnung tragen. So ließ sich Ende des 18. Jahrhunderts und im 19. Jahrhundert die Schaffung der Trendform, die durch die Entwicklung des Marketings systematisiert und ausgeweitet werden sollte, mit einer doppelten Diversifizierungs- und Vereinheitlichungsbewegung der Herstellungs- und Vermarktungsinstrumente verknüpfen. Einerseits kam es zur Bildung einer »Luxusökonomie«, die nicht mit der Anfertigung sehr kostspieliger, für eine kleine Elite bestimmter Produkte verwechselt werden darf, sondern sich auf die rasche Verbreitung von Dingen bezieht, deren Preis von ihrer Nützlichkeit im eigentlichen Sinne unabhängig ist. Der wachsende Konsum vor allem im urbanen Raum ging mit einer Diversifizierung der Herstellungstechniken und Wertketten einher, die außergewöhnliche Güter immer deutlicher von den ihnen teilweise ähnlichen, für die sozial aufstrebenden, urbanen Schichten zugänglichen Gütern trennten.[7] Dabei waren letztere, die in größerer Stückzahl

7 Vgl. Maxine Berg, »New commodities, luxuries and their consumers in eigh-

in Serie hergestellt wurden, häufig Nachahmungen der ersteren. Während die vorrangig für die Elite bestimmten Objekte oftmals importiert wurden (wie zum Beispiel chinesisches Porzellan) oder aus importierten Rohstoffen bestanden, ließen die für ein breiteres Publikum bestimmten Güter sich von diesen Objekten inspirieren und interpretierten sie dahingehend neu, dass sie in dem Land, in dem sie verkauft werden sollten, häufig mit Ersatzmaterialien lokaler Herkunft hergestellt werden konnten.[8] Doch diese Diversifizierung der Herstellungsinstrumente für die Objekte ging mit semiotischen Vereinheitlichungsprozessen Hand in Hand, die sich dadurch bemerkbar machten, dass der differenzielle Wert der Dinge von der Luxusgüterökonomie aus in die Ökonomie einsickerte, die für die gängigeren Güter zuständig war. Vor allem im Fall der industriell produzierten Luxusgüter, deren Vermarktung auf relativ großflächigen Verkaufsnetzwerken beruhte – der immer häufiger auftrat –, wurden die Luxusgüter gewissermaßen von dem aufgesogen, was Cissie Fairchilds *populuxe* nennt,[9] um die für das städtische Klein- und mittlere Bürgertum des 18. Jahrhunderts bestimmten Güter (Geschirr, Trikotagen usw.) zu bezeichnen. Sie wurden in großer Stückzahl von Handwerkern gefertigt, die sich wechselseitig kopierten, und waren relativ einheitlich, obwohl bei ihrer Herstellung noch keine Standardisierungstechniken im eigentlichen Sinne zum Einsatz kamen.

Genauer gesagt, bringt die Bildung von Warenzyklen, die sich

---

teenth-century England«, in: dies./Helen Clifford (Hrsg.), *Consumers and Luxury. Consumer Culture in Europe, 1650-1850*, Manchester: Manchester University Press, 1999, S. 63-87.

8 Wie das *Creamware*-Geschirr, das um 1760 herum zu einem Modeartikel wurde. Dabei handelte es sich um »feines, glasiertes, lichtdurchlässiges Steingut«, das sein Erfinder, Josiah Wedgwood, »mit Reproduktionen von bei freiberuflichen Künstlern in Auftrag gegebenen Entwürfen bemalen ließ, die von orientalischen Mustern inspiriert waren«. Vgl. Jean-Claude Daumas/Marc de Ferrière Le Vayer, »Les métamorphoses du luxe vues d'Europe«, in: *Entreprises et histoire*, 2007/1 (Nr. 46), S. 6-16.

9 Cissie Fairchilds, »The production and marketing of populuxe goods in eighteenth-century Paris«, a.a.O.

nach dem jeweiligen Trend richten, tendenziell die Kurzlebigkeit der zuerst durch den Handel mit Luxusartikeln eingeführten Differenzen ans Licht, die als »künstlich« oder »willkürlich« bemängelt werden können. Wenn der gesamte Zyklus im Fokus steht, leistet das jedenfalls vor allem der Banalisierung der Luxusprodukte Vorschub, die Gefahr laufen, auf dieselbe Stufe gestellt zu werden wie die alltäglicheren Produkte, die dieselben Differenzen in sich tragen, insofern beide lediglich zwei Momente desselben Zyklus sind.

Die einschlägigste Dimension der Trendform ist also in dieser Hinsicht, dass sie den Lebenszyklus nicht nur der Produkte als materieller Entitäten auf- und vorwegnimmt, sondern vor allem der Differenzen, die sie in sich tragen. Denn wenn man sie aus der Perspektive der Trendform betrachtet, bezieht sich die Produktion nicht nur auf die Anfertigung von Dingen, sondern auch, und zwar in erster Linie, auf die Schaffung und Steuerung von Differenzen, die in unterschiedlichen Dingen stecken können und sich nach verschiedenen Rhythmen von Dingen, die in kleinen Mengen produziert und zu einem hohen Preis an Wohlhabende verkauft werden, auf Dinge verlagern, die in Serie produziert werden und immer billiger verkauft werden. Zum Zeitpunkt *t1* sind die Objekte, mit denen die neuen Differenzen eingeführt werden, gerade deshalb teuer, weil nur sie diese Differenzen in sich tragen, auch wenn ihr Preis häufig außerdem durch eine höhere Qualität des Trägers dieser Differenzen gerechtfertigt wird (was auf die Standardform verweist). Zu den Zeitpunkten *t2*, *t3*, *tn* … verlagern sich die zum Zeitpunkt *t1* eingeführten Differenzen auf weniger kostspielige, einer breiten Öffentlichkeit angebotene Objekte, während neue Differenzen in Erscheinung treten, was die Bildung eines neuen Zyklus markiert. Diese zeitlichen Abläufe führen zu einer raschen Rotation der Waren, deren Veralten nicht das Ergebnis materieller Abnutzung, sondern semiotischer Abnutzung ist.

Die Struktur der Trendform

Wie bei der Standardform und bei der Sammlerform werden wir versuchen, die Trendform innerhalb eines durch zwei sich überkreuzende Achsen umrissenen Raums auseinanderzulegen. Dabei handelt es sich erstens um eine Achse der differenziellen Präsentation, welche die Art und Weise wiedergibt, wie der Wert der Dinge ermittelt wird, sodass sich scheinbar ähnliche Dinge differenzieren lassen, damit sie nicht so leicht substituierbar sind; und zweitens um eine Achse des Marktpotenzials, die sich darauf bezieht, wie der Preis einer Sache, der durch den ihr zuerkannten Wert gerechtfertigt ist, sich voraussichtlich im Laufe der Zeit entwickeln wird. Wie werden mit der Achse des Marktpotenzials beginnen, die für diese Form eine zentrale Rolle spielt.

Für die Trendform ist die Gegenwart die grundlegende zeitliche Dimension. Ein Objekt kann im Trend liegen, wenn es Teil der augenblicklichen Realität ist. Doch diese Gegenwart wird von der beständig von der Vergangenheit in die Zukunft fließenden Zeit erfasst, sodass sich auch die vergangene und die zukünftige Zeit in Form von Erinnerungsresten oder einer Spur im Fall der Vergangenheit und einer Antizipation oder Vorahnung im Fall der Zukunft schon leicht in der Gegenwart abzeichnen. Auf der linken Seite der horizontalen Achse stehen also Objekte, die zwar in der Gegenwart vorhanden sind, aber gewissermaßen der Vergangenheit zuneigen und bereits überholt sind, Objekten auf der rechten Seite der Achse gegenüber, in deren Gegenwärtigkeit sich bereits eine Zukunft erahnen lässt, deren Ankunft sie verkünden. Diese letzteren können als Trendobjekte par excellence bezeichnet werden.

Die narrative Präsentation übernimmt die Differenzierung. Da der Wert der Dinge unter Bezugnahme auf Personen ermittelt wird, liegt der Akzent auf einer (oder mehreren) spezifischen Differenz(en), die das betreffende Ding in sich trägt und die es in die Nähe anderer Dinge rückt bzw. rücken, die gegenwärtig im Besitz von Personen sind oder von Personen begehrt werden, die selbst attraktiv sind, das heißt von Personen, denen diejenigen,

STRUKTURSCHEMA DER TRENDFORM

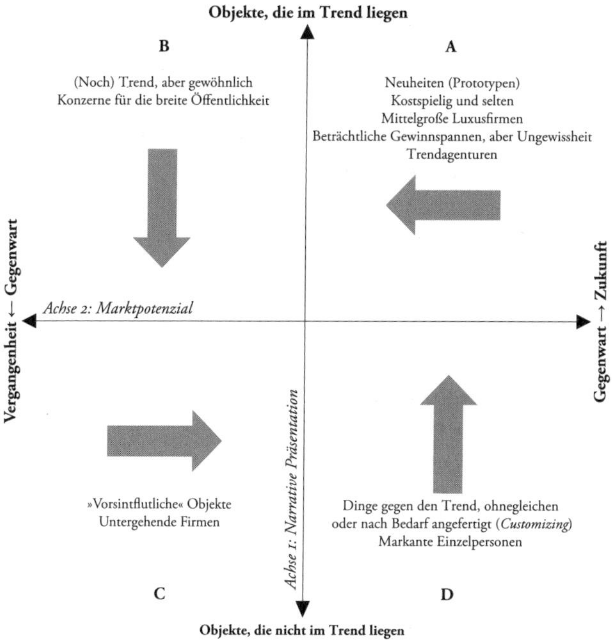

denen diese Dinge angeboten werden, ähneln möchten. Wenn man die Personen kennt, die das betreffende Ding schätzen, kennt man das Ding. Im Unterschied zu dem, was sich im Fall der Sammlerform beobachten ließ, richtet sich die Narrativität nicht auf die Vergangenheit, sondern auf die Gegenwart. Die Personen, durch deren Nähe das angebotene Ding bereichert wird, sind noch am Leben. Man könnte ihnen auf der Straße begegnen oder sie sogar persönlich kennenlernen, wenn sie nicht in einer anderen Welt leben würden, zum Beispiel in der Welt der Stars.[10] Aus

10 Edgar Morin, *Les Stars* (1957), Paris: Seuil, 1972.

diesem Grund erfolgt die Bezugnahme auf die Personen, deren soziale Kraft auf die Dinge übertragen wird, nicht nur über Geschichten, sondern auch über Fotografien oder Filme, wodurch ihre (verborgene) Präsenz unter uns, weil sie so sichtbar und manchmal sogar in ihrem »Alltag« eingefangen werden, gewissermaßen noch realer wird. Weil sie mit Personen in Verbindung gebracht werden, die zwar Gruppen angehören, deren Kraft sie auf sich konzentrieren und zum Ausdruck bringen, die aber trotzdem Einzelwesen sind, können die Differenzen sich nahezu unbegrenzt vermehren und sozusagen singularisiert werden. Im Fall der Trendform macht also immer die letzte Differenz, der letzte Unterschied, den ganzen Unterschied aus (die gleiche Uhr tragen, das heißt dasselbe Uhrenmodell derselben Marke, wie der amerikanische Filmstar im Flugzeug auf dem Weg zum Festival von Cannes usw.). »Nach der Mode gehen heißt, nach der neuesten Mode zu gehen«, hat schon Bourdieu angemerkt.[11] Deshalb ist es wahrscheinlich, dass der Orientierungswechsel, der sich etwa Mitte der 1980er Jahre in der Werbung vollzog, mit der wachsenden Bedeutung der Anzeigen zu tun hat, die sich vor allem auf Photographie und Film stützen und in denen Dinge zu sehen sind, deren Aufwertung sich auf die Trendform beruft. Während die Werbeanzeigen, die auf die Aufwertung von Standardartikeln ausgerichtet sind, vorgaben, »den Verbraucher zu informieren, indem sie die Qualitäten des Produkts präsentieren«, versucht der neue Werbestil, für den angesehene Photographen oder Filmemacher herangezogen werden, »Informationen« durch »Spektakel« zu ersetzen, indem sie nach einer »Logik der Verführung« das »Imaginäre« heraufbeschwören, »Celebritys« inszenieren, »Stimmungen« erzeugen und mit »Ironie« spielen.[12] Auf diese Weise verlagert sich die Bekräftigung der Differenzen, welche die Spezifität des angepriesenen Dings ausmachen, vom eigentlichen Objekt auf die Personen und Zusammenhänge, die vermeintlich

11 Pierre Bourdieu mit Yvette Delsaut, »Le couturier et sa griffe«, a. a. O., S. 18.

12 Vgl. Sylvain Parasie, »Une critique désarmée. Le tournant publicitaire dans la France des années 1980«, in: *Réseaux*, 2008/4 (Nr. 150), S. 219-245.

eine Affinität zu dem Gut aufweisen, für dessen Verkauf geworben werden soll. Sekundär oder winzig wirkende Differenzen treten so besonders deutlich hervor.

Doch solche kleinen Differenzen, die ausreichen, um ein Objekt absolut unersetzbar zu machen, sind immer auch die letzten Differenzen, weil sie schon allein dadurch eine zeitliche Dimension besitzen, dass die ausgewählten Personen sich mit *modellhaften* Dingen umgeben sollen, die der Phantasie von »Kreativen« oder Designern entsprungen sind und in deren Genuss sie als Erste kommen. Hier kreuzt sich die Art und Weise, wie die Trendform die Objekte mit Hilfe einer die Menschen ansprechenden Narration und Bildersymbolik aufwertet, mit ihrer zeitlichen Dimension, die einer ihrer Besonderheiten Rechnung trägt, dass sie nämlich gleichzeitig auf *Mimikry* beruht – so sein wie die ausgewählte Person, aber auch wie all die gewöhnlichen Personen, wenn man so sagen kann, die, weil sie ihr ebenfalls ähneln wollen, wirklich *»up to date«* sind – und auf *Distinktion* – sich von der breiten Masse derer abheben, die nicht in der Lage sind, dem Trend zu folgen und endgültig abgehängt zu sein scheinen. Für das Spannungsverhältnis, das zwischen Mimikry und Distinktion besteht, sorgt im Fall der Trendform die Bedeutung, die der Vorstellung von *Stil* zukommt. Die Bezugnahme auf den Stil gestattet nämlich eine große Menge von Interpretationen und Variationen, die bis zum *Customizing* gehen können, mit dessen Hilfe im Fall der Trendform auf das den Käufern nachgesagte Verlangen nach Authentizität reagiert wird. Durch das *Customizing* der Dinge, mit denen sie sich umgeben, sollen die Konsumenten sowohl im Trend liegen, ja ihn sogar vorwegnehmen können, als auch in der Lage sein, die Trendobjekte, die sie erwerben, auf originelle Weise zu kombinieren, damit ihre eigene Besonderheit deutlich wird und sie in ihrer Einzigartigkeit und dadurch Authentizität ein »eigenes Image« besitzen, wie man besonders an der Kleidermode sieht. Aus diesem Grund steht beim Marketing von Trendobjekten die Plastizität der zum Verkauf stehenden Objekte im Vordergrund, die als »Prosumer-Plattform« (*prosumer platform*) präsentiert werden können, insofern so getan wird, als ob der Konsument selbst »kreativ« und nicht der passive Konsument von »Fertigprodukten« sei.[13]

Auf der Differenzialachse der Trendform stehen sich die Objekte entsprechend dem Grad gegenüber, in dem ihre Eigenschaften sich nach dem Trend richten, das heißt entsprechend dem Grad, in dem zu einem bestimmten Zeitpunkt ein letzter Unterschied zur Rechtfertigung ihres Preises geltend gemacht werden kann, durch den sie sich von Objekten unterscheiden, die in anderen Hinsichten ähnlich sind, denen dieser letzte Unterschied aber fehlt. Am obersten Ende der Achse finden sich also Objekte, bei deren Qualifikation ihre tatsächliche Trendhaftigkeit im Vordergrund steht. Und am unteren Ende der Achse Objekte, die sich dem Trend entziehen – entweder aus Ignoranz oder um sich von ihm abzusetzen.

Aus der Überschneidung der beiden Achsen ergeben sich vier verschiedene Räume, nämlich der Raum A (rechter oberer Teil des Schemas), in dem sich die als *Modelle* qualifizierten Trendartikel befinden, die in die Zukunft weisen. Von ihnen gibt es im Allgemeinen eine kleine Zahl von Exemplaren oder sogar nur Prototypen, die zu einem hohen Preis verkauft werden. Für die Gestaltung und Herstellung dieser modellhaften Objekte sind Firmen zuständig, in denen Designer, Gestalter, Modefachleute usw. beschäftigt sind und die häufig auf den Rat von Trendagenturen oder »Stilbüros« hin aktiv werden. Diese Agenturen versorgen ihre Kunden, die vor allem aus der Mode-, der Textil- und der Kosmetikbranche kommen, regelmäßig mit »Trendkatalogen«, bei denen es sich um »Leitfäden« handelt, die künftige »Kreativtrends« um einige Monate bis zu zwei Jahre »vorwegnehmen«[14] und auf Messen präsentiert werden, die auf diesem Gebiet eine maßgebliche Rolle für die Verbreitung von Trends spielen.[15] Teilweise sorgen diese Agenturen, in denen Stylisten,

---

13 Vgl. James Gilmore/Joseph Pine II, *Authenticity. What consumers really want*, Boston: Harvard Business School Press, 2007, besonders S. 12f. und S. 77f.

14 Guillaume Erner, *Sociologie des tendances*, Paris: PUF, coll. Que sais-je?, 2008, S. 109-112.

15 Diego Rinallo/Francesca Golfetto, »Representing Markets. The shaping of

Farbberater, Photographen sowie Semiologen, ja sogar Soziologen beschäftigt sind, dafür, dass die von verschiedenen Firmen hergestellten Erzeugnisse aufeinander abgestimmt sind. Durch ihren Einsatz werden die Konturen dessen geschärft, was charakteristisch für den sich gerade bildenden Trend ist, bzw. für seinen »Geist«, woraus sich wiederum die sowohl sprachlichen als auch photographischen Beschreibungen speisen, die einer breiten Öffentlichkeit von Journalisten angeboten werden, die auf Fragen des Geschmacks, der Mode, des Designs und des Lebensstils spezialisiert sind.

Die in der Regel kostspieligen und seltenen Objekte, die in Zone A der Skizze vertreten sind, unterscheiden sich von den Objekten, die sich in Zone B (linker oberer Teil des Schemas) befinden und sich zwar ebenfalls nach dem Trend richten, aber bereits weiter verbreitet sind. Bei der Ermittlung ihres Werts stehen vorab eingeführte Differenzen im Vordergrund, deren Einschlägigkeit bei einer mehr oder weniger großen Zahl von Personen, die imstande sind sie zu erwerben, bereits als bekannt vorausgesetzt wird. Ein gutes Beispiel dafür sind die geflochtenen Lederhandtaschen, die der Lederfabrikant Bottega Veneta vertreibt und die ein Symbol für die Renaissance dieser (sich im Besitz des Kering-Konzerns befindenden) Firma sind. Doch der Stil dieser Handtaschen, die ihr Prestige zunächst der guten Steuerung der Sichtbarkeit verdankten, die ihnen die vielen zum Jetset gehörenden Kunden verliehen, wurde schnell von nicht so erlesenen Konkurrenten nachgeahmt, was ihre Exklusivität und folglich ihren Wert verringerte.[16] Die Objekte, die in Zone B der Skizze vertreten sind, werden im Allgemeinen zu einem geringeren Preis angeboten als die Objekte, die sich in Zone A befinden. Sie können als deren häufig für unzulänglich gehaltene Nachahmungen angesehen werden. Sie weisen zwar die Differenz auf,

fashion trends by French and Italian fabric companies«, in: *Industrial Marketing Management*, Jg. 35, Ausgabe 7, Oktober 2006, S. 856-869.

16 Vgl. Alain Chatriot, »La construction récente des groups de luxe français. Mythes, discours et pratiques«, in: *Entreprises et histoire*, 2007/1 (Nr. 46), S. 143-156.

die den Trend ausmacht – bzw. ausgemacht hat –, aber einerseits machen sie diese Differenz zu deutlich, ja geradezu ostentativ sichtbar und andererseits ist diese Differenz in einem Ding enthalten, das in anderen Hinsichten nicht über die Qualität der Objekte verfügt, an denen dieser letzte Unterschied zuerst zu Tage getreten ist. Beispielsweise kann die Form ähnlich, aber das Material unterschiedlich sein, wie zum Beispiel im Fall einer schwarzen Perfecto-Lederjacke, die an eine angesehene Marke angeglichen, aber aus Lammleder (anstelle von Rinds- oder Kalbsleder wie die alten Biker-Jacken) und später dann auch noch aus Kunststoff gefertigt wurde. Solche Objekte verlieren ihren Wert, weil man sie als *Imitate* bezeichnen kann (ein Ausdruck, der in Pierre Bourdieus Arbeit zu einem Begriff geworden ist[17]), die vor allem aufgrund ihrer weiten Verbreitung zu niedrigen Preisen als *gewöhnlich* gelten. Obwohl sie aktuell sein wollen, sind sie schon beinahe überholt.

In den Zonen C und D des Schemas befinden sich Objekte, die den Anforderungen des Trends wenn auch auf ganz unterschiedliche Weise nicht genügen. In Zone C sind Dinge vertreten, die im Hinblick auf den Trend als wirklich überholt oder »vorsintflutlich« gelten können. Die Ermittlung des Werts dieser Dinge kann sich auf eine ganze Reihe von Argumenten stützen (im Fall von Cordhosen mit Umschlag zum Beispiel darauf, dass sie strapazierfähig oder bequem sind), aber die Frage, ob sie dem Trend entsprechen oder nicht, findet dabei keine Berücksichtigung; sie ist in diesem Tauschzusammenhang nicht einschlägig. In Zone D (die auf die Zukunft gerichtet ist) sind Dinge vertreten, die zwar nicht dem Trend entsprechen, sich aber im Gegensatz zu dem, was sich in Zone C beobachten lässt (die auf die Vergangenheit gerichtet ist), nach dem Trend richten, in diesem Fall

17 In dem Ansatz, den Pierre Bourdieu entwickelt hat, ist die Vorliebe für Imitate der Mittelschicht eigen, die sich von den unteren Schichten unterscheiden und sich den oberen Schichten annähern möchte, ohne über die finanziellen Mittel zu verfügen, die für den Erwerb der Objekte erforderlich sind, die für echte Distinktion sorgen (Pierre Bourdieu, *Die feinen Unterschiede*, a. a. O., vor allem S. 391).

aber, um sich ihm zu entziehen, ihn in Frage zu stellen oder zu übertreffen. Diese Objekte verstehen sich sozusagen als Gegen-Trend. In diese Zone lassen sich Dinge einordnen, von denen es häufig nur ein Exemplar gibt und deren Wertermittlung darauf beruht, dass sie absolut originell sind und es nichts gibt, was ihnen gleicht. Ihr Vorhandensein zeugt von der spontanen Kreativität der Personen, die sie entworfen, angefertigt oder ausgewählt haben und dabei nur ihrer eigenen Phantasie gefolgt sind – dabei kann es sich um Künstler, Kreative oder Dandys handeln. Letztere beziehen ihre Ideen im Übrigen häufig aus der Beschäftigung mit veralteten oder aus der Mode gekommenen Dingen (die in Zone C der Skizze vertreten sind): Entweder übernehmen und modifizieren sie sie durch *Customizing*, um sie mit persönlichen Markern zu versehen, oder sie lassen sich von ihnen beim Kreieren von neuen Objekten inspirieren, die »ihnen ähnlich sehen« und gleichzeitig einen, wie es heißt, »Fingerzeig« auf jene veralteten Dinge von früher darstellen. Objekte dieser Art finden oft einen Platz in Sammlungen, wenn genügend Zeit vergangen ist.

Aber diese Objekte, deren Sichtbarkeit durch ihre Nähe zu Personen sichergestellt wird, die sie sich zu eigen gemacht haben – eine Nähe, die, wenn es sich um bekannte Persönlichkeiten handelt, häufig von den Medien weiterverbreitet wird, die ihr Augenmerk auf Geschmack und Lebensstil richten –, können ihrerseits als Modell für Gestalter, Designer, Journalisten und vor allem für die Experten der Trendagenturen dienen, die sich von ihnen bei der Ausrichtung und Koordination der Aktivitäten der Firmen inspirieren lassen, die auf die Herstellung und Vermarktung von Trendobjekten (Zone A der Skizze) spezialisiert sind. Die »Wachsamkeit« der Trendagenturen profitiert vom »Sich-treiben-Lassen« der »Trendscouts«, die »das Tagesgeschehen verfolgen, viel reisen, durch die Straßen und Museen bummeln, in Cafés herumlungern, kurz: nahezu überall sind, um den Zeitgeist zu ›stalken‹«,[18] aber auch von Gesprächen mit »Modeschöpfern« oder

18 Léa Bulci, »Les bureaux de style, ces gens qui ›font‹ la tendance«, Webseite *Vlogmad*, 3. August 2012.

Persönlichkeiten der »zeitgenössischen Kunst« und aus der »Avantgarde-Szene«.[19] Im Zuge dieses Informationsaustauschs werden singuläre Objekte, die gegen den Trend gerichtet sind, von Mode-, Design- und Marketingfachleuten neu interpretiert, deren Arbeit darin besteht, Prototypen zu schaffen, bei denen der Authentizitätsanteil, der auf die Beziehung zwischen dem ursprünglichen Objekt und einer singulären Person zurückgeht, erhalten bleibt und die sich trotzdem an die Vorgaben einer mehr oder weniger industriellen (und häufig ausgelagerten) Produktion anpassen lassen, die von kleinen bis zu großen Stückzahlen reicht.[20] Eine ähnliche Entwicklung nimmt die Suche nach neuen Trends, bei der auf die Lagerbestände an Vintage-Objekten zurückgegriffen, das heißt sich der Vergangenheit zugewendet und dadurch ein Kompromiss mit der Sammlerform eingegangen wird. Da das Trendobjekt neu ist, verschafft es sich so eine Geschichte. Genauer gesagt, geht bei der Trendform in den Augen der Jugend aufgrund des Tropismus dieser Form ein doppelter Reiz von Vintage-Objekten aus. Der Vintage-Bezug verankert das betreffende Ding sowohl in der Vergangenheit als auch in der Zukunft, weil die modebewussten jungen Städter sich nicht allein aus ökonomischen Gründen mit Objekten umgeben, die sie auf Flohmärkten, bei Trödlern oder in Secondhandläden gefunden haben, was die heutige Form des Interesses ist, das schon André Breton und die Surrealisten Flohmärkten entgegenbrachten – ein Interesse, in dem sich die Leidenschaft der Romantiker für »bric-à-brac«, also Trödel fortsetzt (auf die Nerval am Ende von *Sylvie* Bezug nimmt[21]).

19 Guillaume Erner, a. a. O., S. 111.

20 Was eine Analyse der Wertkette anbelangt, die im Fall der Mode von den »Trendsettern«, »Designern«, Produktionsstätten, globalen Konzernen, die die Produkte vertreiben, bis zu den Einzelhändlern (*»retailers«*) reicht, die sie verkaufen, vgl. Patrik Aspers, *Orderly Fashion. A Sociology of Markets*, a. a. O.

21 »In Dammartin trifft man immer nur abends ein. Ich übernachte dann in dem Gasthof zu ›Sankt Johannis Bild‹. Gewöhnlich gibt man mir ein recht sauberes Zimmer mit alter Wandbespannung und einem Trumeau über dem Spiegel. Dieses Zimmer ist für mich wie die letzte Rückkehr zu dem Trödel,

Ein solcher Analyseversuch legt nahe, dass die allgemeine Entwicklung, welche die Trendform nimmt, sich nicht durch eine Diagonale ausdrücken lässt, die – wie im Fall der Standardform – von kaum differenzierten Wegwerfartikeln bis hin zu sehr differenzierten und strapazierfähigen Artikeln reicht, sondern durch einen Kreis, der die Art und Weise symbolisiert, wie die für diese Form zentrale zeitliche Dimension den Fluss der differenzierten Dinge und die Weitergabe der Trends strukturiert, die von einer Zone der Skizze zur nächsten geht: Wenn man von der in der Skizze oben rechts gelegenen Zone A (der neuen Trendartikel) ausgeht, verläuft so die Weitergabe offenkundig in Richtung auf die oben links gelegene Zone B (immer noch Trendartikel, aber für eine breite Öffentlichkeit bzw. gewöhnlich), bewegt sich mit der Zeit auf den Orkus von Zone C (der vorsintflutlichen Objekte) zu, aus dem Künstler, Kreative oder Dandys dann Elemente schöpfen können, die sie inspirieren, und aus dem sie Objekte für das *Customizing* auswählen können oder mit dessen Hilfe sie Dinge erfinden können, die zu ihnen passen und ihnen ähnlich sehen (Zone D) – alles singuläre Objekte, auf die dann wiederum die Trendspezialisten der Zone A setzen und die ihnen als Modell dienen können, um dadurch, dass sie mindestens eine neue Differenz einführen, Prototypen zu schaffen, die geeignet sind, sowohl den Geist des augenblicklichen Trends in seiner Besonderheit zu verkörpern als auch in Serie hergestellt und vermarktet zu werden.

auf den ich schon so lange Verzicht getan habe« (Gérard de Nerval, *Sylvie*, Paris: Librairies des amateurs, 1943, S. 91 ⟨dt.: »Sylvie«, in: ders., *Die Töchter der Flamme. Erzählungen und Gedichte*, Werke, Bd. 3 (Aus dem Französischen von Anjuta Aigner-Dünnwald, Friedhelm Kemp und Norbert Miller): München, Winkler Verlag, 1989, S. 183-222, hier S. 221⟩). Die Zeit in seinem Leben, auf die Nerval sich bezieht und in der Trödel sehr viel Raum einnimmt, wird am Anfang des Textes »Kleine Traumschlösser der Bohème« geschildert, in dem Nerval sein Leben in der Rue du Doyenné beschreibt (Gérard de Nerval, *Poésies et souvenirs*, Paris: Gallimard, 1980, S. 84-87 ⟨dt. in: ders., *Die Töchter der Flamme*, a. a. O., S. 5-72, hier S. 8-11⟩).

Bei der Trendform sind die (sich mehr oder weniger im Preis niederschlagenden) Produktionskosten von etwas vor allem Produktionskosten in Bezug auf den Metapreis des betreffenden Dings, das heißt Kosten, die an verschiedenen Stellen der Wertkette anfallen und Argumente zur Rechtfertigung der jeweils höchstmöglichen (zumutbaren) Preise und ihrer Diversifizierung nach den jeweiligen Zielgruppen erlauben. Diese Kosten umfassen das Suchen, Identifizieren und Vermarkten von markanten aktuellen Trends sowie die Kosten für die Bestimmung und Förderung von aufkommenden Trends, die von den Konkurrenten noch nicht identifiziert worden sind. Bei diesen Kosten handelt es sich um Werbungskosten und Kosten für Öffentlichkeitsarbeit im weitesten Sinne: für die Organisation von Events, Messen, Festen und womöglich in erster Linie um Kosten für die Steuerung, ja sogar Kontrolle der Medien, wenn etwa Werbeplätze gebucht werden, wie es häufig in den Presseorganen vorkommt, die sich mit Mode und Gestaltung befassen und bei denen die für die redaktionellen Seiten Verantwortlichen im Allgemeinen aufpassen müssen, dass sie die Anzeigenkunden nicht verprellen. Doch es geht dabei auch um Auslagen, die beim Vorhersehen und Prägen der »Trends von morgen« entstehen; manchmal müssen »Kreative« und Künstler sowie die Dienste von Trendagenturen bezahlt werden, von denen man meint, dass sie die zukünftigen Trends vorhersehen können, weil sie sie machen.

Es kommt also häufig vor, dass bei einem für einen Trendartikel veranschlagten Metapreis angesichts der Kosten für das Marketing, die Werbung, die Öffentlichkeitsarbeit sowie den Aufbau und die Pflege des Vertriebsnetzes der Anteil der konkreten Herstellungskosten für das betreffende Ding sehr gering ist. Die Hersteller von Trendobjekten, die ein »kultiviertes Erscheinungsbild« betreffen (Kleidung, Schmuck, aber auch Uhren, ja sogar Autos), stellen diese zum Beispiel am Anfang eines Zyklus häufig »Stars aus Film und Fernsehen« zur Verfügung, damit diese gemeinsam mit diesen Objekten gesehen und vor allem photographiert werden.

Darüber hinaus darf nicht vergessen werden, dass im Rahmen der Trendform das Preisgefälle zwischen dem Trendartikel und anderen im Hinblick auf ihre Funktion und ihren Nutzen mehr oder weniger äquivalenten Dingen Teil der mit dem jeweiligen Ding verbundenen Differenzen ist, die bei der Ermittlung seines Werts zum Tragen kommen. Der Preis wird zu einem Rechtfertigungsargument des Preises, was der Tendenz nach die Unterscheidung von Wert und Preis aufhebt. Im Rahmen dieser Form ist der Preis also nicht das nachträgliche Ergebnis einer Beurteilung des Produkts unter Berücksichtigung von dessen Produktionskosten sowie der erhofften Gewinnspanne, sondern stellt für sich genommen eine intrinsische Qualität des Produkts dar. Die Fähigkeit eines Dings, sich an Leerstellen anzupassen (und sie hervorzurufen), wächst mit seinem Preis, was eine Folge der Mimikry ist, die sich – wie André Orléan gezeigt hat – auch bei Finanzprodukten beobachten lässt, wenn deren Zirkulation auf reine Spekulation hinausläuft.[22] Bei diesen verschiedenen Beispielfällen sinkt nicht unbedingt die Nachfrage, wenn der Preis steigt, und steigt sie nicht unbedingt, wenn der Preis fällt, ganz im Gegenteil: Sie beginnt zu steigen, wenn der Preis steigt, weil der Preis des Dings Teil der Qualitäten ist, die die Nachfrage ankurbeln.

Doch dieser Prozess ist nur von sehr kurzer Dauer. Die Unterscheidung von Neuem – bezogen darauf, dass etwas noch nicht benutzt worden ist – und Gebrauchtem, die für die Standardform zentral ist, findet bei der Trendform ihre Entsprechung in der Unterscheidung von Neuheiten – in dem Sinne, dass etwas gerade neu aufgekommen ist – und Sonderangeboten. Der Preis, zu dem die Sonderangebote verkauft werden, wird gemeinsam mit einem anderen Preis ausgeschildert, nämlich mit dem Preis, den dieselben Dinge einige Monate zuvor hatten, als sie voll im Trend lagen, und der, weil er nur dazu da ist, den Unterschied zum Sonderangebotspreis anzuzeigen, zu einem Metapreis geworden ist.

Wenn Ausverkäufe stattfinden, hören halbwegs luxuriöse Klei-

22 Vgl. André Orléan, *L'Empire de la valeur*, a. a. O., S. 72-86.

dungsgeschäfte einige Wochen lang auf, sich als »kostbar ausgestattete Welt personalisierter Dienstleistungen« zu präsentieren und verwandeln sich in »Lagerhäuser mit Selbstbedienung«; gleichzeitig ändert sich das »soziale Niveau« eines großen Teils der Kundschaft.[23] Die starke Zunahme von Ausverkäufen, auch bei Objekten, die als Teil des »Luxussegments« (Kleidung, Kosmetik, modische Accessoires, Besteck und Geschirr, Heimtextilien usw.) präsentiert werden, geht Hand in Hand mit der Ausbreitung systematisch vom Marketing betriebener Discount-Techniken, die erstmals um die Mitte der 1970er Jahre in den Vereinigten Staaten eine Marktlücke besetzten. Bei den großen Marken wie Ralph Lauren haben sich die Fabrikverkäufe (*outlets*) vervielfacht (146 im Jahr 2007), ihre Anzahl ist inzwischen höher als die Zahl der Geschäfte (105). Dieser Vertriebsweg, der in der Luxusindustrie bis zu 30 Prozent des Umsatzes ausmacht, findet in den Vereinigten Staaten, in Europa, aber auch in Taiwan und Japan rasch Verbreitung. Die Marken, die sich die Trendform zunutze machen, laufen allerdings vor allem in Verbindung mit der Welt des Luxus Gefahr, dass sie, wenn sie versuchen ihr Absatzgebiet zu vergrößern, um gleichzeitig von großen Gewinnspannen für jede verkaufte Einheit und einer wachsenden Zahl von Einheiten zu profitieren, wieder zur Standardproduktion zurückkehren müssen und so einen Rückgang der Profite erleben, die sie aus ihren Differenzen ziehen. Das war zum Beispiel der Fall, als in den 1970er Jahren Haute-Couture-Marken wie Dior und vor allem Pierre Cardin oder Valentino in Italien damit begannen, »Lizenzen« zu vergeben, um in den Vertrieb von »Nebenprodukten« einzusteigen, die ihr Markenzeichen trugen; manche dieser Produkte standen ihrem »Kerngeschäft« nahe (wie etwa Strümpfe oder Parfüms), andere waren weit davon entfernt (wie etwa Brillen oder Feuerzeuge), was dazu führte, dass ihr Anspruch auf Außerordentlichkeit ausgehöhlt wurde.[24]

23 Henri Peretz, »Soldes ›haut de gamme‹ à Paris«, in: *Ethnologie française*, 1/2005, Jg. 35, S. 47-54.

24 Corinne Degoutte, »Stratégies de marques dans la mode. Convergence ou

Ein Trendobjekt verfügt nur selten über die rechtlich abgesicherte Identität und Stabilität, die den Prototypen der Standardform kennzeichnet, und die Differenzen, die seine Besonderheit ausmachen (die letzten Differenzen), müssen, auch wenn sie durch Patente oder Musteranmeldungen geschützt sind, von den Herstellern aufgegriffen, übernommen und/oder neu interpretiert werden können, die sie auf preiswertere, in großer Stückzahl produzierte Objekte übertragen. Der Trend ist eine Frage des *Stils*, den sich, wie man im Bereich künstlerischer oder literarischer Schöpfungen sieht, jeder zu eigen machen kann, der darin etwas Interessantes und Neues zu erkennen und sich dadurch zur Hervorbringung zahlloser, a priori unbegrenzt vieler Varianten inspirieren zu lassen vermag, ohne gleich des »Plagiats« beschuldigt zu werden. So ist zum Beispiel in der Mode der auch »Grufti-Stil« genannte *Gothic look* durch »eine ganze Reihe verschiedener Einflüsse« gekennzeichnet, darunter »eine Mischung aus Stoffen (Samt, Spitze), Farben (schwarz), Mustern (ursprünglich aus Schottland stammende Karomuster) und Querverweise auf andere kulturelle Bewegungen, wie Punk oder New Wave«.[25] Weil Stile sich leicht nachahmen lassen, ist denn auch die ökonomisch relevante Lebensdauer der Trends kurz; die Trendsetter müssen sie unaufhörlich modifizieren, um die Bemühungen der Konkurrenten zu unterlaufen, sie aufzugreifen, indem sie sie an die Produktionsmittel, über die sie verfügen, und vor allen Dingen an den Preis anpassen, zu dem sie sie entsprechend der Zumutbarkeitsgrenze der jeweiligen Zielgruppe anbieten möchten. Außerdem dürfte jeder auf einem Trend beruhende Stil schon mehr oder weniger unmodern geworden sein, bevor Marken ihn für sich vereinnahmen, deren Profit von der Zahl der verkauften Exemplare abhängt und die ihn deshalb der Masse potenzieller Käufer zugänglich machen wollen.

Die auf Trends setzenden großen Marken kommen zumindest

divergence des modèles de gestion nationaux dans l'industrie du luxe (1860-2003), in: *Entreprises et histoire*, 2007/1 (Nr. 46), S. 125-142.

25 Frédéric Godart, *Sociologie de la mode*, Paris: La Découverte, 2010, S. 51.

zu Beginn der Entwicklung immer in den Genuss einer Differenzrendite. Doch diese wird geringer, wenn der Umfang der Produktion wächst (Zone B des Schemas) und der Stil, der den Trend ausmacht, von kleinen Unternehmen übernommen wird, die über große Flexibilität verfügen, was rasche Anpassungen möglich macht, wie es in der Modebranche im Pariser Sentier-Viertel in den 1980er Jahren unter Bedingungen der Fall war, die heute in industrieller Form weitergeführt werden im Rahmen der globalen Vertriebsketten, die auf die aus den innovativen Gebieten des dritten Italien hervorgegangenen Großkonzerne wie Zara, H & M oder Benetton angewiesen sind.[26] Doch gleichzeitig sind die Marken auch mit dem Aufkommen neuer einschlägiger Differenzen konfrontiert, die in Dingen stecken, die Modellhaftigkeit besitzen oder in ganz kleiner Stückzahl von Trendsettern geschaffen worden sind (Zone A des Schemas).

Aufgrund der hohen Geschwindigkeit der Verkaufszyklen erzeugt die Trendform noch mehr *Abfall* als die Standardform. Man könnte sogar sagen, dass sie vom Abfall lebt, weil es zu ihrer Logik gehört, Dinge unmodern (»untragbar« im Fall von Kleidung) zu machen, die im Hinblick auf ihre Funktion und ihren Nutzen ihre Benutzer noch lange vollständig zufriedenstellen könnten. Aus diesem Grund konnte die Trendform zum Symbol der *Vergeudung* – für die verantwortlich zu sein der »Konsumgesellschaft« vorgeworfen wird – und zur Hauptzielscheibe der Kritik werden, die an ihr geübt wird.

Im Rahmen einer Ökonomie, in der die Trendform eine wichtige Rolle spielt, zerfällt die in etwas steckende Arbeit in zwei ganz verschiedene Bestandteile. Erstens in die Anfertigungsarbeit, die zu weiten Teilen in Niedriglohnländer ausgelagert werden kann – nach Verfahren, die der industriellen Herstellung von Standardartikeln ähneln, oder sogar, wie man am Fall der Kleidung sieht, die in Ländern hergestellt wird, die über Arbeitskräfte verfügen,

26 Vgl. Maurizio Lazzarato/Yann Moulier-Boutang/Antonio Negri/Giancarlo Santilli, *Des entreprises pas comme les autres. Benetton en Italie, le Sentier à Paris,* Aix-en-Provence: Publisud, 1993.

die quasi wie Sklaven in Fabriken gehalten werden (wie in Bangladesch[27]), auf eine Weise, die an die Protoindustrialisierung in den westlichen Gesellschaften erinnert.[28] Zweitens in die Arbeit, die mit der Bestimmung der Differenzen, die den Trend ausmachen, und dann mit der Nutzung dieser Differenzen verbunden ist, das heißt mit der Erzeugung von Leerstellen, die diese Dinge füllen sollen. Aus diesem Grund kann in den Ländern, in denen die Konzerne angesiedelt sind, die im Zentrum dieser Wirtschaftszweige stehen, die sogenannte »immaterielle« Arbeit eine so ausschlaggebende Rolle spielen, dass man zu der weitgehend irrigen Überzeugung gelangt ist, die betreffenden Gesellschaften seien »postindustrielle« Gesellschaften geworden.

Die *Trendschaffenden* müssen nämlich Leistungsmerkmale vorweisen, die sie in die Lage versetzen, die Art von Aufgaben, für die sie bezahlt werden, erfolgreich zu Ende zu führen. Die meisten von ihnen müssen eine Universitätsausbildung sowohl in den Wirtschaftswissenschaften als auch auf dem Gebiet der Literatur, des Geschmacks oder der Künste durchlaufen haben. Zudem müssen sie noch über Trümpfe anderer Art verfügen, die, weil

27 Am 24. April 2013 stürzte das in einem Vorort von Dhaka gelegene Rana Plaza ein. Dieses Gebäude beherbergte Schneiderwerkstätten, welche die internationalen Marken belieferten und bei denen eine große Zahl von Arbeiterinnen unter Bedingungen beschäftigt waren, die an die Arbeitsbedingungen in den kaum mechanisierten Werkstätten Anfang des 19. Jahrhunderts erinnerten, in denen sich eine große Zahl von Arbeitern drängten. Am Gebäude waren Risse festgestellt worden, die man aber nicht gleich gekittet hatte. Bei der Katastrophe wurden 1135 Menschen getötet und ungefähr tausend verletzt.

28 Was eine von den NGOs unterstützte, aber weitestgehend ohne konkrete Folgen gebliebene Anprangerung dieser Praktiken anbelangt, vgl. Naomi Kleins vielverkauftes Buch *No Logo! Der Kampf der Global Players um Marktmacht. Ein Spiel mit vielen Verlierern und wenigen Gewinnern* (2001, aus dem Englischen von Heike Schlatterer und Helmut Dierlamm), zuletzt Frankfurt am Main: Fischer Taschenbuchverlag, 2015, englische Originalausgabe, 2000. Im Laufe der letzten zehn Jahre hat die Wachsamkeit der NGOs die Konzerne, die Kleidermode vermarkten, dazu veranlasst, in ihren Jahresberichten die »ethische« Dimension ihrer Aktivitäten und ihr Beachten der gesundheits- und arbeitsrechtlichen Normen in den Ländern zu betonen, in denen die Produkte hergestellt werden (vgl. Patrik Aspers, a. a. O., S. 160-162).

sie körperlich bzw. zu einem Teil ihres Körpers geworden sind, nur schwerlich als »immateriell« bezeichnet werden können, denn menschliche Körper unterliegen der materiellen Ordnung im gleichen Maße wie Dinge, zum Beispiel Jugend, Schönheit[29] oder gute Manieren. Unter anderem aus diesem Grund stammen sie häufig aus der alten Unternehmensbourgeoisie oder aus dem Kreis der »Kapazitäten«, ja sogar aus dem Adel. Vor allen Dingen müssen sie an Orten und in Milieus leben, an bzw. in denen die Aussicht besteht, dass neue Trends aufkommen. Aus diesem Grund leben zum Beispiel die hochqualifizierten Angestellten der großen Konzerne eher in bequemen, an die Geschäftsviertel angrenzenden Wohnanlagen, wenn sie Management-, Finanz- oder Informatikfachleute sind, aber eher in Vierteln, die gerade gentrifiziert werden – in Paris besonders in den Vierteln im Norden und Osten der Stadt –, wenn ihre beruflichen Aufgaben mehr auf Fragen des Geschmacks, der Mode, des Designs oder der Kommunikation ausgerichtet sind.[30] Solche »Trendscouts« müssen sich nämlich in einer Umgebung bewegen, in der sie den Trend *spüren* können, um ihn anschließend aufzugreifen und in eine Form zu bringen, die sich mit den organisatorischen und finanziellen Möglichkeiten der Konzerne vereinbaren lässt, bei denen sie beschäftigt sind. Das ist auch der Grund, warum letztere versuchen, ihren Mitarbeiterkreis kontinuierlich um ganz besonders junge Leute zu ergänzen, die als Träger der Trends von morgen gelten.

Wenn man sich nun der Frage der Profite zuwendet, lassen sich Gewinnzyklen beobachten, die mit den häufig sehr schnellen Wanderbewegungen der Differenzen verbunden sind, die den Trend ausmachen. In Zone A des Schemas kann die Gewinnspanne beträchtlich sein. Doch sie hängt auch von Unwägbarkeiten ab, deren Bedeutung ebenfalls groß sein kann. Dabei kann es sich

29 Vgl. Ashley Mears, *Pricing Beauty. The Making of a Fashion Model*, Berkeley: University of California Press, 2011.

30 Vgl. Bruno Cousin, »Ségrégation résidentielle et quartiers refondés. Usages de la comparaison entre Paris et Milan«, in: *Sociologie du travail*, Jg. 55, Nr. 2, 2013, S. 214-236.

erstens um radikale Ungewissheit in Bezug auf den potenziellen Erfolg der neu eingeführten Differenzen handeln (wie sie auch in der Verlagswelt[31] oder in der Welt des Films auftritt), die nicht angenommen werden können und dann keinen Trend bilden. Wie mit dieser Ungewissheit umgegangen wird, hängt wiederum teilweise davon ab, wie der Trendzyklus eingeschätzt wird: Eine neue Differenz kann sich deshalb nicht als Glücksfall erweisen, weil sie zu schnell eingeführt wurde, obwohl die Produktivität der vorherigen Differenzen noch nicht ausgeschöpft worden war, oder zu spät, wenn andere, von Konkurrenten angebotene Differenzen sich bereits durchgesetzt haben.

Aber es kann sich auch um eine falsche Einschätzung in Bezug auf das Einkommen, das den Reichen auf der ganzen Welt zur Verfügung steht, und auf die Verwendung handeln, die sie von ihrem Geld zu machen bereit sind. Deshalb hat zum Beispiel die von den chinesischen Behörden in den Jahren 2013/2014 geführte Antikorruptionskampagne in China zu einem Sinken des Absatzes von Parfüms und Spirituosen um ungefähr 30 Prozent führen können, die unter der Marke »Frankreich« vertrieben wurden. Im Fall der Luxusindustriebranchen, die Produkte verkaufen, deren Wertermittlung zu einem beträchtlichen Teil auf der Trendform beruht, ist die Notwendigkeit, dieser Ungewissheit ins Auge zu sehen, ein Grund zum einen für die wachsende Konzentration und Finanzialisierung dieser Branchen am Kapitalmarkt und zum anderen für ihre familiäre Verwurzelung. Einerseits sind die Marken auf Konzerne angewiesen, die über gewaltige finanzielle Ressourcen verfügen, um die Kosten für die Strategie des gezielt herbeigeführten Veraltens tragen zu können, um das beim Lancieren neuer Produkte möglicherweise eintretende Scheitern verkraften zu können und um trotz möglicher Verluste versuchen zu können, das Vertriebsnetz zu kontrollieren.[32] Andererseits leistet der sich aus der Notwendigkeit des Tref-

31 Vgl. John B. Thompson, *Merchants of Culture. The Publishing Business in the Twenty-first Century*, Cambridge: Cambridge University Press, 2010, S. 74f.
32 Vgl. Alain Chatriot, a. a. O.

fens von schnellen strategischen Entscheidungen ergebende Flexibilitätsanspruch einer Form von familiärer Integration Vorschub, die den Zusammenhalt und die Beständigkeit einer kollektiv auftretenden Entscheidungsinstanz sicherstellt.[33] Solche Familienstrukturen sind auch ein Grund, warum die Luxusindustrie sich insbesondere in Europa entwickelt hat, denn im Unterschied zu Aktionären, die auf der Stelle und ununterbrochen Profite einfordern, erlauben sie eine Solidarität, die in der Lage ist, Verluste in mehreren aufeinanderfolgenden Geschäftsjahren hinzunehmen, bevor nennenswerte Gewinne erzielt werden.

Allgemeiner gesagt, hat eine vor allem von der Trendform abhängige Ökonomie parasitären Charakter gegenüber den unmittelbar industriellen, auf der Ausbeutung der Arbeiter beruhenden Wirtschaftszweigen. Ihre Prosperität hängt von einer Vielzahl globaler Faktoren ab, die sie nur schwer kontrollieren oder auch nur einschätzen kann. In dieser Art von Ökonomie ist das Verhältnis zur Ungewissheit die Grundlage sowohl für Profite, die beträchtlich ausfallen können, wenn die Gelegenheit zu einem Trend ergriffen wird, bevor es die Konkurrenten tun, als auch für Verluste, die beträchtlich sind, wenn die Möglichkeit, einen neuen Trend schnell zu nutzen, falsch eingeschätzt wird.

Schließlich versetzt die Notwendigkeit, einen beständigen Strom differenzierter Waren zu produzieren und unaufhörlich erfolgreiche neue Differenzen einzuführen, indem man sich auf einem aufgrund der Konkurrenz um die Behauptung und Vermarktung des letzten spürbaren Unterschieds stark angespannten Feld betätigt, die Konzerne, deren Prosperität und sogar Überleben auf der Trendform beruhen, in eine dauerhafte Anspannung. Sie sind dazu verurteilt, so *flexibel* wie möglich zu sein, um mit der Ungewissheit, von der ihr Profit abhängt, fertigzuwerden. Von dieser Anspannung sind nicht nur die Investoren betroffen. Zu großen Teilen hat sie auch Auswirkungen auf diejenigen, die in den Ländern die Arbeit der Schaffung und Ausschlachtung von Trends verrichten, in denen das Kerngeschäft der Trendfirmen angesie-

33 Vgl. Andrea Colli/Elisabetta Merlo, a. a. O.

delt ist. Diese unentbehrlichen Mitarbeiter sind weitgehend dazu gezwungen, befristeten und prekären Beschäftigungen nachzugehen, wenn sie nicht ohnehin als freie Mitarbeiter oder Selbstständige in einer Ich-AG tätig sind; denn in dieser Art von Ökonomie stellen die Lohnkosten die hauptsächliche Anpassungsvariable dar, die es den Firmen erlaubt, sich den Unwägbarkeiten zu stellen, von denen sowohl ihr Erfolg als auch ihr Scheitern abhängt.

Von der Trendform zur Sammlerform

Die im Fall der Luxusökonomie besonders deutlichen ökonomischen Eigenschaften der Trendform, an die wir gerade kurz erinnert haben, erlauben, die Gründe für die wachsende Bedeutung der Sammlerform zumindest weitgehend zu verstehen. Kurz gesagt hat der Rückgriff auf die Sammlerform eine Abschwächung von Teilen der Widersprüchlichkeit gestattet, die auf der Trendform lastet. Das heißt, der Rückgriff auf die Sammlerform hat einerseits die Stabilisierung einer Ökonomie ermöglicht, die auf dem Geltendmachen des letzten Unterschieds beruht und für die deshalb der zyklische Charakter der Gewinne, die sie einzufahren erlaubt, eine ständige Bedrohung darstellt, und andererseits wächst durch den Rückgriff auf die Sammlerform die Würde oder Größe der Tätigkeiten, die wegen ihrer Flüchtigkeit und im Zuge des wachsenden Bewusstseins für den Umweltschutz aufgrund des Abfallmeers, das sie erzeugen, oftmals missbilligt werden. Wie wir anlässlich der folgenreichen Verbindungen zwischen Sammlerform und Luxusökonomie gesehen haben, ließen sich die oberflächlichsten und vergänglichsten Dinge, wie zum Beispiel die Kinkerlitzchen, die modisch den Ausschlag geben, mit Objekten verknüpfen, die wegen ihrer Althergebrachtheit und patrimonialen Größe wertgeschätzt werden. Dadurch, dass erstere sozusagen auf dieselbe Stufe gestellt wurden wie letztere, wurde ihnen Unsterblichkeit zuteil, deren Gewicht und Ausmaß auch den Konzernen Glanz verlieh, aus denen sie stammten und die sich wiederum in der unsteten Welt der Marken, der die immer schnelleren Verlagerungen des Kapitals einen äußerst chaotischen Zug verleihen, mit einer Art von Althergebrachtheit brüsten konnten. Was die Abfälle anbelangt, so beginnt der Umstand, dass einige von ihnen, auch wenn es sich nur um einen winzigen Teil der ausrangierten Ware handelt, wiederverwendet und gesammelt, ja sogar in Museen ausgestellt werden können, den Gedanken salonfähig zu machen, dass die Luxuskonzerne für die Ewigkeit arbeiten und das »nationale Erbe« vergrößern.

Was man im modernen Verständnis, das heißt, seit die Entwicklung der industriellen Produktion den Luxus gezwungen hat, sich in Bezug auf die Standardform und in Absetzung von ihr neu zu definieren (etwa so, wie das Aufkommen der Photographie eine Neudefinition der Malerei nach sich gezogen hat), »Luxus« nennt, ist nämlich in einem Widerspruch gefangen. Einerseits muss der Luxus in der Tradition, das heißt in etwas verwurzelt bleiben, das man mit einem Oxymoron als »zeitlose Vergangenheit« bezeichnen könnte, um sich von den gängigen Industrieprodukten zu unterscheiden. Aber andererseits kann er sich der Logik der Trendform nicht entziehen, die ganz im Gegenteil durch eine von Zyklen geprägte Temporalität gekennzeichnet ist, die dadurch immer kürzer werden, dass die Stärke der Industrie und der Umfang der Vertriebsnetze eine Beschleunigung der laufenden Produktion und des Umlaufs der Produkte erlaubt.

Der Luxus und die Vorgaben der Trendform aus der Perspektive des Marketings

»Die Marke muss ihren eigenen ›Luxus‹ definieren, das heißt ihre Konkurrenzfähigkeit als Luxusmarke, indem sie sowohl die Norm, von der sie sich absetzen möchte, als auch die Differenzen, auf die sich diese Absetzbewegung stützen soll, klar herausstellt« (M 2, S. 29).

»[…] eine der Existenzgrundlagen der Marke ist die Ausdifferenzierung ihrer Identität. Das setzt voraus, dass die Existenzweise dieser Marke sich auf andere Marken bezieht, von denen sie sich unterscheidet« (M 2, S. 233).

»In der Luxusindustrie muss man also immer mit den gesellschaftlichen Trends künstlerisch und ästhetisch Schritt halten« (M 2, S. 59).

»Eine Luxusmarke kommt besser zurecht, wenn sie die Mode macht, als wenn sie ihr folgt« (M 1, S. 85).

»[...] die Schwierigkeit besteht darin, dass die Qualität der Verpackung der Massenkonsumgüter allmählich besser wird. Die Luxusprodukte müssen den Abstand aufrechterhalten und sich unaufhörlich verbessern« (M 2, S. 58).

»Zum einen nimmt der Luxus unter anderem eine soziale Distinktion vor: Er ist Zeichen einer Praxis, die den *Happy few* vorbehalten ist – sich der Masse also entzieht. Gleichzeitig sind heute die Marken Trägerinnen des Luxus, und die Marken bleiben an die Logik von Produktionsmenge und Produktvertrieb gebunden. Wie soll auf dieser Grundlage Distinktion in Serie produziert werden? Darin besteht das Dilemma, vor dem die Luxusmarken stehen« (M 2, S. 10).

»Sobald der Absatz zurückgeht und die Produkte nicht mehr zu den Verbrauchern passen oder – aus welchen Gründen auch immer – nicht mehr in Mode sind, kann eine Situation der Rentabilität auch ganz schnell zu schweren Verlusten führen« (M 2, S. 49).

Von daher ist der Luxus zwischen zwei widersprüchlichen Ansprüchen gefangen, die ihn entweder auf die Standardform oder auf die Trendform zurückwerfen, auch wenn er in der Sammlerform zu wurzeln meint, nämlich zum einen im Anspruch auf Qualität, so wie die Standardform sie versteht, das heißt im Sinne der Strapazierfähigkeit und Langlebigkeit der Produkte, unter denen er sich als »hochwertig« qualifiziert. Und zum anderen im Anspruch auf unaufhörliche Erneuerung der in den Dingen steckenden Differenzen, sodass der Warenzyklus dadurch neue Impulse erhält, dass immer der letzte Unterschied im Vordergrund steht. Dies hat notwendig zur Folge, dass zum Zeitpunkt *t2* die zum Zeitpunkt *t1* eingeführten Differenzen unmodern werden. Die Probleme, welche die Handhabung dieses Widerspruchs bereitet, sind nun aber immer größer geworden, als die Nachfrage nach Luxusprodukten durch die Vereinheitlichung der infolge der weltweit wachsenden Zahl von Reichen entstandenen Märkte angekurbelt wurde. Um damit fertig zu werden, hat die Luxusökonomie sich immer unverhohlener dem *populuxe* zuwenden müssen, was sie dazu bewogen hat, ihrerseits massiv auf eine mit Ausnahme der Prototypen ebenfalls in Niedriglohnländer ausgelagerte industrielle Produktion zurückzugreifen, wodurch sie der Massenproduktion gefährlich nahekam.

In Reaktion auf diesen Widerspruch und im Versuch, ihn abzuschwächen, hat die Luxusindustrie weitgehend auf die Sammlerform und in erster Linie auf Aktivitäten im Zusammenhang mit den bildenden Künsten gesetzt. Da diese im Zentrum der Sammlerform stehen und deren markantester Ausdruck oder, wenn man so will, deren Zeichen sind, hat wiederum die Bezugnahme auf sie sozusagen durch Übertragung die Neuinterpretation einer Vielzahl von anderen Tätigkeiten erlaubt, die sich die Luxusindustrie zunutze macht – zum Beispiel das Design oder die Innenausstattung der Geschäfte –, als ob es sich dabei auch um künstlerische, das heißt *kreative* Tätigkeiten handeln würde, die nicht nur in der Lage sind, neue Differenzen zu erzeugen, die sich in den Warenzyklus einspeisen lassen, sondern diese auch in das Gebiet der Dinge aufnehmen können, die es wert sind, gesammelt zu werden, das heißt für die Ewigkeit und letztendlich für die Verwahrung in einem Museum bestimmt sind. Zumindest zu weiten Teilen besteht darin der Impuls, den die Luxusindustrie der Sammlerform gegeben hat; sie hat zu deren Verbreitung und dadurch auch zur Erweiterung der Gebiete möglicher Sammelobjekte beigetragen.

Ein solches Unterfangen hätte allerdings nicht in einem solchen Umfang und so schnell verwirklicht werden können, wenn ihm nicht die ökonomische Krise zugutegekommen wäre, von der die Medien betroffen waren. Unter Verwendung eines Teils der außerordentlichen Profite, die sie einfuhr, hat die Luxusindustrie begonnen, die Medien zu unterstützen, das heißt sie wie Parasiten zu befallen, indem sie noch die altehrwürdigsten und »seriösesten« von ihnen Manövern unterzog, die sie zuerst auf dem Gebiet der Frauenzeitschriften und der sogenannten »Fachpresse« ausprobiert hatte. Diese Manöver hatten nicht nur zur Folge, dass die Werbung für Luxusgüter für das Überleben der Medienunternehmen unverzichtbar wurde, sondern auch, dass die medialen Inhalte den Punkt erreichten, an dem der eigentliche redaktionelle Bereich und die Werbeflächen ununterscheidbar werden, wie sich nur zu gut an den bereits erwähnten, der »Lebensart« gewidmeten Beilagen beobachten lässt, ohne die die wichtigsten Medien nicht weiterbestehen könnten. Solche Verlagerungen, die dem lange Zeit im Namen einer ostentativen Reichtum verurteilenden Moral verunglimpften Luxusbereich eine Art öffentliche Autorität verliehen haben, wären nicht möglich gewesen, wenn zwischen der Luxusindustrie und anderen Instanzen – in erster Linie den Medien, aber zum Beispiel auch den Museen und ganz allgemein den staatlichen oder lokalen Förderstellen von Kreativität – nicht eine Vielzahl von neuen, teilweise privaten – wie im Fall von Stiftungen und Agenturen – und teilweise öffentlichen – wie im Fall von Kunstzentren – Einrichtungen entstanden wären, zu denen noch zahlreiche Vereine und Verbände hinzukommen, die sowohl aus öffentlichen als auch aus privaten Mitteln finanziert werden. Auf diese Weise hat sich das gebildet, was man Milieu bzw. »Szene« nennt. In dieser Szene mischen sich Menschen mit ganz verschiedenen Berufen, unterschiedlichem Status und verschiedenen Rollen, deren Interaktion aber zu einer Verbindung zwischen Marken und Kultur beiträgt, das heißt die Kultur mit dem Geld der Marken unterstützt und die Macht der Marken dadurch stärkt, dass sie vom Prestige der Kultur profitieren.

Zehntes Kapitel
Die Anlageform

Charaktereigenschaften der Anlageform

Wenn man sie als Kapitalanlage betrachtet, werden Dinge allein mit dem Ziel gekauft (gegen eine Geldsumme getauscht), um wiederverkauft, das heißt von neuem in Geld umgewandelt zu werden. Wenn er kurzfristig vorgenommen wird, stellt sich ein solcher Wiederverkauf häufig als Spekulation dar, er kann aber auch über einen längeren Zeitraum erfolgen. Doch selbst in diesem Fall wird etwas insofern wie eine Kapitalanlage behandelt, als es vor allem in Bezug auf seinen Metapreis betrachtet wird und sein Erhalt auf den Schutz oder die Bestandswahrung eines Vermögens oder reichen Erbes abzielt. Das lässt sich besonders gut in Situationen beobachten, in denen Vermögensberater das langfristige »Interesse der Familie« über die Absichten ihrer Kunden stellen und ihre Rolle darin sehen, »die Reichen vor sich selbst zu schützen«.[1]

Die Anlageform verweist die Dinge an den Rand der Warenwelt, denn eine Ware geht aus dem Zusammentreffen kaufmännischer Ziele und nicht kaufmännischer Ziele hervor. Ein solcher Prozess, der eine besonders spektakuläre Wendung nimmt, wenn es sich bei den Kapitalanlagen, über die hart verhandelt wird, um Eigentumstitel handelt, die nur in schriftlicher Form existieren, kann auch bei materiellen Dingen eintreten.

»Die unmittelbare Form der Warenzirkulation ist W – G – W, Verwandlung von Ware in Geld und Rückverwandlung von Geld in Ware, *verkaufen um zu kaufen*«, schreibt Marx.[2] Bei der Anlageform kehrt sich nun aber das Verhältnis zum Geld um, was der

1 Camille Herlin-Giret, *Les Mondes de la richesse. Travailler et faire travailler le capital*, am 1. Juli 2016 an der Universität Paris-Dauphine verteidigte Dissertation.

2 Karl Marx, *Das Kapital,* Erster Band, a. a. O., S. 162 ⟨Hervorheb. L. B./A. E.⟩.

Verwandlung nahekommt, die für Marx typisch kapitalistisch ist: G – W – G bzw. vom kapitalistischen Standpunkt aus idealerweise G – W – G'. G – W – G läge dann vor, wenn von Geldanlagen die Rede ist, das heißt, dass mehr oder weniger langfristig ein Wiederverkauf angestrebt wird, dabei aber der Profitzwang nicht vorrangig ist. In diesem Fall ist der angepeilte Metapreis genauso hoch wie der Preis. Bei der Form G – W – G' wird der Profitzwang dagegen zum wichtigsten Faktor: Vom (mehr oder weniger langfristigen) Wiederverkauf wird mehr Geld erwartet, als beim Kauf der Ware ausgegeben wurde; in diesem Fall spricht man von einer Investition. Doch unabhängig davon, ob es sich um eine Geldanlage oder um eine Investition handelt, heißt das, dass ein Ding bei der Anlageform ein zu Geld gewordenes Ding ist, das wie Quasigeld oder wie ein Geldersatz behandelt wird und dem Horten eines Guts dient, das seinem Eigentümer ganz nah sein kann und das dieser häufig sogar bei sich zu tragen vermag. Aus diesem Grund sei, auch wenn mitunter zu Recht betont worden ist, dass Geldanlagen in Kunst nur in geringem Maße das Interesse der Banken auf sich ziehen,[3] dennoch daran erinnert, dass mit dem betreffenden Ding statt mit Geld bezahlt werden kann, wie das in der vermögenden Klasse oft der Fall ist, wenn Erbschaftssteuer an den Staat entrichtet werden muss und diese in Form einer Schenkung von Kunstwerken an die öffentlichen Sammlungen beglichen wird.

Nach seiner Anlageform hat ein Ding nur einen Wert durch das Verhältnis von Preis und Metapreis, insofern dieser ein möglicher zukünftiger Preis ist: Sein Wert besteht in seinem angepeilten Metapreis. Seinen Wert zu ermitteln heißt, es mit einem Metapreis zu versehen, der mindestens stabil bleibt. Je höher der angepeilte Metapreis wird, desto höher wird der Preis. Es ist nicht möglich, über ein als Kapitalanlage betrachtetes Objekt auf der Grundlage seines Werts zu sagen, dass es zu teuer oder nicht teuer

3 Vgl. Nathalie Moureau, *Analyse économique de la valeur des biens d'art. La peinture contemporaine*, Paris: Economica, 2000, S. 197-200.

genug gewesen ist. Das geht nur auf der Grundlage der Kenntnis seines Metapreises bei anderen Gelegenheiten, ob es sich dabei nun um einen Metapreis von etwas in der Vergangenheit oder um den Metapreis eines ähnlichen und vergleichbaren Dings handelt. Dann kann man sagen, dass der Preis über oder unter seinem Metapreis liegt.

An dieser Stelle muss unterstrichen werden, dass ein Ding als Kapitalanlage keine Einkünfte einbringt. Seine Rentabilität lässt sich erst feststellen, wenn im Augenblick des Wiederverkaufs die erzielte Wertsteigerung oder Wertminderung berücksichtigt wird (das heißt anhand der Differenz zwischen Preis und Metapreis in der Vergangenheit). Darin besteht ein beträchtlicher Unterschied zu Anlagen, die Geldanlagen sind und deren Rentabilität in regelmäßigen Abständen, meistens einmal im Jahr gemessen wird. Seit einer berühmten Studie von Baumol, der auf einer Analysegrundlage von 640 Bilderverkäufen zwischen 1652 und 1961 im Jahr 1986 behauptet hatte, dass Kunstwerke eine geringe, und zwar nicht zuletzt eine geringere Rendite hätten als Geldanlagen,[4] sind zahlreiche Arbeiten über die Rentabilität von Sammlerstücken als Kapitalanlagen entstanden, die über die französischen Impressionisten hinaus, die viel Aufmerksamkeit erregt haben, von zeitgenössischer italienischer Kunst[5] über australische Aborigines-Kunst[6] bis zu Weinflaschen reichen.[7] Diese Arbeiten stützen sich in der Regel auf die Versteigerungen vor allem in den großen Auktionshäusern, Christie's und Sotheby's,[8] weil

4 William J. Baumol, »Unnatural Value: Or Art Investment as Floating Crap Game«, in: *The American Economic Review*, Jg. 76, Nr. 2, Mai 1986, S. 10-14.

5 Nicoletta Marinelli/Giulio Palomba, »A Model for Pricing Italian Contemporary Art Paintings at Auction«, in: *The Quarterly Review of Economics and Finance*, 51, 2011, S. 212-224.

6 Dominic Taylor/Les Coleman, »Price determinants of Aboriginal art, and its role as an alternative asset class«, in: *Journal of Banking & Finance*, 35, 2011, S. 1519-1529.

7 Elroy Dimson/Peter L. Rousseau/Christophe Spaenjers, »The Price of Wine«, in: *Journal of Financial Economics*, 118, 2015, S. 431-449.

8 Orley Ashenfelter/Kathryn Graddy, »Auctions and the Price of Art«, in: *Journal of Economic Literature*, Jg. XLI, September 2003, S. 763-786.

die Preise dort im Unterschied zu den Preisen, die Gegenstand geheimer oder unauffälliger Verhandlungen mit Galeristen und Kunstmaklern sind, veröffentlicht werden und leicht zugänglich sind.

Die Entwicklung der Anlageform ist gleichwohl eng mit dem Auktionsboom und mit dem Wandel solcher Versteigerungen im Verhältnis zur Standardform verknüpft, insofern diese sich auf die Unterscheidung von Neuem und Gebrauchtem stützt. So wurde in Frankreich in einem Gesetz vom 25. Juni 1841 verfügt, dass beim Verkauf beweglicher Güter nur gebrauchte Waren stückweise auf Auktionen verkauft werden dürfen, um die Einzelhändler zu schützen und die neuen Waren allein ihnen vorzubehalten. Davon abgesehen, dass mit Auktionen von Kunstwerken vor allem ab der zweiten Hälfte des 20. Jahrhunderts noch spektakulärere Preisrekorde aufgestellt werden konnten als zuvor,[9] haben Auktionen durch die Schaffung von Internetseiten ganz allgemein eine erhebliche Ausweitung erfahren. Die Einteilung in neu und gebraucht wurde bei dieser Ausweitung aber beibehalten, da bewegliche Güter »gebraucht sein müssen«, damit sie bei Auktionen auf Internetseiten verkauft werden können, »das heißt, sie müssen in einem beliebigen Stadium der Produktion oder Distribution umsonst oder gegen Entgelt zu deren persönlicher Verwendung in den Besitz einer Person gelangt sein«, und wenn sie neu sind, »müssen sie direkt aus der Produktion des Verkäufers stammen, wenn dieser weder Handwerker noch Händler ist«.[10] Trotzdem fällt ein Objekt nicht deshalb unter die Anlageform, weil es auf Auktionen verkauft wird.

9 Vgl. Christophe Spaenjers/William N. Goetzmann/Elena Mamonova, »The economics of aesthetics and record prices for art since 1701«, in: *Explorations in Economic History*, 57, 2015, S. 79-94.

10 Lionel Bochurberg/Sylvie Lefort, »Les ventes aux enchères sur l'internet«, in: *Legicom* 1/2000, Nr. 21/22, S. 131-147.

»Wenn man sie als Kapitalanlage betrachtet, bringen Kunstgegenstände ihren Besitzern tatsächlich Gewinne ein (Finanzprodukte bei einer Liquidation), die sich anhand eines im Laufe der Zeit erzielten Mehrwerts messen lassen« (M 4, S. 151).

Kaufkraft: »Es wird gemeinhin angenommen, dass der Erwerb von Kunstwerken und Antiquitäten ein Mittel darstellt, die Kaufkraft zu erhalten. Der heute einfachere Wiederverkauf dieser Objekte stellt dessen Unterpfand dar« (M 4, S. 81).

Mehrwert: »Der Besitz von Kunstwerken oder Antiquitäten generiert keine regelmäßigen Einkünfte wie Geldanlagen, sondern lediglich einen Gewinn oder einen Verlust zum Zeitpunkt des Wiederverkaufs« (M 4, S. 143).

Preis: »Der Preis eines Kunstwerks hängt von seinen physischen Eigenschaften ab: Größe, verwendetes Material, Entstehungsdatum, Provenienz und natürlich vom Namen des Schöpfers... Je nach Datum und Ort seines Verkaufs hat dasselbe Werk jedoch verschiedene Preise« (M 4, S. 90); »Die große Frage lautet, wie der Preis bestimmt wird. Im Bereich von Kunst und Antiquitäten ist der Preis häufig Verhandlungssache und nur selten Ergebnis der Anwendung feststehender Tarife« (M 4, S. 246).

Rentabilität: »[...] die Rentabilität von Kunstgegenständen, vor allem von Bildern oder Druckgraphiken bekannter Künstler steht zwar fest, ist aber nur selten spektakulär. [...] Die Geldanlage in Kunstgegenstände erweist sich dann als rentabel, wenn es um bekannte, eindeutig wiedererkennbare Gegenstände oder Künstler geht. Darin besteht der gemeinsame Nenner der berücksichtigten Studien« (M 4, S. 143).

Zeit: »Manche Objektkategorien entgehen so dem mit der Alterung verbundenen Entwertungsprozess. Einige Produkte, wie zum Beispiel Weine und Spirituosen, können mit der Zeit besser werden und gewinnen genauso viel an Gebrauchswert wie an Tauschwert, also an Wert. Das betrifft letztendlich vor allem sogenannte Antiquitäten« (M 4, S. 65).
Trend(-wende): »Die Moden und Vorlieben schwanken tatsächlich sehr, kein Künstler ist vor einer Trendwende gefeit, auch nicht die größten« (M 4, S. 152).

Die Warenform, in der Geld gehortet wird, muss eine Form sein, die nachdrücklicher für den Erhalt der Kaufkraft des Geldes sorgt, als wenn man das Geld in seiner rein monetären Form beließe. Die Metamorphose des Geldes muss sich also auf Objekte richten, bei denen bessere Aussichten auf die Bewahrung ihrer Kaufkraft bestehen, wenn man sie anschließend weiterverkauft, als Geld sie hat, wenn man es brachliegen lässt.

Im Rahmen der Anlageform gibt es zwei Arten von Totalitäten, je nachdem, ob man der Logik der Geldanlage oder der Investitionslogik folgt. Im Fall der Geldanlage besteht die Totalität aus der Gesamtheit der Güter, das heißt aus allen Entitäten, mit deren Kauf Geld gehortet werden kann. Im Fall der Investition besteht die Totalität aus der Gesamtheit der Güter, die mehr Geld einzubringen vermögen, als aufgewendet werden musste, um sie zu erwerben. Metaphorisch gesprochen, bilden Güter dieser Art ein *Portfolio*. Insofern entstehen die Leerstellen innerhalb eines ideellen Portfolios. In beiden Fällen müssen die Dinge leicht wiederverkäuflich sein, sodass man auf diese Weise in monetärer Form das Geld zurückbekommt, das für ihren Erwerb erforderlich war.

Die Anlageform kann unter drei Fragestellungen betrachtet werden. Erstens: Steht die Langlebigkeit des Guts, das zum Horten des Geldes dient, wirklich fest (und zwar vor allen Dingen unverrückbarer als die des Geldes)? Diese erste Frage umfasst zwei Aspekte: Der eine betrifft die Langlebigkeit des Objekts, in welches das Geld investiert wird (es handelt sich um ein Ding), und die Instandhaltungskosten, der andere die Frage, ob seine Wertschätzung stabil sein wird. Zweitens: Kann das Ding weiterverkauft werden, wann und wo man möchte, das heißt: Wie hoch ist seine *Liquidität*? Eine nachgeordnete Frage ist, ob das Ding sich in Form eines Eigentumstitels oder in materieller Form transportieren lässt. Drittens: Bringt das Ding, wenn es weiterverkauft wird, mehr (oder weniger) Geld ein, als aufgewendet wurde, um es zu erwerben (Gewinn oder Verlust), das heißt: Wird sein Metapreis in der Zukunft höher sein als sein Preis?

Durch den Filter dieser drei Fragen betrachtet, gibt es nur eine ziemlich kleine Zahl von Dingen, die einen Warenkorb oder ein Portfolio ergänzen und Leerstellen füllen können: Sie müssen durch eine Institution garantiert werden, liquide sein (Transaktionen zu einem beliebigen Zeitpunkt an einem beliebigen Ort), bekannt, aber nicht so sichtbar sein, dass dies ihre Verlagerung verhindert; beweglich und verlagerbar durch den Verkauf des Eigentumstitels, aber vorzugsweise des Dings selbst; langlebig, das heißt, ihre Instandhaltungskosten dürfen nicht zu hoch sein; und ihr Preis muss im Laufe der Zeit steigen können.

Für viele, ja sogar für die meisten Dinge ist die Anlageform nicht von Bedeutung, genauer gesagt besteht bei ihnen ein Spannungsverhältnis zwischen ihr und anderen Formen, die wir betrachtet haben. Etwas, das unter die Standardform oder die Trendform fällt, kann nicht direkt zur Anlageform hinüberwechseln. Im Fall der Standardform ist der Preis von etwas nämlich am höchsten, wenn es neu ist, und wenn es danach gebraucht weiterverkauft wird, sinkt er ohne Unterlass. Die Trendform ließe sich insofern mit der Anlageform verbinden, als sie zyklisch verläuft und deshalb Anlass zur Hoffnung auf einen höheren Preis geben mag. Doch kommt durch eben diesen zyklischen Charakter eine solche Ungewissheit ins Spiel, dass der Metapreis in der Zukunft nach einem Trendwechsel genauso gut niedriger ausfallen kann. Aus diesem Grund lässt sich die Anlageform besonders gut mit den Dingen verbinden, die unter die Sammlerform fallen und deren Preis einerseits im Laufe der Zeit steigen kann und sich andererseits auf Institutionen stützt, die ihn garantieren. Dies geschieht aber nach der dem Sammeln eigenen Logik, wodurch zwangsläufig ein Spannungsverhältnis zur Anlageform entsteht. Dass eine solche Verbindung besteht, wird häufig bestritten, und wie schon Raymonde Moulin festgestellt hat, »liegt ökonomisches Kalkül der spontan bekundeten Weltsicht von Sammlern fern«, die, wenn sie danach gefragt werden, ob ihre Erwerbungen nicht auch eine Kapitalanlage darstellten, zwischen »empörter Zurückweisung« und »zynischen Äußerungen« schwanken.[11] Zu diesem Abstreiten kommen die kritischen Stimmen hinzu, die auf die geringe Liquidität von Sammlerstücken hinweisen, auf die intransparente Informationslage, die hohen Transaktionskosten und die begrenzten Schlichtungsmöglichkeiten im Fall von Konflikten – alles Faktoren, die erklären würden, warum sich im Bereich der Kunst keine Investitionsfonds entwickelt haben.[12]

Als Kapitalanlagen müssen die Dinge langlebig sein, was eine große Zahl von fragilen Werken ausschließt, die aus Materialien mit ungewisser Lebensdauer bestehen, welche womöglich sogar vom Künstler bewusst wegen ihrer Flüchtigkeit gewählt wurden. Wie zum Beispiel bei Flaschen mit Qualitätsweinen macht dies zudem besondere Konservierungsbedingungen erforderlich. Darüber hinaus muss die Langlebigkeit von Dingen, die Kapitalanlagen darstellen, den Verkaufszeitraum überschreiten und sich auch dann noch feststellen lassen, wenn die Dinge wieder in den Warenkreislauf eintreten. Bei Versteigerungen ist nun das Auktionshaus ein entscheidender Faktor für den Preis der Dinge:[13] Dass Dinge in einer berühmten Einrichtung wie Sotheby's

11 Raymonde Moulin, *Le Marché de l'art*, a. a. O., S. 196.

12 Kritikpunkte, die Noah Horowitz nennt, in *Art of the Deal. Contemporary Art in a Global Financial Market*, Princeton/Oxford: Princeton University Press, 2011, S. 143-187.

13 Wie vor allem Dominic Taylor und Les Coleman unterstreichen in »Price determinants of Aboriginal art, and its role as an alternative asset class«, a. a. O.

oder Christie's versteigert werden, lässt ihren Preis steigen bzw. macht sie überhaupt erst verkäuflich, wohingegen es sein kann, dass sie in einem anderen Transaktionsrahmen nicht verkauft werden würden, auch nicht, wenn sie auf einer Auktionsseite im Internet zu einem Preis angeboten werden, der deutlich unter dem Preis liegt, der beim Verkauf in diesen renommierten Häusern erzielt werden würde. Der Einfluss der Auktionshäuser auf den Preis macht sich besonders dann bemerkbar, wenn die Sammlerform, deren Bedeutung die Verantwortlichen in diesen Häusern sehr genau kennen, herangezogen wird, damit die zum Verkauf stehenden Dinge, wenn sie gemeinsam verkauft werden, im Rahmen einer Inszenierung, deren Kern eine ihre Aufwertung erlaubende Narration darstellt, aufgrund ihres Verhältnisses untereinander in der Wertschätzung steigen, als ob die ideelle Totalität sich auf sie verteilen würde. Das lässt sich gut an Auktionen veranschaulichen, bei denen zum Beispiel Mobiliar, Dekorationsgegenstände und Geschirr eines berühmten Ozeandampfers (der *France*), eines weltbekannten Luxushotels (des Crillon oder des Plaza Athénée) oder eines renommierten Restaurants (La Tour d'Argent) getrennt voneinander versteigert werden und Käufer anlocken, die alle diese zum Verkauf stehenden Sachen mit der Geschichte dieser Orte in Verbindung bringen, welche angeblich Spuren der Berühmtheiten aufweisen, die sich an ihnen aufgehalten haben. So hat die Versteigerung durch Artcurial von 3500 aus dem Pariser Hotel Crillon stammenden Posten im Jahr 2013 einen Umsatz von ungefähr 6 Millionen Euro erzielt, obwohl die Schätzungen nur bei 2 Millionen Euro gelegen hatten. Doch die Vorhänge eines berühmten Palastes, welche Stars sie auch immer vor Licht geschützt haben, bleiben trotzdem Vorhänge, und ihr Preis wird nur dann hoch sein, wenn sie als Leerstelle im Rahmen einer Totalität präsentiert werden, die Teller, Stühle, Tische usw. des betreffenden Palastes umfasst; ohne die Erinnerungskraft der Totalität, zu der sie einst gehörten, sind sie für das betreffende Auktionshaus uninteressant und können sie lediglich zum Preis anderer gebrauchter Vorhänge in einem anderen Transaktionsrahmen verkauft werden.

Sehen wir uns jetzt die Dinge, die unter die Anlageform fallen, in Bezug auf ihre analytische Präsentation an. Wenn Dinge als Kapitalanlagen betrachtet werden, sind ihre Differenzen weder im Hinblick auf ihren Gebrauch noch im Hinblick auf ihre Position innerhalb der Gesamtserie einschlägig, was eine große Zahl ihrer seien es substanziellen oder narrativen Eigenschaften neutralisiert. Weiterhin einschlägig sind die Differenzen, welche die Leichtigkeit betreffen, mit der die Dinge in Geld umgewandelt werden können, das heißt die Differenzen, wenn man so will, von denen ihre *Liquidität* abhängt. Dieser Ausdruck verweist hier darauf, dass ihr Inhaber die Möglichkeit hat, die von ihnen erhofften Einnahmen unabhängig vom Ort oder vom Zeitpunkt, an dem die Transaktion stattfindet, zu erzielen. Diese Eigenschaft kann wiederum von verschiedenen Faktoren abhängen, die jemand, der mit Dingen als Kapitalanlagen umgeht, in der Lage sein muss einzuschätzen.

Wir werden uns fünf dieser Faktoren ansehen. Ein erster Aspekt ist die *Transportabilität* des betreffenden Dings, das heißt entweder des materiellen Dings oder des Eigentumstitels an dem Ding. Ein zweiter, wie unauffällig Transaktionen im Zusammenhang mit Kapitalanlagen sein können, nicht zuletzt um Steuern zu umgehen, oder wie schwer es ganz im Gegenteil ist, solche Transaktionen den staatlichen oder zwischenstaatlichen Kontrollapparaten zu verhehlen. Dinge, die unter die Sammlerform fallen, können zudem als »nationale Kulturgüter« gelten, sodass es nicht erlaubt ist, dass sie das Land verlassen, ja bei ihrem Verkauf sogar ein Vorkaufsrecht auf Seiten des Staates besteht, der sie in eine der öffentlichen Sammlungen aufnehmen möchte und sie dadurch dem Weiterverkauf für »immer« entzieht. Ein dritter Faktor betrifft das Vorhandensein von Instrumenten, die für ein mehr oder weniger großes geographisches Gebiet gelten und die Bestimmung der Dinge sowie ihre Verknüpfung mit einem Referenzpreis ermöglichen, wodurch, wenn es solche Werkzeuge gibt und wenn sie zuverlässig sind, Anlass zur Hoffnung besteht, dass für die so bestimmten Dinge an verschiedenen Orten ein ähnlicher Preis ausgehandelt werden kann.[14] So gesehen, nimmt durch die Ansiedlung derselben Auktionshäuser und Galerien in den verschiedenen Weltmetropolen die Stabilität der Preise zu.

Die Dinge müssen sich, vierter Faktor, schnell verkaufen und es muss sich leicht ein Käufer für sie finden lassen. Nun bleibt aber der Verkauf von Sammlerstücken, wenn es sich um Kapitalanlagen handelt, das heißt, wenn ihr Preis hoch ist, im Allgemeinen ein Saisongeschäft, wohingegen die Organisation von Auktionen und die Hinzuziehung von Fachhändlern, die deren Ablauf gewährleisten, Zeit in Anspruch nimmt und die Transaktionskosten hoch sein können. So sind in Australien infolge der Saisonabhängigkeit, die der Hemisphäre entspricht, in der dieser Staat liegt, die Preise für Aborigines-Kunst höher bei den Auktionen, die von Mai bis Juli stattfinden, und niedriger von Dezember bis Februar.[15] Durch das Internet hat die Liquidität von Sammlerstücken als Kapitalanlagen nur bedingt zugenommen, insofern dort eher preisgünstige und standardmäßig hergestellte Sammlerstücke (wie etwa Briefmarken) getauscht werden, wohingegen hochpreisige Sammlerstücke, die in stark limitierter Zahl, ja sogar als Einzelexemplare hergestellt werden, dort nicht zum Verkauf stehen (wie etwa eine Zeichnung von Hans Bellmer). Und zwar einerseits, weil sich dann die Frage nach der Authentizitätsgarantie für die zum Verkauf stehenden Dinge stellt, und andererseits weil bei Stücken, die standardmäßig produziert wurden, aber Sammlerobjekte geworden sind, wie zum Beispiel Möbelstücke oder Uhren, zwar die Standardisierung als solche dem Käufer die Eigenschaften des betreffenden Dings garantiert, von

14 Damit der Tausch ohne Schwierigkeiten und zeitliche Verzögerungen erfolgen kann, muss die Bestimmung der Güter auf stabilen und leicht zugänglichen Markern beruhen, sodass die Ungewissheit der Operatoren in Bezug auf das Vorhandensein von Informationsasymmetrien sich in Grenzen hält (vgl. Bruce Carruthers/Arthur Stinchcombe, »The social structure of liquidity. Flexibility, markets and states«, in: *Theory and Society*, Jg. 28, 1999, S. 353-382).

15 Dominic Taylor/Les Coleman, »Price determinants of Aboriginal art, and its role as an alternative asset class«, a. a. O.

dem er vielleicht schon einmal ein Exemplar gesehen hat, der potenzielle Käufer eines einzigartigen Kunstwerks aber eher den Wunsch verspürt, in Gegenwart des Dings selbst zu seiner Einschätzung zu gelangen. Und fünftens schließlich wächst die Gruppe der potenziellen Käufer von Sammlerstücken als Kapitalanlage, weil die vermögende Klasse immer reicher und umfassender wird. Wenn die Ungleichheiten abnähmen, würde sich dadurch auch die Liquidität dieser Art von Dingen verringern.

Die Philatelie ist ein gutes Fallbeispiel für leicht in Kapitalanlagen mit hoher Liquidität umwandelbare Sammlerobjekte. Briefmarken sind bevorzugte Sammlerobjekte gewesen, wie wir gesehen haben, sie konnten aber auch umstandslos als Kapitalanlage verwendet werden. Es handelt sich um kleinformatige, leicht zu transportierende und zu versteckende Dinge, die sehr rasch in *Kataloge* aufgenommen worden sind, in denen sowohl ihre Beschreibung als auch ihr Schätzpreis verzeichnet waren. In letzterem ist der Preis berücksichtigt, den als ähnlich geltende Güter bei anderen, vorausliegenden Transaktionen erzielt haben, und dieser fiktive Preis spielt bei neuen Transaktionen die Rolle eines Richtwerts. Er wird von »Experten« ermittelt und festgelegt, die eine ihnen von den zahlreichen, auf der ganzen Welt verbreiteten und zu Verbänden zusammengeschlossenen Briefmarkensammlervereinen verliehene institutionelle Autorität besitzen. Bei ein und derselben Art Marke, zum Beispiel einer One Penny Black – der ersten Briefmarke in der Geschichte –, deren Preis im Allgemeinen hoch ist, besteht so die Aussicht, dass auf verschiedenen Märkten ein vergleichbarer Preis für sie ausgehandelt wird – mit Abweichungen, die von den Umständen der Transaktion und dem Zustand der Marke abhängen würden.[16] Aus diesen Grund haben zum Beispiel die politischen Organe in Sowjetrussland in der Zwischenkriegszeit versucht, die Philatelie einzuschränken – aus Furcht, dass die Briefmarken nicht zuletzt in den Außenhan-

16 Vgl. Antony Kuhn/Yves Moulin, »Le rôle des conventions de qualité dans la construction d'un marché. L'évolution du marché philatélique français (1860-1995)«, a. a. O.

delsbeziehungen als Quasigeld in Konkurrenz zum Rubel verwendet werden könnten.[17]

Dem Fall der Briefmarken kann man den des Trödels gegenüberstellen, der ebenfalls bei Sammlern begehrt ist, dessen Preis aber je nach der Situation, in der seine Beurteilung erfolgt, stark variieren kann. So schreibt ein Trödler, der die Rolle von »Experten« in seiner Domäne in Frage stellt, in seinen Erinnerungen:

> Um das zu wissen, muss man vor allem ein Auge haben. Doch um einen Preis festzusetzen, genügt das nicht: Selbst wenn ich eine Daum-Vase, eine Elfenbeinfigur oder eine Geige im Bestand habe, hängt ihr Preis in meinen Augen von mehreren Kriterien ab. Ist dies der Preis, zu dem ich sie in China kaufen würde? Der Preis, zu dem ich sie auf einer Auktion kaufen würde? Oder aber der Preis, zu dem ich sie verkaufen würde? Und wenn ja, wo? Auf dem Straßenflohmarkt von Vanves, dem Biron-Markt in Saint-Ouen, im Village suisse, im Louvre des Antiquaires, im Carré Rive Gauche?[18]

Das Gleiche gilt ganz allgemein für alle als Kapitalanlage behandelten Objekte. Das Fehlen von eindeutigen Festlegungen verhindert, dass aus diesen Ressourcen Güter werden, deren Preis sich unabhängig vom Transaktionskontext stabilisieren kann. Ihr Tausch verdankt sich in jedem Fall weitgehend persönlichen Beziehungen im Umfeld der Transaktion und Informationen, die jeder der Beteiligten nicht nur über die Dinge, die Gegenstand des Handels sind, sondern auch über die anderen Akteure besitzt, die sich in die Transaktion einschalten, wie für die »Basarökonomie« gezeigt werden konnte.[19]

---

17 Jonathan Grant, »The socialist construction of Philately in the early Soviet Era«, in: *Comparative studies in society and history*, 1995, 37, S. 476-493.

18 Hubert Duez, *Secrets d'un brocanteur*, Paris: Seuil, 1999, S. 65. Eine besonders erhellende Analyse der Preisbildung auf Flohmärkten findet sich bei Hervé Sciardet, *Les Marchands de l'aube. Ethnographie et théorie du commerce aux Puces de Saint-Ouen*, a. a. O.

19 Vgl. Clifford Geertz, *Le Souk de Séfrou*, a. a. O. Auch Hernando de Soto zeigt, dass die unzähligen, in den Vororten von Lima tätigen Mikrounternehmen sich vom Kapital im eigentlichen Wortsinn lediglich insofern unterscheiden, als die Einnahmen, die man mit ihnen erzielen kann, vollständig von lokalen Bindungen und persönlichen, vor allem familiären Beziehungen abhängen,

Ähnliches ließe sich über Ölgemälde sowie über alte Manuskripte und Bücher sagen. Solche Objekte haben den Vorzug, dass sie sich leicht und relativ unauffällig transportieren lassen, wodurch sie ihrem Besitzer ebenfalls erlauben, Steuern zu umgehen,[20] was im Fall von Immobilienanlagen, wie zum Beispiel einer Wohnung im Zentrum von London oder Paris, schwieriger ist, die man nicht verlagern kann und die in der Regel Teil der Bemessungsgrundlage von Steuern sind.

Der Handel mit Dingen als Kapitalanlagen kann allerdings nur über Eigentumstitel erfolgen, das heißt über schriftliche Urkunden, auf denen staatliche Instanzen den Handel registrieren, was komplizierte Finanzkonstruktionen erforderlich machen kann, wenn die Transaktion unauffällig bleiben soll, wie etwa die Inanspruchnahme von Offshore-Gesellschaften, während die Werke selbst sich nicht von der Stelle bewegen müssen, weil sie in Schuppen lagern, die in Freihäfen liegen.

Die Wahrscheinlichkeit, dass unter verschiedenen Umständen ein ähnlicher Preis für ein Bild ausgehandelt wird, kann je nachdem, wie »anerkannt« sein Urheber ist, sehr unterschiedlich sein. Während der Preis für ein Bild eines kaum bekannten, nur von wenigen Liebhabern geschätzten Künstlers im Ungewissen bleiben wird, ist der Preis für Werke, die berühmten Künstlern zugeschrieben werden und in den entsprechenden Katalogen abgebildet sind, relativ stabil. Eine Rolle der großen Auktionshäuser, deren Preise (im Gegensatz zur Identität der Käufer) veröffentlicht werden, besteht ja gerade darin, den Preis von Bildern

---

weil ihr Eigentum keine institutionelle und rechtliche Grundlage hat. Vgl. Hernando de Soto, *Freiheit für das Kapital! Warum der Kapitalismus nicht weltweit funktioniert* (Aus dem Englischen von Hainer Kober), Berlin: Rowohlt Berlin, 2002, englische Originalausgabe 2000.

20 Um sich ein Bild von den Ratschlägen zu machen, die Finanzfachleute den Käufern von Kunst erteilen, welche auf eine steuerliche Optimierung dieser Art von Investition aus sind, vgl. zum Beispiel Ralph Lerner, »Art and Taxation in the United States«, in: Claire McAndrew (Hrsg.), *Fine Art and High Finance. Expert advice on the economics of ownership*, New York: Bloomberg Press, 2010, S. 211-248. Zur Situation in Frankreich, vgl. die Dissertation von Camille Herlin-Giret, *Les Mondes de la richesse*, a. a. O.

festzulegen und ihnen den Charakter liquider Kapitalanlagen zu verleihen, was ihnen mehr oder weniger erlaubt, die Rolle von Geldersatz zu spielen.

Das Marktpotenzial von Kapitalanlagen

Untersuchen wir jetzt die Dinge im Hinblick auf ihr Marktpotenzial. Wenn Dinge als Kapitalanlage behandelt werden, lässt sich über diese Achse ihre *Kapitalisierung*, das heißt der aktualisierte Wert der Gewinnströme bestimmen, die in Zukunft von ihnen zu erwarten sind. Zweck der Kapitalisierung ist eine Einschätzung des aktuellen Preises eines Guts bzw., anders gesagt, der Summe, die ein Operator zum jetzigen Zeitpunkt zu zahlen bereit wäre, um sich in der Erwartung eines zukünftigen Gewinns den Besitz des betreffenden Guts zu sichern, anstatt diese Summe in ein anderes Geschäft zu investieren, an dem andere Güter beteiligt sind. Bei einem solchen Geschäft wird der Kaufpreis des Dings mit seinem Metapreis verglichen, das heißt, es wird geschätzt, was es in Zukunft einbringen oder kosten könnte. Voraussetzung dafür ist die Konstruktion eines spezifischen Verhältnisses von Gegenwart und Zukunft. Die Kapitalanlage wird im Hinblick auf die zukünftigen Einnahmen eingeschätzt, die sie zu generieren vermag, was die Festlegung eines Termins voraussetzt, an dem diese Einnahmen bezogen werden sollen. Mit Hilfe einer solchen Schätzung lässt sich bei dem betreffenden Gut die Höhe des aktuellen Kapitals aber nur dann festlegen, wenn sie durch eine für Ausgewogenheit sorgende Aktualisierungsrate ergänzt wird, welche die *Zeitkosten* – die im Allgemeinen an den jeweils geltenden Zinssatz gekoppelt sind – und die *Risikokosten* einbezieht, die eine Einschätzung der Aussichten vornehmen, dass die Einnahmen tatsächlich an einem bestimmten Termin verfügbar sind. Dieser Termin hängt wiederum von einer Einschätzung des Verhältnisses der Gewinne, die bei einem riskanten Geschäft zu erwarten sind, zu den Kosten ab, die man für die Bemühungen veranschlagt, die erforderlich sind, um das Risiko zu verringern.

Die Marktpotenzial-Achse ist bei der Anlageform also weder auf einen Horizont hin ausgerichtet, der die Dinge dazu bestimmt, Abfall zu werden, wie bei der Standardform, noch auf ihre Erhaltung hin, damit sie unsterblich werden, wie bei der Sammlerform, sondern auf eine *Gegenwart* hin, deren in Kapital ausgedrückter Wert unter Bezugnahme auf eine mehr oder weniger weit entfernte Zukunft bestimmt wird.[21]

Auf dieser Marktpotenzial-Achse können also auf der einen Seite Kapitalanlagen stehen, die im Hinblick auf künftige Gewinne vielversprechend sind und bei deren Aktualisierung moderate Risikokosten berücksichtigt werden, wenn es sich um kurzfristig getätigte Anlagen handelt, zum Beispiel weil ihre Zirkulation von Nachahmungseffekten profitiert, die für Spekulationen günstig sind – was bei Finanzanlagen der Fall sein kann,[22] aber auch bei Kunstwerken. Dabei werden unmittelbare Gewinne bevorzugt, das heißt, die *Gegenwart* siegt über das Vertrauen in die Zukunft. Und auf der anderen Seite stehen Kapitalanlagen, von denen man langfristig Gewinne in der Zukunft erhoffen kann, das heißt Einnahmen, deren Höhe die steigenden Zeit- und vor allem Risikokosten aufwiegt.

Im ersten Fall gehen die Kapitalanlagen in schneller Abfolge

21 Was die Bedeutung, die dieser Bewertungsform zukommt, und ihren Umfang von der Bewertung von Unternehmen bis zur Bewertung von öffentlichen Investitionen oder noch bis zur Berechnung der womöglich für den Erhalt des Wohlstands der zukünftigen Generationen anfallenden Kosten anbelangt, vgl. Shimshon Bichler/Jonathan Nitzan, *Le Capital comme pouvoir. Une étude de l'ordre et du créordre*, a. a. O., besonders S. 255-287. Und eine soziologische Analyse der Kapitalisierungsprozesse findet sich bei Fabien Muniesa, »A flank movement in the understanding of valuation«, in: Lisa Adkins/Celia Lury (Hrsg.), *Measure and Value*, Chichester: Wiley/Blackwell, 2012, S. 24-38, und Horacio Ortiz, »Value and Power. Some questions for a global political anthropology of global finance«, in: Raul Acosta/Sadaf Rizvi/Ana Santos (Hrsg.), *Making Sense of the Global. Anthropological Perspectives on Interconnections and Processes,* Cambridge: Cambridge University Press, 2010, S. 63-81.

22 Vgl. zu diesem Punkt André Orléan, *L'Empire de la valeur*, a. a. O., und was eine empirische Anwendung anbelangt, ders., *De l'euphorie à la panique. Penser la crise financière*, Paris: Rue d'Ulm, 2009.

in andere Hände über; in der Hoffnung auf unmittelbaren Profit versuchen alle, sie auf den Prüfstand des Tausches zu stellen, solange der Trend auf seinem Höhepunkt, ihre Tendenz also steigend ist, das heißt, solange man erwarten kann, dass viele Operatoren bereit sind, sie aus denselben Gründen zu erwerben. Aber auch, sie so schnell wie möglich wieder loszuwerden, wenn bei einer Trendwende zu erwarten ist, dass auch die anderen sich bemühen werden, sie zu liquidieren, wie man par excellence am Fall von Finanzkrisen sieht, in deren Rahmen Nachahmungseffekte bei Spekulationen besonders augenfällig sind.[23] Aber wahrscheinlich haben sich auch viele solche Nachahmungseffekte im Überschwang der Gefühle bei Sammlern verschiedener begehrter Dinge ergeben, als zum Beispiel an der Wende von den 1980er zu den 1990er Jahren japanische Investoren zu immer höheren Preisen Gemälde der französischen Impressionisten kauften, die bei ihnen besonders hoch im Kurs standen.[24]

Im zweiten Fall gehen die Kapitalanlagen langsamer in andere Hände über, auch wenn die Tendenz, an ihnen festzuhalten, verschiedenen Motiven gehorchen kann. Nicht zuletzt kann es sich dabei um eine Investition handeln – wenn man an ihnen festhält, weil man auf einen Profit hofft, der mit der Zeit steigt – oder um eine Geldanlage, durch die eine große Geldmenge *zurückgelegt* werden soll, um sie vor einem Wertverlust zu bewahren. Letztere Option kann auf einer Annäherung der ungleichen Risiken beruhen, die verschiedenen Arten von Kapitalanlagen zukommen. Das ist zum Beispiel der Fall, wenn Geldsummen, die beim Handel mit sehr volatilen Kapitalanlagen gewonnen wurden, zurückgelegt und gewissermaßen dadurch gehortet werden, dass man

23 Vgl. Charles Kindleberger/Robert Z. Aliber, *Manias, Panics and Crashes*, New York: Macmillan, Neuaufl. 2011 ⟨die deutsche Ausgabe *Manien – Paniken – Crash. Die Geschichte der Finanzkrisen dieser Welt* (Kulmbach: Börsenmedien, 2001) beruht auf einer früheren Auflage⟩.

24 Vgl. Takato Hiraki/Akitoshi Ito/Darius A. Spieth/Naoya Takezawa, »How Did Japanese Investments Influence International Art Prices?«, in: *The Journal of Financial and Quantitative Analysis*, Jg. 44, Nr. 6, (Dez. 2009), S. 1489-1514.

sie in Geldanlagen steckt, bei denen nur geringe Einnahmen zu erwarten sind, deren Beständigkeit bei zeitlichen Bewährungsproben aber besonders hoch zu sein scheint – vorausgesetzt, ihr Liquiditätsniveau reicht dafür aus. Diese Möglichkeit – die der derzeitigen Tendenz der Banken folgt, die Unterscheidung zwischen Ersparnissen und Geldanlagen aufzuheben[25] – wird wahrscheinlich weitgehend von Sammlern teurer Kunstwerke genutzt. Auf der Grundlage der Solidität der Werke, die sie sammeln und deren Wert, wie wir gesehen haben, durch institutionelle Autoritäten gestützt wird, deren Aufgabe darin besteht, die Dinge unsterblich zu machen, können sie nicht umhin, deren Kostbarkeit aus der Perspektive der Logik der Sammlerform zu lieben und sie gleichzeitig in Bezug auf die Anlageform wie besonders robuste Güter zu behandeln, die als solche mehr oder weniger die Rolle einer Reservewährung übernehmen können.

So gesehen, werden Dinge geschätzt, von denen die Käufer meinen, dass es in Zukunft immer wieder andere Käufer geben wird, die sie genauso schätzen. Aus diesem Grund ist der Name der Urheber von Kunstwerken der wichtigste Faktor für ihren Preis, und zwar nicht nur in der europäischen und nordamerikanischen Kunst, sondern zum Beispiel auch in der australischen Aborigines-Kunst,[26] denn diese Urhebernamen garantieren die Zukunft, sobald die Geschichtsschreibung und darüber hinaus die Institutionen, die noch andere Werke derselben Urheber besitzen, deren Geschichte in die Hand genommen haben. Auch wenn mehrere Forscher behauptet haben, dass Kunstwerke nicht so rentabel sind wie Geldanlagen, so wirken sie nach der Logik der Bildung eines Vermögens, das langfristig innerhalb einer Familie und darüber hinaus einer *vermögenden* Klasse erhalten bleiben soll, definitiv mindestens so langlebig. Zur Geschichte des Kapitalismus gehört nämlich auch die Geschichte der riesigen

---

25 Vgl. Jeanne Lazarus, *L'Épreuve de l'argent. Banques, banquiers, clients*, Paris: Calmann-Lévy, 2012, S. 222-225.

26 Dominic Taylor/Les Coleman, »Price determinants of Aboriginal art, and its role as an alternative asset class«, a. a. O.

und in jener Zeit weltweit omnipräsenten, in hohem Maße kapitalisierten Firmen, die zu Beginn des folgenden Jahrhunderts binnen weniger Jahre verschwanden und keine Beachtung mehr fanden bzw. auf den Status einer Erinnerung reduziert wurden.

An Sammlerstücken kann man dagegen mehrere Jahrhunderte lang festhalten, was erklärt, warum die Anlageform sich so solide entwickeln konnte. Doch im Gegensatz zu dem, was einige Ökonomen glauben machen wollen, verdanken sich die konstanten Preise im Fall der besonders hochpreisigen Werke keiner im Werk enthaltenen »Qualität«, die sich im Laufe der Jahrhunderte durchsetzt, was, wenn es stimmen würde, aus dem Preis den besten Indikator für die Größe von Werken machen und die Rolle rechtfertigen würde, die den Rankings für das ästhetische Urteil und für die Verwendung von Werken als Kapitalanlagen zugebilligt wird. Sie beruhen darauf, dass die Preise von bestimmten Werken vor allem deshalb stabil bleiben, weil sie Kapitalanlagen sind und diejenigen, die sie besitzen, kaufen, verkaufen und vererben, ein Interesse daran haben, sie auf dem entsprechenden Niveau zu halten.

So versteht man besser, warum die Auswahl der berühmtesten Künstler der Geschichte, welche die Zeitläufte unbeschadet überstehen,[27] eine klare Folge der Wertermittlung im Rahmen der Anlageform ist, wobei der Status der Werke dieser Künstler sich in der Zwischenzeit verändert hat, da sie von Wertgegenständen zu Quasigeld geworden sind. Wenn man eine Liste der Gemälde aufstellt, die zwischen 1701 und 2014 auf einer Auktion Rekordpreise erzielt haben,[28] wird deutlich, dass die seinerzeit in Amsterdam, Rotterdam und London verkauften teuersten Werke von Künst-

---

27 Auch wenn die Hälfte (26) der 50 flämischen Künstler, die Ende des 20. Jahrhunderts als »kanonisch« galten, dies seit 350 Jahren sind, sollte darüber nicht in Vergessenheit geraten, dass die andere Hälfte nicht mehr als bedeutende Künstler gefeiert wird. Victor Ginsburgh/François Mairesse/Sheila Weyers, »De la narration à la consécration. L'example de la peinture flamande de Van Eyck à Rubens«, in: *Histoire & mesure*, XXIII, 2/2008, S. 145-176.

28 Christophe Spaenjers/William N. Goetzmann/Elena Mamonova, »The economics of aesthetics and record prices for art since 1701«, a. a. O.

lern stammen, die auch zwei Jahrhunderte später noch hohe Preise erzielen (Gerard Dou, Anthonys Van Dyck), wobei der Fall Rembrandt am bemerkenswertesten ist: Seine Werke sind drei Jahrhunderte lang regelmäßig zu Rekordpreisen verkauft worden (1798 in London an den englischen Bankier Sir Francis Baring, 1811 in London an Prinz George IV., 1913 in Paris an den amerikanischen Geschäftsmann Benjamin Altman, 1961 in New York an das Metropolitan Museum). Neu erworbene Vermögen tragen dazu bei, die hohen Preise für Sammlerstücke als Kapitalanlagen aufrechtzuerhalten oder zu etablieren, ob es sich dabei nun um alte oder aber um neuere Werke handelt, die nun ebenfalls zum engsten Kreis gehören, nämlich die amerikanischen Vermögen Anfang des 20. Jahrhunderts (1910 kaufte Henry C. Frick einen Frans Hals zu einem Rekordpreis, 1912 und 1913 Benjamin Altman einen Rembrandt und einen Mantegna), die japanischen Vermögen zwischen 1980 und 1990 (1987 kaufte Yasuo Goto einen van Gogh zu einem Rekordpreis, 1989 Tomonori Tsurnmaki einen Picasso, 1990 Ryoei Saito einen van Gogh) oder auch die brasilianischen Vermögen in den 2010er Jahren (im Jahr 2010 kaufte Lily Safra einen Giacometti zu einem Rekordpreis).

In den Analysen wurde lange Zeit davon ausgegangen, dass die als Kapitalanlage behandelten Kunstwerke und Antiquitäten als Thesaurierungsinstrumente fungierten, die das Kapital erhalten und nicht vergrößern sollten,[29] während Investitionen in zeitgenössische Kunst riskanter seien und einen ausgeprägteren Spekulationscharakter hätten, wodurch sich eine Blase bilde, die platzen würde, sobald es zu einer Wirtschaftskrise käme. Man kann sich allerdings fragen, ob der mit der sogenannten Globalisierung verbundene, durch Vereinheitlichung und rasche Informationsweitergabe gekennzeichnete Wandel des Kunstmarkts diese Aufteilung nicht verändert haben könnte, sodass die teuersten Werke der zeitgenössischen Kunst mittlerweile ebenfalls wie Kapitalrücklagen behandelt werden. Ein solcher Wandel würde mögli-

29 Raymonde Moulin, *Le Marché de la peinture en France*, a. a. O., S. 418-420.

cherweise die zunehmende Beständigkeit des Kunstmarkts bei Wirtschaftskrisen verständlich machen. Während der Börsenkrach von 1929 beinahe ein Jahrzehnt lang beträchtliche Auswirkungen auf den Pariser Markt für zeitgenössische Kunst hatte, sodass die meisten Galerien gezwungen waren zu schließen,[30] hielten die Folgen der Krise von 2008 nicht lange an, insbesondere was die Künstler anbelangt, deren Werke die höchsten Preise erzielen. Seit 2010 hat der Preisindex für zeitgenössische Kunst seinen Anstieg fortgesetzt und ab 2014 neue Rekorde bei den Auktionsverkäufen aufgestellt (die vor allem durch den Verkauf von Werken von Jean-Michel Basquiat, Jeff Koons, Christopher Wool, Zeng Fanzhi, Martin Kippenberger und Peter Doig erzielt wurden).[31]

Die Versteigerung der wenigen außergewöhnlichen Stücke, die hohe Preise erzielen und über die regelmäßig innerhalb eines kleinen Kreises von großen Sammlern verhandelt wird, trägt durch den sinkenden Ungewissheitsgrad in Bezug auf ihren in einem Preis objektivierten, realen, das heißt aktuellen Wert zur Stützung der Kapitalisierung dieser Kapitalanlagen bei.[32] Es liegt nahe, die hohen Ausgaben, zu denen einige Operatoren bereit sind und die in manchen Fällen exorbitant erscheinen mögen, gemäß der Opferlogik des Potlatsch[33] zu interpretieren, doch im Grunde genommen spielen sie insofern eine prosaischere ökonomische Rolle, als sie zur Stützung des Werts aller als Kapital betrachteten Anlagen derselben Art beitragen. Mit ihrer Hilfe lässt sich die Möglichkeit eines kollektiven Wertverlusts ausschließen, der bei der Akkumulation auch der exklusivsten und unvergänglichsten Dinge immer droht. Es ist nämlich so, als ob alle an sol-

30 Julie Verlaine, *Les Galeries d'art contemporain à Paris,* a.a.O., S. 22.

31 Vgl. den Jahresbericht ArtPrice, *Le Marché de l'art contemporain. Rapport annuel,* 2014.

32 Über Auktionen als Instrumente zur Verringerung der Ungewissheit in Bezug auf den Wert, besonders im Fall von Sammlerobjekten, vgl. Charles Smith, *Auctions. The Social Construction of value,* New York: The Free Press, 1989.

33 Zum Beispiel in Anlehnung an den Begriff der *Verausgabung* bei Georges Bataille. Vgl. Georges Bataille, »Der verfemte Teil«, a.a.O.

STRUKTURSCHEMA DER ANLAGEFORM

chen Auktionen Beteiligten gleichzeitig in zwei verschiedenen Zusammenhängen agieren, nämlich zum einen als Einzelpersonen, die ihre eigenen Interessen verfolgen und nach einer Wettbewerbslogik mit anderen Einzelpersonen konkurrieren, die dasselbe Objekt begehren. Und zum anderen als Teil eines kleinen, aber sich über die ganze Welt erstreckenden Kollektivs, dessen Mitglieder sich beinahe alle kennen und häufig persönliche Beziehungen zueinander unterhalten. Es setzt sich aus der Gesamtheit der besonders wohlhabenden großen Sammler zusammen, deren gemeinsames Interesse darin besteht, dass der Wert der Sammlerstücke in ihrem Besitz stabil bleibt und durch die Preise bestätigt wird, zu denen sie getauscht werden, was sie dazu bewegt, spezifische Formen der Zusammenarbeit zu entwickeln, von denen der Bieterwettbewerb bei Auktionen eine Ausdrucksform ist.[34]

34 In einem von einer Soziologin verfassten, für ein breites Publikum bestimmten Buch, das auf zahlreichen Feldforschungen beruht, findet sich eine ethnographisch reiche und gleichzeitig sehr scharfsinnige Beschreibung der großen Versteigerungen von zeitgenössischer Kunst in New York. Darin wird der Akzent auf den Unterschied zwischen innovativen Sammlern, die den Umfang ihrer Sammlungen erweitern und modifizieren möchten und vor allem auf dem Primärmarkt aktiv sind, und den Sammlern gelegt, denen es eher um die Akkumulation von Kapitalanlagen geht und die auf dem Sekundärmarkt sowie auf Auktionen die »Gewissheit« »schätzen, [...] einen Marktpreis gezahlt zu haben«. Mit großer Treffsicherheit beschreibt die besagte Soziologin auch die Zeichen, die für die Existenz von persönlichen Beziehungen zwischen letzteren sprechen, für die große Auktionen auch weltliche Rituale und Gelegenheiten darstellen, ihre Verbindungen auszubauen (Sarah Thornton, *Sieben Tage in der Kunstwelt,* a.a.O., S. 23-68).

Teil IV
Wer von der Vergangenheit profitiert

Elftes Kapitel
Profit in der kommerzialisierten Gesellschaft

Konkurrenz und Ausdifferenzierung

Wert ist mit Profit verknüpft. Denn wenn man, wie wir vorgeschlagen haben, davon ausgeht, dass die Bezugnahme auf den Wert vor allem im Hinblick auf den Tausch angebracht ist, und zwar insbesondere dann, wenn es darum geht, den Preis von etwas zu kritisieren oder ihn angesichts von Kritik zu rechtfertigen, zeigt sich, dass sich Kritik und Rechtfertigung vor allem auf die Bestimmung der Gewinnspanne beziehen, das heißt auf das Verhältnis eines Preises zu möglichen anderen Preisen (den Metapreisen). Ist diese Gewinnspanne gering, ist das eher für den Kaufinteressenten günstig; ist sie groß, für den Anbieter. Die Besonderheit des Kapitalismus besteht darin, dass verschiedene Profitcenter miteinander konkurrieren. Jedes von ihnen möchte die Güter, die sich in seinem Besitz befinden und deren Erlangung Anlass von Kosten war, weil es sie entweder erschaffen oder gekauft hat, zum optimalen Preis verkaufen, sodass mit diesem Verkauf der maximale Profit erzielt wird. Man kann sich also leicht darauf einigen, dass den Instrumenten, die geeignet sind, den Wert der zum Verkauf stehenden Güter zu verteidigen, in diesem Rahmen ein bedeutender Platz zukommt.

Nach derselben Logik lässt sich zwischen den unterschiedlichen Wertermittlungsformen und der Dynamik des Kapitalismus ein Zusammenhang herstellen. Die Bildung verschiedener solcher Formen, die sich zu einer Transformationsgruppe zusammenfügen, ist eine Begleiterscheinung der kapitalistischen Dynamik, deren Logik in der unbegrenzten, sich auf verschiedene Gebiete verlagernden Akkumulation von Kapital besteht. Diese Verlagerungen haben eine Ausweitung und Homogenisierung der Warenwelt zur Folge, die substanzielle Verschiedenartigkeit der vermarkteten Dinge wird dabei aber so weit wie möglich respektiert, sodass die Warenwelt den verschiedenartigen Leerstellen angepasst ist, die den Erwerb dieser Dinge rechtfertigen bzw. diese Leerstellen im Grunde genommen erst erschafft. Auf diese Weise verteilt sich die Ware auf verschiedene Bereiche, denen die verschiedenen Formen entsprechen, den Wert der Dinge zu ermitteln. Obwohl solche Transformationen demselben Profitzwang gehorchen, setzt die Profitbildung voraus – die angesichts der Konkurrenz immer so hoch wie möglich ausfallen sollte (Maximalprofit) –, dass verschiedene Wege zum Profit verfolgt werden, welche die Besonderheit jeder Warenart und der Formen berücksichtigen, mit deren Hilfe deren Wert ermittelt wird.

Wie gesehen, haben wahrscheinlich die Grenzen, welche die Profite erreicht hatten, die sich zumindest in den westeuropäischen Ländern aus der Massenproduktion ziehen ließen, den Anstoß für die Verlagerung des Kapitalismus auf neue Gebiete gegeben, die so lange randständig gewesen waren, wie die Standardisierung als Königsweg zum Profit galt. Für einen Analyseversuch dieser verschiedenen Weisen der Profitgenerierung muss man also von der Standardform ausgehen. Im Hinblick auf den Profit besteht die Besonderheit der Standardisierung darin, dass sie auf Massenproduktion setzt. Die Artikel werden von denselben Profitcentern produziert, die sie zum Verkauf anbieten. Diese Produktion verursacht hohe Kosten. Sie setzt umfangreiche Investitionen von Festkapital und den Einsatz einer großen Zahl von Werktätigen voraus, die bezahlt werden müssen. Aus diesem Grund ist das Wachstum eines sich auf die Standardisierung stützenden Kapitalismus mit einer beträchtlichen Zunahme des Lohnarbeitertums einhergegangen. Die Exemplare werden in größtmöglicher Zahl auf der Grundlage eines Prototyps hergestellt, dessen Entwicklung sehr kostenaufwändig war.

Doch damit der Umsatz steigt, muss der Preis, zu dem jedes Exemplar verkauft wird, so angelegt sein, dass er die größtmögliche Nachfrage befriedigt. Ein solches System verleitet dazu, die durch den Verkauf der einzelnen Exemplare erzielte Gewinnspanne pro Stück auf ein Minimum zu reduzieren, sodass die gesamte Nachfrage abgeschöpft werden kann, wobei auf einen Profit (und auf der Produktionsebene auf Skaleneffekte) gesetzt wird, der sich aus dem Verkauf der größtmöglichen Zahl von Exemplaren ergibt – es sei denn durch die Schaffung einer Differenz tritt eine Monopol- bzw. Quasimonopolsituation ein. Im Rahmen derselben Logik nimmt das Konkurrenzverhältnis zwischen Profitcentern leicht die Form eines Preiskriegs an, weil jedes von ihnen versucht, seine Preise zu senken, um die potenziellen Kaufinteressenten anzulocken. Ein zentrales Problem stellen die Löhne dar, die an die sehr große Zahl der für die Produktion erforderlichen Werktätigen gezahlt werden. Werden sie niedrig gehalten, verringert das die Produktionskosten. Tendenziell beeinträchtigt es aber auch das Nachfragevolumen, das angestrebt werden muss, um so viele Exemplare wie möglich zu verkaufen. Wie die Arbeiten der Regulationsschule gezeigt haben, war die sogenannte fordistische Produktionsweise darauf ausgerichtet, ein Gleichgewicht zwischen diesen beiden Ansprüchen herzustellen. Auch die Arbeitsorganisation und die Disziplinierung der Werktätigen spielten in diesem System eine zentrale Rolle. »Undisziplinierte« oder gegen zu geringe Löhne »aufbegehrende« Arbeitskräfte erhöhen die Produktionskosten und stellen sogar für die Qualität der Produkte eine Gefahr dar. Doch Werktätige, deren dürftiger Lohn die Nachfrage verringert, stellen für das System eine Bedrohung in Gestalt einer Produktionsüberkapazität dar.

Die Gefahr einer Nachfragesättigung ist nicht nur gegeben, wenn die Kaufkraft der potenziellen Käufer gering ist, sondern auch, wenn bereits viele Exemplare im Umlauf sind und gebraucht gekauft werden können, ganz zu schweigen von den Artikeln, die jeder bereits besitzt. Darauf gehen die Bedeutung, die im Rahmen der Standardform dem Umstand zukommt, dass die Artikel neu sind, und der beträchtliche Preisunterschied zwischen neuen und gebrauchten Artikeln zurück. Die potenziellen Kaufinteressenten müssen dazu gebracht werden, dass sie trotz dieses Preisunterschieds die neuen Artikel bevorzugen. Um die Nachfrage abzuschöpfen, sind die miteinander konkurrierenden Profitcenter gezwungen, die Strapazierfähigkeit der Produkte geltend zu machen, die sie anbieten. Aber strapazierfähige Produkte müssen nicht häufig ersetzt werden. Wie diese Beispiele zeigen, macht die Erhöhung des aus der Produktion und dem Verkauf von Standardartikeln gezogenen Profits nicht nur die Schaffung neuer Modelle erforderlich, um die Konkurrenten zu übertreffen, sondern auch die beständige Entwicklung neuer, neue Differenzen in sich tragender Prototypen, damit die sich bereits im Umlauf befindenden Exemplare veralten, das heißt an Qualität und dadurch an Wert verlieren. Diese Vorgabe, die sich zu Beginn des Zeitalters der Standardisierung, als die Standardprodukte sich für die Erfüllung von Funktionen anboten, die bis dahin mit Hilfe traditioneller Mittel gewährleistet worden waren, kaum bemerkbar gemacht hatte, hat rasch an Bedeutung gewonnen, als die Welt auf einmal mit einer unübersehbaren Menge bereits vorhandener Standardexemplare übersät war. Dieser Prozess hat die Suche nach neuen »Märkten« angeheizt, die dann in den Ländern, in denen man sie anzusiedeln versuchte, auf eine begrenzte Nachfrage stießen. Das heißt, und dieser Ansicht war schon Schumpeter, dass die Schaffung neuer Artikel innerhalb dieses Produktions- und Absatzsystems immer auch etwas Zerstörerisches hat. Wenn zu Beginn der Umlaufzeit der Gebrauch von Standardartikeln die gewohnten Verfahrensweisen verdrängt, muss sie auf die Zerstörung von Lebensweisen setzen, die, weil sie als archaisch gelten, im Namen des gebotenen technischen Fortschritts an Qualität verloren haben, und dann, wenn die Standardisierung zum hauptsächlichen Produktionsmittel von Gebrauchsgegenständen geworden ist, auf die Zerstörung bereits vorhandener, zu Abfall gewordener Exemplare, die auf das Konto kontinuierlicher Perfektionierung geht, das heißt auf das Geltendmachen von vermeintlich immer neuen Differenzen zurückzuführen ist.

Diese dem Profit im Fall der Standardisierung auferlegten Grenzen müssen berücksichtigt werden, wenn man die Verlagerungen des Kapitalismus interpretiert. Das heißt einerseits die Verlagerung der Produktionsstätten der Standardartikel in die Niedriglohnländer, um die Produktionskosten zu verringern und die Gewinnspannen aufrechtzuerhalten, und andererseits die Ausweitung der Vermarktung auf andere Gebiete, die bis dahin nicht im Zentrum des kapitalistischen Profits gestanden hatten. Aus dieser Ausweitung der Warenwelt speist sich die Entwicklung einer Bereicherungsökonomie. Letztere weist drei Besonderheiten auf, die sich auf unterschiedliche Weise äußern können – je nachdem, im Rahmen welcher der drei Formen, die wir herausgearbeitet haben, der Wert des Dings, von dem Profit erwartet wird, ermittelt worden ist. Die erste besteht darin, bei der Profitbildung der Produktion einen geringeren und der Vermarktung einen bedeutenderen Anteil zuzuweisen. Die zweite besteht darin, eher auf das Steigen der durch den Verkauf jeder Einheit erzielten Gewinnspanne als auf den Verkauf einer großen Zahl von Einheiten zu setzen, von denen jede eine geringe Gewinnspanne aufweist. Die dritte besteht darin, nicht so sehr zu versuchen, den Armen ihr Geld abzunehmen, was einer der Anreize der Standardisierung gewesen war, sondern sich umgekehrt vorrangig dem Geld der Reichen zuzuwenden – im Rahmen von Ausgaben, die sich immer auch in wachsenden Wohlstand verwandeln lassen.

Um die Wege zu beschreiben, die der Profit im Fall der Standardform verfolgt hat oder die sich eher auf die anderen Formen stützen, kann man von der Unterscheidung zweier Weisen der Schaffung von Mehrwert ausgehen, die mit zwei kritischen Analysen des Kapitalismus verknüpft sind, nämlich mit der von Marx, der die Erpressung eines durch Arbeit generierten Mehrwerts in den Vordergrund stellt, und mit der von Braudel, der den Akzent eher auf die Abschöpfung eines kaufmännischen Mehrwerts legt.

Profit und Mehrwert durch Arbeit

Die Analysen, die seit dem 19. Jahrhundert die Idee eines historischen Einschnitts vertreten haben, den die Entwicklung des von ihnen sogenannten »Kapitalismus« markierte, der durch die – nicht durch Krieg oder Diebstahl, sondern durch »(formell) friedliche« Mittel, wie es bei Max Weber heißt – *unbegrenzte* Akkumulation von Kapital gekennzeichnet war, dessen Zirkulation sich auf die Hände einer *begrenzten* Zahl von sei es individuellen oder kollektiven Personen konzentrierte, wie zum Beispiel Aktiengesellschaften sie darstellen, haben in erster Linie versucht, die Möglichkeit von Profit zu erklären. Gemeinsam ist diesen Analysen, dass sie eine Erklärung durch die Arbeitsteilung, durch die Rationalisierung von Produktion und Handel sowie durch die Notwendigkeit der Verzinsung des Kapitals in einer Wettbewerbsökonomie für unzureichend hielten, in der autonome Akteure interagieren, von denen jeder seine Interessen durch Tauschgeschäfte zu maximieren sucht. Sie vertraten nämlich die Ansicht, dass mit Hilfe dieser Prozesse nicht verständlich wurde, wie das Kapital im Rahmen von Profitcentern und in den Händen von Personen, die diese leiten und besitzen, akkumuliert werden kann. Die Vielzahl der Tauschgeschäfte, die jeweils durch das Zusammentreffen von Angebot und Nachfrage gesteuert werden und sich aufgrund der Arbeitsteilung gegenseitig ergänzen, müsse nämlich letztendlich in einem vorgegebenen Bereich die Neutralisierung der einstweilen erworbenen Vorteile der jeweiligen Interaktionspartner zur Folge haben.[1] Deshalb haben diese Ana-

1 Die Frage des Tausches steht im Mittelpunkt der *Structures élémentaires de la parenté* von Claude Lévi-Strauss (Paris: PUF, 1949 ⟨dt.: *Die elementaren Strukturen der Verwandtschaft* (Aus dem Französischen von Eva Moldenhauer) (1961), Frankfurt am Main: Suhrkamp Verlag, 1993⟩. Den Verwandtschaftssystemen, um die es in diesem Buch geht, ist gemeinsam, dass sie über mehrere Generationen hinweg die Zirkulation von Frauen zwischen den Geschlechtern oder Gruppen möglich machen, wodurch die Akkumulation von Frauen, das heißt von etwas unmöglich wird, das an bestimmten Punkten des Netzwerks in diesen Gesellschaften ein Gut von höchster Wichtigkeit darstellt. Solche Akkumulationen ziehen nämlich die Aufteilung der Gesellschaft in getrennte und potenziell antagonistische Gruppen nach sich. Ohne sich direkt mit einem Gabentausch vergleichen zu lassen, steht der Frauentausch so im Zeichen der Wechselseitigkeit. Man kann sich dieses Modell als eine Art Metapher dafür vorstellen, wie eine nicht kapitalistische Marktgesellschaft, das heißt eine Gesellschaft aussähe, deren Strukturen alternativ zur Gewalt auf Tauschgeschäften beruhen würden, die aber über Instrumente verfügen würde, mit deren Hilfe sich der Tausch vom Streben nach einem entscheidenden dauerhaften Vorteil abgrenzen ließe, der dem entspräche, was der Profit in den kapitalistischen Gesellschaften ist. Wenn man diese Metapher weiterverfolgt, wird zum einen deutlich, dass in einer

lysen alle eine *kritische* Dimension in dem Sinne, dass sie die Asymmetrien rechtlicher Art hervorheben, die sich dem *Besitz* von Kapital und seiner Weitergabe an die *Nachkommenschaft* verdanken, ob diese Weitergabe nun auf familiärer Basis erfolgt und auf Erbschaft beruht oder eine organisatorische, politische oder netzwerkartige Form annimmt und das Kapital auf Profitcenter ausrichtet, in denen es akkumuliert und nicht neu verteilt wird.

Es sind viele Interpretationen zur Erklärung des Profits vorgeschlagen worden, die den Akzent vor allem auf die Innovation und auf die Qualitäten des Unternehmers legen (Schumpeter),[2] auf Monopoleffekte, die den Wettbewerb einschränken sollen (Chamberlin),[3] auf das Handeln in Situationen der Ungewissheit, die nicht kalkulierbare Faktoren enthalten (Knight)[4] oder

---

kapitalistischen Gesellschaft nicht der Tausch, ja noch nicht einmal der Handel das Problem darstellt, sondern der Umstand, dass der hier durch die Möglichkeit des Profits motivierte Handel auf die Akkumulation der Güter in Profitcentern und auf die Entstehung von Ungleichheiten mit kumulativen Auswirkungen hinausläuft. Und zum anderen, dass die Entstehung dieser Ungleichheiten quasi unvermeidlich ist, wenn ihr nicht mit strukturellen Instrumenten entgegengesteuert wird, die bezwecken, die Güter auf eine Weise zirkulieren zu lassen, die zu ihrer Neuverteilung führt. Durch das Vorhandensein einer Vielzahl ungleich verteilter, ja kontextabhängiger Differenzierungen, auf welche die Akteure im Rahmen ihrer Geschäftsbeziehung zugreifen können, um sich einen strategischen Vorteil gegenüber ihrem/n Partner/n zu verschaffen, ist es nämlich sehr wahrscheinlich, dass Ungleichheiten hervorgerufen werden, die sich verstärken, wenn der Tausch nicht durch ein »Drittes« geregelt wird (bei dem es sich nicht um eine Person handeln muss, ja noch nicht einmal um eine Institution, sondern das sich mit der Gemeinschaft decken kann), das an den Anspruch auf Wechselseitigkeit erinnert.

2 Hierin folgen wir den Analysen von Richard Swedberg, *Schumpeter. A Biography*, Princeton: Princeton University Press, 1991 ⟨dt.: *Joseph A. Schumpeter. Eine Biographie* (Aus dem Englischen von Johannes G. Pankau), Stuttgart: Klett-Cotta Verlag, 1994⟩.

3 Edward Hastings Chamberlin, *La Théorie de la concurrence monopolistique*, a. a. O.

4 Wir folgen der von Nathalie Moureau und Dorothée Rivaud-Danset in *L'incertitude dans les théories économiques*, Paris: La Découverte, 2004, S. 6-9, vorgelegten Interpretation von Frank Knights Buch *Risk Uncertainty and Profit* (1921).

auf das Erlangen von Machtpositionen, von denen aus die Konkurrenz lahmgelegt werden kann (Veblen).[5] Doch aus dem Feld der Interpretationen des Profits möchten wir besonders zwei Analysen berücksichtigen, deren Eigentümlichkeit im ersten Fall darin besteht, dass sie den Akzent auf den *Wert* legt, und im zweiten Fall auf *die Preise*. Beide versuchen zu verstehen, wie der Warentausch einen Profit generieren kann, der sich *buchhalterisch* in der *Bilanz* eines *Profitcenters* niederschlägt, das heißt sich in der *Gewinnspanne* objektiviert, die positiv, negativ oder neutral ausfallen kann und das Geldäquivalent der betreffenden Ware zwischen zwei Bilanzen voneinander unterscheidet.

Für eine schematische Darstellung der ersten Erklärung werden wir uns auf den Text »Lohn, Preis und Profit« von Karl Marx stützen, der, weil er für eine breite Öffentlichkeit bestimmt war, diese Erklärung in einfachen und lapidaren Worten zusammenfasst. Ihre Besonderheit besteht darin, dass sie sich auf die menschliche Arbeitskraft konzentriert, die aufgewendet werden muss, damit eine Ware eine Form annimmt, in der sie sich tauschen lässt, und sie legt den Akzent auf die Möglichkeit, dass die Ausbeutung nicht bezahlter Arbeit (von Mehrarbeit) einen Mehrwert generiert, das heißt einen *Mehrwert durch Arbeit.* Die zweite Erklärung konzentriert sich auf den Vorgang des Tausches selbst. Sie legt den Akzent auf den Unterschied zwischen dem Preis, der für eine Ware bezahlt worden ist, und dem Preis, zu dem sie verkauft wird. Dass dieser Unterschied sich nicht im Laufe der folgenden Tauschgeschäfte zwischen voneinander abhängigen Entitäten neutralisiert, setzt allerdings voraus, dass Ort und Zeitpunkt des ersten Tausches – in dessen Verlauf die Ware gekauft wird – nicht direkt mit dem Ort und Zeitpunkt des zweiten Tausches – in dessen Verlauf die Ware verkauft wird – interagieren, mit anderen Worten, dass die Ware den Ort wechselt, eine *Verlagerung* erfährt. Bei Braudel ist diese Verlagerung im Wesent-

5 Wir folgen der von Jonathan Nitzan und Shimshon Bichler in *Le Capital comme pouvoir*, a. a. O., S. 374-382, vorgelegten Interpretation von Thorstein Veblens Buch *The Theory of Business Enterprise* (1904).

lichen geographischer Natur (der Fernhandel), aber wir werden versuchen zu zeigen, dass sich dieser Ausdruck auch auf andere Verlagerungsformen ausweiten lässt, die ebenfalls zu einer Erhöhung des Preises der verlagerten Ware führen.

In den unter dem Titel »Lohn, Preis und Profit« veröffentlichten Vorträgen, die er im Jahr 1865 auf zwei Sitzungen des Generalrats der Internationalen Arbeiterassoziation (Erste Internationale) hielt, wollte Marx die Wirtschaftstheorien widerlegen, denen zufolge »der Wert der Arbeit oder jeder beliebigen anderen Ware in letzter Instanz durch Angebot und Nachfrage festgestellt werde«, die – ihm zufolge – »nichts als die vorübergehenden *Fluktuationen* der Marktpreise [...] regeln«. »Sie werden euch erklären«, fügt er hinzu, »warum der Marktpreis einer Ware über ihren *Wert* steigt oder unter ihn fällt, aber sie können nie über diesen *Wert* selbst Aufschluß geben.« In Umkehrung eines Arguments der klassischen Wirtschaftstheorie, unterstellt Marx: »In dem Augenblick, wo Angebot und Nachfrage einander die Waage halten und daher zu wirken aufhören, fällt der *Marktpreis* einer Ware mit ihrem wirklichen *Wert*, mit dem Normalpreis zusammen, um den ihre Marktpreise oszillieren.« Daraus folgt, dass wir bei der »Untersuchung der Natur dieses *Werts* [...] mit den vorübergehenden Einwirkungen von Angebot und Nachfrage nichts mehr zu schaffen [haben]. Das gleiche gilt vom Arbeitslohn wie von den Preisen aller anderen Waren.«[6] Die Antwort, die Marx zur Erhellung des Rätsels des »wirklichen Werts« vorschlägt, ist bekannt. Sie beruht auf der Bestimmung der »gemeinsamen *gesellschaftlichen* Substanz« aller Waren, die eine als »in ihnen [...] kristallisierte [...] *gesellschaftliche*[...] Arbeit« ist,[7] was ihm die Behauptung gestattet, dass der »Preis [...] an sich nichts als der *Geldausdruck des Werts*« ist.[8]

Marx hat als Erster die Bildung der Ware als spezifische onto-

---

6 Karl Marx, »Lohn, Preis und Profit«, in: ders./Friedrich Engels, *Werke*, Bd. 16, Berlin: Dietz Verlag, 1962, S. 101-152, hier S. 119.

7 Ebd., S. 123.

8 Ebd., S. 127.

logische Modalität von Dingen erfasst, ja sogar antizipiert, die nicht nur mittels eines monetären Äquivalents getauscht werden, sondern ihre Daseinsberechtigung aus ihrer Fähigkeit beziehen, durch den Tausch eine bestimmte Menge Geld in eine höhere Geldsumme zu verwandeln, das heißt, die nicht mehr als Ziel, sondern nur noch als Zwischenstation des Akkumulationsprozesses des Kapitals betrachtet werden. Dieser Wandel wird bei Marx mit Hilfe des Modells zweier entgegengesetzter Zirkulationsformen dargestellt. Es sei daran erinnert, dass der Verkäufer bei der einfachen Zirkulation eine Ware liefert, um ein Äquivalent in Form von Geld zu erhalten, damit er eine Ware kaufen kann, deren Wert äquivalent ist (W – G – W). In der kapitalistischen Wirtschaft gibt der Kapitalist Geld aus, um Waren allein in der Absicht ihres Wiederverkaufs zu erlangen, um sie in Geld zu verwandeln (G – W – G), damit er am Ende des Geschäfts mehr Geld in Händen hält, als er in Umlauf gebracht hat (G – W – G').

Da er aber direkt von der Analyse der menschlichen Arbeitskraft ausgeht, bevor er die Dinge als solche betrachtet, löst Marx sich nicht aus der Abhängigkeit von einer substanziellen Vorstellung des Werts, die er aus der Differenz zwischen Gebrauchswert und Tauschwert herleitet und die in der Kritik des Fetischismus kulminiert. Die Art und Weise, wie heterogene Dinge in den präkapitalistischen Gesellschaften in verschiedene Wesenheiten aufgeteilt werden, beschreibt Marx ganz genau. Doch führt er diese Aufteilung unmittelbar auf die Heterogenität der menschlichen Arbeitsformen zurück, die sich vor allem im Rahmen der einzelnen Haushalte auf einzelne Personen verteilen, sodass die durch diese Arbeit produzierten Objekte schon sozialisiert sind, bevor sie überhaupt durch den Tausch in Erscheinung treten und in Umlauf gebracht werden.

Dieser Ansatz bei der Arbeit hat einen doppelten Effekt. Erstens bestärkt er eine Kritik, die in einigen Fassungen so interpretiert werden kann, als ob ihre Zielscheibe die bloße Tatsache der Äquivalenzsetzung von Dingen (und im Fall der Arbeit von Personen) mittels ihrer monetären Ausdrucksform sei, weil dies zur Aufhebung ihrer Identität und Singularität führe. Die Ahnenreihe dieser Kritik reicht weit zurück, sie kommt zum Beispiel in vielen christlichen Gleichnissen vor, welche die monetäre Äquivalenz in Frage stellen (wie »Die Arbeiter im Weinberg«) und manchmal sogar jede Form von Äquivalenz (wie »Der verlorene Sohn«).

Der zweite Effekt besteht in der Suche nach einer substanziellen Grundlage für die Äquivalenz, wodurch die Arbeit – in diesem Fall die abstrakte gesellschaftliche Arbeit – zum Ursprung des Werts aller Dinge gemacht wird, der auf verklärte und entfremdende Weise im Tausch zum Ausdruck kommt. Daraus folgt die Ersetzung der realen Gemeinschaftsbande durch eine illusionäre Gemeinschaft, die nur durch die Vermittlung des Geldes Wirklichkeit erlangt. Doch eine solche Kritik, welche die Bezugnahme auf den Wert den Dingen und dem Tausch vorschaltet, anstatt sie ihnen nachzuschalten, wo ihre Rolle in der Rechtfertigung des Preises besteht, verfehlt einen der grundlegendsten Widersprüche des kapitalistischen Systems, nämlich dass es zum einen auf einer heterogenen Vielzahl von Transaktionen beruht, die von den Umständen abhängen und deshalb nicht totalisierbar sind, und zum anderen dass es nicht auf die Bezugnahme auf den wie auch immer definierten Wert verzichten kann, wenn es den unzähligen Transaktionen, auf denen die Profitbildung beruht, einen Sinn abgewinnen will.[9]

Die Art und Weise, wie Marx den Profit analysiert, hat eine ganze Reihe von Arbeiten beeinflusst, die auf die Suche nach einem Arbeitsäquivalent, das sich durch eine spezifische Metrik deutlich machen lässt, ausgerichtet sind, und sie ist bekanntlich auf eine ganze Reihe von Schwierigkeiten gestoßen,[10] denen Marx übrigens teilweise zum Beispiel durch die Behauptung zuvorgekommen ist, dass das »zur Produktion einer Ware notwen-

---

9 Eine gründliche Analyse des Wertbegriffs bei Marx findet sich bei Anselm Jappe, *Les Aventures de la marchandise. Pour une nouvelle critique de la valeur*, Paris: Denoël, 2003 ⟨dt.: *Die Abenteuer der Ware. Für eine neue Wertkritik*, Münster: Unrast-Verlag, 2005⟩.

10 Vgl. zum Beispiel Jon Elster, *Karl Marx. Une interprétation analytique*, Paris: PUF, 1989, S. 240-258, englische Originalausgabe 1985.

dige Arbeitsquantum [...] ständig mit dem Wechsel in der Produktivkraft der angewandten Arbeit« variiert.[11] Deshalb hatte das Vorhandensein eines Mehrwerts durch Arbeit den zweideutigen Status einer Annahme, die plausibel und einleuchtend ist (ohne Berufung auf ihn würde man zum Beispiel die Auslagerung der Produktion in Niedriglohnländer nicht verstehen) und sich gleichzeitig nur schwer in buchhalterischer, das heißt in Zahlen berechenbarer Form anschaulich machen lässt.[12] Trotzdem kann man die Grenzen, welche die Analyse des Wandels des Kapitalismus in den Jahren zwischen 1960 und 1970 beeinträchtigt haben, einer Polarisierung zuschreiben, in deren Mittelpunkt ein enges Verständnis des Mehrwerts durch Arbeit stand.[13]

---

11 Karl Marx, »Lohn, Preis und Profit«, a. a. O., S. 126.

12 Vgl. Cornelius Castoriadis, *Capitalisme moderne et révolution*, Paris: UGC, 1979 ⟨dt.: »Die revolutionäre Bewegung im modernen Kapitalismus«, in: ders., *Ausgewählte Schriften*, Bd. 2.2: *Vom Sozialismus zur autonomen Gesellschaft. Gesellschaftskritik und Politik nach Marx* (Aus dem Französischen von Michael Halfbrodt), Lich: Verlag Edition AV, 2008, S. 17-189⟩, besonders das Kapitel, das sich mit der Idee vom »Fall der Profitrate« befasst, S. 205-222 ⟨dt.: S. 145-156 (Anhang zur ersten englischen Ausgabe)⟩.

13 Man erinnere sich nur an die, wie man sagen muss, manchmal ziemlich geschraubten Debatten, die den Spätmarxismus der Jahre zwischen 1960 und 1970 geprägt haben, in denen es um die Frage ging, ob sogenannte »unproduktive« Angestellte mit »Proletariern« verglichen werden können, deren Kern die »Arbeiter« darstellten. Diese Debatten entwickelten sich insbesondere zwischen dem Erscheinen von Serge Mallet, *La Nouvelle Classe ouvrière* (Paris: Seuil, 1963 ⟨dt.: *Die neue Arbeiterklasse* [Aus dem Französischen von Thomas Hartmann], Neuwied/Berlin: Luchterhand Verlag, 1972⟩) und der Arbeiten von Nicos Poulantzas einige Jahre später (*Pouvoir politique et classes sociales de l'État capitaliste*, Paris: Maspero, 1968 ⟨dt.: *Politische Macht und gesellschaftliche Klassen* (Aus dem Französischen von Günter Seib und Erika Hültenschmidt), Frankfurt am Main: Athenäum-Fischer-Taschenbuch-Verlag, 1974⟩, und *Les Classes sociales dans le capitalisme d'aujourd'hui*, Paris: Seuil, 1974 ⟨dt.: *Klassen im Kapitalismus, heute* (Aus dem Französischen von Bernd F. Gruschwitz, unter Mitarbeit von Horst Arenz und Heribert Rüther), Berlin: VSA, 1975⟩).

Die Vorstellung eines *kaufmännischen Mehrwerts*[14] übernehmen wir von Fernand Braudel, für den der Kapitalismus mehr noch durch die Möglichkeit, einen solchen kaufmännischen Mehrwert zu generieren, charakterisiert ist als durch die Gewinnung von Mehrwert durch Arbeit im Marx'schen Sinne, die in seinen Augen ein Kennzeichen der »industriellen[n] Produktionsweise« ist (»die ich meinerseits im übrigen nicht«, schreibt Braudel, »für das wesentliche und unabdingbare Merkmal eines jeden Kapitalismus halte«[15]). Das soll nicht heißen, dass Fernand Braudel die Entwicklung des Kapitalismus mit der Entstehung der »Marktwirtschaft« verknüpft, ganz im Gegenteil: Er strebt eine deutliche Unterscheidung der Marktwirtschaft auf der einen Seite, die es seiner Meinung nach in beinahe allen historischen Gesellschaften gibt, vom Kapitalismus auf der anderen Seite an, der in dem, was er »Zone des Gegen-Marktes« nennt, operiert, in der »Cleverness und das Recht des Stärkeren« herrschen[16] und in der ein »jedes Maß übersteigende[r] Profit« vorrangig durch den Handel mit Luxusgütern erzielt wird, dem er im Anschluss an Werner Sombart entscheidende Bedeutung für die Entstehung des Kapitalismus einräumt, weil Luxusgüter die Güter sind, deren »Preis am Ankunftsort« bereits über dem bezahlten Einkaufspreis liegt.[17] Im Fall des »Fernhandels«, den Braudel häufig als Beispiel heranzieht, wird das, was er »ungeheuren Profit« nennt, dadurch erzielt, dass »er die Preise zweier weit voneinander entfernter Märkte [...], zwischen deren Angebot und Nachfrage nur durch

---

14 »Sollen Waren befördert werden, muß ihr Preis im Laufe der Reise steigen – eine mehr oder minder zwingende Regel, die ich hier mit dem Begriff *kaufmännischer Mehrwert* umschreibe.« Fernand Braudel, *Civilisation matérielle, économie et capitalisme, XVe-XVIIIe siècle*, Bd. II: *Les Jeux de l'échange*, Paris: Armand Colin, 1979, S. 183f. ⟨dt.: *Sozialgeschichte des 15.-18. Jahrhunderts. Der Handel* (Aus dem Französischen von Siglinde Summerer und Gerda Kurz), München: Kindler Verlag, 1986, S. 176⟩.

15 Ebd., S. 247.

16 Ebd., S. 246.

17 Ebd., S. 444.

seine Vermittlung eine Verbindung zustande kommt«, gegeneinander ausspielt.[18] Doch die von Braudel oft vorgenommene Annäherung zwischen (geographischer) »Entfernung« und »Information« legt nahe, dass die Verlagerungseffekte keineswegs nur geographischer Natur sind. Diejenigen, die »die Vergünstigung der Information genießen«, können »die Regeln der Marktwirtschaft ständig auf die natürlichste Art und Weise, ohne schlechtes Gewissen, umgehen«, vor allem indem sie »die Konkurrenz aus [...]schalten«, sodass sie in den Genuss von Quasimonopolen kommen, die es erlauben, die Preise »zu steuern«.[19]

Die Analysen, an die wir gerade in groben Zügen erinnert haben und die Braudel Ende der 1970er Jahre veröffentlichte, sind der Öffentlichkeit seither wenn nicht von den Historikern, welche die Analyse der aus Braudel'scher Perspektive betrachteten Handelsnetze fortgesetzt haben,[20] so doch zumindest durch eine

---

18 Ebd., S. 442.

19 Ebd., S. 438 und S. 451f.

20 Die Arbeiten, die unter dem Einfluss von Fernand Braudel das Wissen über die praktischen Modalitäten vertieft haben, auf denen die aus der Warenverlagerung gezogenen Profite beruhten, haben den Akzent auf die Bildung von ausgedehnten interkulturellen Netzwerken gelegt, dank derer Rohstoffe und Objekte zwischen voneinander entfernten, von verschiedenen »lokalen Traditionen« abhängigen Gruppen zirkulieren können, und dadurch über die »kulturellen«, »ethnischen« und »sprachlichen« Dimensionen des Tausches, dessen Erfolg keineswegs allein von der »Rationalität der Akteure der neoklassischen Analyse« abhängt. Er hängt nämlich vor allem von der Fähigkeit ab, eine Vielzahl von *Differenzierungen* auszunutzen, was zum einen auf lokaler Ebene die Herstellung von »Kooperationsbeziehungen« und »Vertrauensbeziehungen« voraussetzt, die auf Einrichtungen wie der »Reputation«, der »Gegenseitigkeit«, dem Sittenverständnis und der Interpretation der sprachlichen Besonderheiten, ja sogar auf Freundschaft und auf Großherzigkeit beruhen, und zum anderen eine gute Kenntnis der globalen Machtverhältnisse nicht zuletzt zwischen politischen Entitäten. Diese Kompetenz, sich vom Lokalen zum Globalen zu bewegen, ermöglicht das Spiel mit dem Preis der Waren, auch wenn dieser auf den verschiedenen Etappen von deren Wegstrecke in verschiedenen Metriken wiedergegeben wird, sowie dessen Antizipation vom Profitstandpunkt. Wie die Verfasser der betreffenden Arbeiten betonen, heißt das auch, dass die zum Geschäftserfolg beitragenden Kräfte, auf denen die Entstehung des Kapitalismus beruhte, von den aktuell vorherrschenden ökonomischen Konzeptionen abweichen, wenn sie einen

große Zahl von Arbeiten über die Funktionsweise des Kapitalismus weitgehend vorenthalten worden, die den Akzent auf die quasi absolute Vorrangstellung legen, die dem Begriff des Markts im Sinne der neoklassischen Ökonomie eingeräumt wird. Und zwar übrigens in manchen Fällen rückwirkend, wie Guido Guerzoni mit scharfem Blick erläutert, als er die zahlreichen Studien Revue passieren lässt,[21] die vorgeben, die Funktionsweise des italienischen »Kunstmarkts« im 15. und 16. Jahrhundert auch dort zu beschreiben, wo ein Ansatz, der sich so eng wie möglich an die Dinge hält, komplexe und ganz unterschiedliche Zirkulationsweisen von Werken zum Vorschein bringt – Gabe, Diebstahl, Vererbung, Klientelismus, Leihgaben usw. –, die in einem von den Fürstenhöfen und vom Luxus beherrschten ökonomischen Kontext von Hand zu Hand gehen, der keineswegs rein marktförmig ist. Wir meinen dagegen, dass Braudels Thesen für eine kritische Analyse des Kapitalismus einschlägig sind.

Je nachdem, welchen Platz er innerhalb aller Gebrauchsgegenstände einnimmt, wird ein Handelsartikel bei seiner Verlagerung an jeder Etappe seiner Wegstrecke von einem anderen »Standpunkt« aus betrachtet. Von diesem Platz hängt sein differenzieller Wert ab (der Terminus »Wert« ist hier in dem Sinne zu verstehen, in dem Saussure ihn auf die Beziehung zwischen Zeichen anwendet[22]), sodass der Sinn bzw. die »Bedeutung«, die diesem Ding zukommt, sich relativ zur Bedeutung der anderen Dinge verhält, genauso wie sein Preis, wenn es Gegenstand einer Transaktion

---

homogenen und transparenten Transaktionsraum schaffen (vgl. Anthony Molho/Diogo Ramada Curto, »Les réseaux marchands à l'époque moderne«, in: *Annales, Histoire, Sciences sociales*, 3/2003 (58. Jg.), S. 569-579. (Dieser Aufsatz ist das Vorwort zu einer Ausgabe der Zeitschrift *Annales*, die sich im Anschluss an ein Seminar, das 2001/2002 am Europäischen Hochschulinstitut in Florenz stattfand, mit den Handelsnetzen befasste.)

21 Guido Guerzoni, *Apollon et Vulcain*, a. a. O., S. 67-104.

22 Wir übernehmen diese Lesart von *Wert* sowie einen Teil des hier entwickelten Gedankengangs (vor allem die Lesart von »Standpunkt« bzw. Perspektive) aus dem folgenden Aufsatz: Patrice Maniglier, »De Mauss à Claude Lévi-Strauss. Cinquante ans après. Pour une ontologie Maori«, in: *Archives de Philosophie*, Nr. 69, 2006, S. 37-56.

ist, relativ genannt werden kann, weil er in Bezug auf den Preis der anderen Dinge beurteilt wird, die auf lokaler Ebene zu Tauschgeschäften führen. Bei dieser Art von Handel treffen zwingend zutiefst asymmetrische Perspektiven im Sinne von Standpunkten aufeinander. Die erste ist lokal bzw., wenn man so will, autochthon. Die zweite ist global bzw., wenn man so will, allochthon. Während die Dinge aus autochthoner Perspektive in Bezug auf die Gesamtheit bestimmt werden, deren Teil sie sind und die ihren Preis bestimmt, sodass zwei voneinander entfernte Positionen niemals »dieselben« Dinge umfassen, besteht die Besonderheit der allochthonen (oder globalen) Perspektive darin, dass sie über die Möglichkeit verfügt, der Wegstrecke eines Dings zwischen verschiedenen Positionen zu folgen, an denen sein Preis auf unterschiedliche Weise bestimmt wird, indem sie berücksichtigt, dass es sich sehr wohl um »dasselbe« Ding handelt bzw., wenn man so will, indem sie einen übergeordneten Standpunkt einnimmt, der den gesamten Handelsverlauf im Blick hat.

So gesehen, ist der Händler am effektivsten, der eine Vielzahl von Perspektiven beherrscht und von daher als vielwertig, also multivalent bezeichnet werden kann. Die Fähigkeit, mit ausdifferenzierten Perspektiven zu spielen, macht die Stärke des Fernhandels aus und, allgemeiner gesagt, vielleicht auch der Verlagerung als Bestandteil des Kapitalismus, bei dem davon auszugehen ist, dass es zu seinen Eigenschaften gehört hat und immer noch gehört, sich auf Akteure zu stützen, die sich das Wissen um verschiedene Formen, den Wert von Waren zu ermitteln, zunutze machen. Auf jeder Etappe ihrer Wegstrecke wird die Ware nämlich zu ihrem lokalen Preis getauscht, sodass es zwecklos wäre, dem Händler Unredlichkeit vorzuwerfen. Doch die tiefe Asymmetrie, die zwischen den Akteuren, deren Standpunkt autochthon (oder lokal) ist, und den Akteuren besteht, deren Standpunkt allochthon (oder global) ist, zieht eine Differenzierung nach sich, durch die sich der wesentliche Teil der Profite tendenziell in den Händen derjenigen akkumuliert, deren Standpunkt oder Perspektive weitreichender bzw., wenn man so will, übergeordnet ist.

Die Rede von einem übergeordneten »Standpunkt« stellt allerdings nur eine unzureichende Annäherung dar, wenn man die Frage nach den Instrumenten und Werkzeugen, auf denen er beruht, außer Acht lässt. Es sind diese Instrumente und Werkzeuge, durch die in der Neuzeit Handelsexpeditionen in die Ferne gefördert worden sind. Bekanntlich sind sie zu weiten Teilen auf Betreiben der politischen Machtzentren, das heißt der Staaten oder Stadtstaaten entwickelt worden, die allein in der Lage waren, den gewagten Unternehmungen, von denen der Erfolg des Fernhandels abhing, ganz verschiedene Hilfsmittel zur Verfügung zu stellen – vor allem militärische Hilfsmittel im Zusammenhang mit der Navigationstechnik, aber auch geistige Hilfsmittel aus dem Bereich der Geographie, der Kartographie und womöglich vor allem der Geschichte und des Interesses für sprachliche und ethnographische Kenntnisse über die auf der ganzen Welt verstreuten indigenen Völker. Doch es war vor allem die Entwicklung der Kommunikationswerkzeuge, nicht zuletzt der Geschäftskorrespondenz,[23] und der Finanznetze, insbesondere der Wechselbriefe, von denen die Möglichkeit eines übergeordneten Standpunkts abhing.

Die Besonderheit des Finanzwesens besteht nicht nur darin, dass es die *Ablösung* von den substanziellen Eigenschaften der Ware ermöglicht, indem es sie durch Geldsummen ersetzt, die in Geschäftsbüchern verzeichnet sind, sondern auch darin, dass es die möglicherweise am Ende erzielten Gewinne durch eine Reihe von Operationen kumuliert. Und zwar auch, wenn letztere auf der Disparität der relativen lokalen Preise von Waren beruhen, deren auf jeder Etappe ihrer Wegstrecke unterschiedlich be-

23 Wie Francesca Trivellato unterstreicht, erfüllten die Briefe zwischen den Händlern »vier Funktionen«, für die Formulare nicht ausreichten: »Sie beglaubigten die Verträge und die Eigentumsrechte vor Gericht; sie ermöglichten es den Händlern, in Bezug auf die Marktlage Fragen zu stellen und auf spezifische Nachfragen zu reagieren; sie informierten die Geschäftspartner über die Eignung und Verlässlichkeit der Teilhaber, Kommissionäre und Zulieferer; und wo das erforderlich war, sicherten sie außerdem Vertraulichkeit zu« (vgl. Francesca Trivellato, *Corail contre diamants*, a. a. O., S. 230).

stimmte Qualität und Marktwert nur dann vergleichbar und kumulierbar sind, wenn man über Finanzinstrumente verfügt. Durch letztere entsteht eine Verbindung zwischen Akteuren, die, obwohl sie sich an verschiedenen, ob nun geographischen oder nicht geographischen Plätzen befinden, gegenüber dem gesamten Warenprozess einen übergeordneten Standpunkt einnehmen können, weil sie die Gültigkeit der von den marktbeherrschenden Profitcentern garantierten Abrechnungsinstrumente anerkennen. Ein äußerst beunruhigendes und häufig untersuchtes Beispiel für einen derartigen Handelsverkehr in der Neuzeit geben die am Dreieckshandel beteiligten Unternehmen ab, die von Frankreich aus eigens dafür gebaute Schiffe mit Gerätschaften beluden, die für die sich dem Sklavenfang widmenden Königreiche an der westafrikanischen Küste bestimmt waren. Diese Sklaven wurden auf Schiffe verladen und (mit einer Verlustrate von ungefähr 25 Prozent während der Fahrt) an die amerikanischen Plantagenbesitzer weiterverkauft. Die Schiffe kehrten mit einer Ladung Luxuswaren zurück, die auf den europäischen Märkten zu einem hohen Preis verkauft werden konnten, wie Kaffee oder Kakao. Diese Art Handel warf lediglich einen Profit von etwa 6 Prozent ab, weil sie hohe Investitionen erforderlich machte, nicht zuletzt für den Bau und die Ausrüstung der Schiffe,[24] und mit beträchtlichen Risiken verbunden war.

Die Tauschmöglichkeit von heterogenen (also allen) Dingen beruht in diesen Beispielfällen also auf dem Missverhältnis zwischen dem autochthonen Standpunkt, der sich auf lokale Instrumente stützt, und dem allochthonen Standpunkt, der sich auf globale, und zwar in erster Linie auf Finanzinstrumente stützt. Sie verteilt die Güter keineswegs ungefähr gleich, indem sie, wie beim Gabentausch in den sogenannten traditionellen Gesellschaften, einen Kreis beschreibt, der sich über mehrere Generationen erstrecken kann, sondern strebt ganz im Gegenteil danach, die

24 Vgl. Olivier Pétré-Grenouilleau, *Les Traites négrières. Essai d'histoire globale*, Paris: Gallimard, coll. Bibliothèque des histoires, 2004.

aus der Warenzirkulation gezogenen Gewinne in Profitcentern zu akkumulieren.

Davon abgesehen, kann man sich die Frage stellen, ob die Auswirkungen dieser für den Fall der Erzielung von kaufmännischem Mehrwert kaum bestreitbaren Verlagerungen sich nicht auch bei den Gewinnen bemerkbar machen, die aus der Ausbeutung der menschlichen Arbeitskraft gezogen werden (Mehrwert durch Arbeit). Dafür sind die Standortverlegungen in Niedriglohnländer ein gutes Beispiel. Um den Rückgang der Profite in der europäischen und US-amerikanischen Industrie wieder auszugleichen, wird durch solche Standortverlegungen nämlich die Produktion in Länder verlagert, in denen der relative Preis der menschlichen Arbeitskraft so gering wie nur möglich ist. Doch wenn unter bestimmten Umständen (zum Beispiel bei der Fertigung von Kleidung in Bangladesch oder beim Zusammenbau von Computern im mexikanischen Guadalajara[25]) diese Verlagerungen darauf hinauslaufen, dass die Lohnarbeit durch ein Beschäftigungssystem ersetzt wird, das quasi sklavenhalterische Formen annimmt, ist das nicht unbedingt der Fall. Gemessen am relativen Preis für Arbeit in ihrem Land können die von den westlichen Konzernen eingesetzten lokalen Arbeiter sich als korrekt bezahlt empfinden. Hier ist die Differenz zwischen dem lokal üblichen Preis für Arbeit in Westeuropa und dem lokal üblichen Preis für Arbeit in den Niedriglohnländern die Quelle des Profits, denn die produzierten Waren sind dazu bestimmt, nach Europa zurückzukehren, um dort vermarktet zu werden. Derartige Operationen wären nun aber nicht durchführbar oder würden nicht so hohe Profite erzielen, wenn es keine deregulierten Finanzinstrumente gäbe, die eine Zirkulation von Kapitalformen erlauben, die zur raschen Verlagerung geeignet sind, um dort zum Einsatz zu kommen, wo die Investitionen am profitabelsten sind.

---

25 Gabriel Mendoza Zarate, *La Fabrique de la critique. Les travailleurs »sous-traités« de l'industrie électronique au Mexique*, Paris, 2014 (Doktorarbeit an der EHESS).

Den Standort der Waren oder den Standort der Käufer verlagern

Braudel zufolge war die Maximierung des kaufmännischen Mehrwerts auf die Verlagerung der Ware angewiesen. Sehen wir uns zunächst Beispiele für geographische Verlagerungen an. Offenkundig sind sie in den Fällen, in denen Luxusprodukte eines für seine nationalen oder regionalen Wurzeln bekannten Fabrikats oder einer entsprechenden Marke in mehr oder weniger ferne Länder exportiert werden, in denen die Interessenten sie wegen des Prestiges ihres Herkunftslands erwerben. Im Fall von Luxusprodukten kann der Profit in den Industriezweigen besonders hoch ausfallen, die Mehrwert durch Arbeit und kaufmännischen Mehrwert miteinander kombinieren. Wie alle anderen Industriezweige produziert und vermarktet die Luxusindustrie – unabhängig davon, ob es um Parfüm geht, um Kosmetik, um Kleidung oder um Uhren – Objekte, die nach industriell zugeschnittenen Verfahren und Normen hergestellt wurden, und zwar immer häufiger indem sie einen Teil der Produktion auslagert. Die einen Prototyp reproduzierenden Einheiten werden in immer größerer Stückzahl hergestellt, um die wachsende weltweite Nachfrage zu befriedigen. Doch jede Einheit, die in den Genuss von Operationen kommt, die an der Spitze der Wertkette einsetzen und nicht ausgelagert werden – das heißt Design, Marketing, Werbung und Vertrieb –[26], und die vor allem davon profitiert, dass der Wert von deren traditionellem Charakter und ihrer Beheimatung in Ländern geltend gemacht wird, die besonders für ihre »Lebensart« und ihre Autorität in Sachen »Geschmack« geschätzt werden, wie Frankreich oder Italien, kann mit einer sehr viel höheren Handelsspanne verkauft werden als Standardprodukte, obwohl deren Herstellung und Vermarktung keineswegs radikal anders ablaufen und auch wenn die wachsende Standardisierung der Luxusprodukte kaschiert, ja sogar vertuscht wird.

Auch Trödelläden, die für die Versorgung der Sammler von

26 Vgl. Frédéric Godart, *Sociologie de la mode*, a. a. O., S. 31-37.

Antiquitäten oder Vintage-Objekten eine wichtige Rolle spielen, sind ein Beispiel für Geschäfte, bei denen der Preis der zum Verkauf stehenden Objekte zu weiten Teilen von deren Verlagerung abhängt. Zu diesem Punkt kann man sich an ein Buch halten, das ein Händler mit alten Möbeln und Antiquitäten, Hubert Duez,[27] dazu nutzt, die Kniffe und Tricks seiner Tätigkeit zu verraten.[28] Erste Bemerkung: Da er in der Position eines Zwischenhändlers ist, der aus der Verlagerung bereits vorhandener Objekte kaufmännischen Mehrwert zieht, machen die Zwänge, unter denen er steht, wenn er etwas kauft oder wenn er etwas verkauft, für den Trödler keinen Unterschied aus. In beiden Fällen muss die Verlagerung des Objekts so verlaufen, dass es dort gekauft wird, wo es am wenigsten kostet, und dort weiterverkauft wird, wo es am teuersten ist. So darf man ein Objekt zum Beispiel niemals an seinem Herkunftsort kaufen: »Eine ›Veuve-Perrin‹-Suppenschüssel (Marseiller Porzellanfabrik des 18. Jahrhunderts) sollte man nicht in Marseille kaufen, sondern in Brest [...]. Kurz gesagt, ist ein Objekt an seinem Herkunftsort am teuersten. [...] Je weiter man sich vom Herkunftsort seiner Lieblingsobjekte entfernt, desto größer sind die Aussichten, einen guten Schnitt zu machen.«[29] Deshalb haben die Dinge keinen ihnen innewohnenden, inhärenten Preis, der unabhängig vom Ort ist, an dem mit ihnen gehandelt wird.

Das Ziel des Händlers ist es, einen »guten Schnitt« zu machen, das heißt etwas zu einem Preis weiterverkaufen zu können, der sehr viel höher liegt als sein Einkaufspreis. Deshalb sollte man Geschäfte und Läden meiden, in denen »die Ware bereits vorsor-

27 Hubert Duez, *Secrets d'un brocanteur*, a. a. O.

28 »Ich handle mit alten Möbeln und Antiquitäten. 25 Jahre Praxis, in denen ich Einblicke gewonnen habe, Know-how erworben und ein Bewusstsein für die Kosten. [...] Wahrscheinlich das, was man Erfahrung nennt. [...] Wie bei all meinen Kollegen bestand meine Lehrzeit aus *Learning by doing*. Wir haben daraus gelernt, dass wir irrtümlich Fälschungen oder ›keine besonders guten‹ Objekte gekauft haben. Wir haben alles als ›sehr gut‹ verkauft, was wir irrtümlich für bloß ›in Ordnung‹ hielten. [...] Deshalb verraten wir niemals etwas über unsere Quellen oder über unser Wissen« (S. 9).

29 Ebd., S. 23f.

tiert worden ist«, und sich »zum Zeitpunkt ihres Eintreffens direkt dort« einfinden, »wo das Gerümpel aus den Häusern, Wohnungen, Kellern und Dachböden völlig ungeordnet landet«. Denn »ein ›guter Schnitt‹ verdankt sich dem *Vergessen* (eines silbernen Objekts in einer silberfarbenen Metallkiste) oder einem *Irrtum* (eine Keramik aus dem 18. Jahrhundert zum Preis einer Keramik aus dem 19. Jahrhundert)«.[30] Um einen »guten Schnitt« zu machen, muss man über eine Kompetenz verfügen, die einem erlaubt, Objekte zu *identifizieren*, von denen der Verkäufer nicht weiß, worum es sich handelt. So wie im Fall des »alten Händlers«, der Hubert Duez eines Tages ein »seltsames Objekt« zeigt: »ein 30 cm^2 großes, in einen Sockel eingelassenes ›Phantasieobjekt‹ in Form einer Art umgekehrtem U«. Der Autor, der in diesem Ding eine »Spindelpresse« erkannt hat, wie sie von »Goldschmieden im 17. Jahrhundert verwendet wurde«, fragt den Händler nach dem Preis und der ist nicht in der Lage, ihm diesen zu nennen. Einen »guten Schnitt« zu machen heißt, in der Lage zu sein, in »einer Wühlkiste« das Objekt zu erkennen, das die einschlägigen, unmittelbar in eine Preisdifferenz verwandelbaren *Differenzen* in sich trägt: »Wenn man Zeichnungen durchstöbert, hat man die größten Aussichten, ein gutes Geschäft zu machen und einen ›Coup‹ zu landen – was wir ›eine *Differenz*‹ nennen. Sie sind zwar im Kommen, aber ihr Schätzpreis ist immer noch angemessen.«[31] Was voraussetzt, »den kleinsten Details die größte Aufmerksamkeit entgegenzubringen«.[32]

Nicht als Käufer, sondern als Anbieter, der sich einem potenziellen Kaufinteressenten gegenübersieht, muss der Trödler eine Preispolitik entwickeln, über die der Autor ebenfalls einige Einzelheiten preisgibt. Feilschen, allerdings vor allem, »um dem Kun-

30 Ebd., S. 22.

31 Ebd., S. 52f.

32 Ebd., S. 97. Oder noch ein weiteres Beispiel: »Ich habe kürzlich eine Feldflasche aus Nevers gesehen, deren glatter Lederriemen an feingliedrig zusammengedrehten Schlaufen befestigt war. Im 18. Jahrhundert waren die Schlaufen einfache, enge Auswölbungen, nur die, die im 17. Jahrhundert in Urbino hergestellt wurden, waren besonders ausgearbeitet.«

den eine Freude zu machen«: Deshalb »schreiben wir höhere Preise auf die Preisschilder. So sind alle zufrieden: Der Käufer hat einen Preisnachlass bekommen und der Händler hat zu dem Preis verkauft, den er haben wollte.« Aber der Abschlag darf nicht zu hoch sein (höher als 30 Prozent), was auf »einen Mangel an Seriosität des ursprünglich angegebenen Preises« hindeuten würde, wie sie für »Gelegenheitshändler« typisch sei.[33] Sich davor hüten, »ästhetische Urteile« über das zum Verkauf stehende Ding abzugeben, um sich auf seinen Preis zu konzentrieren: »Niemand gibt eine ästhetische Meinung über irgendetwas von sich, denn alles lässt sich verkaufen. Ein Objekt, das manche scheußlich finden, wird andere begeistern.«[34] Dem Käufer die Initiative zu einem Preisvorschlag überlassen: »Wenn man nach einem Preis gefragt wird, ›Machen Sie mir ein Angebot‹ antworten«, um zu erkennen zu geben, dass man »zu großen Anstrengungen bereit« sei. Die Verkaufs- (und Kauf-)Entscheidungen sehr schnell treffen, »es kommt nicht in Frage zu sagen, ich muss darüber nachdenken«.[35] Wenn man »gutes Zeug« hat, dessen Verkauf einem nicht gelingt, seinen »Preis erhöhen« und dann »geht es zu unserer großen Überraschung weg«.[36]

Als zentrale Aktivität im Rahmen der Bereicherungsökonomie macht sich auch der Tourismus geographische Verlagerungen zunutze. Doch da in diesem Fall der Preis für die Dinge bzw., was ungefähr auf dasselbe hinausläuft, für den Zugang zu den Dingen, von deren Verwurzelung an einem Standort abhängt, ist es die Verlagerung der Interessenten im Sinne eines Ortswechsels hin zu dieser Anlaufstelle, die Profit generiert, insofern sie diese dazu bringt, vor Ort Ausgaben für Verpflegung, Unterhaltung und Luxusgüter zu tätigen, die genauso hoch oder höher sind als die Ausgaben, die sie in ihren Herkunftsländern aufgewendet hätten. Im Hinblick auf die Vermarktung wirft der Tourismus

33 Ebd., S. 17.
34 Ebd., S. 20.
35 Ebd., S. 23.
36 Ebd., S. 29.

spezifische Probleme auf, weil in diesem Fall der Zugang zur Ware über deren Verteilung auf ein Land, eine Region oder einen Standort erfolgt, wo Bauwerke, wie zum Beispiel Hotels oder Denkmäler stehen, wo es aber auch Anwohner gibt. Deshalb hängt die Qualität der zum Verkauf stehenden Ware vom Handeln, ja sogar vom Wesen dieser Anwohner, und zwar vor allem von ihrem mehr oder weniger guten Willen beim Empfang der Besucher ab, die gekommen sind, um ihr Geld dort auszugeben, wo sie leben.

Aus diesem Grund ist wahrscheinlich die Entwicklung des Tourismus nie allein Sache von kapitalistischen Unternehmen, sondern verlangt besonders im Fall des Kulturtourismus – im Unterschied zum Massentourismus, der sich auf abgegrenzte Bereiche (wie Ferienclubs sie darstellen) beschränken lässt – immer auch ein Eingreifen des Staates. Denn es ist Aufgabe des Staates, nicht nur »die Gefahrenlage zu ermessen«[37] und die Sicherheit der Touristen zu gewährleisten, sondern auch die Qualität des Empfangs zu kontrollieren, der ihnen von Seiten der Anwohner bereitet wird, wie zum Beispiel ihre Ehrlichkeit beim Liefern einer Reihe von Dienstleistungen (Restaurants, Hotels, Taxis, Geschäfte usw.), ihre Verfügbarkeit und ihre Höflichkeit. Deshalb gibt es kein Unternehmen, das auf natürlichere Weise kollektiv wäre als der Tourismus, dessen Erfolg von der stillschweigenden Koordinierung einer sehr großen Zahl von Beteiligten abhängt, die alle das Interesse verinnerlicht haben müssen, das für jeden, der etwas zu verkaufen hat, für sich genommen, aber ebenso sehr für die gesamte Gemeinschaft, mit der Qualität des Empfangs verbunden ist. Von dieser Gesamtqualität hängt nämlich der gute Ruf eines Touristenorts ab, der auf diejenigen zurückgeht, die ihn bereits besucht haben und die, wenn sie wieder zuhause sind, mit zu der Entscheidung beitragen, ob er auch für andere Besucher reizvoll ist.

Man kann die Standortverlegungen, die zur Verlagerung von

---

37 Emmanuel Didier, »Mesurer la délinquance en France depuis 1970. Entre expertise et publicité«, in: *Ethnologie française*, 1/2015, Jg. 45, S. 109-121.

Werktätigen führen, den Fernhandel mit Luxusprodukten, der zur Verlagerung von Waren führt, und den Tourismus, der im Sinne eines Ortswechsels zur Verlagerung von Käufern führt, als eine Reihe von drei Verfahren verstehen, wie eine Nachfragesättigung mit Hilfe von räumlichen Verlagerungen vermieden werden soll. Die angereicherten Produkte werden vor Ort von den Touristen gekauft, weil ihre Anreicherung auf der gesamten Umgebung beruht, in der sie wurzeln und mit der sie durch ihre Geschichte historisch verbunden sind. Dieser Effekt wird dadurch verstärkt, dass der Kauf von Dingen zu außerordentlichen Preisen Teil des außerordentlichen Erlebnisses des touristischen Aufenthalts ist. Aus diesem Grund erzielen die Luxusunternehmen in Europa einen sehr großen Teil ihres Umsatzes durch nicht europäische Käufer. Gleichwohl müssen diese Unternehmen sich auch in anderen Ländern niederlassen und dabei ihr Vertriebsnetz so stark wie möglich kontrollieren, damit sie im Fall eines Nachlassens des Touristenstroms in einem Land, das nicht mehr sicher ist, dieselben Käufer an einem anderen Ort abschöpfen können.

Die Kritik am Touristen von einer moralischen Warte aus, die ihn beschuldigt, das Gegenteil eines »Reisenden« zu sein, versteht man so besser. Während nämlich der Reisende, dessen Idealbild die Figur des Ethnologen auf Feldforschung darstellt, im Zuge einer Ethik der Uneigennützigkeit und des Risikos ins Unbekannte vordringt, ob es sich dabei nun um Orte oder vorrangig um Personen handelt, wird dem Touristen vorgeworfen, sich nur bereits bekannte Dinge anzusehen, keinerlei Risiko einzugehen und die Absicht zu verfolgen, vor Ort Dinge zu kaufen, deren Authentizität auf ihrer vermeintlichen Zugehörigkeit zu einem »Landstrich« und einer »Kultur« beruht. Doch eine solche Gegenüberstellung übersieht einen Dritten, nämlich den Fernhändler, der seinen Aufenthaltsort ebenfalls verlagert, aber ausschließlich um aus der Zirkulation von Waren zwischen zwei Kollektiven Profit zu schlagen, die den Wert der Dinge, auf deren Zirkulieren er sich das Monopol vorbehalten möchte, auf unterschiedliche Weise einschätzen. Als Gegensatz zu diesem eigennützigen Händler ist im 19. Jahrhundert das Image des für seine Uneigennützigkeit gepriesenen Reisenden entworfen worden. Die Figur des Touristen hebt diesen Gegensatz zwischen Fernhändler und Reisendem auf, weil eine der Besonderheiten der Lage des Touristen darin besteht, dass er eine instabile Position zwischen den Sphären der Uneigennützigkeit und der Eigennützigkeit bekleidet, zwischen denen er unaufhörlich hin und her schwankt.

Verlagerungen zwischen den Wertermittlungsformen

Es geht aber keineswegs nur um geographische Verlagerungen. In einer großen Zahl von Fällen kann man nämlich die Art und Weise, wie die Objekte im Laufe ihres »Wirtschaftslebens« zirkulieren und dabei verschiedene Wertermittlungsformen auf den Plan rufen, jeweils als Verlagerung interpretieren. Das ist zum Beispiel der Fall, wenn ein zunächst als Standardartikel produziertes und getauschtes Objekt unter Bezugnahme auf die Sammlerform eine Aufwertung erfährt, nachdem es eine Zeitlang den Status von Abfall innehatte. Oder auch wenn ein zunächst nach der Logik der Trendform bewertetes Objekt im Zuge seiner Verbreitung auf die Standardform reduziert oder ganz im Gegenteil nach der Sammlerform neu eingeschätzt wird. Was die Objekte anbelangt, deren Wert unter Bezugnahme auf die Anlageform ermittelt wird, so können sie zunächst in Bezug auf die anderen drei Formen einschlägig gewesen sein, wie im Fall eines Autos, als Standardprodukt par excellence, das in den Besitz eines Stars gelangt, was seine Aufwertung unter Bezugnahme auf die Trendform erlaubt, bevor es ein Sammlerstück wird, das möglicherweise anschließend in der Absicht erworben wird, eine Geldanlage zu tätigen oder es schnell mit Profit weiterzuverkaufen.

Was den Profit anbelangt, besteht eine Funktion der Wertermittlungsformen darin, die Verlagerung von Dingen zwischen diesen Formen möglich zu machen, sodass Dinge mit einer großen Gewinnspanne verkauft werden können, die, wenn man sie unter Bezugnahme auf eine andere Form eingeordnet hätte, unverkäuflich gewesen oder nur zu einem sehr niedrigen Preis abgestoßen worden wären. Das ist dann der Fall, wenn es gelingt, einen Standardartikel, der schon beinahe Abfall ist und sogar von den Käufern verschmäht wird, die Gebrauchtwaren kaufen, in eine Verkaufsregion zu transferieren, in der sein Wert unter Bezugnahme auf die Sammlerform ermittelt werden kann, wie man an billigen Möbeln sieht, die einige Jahrzehnte alt sind und deren Preis beträchtlich steigt, wenn sich in einem Vintage-Shop ein Platz für sie findet, oder auch an »alten Kisten«, die sich in Oldtimer verwandeln. Dass sich für Objekte, deren Preis angesichts ihrer Standardhaftigkeit notwendig immer weiter sinken müsste, je älter sie werden, die Möglichkeit bietet, auf andere Wertermittlungsformen, und zwar besonders auf die Sammlerform oder auf die Anlageform umzusteigen, gibt Anlass zu der Hoffnung, dass sich aus ihnen, wenn ihr Nutzwert erschöpft ist, neuerlich Profit ziehen lässt. Ein vergleichbarer Prozess geht mit der Wertermittlung auf der Grundlage der Trendform bei Kleidungsstücken oder anderen, in Niedriglohnländern quasi standardmäßig hergestellten Industrieprodukten einher, deren Verkaufspreis nach ihrer Verlagerung in die reichen Länder in keinem Verhältnis zu ihren Produktionskosten steht, was eine ganz erhebliche Gewinnspanne abwirft.

Ähnliches ließe sich über andere Verlagerungen anmerken. Zum Beispiel über die Verlagerung eines Sammlerstücks in die Anlageform, in deren Rahmen seine substanziellen Eigenschaften und einschlägigen Differenzen weitgehend aus dem Blick geraten (ein als Anlage behandeltes signiertes Bild oder Möbelstück ist in einem Banksafe genauso gut aufgehoben wie in einer Wohnung), dafür aber sein Preis zu einem markanten Attribut wird, weil die Möglichkeit, es mit einer hohen Gewinnspanne weiterzuverkaufen, von Interessenten abhängt, für die, weil sie es kaufen, um es ihrerseits mit Profit weiterzuverkaufen, teure Objekte reizvoll sind, von denen sie denken, dass ihr Preis noch steigen könnte. Genauso kann sich der Preis von mittlerweile vorsintflutlichen Trendartikeln erhöhen, wenn sie in die Sammlerform oder sogar in die Anlageform wechseln, weil sie im Besitz von Berühmtheiten gewesen sind. Solche Verlagerungen zwischen den Wertermittlungsformen erlauben, wenn sie gelingen, dass etwas seiner unvermeidlichen *Abfallwerdung* entgeht, bei der es nach der Standardform veralten, nach der Sammlerform herabgestuft, nach der Trendform unmodern und nach der Anlageform wertlos werden würde.

Zwischen den verschiedenen Wertermittlungsformen sind so gut wie alle Verlagerungen möglich, allerdings unter einer Bedingung, welche die Rückkehr zur Standardform von Objekten betrifft, deren Wert zunächst nach einer der anderen drei Formen ermittelt worden ist. Diese Bedingung lautet, dass ein beliebiges, für eine andere Form einschlägiges Objekt nur dann zur Standardform hin verlagert werden kann, wenn es dort die Position eines Prototyps einnimmt. Bei einem Wechsel von der Sammlerform aus besteht eine solche Möglichkeit nur selten. Das Reproduktionsverbot verhindert nämlich im Allgemeinen, dass aus einem Sammlerobjekt ein Standardartikel wird, aber es gibt diese Möglichkeit trotzdem, zum Beispiel wenn ein Museum als »Nebenprodukt« sogenannte »identische« Standardreproduktionen der ausgestellten Meisterwerke auf den Markt bringt. Häufiger kann dagegen die Trendform aufgrund ihres zyklischen Charakters unmoderne Objekte an die Standardform zurückverweisen, wenn ein Designer ihnen eine leichte Differenz hinzufügt, wodurch sie für eine neue Generation von Exemplaren als Prototyp dienen können.

Darüber hinaus lässt sich aus der Vermarktung ein und desselben Produkts durch die geschickte Nutzung der Verschiedenartigkeit der Verkaufsorte ein sowohl durch erhebliche Gewinnspannen pro Stück (wie bei der Sammlerform) als auch durch den Verkauf einer großen Zahl von Exemplaren (wie bei der Standardform) generierter Profit ziehen. Das ist bei feinen Parfüms der Fall. Sehen wir uns das Beispiel eines berühmten Pariser Parfümeurs an. Im Hauptgeschäft des Mutterhauses wird jeder Flakon eines mit einem eigenen Namen versehenen Parfüms so arrangiert und präsentiert wie ein Einzelstück, das in einer edlen, im Stil des 19. Jahrhunderts dekorierten Umgebung ausgestellt wird, um aristokratische Distinktion heraufzubeschwören, oder

der betreffende Raum wird mit zeitgenössischen Kunstwerken ausgeschmückt, um der jüngeren und moderneren Kundschaft gerecht zu werden. Vor Blicken geschützt, stapeln sich die Lagervorräte in den hinteren Geschäftsräumen, und die Verkäufer holen von dort die einzelnen Exemplare, wenn die Transaktion abgeschlossen ist. Eine große Zahl von Verkäuferinnen nimmt sich Zeit für die Einweisung der Käufer und gibt ihnen verschiedene, auf kleine Pappdreiecke gesprühte Essenzen zu riechen, die sie an ihre Nase halten können, usw. Und Stammkunden würden wahrscheinlich vom Geschäftspersonal gleich an der Tür erkannt werden.

Dies ist eine vollkommen andere Situation als die, der sich der Käufer desselben Parfüms in einem Duty-free-Shop am Flughafen gegenübersieht. An einem derartigen Standort, der wie eine Shopping-Mall aufgemacht ist, müssen die wenigen Verkäufer oder Verkäuferinnen mit Käufern von überall fertigwerden, die in Eile sind und von denen einige diesen Ort nur ein einziges Mal aufsuchen werden, was den Transaktionen einen schnellen und anonymen Charakter verleiht. Während in dem schicken Geschäft der Kaufakt gewissermaßen als solcher eine Aufwertung erfährt, was im Marketing erlebnisorientiert heißt (er soll eine angenehme Erinnerung hinterlassen), ist er im Duty-free-Shop durch die Hoffnung motiviert, weniger für etwas zu bezahlen, das woanders mehr kosten würde. Gleichzeitig ist die im schicken Geschäft nicht zuletzt dank einer »sagenhaften Verpackung«, die an eine »limitierte Auflage« denken lässt,[38] kaschierte Standardhaftigkeit des gekauften Produkts auf dem Flughafen ansatzweise zu erkennen.

---

38 Benoît Heilbrunn/Bertrand Barré, *Le Packaging*, Paris: PUF, coll. Que sais-je?, 2012, S. 111-114. Als Beispiel dienen den Autoren die Flakons des Parfüms Shalimar von Guerlain.

Dass der Versuch unternommen wird, nicht durch den massenhaften Verkauf von Exemplaren, die als Einzeleinheiten nur eine geringe Gewinnspanne abwerfen, Profit zu erzielen, wie im Fall von Standardartikeln, sondern ganz im Gegenteil durch eine Maximierung der beim Verkauf einzelner und sei es auch nur weniger Verkaufseinheiten erreichten Gewinnspanne, führt tendenziell dazu, dass die Objekte, deren Wert nach der Trend-, der Sammler- und vor allem der Anlageform ermittelt wird, vorrangig für die Reichen bestimmt sind. Nur die Reichen können sich nämlich kostspielige, eine hohe Gewinnspanne bietende Güter leisten. So erlaubt die Entwicklung einer Bereicherungsökonomie, dass der Kapitalismus zum einen nicht mehr im selben Maße auf eine Arbeitermasse angewiesen ist, die schnell zu Protesten neigt, was als »Insubordination« angesehen wird, und sich zum anderen Geld der Reichen (im Gegensatz zu den Armen) zunutze macht, und/oder, was nicht ganz dasselbe ist, dass er sich das Geld zunutze macht, das in den reichen Ländern (im Gegensatz zu den armen Ländern) zirkuliert, wobei die Ausgaben auch von Staaten oder öffentlichen Körperschaften getätigt werden können und nicht von Privatpersonen.

Diesen von den Reichen getätigten Ausgaben kommt allerdings eine andere Bedeutung zu als ihren Ausgaben in den vergangenen Jahrhunderten. Sie sollen nicht die Verschwendung der Großen gegenüber ihren Untertanen markieren, um dem »ehrenrührigen« Vorwurf zuvorzukommen, geizig zu sein, und um die eigene Großzügigkeit zu demonstrieren, wie bei den italienischen Fürsten im 16. Jahrhundert.[39] Sie dienen noch nicht einmal zum Erwerb jener Objekte, die es dem Bourgeois erlaubt haben, seinem Geschmack und seiner Distinktion Ausdruck zu verleihen und den Abstand zu den unteren Schichten zu markieren. Das Motiv für diese Ausgaben ist zwar das Streben nach außergewöhnlichen Objekten und der Genuss, den der Zugang zu exklu-

39 Guido Guerzoni, *Apollon et Vulcain*, a. a. O., S. 136f.

siven und komfortablen Orten verschafft. Aber sie können darüber hinaus finanziell rentabel sein und dadurch fügen sie sich auf neue Weise in die Welt des Kapitalismus ein. Bei den Objekten, die diese Ausgaben veranlassen und nur für Reiche zugänglich sind – Luxushotels oder -produkte, außergewöhnliche Wohnungen, Kunstgegenstände oder Antiquitäten usw. –, handelt es sich nämlich in immer stärkerem Maße auch um Investitionsobjekte für Profitcenter, die davon eine Rendite erwarten.

Eine solche Investitionsrendite kommt nicht allen Akteuren direkt zugute, die auf eigene Rechnung Luxusausgaben getätigt haben. Doch sie macht die gesamte Klasse derjenigen reicher, in deren Interessengebiet die den Kern einer Bereicherungsökonomie bildenden Profitcenter liegen, die ihrerseits in umfangreiche Finanz- und Wirtschaftskreisläufe eingegliedert ist. So machen die individuellen Ausgaben der Reichen die herrschenden Klassen kollektiv reicher. Die Ausweitung des Kapitalismus auf neue, für die Reichen bestimmte Objekte erlaubt diesen, sich durch ihre individuellen Ausgaben an der Prosperität des Kapitals, das heißt an ihrer Bereicherung als Kollektiv zu beteiligen, was trotz der Konkurrenz, in der sie sich geschäftlich gegenüberstehen, zu ihrer Solidarität beiträgt. Alle haben ein Interesse an der Aufrechterhaltung des Marktwerts der Güter, von denen sie profitieren – auf der einen Seite als Nutzer und auf der anderen als Besitzende. Es ist also keine Übertreibung zu sagen, dass wenn die Ausbeutung der Armen, die lange Zeit das Markenzeichen des Kapitalismus gewesen ist, die Armen ärmer macht, diese durch die Entwicklung einer Bereicherungsökonomie mögliche Art von »Ausbeutung« oder Vereinnahmung der Reichen tendenziell die Reichen reicher macht. Natürlich beziehen diese Reichen immer noch einen Teil ihrer Einkünfte aus der Ausbeutung der Armen, nicht zuletzt indirekt mittels der in der Finanzwirtschaft, in der digitalen Ökonomie und durch die auf die Industrieunternehmen, die weiterhin die Standardproduktion gewährleisten, konzentrierten Direktinvestitionen im Ausland erzielten Profite. Aber trotzdem tendiert diese Art von Ökonomie zumindest in den westeuropäischen Ländern dazu, den Armen jene minimale soziale Nützlichkeit vorzuenthalten, zu der ihnen die Möglichkeit verholfen hatte, ausgebeutet zu werden, das heißt zu den potenziellen Quellen der Bereicherung der Reichen zu gehören. Auf dieser Grundlage beruht wahrscheinlich die seit dreißig Jahren häufig wiederholte, zugleich wahre und falsche Behauptung, dass die Ausbeutung verschwunden sei und der »Exklusion« Platz gemacht habe.

Man könnte also sagen, dass die Entwicklung einer Bereicherungsökonomie in den alten Industrieländern, in denen es immer noch die meisten Reichen gibt, die mit der Verlagerung der Massenindustrie in die mehrheitlich von Armen bewohnten Länder an der Peripherie einhergeht, die sich durch den Handel mit Dingen bietenden Möglichkeiten bis zum Äußersten ausnutzt, um den Profit zu generieren, aus dem sich der Kapitalismus speist. Und zwar indem sie »Nebensächlichkeiten« oder »Resten« mit Hilfe der Sammlerform Wert verleiht, welche die Wiederverwendung von Abfall gestattet; indem sie über die Ausweitung der Trendform, die umgekehrt dazu führt, dass kaum benutzte Dinge auf dem Abfallhaufen landen, den Rhythmus des Veraltens beschleunigt; oder aber indem sie den Unterschied zwischen materiellen Dingen und ihrem monetären Äquivalent dadurch abschwächt, dass sie die Zirkulation von Dingen ausnutzt, die quasi so behandelt werden, als ob es sich um Finanzprodukte handelt, was durch die Anlageform möglich wird. Um die spezifische Form von Kapitalismus zu kennzeichnen, die sich die vier von uns herausgearbeiteten Wertermittlungsformen zunutze macht, werden wir von einem *Vollkapitalismus* sprechen.

Ein Vollkapitalismus ist nicht von der Charakterisierung des Kapitalismus ausgenommen, die den Akzent auf einen unbegrenzten Akkumulationsanspruch legt, doch er geht dieser Akkumulation nach, indem er die Warenwelt ausweitet, neue Güterressourcen nutzt und verschiedene Weisen verknüpft, wie der Wert der Dinge ermittelt wird und wie sie aus der Perspektive der Profitmaximierung in Umlauf gebracht werden können. Zusammen mit der Entwicklung der Finanzökonomie und der digitalen Ökonomie begünstigt unserer Meinung nach ein solches kapitalistisches

System das Wachstum einer Bereicherungsökonomie. Letztere ist seit den 1990er Jahren weltweit mit einem weiteren markanten Prozess verknüpft. Dabei handelt es sich um die Expansion der Massenproduktion und der Art von Kapitalismus, die man in Europa mit der industriellen Revolution verbindet, in Weltregionen, die bis dahin in erster Linie ländlich geblieben waren. Nun könnte man denken, dass die Entwicklung der Bereicherungsökonomie zu weiten Teilen auf diese Expansion und auf die Profite angewiesen ist, die sie generiert, und zwar auch in den Ländern, die nicht zuletzt aufgrund der Finanzkreisläufe auf dem Weg in die Deindustrialisierung sind. Darüber hinaus spielt der Verkauf von ganz oder teilweise in den Ländern hergestellten Standardartikeln, in welche die Massenproduktion verlagert worden ist, auch in den Ländern, in denen die Bereicherungsökonomie große Bedeutung gewonnen hat, weiterhin eine wichtige, ja sogar entscheidende Rolle.

Aber das Spezifische der Bereicherungsökonomie besteht nun gerade darin, dass sie sich aus Profiten speist, die durch den Handel mit Dingen erzielt werden, deren Wert auch dann, wenn sie industriell hergestellt worden sind, vor allem auf der Grundlage der drei anderen Formen ermittelt wird, die wir identifiziert haben. Dadurch ist die Bereicherungsökonomie mit besonderen lokalen Ausbeutungsweisen von hoch qualifizierten Arbeitskräften verbunden, in deren Aufgabengebiet diese Art der Wertermittlung fällt. In diesem Sinne hängen die Profite, die sie generiert, teilweise von der Gewinnung eines Mehrwerts durch Arbeit ab. Trotzdem besteht die Besonderheit dieser Art von Ökonomie vor allem darin, dass sie auf Instrumente setzt, welche die Gewinnung eines wahrscheinlich sehr viel größeren kaufmännischen Mehrwerts erlauben als gegenwärtig im Fall von Standardartikeln, bei denen ein hohes Konkurrenzniveau herrscht. Es sei noch einmal daran erinnert, dass diese Bereicherungsökonomie auf die Vereinnahmung der Reichen ausgerichtet ist, während die Massenökonomie vorrangig auf die Ausbeutung der Armen, entweder in Gestalt der Werktätigen oder in Gestalt der Konsumenten, konzentriert war. Denn wie die Analysen von Fernand Braudel gezeigt haben, beruht die Möglichkeit eines besonders großen kaufmännischen Mehrwerts vor allem auf dem Handel mit »seltenen« Gütern oder Luxusartikeln, die für die Reichen bestimmt sind.

Diese Bemerkungen legen nahe, dass ein Vollkapitalismus insofern kein Avatar des Kapitalismus ist, den man als »postmodern« bezeichnen könnte, als er nicht mehr auf den Profiten beruhen würde, die aus dem Mehrwert durch Arbeit gezogen werden, ja noch nicht einmal auf der Herstellung und Zirkulation von Dingen, die über eine materielle Grundlage verfügen. Es handelt sich vielmehr um eine Form von Kapitalismus, dessen Flexibilität die Nutzung einer sehr viel größeren Bandbreite von Dingen erlaubt als in der Vergangenheit, deren Verschiedenartigkeit nicht nur erhalten bleibt, sondern Teil der Wertermittlung ist, sodass die *Differenzen* genutzt werden, die sich zwischen den verschiedenen Zuständen der Ware bilden. Dabei werden sie in ein und dasselbe Kraftfeld einbezogen, in dem die Finanzströme, die, weil sie buchhalterisch genau berechenbar sind, den substanziellen Besonderheiten der Objekte indifferent gegenüberstehen, und die Mechanismen, aus denen sie sich speisen, eine Form von wechselseitiger Abhängigkeit, ja sogar so etwas wie Solidarität erschaffen.

Auf dieser Grundlage stillschweigender Solidarität finden allerdings Kämpfe um die Aneignung der Gewinne statt, die hervorgehen aus der Art und Weise, wie die Differenzen zwischen den Dingen in den verschiedenen Formen, die wir herausgearbeitet haben, genutzt werden. Sie hängen zwangsläufig mit der Frage zusammen, wer Einfluss auf die Bestimmung dieser Differenzen und auf die Ermittlung ihres Werts hat, das heißt mit der Frage der *Macht*, die im kapitalistischen Rahmen besonders in der Fähigkeit eines Operators zum Ausdruck kommt, die Differenzen aufzuwerten, über die er bestimmt, und dadurch die Differenzen abzuwerten, von denen seine Konkurrenten sich einen Profit erhoffen. In den auf der Standardform beruhenden industriellen Wirtschaftszweigen bestimmt der Hauptverantwortliche für die Produktion, unabhängig davon, ob er die Produktionsmittel besitzt oder von Aktionären abhängig ist, über die Beschreibung der einschlägigen, in Form von Standardeigenschaften zum Ausdruck kommenden Merkmale des Produkts, die sich sowohl auf den Prototyp als auch auf die ihn reproduzierenden Exemplare beziehen, und er hat auch die Absicht, diese Eigenschaften mit Hilfe des Rechts, nicht zuletzt auf geistiges Eigentum, zu erhalten und zu schützen. Im Fall der Anlageform haben diejenigen die Macht über die einschlägigen Differenzen, die, ob sie nun Eigentümer sind oder nicht, die Unterschiede bei der Bewertung auf Schätzungen in Bezug auf die Zukunft stützen können, insbesondere auf zukünftige Profite, was, wenn sie außerdem über das entsprechende Kapital verfügen, dazu beiträgt, diese herbeizuführen. Wenn man sich schließlich die Bewertung von Objekten ansieht, die unter die Sammlerform fallen, wird deutlich, dass die Entscheidungsgewalt auch demjenigen zukommt, der die Macht über die Definition der einschlägigen Differenzen zwischen den Dingen erlangt, von denen die Schätzung ihres Werts abhängt.

Ein wichtiger Unterschied zwischen industrieller Ökonomie und Bereicherungsökonomie macht sich allerdings daran fest, dass bei letzterer die Akteure – Personen oder Institutionen –, welche die Geschichten verfassen, in die die Beschreibungen der Differenzen eingebettet sind, von denen der Wert der Dinge abhängt, und welche die Gültigkeit dieser Beschreibungen sicherstellen, als relativ unabhängig von den Akteuren betrachtet werden müssen, die finanziell von der Wertschätzung und der Zirkulation der betreffenden Dinge profitieren können, das heißt vor allem von denen, die sie besitzen, außer wenn die betreffenden Dinge öffentliche Güter sind. Trotz dieser »Uneigennützigkeitsklausel« behalten die Besitzenden große Macht über die Aufwertung der Objekte. Aber diese Macht kommt indirekt zum Ausdruck, je nachdem, wie stark der Einfluss ist, den die Besitzenden auf diejenigen haben, die für das Verfassen der Geschichten über die Differenzen verantwortlich und deshalb in der Lage sind, einen institutionell und im Allgemeinen zumindest in Frankreich von Instanzen, die dem Staat unterstehen, untermauerten Wahrheitsdiskurs zu ihren Gunsten zu verfälschen. Diese indirekte Macht spielt eine entscheidende Rolle bei der Kapitalisierung der Stücke, die man besitzt. Der Gedanke liegt nämlich nahe, dass die mit der Sammlerform verbundenen Instrumente die Bestimmung des Werts der Objekte sehr viel stabiler machen, als es bei Objekten aus der Industrie oder erst recht bei Finanzanlagen der Fall ist. Die Konstruktion der Geschichten aus der Vergangenheit beruht auf großen Institutionen und hat häufig eine nationale Grundlage, sodass sie sich, wenn sie erst einmal etabliert sind, als robuster erweisen als die Geschichten, die von der Zukunft sprechen, oder sogar als diejenigen, die auf der Gegenwart beruhen.

Zwölftes Kapitel
Die Bereicherungsökonomie in der Praxis

Bisher haben wir die Bereicherungsökonomie und die Sammlerform in ihren historischen und strukturellen Dimensionen dargestellt. Die Entwicklung dieser Ökonomie und die Ausweitung dieser Wertermittlungsform sind jedoch auf ganz unterschiedliche Weise auch in lokale Veränderungen eingeflossen. Diese Veränderungen konnten sowohl in ländlichen als auch in urbanen Bereicherungsgebieten auftreten. In den meisten Fällen standen letztere im Vordergrund, nicht zuletzt im Fall von Bilbao und Barcelona, weil der Wandel in den Städten durch symbolträchtige Gebäude, wie das Guggenheim-Museum, zum Ausdruck kam oder durch außergewöhnliche Ereignisse, wie die Olympischen Spiele, Sichtbarkeit erlangte.

Wir möchten zeigen, dass ein solcher Wandel auch in ländlichen Bereicherungsgebieten und in kleinen Städten Einzug halten kann, wo er zwar nicht so bekannte, aber nicht minder spektakuläre, wenn nicht noch spektakulärere Formen annimmt, weil er die sozialen Beziehungen, die Wirtschaftsaktivität und die Nutzung des Raums radikal umwälzt. Dabei wird deutlich, wie die Akteure die lokalen Ressourcen aufgreifen und Geschichten hervorbringen, das heißt, wie die Bereicherung in der Praxis aussieht. Wir werden uns in der Hauptsache auf Feldforschungen stützen, die wir in der französischen Region Aubrac, genauer gesagt in Laguiole durchgeführt haben.[1] In diesem Fall hat die in den 1980er

1 Unsere Arbeit stützt sich in der Hauptsache auf eine Erhebung, die wir durchgeführt haben während zweier einmonatiger Aufenthalte in Laguiole (August 2013 und August 2014), einem Aufenthalt in Thiers während der Schneidwarenmesse (Mai 2014) – diese Aufenthalte wurden vom Laboratoire d'ethnologie et de sociologie comparative (LESC, an der Universität von Paris Ouest-Nanterre La Défense) finanziert, dem wir danken – und im Archiv des Mucem, des Museums der Zivilisationen Europas und des Mittelmeers, in Marseille (im Frühjahr 2014) sowie auf eine Analyse der Schneidwarenin-

Jahren einsetzende Dynamik die verschiedenen von uns herausgearbeiteten, für die Bereicherungsökonomie einschlägigen Merkmale angenommen: die nachlassende Bedeutung der früheren, auf die Viehzucht konzentrierten Form der Wertschöpfung, den Tourismusboom, die Patrimonialisierung der Sehenswürdigkeiten, Luxusrestaurants, maßgeschneiderte, zu weiten Teilen erfundene Geschichten aus der Vergangenheit und die Initiierung einer vermeintlich althergebrachten und lokalen Fertigung von Messern, deren Wert in der Hauptsache auf der Grundlage der Sammlerform und in geringerem Maße der Trendform ermittelt wird. Diese »handwerkliche« Fertigung von Artikeln, die ab dem 19. Jahrhundert auf industrielle Weise in Thiers produziert wurden, sieht sich zu Beginn des 21. Jahrhunderts der Konkurrenz von gleichnamigen Artikeln ausgesetzt, deren Produktion nach denselben Standards erfolgt, aber mittlerweile in Niedriglohnländer (China, Pakistan) ausgelagert wurde.

Ein reich gewordenes Dorf: Laguiole im Aubrac

Das Örtchen Laguiole hat sich zwischen den 1960er und den 2010er Jahren von Grund auf gewandelt. Wie eine Anfang der 1960er Jahre von einer Forschergruppe des CNRS unter der Leitung von Georges-Henri Rivière durchgeführte große Untersuchung – eine *Recherche coopérative sur programme* (RCP) – festgestellt hat,[2] war das Dorf damals der am dichtesten besiedelte Knotenpunkt des Aubrac im Département Aveyron. Während die Bevölkerungszahl in den anderen Kommunen dieser Region, in denen die Erwerbstätigen ganz überwiegend in der Viehzucht be-

dustrie-Zeitschrift *Excalibur* und eine Analyse der das Verbraucherschutzgesetz betreffenden Dokumente (Tätigkeitsbericht, Debattenberichte usw.).

2 Die Untersuchung, die sich auf das Jahr 1962 bezieht, wurde ab 1970 in sieben Bänden über mehrere Jahre hinweg veröffentlicht. Vgl. Georges-Henri Rivière (Hrsg.), *L'Aubrac. Étude ethnologique, linguistique, agronomique et économique d'un établissement humain (Recherche coopérative sur programme)*, Band I, Paris: Éditions du CNRS, 1970.

schäftigt waren, 1962 nicht über 800 Einwohner hinausging, zählte Laguiole damals ungefähr 1200 Einwohner, von denen nur 46 Prozent der Erwerbsbevölkerung einer landwirtschaftlichen Tätigkeit nachgingen, wohingegen ungefähr 20 Prozent im Handel, in Banken, im Versicherungswesen und im Hotelgewerbe, ungefähr 15 Prozent im öffentlichen Dienst oder als private Dienstleister und 10 Prozent im Baugewerbe tätig waren.[3] Wie in der ganzen Region ist auch in Laguiole neben der Herstellung von Käse die Viehzucht die Hauptbetätigung. Trotz der Detailfülle der Untersuchung des CNRS – deren Ziel damals in der mit einer empirischen wissenschaftlichen Untersuchung verbundenen Aufnahme dieser Region (aus der vor allem eine Sennhütte mitgebracht wurde) in die Sammlung des Musée des arts et traditions populaires bestand[4] – ist von Messern in keiner Weise die Rede.

Jean Cuisenier, der an der RCP teilnahm und später als Nachfolger von Georges-Henri Rivière Direktor des Musée des arts et traditions populaires (ATP) wurde, hat die Problemstellung des »wirtschaftsanthropologischen« Teils der Untersuchung folgendermaßen formuliert:

> Forschungsprojekt über die ökonomischen und sozialen Implikationen der im Aubrac bei der Viehzucht und den tierischen Erzeugnissen aufgetretenen Veränderungen und über die Perspektiven, die der Platzierung ihrer Produkte in Zukunft offenstehen. [...]
>
> Ein Kooperationsforschungsprojekt über die Region Aubrac wurde in Angriff genommen [...]. Die Region Aubrac ist nämlich aus der Perspektive der Wirtschaftsanthropologie von ganz besonderem Interesse. Ein großer Teil des Lebensunterhalts der Bevölkerung stammt aus der mit Hilfe althergebrachter Techniken und Methoden praktizierten Viehzucht. Es muss also ein ganzes Netz von sehr eigentümlichen Wirtschaftsströmen erfasst werden: die Ströme zwischen den Dörfern im Sömmerungsgebiet und den angrenzenden Dörfern, zwi-

3 Vgl. Georges-Henri Rivière (Hrsg.), *L'Aubrac. Étude ethnologique, linguistique, agronomique et économique d'un établissement humain (Recherche coopérative sur programme)*, Band III, Paris: Éditions du CNRS, 1972, S. 26-52.

4 Vgl. Nina Gorgus, *Der Zauberer der Vitrinen. Zur Museologie Georges-Henri Rivières*, Münster/New York/München/Berlin: Waxmann Verlag, 1999, S. 163-170.

schen den Eigentümern und den Leuten aus den ›Sennhütten‹, zwischen den Landwirtschaftsbetrieben und den Bauernfamilien. […]

In ihrer traditionellen Form ist die Viehwirtschaft der Region Aubrac allerdings dem Untergang geweiht. Ihre Produkte – Schlachttiere und Laguiole-Käse – müssen den neuen Vermarktungsformen und den aus der Öffnung der nationalen Grenzen für einen riesigen gemeinsamen Markt erwachsenen Vorgaben angepasst werden. […] Wie soll der Übergang von der traditionellen Viehzucht zu einer hochgradig industrialisierten Ökonomie bewerkstelligt werden? […].

50 Jahre später ist die Geschäftstätigkeit des Dorfs, das ungefähr 1300 Einwohner zählt, nunmehr in der Hauptsache auf Besucher ausgerichtet, die das ganze Jahr über kommen und es im Sommer überschwemmen. Der Tourismus hat sich allerdings in dieser Region teilweise schon deshalb allmählich entwickelt, weil die Menschen aus Aveyron, die nach Paris gezogen waren, in den Ferien in die Region zurückkehrten, was schon in den 1960er Jahren einer der an der RCP Aubrac teilnehmenden Forscher festgestellt hatte: »Während 1910 die ins Land zurückgekehrten Emigranten schnell die alten Gepflogenheiten wiederaufnahmen, sind die meisten, die jetzt ins Aubrac zurückkommen, Pariser, die sich in den Ferien ausruhen und entspannen wollen, während im Dorf alle arbeiten.«[5] Wie der lokale Tourismusführer erklärt, dessen erste Fassung von einem Priester namens Calmels verfasst und von Abbé Ginisty aktualisiert wurde, gehören zu den geltend gemachten Attraktionen aber trotzdem in der Hauptsache der Wald (»eine der großen Touristenattraktionen«), die Kirche, ein Museum, »das sich der Initiative von Domherr Gaidou verdankt«, damit »einige der für das Leben in früheren Zeiten besonders typischen Objekte konserviert und den Besuchern gezeigt werden können«, der Käse und die Messen (am 8. August und am 23. September).[6]

Inzwischen ist der Tourismus eine Wirtschaftsaktivität, durch

5 Jean-Luc Chodkiewicz, *L'Aubrac à Paris. Une enquête d'ethnologie urbaine*, Paris: Éditions du CTHS, 2014, S. 101. Diese Untersuchung wurde 1965-1966 durchgeführt und im Jahr 2014 erneut veröffentlicht.

6 Albert Calmels, *Guide touristique de l'Aubrac. Saint-Chély-d'Aubrac et Laguiole* (3. Aufl.), Paris: Éditions de la solidarité aveyronnaise, 1981.

die im Jahr 2010 im Département Aveyron mindestens 3000 Arbeitsplätze geschaffen wurden. Der Umsatz des Tourismussektors ist von 163 Millionen Euro im Jahr 1993 auf 360 Millionen Euro im Jahr 2011 gestiegen.[7] Dennoch bleibt das Département Aveyron mit seinen 11 Millionen Übernachtungen im Jahr 2011 weit hinter einem Département wie Hérault mit beinahe 40 Millionen Übernachtungen im selben Jahr zurück. Nach Aveyron kommen 41 Prozent Familien, 39 Prozent Paare und nur 5 Prozent Einzeltouristen. Die Touristen gehören mehrheitlich der Mittelschicht an: 26 Prozent Pensionäre, 23 Prozent Angestellte, 14 Prozent intermediäre Berufe, 6 Prozent Arbeiter gegenüber 20 Prozent Führungskräften und gehobenen akademischen Berufen (die durchschnittlichen Ausgaben pro Tag und Person werden auf ungefähr 32 Euro geschätzt). Es handelt sich quasi ausnahmslos um französische Touristen (9 von 10).

Ein für seine Köche Michel Bras und seinen Sohn Sébastien international berühmtes Restaurant lockt allerdings eine wohlhabende Klientel an. Drei miteinander verbundene Attraktionen ziehen die Besuchermassen in den 2000er Jahren magnetisch an: die Messer, die Landschaft und die Nahrungsmittel; punktuell kommen noch die Feste hinzu.

> In Laguiole »gibt es keine Arbeitslosigkeit, alle arbeiten«, hierher »kommen häufig Minister«, weil »wir beinahe mustergültig sind«, versichert der Eigentümer eines Gasthauses. Als Erklärung führt er einen Haufen Dinge an: den Käse und das »hochwertige« Fleisch aus dem Aubrac, die Messer, das Plateau von Aubrac (»das ist eine besondere Landschaft«).[8]

Diese Aktivitäten nehmen nun aber die Form einer Patrimonialisierung an, das heißt, sie existieren, als habe es sie schon immer gegeben und als müssten sie noch lange so bleiben, um eine »Identität« zu bewahren, die ihre Stärke aus der Verwurzelung in einer Landesregion beziehe. Patrimonialisierung kann man als Aufbe-

---

7 Nach einer Studie des Tourismusverbandes des Départements Aveyron.
8 Feldnotizen, August 2013, Laguiole.

reitung eines materiellen oder materialisierbaren Elements definieren, die dessen Verwurzelung in einem Raum (dem »Terroir«, also dem Anbaugebiet oder Standort) herausarbeitet, in dem es sich von Anfang an, seit seinen »Ursprüngen«, als Träger von Erinnerungskraft befunden hat und den es zu erhalten gilt. Für eine Patrimonialisierung ist also eine Kombination von mindestens drei verschiedenen Vorgängen erforderlich: Der Ursprung bzw. die Herkunft des betreffenden Elements muss dokumentiert werden, es muss durch etwas besonders Zeitgemäßes aktualisiert werden, damit es in die Zukunft projiziert werden kann, und es muss eine Mindestanzahl von Faktoren festgelegt werden, durch die sich eine Kontinuität herstellen und damit eine Aussage darüber treffen lässt, dass es sich im Zeitverlauf um »dasselbe Element« handelt. Die größtmögliche Kontinuität wird nun aber durch Geschichten und Toponyme gewährleistet. Mit ihrer Hilfe lässt sich eine Patrimonialisierung vornehmen, die Raum, Dauer und ein Element miteinander verknüpft, und deshalb sind Raumnamen (im vorliegenden Fall Aubrac, Laguiole) ein so zentraler Bestandteil der Patrimonialisierung. Doch das Problem mit Wörtern ist, dass sie zirkulieren und beim Zirkulieren eine andere Bedeutung annehmen können, sodass sie dadurch »die Identität« der einzelnen Elemente gefährden. Deshalb müssen an dieser Stelle Institutionen eingreifen, die nicht zuletzt rechtlich über die Macht verfügen, das Zirkulieren der Wörter zu kontrollieren und zu unterbinden, indem sie es bestimmten Personen vorbehält oder auf bestimmte Verwendungsweisen beschränkt (zum Beispiel durch die Schaffung einer kontrollierten Herkunftsbezeichnung wie der »appellation contrôlée« [AOC]).

Der Wandel der Lebensräume durch die Patrimonialisierung

Durch die Patrimonialisierung verändern sich die Lebensräume auf zwei Weisen. Zuallererst müssen die Lebensräume ein neues Erscheinungsbild in Gestalt einer Mischung aus »althergebrachter« Vergangenheit und Zeitgemäßem bekommen. Dabei wird versucht, die Spuren der jüngsten Vergangenheit zu tilgen oder zumindest zu verwischen. Man kratzt den Putz vom Mauerwerk, um darunter die Steine zum Vorschein zu bringen, damit es wieder so aussieht »wie früher«, das heißt, wie man sich vorstellt, dass es im 19. Jahrhundert ausgesehen hat. In den Häusern werden Zeugnisse aus dieser Zeit ausgestellt – wie etwa eine Schwarz-Weiß-Photographie der Schule von Anfang des 20. Jahrhunderts, die in der Empfangshalle des ersten Gasthofs am Platze prangt. Bei letzterem handelt es sich um eine ehemalige, von Nonnen betriebene katholische Schule, die umgebaut wurde, damit in ihr hauptsächlich Wanderer sowie eine Buchhandlung unterkommen konnten. Bauernhöfe in der Umgebung des Dorfs, wie die Ferme de Moulhac, wurden in Gästehäuser umgewandelt; aber sowohl die Ferme de Moulhac als auch das Gasthaus haben zeitgenössische Elemente in ihre Ausstattung übernommen. Gasthaus und Bauernhof werden von Dorfbewohnern betrieben, deren Familien seit mehreren Generationen hier ansässig sind und früher anderen Tätigkeiten nachgingen (im ersten Fall im Eisen- und Kurzwarenhandel, im zweiten in Landwirtschaft und Viehzucht).

Die Besucher, die nach Laguiole kommen, bleiben allerdings im Allgemeinen nicht lange dort. Das Gasthaus ist für Wanderer gedacht, die nur selten mehr als eine oder zwei Nächte dort schlafen.[9] Die Ferme de Moulhac zielt auf eine besser situierte Klientel, die sich die Küche von Vater und Sohn Bras schmecken lässt[10] und zwei bis drei Nächte bleibt. Die besonders wohlhabenden Touristen können aber auch vor Ort übernachten: Zum Restaurant der Familie Bras gehört auch ein Hotelkomplex in zeitgenössischem Design auf einem Felsvorsprung über der Stadt.

9 Der Preis für eine Übernachtung beträgt zwischen 20 und 30 Euro.
10 Der Preis für eine Übernachtung beträgt zwischen 70 und 90 Euro.

Die neuen »traditionellen Feste« des Dorfs

Mit dem Wandel des Lebensraums sowohl in Bezug auf sein Erscheinungsbild als auch auf seine Funktionen (Schule und Bauernhof wurden zu Touristenunterkünften) geht außerdem eine Veränderung der gemeinschaftlichen Aktivitäten einher. Früher fanden in Laguiole mehrere Messen pro Jahr statt – weshalb der zentrale Platz Place du Foirail heißt –, aber diese Zeiten sind vorbei. 1965 wurden hier zwölf Messen abgehalten, was erklärt, dass sich noch weit vor diesem Zeitpunkt Hotels dort niederließen.[11]

An deren Stelle sind Volksfeste getreten, die im Zeichen der »Althergebrachtheit« stehen. Das ist vor allem bei der Fête des Bœufs gras der Fall, die Ostern auf dem sogenannten Place du »nouveau foirail«, wo also die neuen Messen stattfinden, gefeiert wird und die erst im Jahr 2000 zum ersten Mal stattfand. Doch wenigstens würdigt sie eine Kuhrasse, die »althergebracht« ist: das Aubrac-Rind. Etwa 200 Rinder der Rassen Aubrac und Fleur d'Aubrac (Kreuzung von Aubrac- und Charolais-Rind) sowie Biorinder der Rasse Aubrac werden dort ausgestellt und nehmen an einem Wettbewerb teil, der damit endet, dass Sieger gekürt werden, Züchter und Schlachter Geschäfte machen und Speisen auf Rindfleischbasis angeboten werden.

Patrimonialisierung der Nahrungsmittel

Auch Nahrungsmittel und Gastronomie sind also ein unverzichtbarer Bestandteil des Räderwerks der Patrimonialisierung. Abgesehen von den Aubrac-Rindern beziehen noch andere Lebensmittel ihren Wert aus ihrer Eigenschaft als »Terroir-Produkte«: eine Orangenblüten-Brioche namens »Fouace«, Honig, Konfitüren, getrocknete Steinpilze und vor allem Käse. Auch dessen Name ist ein Eponym: Der Laguiole ist seit 1961 durch die kontrollierte Herkunftsbezeichnung AOC geschützt. Er wird zur Zubereitung

---

11 Georges-Henri Rivière (Hrsg.), *L'Aubrac*…, Bd. III, a. a. O., S. 51.

von »Aligot« verwendet – einem Gericht aus Kartoffeln und geschmolzenem Käse.

Während die Küche in den Esslokalen der Innenstadt sich in der Hauptsache auf Gerichte auf Rindfleisch-, Aligot- und Käsebasis konzentriert, nimmt sie im Restaurant der Familie Bras raffiniertere und kostspieligere Formen an. Dessen guter Ruf beruht auf exzellenten Beurteilungen in den großen Restaurantführern und ein Tisch hier muss mehrere Wochen, ja sogar Monate im Voraus reserviert werden. Trotzdem wird auch in der Küche von Vater und Sohn Bras noch eine Mischung aus besonders Zeitgemäßem und »Terroir« geschätzt, die von lokalen Produkten bis zu Methoden reicht, die man auf dem Gebiet der Kochkunst als Avantgarde bezeichnen könnte. Auf dasselbe Erfolgsrezept trifft man in dem Lokal, das Bras im Museum für zeitgenössische Kunst von Rodez eröffnet hat, das die Werke des Malers Pierre Soulages beherbergt. Das Museum wurde im Jahr 2014 eingeweiht und hatte im ersten Jahr (zwischen Mai 2014 und Mai 2015) 250 000 Besucher.

Auf der Speisekarte der Brasserie Bras im Musée Soulages werden die Gerichte anhand von Floskeln vorgestellt, welche die lokale Vergangenheit ausschlachten:

> Eine Fouace ist ein traditionelles Gebäck, das für seine Herkunft aus dem Département Aveyron typisch ist. Ihre Rezeptur hält die Tradition des Aveyron aufs Genaueste ein: Der Teig ist fest und mürbe zugleich und schmeckt nach Orangenblüten.
>
> Früher wurden Kutteln vor dem Kirchgang bei der Rückkehr von einer Jagdpartie serviert … Die einzelnen Regionen des Département Aveyron lassen sich daran erkennen, nach welchem Rezept sie zubereitet sind.
>
> Die in Salz eingelegten, getrockneten, geräucherten oder frischen Wurstwaren sind im Aveyron besonders ausdrucksvoll …
>
> Der aus Roggen, Weizen und Kartoffeln gemachte, mit Molke benetzte Pfannkuchen ersetzte früher das Brot.

Auf der Weinkarte werden die Weine in zwei Kategorien eingeteilt:

> »Von hier« (Estaing, Côtes de Millau, Marcillac usw.) und »Von nebenan« (Gaillac, Jurançon, Languedoc, Corbières usw.).

Die Familie Bras legt nicht nur auf die in der Küche verwendeten Produkte besonderen Nachdruck, sondern auch auf die Landschaft des Aubrac als »Verankerung« (»Auf dem Plateau von Aubrac leben wir im Einklang mit der Natur. Damit wir Ihnen immer eine lokale Karte anbieten können, bildet die Natur nämlich jederzeit den Mittelpunkt unseres Alltagslebens«, heißt es in der Broschüre, in der das Restaurant sich vorstellt). Das von den Architekten Éric Raffy und Philippe Villeroux entworfene, 1992 erbaute Gebäude verfügt über große Glasfenster mit Panoramablick.

Da Laguiole auf einem der Wege liegt, die nach Santiago de Compostela führen, wird diese »sehenswerte« Landschaft darüber hinaus von Wanderern geschätzt. Das Ziehen neuer Wanderpfade, um den »Ökotourismus« weiter auszubauen, stößt allerdings auf ein Hindernis: In der überwiegenden Mehrheit sind die Grundstücke in Privatbesitz, weshalb eine Genehmigung ihres Eigentümers erforderlich ist, wenn man einen Durchgang durch sie schaffen möchte.

Die Logik der Patrimonialisierung der Landschaft führt zu ihrer Überführung in die Form eines regionalen Naturparks – ein Projekt, dem sich seit 2002 ein eingetragener Verein widmet.[12]

Auf der Webseite des Vereins wird das Projekt eines regionalen Naturparks im Aubrac dadurch gerechtfertigt, dass eine Verbindung hergestellt wird zwischen »Erbe« und »Landesregion«, »Verletzbarkeit« und »Erhalt« sowie Aufwertung bzw. »Würdigung« (unsere Hervorhebungen):

> Als ländliche Mittelgebirgsregion besitzt das Aubrac ein immer noch gut erhaltenes *Erbe*. Gleichwohl sind die Landwirtschaft, die Landschaft, das Know-how, die Umwelt und das *Kulturerbe*, die hohe Anerkennung genießen, hier *verletzbar* und *gefährdet*.
>
> Zum *Erhalt* und zur *Würdigung* der Reichtümer dieser außerordentlichen *Landesregion* haben die Gemeinden, der Staat und die

12 ⟨www.projet-pnr-aubrac.fr/⟩.

Vertreter der beruflichen und sozialen Gruppen die Schaffung eines regionalen Naturparks in Angriff genommen.

Genauso wie der »Schutz« der Herkunftsbezeichnungen macht die Schaffung eines regionalen Naturparks deutlich, dass die Patrimonialisierung ein Produkt der Überlappung von privaten und öffentlichen Maßnahmen im Rahmen eines lokalen Prozesses darstellt, in den auch der Staat einbezogen ist. Sie stellt keine »öffentliche Angelegenheit« in dem Sinne dar, dass niemand sie kritisiert, sich über sie empört oder Anstoß an ihr nimmt. Die Unstimmigkeiten entstehen, wo es um die Frage geht, wie die Kosten und die Gewinne aufgeschlüsselt werden sollen. Eine solche Patrimonialisierung beruht auf einer kollektiven lokalen »Identität«, die an eine »Landesregion« gebunden ist – die Bewohner von Laguiole und darüber hinaus des Aubrac –, deren früher gering geschätzte mundartlichen Redewendungen mit neuem Stolz gesprochen werden (so bestehen die Einheimischen darauf, »Laguiole« wie *»layol«* und nicht wie *»laguiol«* auszusprechen). Die Anerkennung dieser Gemeinschaft untereinander erfolgt vor allem über den Namen, den man trägt, und über die Präsenz auf dem viele Generationen zurückreichenden Familiensitz (»er ist von hier«).

Der RCP zufolge machte in den 1960er Jahren »der Umsatz des Handwerks im Aubrac keine 10 Prozent des Umsatzes in der Landwirtschaft aus« und gab es in Laguiole selbst »das Handwerk nur noch [...] als Relikt«, die einzigen Betätigungen, die weitergeführt wurden, standen »im Zusammenhang mit der Errichtung und der Instandhaltung von Gebäuden« (Materialgewinnung, Rohbauarbeiten, Elektrizität, Überdachung).[13] Bei einem Arbeitstreffen in Paris im Jahr 1965 vertrat ein Forscher die Ansicht, dass es »im Aubrac kaum Handwerk gibt«, während ein anderer feststellte, dass es in Born »keine Handwerker gibt, alle werkeln selbst herum«.[14] In Laguiole sind damals der Notar und der

13 Archiv der RCP Aubrac, Typoskript »Économie et société«.

14 Archiv der RCP Aubrac, Schriftstück mit dem Titel »Réunion de travail. Artisanat«, Paris, den 14. Juni 1965, in Anwesenheit von Georges-Henri Rivière.

Priester die lokalen Würdenträger, und an Fronleichnam kniet das ganze Dorf laut betend auf der Straße nieder.[15] Als es in den 2010er Jahren keinen Priester mehr gibt, bringt die Bereicherungsökonomie eine neue soziale Hierarchie hervor, deren Spitze die Privatunternehmer ausmachen, die gegenüber der Vergangenheit sowohl in einem Ausbeutungsverhältnis zur persönlichen Bereicherung stehen als auch eine Verteidigungshaltung im Namen der Gemeinschaft einnehmen, was dazu führen kann, dass sie sich auch im öffentlichen Leben engagieren. So kommt es, dass das »Maison de l'Aubrac«, in dem – wie im mittlerweile geschlossenen Musée des arts et traditions populaires – vor allem eine Sennhütte ausgestellt wird und das in der Nähe der Büros des Regionalparkprojekts liegt, in den 2010er Jahre von vieren dieser Unternehmer finanziert wird: von der Laguiole-Käse-Kooperative, vom Gourmetkoch Bras, vom Messerschmied Forge de Laguiole und von einem Schnapsbrenner.

Messer, deren Wert durch die Sammlerform ermittelt wird

Den Kern der Patrimonialisierung, die das Örtchen Laguiole in Angriff genommen hat, bildet ein Schatz: das gleichnamige Messer.

Zu Beginn des 21. Jahrhunderts ist es in Frankreich und darüber hinaus üblich geworden, ein auf eine bestimmte Weise geformtes Klappmesser mit einem Plastik-, Holz- oder Horngriff »Laguiole-Messer« zu nennen. Dessen Enden sind aus Metall und dort, wo die Klinge eingelassen ist, mit dem Motiv einer Biene verziert.

Nun sind aber die sogenannten »Laguiole-Messer«, die sowohl in Frankreich als auch weltweit keineswegs selten im Handel vertreten sind, nicht die Messer, die im Dorf Laguiole produziert

15 Wie die im Rahmen der RCP von Jean-Dominique Lajoux durchgeführte photographische Arbeit *Aubrac. Des racines et des hommes*, Paris: Delachaux et Niestlé, 2014, S. 206-209, anschaulich macht.

werden. In letzterem wird nämlich nur eine ziemlich geringe Menge von Messern hergestellt, die als handwerklich gefertigt ausgegeben und zu einem relativ hohen Preis verkauft werden. Eine große Zahl von erschwinglichen Laguiole-Messern wird nach standardisierten Verfahren in Fabriken hergestellt, die in China und Pakistan liegen.

Warum werden Laguiole-Messer nach standardisierten Verfahren weit entfernt von dem Dorf hergestellt, dessen Namen sie tragen? Warum stellen die Bewohner dieses Dorfs eine begrenzte Zahl von »handwerklich gefertigten«, häufig leicht voneinander abweichenden Messern her, obwohl es, und zwar auch in Frankreich, einen Markt gibt, auf dem sich eine größere Zahl von günstigen Messern verkaufen lässt, die alle ähnlich aussehen?

Als Antwort auf diese Frage kann man nicht auf die Erklärung zurückgreifen, dass das Dorf den Weg in die Industrialisierung »verschlafen« und es versäumt habe, seine Unternehmen umzurüsten, um sie den weltweit geltenden Maßstäben für den Export von nach standardisierten Verfahren hergestellten Messern anzupassen, oder dass die lokalen Unternehmen ihre Produktion nach China und Pakistan verlegt hätten, weil in Frankreich die Kosten für die Arbeitskräfte zu hoch seien. Darauf kann man nicht zurückgreifen, weil in Laguiole von den 1920er Jahren bis in die 1980er Jahre so gut wie keine Messer mehr hergestellt worden sind. Man hat zwar im 19. Jahrhundert in Laguiole Messer hergestellt, aber nach dem Ersten Weltkrieg ist die Produktion allmählich eingestellt worden. Einige Geschäfte mögen dort zwar weiterhin Messer dieser Art verkauft haben, aber diese wurden in Thiers, dem großen Zentrum der Schneidwarenindustrie in Frankreich, hergestellt.

Als nun aber in den 1980er Jahren die letzten Messerfabriken in Thiers schlossen, um Platz für Werkstätten mit nicht einmal zehn Handwerkern zu schaffen, äußerten Mitglieder des Gemeinderats von Laguiole den Wunsch, dort mit der handwerklichen Produktion von Messern zu beginnen. Vier junge Leute erhielten eine Ausbildung zum Messerschmied, von denen einer erklärte: »Wir wussten nicht, worauf das hinauslaufen würde, wir wussten nicht, was wir tun würden, uns wurde nur gesagt, man würde uns gerne etwas unter die Arme greifen, aber danach müssten wir ein Unternehmen gründen, und das haben wir getan.«[16] Einige Jahre später wird im Dorf das Unternehmen »Forge de Laguiole« gegründet. Anfang der 2010er Jahre wird das Dorf im Sommer von Touristenmassen überschwemmt, die Messer an einem der etwa 20 Verkaufsstände erwerben: An allen werden Messer aus lokaler Herstellung verkauft.

Die »handwerkliche« Fertigung eines Messers in Laguiole

Ein in Laguiole hergestelltes Messer besteht aus einer Klinge, aus einem Griff und aus Zwingen. Es werden drei Sorten von Klingen verwendet: aus Karbon, aus rostfreiem Stahl und aus Damaszener Stahl. Karbonklingen, die im 19. Jahrhundert sehr häufig verwendet wurden und heute, zu Beginn des 21. Jahrhunderts, etwas seltener benutzt werden, haben den »Nachteil«, dass sie rosten und schwarz anlaufen, wenn sie mit einer säurehaltigen Substanz in Berührung kommen (wie sie in Früchten oder bestimmten Gemüsen, wie der Tomate, enthalten ist). Klingen aus rostfreiem Stahl werden Anfang des 21. Jahrhunderts am häufigsten verwendet. Damaszener Stahl besteht wiederum aus mehreren, wie Blätterteig übereinandergelegten Stahlschichten, die zusammengehämmert werden und sich durch ihre Härte und ihre große Schärfe auszeichnen. Die gängigsten Materialien, die für den Griff verwendet werden, sind Horn und Holz, doch man kann auch anderen Materialien begegnen, wie etwa Plastik oder Elfenbein. Die Zwingen aus Messing oder massivem Stahl sind die beiden Teile, die den Griff umschließen und das Messer vor Erschütterungen schützen, wenn es zusammengeklappt ist.

Für die Herstellung eines Messers sind mehrere Etappen erforderlich: Bereitstellung der Teile, Zusammenbau, Justierung, Schliff.

16 Gespräch mit einem Messerschmied, August 2013.

Nach Auskunft von Messerschmieden dauert die Herstellung eines »Standardmessers« (»des ganz einfachen Modells« zum Beispiel einer 12 cm-Klinge mit Horngriff in zwei Einzelteilen) etwa eine Dreiviertelstunde bis zu einer Stunde. Die Herstellung eines raffinierteren Messers, vor allem wenn es sich von vornherein um »Sammlerstücke« handelt, kann dagegen mehrere Stunden in Anspruch nehmen.

Was einer »Standardisierung« gleichkommen könnte, wird in den größten Unternehmen besonders offensichtlich. Während die Firma Honoré Durand, in der 16 Messerschmiede beschäftigt sind, nach eigenen Angaben etwa 20 000 Messer jährlich produziert, gibt die Firma Forge de Laguiole an, dass sie jährlich etwa 120 000 Messer herstellt. Die für die Herstellung von Standardartikeln typische Qualitätskontrolle, dank der die Differenzen zwischen den einzelnen Artikeln verringert werden, spielt daher eine entscheidende Rolle, steht aber in einem ständigen Spannungsverhältnis zu dem, was als handwerkliche Tätigkeit ausgegeben wird:

> In einer der größten Messerschmieden von Laguiole kommen die Messer, nachdem sie geschliffen worden sind, bei der Qualitätskontrolle an – das ist die Etappe vor dem Verkauf. »Wir nehmen eine visuelle Qualitätskontrolle vor«, erklärt ein Führer den Besuchern. »Wir suchen nach dem winzigsten kleinen Mangel, und wir werden ihn finden. Wir haben eine Rücklaufquote in die Werkstatt, die zwischen 20 und 25 Prozent liegt, das ist viel. Doch es sei daran erinnert, dass es sich um Messer handelt, die von Männern und Frauen aus Naturmaterialien hergestellt werden, weshalb eine doppelte Möglichkeit für Fehler oder Mängel besteht: sowohl menschlich als auch wegen des Materials, das natürlich ist. Denn Holz oder Horn weisen nun einmal zwangsläufig mehr Mängel auf als synthetische Materialien. Wenn die Messer kontrolliert und Mängel festgestellt worden sind, schicken wir sie in die Werkstatt zurück, aus der sie kommen. Das sind entweder die Schleifereien, wenn es lediglich um ein Problem mit dem Schliff geht. Oder eine Griffplatte wird ausgewechselt, weil das Horn einen Sprung hat und ausgewechselt werden muss, weshalb wir sie in die Werkstatt zurückschicken, wo der Messerschmied das Messer aufbricht, die beiden Klingen herauslöst und beide Seiten des Griffs austauscht. Dann setzen wir das Messer wieder zusammen,

senden es erneut in die Schleiferei und normalerweise zu einer weiteren Qualitätskontrolle.«[17]

Seit 2003 ist »Messerschmied« ein gesetzlich anerkannter kunsthandwerklicher Beruf. Er ist als Gegensatz zur industriellen Herstellungsweise angelegt, wie folgendes Editorial in der sich mit Messern befassenden Zeitschrift *Excalibur* belegt:

> In Frankreich, aber auch in anderen europäischen Ländern hat das anbrechende Industriezeitalter den Handwerksberufen einen harten Schlag versetzt. Für eine ganze Reihe von ihnen war es sogar ein Todesstoß. Glücklicherweise erhebt sich das Handwerk, das Know-how und ganz häufig Jahrhunderte währende Traditionen in sich trägt, heute aus seiner Asche und wird wieder zu einer bedeutenden wirtschaftlichen Komponente unserer Gesellschaft, insofern fast drei Millionen Menschen dort beschäftigt sind. Auch das Handwerk des Messerschmieds ist gerade noch einmal davongekommen, weil es beinahe schon vollständig ausgestorben war. [...] Seither hat das Interesse am Schmieden von Messern, und zwar vor allem von hochwertigen Messern, nicht mehr nachgelassen.[18]

Die handwerkliche Fertigung zeichnet sich nun aber durch individuelle Verantwortung für die Produktion aus, und dies unterscheidet sie grundlegend von der Standardisierung. Jeder Messerschmied stellt ein Messer »von A bis Z« her:

> »Hier wird nicht in Serie gefertigt, jeder stellt sein Messer von A bis Z her, jeder ist für seine Arbeit verantwortlich«, erklärt ein Führer in einer Messerschmiede. »Jeder arbeitet für sich und nicht für andere. Wir sprechen immer von einer Messerschmiede von A bis Z. Jeder Messerschmied fängt mit seinem Messer an und stellt es auch fertig.«[19]

Die Standardisierung wird so dargestellt, dass in ihrem Rahmen Arbeiter beschäftigt sind, die in Serie immer dieselben Teile herstellen, und Roboter zu Hilfe genommen werden, während der Handwerker von seiner Werkbank aus persönlich nur mit Hilfe

---

17 Feldnotizen, August 2013, Laguiole.

18 Jean-Jacques Pietraru, »Éditorial«, in: *Excalibur*, Nr. 69, 2. Vierteljahr 2013, S. 3.

19 Feldnotizen, August 2013, Laguiole.

seiner Hände ein und dasselbe Objekt anfertigt. (»Bei uns wird der Zusammenbau nicht von Maschinen oder Robotern erledigt. Alles wird per Hand zusammengesetzt«, beteuert ein Führer in einer anderen Messerschmiede.)

Auch wenn mehrere Messerschmiede in einem Unternehmen arbeiten und nicht selbstständig sind, kann man den Eindruck gewinnen, dass jeder von ihnen dazu ermuntert wird, seine eigene »Ich-AG« zu bilden, das heißt sein eigenes »Know-how« in die Waagschale zu werfen. Bei dieser Art von Arbeitsorganisation entsteht nämlich eine Verbindung zwischen dem produzierten Artikel und der einen Person, die ihn hergestellt hat. In dieser Hinsicht folgt eine solche Verbindung dem Modell eines Kunstwerks, das als etwas betrachtet wird, das der Künstler mit eigenen Händen geschaffen hat, das heißt einer Konzeption von Kunst, die derjenigen vorangegangen ist, die sich keimhaft zuerst in den 1960er Jahren und dann immer deutlicher in den 1990er Jahren entwickelt hat und der zufolge das Kunstwerk ganz im Gegenteil von jemand anderem als dem Künstler ausgeführt werden kann, allerdings nach den Regeln, die dieser mit seiner Signatur festlegt.[20] Dieses Kunstverständnis ist auf dem zeitgenössischen Kunstmarkt weit verbreitet, wird aber von den konservativen Verteidigern der Kunst in Frage gestellt, die sich weiterhin auf die erste Konzeption berufen. Der Handwerksbetrieb ist also nach der Logik der »Urheberhand« organisiert, was es möglich macht, einige Stücke explizit als Kunstwerke oder Sammlerobjekte auszuweisen und dadurch auch allen anderen einen derartigen Anstrich zu geben.

Sammelobjekt Messer

Um den sozialen Wandel zu verstehen, dem die in Laguiole hergestellten Messer unterworfen sind, muss man sich seine Gebrauchsfunktionen in der »ursprünglichen Vergangenheit«, das heißt im

20 Judith Ickowicz, *Le Droit après la dématérialisation de l'œuvre d'art,* a.a.O.

19. Jahrhundert in Erinnerung rufen. Sie wurden zunächst einmal von den Bauern verwendet, die von Viehzucht und Landwirtschaft lebten. Für eine Reihe von Menschen aus Laguiole, die wie eine große Zahl der Bewohner des Aveyron (die »Kohlenhändler«) nach Paris gegangen waren, um dort im Gaststättengewerbe (in den Pariser Bistros und Cafés) zu arbeiten, wurde das Messer um einen Korkenzieher zum Entkorken der Flaschen ergänzt, was eine weitere Gebrauchsfunktion ausmachte.

Was mittlerweile bei den zu Beginn des 21. Jahrhunderts hergestellten Messern besonders gewürdigt wird, ist ihre Langlebigkeit: Sie haben »lebenslange Garantie«, wie die Messerschmiede es ausdrücken. Deshalb sind diese im Allgemeinen auch bereit, ein aus Laguiole stammendes Messer zu reparieren. Da sich die Herstellungsweise nun schon 20 Jahre weiterentwickelt habe, räumt die Firma Forge de Laguiole allerdings inzwischen ein, dass es keine Ersatzteile für die Messer mehr gäbe, die in den ersten Jahren nach der Unternehmensgründung gefertigt wurden.

Die Messer sind langlebig, weil sie aus »hochwertigen« Materialien bestehen und handgefertigt sind. Am wertvollsten sind nicht die Exemplare, deren Gebrauchswert am höchsten ist, sondern die Stücke, die für Sammlungen bestimmt sind. Diese Sammlermesser werden häufig von Messerschmieden angefertigt, die im Rahmen des Wettbewerbs »Meilleur Ouvrier de France« als beste Handwerker ausgezeichnet worden sind oder daran teilgenommen haben. So sind bei Forge de Laguoile zwei solche »Beste Handwerker Frankreichs« beschäftigt, die einander gegenüber an abseits, im Eingangsbereich des Unternehmens gelegenen Werkbänken arbeiten und Einzelstücke anfertigen. Eine andere Messerschmiede, »Benoît, l'artisan« (»Benoît, der Handwerker«), nimmt für sich in Anspruch, im Jahr 2011 die letzte Runde des Wettbewerbs um den besten Handwerker Frankreichs erreicht zu haben. Der als bester Handwerker Frankreichs ausgezeichnete Messerschmied Jean-Michel Cayron ist wiederum bei der Firma Honoré Durand beschäftigt, wie der Führer den Besuchern dieses Unternehmens erklärt:

»Und hier sehen Sie, um Ihnen die Qualität der bei uns geleisteten Arbeit zu zeigen, ein Werk von Jean-Michel Cayron, in dem gut und gerne 250 Stunden Arbeit stecken. Der Griff ist aus Elfenbein, er wird auf 13 000 Euro geschätzt. Die Klinge hat er gemacht, als er 23 Jahre alt war. Und dieser Art Arbeit verdankt sich, dass er zweimal zum besten Handwerker Frankreichs ernannt worden ist, das erste Mal 2007 und das zweite Mal 2011.«

Die Leistung besteht nicht mehr in der Verringerung der Produktionszeit, wie für einen Arbeiter, der Teil der Welt der industriellen Produktion ist, und in der Erhöhung der Zahl der in Serie produzierten Artikel, sondern ganz im Gegenteil in einer außerordentlichen Verlängerung dieser Produktionszeit von 45 Minuten auf 250 Stunden für ein Einzelstück, das von einem Handwerker kreiert wird.

Es wird allerdings auch auf die Logik der zweiten Definition eines nach den von einem Künstler festgelegten Regeln ausgeführten und von ihm signierten Kunstwerks zurückgegriffen, auch wenn er es nicht mit eigenen Händen geschaffen hat, wenn nämlich ein Unternehmen einen Designer engagiert und sich damit auf die Trendform stützt. So hat Forge de Laguiole sich an mehrere bekannte Designer gewandt, wie zum Beispiel Philippe Starck, Matali Crasset, Christian Ghion, Andrée Putman, Ora-ïto. Diese »interpretieren« das Laguiole-Messer, und zwar in manchen Fällen so frei, dass die Formgebung nur noch wenig mit der gängigen Form des sogenannten »Laguiole-Messers« zu tun hat, so wie bei dem Kuchenmesser, das Matali Crasset für den Konditor Pierre Hermé entworfen hat.

Auch die »ganz einfachen« Messer profitieren von dieser Nähe zu den »raffinierteren« und kostspieligeren. Um ihnen Einzigartigkeit zu verleihen, werden sie häufig personalisiert: Die Schneidwarenunternehmen, darunter auch das größte, Forge de Laguiole, bieten an, den Namen oder die Initialen des Warenempfängers in die Klinge einzugravieren, wodurch sie unweigerlich eine sichtbare Differenz erlangt.

Die Laguiole-Messer sind Teil einer umfassenderen Entwicklung hin zum Sammeln von Messern und Stichwaffen. Manche

Messer haben noch nicht einmal einen Gebrauchswert: »Für manche ist das Messer das von ihnen bevorzugte Vehikel für ein künstlerisches Werk. Genauso wie sein Landsmann Gary Blanchard schnitzt und meißelt der Amerikaner Fred Carter zum Beispiel Messer. Seine Objekte sehen exakt so aus wie Messer, aber ihre Klinge ist weder gehärtet noch geschliffen: Es handelt sich um Kunstgegenstände, die ausgestellt werden sollen.«[21]

Im Laufe der 2010er Jahre hat das Sammeln von Messern möglicherweise gegenüber dem Sammeln von Luxusprodukten, wie etwa Hermès-Taschen und Uhren, an Dynamik und Prestige verloren. Deshalb sind Messer, wie ein Artikel in der Zeitschrift *Excalibur* erklärt, »nicht wirklich die beste Marktlücke, wenn man auf einen sicheren Hafen aus ist«, das heißt auf eine Kapitalanlage, sondern »man sollte eher das Gesetz von Angebot und Nachfrage dahingehend berücksichtigen, dass ein leidenschaftlicher Sammler immer bereit ist, mehr zu bieten, um das Stück zu erlangen, das er schon lange begehrt«.[22] Diese Sammellogik teilt er allerdings mit anderen Arten von Sammlern:

> Um Sammler zu sein, ist es unerlässlich einen guten Riecher zu haben, damit man eine gute Gelegenheit wittert, wenn ein Modell neu auf den Markt kommt. Wenn es [das Messer] in sehr kleiner Stückzahl hergestellt worden ist und sehr erfolgreich war, kann sein Preis ›unter der Hand‹ auf echte Spitzenwerte klettern.[23]

Die Spitzenwerte, von denen hier die Rede ist, sind zwar weit von den Preisen für zeitgenössische Kunst entfernt. Trotzdem liegen die Preise, die auf über 10 000 Euro steigen können, wie beim besagten Messer von Jean-Michel Cayron, oder die Preise der besten amerikanischen Messerschmiede, die zwischen 10 000 und 20 000 Dollar betragen können,[24] weit über den Preisen für in-

---

21 Gérard Pacella, »La collection des couteaux, armes blanches et outils tranchants«, in: *Excalibur*, Nr. 20, März-Mai 2001, S. 42.

22 Ebd., S. 40-47 (Zitat, S. 47).

23 *Excalibur*, Nr. 68, 1. Vierteljahr 2013, S. 46.

24 Ebd., S. 66-71.

dustriell hergestellte Standardmesser, die für ein paar Euro verkauft werden und zum Wegwerfen bestimmt sind.

Musealisierung als Vermarktungsmittel

So wie Kunstwerke, die, um als solche qualifiziert werden zu können, ein Qualifikationssystem benötigen (häufig ein Hinweisschild und die Mauern einer Galerie oder eines Museums), müssen Gegenstände, wie die in Laguiole hergestellten Messer, damit sie als Sammelobjekte und nicht als Standardartikel vermarktet werden können, wenn sie zum Verkauf stehen, in einem Rahmen präsentiert werden, der ein Äquivalent zu Galerien und Museen darstellt.

Eine solche Inszenierung weist weniger in die Richtung einer Galerie für zeitgenössische Kunst, die im Allgemeinen nur das Werk und nicht den Künstler zeigt – außer wenn sich dieser bei Performances selbst in Szene setzt –, als in die Richtung eines Museums, genau genommen eines Volkskundemuseums. Die kleinsten wie auch die größten privaten Schneidwarenunternehmen in Laguiole präsentieren sich den Besuchern wie lebendige Museen, in denen nicht bloß zum Verkauf stehende Objekte gezeigt, sondern auch die Tätigkeit derjenigen vorgeführt werden, die sie angefertigt haben, wodurch sie Teil des »Know-how-Tourismus« werden. Darum ist der Körper des Handwerkers nicht länger der Körper eines Arbeiters, der von der Bourgeoisie diszipliniert wird, damit seine Arbeitskraft in einer Fabrikkaserne ausgebeutet werden kann, sondern die bewunderungswürdige Verkörperung eines vermeintlich »althergebrachten« Know-hows, das ein vollwertiger Bestandteil eines quasi musealen Raums ist.

Einige Firmen, wie Forge de Laguiole, Honoré Durand und Benoît l'artisan, bieten nach einem genauen Zeitplan Besichtigungstouren durch die Werkstätten an, als handele es sich um Schlossbesichtigungen, und locken so eine große Zahl von Personen an. Schätzungen zufolge hat die Messerschmiede Honoré Durand im Jahr 2012 175000 Besucher empfangen und die Firma Forge de Laguiole 85 000 Besucher[25] (im Vergleich dazu hatte die Kooperative Jeune Montagne, deren Käseherstellung besichtigt werden kann, 134 500 Besucher). Bei Benoît l'artisan hat die Besichtigung drei Abschnitte: Zuerst erzählt ein Angestellter die Entstehungsgeschichte des Laguiole-Messers und stellt die Firma vor, dann erklärt ein Messerschmied in der Werkstatt, wie ein Messer angefertigt wird und schließlich bringt der erste Angestellte die Gruppe zum Verkaufsraum. Über die Besichtigungstouren hinaus wird bei Forge de Laguiole den Besuchern auf großen Tafeln erklärt, was die Angestellten bei ihrer Arbeit im Einzelnen tun, während in der Eingangshalle die zum Verkauf stehenden Messer wie Kunstwerke in Schaukästen ausliegen; ihr Preis steht auf einem unauffälligen kleinen Etikett, während auf größeren Hinweisschildern (wie bei Künstlern) der Name des Designers der Messer angegeben wird, wenn sie von einem Designer entworfen wurden. Die Firma Honoré Durand hat die Musealisierungsbemühungen am weitesten vorangetrieben und neben dem Verkaufsraum und der Vorführwerkstatt ein sogenanntes »Museum« eingerichtet, in dem in der Hauptsache Werkzeuge und Laguiole-Messer aus dem 19. Jahrhundert und von Anfang des 20. Jahrhunderts ausgestellt werden. Die Besichtigungstouren bieten die Gelegenheit, die Artikel mit Geschichten zu versehen.

Ende des 19. Jahrhunderts wird in einem von Camille Pagé verfassten Werk in sechs Bänden dargelegt, wie es um die Messerschmiedekunst »von ihren Ursprüngen« bis zu jener Zeit – und zwar in der Hauptsache zu jener Zeit – bestellt ist. Obwohl in diesem Buch den Messerschmieden von Châtellerault, wo es gedruckt wurde, und von Thiers zahlreiche Seiten gewidmet sind, wird nur in wenigen Zeilen auf die Messerschmieden in Laguiole Bezug genommen. Es wird erwähnt, dass die Werkstätten von Pagès, Calmels und Mas et Glaize, in denen etwa 30 Handwerker beschäftigt sind, »solide« Messer fertigen, die allerdings »im Hinblick auf ihre Verarbeitung zu wünschen übrig lassen«. Im Vergleich dazu wird die Zahl der Handwerker, die in den Messerschmieden der

25 Tourismusverband des Départements Aveyron.

Kantone Thiers und Saint-Rémy für 600-700 Hersteller arbeiten, auf 15 000 bis 18 000 geschätzt.[26] Wie der Bürgermeister von Laguiole sagt, den Pagé zitiert:

> »Ein in dieser Gegend im Moment sehr beliebtes Messer trägt den Namen ›Capujadou‹. Seine Klinge ist sehr kräftig und es lässt sich nicht zuklappen. Es handelt sich um eine Art Dolch und erinnert ein bisschen an ein korsisches Messer. Wie bei einem alten Messer, das man in der Scheide am Gürtel trägt, braucht man ein Etui, um es in die Tasche stecken zu können.«[27]

Und tatsächlich zeigt die Abbildung, auf dem das Laguiole-Messer zu sehen ist, ein gerades, nicht besonders spitzes Messer ohne Korkenzieher, das sich nicht zusammenklappen lässt und das keine Biene aufweist, kurz ein Messer, das keinerlei Ähnlichkeit mit der Form des »Laguiole-Messers« hat, die Anfang des 21. Jahrhunderts am verbreitetsten ist.

Wenn die RCP-Untersuchung des Aubrac der Messerherstellung in Laguiole in den 1960er Jahren nicht viel Platz einräumt (»ein einziger Messerschmied« wird erwähnt) und stattdessen die Bedeutung der »allgemein bekannten« Forellenzucht und der Käseherstellung hervorhebt, der allerdings »keine große Zukunft« beschieden wird, weil sie nicht »modern« sei,[28] dann liegt das nicht daran, dass die Forscher eine Tätigkeit übersehen haben, die vor ihren Augen verrichtet wurde, sondern daran, dass diese Tätigkeit wie die anderen Handwerksberufe, also »Sägewerker, Tischler, Schuhmacher, Müller«, zu denen sie zweifelsohne gehört, nur noch als »Relikt« vorhanden oder sogar ganz ausgestorben ist. In den 1970er Jahren wurden die an den wenigen Verkaufsstellen in Laguiole verkauften Messer bei Herstellern in Thiers eingekauft, wie ein pensionierter Händler erklärt:

> »In den 1970er Jahren hat nur noch C Messer verkauft. Die meisten Messer, die er verkaufte, sind in Thiers hergestellt worden. Er tat im-

26 Camille Pagé, *La Coutellerie depuis l'origine jusqu'à nos jours,* Bd. II, 3. Teil: »La coutellerie moderne«, Châtelleraut: Druckerei H. Rivière, 1896, S. 273.
27 Ebd., S. 302.
28 Archiv RCP Aubrac.

mer ein bisschen geheimnisvoll, sodass seine Kundschaft dachte, er stelle praktisch alle seine Messer selber her und sei so etwas wie der Garant des Know-hows für das Laguiole-Messer. Ich kannte die zwei Witwen P. Schon als ich jung war, habe ich meiner Erinnerung nach keine Messer gesehen, die in ihrem Geschäft gefertigt wurden. Zu Beginn war die Messerschmiede G ein Bistro, in dessen hinteren Räumen er Messer verkaufte. In den hinteren Räumen gab es eine Messerwerkstatt. Im Bistro verkaufte er auch Angel- und Jagdzubehör. G kaufte seine Messer bei einem Handwerker aus Thiers, der ein Unternehmen mit zwei oder drei Mechanikern besaß. G hatte sogar Visitenkarten anfertigen lassen, auf deren Rückseite eine Messerschmiede zu sehen war. Er behauptete, er habe die Messerschmiede P übernommen und hängte das Gründungsjahr aus. Aber das ist Augenwischerei.«[29]

Die Geschichten, die Anfang des 21. Jahrhunderts in den Messerschmieden verbreitet werden, beginnen mit den Ursprüngen des Messers Anfang des 19. Jahrhunderts. So stellt ein Führer in einer Messerschmiede die Entstehung der Laguiole-Form als Ergebnis der Kreuzung eines spanischen Messers mit einem älteren lokalen Messer dar:

»Das Laguiole-Messer ist ein Messer, das ungefähr 200 Jahre alt ist, aber aus Spanien stammt. Wieso? Weil es zu jener Zeit in der Auvergne nicht viel Arbeit in der Region gab und die Leute nach Spanien gingen, um sich dort anwerben zu lassen. Ein junger Mann aus der Region wollte sich dort nun aber ein typisches spanisches Messer, ein Navaja, kaufen. Ein Navaja-Messer ist ein Messer wie dieses hier [*er zeigt ein Messer*]. Er hat das Messer gekauft und mit zurück nach Laguiole genommen, wo er es mehr oder weniger jedem zeigte. Er bekam zu hören, dass er ein gutes Messer habe, das aber nicht sehr praktisch sei, weil der Griff zu krumm sei und schlecht in der Hand liege. Und so haben die Leute in Laguiole sich dieses Messer vorgenommen, es auseinandergebaut und nach dem Vorbild eines bereits für die Region typischen Messers, dem alten Laguiole, abgeändert, und aus der Kombination der Form dieser beiden Messer ging die Form des Laguiole-Messers hervor.«[30]

29 Interview, Feldnotizen, August 2014.
30 Feldnotizen, August 2013, Laguiole.

Mit Hilfe der Geschichte lässt sich das idealisierte Bild vom Hirten auf katholischem Boden im 19. Jahrhundert inszenieren, und wenn es um eine Interpretation des Kreuzzeichens auf einigen Messern geht, wird ein Zusammenhang mit einem anderen Produkt des »Terroirs«, dem Käse, hergestellt:

> »Auf einer Seite des Messers«, erklärt ein Führer in einer Messerschmiede, »ist ein Kreuzzeichen zu erkennen. Dieses Kreuz heißt Hirtenkreuz, weil der Hirte, wenn er auf den Wiesen seiner Arbeit nachging, sein Laguiole-Messer hervorholte, es in einen Laib Brot oder ein Stück Käse steckte und betete, bevor er zu essen begann.«[31]

Doch diese Geschichten können von Messerschmied zu Messerschmied unterschiedlich sein. So beruft sich, wenn es um eine Interpretation geht, woher die Biene auf den Messern stammt, einer auf Napoleon I. und ein anderer auf die natürliche Umgebung (die Landschaft):

> Ein Führer in einer Messerschmiede versichert: »Ein Laguiole-Messer verfügt über mehrere Symbole, und das bekannteste Symbol von allen ist natürlich die Biene. Die Legende besagt, dass Kaiser Napoleon I. persönlich den Bewohnern von Laguiole die Genehmigung erteilte, diese Biene in ihre Messer einzugravieren, und zwar um ihnen dafür zu danken, dass sie so tapfer in seinem Heer gekämpft hatten.«
>
> Aber ein Verkäufer in einer anderen Messerschmiede, der von einem Besucher nach dem Grund gefragt wird, warum gewöhnlich eine Biene auf den Messern abgebildet werde, antwortet, dass dies den »Lebenszyklus« durch die Bestäubung symbolisiere und sich auf »die Pflanzenwelt des Aubrac« beziehe. Etwas später trifft ein anderer Besucher auf den Verkäufer und sagt ihm, er habe gehört, dass die Biene mit dem Honig und mit der Verwendung des Messers für Honig zu tun habe.[32]

31 Ebd.

32 Ebd.

Die Weitergabe des Know-hows für die Messerfertigung in Laguiole, die es vor den 1980er Jahren gar nicht mehr gab, beruht auf der Fiktion, dass dieses Know-how aus der Region selbst stammt, und macht die Berufung auf eine Geschichte erforderlich, die eine Kontinuität zur Vergangenheit gewährleistet. Die Messerhersteller sehen sich jedoch einer anderen Diskontinuität gegenüber; diese betrifft die Herkunft der verwendeten Materialien. Auf einer allgemeineren Ebene ist letztere ein entscheidendes Kriterium für die Feststellung von Unterschieden im Zuge des Schutzes von geistigem Eigentum. Seit 1973 steht das »Limoges-Porzellan« vor demselben Problem: Da der Rohstoff nicht mehr aus der Region kommt, hat der Conseil d'État entschieden, dass es die Herkunftsbezeichnung »Appellation d'origine (AO)« nicht mehr führen dürfe.[33] Es ist die gleiche Problematik wie beim »Schiff des Theseus«:[34] Wie kann das Schiff des Theseus weiter als dasselbe Schiff bezeichnet werden, wenn alle Teile, aus denen es sich zusammensetzt, ausgewechselt worden sind? Wie kann ein Laguiole-Messer weiterhin dasselbe sein, wenn in der Gegenwart nicht mehr dieselben Materialien verwendet werden wie in der ursprünglichen Vergangenheit?

Es ist nämlich so, dass in Laguiole viele, ja in manchen Fällen nahezu alle Materialien nicht lokalen Ursprungs sind. Nicht zuletzt wird eine große Zahl von einfach geformten Messern mit einem Griff (der »côte« genannt wird) aus Wacholderholz hergestellt – einer Holzart, die nicht im Aubrac wächst und die man deshalb vor allem aus dem Hérault kommen lassen muss. Es handelt sich außerdem um ein Holz, das im 19. Jahrhundert nicht für die Messergriffe verwendet wurde. Camille Pagé erwähnt nur Ebereschen-, Nussbaum-, Buchsbaum-, Birnbaum- und Ebenholz sowie »Inselhölzer«.

33 Beschluss des Conseil d'État vom 31. Januar 1973.

34 Vgl. Stéphane Ferret, *Le Bateau de Thésée. Le problème de l'identité à travers le temps*, Paris: Minuit, 1996.

Wir werden jetzt zwei symbolträchtige Materialien untersuchen, bei denen sich das Problem der Herkunft in aller Schärfe stellt: Horn und Stahl.

Das bekannteste Material für die Griffe von Laguiole-Messern ist Horn. Wie Knochen ist Horn ein Material, das ab dem 19. Jahrhundert verwendet wird. Laut Camille Pagé gibt es zu jener Zeit allerdings »keinen Stoff, der in Bezug auf die Weiße, die Härte und die Umstandslosigkeit, mit der er für die filigransten Arbeiten verwendet werden kann, den Vergleich mit Elfenbein aufzunehmen vermag«.[35] Horn werde hauptsächlich in Thiers und Nogent für die Fertigung von »Klappmessern« verwendet.[36]

Ein Horn besteht aus zwei Teilen: einem sehr selten vorkommenden, oberen Teil, der massiv ist und den man »Spitze« nennt, und dem sehr oft vorkommenden unteren Teil, der hohl ist und den man »Stumpf« nennt. Die qualitativ hochwertigsten Messer werden aus der Spitze hergestellt, die sich direkt zuschneiden lässt. Der Stumpf des Horns ist viel zu fein, um daraus Griffe herstellen zu können und lässt sich deshalb als solcher nicht verwenden. Wenn er zerschnitten, erhitzt und zusammengepresst wird, kann man ihn trotzdem bearbeiten, aber dann ist seine Qualität auch nicht so gut. Bei Kontakt mit Wasser wird die Spitze des Horns matt und splittert, und der Stumpf des Horns kann sich zudem noch verziehen, weshalb man sagt, dass dieses Messer mit »lebenslanger Garantie« nur dann eine lange Lebensdauer hat, wenn es abgewischt, aber nicht gewaschen wird. Die Firma Forge de Laguiole hat die Herstellung von Messern aus dem Hornstumpf eingestellt, weil dieses Material nach seiner Bearbeitung Mängel aufwies, sodass die Qualitätskontrolle die Messer mehrere Male neu machen ließ, wodurch der Stumpf des Horns kostspieliger wurde als die Spitze.

In der Hauptsache ist das Horn, das Anfang des 21. Jahrhunderts in Laguiole verwendet wird, aus Afrika importiertes Zebu-

---

35 Camille Pagé, *La Coutellerie depuis l'origine jusqu'à nos jours,* Bd. II, a. a. O., S. 405.

36 Ebd., S. 437.

horn. Auch wenn ein solcher Import den Anschein erweckt, er sei eine Folge der jüngsten Globalisierung, gibt es ihn in Wirklichkeit schon lange. Denn laut Camille Pagé versorgen im 19. Jahrhundert »Britisch-Indien und Südamerika Frankreich mit den [Rinder-]Hörnern, die seine Industrie benötigt«.[37] Vor Büffelhorn (das aus Asien kommt – Kalkutta, Siam, Singapur, Coromandel), Widderhorn und Hirschhorn wird Rinderhorn damals am häufigsten verwendet.

Das Horn der Aubrac-Kuh, das den Geschichten zufolge, die von den Messerschmieden erzählt werden, in der Vergangenheit für die Messerproduktion verwendet wurde, sei mittlerweile zu klein, um daraus große Griffe machen zu können, weil auch die Zuchtweise dieser Kühe sich gewandelt habe, wie der Führer in einer Messerschmiede erklärt:

> »Die Verarbeitung der Hörner der Aubrac-Kuh haben alle aufgegeben. Weil früher nicht die Hörner der Kühe, sondern die dickeren Hörner der Ochsen, häufig sogar ziemlich alter Ochsen verwendet wurden, deren Hörner dick und sehr hart waren. Heute werden die Kühe im Alter von drei bis vier Jahren verkauft. Wenn man ein Terroir besitzt, ist es traurig, dass man die Hörner aus Afrika herholen muss, obwohl man sie in Reichweite hat und sie nicht benutzen kann. Faktisch lassen sie sich nur als Blumendünger verwenden. Die abgefallenen Hörner werden zerstoßen und finden sich dann im Dünger für die Geranien wieder.«[38]

In einem in diesem Fall für die Trendform typischen Schritt hat die Firma Forge de Laguiole, die nach einer Lösung für dieses Problem suchte, daher als »Neuheit« des Herbstes 2013 (»Dies ist ein ganz neuer Ansatz, den wir als Neuheit der Saison auf der Messe ›Maison et Objet‹ in Paris präsentieren werden«) die Fertigung von Messern aus dem Horn der Aubrac-Kuh »auf die gute alte Art« und als einzige Firma, die dazu in der Lage sei, angekündigt. Ein solches Messer aus Kuhhorn wird von Forge de Laguiole folgendermaßen präsentiert:

---

37 Ebd., S. 438.

38 Feldnotizen, August 2013, Laguiole.

»Die Kuh aus Laguiole, die Aubrac-Kuh, hat auch ihr eigenes Messer. Dieses mitten aus dem berühmten Plateau von Aubrac stammende und einer mehrere Hundert Jahre alten Tradition treue Messer verfügt zum ersten Mal über einen Griff aus dem Horn der Aubrac-Kuh. Aus Anlass der feierlichen Rückkehr zu ihren Ursprüngen unterstreicht die besonders hart geschmiedete Klinge ›brut de forge‹ die Bedeutung des regionalen Know-hows und erinnert an die Wurzeln des Laguiole-Messers. Eine stilisierte, durch eine geschmeidige Federung vergrößerte Biene singt ein Loblied auf die Tradition und auf die Moderne. Ein behutsam um die traditionelle Öse gewickelter Riemen aus dem Leder der Aubrac-Kuh ist ein weiterer Fingerzeig auf diese Kuh mit dem ›sanften und vergnügten‹ Blick. Dieses Messer ist weit mehr als ein Gegenstand, es ist eine Hymne auf das Dorf Laguiole und dessen Region, das Aubrac.«

Die Herkunft des Stahls ist in doppelter Hinsicht problematisch. Zunächst einmal stellt sich die Frage nach der Herkunft des Materials selbst und dann die Frage, wo es geschmiedet wurde. Der verwendete Stahl stammt häufig aus Schweden, die Marke heißt Sandvik (12C27 oder 14C28N). Um die Spannung aufzulösen, die zwischen diesem ausländischen Bestandteil und dem lokalen Anspruch entsteht, heben diejenigen, die darauf zurückgreifen, zur Rechtfertigung hervor, dass es sich um den »besten rostfreien Stahl der Welt« handle, der »auch in Thiers, in Frankreich und auf der ganzen Welt verwendet« werde. Bei Forge de Laguiole vertritt man dagegen die Ansicht, der Stahl 12C27 von Sandvik sei »in der Schneidwarenindustrie gängig«, weil er »nicht teuer« sei und »in großen Mengen in Schweden hergestellt« werde. Bei Forge de Laguiole wird erklärt, dass man sich für einen anderen Stahl, den von einem französischen Hersteller aus Grenoble gelieferten T12, entschieden habe, »der gut zur Unternehmensphilosophie passe«, das heißt: »Wenn man keine Lösung im näheren Umkreis findet, wird man sich immer fremder.«

Doch das Problem ist insofern noch komplizierter, als der Stahl nicht nur nicht aus Laguiole stammt, sondern mit Ausnahme nicht zuletzt der Firma Forge de Laguiole auch nicht dort geschmiedet wird. In den meisten Fällen werden die Klingen weiterhin in Thiers geschmiedet. Die meisten der in Laguiole hergestellten Messer sind also anderen Händen zuzuschreiben als den Messerschmieden des Dorfs, und es sind diese Hände, die jenen wesentlichen Teil des Messers gefertigt haben, den die Klinge darstellt.

Die Unterscheidung der Laguiole-Messer von Messern anderer Herkunft

Von den verschiedenen, für die Messerproduktion relevanten Tätigkeiten besteht eine der wichtigsten darin, die Besucher und damit potenziellen Käufer über die Unterschiede zwischen den in Laguiole und den woanders hergestellten Messern in Kenntnis zu setzen. Für die Messerschmiede aus Laguiole geht es dabei darum, sich abzugrenzen auf der einen Seite von den in der Region und in Thiers gefertigten Messern – als direkten Konkurrenten im Rahmen der Sammlerform – und auf der anderen – und zwar in erster Linie – von den in China und Pakistan hergestellten Messern, die Konkurrenten im Hinblick auf die Standardform sind.

In den mehr oder weniger in der Nähe von Laguiole gelegenen Gemeinden verkaufen mehrere Geschäfte Laguiole-Messer. So bietet im einige Kilometer entfernten Espalion das Geschäft »Lacaze«, das zur Hälfte Messer und zur Hälfte Angelzubehör verkauft, Messer der Laguiole-Form an, die in Thiers hergestellt wurden und in die »Lacaze« oder »Lacaze. Espalion« eingraviert ist. Im etwas weiter entfernten Rodez gibt es einen Laden, in dem Messer verkauft werden, bei denen der Verkäufer davor warnt, dass sie nicht »echt« seien. Obwohl auf der Messerklinge »LAGUIOLE®L'ÉCLAIR« eingraviert ist, steht auf einem kleinen, durchsichtigen und zum Abziehen gedachten Etikett der Zusatz »Made in P. R. C.« (Volksrepublik China).

Die Frage, was ein »echtes«, das heißt in Laguiole »handwerklich« gefertigtes Messer, von einem »falschen« unterscheidet – wobei die in China oder Pakistan hergestellten Standardmesser als die »falschesten« gelten –, wird von vielen Messerschmieden aus Laguiole angesprochen und ist deshalb auch ein Gesprächsthema unter den Besuchern, die über das, was sie kaufen, nicht länger im Ungewissen bleiben wollen. Nachdem in einem Fernsehbericht auf einem vielgesehenen Sender eine Verkäuferin gezeigt worden war, die Messer, die in Wahrheit in China hergestellt wurden, als vor Ort gefertigte Messer verkaufte, wurde in dem betreffenden Geschäft ein großes Schild aufgehängt, auf dem versichert wird: »In unserem Laden werden keine in China oder Pakistan hergestellten Laguiole-Messer verkauft«. In der Fabrik von Forge de Laguiole widmet sich ein ganzes, an die Besucher gerichtetes Video dem Problem der in Pakistan und China hergestellten Messer.

Die standardmäßig hergestellten Messer werden als Wegwerfartikel mit kurzer Lebensdauer bezeichnet, die schnell als Abfall enden werden (so sagt ein Verkäufer in einer Messerschmiede: »Diese Messer sind schlechte Qualität, Sie werden sie nur einmal im Jahr benutzen«) und nicht »ein ganzes Leben« halten und schon gar nicht weitervererbt werden sollen. Dieser Unterschied kann sich im Verkaufspreis niederschlagen: Der Preis eines Standardmessers dürfte bei ungefähr 10 Euro liegen, wohingegen der Preis eines »ganz einfachen« Messers bei Forge de Laguiole ungefährt 100 Euro, also zehn Mal so viel beträgt. Einige der in China oder Pakistan hergestellten Messer werden jedoch manchmal für mehr Geld, für 40-60 Euro oder sogar noch mehr, verkauft, sodass die Unterscheidung nach dem Preis nicht weiterführt.

Die Kriterien für die Unterscheidung eines Standardmessers von einem handwerklich gefertigten Messer, das man sammeln kann, werden also auch auf der Grundlage der Qualität der Materialien und der Ausführung gewonnen. So kann unter anderem der Griff nicht aus Holz oder Horn, sondern aus Plastik, die Klinge und auch die Zwingen nicht aus Stahl, sondern aus Eisen sein, wie ein Führer in einer Messerschmiede erklärt:

> »Von diesen angeblich so großartigen Laguiole-Messern habe ich einige hier. Sie haben eine Biene, es steht Laguiole drauf, aber bei diesem Modell ist der Griff aus Plastik [*er klopft mit dem Griff des Messers gegen einen Tisch*], die Klinge ist aus Blech, sie ist schlechte Qualität, und die Zwingen, über die ich vorhin gesagt habe, dass sie massiv

seien und das Messer schützten, sind hier einfach kleine, angeklebte Plättchen aus Messing. Bei der ersten Erschütterung haben Sie also das Messer in der einen und die Zwinge in der anderen Hand. Die Qualität dieser Messer ist sehr schlecht.«[39]

Einige Modelle werden trotzdem in Pakistan oder China aus Materialien hergestellt, die auch in Laguiole verwendet werden, sodass die Unterschiede geringer ausfallen (der Stahl für die Klinge ist »schlechte Qualität«, die Feder »leiert schnell aus« usw.). Wie bei Kunstwerken greifen die Hersteller aus Laguiole deshalb für ihre Messer auf »Garantiezertifikate« zurück, die beim Verkauf ausgefertigt werden. Doch auch die Verkäufer von Messern, die weit von Laguiole entfernt hergestellt wurden, stellen »Garantiezertifikate« aus, was die Suche nach neuen Differenzen erforderlich macht, im folgenden Fall betreffen sie die lokale Mundart:

»Wie soll man es also anstellen, kein falsches Laguiole-Messer zu kaufen, wenn man weiß, dass solche Messer überall in Frankreich und sogar von bestimmten Händlern in Laguiole verkauft werden?«, fragt sich ein Führer in einer Messerschmiede. »Jedes Mal, wenn Sie ein Laguiole-Messer kaufen, müssen Sie ein Garantiezertifikat verlangen. Bei uns werden alle Messer mit einem Zertifikat verkauft. Darauf steht unsere Adresse, unsere Telefonnummer, und das dient Ihnen als Garantie. Doch nachdem das Laguiole-Messer nachgemacht worden ist, wird jetzt auch das Zertifikat nachgemacht. Damit das Zertifikat gültig ist, muss es auf das Kaufdatum datiert sein und es muss das Messer, das Sie erworben haben, vollständig beschreiben, seine Größe, das Material seines Griffs und den Stahltyp. Es muss sich nicht unbedingt um ein generisches Zertifikat handeln. Ich werde Ihnen jetzt ein echtes falsches Zertifikat zeigen: Sie werden auf Anhieb bemerken, dass darauf überall blau-weiß-rote Fähnchen zu sehen sind. Solche Fähnchen sollen zweifellos den Eindruck erwecken, dass die betreffenden Messer in Frankreich hergestellt worden sind, aber ich gebe Ihnen Brief und Siegel, dass sie keineswegs in Frankreich hergestellt worden sind. ›Hiermit bescheinigen wir, dass Sie soeben ein echtes Laguiole-Messer, Modell ›Bougna‹, gekauft haben.‹ Es gibt zwar kein Terroir namens ›Bougnat‹ mehr, aber seinerzeit wurden so die Menschen vom Lande bezeichnet, die sogenannten ›Kohlenhändler‹, die nach Paris zogen – außer dass sich ein solcher ›Boug-

39 Ebd.

nat‹ mit einem ›t‹ schreibt. Wenn Sie also das besagte ›Laguiole-Messer, Modell ›Bougna‹‹ kaufen, sind Sie meilenweit von Laguiole entfernt, nämlich mitten in Pakistan. Und ein weiterer Hinweis, der hätte beweisen können, dass Sie übers Ohr gehauen worden sind, ist die angegebene Adresse. Bei dieser Adresse handelt es sich um ein Postfach.«[40]

Diese Konkurrenz von Standardform und Sammlerform um ein und dieselbe Sache geht darauf zurück, dass die Messerschmiede aus Laguiole den Namen ihres Dorfs und ein Muster ihres Messers nicht gesetzlich haben schützen lassen. Deshalb »gibt es keine Fälschungen«, wie der Führer bei Forge de Laguiole sagt, und »steht man plötzlich vor echten Laguiole-Messern aus Laguiole und Laguiole-Messern, die woanders herkommen, aber alle Laguiole-Messer sind Laguiole-Messer«. Gleichwohl hat die Bezugnahme auf die standardisierte Herstellung eine ambivalente Seite. Es ist nämlich möglich, dass die Standardform, dank derer es zur Verbreitung dieser Messerform in großer Stückzahl und des Namens dieses Dorfs gekommen ist, auch dessen internationale Berühmtheit begründet hat. Und jetzt, wo ein bestimmter Bekanntheitsgrad erreicht worden ist und der Wert des Namens dieses Dorfs sowie der Form dieses Messers in hohem Maße geschätzt wird, möchten seine Bewohner sich Bekanntheit und Namen allein vorbehalten.

»Ein Name, eine Marke, ein Dorf«

Einer der Schlüsselfaktoren, auf dem die fortschreitende Patrimonialisierung und Verschränkung von kollektiver Identität und Kapitalismus beruht – dem, was Jean und John Comaroff »Unternehmen Ethno« bzw. »Ethnicity, Inc.« nennen[41] –, ist das geistige Eigentum. Dieses findet vornehmlich bei den Namen und For-

40 Ebd.

41 John L. Comaroff/Jean Comaroff, *Ethnicity, Inc.*, Chicago: University of Chicago Press, 2009.

men Anwendung, die den Kern der Patrimonialisierung bilden. In dem Fall, der uns hier beschäftigt, waren bis in die 1990er Jahre weder der Name Laguiole noch die Form des Messers urheberrechtlich geschützt. Im Laufe der 90er hat sich die Situation geändert, aber die Bewohner des Dorfs waren weder die Betreiber noch die Nutznießer dieser Veränderung.

Wie die Einheimischen die freie Verfügungsgewalt über den Namen ihres Dorfs verloren

Ein in Saint-Maur-des-Fossés ansässiger, auf Keramik spezialisierter Unternehmer plante die Herstellung verschiedener Objekte aus technologisch hochwertiger Keramik, vor allem Hüftprothesen, Stifte und Messer mit Keramikklingen.[42] Anfang der 1990er Jahre hatte ein Onkel ihm ein »Laguiole-Messer« geschenkt, und er fand heraus, dass der Name »Laguiole« nicht geschützt war. Deshalb beschloss er im August 1993, diesen Namen für mehr als 30 Produktklassen beim Institut national de la propriété intellectuelle (INPI), dem französisches Patent- und Markenamt, anzumelden. Er ließ in erster Linie in China Standardartikel wie Stifte, Brillen, Gartenwerkzeug, Kochtöpfe usw. herstellen. Auf das »Laguiole-Messer«, das er ebenfalls herstellen ließ, nahm er auch explizit Bezug, denn das Logo der Marke ist eine stilisierte Biene, und seine Strategie lautete folgendermaßen: »Ein Name, eine Marke, ein Dorf«. Seiner Meinung nach ist allerdings eine Produktion von Artikeln, die für eine breite Öffentlichkeit bestimmt sind, nur im Ausland möglich (»Frankreichs Industrie ist am Ende«) und werde die handwerkliche Produktion unweigerlich eine »Marktnische« bleiben.

In Reaktion darauf hat die Gemeinde Laguiole einen ersten Prozess angestrengt, den sie 1999 verlor. Gleichwohl hat der Richter entschieden, dass der für Messer verwendete Name Laguiole ein Gattungsbegriff sei, weil viele dieser Messer nicht im Dorf La-

42 Das Interview mit diesem Unternehmer fand im Herbst 2014 statt.

guiole, sondern woanders hergestellt werden würden, nicht zuletzt in Thiers, und der Name deshalb auch nicht dem Unternehmer aus Saint-Maur-des-Fossés vorbehalten sein könne. Was allerdings die anderen Produkte anbelangte, blieb dieser im Besitz des Markennamens (Laguiole-Lizenzen).

Mit der Begründung, dass die sich auf ein französisches Dorf beziehende Marke die Verbraucher in Bezug auf die Herkunft der im Ausland hergestellten Produkte in die Irre führe, strengte die Gemeinde im Jahr 2010 einen neuen Prozess gegen den Unternehmer aus Saint-Maur-des-Fossés an. Doch die Richter des Pariser Tribunal de Grand Instance entschieden im September 2012, dass der Bekanntheitsgrad des Dorfs im übrigen Frankreich nicht groß genug sei; denn eine von der Gemeinde selbst in Auftrag gegebene Umfrage hatte gezeigt, dass die Mehrheit der Franzosen das Dorf nicht genau einordnen konnte. Deshalb wurde die Gemeinde dazu verurteilt, an den Unternehmer aus dem Département Val-de-Marne Schadensersatz zu zahlen. Einige Tage nach dem Urteilsspruch des Gerichts kündigte der Gemeinderat von Laguiole an, die Ortsschilder am Dorfeingang abschrauben zu lassen – worüber die Medien ausführlich berichteten.

Dadurch, dass er verlorenging, hat der von der Gemeindeverwaltung angestrengte Prozess das Dorf noch weiter polarisiert. Denn manche waren der Meinung, dass man die Geldsumme, die für den Prozess ausgegeben worden war, in gemeinschaftliche Aktivitäten (Vereinsleben, Bau eines öffentlichen Schwimmbads) oder in die Instandhaltung und Patrimonialisierung des Dorfs hätte investieren sollen (»Ich möchte, dass der Bürgermeister die Straßen neu teeren lässt, denn überall sind Schlaglöcher«). Die Messerschmiede wiederum, die den Kampf des Bürgermeisters unterstützt hatten, bedauerten, dem Unternehmer aus Saint-Maur-des-Fossés Tantiemen zahlen zu müssen, und machten vor allem geltend, dass dessen Produkte eben jene in China in Serie hergestellten Standardartikel seien, gegen die ihre ganze »handwerkliche« Tätigkeit gerichtet gewesen sei (»Er [der Unternehmer aus Saint-Maur-des-Fossés] macht Profit, indem er in China Grillgeräte, Stifte, Uhren, Handtücher, Scheuerlappen, Turnschuhe usw. herstellen lässt. Wir haben nichts gegen China, aber in den chinesischen Laguiole-Messern erkennen wir uns nicht wieder«, beschwert sich ein Verkäufer in einer Messerschmiede).

Doch auch die Messerschmiede aus Laguiole nahmen den Schutz des geistigen Eigentums in Anspruch und meldeten die Marken, Logos und Modelle ihrer Produkte an. Ein am zentralen Platz von Laguiole gelegenes Schneidwarengeschäft hat nach dem Vorbild der Skulptur, die über diesem Platz thront, als Emblem einen Stier gewählt und einen kleinen Stier in die Klinge der Messer eingravieren lassen. »Honoré Durand« und »Forge de Laguiole« sind jetzt eingetragene Markennamen. Die Firma Benoît l'artisan ist im Besitz von zwei Logos, »La maison du Laguiole« und »Benoît l'artisan«. Im Jahr 2007 hat sie außerdem ein Modell des Laguiole-Messers mit modernen Formen kreiert, das »Tribal«, das »im Gegensatz zum bekannten Laguiole-Messer ein eingetragenes, exklusives Modell ist, das Sie nur bei uns finden«, erklärt ein Verkäufer.

Die Verteidigung eines als Gemeinwohl – der Name Laguiole – ausgegebenen Interesses mit Hilfe eines mit hohen Kosten für die Gemeinschaft verbundenen Prozesses, das allerdings vor allem Privatunternehmern zugutekommt – den Schneidwarenfirmen –, hat innerhalb des Dorfs zu Spannungen geführt. Da die Eintragung weiterer Marken und Modelle nicht ausreichte und der gerichtliche Weg sich als Fehlschlag erwiesen hatte, beschlossen die Bewohner von Laguiole, sich an die Politik zu wenden und an deren Macht zu appellieren, die Gesetze zu ändern. Dadurch hat sich allerdings eine weitere Front zu einer anderen Landesregion eröffnet, nämlich zur Gemeinde Thiers.

Eine geographische Angabe, um »die Schätze der Landesregionen zu würdigen«

Die Bewohner von Laguiole haben auf der Gesetzgebungsebene eine juristische Lösung angestrebt, um das zu verteidigen, was sie als kollektives öffentliches Interesse betrachteten, was aber faktisch gleichzeitig eine Ansammlung von privaten Einzelinteressen war, die direkt darauf abzielten, sich das Akkumulationsmonopol auf das aus der Nutzung des Markennamens »Laguiole« gewonnene Kapital zu sichern. Dieser Verteidigungsversuch schlug sich in der Absicht nieder, ein System geographischer Angaben für Industrieprodukte und handwerkliche Erzeugnisse zu schaffen, die keine Nahrungsmittel waren, das heißt »keine Agrar-, keine Forst-, keine Meeresprodukte und keine Lebensmittel«. »Ein solches Gesetz wird kommen«, erklärte ein Messerschmied, bevor es verabschiedet wurde, »es ist seit langem fällig gewesen.«[43] »Die Laguioler kümmern sich jetzt um den Schutz des Laguioler Terroirs«, gibt ein anderer zu Protokoll. »Seit fünf Jahren arbeiten wir an der Entwicklung einer geschützten geographischen Angabe für Erzeugnisse, die den Namen des Orts oder des Terroirs verwenden.«[44]

Die Regierung nahm dieses besondere lokale Problem ernst und beschloss, es auf allgemeine Weise durch einen im Jahr 2013 eingebrachten und im Jahr 2014 verabschiedeten Gesetzesentwurf zum Verbraucherschutz (Artikel 23 und 24) zu lösen. Laut dem bei dieser Gelegenheit veröffentlichten Tätigkeitsbericht vertraten die Behörden die Ansicht, dass »bei diesen Produkten der fehlende Markenschutz zum Boom von ähnlichen, in der Hauptsache im Ausland hergestellten Produkten beiträgt, wodurch für die betroffenen Unternehmen eine unfaire Wettbewerbssituation entsteht, da sie sich bemühen, die Produktion und damit die Arbeitsplätze in den historisch gewachsenen Produktionsgebieten aufrechtzuerhalten und bei der Entwicklung dieser Produkte das traditionelle Know-how sicherzustellen«. Abgesehen von den Laguiole-Messern schätzten die französischen Behörden die Zahl der Industrieprodukte und handwerklichen Erzeugnisse, die keine Nahrungsmittel sind und in deren Namensgebung ihre räumliche Herkunft eingegangen ist, auf ungefähr hundert, wie zum Beispiel bei Spitze aus Calais, Tapeten aus Aubusson, Porzellan aus Limoges und

43 Feldnotizen, August 2013, Laguiole.
44 Ebd.

Berry, Steingut aus Moustiers, Granit aus der Bretagne und Korbwaren aus Vallabrègues.

Wie der Tätigkeitsbericht feststellt, werden geographische Angaben genauso wie Handelsmarken als eine Art geistiges Eigentum international anerkannt. Laut Artikel 22 des »Internationalen Übereinkommens über handelsbezogene Aspekte der Rechte des geistigen Eigentums« (TRIPS-Abkommen) sind geographische Angaben »Angaben, die eine Ware als aus dem Gebiet eines Mitglieds [der Europäischen Union] oder aus einer Region oder aus einem Ort in diesem Gebiet stammend kennzeichnen, wenn eine bestimmte Qualität, der Ruf oder eine sonstige Beschaffenheit der Ware im wesentlichen ihrem geographischen Ursprung zugeschrieben werden kann«. Gleichwohl gibt es auf europäischer Ebene zwei unterschiedliche Arten von Schutz, die bereits bei Nahrungsmitteln Anwendung finden: Die eine impliziert einen starken Bezug auf den Raum, wie bei der Herkunftsbezeichnung »Appellation d'origine (AO)« (zum Beispiel Wein aus »Bordeaux«), die andere einen schwächeren Bezug, wie bei den geographischen Angaben (g. A.) (zum Beispiel »Austern aus der Region Marennes-Oléron«). Diese Schutzarten berufen sich zudem auf einen Anforderungskatalog, der eine Reihe von unbedingt erforderlichen Eigenschaften nennt. Falls, wie bei den in Laguiole gefertigten Messern, die für die Industrieprodukte und handwerklichen Erzeugnisse, die keine Nahrungsmittel sind, verwendeten Materialien, nicht aus der Region stammen, in der sie verarbeitet werden, was häufig vorkommt, kann eine Herkunftsbezeichnung wie die »Appellation d'origine protégée (AOP, bei »Weinen mit geschütztem Ursprung«) nicht ausreichen, um sie zu schützen; das übernimmt dann die geographische Angabe.

Das Verbraucherschutzgesetz[45] änderte also die Richtlinien für das geistige Eigentum durch die Schaffung einer folgendermaßen formulierten geographischen Angabe (unsere Hervorhebungen):

> Art. L. 721-2. – Eine geographische Angabe ist die *Benennung eines geographischen Gebiets oder eines bestimmten Orts*, die zur Bezeich-

45 Gesetz Nr. 2014-344 vom 17. März 2014.

nung eines *Produkts* dient, bei dem es sich um kein Agrar-, kein Forst-, kein Meeresprodukt und kein Lebensmittel handelt und das von dort *stammt* sowie *eine bestimmte Qualität* besitzt, *einen Ruf oder sonstige Beschaffenheiten, die im wesentlichen diesem geographischen Ursprung zugeschrieben werden kann.* Die Produktions- oder Weiterverarbeitungsbedingungen dieses Produkts, wie etwa sein Zuschnitt, seine Gewinnung oder seine Herstellung halten einen Anforderungskatalog ein, der per Beschluss in Anwendung von Artikel L. 411-4. amtlich anerkannt worden ist.

Art. L. 721-3. – Das Gesuch zur amtlichen Anerkennung oder Abänderung des Anforderungskatalogs ist beim Institut national de la propriété industrielle von einem in Artikel L. 721-4. näher bestimmten Schutz- und Verwaltungsorgan einzureichen, das die betroffenen Operatoren vertritt.

Die geographische Angabe verknüpft ein »Produkt« und den Namen eines Raums (»geographisches Gebiet« oder »Ort«) durch einen Bezug auf seinen »Ursprung« oder seine Herkunft (woher es »stammt«), die sich wiederum auf eine »zuschreibbare Beschaffenheit« stützen soll, die in seinem »Ruf« bestehen kann. Deshalb kommt der Erinnerungskraft hier eine Schlüsselrolle zu, denn der »Ruf« ist nichts anderes als ein Aspekt der Erinnerungskraft, die sich einem Ding oder einer Dingart zuschreiben lässt. Um jedoch nach der Sammlerform geschützt werden zu können, muss dieses Ding außerdem einer bestimmten Form entsprechen, wodurch eine Einschränkung ins Spiel kommt, die für die Standardform typisch ist: Es muss nämlich einem Anforderungskatalog nachkommen, der bei der Institution angemeldet worden ist, die in Frankreich für die Überwachung des geistigen Eigentums zuständig ist, nämlich beim INPI.

Dass das Wort »Herkunft« bzw. »Ursprung« keine Auskunft darüber gibt, auf welche Weise sich die Herkunft auf den Raum bezieht, ist ein Problem, das die Messerschmiede aus Thiers mit Sorge erfüllt hat und von ihren Parlamentsvertretern aufgegriffen wurde. Kann die »Herkunft« aus Laguiole trotz der geographischen Entfernung zwischen den beiden Gemeinden sich bis nach Thiers erstrecken, wo eine große Zahl von Messern der Laguiole-Form hergestellt wird, von denen manche sogar in Laguiole verkauft werden? Diese Sorge wurde vor allem vom Abgeordneten André Chassaigne zum Ausdruck gebracht:

> »Das Adjektiv ›ursprünglich stammend‹ ist doppeldeutig. Ist damit die erstmalige, ursprüngliche Herstellung gemeint, aber wie lässt sich beweisen, dass diese tatsächlich an dem betreffenden Ort stattgefunden hat? Oder wird damit auf die erste Eintragung im INPI Bezug genommen? Soweit der Zweck dieser Formulierung im Beibringen von hinreichend präzisen Angaben besteht, schlage ich vor, diesen Ausdruck in Zukunft wegzulassen. [...] ›Ursprünglich‹ aus Calais stammende Calais-Spitze wird auch im Industriegebiet von Caudry produziert. Diese beiden Produktionsgebiete haben sich zwar nicht vereinigt, aber sie haben ein gemeinsames geographisches Herkunftssiegel angemeldet. Genauso sind baskische Weißwaren und Stoffe ›ursprünglich‹ aus dem Baskenland, werden aber auch in der Provinz Béarn hergestellt: besonders von Lartigue in Oloron, von Ona Tiss in Saint-Palais und von Tissage Moutet in Orthez.«[46]

Maßgeblich für das Problem der »Herkunft« oder des »Ursprungs« ist das Schreiben der historischen Geschichte, das heißt die Kontrolle über die Erinnerungskraft. Ein anderer Abgeordneter, Senator Alain Néri, der ebenfalls für die Messerschmiede aus Thiers das Wort ergreift, setzt sich bei der öffentlichen Debatte im Senat für die Idee ein, dass »das Produktionsgebiet, das der geographischen Angabe zugrunde liegt, unter Berücksichtigung der Geschichte und des historischen Know-hows bestimmter Handwerker definiert werden muss«, denn »die Geschichte zeigt, dass die Herstellung der ersten Laguiole-Messer sich offenkundig Thierneser Know-how verdankt«.[47] Und er stellt Folgendes klar, wobei er herausstreicht, in welchem Maße die Erinnerungskraft als solche einen Aufwertungsfaktor darstellt (unsere Hervorhebungen): »Bei der Definition der geographischen Angabe müssen also dieses Erbe, diese Vergangenheit und diese Traditionen unbedingt berücksichtigt werden, denn *ohne Vergangenheit und ohne Tradi-*

---

46 Aussprache in erster Lesung im Ausschuss für Wirtschaftsangelegenheiten der Assemblée nationale von Dienstag, den 11. Juni 2013, Quelle: ⟨www.assemblee-nationale.fr/14/cr-eco/12-13/c1213087.asp⟩.

47 Aussprache in erster Lesung in öffentlicher Sitzung des Senats, September 2013.

tionen haben diese, Frankreichs Reichtum ausmachenden *Produkte keinen Mehrwert mehr*!«

Diese Präzisierungsforderungen wurden allerdings von der Regierung abgelehnt, die der Ansicht war, sie würden durch den Anforderungskatalog geregelt. Und auf Seiten von Laguiole bestand ohnehin die Absicht, Thiers die Möglichkeit vorzuenthalten, von der geographischen Angabe zu profitieren, wie ein Verkäufer in einer Messerschmiede erläutert:

> »Die Mitarbeiter der Messerschmieden in Thiers, die schon lange Laguiole-Messer herstellen, sagen uns: ›Vergesst uns nicht, wir sind da und wären bei der geographischen Angabe Laguiole gerne mit von der Partie.‹ Wir erklären ihnen: ›Laguiole ist Laguiole, und Thiers ist Thiers.‹ Immerhin haben wir das ganz allein ohne die Hilfe der Thierneser in die Hand genommen. Wir haben absolut nichts gegen die Bewohner von Thiers, sie sind Nachbarn, mit denen wir schon lange zusammenleben, es handelt sich ganz einfach um zwei verschiedene Terroirs. Es geht darum, ein Markenzeichen zu entwickeln, das den Leuten garantiert, dass die Produkte tatsächlich aus dem Ort kommen, den sie erwarten. Wenn die geographische Angabe Laguiole morgen auf Thiers ausgeweitet würde, verständen die Leute nicht, warum. Die Leute möchten eine geographische Angabe Laguiole, um sicher zu sein, dass ihr Laguiole-Messer tatsächlich aus Laguiole kommt. Nichts anderes als das, und deshalb sollte man es nicht teilen. Es steht den Thiernesern frei, ein eigenes Markenzeichen mit der geographischen Angabe Thiers zu entwickeln.«[48]

Auf der anderen Seite sind jedoch wiederum die Fürsprecher der Nahrungsmittelproduktion besorgt über die durch die geographische Angabe verursachte Schwächung der Anbindung an die Landesregion und würden strengere Kriterien begrüßen, wie die Abgeordnete Brigitte Allain sie vorschlägt:

> »Die geographische Angabe muss amtlich bestätigen können, dass die Rohstoffe, aus denen das jeweils geschützte Produkt in der Hauptsache besteht, tatsächlich aus dem fraglichen geographischen Gebiet stammen. […] Dieser Änderungsantrag bringt die Sorgen zum Ausdruck, die im Zusammenhang mit den geographischen Angaben zum Schutz von Nahrungsmitteln entstanden sind, deren Qualität durch

48 Feldnotizen, August 2013, Laguiole.

eine Definition in Mitleidenschaft gezogen werden könnte, die nicht streng genug ist.«[49]

Die Regierung und der Berichterstatter, die wiederum auf den Anforderungskatalog verweisen, sind der Ansicht, dass mit einer solchen Einschränkung »nicht mehr viele Kandidaten für die geographische Angabe übrig wären und die Maßnahme viel von ihrer Bedeutung verlieren würde«.

In einer Broschüre, die für geographische Angaben bei Fertigwaren und natürlichen Ressourcen werben soll und im Juni 2015 veröffentlicht wurde, rühmt die für Handel, Handwerk, Verbraucherschutz sowie Sozial- und Solidarwirtschaft zuständige Staatsministerin die neue Wertermittlungsmaßnahme der Bereicherungsökonomie denn auch mit einer ganzen Reihe von Ausdrücken, aus denen die dahinterliegende Diskursarchitektonik hervorgeht (unsere Hervorhebungen):

> Und wenn wir unsere Landesregionen als Schatullen betrachten würden, die *Schätze* in Hülle und Fülle bergen? Und wenn wir diese Ressourcen ins Rampenlicht stellen würden, die einen Teil der *Seele unseres Landes* ausmachen? Wir müssen *die Schätze unserer Landesregionen würdigen* und ihnen die Stellung einräumen, die sie verdienen.
>
> Das Verbraucherschutzgesetz vom 17. März 2014 sieht die Möglichkeit der Schaffung, der Anerkennung und des Schutzes von geographischen Angaben (g. A.) für Fertigwaren und natürliche Ressourcen durch das Institut national de la propriété industrielle (INPI) vor.
>
> Innerhalb Europas nimmt Frankreich eine Vorreiterrolle ein: Bisher genossen Fertigwaren und natürliche Ressourcen nur einen sehr eingeschränkten Schutz.
>
> Durch die geographischen Angaben werden Produkte, Terroirs, Landesregionen, Know-how und Berufsgruppen anerkannt und *gewürdigt*. Die Attraktivität, die von ihnen ausgeht, trägt zur ökonomischen, territorialen, kulturellen, touristischen und sozialen Entwicklung der Landesregionen bei.
>
> […]
>
> *Die französische Lebensart* ist keine leere Hülse und auch kein

49 Aussprache in erster Lesung im Ausschuss für Wirtschaftsangelegenheiten der Assemblée nationale von Dienstag, den 11. Juni 2013, Quelle: ⟨www.assemblee-nationale.fr/14/cr-eco/12-13/c1213087.asp⟩.

> schönes Theoriegebäude. Diese Lebensart ist im Alltag gelebte Realität. Diese Lebensart ist die Summe all dieser Ressourcen, dieses gesamten Know-hows, und sie schmiedet *unsere Identität.* Diese Lebensart ist aus unseren Ansprüchen und den Ansprüchen *unserer Vorfahren* hervorgegangen, die sich *ihre eigene Geschichte und ihre eigene Geographie* geschaffen haben, und auch die Zukunft wird an sie anknüpfen können, wenn wir den Anspruch erheben, sie durch unsere Entscheidungen, unser Handeln und unsere Politik dauerhaft anzuerkennen, zu schützen, weiterzugeben, zu teilen und zu verkörpern.

Die Bereicherungsökonomie wird in den Bereicherungsgebieten betrieben, die das Erbe und die räumlich weiterhin ungleich verteilten Ressourcen am meisten würdigen können. Mit Hilfe des gesetzlich geschützten geistigen Eigentums fördert der Staat (ebenso wie die Europäische Gemeinschaft und die internationalen Institutionen, insofern sie die staatliche Politik auf diesem Gebiet untermauern) den Kapitalismus in diesen Bereicherungsgebieten durch die Überwachung der Eigennamen und Formen. Dafür stützt er sich auf die Erinnerungskraft, insofern diese aus einer Mischung aus Geschichtsschreibung und Ruf besteht.

Man kann zwar einen Staat als Marke verstehen und faktisch wird er das auch (die Marke »Frankreich«, auf der das »in Frankreich hergestellt« beruht). Aber eine solche Marke stützt sich notwendig auf kleinteilige Gebiete. Als er die Schaffung der geographischen Angabe für Fertigwaren bei einer öffentlichen Diskussion lobte, rief denn auch Senator Stéphane Mazars an die Regierung gerichtet aus: »Ihre Maßnahme, Frau Ministerin, ist mehr als bloß ›*Made in France*‹, sie ist ›Made in Frankreichs Landesregionen‹.«[50]

Während der Staat im Rahmen der industriellen Entwicklung durch die Bewilligung von Monopolen auf nationaler Ebene die Entfaltung und Abschirmung eines nationalen Kapitalismus fördern konnte (wie zum Beispiel bei Eisenbahn, Energie, Wasser, Telekommunikation usw.), fördert er im Rahmen der Entwick-

50 Aussprache in erster Lesung in öffentlicher Sitzung des Senats, September 2013.

lung der Bereicherungsökonomie die Entstehung eines kleinteiligen, lokalen Kapitalismus durch die Bewilligung ebenso protektionistischer Maßnahmen und die Errichtung von Monopolen – welche die Möglichkeit unterbinden, anders als lokal über die gewerbliche Nutzung des Markennamens »Laguiole« zu verfügen.

STANDARDFORM

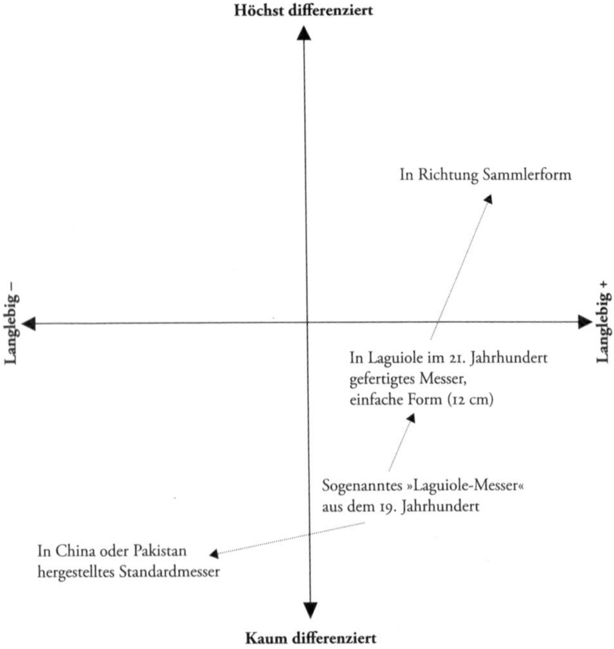

SAMMLERFORM

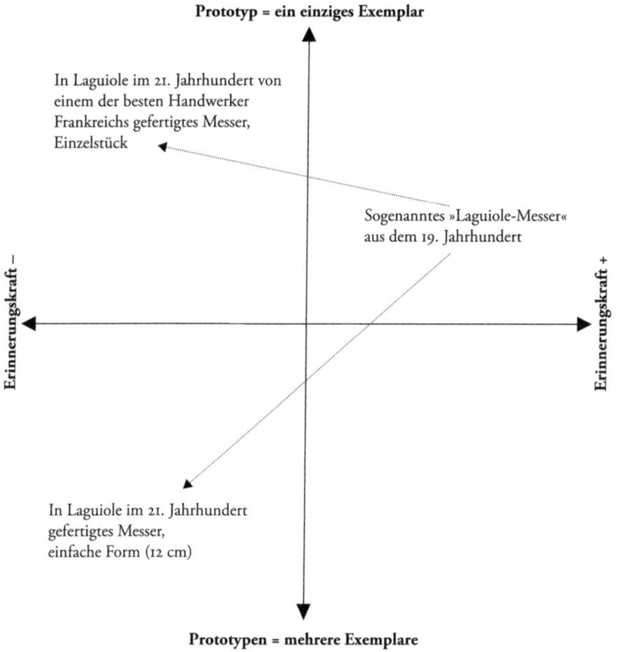

Dreizehntes Kapital
Die Konturen der Bereicherungsgesellschaft

Das Gefüge von Dingen und Personen

Das Aufkommen neuer Wertschöpfungsquellen ist einer der wesentlichen Faktoren, die gemeinhin zur Interpretation der veränderten Zusammensetzung einer sozialen Formation herangezogen werden. Um ihren Wert zu ermitteln, müssen die verschiedenen Arten von Ressourcen, auf denen die Akkumulation des Kapitals beruht, einerseits von verschiedenen Arten von *Personal* erschlossen werden. Andererseits verändern sich durch die Verlagerung der Wohlstandsquellen und der Bereicherungsmodalitäten die Richtung, in welche die Einnahmen fließen, und die Verteilung des *Eigentums*, das für eine Gesellschaft ein maßgeblicher Aspekt ist, weil eine Gesellschaft sich aus Dingen und Personen zusammensetzt.

Das Eigentum ist nämlich das hauptsächliche Instrument, nach dem sich diese Zusammensetzung richtet, weil es die Verteilung der Dinge auf die Personen festlegt und umgekehrt, wie schon Marx bemerkt hat, die Verteilung der Personen auf die Dinge. Denn genauso wie die Dinge Personen gehören, sind die Personen auf die Dinge angewiesen, die sie besitzen. Sie haben zwar in Bezug auf die Dinge Erwartungen, die übrigens keineswegs nur instrumentell sind. Aber dafür müssen sie, und sei es nur, damit sich diese Erwartungen erfüllen, für die Sache der Dinge eintreten, die sie besitzen und die unweigerlich Schaden nehmen, wenn man sich nicht um sie kümmert und sie sich sozusagen selbst überlässt. Unabhängig von ihrem Gehalt und davon, ob sie materiell oder immateriell sind, verwandeln sich die Güter, auf denen das Vermögen der Personen beruht, wenn ihnen niemand zur Seite steht und das heißt, wenn sie keine *Ausgaben* verursachen, ganz allmählich in eine Last oder in Abfall. Die Wertermittlungsformen knüpfen aus der Profitperspektive an solche Prozesse an: Entweder wird der Verfall der Dinge beschleunigt, sodass sie erneuert werden müssen, wie bei der Standardform oder bei der Trendform, oder der Akzent wird auf ihre Bewahrung bzw. Konservierung gelegt, wie bei der Sammlerform oder bei der Anlageform.

Unabhängig davon, ob er verlagerbar oder fest angelegt ist, muss der betreffende Vermögenswert immer instandgehalten, das heißt für den Tausch bereitgehalten werden, sodass ein Gut, das nicht »arbeitet« – wie Schumpeter gesagt hätte –, auf dem Papier zwar einen Metapreis besitzen kann. Aber als Kapital bleibt ein solches Vermögen so lange imaginär, wie es nicht auf den Prüfstand der Zirkulation gestellt und dadurch real wird, dass beim Zirkulieren ein Preis für es anfällt.

Aus diesem Grund spielen die Verwandtschaftsstrukturen auch eine so zentrale Rolle für die Organisation des sozialen Lebens sowohl in den liberalen Gesellschaften der Gegenwart als auch in den alten Statusgesellschaften. Denn sie sind die Basis für die Vererbung der Dinge oder jedenfalls der meisten Dinge von Generation zu Generation. Ein Ding, dessen Eigentümer stirbt, kann nämlich nicht lange »herrenlos« bleiben – wie es im Recht heißt –, ohne kaputtzugehen.[1] Das Vorhandensein von Dingen verlangt von den Menschen eine Entscheidung, ob sie sie aufgeben, tauschen oder weitergeben sollen, und dass sie eine solche Entscheidung möglich machen, ist wahrscheinlich einer der zwingenden Gründe für die Vorrangstellung der Verwandtschaftsbeziehungen, deren Abschaffung noch keinem politischen System gelungen ist, auch dem kommunistischen nicht. Doch je nachdem, in welchem Verhältnis die Lebensdauer der Dinge und die Lebensdauer der Personen zueinander stehen, kann diese Entscheidung verschiedene Formen annehmen.

1 Vgl. Simona Ceruttis Analyse der Probleme, die im Turin des 18. Jahrhunderts die Vererbung von Gütern aufwarfen, die toten Ausländern gehörten, deren Verwandtschaftsverhältnisse nicht bekannt waren. Vgl. Simona Cerutti, »À qui appartiennent les biens qui n'appartiennent à personne? Citoyenneté et droit d'aubaine à l'époque moderne«, in: *Annales HSS*, März/April 2007, S. 355-383, und dies., *Étrangers. Étude d'une condition d'incertitude dans une société d'Ancien Régime*, Paris: Bayard, 2012.

Eine der radikalsten Veränderungen, zu der die Massenproduktion von Standardartikeln geführt hat, war, dass sie die Welt mit Dingen bestückt hat, deren Lebensdauer wie im Fall der meisten technischen Artefakte auf eine sehr viel kürzere Zeit ausgelegt war als die Lebensdauer der Personen. Nun hat sich aber im selben Zeitraum die Lebenserwartung der Menschen verlängert, sodass bei Standardprodukten die Frage ihrer Vererbung von Generation zu Generation nachrangig geworden ist. Umgekehrt ist das Ende von Dingen der Art, wie sie im Zentrum der Bereicherungsökonomie stehen, nicht vorprogrammiert. Sie können also im Prinzip unendlich zirkulieren, aber nur, wenn sich Menschen finden, die sich um sie kümmern, das heißt vor den Auswirkungen des Alterns schützen, die ihnen genauso drohen wie allen Wesen, ob sie nun belebt oder unbelebt sind und ob es sich um Artefakte handelt oder nicht. Diese Güter dienen den Interessen ihrer Besitzer nur dann, wenn diese im Gegenzug Verantwortung übernehmen für ihren guten Zustand, ihre Instandhaltung und, wenn man so sagen kann, ihre Lebensqualität (was das Alte Recht anerkannte, wenn es von einem Verhalten »als guter Familienvater« sprach – ein Ausdruck, der aus dem Römischen Recht stammt und erst kürzlich aus dem französischen Recht gestrichen wurde). Denn nur unter dieser Bedingung bleibt die Möglichkeit bestehen, dass etwas zirkuliert und wertgeschätzt wird, das heißt bleibt sein *Metapreis* bestehen und kann es ein Vermögensgut sein, das geeignet ist, eine Rente abzuwerfen, als Geldreserve zu dienen und gegen eine Geldsumme getauscht zu werden, die in ein weiteres Geschäft investiert werden, das heißt sich in Kapital verwandeln kann. In der Bereicherungsökonomie lastet auf dem Feld der Möglichkeiten, die sich den einzelnen Personen eröffnen, in jedem einzelnen Moment das Gewicht der Besitztümer, die sie auf die eine oder andere Weise geerbt haben und die sie erneut arbeiten lassen können oder nicht, sodass die Vergangenheit stets über die Gegenwart herrscht.

Wer kann aus einer Bereicherungsökonomie Profit schlagen?

Wenn analysiert werden soll, wie die Entwicklung einer Bereicherungsökonomie die Zusammensetzung der Gesellschaft modifiziert haben mag, muss man erstens herausfinden, welche Güter man besitzen muss, um im Rahmen dieser Ökonomie Investitionen tätigen zu können, und zweitens muss man die Verteilung dieser Güter analysieren. Da wir bereits wissen, dass eine Bereicherungsökonomie vor allem auf der Ausschlachtung der Vergangenheit beruht, kann man davon ausgehen, dass die Güter, die sich in diesem Rahmen als rentabel erweisen können, nicht nur auf irgendwelche Weise aus der Vergangenheit stammen, was für Eigentum im Allgemeinen der Fall ist, sondern die Dimension der Vergangenheit *indexieren*. Es handelt sich um Güter, die mehr oder weniger explizit auf die Vergangenheit verweisen oder sie wachrufen, indem sie sie entweder semantisch verkörpern (eine Antiquität ist nur in Bezug auf die Vergangenheit eine Antiquität) oder indem sie in bestimmten Aussagezusammenhängen mit Erinnerungskraft aufgeladen sind (wie bei einem Parfüm, das industriell hergestellt wird, dessen Name und Marke aber eine sagenumwobene Vergangenheit heraufbeschwören).

Wie sind diese Güter verteilt? Die Antwort, die einem unmittelbar in den Sinn kommt, lautet, dass diese Güter sich in den Händen derjenigen befinden, die *alte* Objekte, also Antiquitäten besitzen, aus denen sie Profit schlagen können, indem sie sie verkaufen (Mehrwert) oder, wenn es sich um unbewegliche Güter in Form von Immobilien handelt, indem sie sie vermieten (Rente), das heißt in den Händen der *Vermögenseigner*. Doch eine solche Antwort reicht nicht aus, weil das Alter keine bzw. nicht bloß eine physische Qualität ist, sondern auch einem Bestimmungsmodus gehorcht, der narrativer Art ist. Eine Antiquität ist nicht bloß alt, mit ihr ist auch eine Geschichte verknüpft, und es ist zu weiten Teilen die Bezugnahme auf diese Geschichte, die ihren Preis rechtfertigt. Solche Geschichten müssen nun aber sorgfältig verfasst und gepflegt werden, damit sie in Erinnerung bleiben. Deshalb spielen die Verfasser dieser Geschichten eine so große Rolle für die Wertermittlung bei Gütern, deren Preis durch ihre Erinnerungsdimension gerechtfertigt wird, ob es sich dabei nun um Historiker, Kunst- und Literaturkritiker und -historiker, Anthropologen (bei den sogenannten ethnologischen Objekten) oder um Romanciers handelt, deren Geschichten dazu beigetragen haben, bestimmte Orte mit einem Nimbus von Kostbarkeit zu umgeben und ihre vor allem touristische Frequentierung beträchtlich zu erhöhen. Der Gedanke liegt also nahe, dass die Akteure, die für die Hervorbringung der Vergangenheit zuständig sind, von den Gelegenheiten profitieren oder profitieren könnten, welche die Entwicklung einer Bereicherungsökonomie bietet, auch wenn sie die in der Vergangenheit wurzelnden Güter nicht selbst besitzen und nicht mit ihnen handeln. Genauso verhält es sich mit all jenen, die für die Restaurierung, Konservierung oder Zurschaustellung von Objekten aus der Vergangenheit verantwortlich sind, wie etwa die Konservatoren in den Museen oder die verschiedenen Berufsgruppen, die wertvolle Objekte oder Gebäude restaurieren. Darüber hinaus könnte man in Erwägung ziehen, ob nicht auch die bildenden Künstler an der Konfektionierung der Vergangenheit mitwirken bzw. danach streben, insofern ihre Werke, wenn es ihnen gelingt, Anerkennung zu erlangen, sich unter die Dinge einreihen, die angeblich unsterblich sind und deshalb bereits in der Gegenwart von einem in die Zukunft projizierten imaginären Punkt aus betrachtet werden und dadurch von der Aura des Vergangenen umgeben sind.

Von welcher Ordnung ist das Gut, über das die Art von Akteuren verfügen, die wir gerade aufgezählt haben – ein Gut, das sie ins Zentrum der Bereicherungsökonomie rückt, weil es in der Vergangenheit wurzelt –, wenn sie die Erinnerungsgegenstände nicht selbst besitzen, sondern Teil des *Personals* sind, das für die Erfindung und Pflege der Erinnerung an die Dinge zuständig ist. Dass sie an der Bewahrung bzw. Konservierung des Erbes beteiligt sind, ist allein kein hinreichendes Kriterium, denn das ist auch bei dem zahlenmäßig großen Personenkreis der Fall, der die materielle Instandhaltung der außergewöhnlichen Objekte und Orte gewährleistet und im Rahmen der Bereicherungsökonomie eine Rolle spielt, die sich ungefähr mit der Rolle von *Dienstboten* in der vorindustriellen Wirtschaft vergleichen lässt, weil dieses Personal im Dienst der Dinge steht, ohne über die Macht zu verfügen, sie zu verwandeln, indem es sie mit einer Geschichte versieht. Dieses Gut ist offenkundig die *Kultur*, die vollständig durch die Bezugnahme auf die Geschichte bestimmt wird, da sie aus Eigennamen, Äußerungen, Denkschemata und Gegenständen besteht, die infolge einer Reihe von Auswahlprozessen in jene Werke eingegangen sind, die für würdig befunden wurden, in den Bibliotheken, Denkmälern und Sehenswürdigkeiten oder Museen verwahrt zu werden. Dieses Erbe wird innerhalb der Familien und durch die Schule weitergegeben und kann in jeder Generation wieder in neue kulturellen Unternehmungen investiert werden und Profit generieren. Deshalb spricht man – im Anschluss an Pierre Bourdieu – ganz zu Recht von *kulturellem Kapital*. Dieses kommt zwar sowohl individuell, da jedes Individuum, das über es verfügt, persönlichen Nutzen daraus ziehen kann, als auch kollektiv zum Tragen, insofern sein Erhalt, seine Weitergabe und seine Einsatzmöglichkeiten von einer großen Zahl wetteifernder Akteure und von der Art und Weise abhängen, wie sie sich untereinander abstimmen. Aber das ist nicht anders als bei anderen Kapitalformen, und zwar nicht zuletzt beim industriellen Kapital, dessen private Nutzung, damit sie rentabel ist, in ein produktives Netz eingesponnen sein muss, das zu weiten Teilen aus Infrastrukturbausteinen besteht, die nicht in Privatbesitz sind, sondern in den meisten Fällen dem Staat gehören.

Es besteht also Grund zu der Annahme, dass von einer Bereicherungsökonomie verschiedene Arten von Akteuren profitieren, die in unterschiedlicher Hinsicht aus der Vergangenheit Profit schlagen können, und zwar in erster Linie die Eigner eines Vermögens, mit dem man unabhängig davon, ob es in Dingen enthalten ist oder von Personen verkörpert wird, Handel treiben, also Geschäfte machen kann, was es in Kapital verwandelt. Innerhalb dieser beiden Gruppen können die Akteure je nach der Größe ihres Vermögens grob in eine hierarchische Ordnung gebracht werden: im ersten Fall durch eine Schätzung des Metapreises ihrer Vermögenswerte, wie sie zum Beispiel aus steuerlichen Gründen oder anlässlich einer Weitervererbung erfolgt, und im zweiten Fall vor allem durch ihr Ausbildungsniveau, den Beruf, den sie ausüben, und ihr Lohnniveau. Diese beiden Möglichkeiten schließen einander natürlich nicht aus. Auch wenn es selten vorkommt, dass Kunst- und Antiquitätensammler und -händler, ja sogar Händler mit hochpreisigen Immobilien überhaupt kein kulturelles Kapital verkörpern, kommt es dagegen wahrscheinlich sehr häufig vor, dass die Eigner dieser Art von Kapital, sogar wenn es sehr hoch ist, keine hochpreisigen Vermögensgegenstände besitzen. Daraus lässt sich eine Vorrangstellung des in Dingen enthaltenen Vermögens gegenüber des von Personen verkörperten Vermögens ableiten: Diejenigen, die von der zweiten Art von Vermögen profitieren, sind, wenn sie es geltend machen, das heißt in Kapital verwandeln wollen, dazu gezwungen, sich in den Dienst derjenigen zu stellen, die Eigner eines in Dingen enthaltenen Vermögens sind bzw. zumindest den Zugang zu ihm kontrollieren.

Abgehängte und Dienstboten

Man kann versuchen, genauer zu bestimmen, welche Individuen oder Gruppen nur geringe Aussichten haben, aus der Entwicklung einer Bereicherungsökonomie Profit zu schlagen, es sei denn als Bedienstete oder *Dienstboten*. Dabei handelt es sich nicht nur um Akteure, die persönlich kein oder nur ein geringes ob nun in Dingen enthaltenes oder von Personen verkörpertes Vermögen besitzen, sondern, radikaler noch, auch um all jene, die Gruppen angehören, deren Verwurzelung in der Vergangenheit nicht Gegenstand einer kollektiven Aufwertungsanstrengung gewesen ist, ja noch nicht einmal einer Formgebung, sodass die im besten Fall ausschließlich innerhalb der Familie oder der Community gepflegte Erinnerung an sie nicht nur keinerlei externen Profit einbringt, sondern sogar ein Stigma darstellen kann.

Zu diesen Abgehängten gehören Personen und Gruppen, die bis vor kurzem ihren Lebensunterhalt als Arbeiter in den sich heute im Niedergang befindenden Industriezentren verdient haben und in den umliegenden Ballungsgebieten wohnten. Diese Zentren und Ballungsgebiete liegen entweder inzwischen brach oder sie wurden »saniert«. Doch die meisten ihrer früheren Bewohner haben nicht von den jüngsten Maßnahmen zur Wiedereingliederung der Produktionsstätten und Exilantenviertel profitiert, die mit der (Wieder-)Aufwertung des industriellen Erbes einhergingen. Diese Sanierungsmaßnahmen betrafen nämlich ausschließlich die Bebauung und die materielle Infrastruktur, deren Anlage und Bestimmung von Grund auf modifiziert wurden, was den Ausschluss ihrer früheren Bewohner zur Folge hatte, für die in diesen Gefilden kein Platz mehr war. Diese – heute viel untersuchten – *Gentrifizierungsprozesse*[2] waren in der Hauptsache dadurch gekennzeichnet, dass sie den Respekt für Dinge, die ihren Wert aus ihrer Verwurzelung in der Vergangenheit bezogen, mit der Missachtung von Personen verknüpften, die durch ihre Verwurzelung in der Gegenwart nunmehr dem Abstieg geweiht waren. Doch mussten diese Dinge trotzdem alt genug sein, um von neuem die Aufmerksamkeit auf sich zu ziehen, was keineswegs immer der Fall war. Fabrikarbeitern, deren Werke schließen, und Bewohnern von Bretterbuden oder Einfamilienhäusern in Leichtbauweise war also dasselbe Schicksal beschieden wie den sogenannten »seelenlosen« Orten, an denen sie gescheitert waren: Sie wurden aufgegeben.

Die Möglichkeit, die lokale Erinnerung im vor allem ab den 1980er Jahren in Stellung gebrachten patrimonialen Rahmen neu zu interpretieren und dadurch Profit aus der Vergangenheit zu schlagen, ist unter den verschiedenen Gruppen von Werktätigen sehr ungleich verteilt gewesen – je nachdem, für welche Interes-

---

2 Vgl. unter den äußerst zahlreichen Arbeiten Sharon Zukin, die als eine der ersten Soziologinnen Untersuchungen über die urbanen Gentrifizierungsprozesse durchgeführt hat: Sharon Zukin, *Loft Living. Culture and Capital in Urban Change*, New Brunswick: Rutgers University Press, 1982, und dies., *Naked City,* a. a. O. Was neuere Untersuchungen in Frankreich anbelangt, vgl. Anne Clerval, *Paris sans le peuple*, Paris: La Découverte, 2013, und Anaïs Collet, *Rester bourgeois. Les quartiers populaires, nouveaux chantiers de la distinction*, Paris: La Découverte, 2015.

sen sie in den Augen der externen Akteure standen, denen die Umsetzung der Patrimonialisierungspolitik oblag, und je nachdem, in welchem Maße sie in der Lage waren, diese Interessen wahrzunehmen. So haben die Bauern, die »auf dem Land« geblieben sind, also ein kleiner Bruchteil der früheren Bauernschaft dadurch von den Patrimonialisierungsmaßnahmen profitieren können, dass sie ihren Produkten – wie zum Beispiel dem lokalen Käse in Laguiole – einen traditionellen Anstrich gaben und eine Umorientierung auf den Ökotourismus[3] in Angriff nahmen. Das ist vor allem bei den Bewohnern der Mittelgebirgsregionen der Fall, in denen die Auswirkungen der Industrialisierung der Landwirtschaft nicht so einschneidend waren wie auf dem flachen Land, und die schon mehrere Jahrzehnte zuvor das Interesse erst der Volkskundler und dann der Ethnologen geweckt hatten. Durch den Kontakt mit den Ethnologen haben diese Bevölkerungsgruppen die Fähigkeit erwerben können, sich selbst so zu betrachten und zu inszenieren, wie sie von außen gesehen werden. Sie konnten sozusagen den Beweis für ihre Althergebrachtheit vorlegen, indem sie sich mit Gegenständen umgaben, die traditionell geprägt waren – auch wenn die betreffende Tradition oftmals neu erfunden worden war –, sodass sie mit ihrer Umwelt verschmolzen. Von einem Bauern wird erwartet, dass er mit der Landschaft eine Einheit bildet.

Andere subalterne Akteure, von denen die meisten ebenfalls aus sogenannten traditionellen Kulturen stammen, haben dagegen nicht dieselben Möglichkeiten gehabt, weil ihre Althergebrachtheit wegen ihrer Übersiedelung zum Beispiel nach Frankreich nicht der Althergebrachtheit der Gegenstände entsprach, die in ihrer Umgebung vorhanden waren. Aufgrund des fehlenden Gedenkens fiel die Erinnerung an sie mit ihrer persönlichen Geschichte und mit ihrer Familiengeschichte zusammen, sodass sie, selbst wenn sie einem Dritten in Form einer Geschichte anvertraut wurde – wie sie in diesem Fall eher Soziologen als Ethnologen zu hö-

3 Vgl. zum Beispiel Michel Rautenberg, »Une politique culturelle des produits locaux dans la région Rhône-Alpes«, in: *Revue de géographie alpine*, 1998, Bd. 86, Nr. 4, S. 81-87.

ren bekommen –, nur geringe Aussichten hatte, irgendeinem »Erinnerungsort« zu entsprechen und dadurch zu einem gelungenen Patrimonialisierungsversuch beizutragen. Das ist par excellence bei den eingewanderten Bevölkerungsgruppen der Fall, die vom anderen Ufer des Mittelmeers stammen und deren größtes Stigma darin besteht, so behandelt zu werden, als ob sie unabhängig davon, wie lange sie sich schon auf französischem Staatsgebiet aufhalten, und trotz der Bemühungen von Romanciers »mit« – wie man heute sagt – »Migrationshintergrund«, sie Teil einer Geschichte werden zu lassen, *keine Vergangenheit* hätten. So verhält es sich zum Beispiel mit den »Bergmännern aus dem Maghreb«, die früher in einer im Département Pas-de-Calais gelegenen Grube in Loos-en-Gohelle tätig waren – und bei Michel Rautenberg erwähnt werden – und die als Objekte »kultureller«, auf »nationaler Ebene« durchgeführter »Maßnahmen« nie den Status von Subjekten des Unternehmens der »Patrimonialisierung durch Kultur und Kunst« erlangt haben.[4] Ein anderer Beispielfall wird in der bereits erwähnten Studie angeführt, die Stéphane Gerson den von verschiedenen Akteuren aus Salon-de-Provence – einer Schlafstadt des Industriegebiets von Fos-sur-Mer – unternommenen fruchtlosen Versuchen gewidmet hat, sich bei der Patrimonialisierung dieses vom industriellen Niedergang betroffenen Gemeinwesens auf die althergebrachte Figur von Nostradamus zu berufen.[5] Zu den zahlreichen, im Allgemeinen auf die Feier der »provenzalischen Kultur« ausgerichteten Initiativen, die mit dieser gemeinsamen Anstrengung einhergingen, gehörte die Idee einer Vereinigung algerischstämmiger Studenten (»Nejma«), sich mit Nostradamus als »kosmopolitischer Figur«, die für andere Kulturen offen ist, zu befassen, um eine »Doppelkultur« geltend zu machen, »in der sich die maghrebinische Herkunft ihrer Mitglieder mit dem lokalen Erbe mischten«. Im Jahr 1984 bauten sie »einen

---

4 Michel Rautenberg, »Patrimoine/Patrimonialisation«, in: Olivier Christin (Hrsg.), *Dictionnaire des concepts nomades en sciences humaines*, Bd. II, Paris: Métailié, 2016.

5 Stéphane Gerson, »Le patrimoine local impossible. Nostradamus à Salon-de-Provence (1980-1999)«, a. a. O.

arabischen Souk und einen Sklavenmarkt aus dem 16. Jahrhundert im Renaissance-Dorf auf«. Aber diesem originellen Versuch war keine Zukunft beschieden.

Kämpfe um die Vergangenheit haben zumindest ab dem 19. Jahrhundert für den Klassenkampf eine wichtige Rolle gespielt. Das belegen zum Beispiel die von den Gewerkschaften und den sich auf das Volk berufenden Protestparteien – in erster Linie der kommunistischen Partei Frankreichs vor allem zwischen den 1930er und den 1970er Jahren – unternommenen Bemühungen, sich eine Tradition mit eigenen Pilgerstätten, Denkmälern, Helden und Sitten und Gebräuchen zuzulegen. Die Bezugnahme auf diese »Traditionen« stärkte das »Repertoire« (um einen Ausdruck wiederaufzugreifen, den Charles Tilly verwendet hat) der von den Arbeitern bei Streiks und sozialen Konflikten durchgeführten Aktionen. Die Bezugnahme auf die Vergangenheit spielt eine mindestens genauso wichtige, wenn auch andere Rolle, wenn die von den subalternen Gruppen ausgehenden Ansprüche nicht im Idiom von sozialen Klassen zum Ausdruck gebracht werden, sondern in der Sprache der Ethnizität. Dann nehmen sie die Form nicht nur von Forderungen in Bezug auf die Arbeitsbedingungen und den Lebensstandard an, sondern auch oder vor allem einer Einforderung von Anerkennung.[6]

Eine solche Einforderung von Anerkennung geht heute häufig mit Tätigkeiten einher, die auf unterschiedliche Weise mit der Welt der Künste in Verbindung stehen, wenn zum Beispiel sogenannte traditionelle, häufig aus dem religiösen Bereich stammende Objekte, die aus ihrem Zusammenhang gerissen wurden, wegen ihres dekorativen Charakters aufgewertet und in den Tauschkreislauf eingespeist werden oder wenn Praktiken, die vorgeben, die Situation der Subalternen in ihrer Spezifität zum Ausdruck zu bringen und ästhetisch innovativ zu sein – wie im Fall des Hip-Hops ab den 1980er Jahren –, Prozesse der *Kunstwerdung* durch-

6 Vgl. Nancy Fraser/Axel Honneth, *Umverteilung oder Anerkennung? Eine politisch-philosophische Kontroverse* (Übersetzungen aus dem Englischen von Burkhardt Wolf), Frankfurt am Main: Suhrkamp Verlag, 2003.

laufen.[7] Solche Verlagerungen von gesellschaftlichen Ansprüchen auf identitäre Ausdrucksformen sind neben vielen anderen ein Indikator dafür, in welchem Maße die Entwicklung einer Bereicherungsökonomie die Äußerungsformen von Zugehörigkeit und sozialer Konflikthaftigkeit verändern könnte, und das geht so weit, dass auch diejenigen einbezogen werden, die a priori am ehesten davon ausgeschlossen sind.

Hinzu kommt, dass ein Teil der Abgehängten – die über keine verwertbare Vergangenheit verfügen – trotzdem im Rahmen einer Bereicherungsökonomie Lohn beziehen kann, entweder wenn letztere in einem früheren Industriegebiet (wie dem von Louvre-Lens) angesiedelt ist oder wenn diese Abgehängten sich in die Gebiete begeben, in denen sie sich entwickelt, allerdings um dort den prekärsten und subalternsten Beschäftigungen nachzugehen. Solche oftmals temporären oder saisonalen Arbeitsstellen entstehen durch die Ausweitung des Tourismus, aber auch durch kulturelle Aktivitäten, auch wenn diese staatlichen Stellen oder Gebietskörperschaften unterstehen. An untersten Ende stehen die Reinigungstätigkeiten (»Raumpfleger« und »Raumpflegerinnen«) der »Putzkolonnen« und eine kleine Stufe höher die Hausmeister- und Aufsichtstätigkeiten (an deren oberem Ende die Museumswärter stehen) sowie die Verwaltungs-, Empfangs- und Betreuungstätigkeiten, für die häufig ausschließlich Studierende vorgesehen sind. Mit der Bereicherungsökonomie ist also durchaus so etwas wie die Bildung eines »Proletariats« verknüpft, dessen Konturen sich allerdings in keiner Weise mit denen des Industrieproletariats decken. In seiner Verstreutheit und als Übergangsstadium ist es praktisch gar nicht organisiert. Seine Mitglieder, die teilweise beurteilt werden nach ihren persönlichen Qualitäten – wie ihre Verfügbarkeit, Liebenswürdigkeit, Zuvorkommenheit, Anständigkeit –, die an die einstigen Bediensteten erinnern, aber auch an Jugend und physische Schönheit denken lassen, haben keinen

---

7 Vgl. Roberta Shapiro, »Du smurf au ballet. L'invention de la danse hip-hop«, in: Nathalie Heinich/Roberta Shapiro (Hrsg.), *De l'artification. Enquête sur le passage à l'art*, a. a. O., S. 171-192.

Zugang zu dem durch Jahrzehnte währende Arbeiterkämpfe in Stellung gebrachten »Aktionsrepertoire«.[8] Ihre Mobilisierung stellt eine schwierige Aufgabe, ja beinahe eine Herausforderung für die neuen Gewerkschaftsorganisationen dar, die versuchen, dort vor allem unter Berufung auf den Kampf gegen die Prekarität Fuß zu fassen, aber Schwierigkeiten haben, spezifische Aktionsformen zu finden, die ihnen Ansatzpunkte für die Verteidigung dieses rechtlich kaum geschützten Personals bieten würden, für das den Arbeitgebern eine riesige »Reservearmee« zur Verfügung steht.[9]

Die Wiederkehr der »Rentiers«

Der Ausdruck *Besitzender*, der seit zwei Jahrhunderten zum sozialistisch inspirierten oder mit der revolutionären Rechten[10] (wie zum Beispiel bei Bernanos) zusammenhängenden sozialkritischen Vokabular gehört hat, ist lange zur Bezeichnung einer umfassenden Gruppe verwendet worden, die vom industriellen Großbürgertum bis zum aus *Rentiers* bestehenden Kleinbürgertum reichte. Er hatte seinen Platz in kritischen Zusammenhängen, in deren Rahmen sowohl die *Erbschaft* und folglich die Familie als wesentlicher Zugangsmodus zum Reichtum als auch ein von Geld, Berechnung, Habgier und Geiz geprägtes Ethos in den Vordergrund gestellt wurde, das in der Literatur lange Zeit von der Figur des lokalen Fabrikbesitzers oder, eine Stufe darunter, des Ladeninhabers verkörpert wurde. In den Jahren zwischen 1970 und 1980

8 Was eine detaillierte Analyse des »Aktionsrepertoires der Arbeiter« in den Jahren zwischen 1960 und 1970 anbelangt, vgl. Xavier Vigna, *L'Insubordination ouvrière dans les années 68. Essai d'histoire politique des usines*, Rennes: Presses universitaires de Rennes, 2007.

9 Zu den Problemen, welche die kollektive Mobilisierung auf dem Gebiet der Kultur aufwirft, vgl. Irène Pereira, *Les Travailleurs de la culture en lutte. Le syndicalisme d'action directe face aux transformations du capitalisme et de l'État dans le secteur de la culture*, Paris: D'ores et déjà, 2010.

10 Vgl. Zeev Sternhell, *La Droite révolutionnaire. 1885-1914. Les origines françaises du fascisme*, Paris: Seuil, 1978.

begann dieser Ausdruck aber, aus den gängigen Taxonomien herauszufallen bzw. seine Verwendung begann, etwas altertümlich zu wirken, wie im Fall der Kommunistischen Partei in den Jahren ihres Niedergangs. Er machte anderen, zuerst von der Fachsoziologie angeregten Klassifikationsweisen Platz, die den Akzent weniger auf den Besitz von materiellen »vom Vater zum Sohn weitervererbten«, das heißt in eine patrimoniale Ordnung eingebetteten Dingen legten als auf die Weitergabe von immateriellen, verinnerlichten Werten – so wie Sprachen, Kulturen, Beziehungen oder vor allem Kompetenzen, die von der Schule sanktioniert werden –, die privilegierte soziale Positionen zugänglich machen.

Dem alten Besitzbürgertum stellte man nun die Gruppe der »Führungskräfte« gegenüber, über die in jenen Jahren in den Medien intensiv berichtet wurde, was seine Fortsetzung in Romanen, im Film oder in den Sozialwissenschaften fand. Außerdem wurde das alte, früher für seine Kleinlichkeit und Engstirnigkeit gescholtene Kleinbürgertum der Ladenbesitzer durch die »neuen Mittelklassen« ersetzt, die an der Wende von den 1970er zu den 1980er Jahren einen rasanten Einstieg in die Soziologie hinlegten. Sie sind nicht mehr durch ein Ethos der Zurückhaltung und Sparsamkeit gekennzeichnet, sondern ganz im Gegenteil durch die Bedeutung, die der Konsum vor allem von kulturellen Tools (wie bei der Fnac gekaufte Hi-Fi-Anlagen oder Fotoapparate) für sie und auch für ihre kulturellen Praktiken hat, die häufig in Form von Vereinen organisiert sind.[11] Dieser Wandel ging mit der Einbeziehung eines Großteils des Bürgertums und des Kleinbürgertums in die Lohnempfängerschaft einher, die sich in der Zwischenkriegszeit während der Geldabwertung und dann in der Wirtschaftskrise der 1930er Jahre bereits abzuzeichnen begann und in den Jahrzehnten nach dem Krieg massiv wurde.[12] Von

11 Vgl. Sabine Chalvon-Demersay, *Le Triangle du 14e. De nouveaux habitants dans un vieux quartier de Paris*, Paris: Éditions de la MSH, 1984.

12 Vgl. Luc Boltanski, *Les Cadres. La formation d'un groupe social*, Paris: Minuit, 1982 ⟨dt.: *Die Führungskräfte. Die Entstehung einer sozialen Gruppe* (Aus dem Französischen von Hella Beister), Frankfurt am Main/New York: Campus Verlag, 1990⟩.

den meisten Interpreten dieser Zeit wird sie mit der *Modernisierung* in Verbindung gebracht, das heißt mit der Vormachtstellung der Industriegesellschaft, in deren Rahmen der Zugang zu Wohlstand oder Reichtum und dadurch zum Konsum eine Anerkennung der bei der Lohnarbeit in einem großen Produktionsbetrieb umgesetzten Kompetenzen darstellt.[13] Die Produktion der Standardartikel aus diesen Unternehmen stützt sich auf ein Personal, das sich nicht nur aus Arbeitern und Angestellten, sondern auch aus Werkmeistern, Ingenieuren und Führungskräften zusammensetzt. In diesem Zusammenhang steht weniger der Besitz eines Vermögens – zum Beispiel eines geerbten großen Hauses in der Provinz oder auf dem Land – als das Einkommen im Vordergrund, das die Menschen für ihre durch Diplome belegte Kompetenzen oder für ein »Humankapital« erzielen, wie man damals zu sagen beginnt, das sie auf dem Lohnarbeitsmarkt investiert haben.[14]

Auf derselben Grundlage begann die Frage der sozialen Ungleichheiten und ihrer Ursachen sich zu verlagern: Diese wurden entweder als Auswirkung ungleicher Begabungen oder Kompetenzen betrachtet (»berechtigte Ungleichheiten«) oder sie wurden von Seiten der kritischen Denker der Weitergabe von »kulturellem Kapital« in der Familie und in der Schule zugeschrieben. Vor allem in den letzten Jahrzehnten hat sich die Untersuchung der sozialen Ungleichheiten nicht mehr nur auf das Lohngefälle (oder auf das Arbeitslosigkeitsrisiko) konzentriert, sondern auch die Einkommensunterschiede im Zusammenhang mit dem Besitz von Vermögen berücksichtigt. In Anbetracht nicht zuletzt der zunehmenden Verteuerung des Wohnraums vor allem in Paris und in den großen Städten haben diese Studien die Einkommensunterschiede besonders in jungen Jahren zwischen Mieterhaushalten oder Haushalten, die gezwungen sind, die Raten für eine auf Kredit gekaufte Unterkunft abzuzahlen, und den Haushalten unterstrichen, die über eine geerbte Wohnung verfügen. Das ist bei

13 In Bezug auf Frankreich, vgl. Raymond Aron, *Die industrielle Gesellschaft. 18 Vorlesungen*, a. a. O.

14 Vgl. Thomas Piketty, *Das Kapital im 21. Jahrhundert*, a. a. O.

dem Überblick über Erwerbseinkommen und Vermögen der Fall, den das Insee im Jahr 2014 vorgelegt hat[15] und der in seine Schätzungen den Besitz der Unterkünfte, in denen die »Haushalte« (im Sinne des Insee) wohnen, und den Anstieg der Immobilienpreise im Laufe der 2000er Jahre einbezieht.[16] Wenn man den geschätzten Mietwert der Wohnungen, die man besitzt, berücksichtigt, ergibt sich bei 37 Prozent der Personen eine »Veränderung des Lebensstandards«: auf eine niedrigere Stufe bei den Mietern und auf eine höhere bei den Eigentümern, die immer zahlreicher werden, je weiter man sich bei der Einkommensverteilung nach oben bewegt, vor allem bei der Altersgruppe über 50 Jahre. Der Besitz vor allem einer geerbten und nicht auf Kredit gekauften Unterkunft ist ein wichtiger Trumpf, wenn man in der Welt der Bereicherung Fortschritte machen will, in der die Beschäftigungsbedingungen vom Lohnarbeitertum in seiner stabilen Form abweichen und durch einen Spielraum innerhalb verschiedenartiger Tätigkeitsformate gekennzeichnet sind, die von Selbstständigkeit und Ich-AGs bis zum Mitwirken in Vereinen oder dem Engagement in temporären Projekten reichen.

Doch das Gefälle beim Lebensstandard, das mit den Wohnbedingungen und damit zu tun hat, ob man Eigentümer oder Mieter ist, ist nur ein Indikator unter anderen für die wahrscheinlich von neuem sehr wichtige Rolle, die das Vermögen im Rahmen der Entwicklung einer Bereicherungsökonomie für die Einkommensbildung spielt. In den Großstädten sowie den Gebieten und Regionen mit vornehmlich residentieller Ökonomie und, deutlicher noch, in der Nähe von patrimonialisierten Standorten und touristischen Sehenswürdigkeiten, die eine große Zahl von Besu-

15 Cédric Houdré/Juliette Ponceau (Hrsg.), *Les Revenus et le Patrimoine des ménages*, Paris: Insee, 2014.

16 Bei den Haushalten, die zwischen 2002 und 2006 Eigentum erworben haben, entsprach die Kaufsumme vier Jahresgehältern gegenüber nur drei Jahresgehältern zwischen 1997 und 2001. Der Marktpreis von Altbauten hat sich zwischen 2000 und 2007 mehr als verdoppelt. Nach einer Senkung in den Jahren 2008 und 2009 hat die Erhöhung wieder eingesetzt, vor allem im Bereich der Île-de-France (+ 25,6 Prozent).

chern anziehen, haben sich nämlich die Immobilien und die Baugrundstücke, die von ihren Besitzern lange Zeit als Privatvergnügen betrachtet werden konnten, deren Instandhaltung einen Kostenfaktor darstellte, der vom Lohneinkommen abging, als bedeutende Einkommensquellen erwiesen, entweder in Form einer Rente, wenn sie vermietet werden, oder durch die Abschöpfung eines Mehrwerts, wenn sie zum Verkauf stehen. Dieser Bereicherungsprozess, der von der beträchtlichen Ausweitung des Tourismus profitiert, wurde durch die Schaffung von Internetseiten und rechtlichen Maßnahmen gefördert, die es gestatten, Gästewohnungen und sogar den Hauptwohnsitz für kurze Zeiträume an Besucher zu vermieten. So hieß es denn auch im Jahr 2016 in der Werbung für eine Internetseite zur Vermietung von Unterkünften zwischen Privatpersonen (Airbnb): »Mein Gästezimmer zahlt mein Vintage-Motorrad: Stocken Sie Ihr Einkommen durch die Vermietung ihrer Pariser Wohnung auf!«

Über das oberste Perzentil hinaus haben diese neuen Möglichkeiten die Bildung einer breiten Schicht von kleinen und mittleren *Rentiers* begünstigt, die zwar keine eigene, offiziell vom Staat anerkannte und in der Verwaltungsnomenklatur verzeichnete Klasse darstellen, aber trotzdem faktisch eine Solidarität bei der Verteidigung ihrer spezifischen Interessen an den Tag legen, die sie eine Vorliebe für nicht als Produktionsfläche, sondern als Lebensort und Reiseziel verstandene Gebiete entwickeln lässt, die mit Hilfe von Bereicherungsprozessen eine Aufwertung erfahren können. Dabei ist zum Beispiel an die »klassifizierten«, in den historischen Stadtzentren gelegenen denkmalgeschützten Gebäude zu denken, an die »authentischen« Fischer- oder Winzerhäuser in den »schönsten Dörfern Frankreichs« oder an die alten »Terroirs« mit ihren hochwertigen Lebensmitteln und edlen Weinen sowie an die altehrwürdigen Herrenhäuser, deren Verwandlung in »Relais & Châteaux«, also in Luxushotels,[17] durch Investitionen mit sicherer Rendite ermöglicht wird.

---

17 Was eine sozialanthropologische Annäherung an diese Phänomene anbelangt, vgl. die Analysen, die Marc Augé der starken Zunahme von Verkaufs-

Je nach Größe und Beschaffenheit ihres Vermögens profitieren diejenigen, aus denen diese Rentiers-Schicht besteht, in unterschiedlichem Maße von den neuen ökonomischen, in der Hauptsache Liegenschaften und Immobilien betreffenden Möglichkeiten, welche die in »Erinnerungsorte« verwandelten Gebäude, Standorte und Landesregionen bieten. Solche Erinnerungsorte locken wohlhabende Besucher auf der Suche nach behaglichen und nostalgischen Zufluchtsorten an, wo die *Vergangenheit*, die ihre beruhigende Wirkung der Tatsache verdankt, dass dort nichts mehr passieren kann, sozusagen wieder in eine Gegenwart aufgenommen wird, die als einfache Vergegenwärtigung von Vergangenheit abseits von jeder Gefahr und vor allem von Konflikten ihre Spannung verloren hat. Doch dieses Umfeld bewahrt seinen Wert nur unter der Bedingung, dass es nicht nur vor natürlichen Bedrohungen, ganz zu schweigen vom Krieg, sondern auch vor jener Art permanenter Gefahr geschützt ist, die das Vorhandensein von Armen schon immer dargestellt hat. Dadurch gerät die vermögende Klasse, deren Wiederauftauchen durch die Entwicklung einer Bereicherungsökonomie begünstigt wurde, leicht auf die Seite von Konservatismus, Regionalismus und Nationalismus, denn diese politischen Einstellungen stimmen am ehesten mit den Interessen der Dinge überein, deren Überleben sicherzustellen ihre Aufgabe ist und aus denen sie Profit schlagen.

In einem Größenverhältnis, das sich zugegebenermaßen nur schwer genau messen lässt, hat die Entstehung einer Bereicherungsökonomie zur Neubildung einer rentenbasierten »vermögenden Klasse« beigetragen, die Thomas Piketty in seinen Arbeiten be-

---

annoncen für hochwertige oder außerordentliche Anwesen vor allem ab den 1980er Jahren in den für »Führungskräfte« bestimmten Wochenzeitungen gewidmet hat. Hier ein Beispiel daraus, das von 1986-1987 stammt: »In der Nähe der Verdonschlucht. Templerkommende, 1 Kilometer von einem hinreißenden Dorf in der Nähe der Verdonschlucht entfernt; ihre Authentizität und die Restaurierungsqualität machen sie zu einer Rarität. Mehr als 300 m² Wohnfläche auf 1 ha Grundstück. Dieses Haus hat viel zu erzählen … Die beiden Templerkapellen sind erhalten geblieben. Schwimmbad mit Poolhaus. Preis: 4750000 Francs« (vgl. Marc Augé, *Domaines et châteaux*, a. a. O., S. 58 f.).

leuchtet hat. Im Zuge seiner Analyse der Entwicklung des Kapital-Einkommen-Verhältnisses im 20. Jahrhundert hat Piketty gezeigt, wie dieses sich bis 1914 auf einem sehr hohen Niveau bewegende Verhältnis (der Gesamtwert des Kapitals entsprach etwa dem Nationaleinkommen von sechs bis sieben Jahren) infolge des Ersten Weltkriegs, der Krisen der Zwischenkriegszeit und des Zweiten Weltkriegs einbrach und in diesem Zeitraum auf ein Drittel schrumpfte, bevor es sich im Laufe der letzten Jahrzehnte, und zwar besonders seit 1990 stark erholte, sodass es »zu Beginn der 2010er Jahre praktisch wieder den Stand erreicht [hat], den es vor dem Ersten Weltkrieg hatte«. Diese Hypothese wird gestützt, wenn man bedenkt, aus welcher Art von Gütern sich das Kapital zusammensetzt. Sein Hauptbestandteil sind heute nicht mehr die Agrarflächen (deren Wert eingebrochen ist), wie noch zu Beginn des 20. Jahrhunderts, sondern das Wohneigentum, das heißt genauer gesagt ein Privatkapital, das in Frankreich mehr als 95 Prozent des Nationalvermögens ausmacht.[18]

Was Thomas Piketty den »Kapitalismus ohne Kapitalisten« nennt, der das Frankreich der 1950er Jahre kennzeichnete, in denen »der französische Staat zwischen 25 und 30 Prozent des Nationalvermögens« besaß, und dessen Wirtschaft auf Wachstum ausgerichtet war, wird so durch eine »nahezu stagnierende[...] Gesellschaft« ersetzt, in der »die in der Vergangenheit angesammelten Vermögen eine unverhältnismäßig große Bedeutung [gewinnen]«.[19] »[I]n den reichen Ländern« erlebt man, wie »das Privatkapital [...] seit den 1970er Jahren auf breiter Front zurückkehrt bzw. hat sich ein neuer [...] Kapitalismus herausgebildet, den man als ›patrimonialen Kapitalismus‹ bezeichnen kann« und der mit wachsender Ungleichheit einhergeht.[20] Neben Wohneigentum, das an erster Stelle steht, umfasst dieses Privatkapital Finanzanlagen und außerdem »Wertgegenstände«, wie Schmuck oder Kunstwerke, deren Besitz eine »Wertreserve« darstellt (Schätzungen zu-

18 Thomas Piketty, *Das Kapital im 21. Jahrhundert,* a. a. O., S. 158-168.

19 Ebd., S. 183 und S. 220.

20 Ebd., S. 229.

folge zwischen 5 und 10 Prozent des Nationaleinkommens).[21] Neben der aus den Superreichen bestehenden vermögenden Klasse (das oberste Perzentil, das heißt in Frankreich etwa 500 000 Personen) entwickelt sich so eine nicht zu unterschätzende »vermögende Mittelschicht«, deren Entstehung – Thomas Piketty zufolge – eine »große – aber fragile – Neuerung« der letzten Jahrzehnte darstellt.[22] Sie trägt zur Bildung einer »Erbengesellschaft« bei, »die sich durch sehr starke Vermögenskonzentration auszeichnet, und zugleich durch hohe Beständigkeit dieser Vermögen über lange Zeit und mehrere Generationen hinweg.«[23] Das belegt die Erhöhung des Erbvolumens (Gesamtwert von Hinterlassenschaften und Schenkungen innerhalb eines Jahres, ausgedrückt in Prozent des Nationaleinkommens) seit den 1980er Jahren, das um 1950 herum auf seinen niedrigsten Stand gefallen war.[24] Die Erbschaft »hat also [...] fast wieder das Gewicht, das sie für die Generationen des 19. Jahrhunderts hatte«.[25]

Die Entwicklungen der letzten Jahre bestätigen die Schlussfolgerungen, zu denen Thomas Piketty gelangt.[26] Die Erhebungen, die das Insee verwendet,[27] zeigen, dass die Ungleichheiten seit 2010 aufgrund der wachsenden Armut unter Arbeitslosen sowie bereits armen Arbeitnehmern und vor allem aufgrund der »Dynamik der sehr hohen Einkommen«[28] weiter zugenommen haben, die sich

21 Ebd., S. 238.

22 Ebd., S. 343.

23 Ebd., S. 467.

24 Ebd., S. 503-506.

25 Ebd., S. 557.

26 Wie die Ausgabe 2014 der regelmäßigen Publikationen des Insee belegt, die den Einkommen und Vermögen in den Haushalten gewidmet ist: Cédric Houdré/Juliette Ponceau (Hrsg.), *Les Revenus et le Patrimoine des ménages*, a. a. O.

27 Es handelt sich um die Erhebung *Revenus fiscaux et sociaux* (Steuer- und Sozialeinkommen) sowie um die Erhebung *Patrimoine* (Vermögen).

28 »Sehr hohe Einkommen« von mehr als 93 000 Euro pro Verbrauchereinheit geben ein Prozent der Wohlhabenden an (610 000 Personen). Von der Vermögenssteuer, deren Untergrenze im Jahr 2011 von 790 000 Euro auf 1,3 Millionen Euro heraufgesetzt wurde, sind 290 000 Haushalte (gegenüber vorher 590 000) betroffen.

»bei beinahe zwei Dritteln« aus dem »Wachsen der Einkünfte aus Vermögen« ergibt.[29] Gegenüber 22 Prozent sieben Jahre zuvor machen diese letzteren 30 Prozent ihres Gesamteinkommens aus. Denn »innerhalb der Bevölkerung hat sich das Vermögen der Haushalte stark konzentriert: Ende 2009 besaß ein Prozent der wohlhabendsten Haushalte 20 Prozent des Nettovermögens«. Auch wenn fast alle mit einem »sehr hohen Einkommen« in den Genuss von Einkünften aus Wertpapieren kommen (zwischen 95 und 99 Prozent), sind die »Einkünfte aus Grund und Boden« keineswegs unbedeutend, da 70 Prozent derjenigen mit sehr hohem Einkommen auch Einkünfte aus Grund und Boden angeben – gegenüber 15 Prozent der »großen Mehrheit« der Personen.[30] Der Anteil der Einkünfte aus Vermögen am Gesamteinkommen der Haushalte reicht von drei Prozent bei den niedrigen Einkommen bis zu 30 Prozent bei den höchsten Einkommen. Und schließlich zeigt die Analyse des Verhältnisses zwischen Vermögensniveau und Erspartem, dass die Besitzer von hochwertigem Immobilienvermögen, auch wenn die Sparzinsen im Allgemeinen mit dem Vermögensniveau steigen, eine Tendenz zum Entsparen haben, weil das Vermögen, das sie besitzen, an sich ein Sparguthaben darstellt.[31]

Dennoch fällt auf, dass die verfügbaren Indikatoren keine Vertiefung des Unterschieds zwischen *Vermögen* und *Kapital* zulassen, also gerade keine Unterscheidung zwischen den Akteuren, für die der Besitz eines Vermögens die Rolle eines der Sicherheit dienenden Sparpolsters und/oder einer Ressource spielt, deren ständige oder temporäre Vermietung das Beziehen einer Rente erlaubt, was in den meisten Fällen nur möglich ist, wenn es sich

---

29 Laut Insee liegen die »sehr hohen Einkommen« bei »Personen im obersten Hundertstel der Verteilungsskala der pro Verbrauchereinheit angegebenen Einkommen«.

30 Vgl. in *Les Revenus et le Patrimoine des ménages*, a. a. O., Cédric Houdré/Nathalie Missègue/Juliette Ponceau, »Inégalités de niveau de vie et pauvreté en 2011«, S. 9-16.

31 Vgl. im selben Band, Bertrand Garbinti/Pierre Lamarche, »Qui épargne? Qui désépargne?«, S. 25-38.

um Immobilienvermögen handelt, und den Akteuren, die bereit sind, ihre Vermögenswerte *arbeiten zu lassen*, indem sie sehr viele Transaktionen tätigen, damit sie Mehrwert abschöpfen können, das heißt indem sie sie in *Kapital* verwandeln. Letztere Möglichkeit eröffnet Gelegenheiten, die auch das bewegliche Vermögen betreffen, da Operationen dieser Art durch den Kauf und Verkauf von Wertgegenständen durchgeführt werden können.

Vierzehntes Kapitel
Die Kreativen in der Bereicherungsgesellschaft

Die ökonomische Lage der Kulturarbeiter

Die Personen, die über kulturelles Kapital verfügen, spielen in einer Bereicherungsökonomie eine zentrale Rolle, und die Erhöhung ihrer Zahl seit den Jahren zwischen 1960 und 1970 und vor allem in den Jahren zwischen 1980 und 2000 ist sicherlich einer der Faktoren gewesen, die zum Wachsen dieser Art von Ökonomie beigetragen haben. Dies gilt besonders für die Absolventen eines Literaturstudiums und für ehemalige Kunsthochschüler, für die sich in dieser Art von Ökonomie Berufsaussichten ergaben, die ihnen in der Industrie verschlossen waren, sodass sie sich der Aufwertung außerordentlicher Dinge widmen konnten. Sie haben also a priori von der Entwicklung einer Bereicherungsökonomie profitiert.

Trotzdem weicht die Art und Weise, wie man Profit schlagen kann aus dem Besitz von kulturellem Kapital in Bezug auf Literatur oder Kunst, das sich mit kaufmännischen Kompetenzen verknüpfen lässt, wenn man es in den Bereich der Bereicherungsökonomie einbringt, je nach individueller Situation in unterschiedlichem Maße von den Modalitäten der Lohnarbeit ab, die im Rahmen der auf die Produktion und Vermarktung von Standardartikeln ausgerichteten Unternehmen lange maßgeblich waren, auch wenn diese Unternehmen so umorganisiert worden sind, dass sie sich auch für eine projektorientierte Arbeitsweise eignen (*reengineering*). Insofern stellte die Entwicklung einer Bereicherungsökonomie einen wichtigen Bestandteil dessen dar, was als »Krise der Lohnarbeitsgesellschaft« bezeichnet worden ist.[1]

---

1 Vgl. Robert Castel, *Les Métamorphoses de la question sociale*, Paris: Fayard, 1994 ⟨dt.: *Die Metamorphosen der sozialen Frage. Eine Chronik der Lohnarbeit* (2000) (Aus dem Französischen von Andreas Pfeuffer), Konstanz: UVK, 2. Aufl. 2008⟩.

Davon gewinnt man einen ersten Eindruck in Anbetracht einer Übersicht über die berufliche Eingliederung von Absolventen verschiedener Studiengänge, die Cyprien Tasset[2] auf der Grundlage einer Auswertung der im Jahr 2007 vom Cereq durchgeführten, die berufliche Situation von Hochschulabsolventen des Jahres 2004 darlegenden Erhebung »Generation« zusammengestellt hat.[3] Aus dieser Übersicht lassen sich für eine Reihe von Studiengängen Daten entnehmen, die sich auf die Arbeitslosenquote beziehen, auf die Beschäftigungsquote für unbefristete Stellen, für Teilzeitstellen, Führungskraftstellen, intermediäre Berufe und auf den Medianlohn. Weitere Angaben betreffen den Anteil der Väter in leitenden Positionen (im Sinne des Insee). Dieser Überblick erlaubt nicht zuletzt eine Gegenüberstellung der jungen Leute, die drei Jahre zuvor ihr Hochschulstudium mit einem Diplom von einer Ingenieursschule abgeschlossen haben oder einen Doktortitel besitzen und bei denen man davon ausgehen kann, dass sie vor allem in Unternehmen eine Anstellung finden, die auf die industrielle Produktion, aufs Finanzwesen oder auch auf den öffentlichen Sektor ausgerichtet sind, und der jungen Leute, die eine Kunsthochschule (auf Master-Ebene) besucht oder ein Literaturstudium (auf der Ebene eines »forschungsorientierten Masters«) absolviert haben, bei denen man davon ausgehen kann, dass viele von ihnen auf die Bereicherungsökonomie zugesteuert sind.

Drei Jahre nach dem Ende ihres Studiums hat die erste Gruppe zu 87 Prozent (Ingenieursschule) bzw. 92 Prozent (Doktortitel) eine leitende Position erlangt, die Betreffenden haben das höchste Medianeinkommen (2150 bzw. 2170 Euro), sind sehr selten arbeitslos (4 Prozent bzw. 6 Prozent) und die weitaus meisten von ihnen sind im Besitz eines unbefristeten Vertrags. Anders ist

2 Cyprien Tasset, *Les Intellectuels précaires. Genèses et réalités d'une figure critique*, Dissertation an der EHESS, Paris, 2015, besonders S. 116-120.

3 Cyprien Tasset hat seine Arbeit bewusst auf die Erhebung »Generation« von 2007 gestützt, in der es um die Absolventen geht, die im Jahr 2004 den Arbeitsmarkt erreichten, weil sich ihre Ergebnisse detaillierter darstellen ließen, als es bei späteren Erhebungen der Fall war.

die Situation der ehemaligen Kunsthochschüler und Inhaber eines »forschungsorientierten Masters der Literatur, Kunstgeschichte oder Geisteswissenschaften«. Drei Jahre nach ihrem Studium sind 17 Prozent (Kunsthochschule) bzw. 13 Prozent (forschungsorientierter Master) von ihnen arbeitslos. In nur 60 Prozent der Fälle verfügen sie über einen unbefristeten Arbeitsvertrag, sie bekleiden sehr viel seltener leitende Positionen und ungefähr die Hälfte von ihnen ist den »intermediären Berufen« im Sinne des Insee zuzuordnen. Und ihr Medianlohn liegt bei 1400 bzw. 1450 Euro. Die Mitglieder der beiden gerade von uns beschriebenen Gruppen haben oftmals Väter in leitenden Positionen, in der ersten Gruppe allerdings häufiger (rund 50 Prozent) als in der zweiten (37 Prozent). Diese Daten legen nahe, dass es neben den klassischen Einstiegsmöglichkeiten in höhere Positionen in der Industrie oder im öffentlichen Dienst noch andere, riskantere und für soziale Mobilität offenere schulische und soziale Laufbahnen gibt, die den Zugang zu Tätigkeiten ermöglichen, die häufig mit dem Gebiet der Bereicherungsökonomie in Verbindung stehen.

Diese Angaben werden bestätigt durch die Ergebnisse der vom Ministerium für Kultur und Kommunikation auf der Basis der Erhebung »Steuer- und Sozialeinkommen« des Insee für den Zeitraum zwischen 2005 und 2012 in Auftrag gegebenen Arbeiten, in denen »Einkommen und Lebensstandard der Kulturschaffenden« darlegt werden.[4] Da andere statistische Quellen fehlen, stellen die vom Ministerium für Kultur und Kommunikation gesammelten Daten den einzigen einheitlichen Rahmen dar, mit dessen Hilfe sich ein Eindruck von den Lebensbedingungen der Personen gewinnen lässt, die in der Bereicherungsökonomie tätig sind. Dieses Ministerium, dessen Nutzen und folglich Existenz zuweilen in Frage gestellt wird, ist wahrscheinlich die Instanz, die das größte Interesse daran hat, zwischen den verstreuten Akteuren einen Zusammenhang herzustellen, deren Tätigkeiten Bereiche berühren, die mehr oder weniger unter seiner Aufsicht ste-

4 Marie Gouyon, »Revenus d'activité et niveaux de vie des professionnels de la culture«, in: *Culture Chiffres*, 2015-1, S. 1-28.

hen, und sie dadurch so zu betrachten, als ob es sich um eine soziale Gruppe handelt. Dieser Totalisierungsmodus deckt keineswegs alle Akteure ab, die in der Bereicherungsökonomie tätig sind. Im Mittelpunkt seiner Aufmerksamkeit stehen die Etablierteren unter ihnen – zum Nachteil derjenigen, die nur gelegentlich, unregelmäßig oder prekär beschäftigt sind, aber auch derjenigen, die hauptberuflich zum Beispiel als Lehrkraft tätig sind, weshalb sich andere Verwaltungszentren und Statistiken mit ihnen befassen. Die Kulturschaffenden (im Sinne des Ministeriums) werden in folgende Kategorien eingruppiert: visuelle Künste und künstlerische Berufe, Bühnenberufe, Journalisten, Verlagsangestellte, literarische Autoren und Übersetzer, Architekten, Archivare und Dokumentare, Kunstdozenten (ausgenommen öffentliche Bildungseinrichtungen). Obwohl ihr Feld begrenzt ist und sie diejenigen – die wahrscheinlich die Mehrheit darstellen – nicht berücksichtigt, deren Tätigkeit in das Gebiet der Bereicherungsökonomie fällt, sich aber nicht einfach anhand der Nomenklatur der vom Verwaltungsapparat anerkannten Berufe einordnen lässt – die überdies bereits veraltet ist[5] –, erlaubt diese Studie einen ersten Einblick in die für die Beschäftigungsformen in dem uns interessierenden Bereich typischen Merkmale. Man kann diese spezifischen Merkmale folgendermaßen zusammenfassen:

Im Vergleich zu den anderen Erwerbstätigen zeichnen sich die Kulturschaffenden durch einen hohen Bildungsstand (mindestens Bachelor), einen gehobenen sozialen Hintergrund (mehr als die Hälfte von ihnen hat Väter in leitenden Positionen) und einen Wohnsitz in der Île-de-France aus (je nach Beruf in einem Verhältnis von einem Drittel bis zu mehr als der Hälfte). Zwei Drit-

5 Zu den »Berufen« im eingeschränkten Sinne des Ministeriums für Kultur und Kommunikation müssten bei den Kulturarbeitern noch die »intermediären Berufe« hinzukommen (wie sie vor allem in dem von Laurent Jeanpierre und Olivier Roueff herausgegebenen Sammelband *La Culture et ses intermédiaires. Dans les arts, le numérique et les industries créatives*, Paris: Éditions des archives contemporaines, 2014, analysiert werden), allerdings in ihrer Ausrichtung auf die Bereicherungsökonomie.

tel von ihnen leben in einer Paarbeziehung mit einer »Führungskraft«, deren Einkünfte zu ihrem Einkommen hinzukommen, und mehr als die Hälfte von ihnen besitzen die Unterkunft, in der sie wohnen. Deshalb weicht das »Haushaltseinkommen« unterschiedlich stark vom individuellen Arbeitseinkommen ab – je nach Situation und »Haushaltszusammensetzung« sowie abhängig vom Besitz oder Nichtbesitz von »geerbtem Vermögen«. Dieses umfasst vor allem den Wohnsitz, kann aber auch Quelle von Dividenden, finanziellen Zugewinnen und Mieteinnahmen sein. Solche Einkünfte aus Vermögen liegen bei den Kulturschaffenden auf einem deutlich höheren Niveau, als sich bei der Gesamtheit der erwerbstätigen Haushalte feststellen ließ.

Diese Kulturschaffenden beziehen durchschnittliche Jahresgehälter, die »im Großen und Ganzen den Gehältern aller Erwerbstätigen entsprechen«, aber ihr Arbeitseinkommen ist um 26 Prozent niedriger als bei anderen Erwerbstätigen mit den gleichen Merkmalen. Bei einem Viertel von ihnen wird dieses Gefälle durch Einkommensersatzleistungen, wie Arbeitslosengeld oder sogar Rentenzahlungen, wieder ausgeglichen. Aufgrund des Zeitarbeitssystems sind diese Einkommensersatzleistungen in den Bühnenberufen besonders hoch (zwischen 30 und 60 Prozent), aber auch bei Journalisten, »Angestellten« im Verlagswesen und Kunstdozenten sind sie nicht zu vernachlässigen (rund 10 Prozent). Daraus folgt, dass in diesem Milieu »die Einkommen aus beruflicher Tätigkeit nur einen mehr oder weniger bedeutenden Teil der Mittel ausmachen, die dem Einzelnen zum Leben zur Verfügung stehen: Haushaltszusammensetzung, Familienerbe, Sozialleistungen, Finanzerträge und Einkünfte aus Grund und Boden können andere Einkunftsquellen darstellen, die das Arbeitseinkommen ergänzen.« Diese zusätzlichen Einkünfte sind im Durchschnitt um 13 Prozent höher als bei der Gesamtheit der Erwerbstätigen. Trotz dieser verschiedenen Hilfsmittel bleibt der »Lebensstandard« der Kulturschaffenden im Vergleich zu den Erwerbstätigen, die einen »vom Niveau vergleichbaren«, aber außerhalb des Kulturbereichs angesiedelten Beruf ausüben, um 12 Prozent niedriger. Davon abgesehen, zeichnen sich die Einkünfte der Kulturarbeiter durch die Vielfältigkeit ihrer Quellen aus. Gleiches lässt sich sagen, wenn man von den Einkommensersatzleistungen zum Arbeitseinkommen im eigentlichen Sinne übergeht: Dieses stammt häufig sowohl aus einer hauptberuflichen als auch aus einer zusätzlichen Beschäftigung, die außerhalb des Kulturbereichs liegen kann.

Derselben Vielfältigkeit begegnet man beim jeweiligen Beschäftigungsstatus wieder. Weitaus die meisten Angehörigen der Kulturberufe (80 Prozent) sind Lohnempfänger, aber auch der Anteil der Selbstständigen ist hoch, besonders in den visuellen Künsten, in den künstlerischen Berufen sowie unter den Autoren und Übersetzern. Was die Gehälter anbelangt, so bewegen sie sich zwischen zwei Extremen. Das eine Ende umfasst die Werktätigen, die eine etablierte Position in einem Kulturunternehmen innehaben, wie im Fall von Lektoren, künstlerischen Programm- oder Produktionsleitern im Bühnenbetrieb, Intendanten, Produzenten oder auch Toningenieuren. Ihre Gehälter sind durchschnittlich am höchsten, und ihre Situation lässt sich mit der der »Führungskräfte« in anderen Sektoren vergleichen. Am anderen Ende befinden sich die Personen, die entsprechend der Vielzahl ihrer zusätzlichen Beschäftigungen häufig »auf Honorarbasis« ausgezahlte Löhne aus mehreren verschiedenen Quellen beziehen. Und schließlich können zusätzlich zu selbstständigen Einkünften noch Gehälter bezogen werden, was bei mehr als 10 Prozent der Berufe in den visuellen Künsten und der literarischen Autoren der Fall ist. Die Kulturarbeiter verteilen sich also zwischen einem Pol relativ stabiler, im Rahmen von Unternehmen im klassischen Sinne des Wortes oder öffentlichen Organen organisierter Stellen und einem Pol verstreuter Beschäftigungen, deren Arbeitsweise oft vereinsförmig organisiert ist. Solche Vereine, die auf der einen Seite subventionsberechtigt sind und auf der anderen nur teilweise und vorübergehend sich auf spezifische Projekte reduzierende Löhne ausschütten, können die Rolle einer Schaltstelle zwischen den Geldgebern (vor allem Gebietskörperschaften) und einer großen Zahl verschiedener Personen – zum Beispiel Schauspielern oder Künstlern – einnehmen, deren Tätigkeit von temporären Einzelengagements, »Programmen« oder »Gastspielen« abhängt.[6]

Am äußersten Ende befinden sich diejenigen in ganz prekärer Lage, die zu weiten Teilen auf Einkommensersatzleistungen und sogar Sozialhilfe angewiesen sind (die für 7 Prozent der Kulturschaffenden eine zentrale Rolle spielt). Von ihnen fallen wiederum diejenigen, die in der heikelsten Situation sind, wahrscheinlich nicht zuletzt deshalb aus dem Feld der ministerialen Untersuchung heraus, weil sie zwar mit »Kultur« zu tun haben, aber keine »Profis« im eigentlichen Sinne sind. Die Dissertation von Cyprien Tasset enthält zahlreiche Interviews, an denen sich ihr Profil ablesen lässt.[7] Abseits von den Großstädten, in denen die Lebenshaltungskosten und vor allem die Mieten ihnen nicht erlauben zu leben, und ohne Vermögen oder familiäre Unterstützung sind sie von den Beziehungsnetzwerken abgeschnitten, die in diesem Milieu unerlässlich sind, um über das, was geschieht, auf dem Laufenden zu bleiben und sich in Projekte einzubringen. Als Nutznießer von Sozialhilfe, ohne die sie nicht leben könnten, verteilt sich ihre Tätigkeit meistens auf verschiedene Gelegenheitsjobs, ohne dass es möglich wäre, diese einem bestimmten Beruf zuzuordnen. Trotzdem fahren sie fort, etwas zu machen – malen, schreiben, spielen usw. –, sie verfolgen das in der Jugend gefasste Projekt weiter, ein auf die Kultur ausgerichtetes Leben zu führen, und versuchen, dem romantischen Bild des Künstlers so nahe wie möglich zu kommen, das für die Künstler in weite Ferne gerückt ist, die, um zu überleben, lernen mussten, ihre Aktivitäten so zu organisieren, dass sie einen Teil des Geldes abbekommen, das

6 Zusammengenommen erreicht der Anteil von selbstständigen Tätigkeiten und Zeitverträgen in den Kulturberufen 62 Prozent gegenüber 24 Prozent in der gesamten erwerbstätigen Bevölkerung. Der Anteil der Selbstständigen ist bei den Berufen in den visuellen Künsten und bei den künstlerischen Berufen am höchsten (um 50 Prozent) und der Anteil der Zeitverträge bei den Bühnenkünstlern (72 Prozent). (Diese Zahlen stammen aus der Erhebung »Beschäftigung 2008-2012« und wurden vorgelegt in: DEPS, *Chiffres clefs* 2014, Paris, Ministerium für Kultur und Kommunikation, 2014, S. 26f. Zitiert von Cyprien Tasset, a. a. O., S. 106f.)

7 Cyprien Tasset, a. a. O.

zwischen Privatunternehmen, staatlich kontrollierten Organisationen (wie Museen, Kulturzentren oder regionalen Kunstförderstellen), Gebietskörperschaften und Stiftungen zirkuliert.

Diese asymmetrische Verteilung der Beschäftigungssituationen geht einher mit einer besonders starken Streuung der Einkommen (von über 47 000 Euro Jahresarbeitseinkommen bis zu weniger als 3000 Euro) und vor allem der »Lebensstandards«, wenn man auch die Profite berücksichtigt, die aus Vermögensbesitz bei den Bessergestellten und aus dem vom Partner beigesteuerten Einkommen bei denen, die über keine eigenen Güter verfügen, gezogen werden. Letztere spielen eine besonders große Rolle, wenn der »Kulturschaffende« keinen gehobenen sozialen Hintergrund hat und über kein Vermögen verfügt. Das Gefälle zwischen dem vom Partner beigesteuerten Einkommen und dem persönlichen Arbeitseinkommen »ist in den Haushalten der visuellen Künstler, der literarischen Autoren und Übersetzer sowie der Kunstdozenten besonders hoch, in denen das Einkommen des Partners wahrscheinlich eine in manchen Fällen für die Fortsetzung der künstlerischen Tätigkeit unverzichtbare Unterstützung darstellt«.

Interessant an den vom Ministerium für Kultur und Kommunikation gesammelten Daten ist, dass sie mit der aus dem 19. Jahrhundert stammenden, gleichzeitig jämmerlichen und erhabenen Vorstellung vom Künstlerleben brechen, indem sie zeigen, dass die meisten Personen, die kulturelle Tätigkeiten ausüben, durchaus »Profis« wie alle anderen sind, wenn man so sagen kann. Ihr Lebensstandard ist etwas niedriger, als er sein würde, wenn sie in der öffentlichen Hand oder in der Industrie einen Beruf als »Führungskraft« im gehobenen oder mittleren Dienst ausüben würden und wenn bei denen, die einen bürgerlichen sozialen Hintergrund haben, der Besitz von Vermögen und/oder ein(e) Partner(in) in leitender Position Mittel beisteuern würden, mit deren Hilfe sich ihr relativ geringes Arbeitseinkommen ausgleichen ließe.

Außerdem muss man zwei weitere, häufig vertretene Behauptungen differenzierter betrachten. Die erste, die ihre ganze Aufmerksamkeit auf die Streuung der Einkommen und vor allem auf die ganz wenigen Kulturschaffenden richtet, die im Zuge außergewöhnlicher Erfolge sehr hohe Einkommen beziehen, besteht in der Annahme, dass alle, die diesen Weg einschlagen, in der Hoffnung, eines Tages zur kleinen Zahl der Erwählten zu gehören, bereit seien, große Opfer zu erbringen und große Risiken einzugehen.[8] Dabei wird jedoch übersehen, dass es, wenn die außergewöhnlichen Erfolge tatsächlich außergewöhnlich sind, denjenigen, die nicht dorthin gelangen, und das ist qua Konstruktion die große Mehrheit, trotzdem gelingt, einen Lebensstandard zu erreichen, der sich gar nicht so sehr von dem Lebensstandard unterscheidet, den sie erreicht hätten, wenn sie eine klassische Laufbahn eingeschlagen hätten.

Die zweite Behauptung verknüpft das wachsende *Prekariat* mit dem wachsenden Elend. In dem Sinne prekäre Situationen, dass die betreffenden Akteure über die Zukunft ihrer beruflichen Tätigkeit dauerhaft im Ungewissen bleiben, vergrößern das Elend derjenigen umso mehr, die aufgrund ihres sozialen und schulischen Hintergrunds schon von vornherein arm sind. Letztere sind aber eine Minderheit, zumindest auf dem Gebiet, das die sich auf die kulturellen Tätigkeiten beziehenden Erhebungen abdecken, auch wenn die Diversifizierung der Beschäftigungssituationen und Mehrfachbeschäftigungen in den letzten Jahrzehnten sicherlich eine Begleiterscheinung der Entwicklung der kulturellen Tätigkeiten und wahrscheinlich allgemeiner noch der Bereicherungsökonomie gewesen sind. Diese hat die Art, wie die in diesen Branchen Tätigen ihren Lebensunterhalt verdienen, von Grund auf verändert und ändert so auch die Weise, wie sie ihren Verdienst ausgeben, womit sie ihre Zeit verbringen und damit, noch allgemeiner gesagt, ihren ganzen Lebensstil.

Letztere müssen nämlich, damit sie einen Lebensstandard er-

---

8 Dieses von Seiten der Ökonomen sowie der Kunst- und Kultursoziologen vielfach kommentierte Thema wurde durch die Inszenierung des hohen Einkommensniveaus von Stars der Sport-, Film- und Kunstszene in den Medien weiter angeheizt und außerdem durch den Erfolg und die hohen Verkaufszahlen des 1995 erschienenen Buches von Robert H. Frank und Philip J. Cook, *The Winner-Take-All Society*, a. a. O.

reichen, den sie im Vergleich zum Lebensstandard ihrer Eltern oder ihres Umfelds für zumutbar halten, über Kompetenzen verfügen, die administrative Kenntnisse (um Finanzierungen zu erhalten) und betriebswirtschaftliche Kenntnisse (um diese Finanzierungen zu verwalten) miteinander verbinden. Diese Kompetenzen liegen also auf der Ebene von Beziehungen und untrennbar davon auf kaufmännischer Ebene, und sie machen Tätigkeiten erforderlich, die viel Zeit in Anspruch nehmen, in der sie sich nicht ihrer eigentlichen kreativen Aktivität widmen können. Diese Tätigkeiten sind unerlässlich, um sich über neue Strömungen und neue Projekte zu informieren, Verträge auszuhandeln, die Funktionsweise der Finanzierungsmodelle zu beherrschen, um sich einen Namen zu machen (nicht zuletzt über die sozialen Netzwerke) und um gegenüber ganz verschiedenen Instanzen und Personen – wobei es sich um andere Künstler handeln kann, die sich zum Beispiel an Auswahlausschüssen für Projekte beteiligen, um Führungskräfte aus der Industrie, um Führungskräfte aus der Verwaltung von Gebietskörperschaften, um zuständige Politiker oder Abgeordnete, um Stiftungsdirektoren oder Leiter von Kulturzentren usw. –, von denen die Engagements und Geldeinnahmen abhängen, in einer Situation starker Konkurrenz den eigenen *Wert zur Geltung zu bringen*. Der Erwerb dieser Kompetenzen, der teilweise in den Schulen und teilweise im alltäglichen Praxistest erfolgt, ist eine Bedingung für die Erlangung des informellen Status eines *Kreativen*, der in der Bereicherungsökonomie tendenziell eine Position einnimmt, die sich mit der Position vergleichen lässt, die früher, als die industrielle Ökonomie tonangebend war, der formale Status einer *Führungskraft* innehatte. Die Modalitäten dieses Sich-geltend-Machens werden wir jetzt untersuchen.

Die Selbstvermarktung der Kreativen

Weiter oben haben wir gesehen, dass die Kritik an der Massenproduktion von Standardartikeln ab den 1930er Jahren von einer Sorge durchdrungen war, die sich von den Dingen auf die Personen verlagert hatte. Diese Art kritisches Denken speiste sich aus der Befürchtung, dass die Uniformierung der Dinge nach der Standardform und der Vorrang, der funktionalen Objekten eingeräumt wurde, die »Aura« der schönen Objekte zerstören könnte, deren »Wert« – im ästhetischen Sinne – dann nicht mehr erkennbar wäre, und ob nicht die Uniformierung der Personen, die sich in den Dienst der Standardisierung stellten, einen Verfall der »Werte« – diesmal im moralischen Sinne des Wortes – nach sich ziehen würde. Anstatt in dieser Fragestellung bloß einen Avatar von antimodernem Denken zu sehen, das in manchen Fällen eher emanzipatorische und in anderen eher elitäre Züge annehmen kann, sollte man besser zugeben, dass in ihr eine Intuition zum Ausdruck kommt, die keineswegs völlig unbegründet ist. Dabei geht es um die Spiegelbildlichkeit, die zwischen der Weise, wie Werte erzeugt werden, und der Weise besteht, wie die Personen bewertet werden, die diese Werte schaffen oder Profit aus ihnen schlagen, bzw. um die Spiegelbildlichkeit zwischen den Instrumenten, die zur Rechtfertigung der Preisunterschiede zwischen den Dingen dienen, und den »Werten«, die zur Rechtfertigung der Ungleichheit zwischen Personen angeführt werden. Es sieht ganz so aus, als ob innerhalb desselben Wertschöpfungssystems Dinge und Personen Wertschätzungsweisen unterworfen sein könnten, die einander keineswegs fremd sind.

Es steht außer Frage, dass im Zeitalter der Massenproduktion die Standardisierung der Dinge mit einer Arbeitsorganisation und vor allem im Rahmen des Wohlfahrtsstaats mit sozialen Verwaltungsmaßnahmen einhergegangen ist, die zur Standardisierung von Personen neigten bzw., wenn man so will, dazu, sie nur insoweit wahrzunehmen, wie ihre *Kodifizierung* möglich war. Innerhalb der Arbeitsorganisation in den Betrieben wurde die Standardisierung durch hierarchische Instrumente, wie zum Beispiel die räumliche Trennung der Planungsbüros von den Produktionsketten, und durch die ungleiche Behandlung von Personen vorangetrieben: erstens je nach dem Grad, in dem sie eine in einem bestimmten Organisationsrahmen nützliche Differenz verkörperten, und zweitens je nachdem, wie hoch ihre Fähigkeit eingeschätzt wurde, ihr Leistungsniveau auf Dauer aufrechtzuerhalten. Während die Personen mit niedrigem Lohn am Fließband arbeiten mussten – das genau darauf zugeschnitten war, sie umstandslos ersetzen zu können –, sollten Personen mit höherem Gehalt, wie zum Beispiel Ingenieuren, einerseits Posten zugewiesen werden, die eine gewisse Autonomie mit sich brachten, und andererseits auf lange Sicht Zuverlässigkeit garantieren. Solche Anforderungsprofile sind in dem, was Randall Collins *Credential Society* genannt hat,[9] immer häufiger an den Besitz des Abschlusszeugnisses einer oftmals aufgrund ihrer staatlichen Gewährleistung als vertrauenswürdig geltenden Institution gekoppelt gewesen.

Auch der Einsatz der sozialen Verwaltungsmaßnahmen beruhte auf einer strikten Kodifizierung der Personen. In den von den Wohlfahrtsstaaten verwendeten Systemen konnten die Gewerkschaften mit Hilfe bestimmter Raster, die in Frankreich Teil der Tarifverträge waren, in den Unternehmen überwachen, dass Arbeitsplätze, die nach dem Niveau der erforderlichen Kompetenzen kodifiziert wurden, Abschlusszeugnisse, die wie kodifizierte Indikatoren verkörperter Kompetenzen behandelt wurden, und Status, wie zum Beispiel dem einer Führungskraft, zueinanderpassten. Andere Kodifizierungsweisen bildeten den Betreuungsrahmen derjenigen, die nicht arbeiten konnten, weil sie entweder arbeitslos, krank oder behindert waren. Diese Behandlungsweise von Personen funktionierte dank einer großen Zahl von zentralisierten und miteinander verknüpften organisatorischen, administrativen und statistischen Instrumenten, das heißt dank eines umfassenden Verwaltungsapparats.[10]

Wenn man sich auf den Fall der »Kulturschaffenden« (die in

9 Randall Collins, *The Credential Society. An Historical Sociology of Education and Stratification*, New York: Academic Press, 1979.

10 Einen Gesamtüberblick über den Einsatz dieser Instrumente gibt Abram de Swaan, *In Care of the State. Health Care, Education and Welfare in Europe and the USA in the Modern Era*, Cambridge: Polity Press, 1988 ⟨dt.: *Der sorgende Staat. Wohlfahrt, Gesundheit und Bildung in Europa und den USA der Neuzeit* (Aus dem Englischen von Hans Günter Holl), Frankfurt am Main/New York: Campus Verlag, 1993⟩.

der Verwaltungsnomenklatur mit »Führungskräften« gleichgesetzt werden) und, allgemeiner noch, der an der Bereicherung Arbeitenden beschränkt, wird sehr schnell deutlich, dass das Umfeld, in dem diese ihre Aktivitäten entfalten, ganz anders ist als das Umfeld, das vor 40 oder sogar 50 Jahren Führungskräfte von Unternehmen umgab. Lassen Sie uns eine Reihe von Indikatoren aufzählen: Sie arbeiten häufig von zu Hause aus, was heißt, dass sie die Doppelrolle von jemandem innehaben, der arbeitet und gleichzeitig die Intensität und Regelmäßigkeit der eigenen Arbeit kontrolliert. Ihre Arbeitszeit ist nicht festgelegt, und sie können sie einrichten, wie sie möchten, auch wenn sich so die Arbeitszeit mit der eigentlichen Lebenszeit vermischen kann. Zum einen kann eine solche Überlagerung der Lebenszeit durch die Arbeitszeit die Unterscheidung zwischen der Bezahlung von Arbeitsstunden und dem Kauf der arbeitenden Person hinfällig machen, auf der seit dem 19. Jahrhundert die Lohnarbeiterschaft beruhte. Zum anderen kann sie den falschen Eindruck einer »Arbeitsverweigerung«[11] erwecken, weil die Arbeit nicht in einem begrenzten Zeitraum am dafür vorgesehenen Ort ausgeführt wird, sondern sich auf alle möglichen Orte und die gesamte Lebenszeit ausgeweitet hat.

Eine große Zahl dieser Arbeitskräfte gehört keinem Unternehmen an, sondern untersteht einer Vielzahl von Arbeitgebern bzw. kann durchaus gleichzeitig angestellt und selbstständig sein. Ihre Laufbahn verläuft nicht geradlinig. Sie ist nicht an Alter und Erfahrung gekoppelt, und ihre persönliche Positionierung muss ohne Unterlass an die Entwicklungsschritte des professionellen Umfelds angepasst werden, in dem sie sich bewegen. Häufig werden sie auf der Grundlage ihres Rufs bewertet, der sich zwar verbessern, aber auch immer wieder in Frage stehen kann. Da sie mehreren Tätigkeiten nachgehen, können sie sich entsprechend der jeweiligen Phase mal mehr der einen und mal mehr der anderen

11 Maurizio Lazzarato, *Marcel Duchamp et le refus du travail*, Paris: Les Prairies ordinaires, 2014 ⟨dt.: *Marcel Duchamp und die Verweigerung der Arbeit* (Aus dem Französischen von Caroline Baur et al.), Wien: transversal texts, 2017⟩.

Aktivität widmen, sodass diese sich abwechseln. Sie unterliegen also ständig einer doppelten Ungewissheit in Bezug auf ihren künftigen Ruf und in Bezug auf ihre künftige Tätigkeit, das heißt in Bezug auf ihr Überleben als Besitzer einer Kompetenz, deren Ausübung vergütet werden soll. Wenn also die aus der Verwaltung stammenden Kodifizierungsweisen im Hinblick auf sie überhaupt noch einschlägig sein sollen, kann man sie nicht länger bürokratisch einwandfrei auf sie anwenden, weil sie gelernt haben, sie wie eine Ressource zu nutzen, die unterschiedlich viel einbringen kann, wie zum Beispiel am Fall der Zeitarbeitsregelungen deutlich wird.

Wenn man sie aus der Perspektive einer Sozialordnung betrachtet, die unter den Vorgaben der zumindest implizit zur Norm erhobenen industriellen Organisation steht, erweckt diese Aufzählung den Eindruck, als beziehe sie sich auf eine chaotische Welt. Nun gibt es aber genauso viele Ordnungsgefüge wie Wertschöpfungsarten. Damit sie der Wertschöpfung dienen, machen verschiedene Arten von Dingen verschiedene Arten von Personen erforderlich – bzw. verschiedene Arten von *Personal* –, die über verschiedene Qualitäten verfügen und in spezifischer Weise aufeinander abgestimmt sind. So verlangt, um nur ein Beispiel zu nennen, Fabrikarbeit unabhängig vom Verantwortungsgrad physisch robuste und psychisch stabile Personen, damit sie als zuverlässig gelten, aber das, was wir »Präsenzpotenzial« nennen werden, ist in ihrem Fall unerheblich. Letzteres, das sowohl auf der Fähigkeit beruht, sich interessant zu machen (durch seine Geschichte, sein Verhalten usw.), als auch auf der Fähigkeit, anderen gegenüber Aufmerksamkeit zu zeigen, spielt dafür aber eine zentrale Rolle in einer Bereicherungsökonomie. Die Entwicklungsschritte, die mit dem Nachlassen der industriellen Anforderungen und dem Hervortreten der Anforderungen einhergehen, die sich aus einer Bereicherungsökonomie ergeben, können sehr gut sichtbar sein, wenn sie sich am Niedergang eines Berufs oder eines sozialen Status bemerkbar machen. Aber unmerklich können auch Personen davon betroffen sein, deren Beruf eine Zukunft zu haben scheint, obwohl Dasein und Lebensweise derjenigen, die ihn ausüben, sich zutiefst verändert haben. Das wird zum Beispiel am

Fall der *Bauern* deutlich, die in der Zeit der intensiven Landwirtschaft der Jahre zwischen 1960 und 1970 durch administrative Maßnahmen, die sich in Marktzwängen niederschlugen, zu *Landwirten* umfunktioniert und ab Anfang der 1990er Jahre von denselben Instanzen zunehmend angehalten wurden, sich um die Landschaftspflege zu kümmern, das heißt sich in *Landschaftsgestalter* zu verwandeln, und gleichzeitig noch ihren Lebensraum neu zu gestalten, um ihm dem Ökotourismus zur Verfügung zu stellen, wie wir am Beispiel des Aubrac gezeigt haben. Es mag sein, dass sie weiter am selben Ort wohnen, ja dass sich sogar ihre Lebensweise kaum verändert hat, und doch haben sie sich auf eine neue Weise in den Dienst des *Grund und Bodens* gestellt, die der Art und Weise entspricht, wie eine Bereicherungsökonomie dessen Wert zur Geltung bringt.

In einer Bereicherungsökonomie sind spezifische Investitionen erforderlich, um den Wert der aus der Vergangenheit stammenden Objekte zur Geltung zu bringen, aber diese Investitionen sind ausnahmslos nicht so hoch und vor allem nicht so geballt wie produktive Investitionen. Sie fußen auf netzwerkförmig organisierten kleinen Einheiten und auf Menschenmaterial, das aus unzähligen potenziellen *Entdeckern* und *Kreativen* besteht, die viele verschiedene Kompetenzen besitzen und deren Leistungsfähigkeit keineswegs immer vorhersehbar ist. Diese Investitionen stellen jedoch nur einen kleinen Teil der Gesamtinvestition dar, die höhergestellten kollektiven Instanzen überlassen wird, besonders dem Staat, aber auch Gebietskörperschaften, vor allem in Form von Investitionen in Bildung und Erziehung. Die bevorzugte Koordinierungsweise nimmt weniger die Form einer Organisation als die eines Netzwerks an, ja sogar eines Umfelds oder Milieus, das aus einer Vielzahl von höchst verschiedenen Wesen – Dingen oder Personen – besteht, zwischen denen es zu oftmals dem Zufall überlassenen Interaktionen kommt, aus deren Zusammenspiel sich eine Auswahl ergibt, die wiederum auftritt, als sei sie »natürlich«.

In dieser Welt gibt es jedoch trotzdem spezifische Weisen, wie die Personen ihren eigenen Wert zur Geltung bringen können, die eine gewisse Analogie zu den Formen aufweisen, auf denen die Wertermittlung bei den Dingen beruht, deren Aufwertung und Zirkulation diese Personen sicherstellen. Am besten sieht man das am Fall derjenigen, die man in der Welt der Bereicherung die *Kreativen* nennt – diese Figur steht in ihrem Zentrum und passt auf eine sehr große Zahl von Berufen, die vom bildenden Künstler bis zum Koch reichen, vom Designer bis zum Friseur und vom Werbe- oder Modefotografen bis zum Gestalter von Kleidung, Schmuck oder Parfüm. Im Gegensatz zu dem, was der Ausdruck nahelegt, mit dem man sie bezeichnet, besteht die Aufgabe der Kreativen nicht darin, bis dato völlig unbekannte Objekte hervorzubringen, was nur selten vorkommt, und im Übrigen beständen nur geringe Aussichten, dass diese Objekte auch zur Kenntnis genommen würden. Sie lehnen sich an eine Kultur an, das heißt an eine Tradition, und sind daher der Vergangenheit zugewandt. Doch sie pflegen diese Tradition (»sie interpretieren sie neu«), indem sie in ihr leichte Verlagerungen vornehmen und oftmals vergangene, mehr oder weniger altmodische Formen wiederbeleben, sodass Überraschungseffekte entstehen, die gleichwohl Anerkennung finden. Das Spiel mit Differenzen und Wiederholungen, auf dem die Sammlerform beruht, bildet also auch den Kern ihrer Tätigkeit. Diese Art, den Wert der Dinge zur Geltung zu bringen, findet nun aber ein Echo in der Weise, wie die Kreativen ihren eigenen Wert zur Geltung bringen und ihre Selbstvermarktung sicherstellen.

Um Erfolg zu haben bzw. nicht unterzugehen, muss der Kreative sich einen Namen machen, wie es so schön heißt, das heißt, er muss seine monetären Gewinnansprüche rechtfertigen, indem er den Wert seines *eigenen Namens* zur Geltung bringt, der wie eine Marke eingesetzt wird und auch als solche rechtlich eingetragen werden kann. Um den Wert eines Namens zur Geltung zu bringen, empfiehlt es sich, ihn dauerhaft mit der Erinnerung an zwei Arten von performativer Beschreibung in Verbindung zu bringen, die sich beide von einem kontinuierlichen Hintergrund abheben. Diese Beschreibungen sollen zum einen gezielt auf das Auftreten von *Differenzen* aufmerksam machen, die den Verlauf der Tradition, der sie angehören, in eine andere Richtung lenken können.

Und zum anderen besteht ihre Rolle darin, eine persönliche *Geschichte* zu erzählen, die ebenfalls in traditioneller Form verfasst ist, um die ausgewählten Differenzen in der biographischen Kontinuität des Kreativen zu verankern, der sich anhand seines Namens und anhand der *Projekte*, an denen er beteiligt war, identifizieren lässt. Ohne diese Verknüpfung auf der einen Seite mit der Tradition, durch welche die Neuheit im Verhältnis zu einer immer wieder neu darstellbaren Vergangenheit hervortritt, und auf der anderen mit der Geschichte einer Person, der sie zugeschrieben wird, wäre die Differenzierung eine stochastische Größe und würde mit dem Fluss der Ereignisse des Lebens verwechselt bzw., wenn man so will, mit der *Welt*. Sie wäre wenn nicht unwahrnehmbar, so doch zumindest ohne Erinnerungskraft und folglich ohne monetären Wert.

Das heißt, dass der Kreative jemanden benötigt, der *ihm zur Geltung verhilft*, und zwar genauer gesagt einen Biographen. Heutzutage übernimmt er selbst ohnehin schon eine immer größere Rolle bei der Inszenierung seines Leben, über das er zum Beispiel in Form von Interviews Informationen liefert, mit denen die Interpreten sich befassen können, und in einem bescheideneren Rahmen, indem er seine Aktivitäten, Qualitäten und »ursprünglichen« Charakterzüge in Lebensläufen, »Dossiers« oder »Books« rekapituliert, die er in ausreichender Zahl zirkulieren lässt. Und schließlich, indem er ausgiebigen Gebrauch von den sozialen Netzwerken macht. Der Kreative muss nicht nur in der Lage sein, die Dinge mit Differenzen zu versehen, sondern auch dazu, einen Diskurs über diese Differenzen in Gang zu setzen, was voraussetzt, dass der traditionelle Hintergrund, von dem sie sich abheben, ihm vertraut ist, und er muss eine Lebensgeschichte vorweisen können, die ihm erlaubt, seinen Anspruch auf ein *Patent* an diesen Differenzen zu untermauern. Die Rechte am geistigen Eigentum finden nämlich nur bei Werken – ob es sich nun um Dinge oder um Texte handelt – Anwendung, sie können sich nicht auf sogenannte »Ideen« beziehen. In Verbindung mit »Coups«, wie der Fachmann sagt, nehmen die Differenzen, die der Kreative einführt, nun aber häufig die Gestalt von Ideen an, was in dem

Fall, dass diese Ideen Gefallen finden und zirkulieren, leicht dazu führt, dass eine ganze Reihe von Konkurrenten, vor denen der schöpferisch Tätige seine Differenzen nicht verstecken darf, sich diese Ideen zu eigen machen können.[12] In der Art von Schaufenster, das der Kreative aus seiner Person macht, müssen die mit seinem Namen verbundenen Differenzen auf eine Art und Weise präsentiert und angeordnet werden, die mit dem klassischen Modell der Biographie von prägenden Persönlichkeiten der Vergangenheit übereinstimmt. Jede als neu angezeigte Differenz muss einerseits einen Abstand zu den vorhergehenden Differenzen herstellen, damit erneut ein Überraschungseffekt eintritt und Interpretationen auf den Plan gerufen werden. Und andererseits muss sie eine Ähnlichkeit zu den bereits mit dem Namen des fraglichen Kreativen verknüpften Differenzen aufweisen, das heißt eine Art von Wiederholung darstellen, wodurch dem Leben des Letzteren ein einheitlicher Stil verliehen wird und die Erinnerungskraft seines Namens sich erhöht. Doch dabei, dass Differenzen einerseits dauerhaft mit einem Namen verbunden werden und andererseits als einschlägig gelten, spielt die Vermittlung einer *Person, die auswählt*, eine entscheidende Rolle. Diese hat nämlich die Position eines Gatekeepers inne. Wie ein Lektor oder Kurator bestimmt sie über den Zugang zu Finanzierungen oder Ressourcen, auf denen der Ruf beruht. Die Mächtigsten unter den Auswählenden sind nun aber oftmals selbst kreativ tätig, das heißt Konkurrenten.

Der Zwang zur Selbstausbeutung

Der Kreative, dessen Porträt wir gerade in groben Zügen skizziert haben, hält sich in einem Umfeld auf, das gleichzeitig eine *gemeinsame Welt* und ein Raum ist, in dem Konkurrenz herrscht. Denn

---

12 Vgl. Pierre Bourdieu, *Manet. Une révolution symbolique. Cours au collège de France (1998-2000)*, Paris: Seuil/Raisons d'agir, 2013 ⟨dt.: *Manet. Eine symbolische Revolution. Vorlesungen am Collège de France 1998-2000* (Aus dem Französischen von Achim Russer und Bernd Schwibs), Berlin: Suhrkamp Verlag, 2015⟩.

die wesentlichen Ressourcen, aus denen er Profit schlagen kann, sind sowohl in materieller Form – wie Cafés, Konzertsäle, Galerien, Geschäfte oder Museen sie darstellen, die immer zugleich Orte der Zurschaustellung und der Begegnung sind – als auch in immaterieller Form – wie Emotionen, Trends oder Ideen sie darstellen – über sein Betätigungsfeld und seinen Lebensraum verteilt. Doch die profitabelsten Ressourcen sind Personen, die man kennen muss, weil sie bekannt sind, und an die eine physische Annäherung wünschenswert und nützlich ist, und in erster Linie sind das die Personen, die auswählen. Das belegen nicht zuletzt die Interviews, die Cyprien Tasset mit den Menschen geführt hat, die sich in dem Ausdruck »intellektuelles Prekariat« wiedererkennen. Die Ausgaben, auf die diese Personen am schwersten verzichten können, selbst wenn gerade Ebbe in ihrer Kasse ist, betreffen die Wohnungsmiete in Gegenden, in denen vorrangig Kreative leben, sowie den Besuch von Restaurants, Cafés und Kulturzentren, deren Aufsuchen Bedingung für ihren Verbleib in diesem Milieu ist und ihnen Zugang zu Informationen über anstehende Projekte verschafft.[13] Aber diese gemeinsame Welt ist auch ein Raum, in dem eine Auswahl getroffen wird, das heißt Konkurrenz herrscht, insofern der Grad, in dem jeder Kreative seinen eigenen Wert zur Geltung bringt, sich an dem orientiert, was er über die anderen weiß, und an der Art und Weise, wie wiederum diese ihren Wert zur Geltung bringen – entsprechend der Beziehungsstruktur, die in dem »intellektuellen Feld« herrscht, das Pierre Bourdieu erkundet hat.

In einem solchen Raum neigt jeder zur Selbstausbeutung, weil er selbst das Unternehmen ist, von dem sein Überleben abhängt. Darin findet sich die Gesellschaftsform verwirklicht, deren erste Anzeichen Foucault in den deutschen Theorien des Liberalismus bzw. Ordoliberalismus erkannte, wenn er sagt:

> Das Leben der Individuen soll sich nicht wie ein individuelles Leben in den Rahmen eines großen Unternehmens einfügen, das die Firma oder am Ende der Staat wäre, sondern das Leben des Individuums

13 Cyprien Tasset, a. a. O.

> soll sich in den Rahmen einer Vielheit verschiedener verschachtelter und miteinander verschränkter Unternehmen einfügen können, von Unternehmen, die für das Individuum gewissermaßen in Reichweite sind und die in ihrer Größe hinreichend beschränkt sind, damit die Handlungen des Individuums, seine Entscheidungen, seine Wahlmöglichkeiten bedeutsame und wahrnehmbare Wirkungen haben können, die auch hinreichend zahlreich sein können, damit das Individuum nicht von einer Entscheidung allein abhängt. Schließlich soll das Leben des Individuums selbst etwa mit seinem Verhältnis zu seinem Privateigentum, seinem Verhältnis zu seiner Familie, zu seinem Haushalt, seinem Verhältnis zu seinen Versicherungen, zu seiner Rente aus ihm [dem Individuum] und seinem Leben so etwas wie ein ständiges und vielgestaltiges Unternehmen machen.[14]

Trotzdem nimmt dic für diese Welt typische Ausbeutungsart auch die Form eines Generationskonflikts an, weil die Kreativen, denen es gelungen ist, sich einen Namen zu machen, eben dadurch versuchen, sich vor der Konkurrenz der Neulinge in Sicherheit zu bringen, dass sie Positionen einnehmen, von denen aus sie in der Lage sind, diese Neulinge von sich abhängig zu machen und ihre Beiträge zu vereinnahmen, das heißt sich ihre Vorschläge, Einwände und Arbeitskraft zunutze zu machen. Deshalb müssen die Kreativen, wenn sie ihren Erfolg auf Dauer stellen wollen, entweder Machtpositionen in Organisationen erlangen – zum Beispiel im Leitungsgremium von Ausstellungs- oder Veranstaltungsorten –, die entweder öffentlich sein können – wie Museen – oder privat – wie im Fall von Stiftungen –, oder sie müssen ein Vermögen akkumulieren, das sich in Kapital verwandeln, das heißt in Wirtschaftsunternehmen stecken lässt, die auf die Bereicherungsökonomie ausgerichtet sind, wie etwa Modefirmen, Trendagenturen, Beratungsgesellschaften für Sammler, Galerien, Produktionsfirmen von Veranstaltungen oder auch Medienspektakeln. Doch das Erlangen dieser Art von Position macht die Kreativen dann tendenziell unbeweglich, wodurch ein Spannungsverhältnis zu der Beweglichkeit entsteht, die man von ihnen erwartet und

14 Michel Foucault, *Geschichte der Gouvernementalität II. Die Geburt der Biopolitik*, a.a.O., S. 333f.

die erforderlich ist, um ihre Position in der Welt der Kreativen zu verteidigen.

Im Grunde genommen würden die meisten dieser ob nun öffentlichen oder privaten Organisationen nicht florieren, ja noch nicht einmal weiterbestehen, wenn sie keinen Zugang zu einer ausreichenden Menge an kostengünstigen Arbeitskräften hätten, die aus jungen, den Status eines Kreativen anstrebenden Hochschulabsolventen besteht. Für diese stellen selbst vorübergehende und kurzzeitige Beschäftigungen sowohl eine Einkommensquelle dar, die ihnen zu überleben erlaubt, als auch ein Mittel, den Instanzen näherzukommen, von denen ihre Auswahl abhängt, das heißt das Bekanntwerden ihres Namens, das die Beteiligung an Projekten, und sei es nur als »kleine Aushilfe«, sicherstellen könnte. Ein Vorteil solcher Arbeitskräfte besteht darin, dass sie die Investition von Festkapital gering halten, weil sie – da sie nicht zum festangestellten Personal der sie beschäftigenden Organisationen gehören, das sich auf einen Verwaltungskern beschränkt – extern arbeiten, sodass ein Großteil der Kosten, die ihre Beschäftigung verursacht – für Energie, Arbeitsräume, Geräte, wie zum Beispiel Computer –, zu ihren eigenen Lasten geht. Ein solcher Organisationsmodus ist nun aber maßgeblich für das Feld einer Bereicherungsökonomie. Selbst im Fall der »Kulturindustrie« im sehr begrenzten Sinne des Ministeriums für Kultur und Kommunikation (Verlagswesen, Fernsehsender und -produktionsfirmen, Presse- und Werbeagenturen) gibt es besonders viele Ich-AGs (53 Prozent der Unternehmen haben keine Angestellten). Die Unternehmenskonzentration ist hoch (4 Prozent der Unternehmen mit mehr als 20 Angestellten erzielen 84 Prozent des Gesamtumsatzes), und insgesamt wird weitgehend auf Honorarkräfte und Subunternehmer zurückgegriffen.[15]

Obwohl diese jungen Hochschulabsolventen sich mit Recht für ausgebeutet halten könnten, fällt es ihnen schwer, sich tarifliche Instrumente zuzulegen, die den Grad ihrer Ausbeutung ver-

15 Valérie Deroin, »Statistiques d'entreprises des industries culturelles«, in: *Culture Chiffres*, 2008-4.

ringern würden, indem sie ihre Verhandlungsmacht stärken und ihre Druckmittel erhöhen, und zwar aus mehreren Gründen.[16] Der erste hängt mit ihrer räumlichen und zeitlichen Verstreutheit zusammen. Fern vom physischen Raum eines Unternehmens können sie zwar Kritik äußern und sich dabei vor allem über die sozialen Netzwerke im Internet miteinander abstimmen, aber daraus folgen keine Taten, weil dafür konkrete Körper aufeinander abgestimmt werden müssten. Der zweite hängt damit zusammen, dass jeder seine Lage als vorübergehend betrachtet und darauf hofft, sie durch die Erlangung des Status eines anerkannten Kreativen hinter sich zu lassen, sodass er dazu neigt, die anderen, die dasselbe Ziel verfolgen, weniger als Leidensgenossen denn als Konkurrenten zu betrachten. Und drittens schließlich können diese Akteure über die Anprangerung von abstrakten Entitäten wie dem »Neoliberalismus«, »neuen Management-Prinzipien« oder dem »Finanzkapitalismus« hinaus nicht klar erkennen, welche Instanzen oder Personen für ihre Ausbeutung verantwortlich sind und bei wem sie folglich nicht nur ihre Forderungen geltend machen sollen, sondern vor allem gegen wen sie aufbegehren könnten.

In ihrem Fall hat eine Unterscheidung keine Durchschlagskraft mehr, die historisch eine zentrale Rolle gespielt hat, weil die Kritik des Kapitalismus sich auf sie stützen konnte. Dabei handelt es sich um die Entgegensetzung der *Arbeitskräfte* auf der einen Seite, die nur ihre Arbeitskraft besitzen, und der *Eigentümer* der Produktionsmittel auf der anderen Seite, die sich Mitte des 19. Jahrhunderts allmählich durchsetzte, als das Modell von Großunternehmen das Handwerksmodell verdrängte und die Gewerkschaften als neuartige Arbeiterorganisationen, deren Struktur sich an Formen anlehnte, die eine Verbindung zu den politischen Instrumenten der Demokratie aufwiesen, die alten Berufsorganisationen zu ersetzen begannen.[17] Auf der Grundlage dieser Entgegensetzung war es möglich, der Idee der Ausbeutung Gestalt zu verleihen, die als

16 Vgl. Irène Pereira, *Les Travailleurs de la culture en lutte*, a.a.O.

17 Vgl. William Sewell, *Gens de métier et révolutions. Le langage du travail de l'Ancien Régime à 1848*, Paris: Aubier, 1983, englische Originalausgabe 1980.

ungleiche und ungerechte Aufteilung der – in Geld gemessenen – Früchte der produktiven Arbeit unter den verschiedenen, zur Produktion, das heißt zur industriellen Herstellung von Dingen beitragenden Gruppen verstanden wurde, deren Vermarktung nur dem Profit zugutekam, den die Eigentümer des Unternehmens einstrichen. Im Fall der im Zentrum einer Bereicherungsökonomie stehenden Kulturorganisationen ist es nun aber sehr schwierig, dieser Entgegensetzung Substanz zu verleihen, weil die »Ausbeuter« Charakterzüge aufweisen, die oftmals nicht radikal anders sind als die der »Ausgebeuteten« – es sei denn durch ihren Erfolg und allgemeiner noch durch ihren Lebensstandard –, und weil beide sich auf dieselben »Werte« berufen. Darüber hinaus sind sie häufig zwar Eigentümer eines aus außerordentlichen Objekten oder Anwesen bestehenden Vermögens, aber nicht Eigentümer der Organisationen, in denen sie tätig sind, ja noch nicht einmal deren Direktoren oder Manager, da diese Organisationen nicht so hierarchisch strukturiert sind wie die Unternehmen in der industriellen Produktion. Aus diesen verschiedenen Gründen sind die »Chefs«, an die Forderungen gerichtet werden könnten, nicht leicht zu identifizieren. Letztendlich haben die Ausgebeuteten der Welt der Bereicherung in den ziemlich seltenen Fällen, in denen ihre Situation von einem staatlich herbeigeführten Status abhängt, die besten Aussichten, sich zum eigenen Schutz zusammenzutun, wenn sie nämlich dessen Vertreter, insbesondere auf Regierungsebene, an ihre Aufgaben erinnern, wie am Fall der Zeitarbeitsverträge im Bühnengewerbe deutlich geworden ist.[18] Das Vorhandensein eines gemeinsamen Status liefert nämlich tendenziell einen Ansatzpunkt für das kollektive Handeln von Personen,

18 Den sozialen Konflikten, in die sich Bühnenkünstler mit Zeitarbeitsverträgen eingeschaltet haben, wurde von Seiten der Soziologen große Aufmerksamkeit zuteil, von denen viele sie als »richtungsweisend« betrachteten. Vgl. vor allem Pierre-Michel Menger, *Les Intermittents du spectacle. Sociologie du travail flexible*, Paris: Éditions de l'EHESS, 2011; Mathieu Grégoire, *Les Intermittents du spectacle. Enjeux d'un siècle de luttes*, Paris: La Dispute, 2013; Antonella Corsani/Maurizio Lazzarato, *Intermittents et précaires*, Paris: Éd. Amsterdam, 2008.

die sich ansonsten in beruflicher Hinsicht als verschieden betrachten und, objektiv gesehen, häufig Konkurrenten sind. Darüber hinaus haben sie durch das Vorhandensein von deutlich identifizierbaren Verantwortlichen in der Politik oder in der Verwaltung einen »Ansprechpartner«, der in einer großen Zahl von anderen Fällen fehlt.

Wie sich herausstellt, sind die dieser Welt eigenen, spezifischen Ausbeutungsweisen eng mit den Auswahlprozessen verknüpft, deren Auswirkungen sich das ganze Leben über bemerkbar machen. Am Ende dieser Prozesse stehen zwei Extrempositionen, die für eine gescheiterte oder für eine erfolgreiche Auswahl stehen. Die erste ist die des *Verlierers*. Diejenigen, denen es nicht gelungen ist, den Wert ihres Namens zur Geltung zu bringen und deren Gewinne gering geblieben sind oder zurückgehen, sind gezwungen, vor allem wenn sie über kein Vermögen verfügen, die teuren Zentren zu verlassen, in denen neue Projekte sich entwickeln. Sie können also aus dem Gebiet der Bereicherungsökonomie verschwinden (zum Beispiel wenn es ihnen gelingt, auf Landes- oder auf regionaler Ebene leitende Vermittlungspositionen im öffentlichen Dienst anzupeilen) oder in nicht sonderlich produktive, aber touristisch attraktive ländliche Räume ausweichen, deren Niedergang durch die Ankunft von Stadtflüchtigen und den aus den Großstädten verjagten Künstlern abgebremst worden ist, denn ihre Präsenz kann zur Belebung der lokalen Wirtschaftsaktivität und zur Entwicklung des Ökotourismus beitragen.[19] Die

19 Zu den Prozessen, die man mittlerweile Gentrifizierung im ländlichen Raum bzw. *greentification* nennt und durch die sich neue Milieus bilden, die häufig sowohl ein ökologisches als auch ein politisches und kreatives Anliegen, aber auch ihre Lebensweise verbindet und in den sich landwirtschaftliche mit geistigen oder künstlerischen Tätigkeiten paaren, vgl. die Zeugnisse, die das Autorenkollektiv Mauvaise Troupe gesammelt hat: *Constellations. Trajectoires révolutionnaires du jeune XXIe siècle*, Paris: L'Éclat, 2014, und zwar ganz besonders S. 338-350, »Vivre en collectif sur le plateau de Millevaches«, über das Limousin. Was eine ökonomische und statistische Analyse der Auswirkungen der Ansiedlung von Neuankömmlingen in eben dieser Region des Limousin anbelangt, vgl. Frédéric Richard/Julien Dellier/Greta Tommasi, »Migration, environnement et gentrification rurale en montagne limousine«,

zweite Position am entgegengesetzten Ende ist die des *Überlebenden*,[20] dem es gelungen ist, den Wert seines Namens zur Geltung zu bringen, das heißt ihn mit der Erinnerung an die Differenzen in Verbindung zu bringen, deren Urheberschaft ihm zugeschrieben wird, und sie in eine kohärente Geschichte einzuschreiben, die sich mit seiner eigenen Lebensgeschichte vermischt, was auch voraussetzt, dass er in der Lage war, der Konkurrenz der Neueinsteiger standzuhalten.

Die Herausbildungsbedingungen sozialer Klassen

Als wir auf den vorangegangenen Seiten versucht haben herauszuarbeiten, zu welchen gesellschaftlichen Veränderungen die Entwicklung einer Bereicherungsökonomie führen kann, haben wir Bilder von bestimmten *Figuren* skizziert – nämlich von *Abgehängten, Dienstboten, Rentiers* und *Kreativen*. Darin sind wir den Soziologen bzw. Sozialphilosophen gefolgt, die versuchen, Licht in jenes verschwommene Etwas zu bringen, das in ihren Augen die Basis für die neu entstehenden Gruppen bildet, die in mehr oder weniger naher Zukunft eine zentrale Rolle im ökonomischen und sozialen Leben spielen werden. Viele von ihnen haben seit 20 Jahren Ausdrücke geprägt, die diejenigen bezeichnen sollen, die ihrer Meinung nach den Richtungswechsel der Wirtschaft in den westlichen Gesellschaften verkörpern. Richard Barbrook hat ein sorgfältiges und ironisches Verzeichnis dieser Ausdrücke angelegt[21] – zu ihnen gehören zum Beispiel die »Geistesarbeiter« (*knowledge workers*), das »Kognitariat« (*cognitarians*), die »Schwarm-

---

in: *Revue de géographie alpine*, 102/103, 2014 [online], und Frédéric Richard/Marius Chevallier/Julien Dellier/Vincent Lagarde, »Circuits courts agroalimentaires de proximité en Limousin. Performance économique et processus de gentrification rurale«, in: *Norois*, 1/2014, Nr. 230, S. 21-39.

20 Zu einer phänomenologischen Analyse des »Überlebenden«, vgl. Elias Canetti, *Masse und Macht*, Hildesheim: Claassen Verlag, 1960, S. 537-543.

21 Richard Barbrook, *The Class of the New*, London: Mute Publishing, 2007 ⟨dt.: *Die Klasse des Neuen. Ein ›Kreativarbeiter in einer Weltstadt‹-Projekt* (Aus dem Englischen von Valie Göschl), Wien: Verlag Neue Arbeit, 2009⟩.

Kapitalisten« (*swarm-capitalists*) oder auch der »Hacker« (*hackers*) –, die aus der Welt der Informatik übernommen wurden, dabei aber eine solche Ausweitung erfuhren, dass sie die Spezifität und Neuartigkeit der Eigentumsverhältnisse im »virtuellen Informationszeitalter« einzufangen vermögen.[22]

Eine ähnliche Richtung schlägt Richard Florida ein, wenn er – in einem Buch, das Anfang des 21. Jahrhunderts in den Vereinigten Staaten und danach in Europa großes Interesse geweckt hat – die Vorstellung vertritt, dass die Besonderheit der unter dem Gesichtspunkt ihrer Sozialstruktur und ihrer Raumaufteilung betrachteten westlichen Gesellschaften der Gegenwart in der Entwicklung einer im Zentrum der großen Metropolen verankerten »kreativen Klasse« bestehe, aus der sich deren Dynamik speise.[23] Dieser Auffassung zufolge gehören all diejenigen zur kreativen Klasse, die bei den »Innovationsprozessen« die Rolle einer Antriebskraft spielen, und zwar einerseits unabhängig davon, ob ihre spezifischen Kompetenzen wissenschaftlicher oder technischer Natur sind (Forscher, Ingenieure, Ärzte usw.) oder eher zur Welt der Kunst und der Kultur im weitesten Sinne gehören, und andererseits unabhängig davon, ob sie bei großen, sich der industriellen Produktion widmenden Firmen angestellt oder auf sich gestellt als freie Mitarbeiter tätig sind (die Richard Florida mit einem Ausdruck, den er von César Graña[24] übernimmt, als »bohemians« bezeichnet). Laut Richard Florida umfasst diese »neue Klasse« in den Vereinigten Staaten ungefähr 30 Prozent der Erwerbstätigen.

Diese Auffassung beruht auf mehreren Voraussetzungen, die nicht mit unserem Ansatz übereinstimmen.[25] Die erste ist, dass

---

22 Zu den Hackern, vgl. die Arbeiten von Nicolas Auray, und zwar vor allem »Le prophétisme hacker et son contenu politique« in der Zeitschrift *Alice*, Nr. 1, Oktober 1998, S. 65-79; Nicolas Auray/Danielle Kaminsky, »Les trajectoires de professionnalisation des hackers. La double vie des professionnels de la sécurité«, in: *Annales des télécommunications*, 2007, 62, Nr. 11/12, S. 1313-1327.

23 Richard Florida, *Cities and the Creative Class*, New York: Routledge, 2005; ders., *The Rise of the Creative Class*, New York: Basic Books, 2002.

24 César Graña, a. a. O.

25 Zu einer einschlägigen Kritik der Theorie der *creative class*, vgl. vor allem Ste-

die Spezifität der Gegenstände, auf die sich die Tätigkeit dieser Akteure richtet, nicht berücksichtigt wird und folglich die Unterschiede zwischen industrieller Ökonomie und dem, was wir Bereicherungsökonomie genannt haben, nicht untersucht werden können. Die zweite ist, dass so getan wird, als stelle jene »kreative Klasse« eine homogene Totalität dar, die einfach nur zu den in der Industriegesellschaft bereits vorhandenen schichtspezifischen Unterteilungen hinzukäme. Dabei liegt der Gedanke nahe, dass die mit der Entwicklung einer Bereicherungsökonomie verbundenen Transformationen Auswirkungen auf die Gesamtstruktur des sozialen Gefüges haben. Die Position, die Florida vertritt, ist außerdem fragwürdig, weil sich die »Kreativen« einerseits keineswegs alle in der gleichen Situation befinden,[26] und sie andererseits gar nicht unbedingt »Neuerer« sein müssen, zumindest wenn man diese Bezeichnung in dem Sinne versteht, den die Wissenschafts- und Technikgeschichte und -soziologie ihr im Zusammenhang mit der Moderne gegeben hat.

Andere Probleme betreffen die Verwendung des Ausdrucks »Klasse«, der bekanntlich ganz verschiedene Bedeutungen annehmen kann, je nachdem, ob er aus marxistischer Perspektive unter Bezugnahme auf den Klassenkampf verwendet wird, oder ob er vor allem deskriptiv ausgerichtet ist, wie im Fall der sich auf die Vorstellung eines »Prestigegefälles«[27] stützenden Skalierungen der angloamerikanischen Ansätze oder bei den sozioprofessionellen Kategorien des Insee. Im letzteren Fall wurde eine große Zahl von Berufen verschiedenen Schwerpunkten oder Musterberufen zugeordnet, mit denen sie Gemeinsamkeiten aufweisen. Diese beruhten auf einem Kriterienkatalog, für den die je nach Dauer

---

fan Krätke, *The Creative Capital of Cities. Interactive knowledge, creation and the urbanization economies of innovation*, Chichester: Wyley-Blackwell, 2011.

26 Vgl. Cyprien Tasset, »Les ›intellos précaires‹ et la classe créative. Le recours à la quantification dans deux projets concurrents de regroupement social«, in: Isabelle Bruno/Emmanuel Didier/Julien Prévieux (Hrsg.), *Stat-Activisme. Comment lutter aves des nombres*, Paris: La Découverte, coll. Zones, 2014, S. 117-132.

27 Vgl. Dominique Merllié, *Les enquêtes de mobilité sociale*, Paris: PUF, 1994.

und Art der Ausbildung einen verschieden hohen Grad an Selbstständigkeit und Verantwortung voraussetzende Unterscheidung zwischen Angestellten und Chefs, Handarbeit und geistiger Arbeit sowie ausführenden und leitenden Tätigkeiten ausschlaggebend war. Was jedoch die Spezifität der sozioprofessionellen Kategorien ausmacht und ihrer deskriptiven Kraft zugrunde liegt, ist, dass diese Kategorien sich auf konventionelle Formen stützen, die zwischen 1936 und 1946 festgelegt wurden, das heißt auf die Tarifverträge der einzelnen Branchen und auf das Parodi-Abkommen (eine Verordnung des damaligen französischen Arbeitsministers Alexandre Parodi aus dem Jahr 1945, durch die ein Einordungsraster für Arbeiter in Lohngruppen festgelegt wurde) für den Unternehmensbereich bzw. auf das Statut général de la fonction publique, das Allgemeine Öffentliche Dienstrecht, für den Verwaltungsbereich. Die statistischen Kategorien, welche die Welt der Arbeit repräsentieren sollten, stimmten also mit den politischen Repräsentationsformen überein, die diese durch die Verknüpfung von Gewerkschaftsarbeit und staatlichem Handeln geprägt hatten, weil sie sich auf dieselben Qualifikationsverfahren stützten.[28] Und eben diese von der politischen Ordnung des Wohlfahrtsstaats und der industriellen Organisation der Produktion untrennbare Ordnung in Klassen ist teilweise zerstört worden: zunächst durch das *Reengineering* der Unternehmen in den 1990er Jahren und die Entstehung des Subunternehmertums, dann durch die Deindustrialisierung und schließlich durch die wachsende Zahl prekärer Beschäftigungsverhältnisse und das Erstarken der Bereicherungsökonomie.

In Bezug auf den Gegenstand unserer Studie lässt sich von sozialen Klassen also nur in einem sehr vagen Sinne sprechen. Es gibt zwar wahrscheinlich teilweise Interessengemeinschaften und ebenfalls teilweise verwandte Lebensstile innerhalb der verschie-

28 Vgl. Alain Desrosières, *La Politique des grands nombres*, Paris: La Découverte, 1993, besonders S. 326f. ⟨dt.: *Die Politik der großen Zahlen. Eine Geschichte der statistischen Denkweise* (Aus dem Französischen von Manfred Stern), Berlin/Heidelberg/New York: Springer Verlag, 2005, besonders S. 296ff.⟩.

denen Gruppen, die wir auf der Grundlage von Musterbeispielen wie den Abgehängten, den Dienstboten, den Besitzenden und den Kreativen zu identifizieren versucht haben. Doch da diese Gruppen weder rechtlich noch durch administrative und statistische Konventionen objektiviert worden sind, bleiben sie virtuell. Damit sie *Wirklichkeit werden*, das heißt die Form von sozialen Klassen annehmen, müsste man sie inmitten der Ereignisse, und zwar genauer gesagt inmitten der Konflikte beobachten können, in deren Verlauf die Personen gezwungen wären, sich an den Herausforderungen zu orientieren, denen sie sich gegenübersehen.[29] Ereignisse dieser Art stellen nämlich historische *Prüfungen* dar, bei denen die Personen nicht umhinkönnen, sich zusammenzuschließen, damit ihre Kraft im Rahmen der Kräfteverhältnisse zunimmt, das heißt sich auf die Loyalitäten zurückzubesinnen, die bei ihnen am größten sind.

Irritationen auf Seiten der Kritik

Die Untersuchung der Entwicklung der Bereicherungsökonomie und die Analyse der Wertermittlungsformen, auf denen sie beruht, erlauben unserer Meinung nach, einige der Schwierigkeiten besser zu verstehen, auf welche die Kapitalismuskritik Anfang des 21. Jahrhunderts besonders in den westeuropäischen Ländern gestoßen ist. Die heftige Kapitalismuskritik der Jahre zwischen 1965 und 1975 ist zwischen 1985 und 1995 unter dem Einfluss zweier historischer Entwicklungen mit großer Durchschlagskraft fast vollständig zum Schweigen gebracht worden, die zwar relativ unabhängig voneinander waren, aber zeitlich zusammenfielen, nämlich einerseits die Implosion eines Teils der Länder des sogenannten real existierenden Sozialismus, durch die in den westlichen

---

29 Eben diese Vorgehensweise wählte Marx in den beiden Studien, in denen er seine Analysen der sozialen Klassen am weitesten vorangetrieben hat: *Die Klassenkämpfe in Frankreich* und *Der achtzehnte Brumaire des Louis Bonaparte.*

Ländern die kommunistisch geprägten Parteien und Gewerkschaften an Glaubwürdigkeit verloren haben, deren kritische Rolle in den Nachkriegsjahrzehnten zentral gewesen war, während der andere Teil dieser Länder mit China an der Spitze eine mehr oder weniger kontrollierte Entwicklung zum Kapitalismus vollzog. Und zum anderen die Fähigkeit des Kapitalismus, die Krise zu überwinden, die er in den 1970er Jahren erlebt hatte, indem er sich einerseits in erster Linie auf die Neuorganisation der Unternehmen und die Auslagerung eines großen Teils der industriellen Produktion in Niedriglohnländer stützte – und zwar häufig in eben die Länder, die gerade vom kollektiven Eigentum zum Privateigentum übergegangen waren –, was für Verwirrung in der Arbeiterklasse sorgte und zu ihrem Auseinanderfallen führte, und andererseits auf eine Deregulierung der Finanzaktivitäten, was deren weltweiten Boom begünstigte.

Nach einer Zeit der Verunsicherung hat die Kapitalismuskritik ab Anfang des 21. Jahrhunderts eine neue Blütezeit erlebt, die vor allem die Form einer Kritik des Neoliberalismus annahm. Diese Kritik hat den Akzent erstens auf die Auswirkungen gelegt, die der Macht der Finanzmärkte angelastet wurden; zweitens auf die Schwierigkeiten der mit der Verschuldung und der Macht der internationalen Marktregulierungsinstanzen konfrontierten Nationalstaaten; drittens auf die Vorherrschaft der Arbeit unter Nutzung der Lähmungseffekte, die von der Massenarbeitslosigkeit ausgehen, viertens auf den Abbau der sogenannten »natürlichen« Ressourcen zum Nachteil vor allem der »autochthonen« Völker und fünftens schließlich auf die allgemeine Verbreitung einer »individualistischen«, nach Wellness strebenden, gefühlsbetonten Moral.[30] Dieser wurden nachlassende Solidarität, ja sogar das Verschwinden von Gemeinschaftlichkeit zur Last gelegt, weil man ihr vorwarf, der individuellen Verantwortung und der Konkurrenz aller auf allen Ebenen Vorschub zu leisten, bei der Bewertung von

30 Vgl. Eva Illouz, *Gefühle in Zeiten des Kapitalismus. Adorno-Vorlesungen 2004* (Aus dem Englischen von Martin Hartmann), Frankfurt am Main: Suhrkamp Verlag, 2006.

Dingen und Personen buchhalterischen Instrumenten den Vorrang einzuräumen und die großen, von allen geteilten Ideale außer Acht zu lassen, ob diese nun auf die Zukunft gerichtet waren oder in der Tradition wurzelten. Diese Vorhersagen wurden dann aber ab Anfang der 2000er Jahre widerlegt einerseits durch das Erstarken des Nationalismus sowie den Zulauf der religiösen Bewegungen und die Zunahme von Konflikten, die im Namen der Religion geführt wurden, und andererseits durch die beherrschende Stellung, welche die Sorge um die Ökologie einnahm.

Auch wenn im Rahmen dieses Tableaus der Niedergang der industriellen Leistungsfähigkeit ausführlich kommentiert und als ein Prozess betrachtet wurde, bei dem sowohl die Verantwortlichen als auch ihre Gegner die Vorstellung niemals aufgegeben haben, dass er umkehrbar sei, wurde die Entstehung einer Bereicherungsökonomie nie in vollem Umfang berücksichtigt. Entweder wurde sie ignoriert oder sie wurde abschätzig behandelt, als ob sie nur Nebensächlichkeiten beträfe, die für das soziale Leben belanglos seien, und keine bedeutende Entwicklung darstelle, die sich zuspitzen und dadurch tiefgreifende ökonomische und soziale Veränderungen mit Auswirkungen auf die Politik hervorrufen könnte. Doch auch wenn der Boom der Bereicherungsökonomie nie als solcher anerkannt wurde, hat er auf Seiten der Kritik für Irritationen gesorgt.

Diese Irritationen werden deutlich, wenn man sich der Art und Weise zuwendet, wie die an der Bereicherung Arbeitenden betrachtet worden sind. Auf der einen Seite war es möglich, in ihnen die Personifizierung der Missetaten des Neoliberalismus zu sehen, insofern sie zutiefst prekären Arbeits- und Lebensbedingungen unterworfen waren. Aber andererseits war es möglich, dass andere und in manchen Fällen sogar dieselben Autoren sie in einem anderen Zusammenhang als Repräsentanten einer Art moderner Dekadenz in Reinkultur betrachteten, und zwar wegen all der Dinge, die in ihrer Lebensweise und in ihrem Dasein an den schändlichen Liberalismus erinnerten, nämlich sowohl die Zugeständnisse, die sie aufgrund der Notwendigkeit zu leben bzw. zu überleben machen mussten, als auch der weite, häufig internationale räumliche Rahmen, in dem sie ihre Aktivitäten planten, und ihre Orientierung auf größere gesellschaftliche Freiheiten. Unter der Bezeichnung »Bobos« oder »Hipster« konnten sie so die Antithese zum Industrieproletariat repräsentieren, dem der Status des »wahren Volkes« verliehen wurde, was dazu beigetragen haben mag, dass die Kritik auf eine, in bestimmten Versionen an Nationalismus grenzende Forderung nach Reindustrialisierung auf nationaler Ebene hinauslief. Aus der Perspektive der politischen Entscheider wird die Kultur im Allgemeinen weiterhin wie ein Zeitvertreib für den Fürsten behandelt, fernab von seinen »ernsthaften« Geschäften, nämlich von industrieller Standardproduktion und Finanzwesen, und zwar umso mehr, wenn diese miteinander verknüpft sind, wie im Krieg. Dasselbe Schema konnte übrigens die Kritik wiederaufgreifen, als sie künstlerische Kreativität außerhalb des Kapitalismus ansiedelte, von wo aus Widerstand gegen die grenzenlose Entfremdung durch das Kapital geleistet werden könne. Dieses vor allem in den Jahren zwischen 1930 und 1950 entwickelte Schema steht heute in einem Spannungsverhältnis zur Unmöglichkeit, vor der Rolle die Augen zu verschließen, die künstlerische und kulturelle Aktivitäten besonders in den auf nicht zu unterschätzende Weise zum Prosperieren des Kapitalismus beitragenden Bereichen Luxus und Tourismus spielen.

Diese kritischen Analysen haben zwar zu Recht den Akzent auf die Rolle gelegt, die der erstarkende Finanzkapitalismus für die wachsenden Ungleichheiten spielte, sie haben aber die Verbindungen vernachlässigt, die das Finanzwesen zur Entwicklung einer Bereicherungsökonomie unterhält. Diese Ökonomie behält den Besitz und den Genuss von außerordentlichen Gütern nämlich den Reichsten vor, was ihnen erlaubt, auf so etwas wie abgeschotteten Inseln, getrennt von der Allgemeinheit zu leben, um die sich zu kümmern sie nur noch wenige Gründe haben, weil die Verschlechterung der Lebensverhältnisse der Mehrheit sie nur auf sehr indirekte Weise betrifft. Darüber hinaus trägt diese Ökonomie zu ihrer Bereicherung bei oder erlaubt ihnen zumindest, ihr Wohlstandsniveau zu halten. Indem sie einerseits in den Genuss der Profite kommen, welche die Luxusökonomie einbringt, in die sie investieren, und andererseits ob nun geerbte oder nicht zuletzt im Finanzwesen erworbene Güter horten, insofern sie in Immobilien oder Sammlerstücke investieren, die so gehandhabt werden, als handle es sich um Kapitalanlagen, bewahren die besonders Wohlhabenden einen Reichtum, der immer wieder Gefahr läuft, sich zu verflüchtigen, wenn er nicht in materielle Güter gesteckt wird, deren Wert und Liquidität durch Ressourcen gesichert sind, die nicht von ihrer eigenen Aktivität abhängen, sondern aus kollektiver Arbeit stammen und in dieser Eigenschaft Sache der Allgemeinheit sind. Denn der hohe Metapreis, den diese Güter geltend machen können, hängt zu weiten Teilen von den Geschichten ab, die mit ihnen verknüpft sind und deren Geltung sich immer auf die Bezugnahme auf ein Veridiktionssystem stützt, das sich auf die Kultur und die Geschichte beruft. Diese Geschichten, deren Effizienz darauf beruht, wie gut es ihnen gelingt, die Vergangenheit zu vereinnahmen, werden nun aber von einer Vielzahl von Akteuren geschaffen, und zwar in erster Linie von den Historikern, die das Thema der »Erinnerungsorte« aufgebracht haben, und sie werden von Institutionen garantiert, die qua Definition Sache der Gemeinschaft sind und in keiner Weise in den Genuss der Profite kommen, die ihre Vermarktung erzielt. Trotzdem stellt diese Vergangenheit, auf deren Aufwertung sich die Bereicherungsökonomie stützt, ein Gemeingut par excellence dar. Denn die Vergangenheit gehört niemandem.

Schluss
Handeln und Strukturen

Bereicherungsökonomie und Kapitalismuskritik

Um anzudeuten, wie eine Kritik des Kapitalismus die Situation nutzen kann, die durch die Entwicklung einer Bereicherungsökonomie entstanden ist, werden wir drei Themen in den Vordergrund stellen: Das erste betrifft das Verhältnis von Kapitalismus und Staat; das zweite hat mit den Ausbeutungsformen zu tun, auf denen die Bereicherungsökonomie fußt; und beim dritten geht es um die Rolle der Vermarktung für die Verlagerungen, die der Kapitalismus vornimmt.

In ihren aktuellen Ausdrucksformen nimmt die Kapitalismuskritik eher private Entitäten, steinreiche Einzelpersonen sowie internationale, auf globaler Ebene operierende Konzerne und Märkte aufs Korn als die Staaten, deren Bedeutung verblasst ist, ja die sogar als Hauptopfer des Kapitalismus ausgegeben worden sind. Die Entwicklung des globalisierten Finanzkapitalismus und die Verschuldung der Staaten hatten sogar den Gedanken nahegelegt, letztere seien ohnmächtig und arm geworden. Das Thema des »Wohlstands der Nationen« – das den Mittelpunkt der Ökonomie bildete, solange sie sich noch als politisch verstand – ist durch das Thema des Reichtums ersetzt worden, der von Entitäten, einzelnen Kapitaleignern oder Konzernen akkumuliert wird, die behandelt werden, als hätten sie sich gegenüber den Nationen verselbstständigt, deren Produktionskapazitäten aufgrund der Macht der Finanzmärkte woanders hingewandert wären. Eine solche Position führt zu einem Bedeutungsverlust des Nationalstaats als Profitcenter zugunsten von privaten Entitäten als den maßgeblichen Akteuren der kapitalistischen Dynamik. Trotzdem kann man davon ausgehen, dass die Nationalstaaten immer noch den Rahmen bilden, in dem es zur Konzentration des Reichtums kommt. Selbst wenn man auf der Ebene der industriellen Leistungsfähigkeit bleibt, hätte ein Indiz den Glauben an einen Kontrollverlust auf staatlicher Seite relativieren müssen, und zwar die höchst signifikante Tatsache, dass die Industriezweige, die in Frankreich oder in den USA in direktem Zusammenhang mit der Staatsmacht stehen, wie die Luftfahrtindustrie, die Rüstungsindustrie und die (zivile und militärische) Atomindustrie, nicht ausgelagert worden sind und als nationale »Flaggschiffe« präsentiert werden.

Unserer Meinung nach wirft das Tableau, das wir gerade von der Bereicherungsökonomie und ihrer Entwicklung in Europa und insbesondere in Frankreich entworfen haben, ein Schlaglicht auf die Rolle, die der Staat bei der Bildung und Akkumulation von Reichtum immer noch spielt. Ohne die Vorteile, die öffentliche Maßnahmen im staatlichen Rahmen gewähren, kann die Ausbeutung der in der Vergangenheit akkumulierten Ressourcen, von denen in erster Linie diejenigen profitieren, die sie besitzen und mit ihnen handeln, nämlich nicht erfolgen. Dies gilt in noch stärkerem Maße, wenn der Gegenstand, mit dem gehandelt wird, national geprägt ist, und wenn sein Wert durch Geschichten geltend gemacht wird, die eng oder von fern an die nationale Vergangenheit anknüpfen. Angesichts sinkender Profite in den Industrieunternehmen wurden zwei Strategien zugleich verfolgt. Die erste bestand in der Auslagerung der Herstellung von Standardprodukten, was ohne die Mitwirkung der Staaten ohnehin nicht möglich gewesen wäre; die zweite darin, das auszubeuten, was nicht ausgelagert werden konnte oder dessen Preis von seinen lokalen Wurzeln abhing, indem der Wert dieser Güter mit Hilfe von Geschichten geltend gemacht wurde, die auf einer nationalen Fiktion beruhten. So gesehen, ist es der Bereicherungsökonomie gelungen, dass sich die Interessen der Kapitaleigner, die am ehesten dazu in der Lage waren, diese Art von Gütern florieren zu lassen und daraus Gewinn zu ziehen, mit den Interessen der Staaten trafen, die sich zu diesem Zeitpunkt zum einen einer wachsenden zwischenstaatlichen Konkurrenz und zum anderen der Notwendigkeit stellen mussten, Beschäftigungsmöglichkeiten für die Hochqualifizierten zu finden und die Arbeitslosigkeit bei den Arbeitnehmern einzudämmen.

Was die Ausbeutungsformen anbelangt, steht in unseren Augen die Frage der Identifizierung der Arbeitszeit im Vordergrund. In einer auf den industriellen Kapitalismus ausgerichteten Ökonomie, in der die Investitionen von Festkapital beträchtlich und schwer zu verringern sind, hängt der Profit vom Verhältnis der Zahl der verkauften Exemplare zu den Produktionskosten ab, deren Senkung vor allem auf der Ausbeutung der Arbeitskraft (dem Mehrwert durch Arbeit) beruht. In solchen Ökonomien kann die Kritik der Ausbeutung sich auf das Verhältnis des Lohns zur Zahl der geleisteten Arbeitsstunden stützen. In einer Bereicherungsökonomie, die vor allem aus dem kaufmännischen Mehrwert Profit zieht, ist nun aber das Gefälle zwischen den Produktionskosten und dem Preis der zum Verkauf stehenden Dinge sehr hoch, sodass der Profit vor allem von der Gewinnspanne abhängt, die bei jeder verkauften Einheit (entsprechend einer Schätzung des zumutbaren Preises) veranschlagt werden kann. Die Ausbeutung der Arbeitskraft hört dadurch nicht auf, aber sie lässt sich nicht mehr durch die Berücksichtigung des Verhältnisses zwischen dem Preis der Arbeit und ihrer Dauer erfassen, wie im Fall der industriellen Ökonomie. In seiner durch Tarifverträge eingerahmten, nach langen Kämpfen eingeführten und für die Nachkriegsjahrzehnte typischen Form ist das Lohnarbeitertum nicht mehr die zentrale Form, in der die an der Bereicherung Arbeitenden tätig sind. Es beginnt, durch ein anderes System ersetzt zu werden, in dem die Arbeitszeit, die sich nicht mehr auf eine vorab festgelegte, vereinbarte Stundenzahl beläuft, sich mit der Lebenszeit vermischt, weil jeder, der an der Bereicherung arbeitet, gezwungen ist, als *Selbstvermarkter* sein eigener Ausbeuter zu werden, das heißt, er ist Händler und Ware zugleich. In diesem System entkoppelt sich die unbegrenzte Ausweitung der individuellen Arbeitszeit von den von jedem Arbeiter erzielten Gewinnen und von der Verteilung des Reichtums unter all denen, die an seiner Schaffung beteiligt sind. Es gibt keinen Rahmen, in dem sich die Zahl der geleisteten Arbeitsstunden mit der globalen Bereicherung in ein Verhältnis setzen ließe. Daraus folgt, dass die Bereicherungsökonomie in erster Linie die Reichsten reicher macht, ohne dass diejenigen, die sie nicht reicher, sondern sogar ärmer macht und die sich zu Recht als ausgebeutet bezeichnen könnten, über einen Hebel verfügen würden, auf die Lage aufmerksam zu machen, in der sie sich befinden, und sie zu kritisieren.

Da die Bereicherungsökonomie nicht als eigener Wirtschaftsbereich anerkannt wird, der nach einem anderen System funktioniert als die industrielle Ökonomie, dürfte diese Sachlage nur so lange unverändert fortbestehen, wie es kein Buchführungssystem gibt, das sich sozusagen mit dem System vergleichen ließe, das mit der Schaffung der Volkswirtschaftlichen Gesamtrechnung eingeführt wurde und das erlaubt, die in den verschiedenen Sektoren, aus denen diese sich zusammensetzt, geschaffenen Güter zusammenzufügen, die Gesamtrechnung wiederzugeben und zu kontrollieren, wie dieser Reichtum auf die verschiedenen Akteure verteilt wird, die zu seiner Produktion beigetragen haben. Jeder einzelne Akteur wird also als autonomes Profitcenter angesehen, dessen Erfolg oder Misserfolg allein seiner Person und seiner Leistung zugeschrieben wird, als seien sie von umfassenderen Akkumulationsprozessen unabhängig. Auf diese Weise verblasst sowohl das, was jeder Akteur seiner Eingliederung in ein mehr oder weniger gewinnträchtiges Umfeld verdankt, als auch das, was seine Aktivitäten zur Bereicherung dieses Umfelds beitragen. In der gegenwärtigen Situation mag es utopisch erscheinen, die Gültigkeit der tariflichen Instrumente zur Umverteilung der Einnahmen zu verteidigen. Zum Beispiel vorzuschlagen, dass Schauspielern oder Künstlern, die an einem Ort auftreten, dessen Attraktivität sich durch ihre Anwesenheit erhöht, nicht nur in den Genuss von Honorarzahlungen für genau festgelegte, vertraglich bestimmte Aktivitäten kommen, sondern auch eines Teils des umverteilten Gesamteinkommens, das die Bereicherungsökonomie eben diesem Ort einbringt, und nicht zuletzt der Einkünfte, die der Tourismus verschafft.

Eine solche Umverteilung eines Bruchteils der bei Tarifabschlussverhandlungen zu berücksichtigenden Gesamtprofite, die eine der Grundlagen des Wirtschaftswachstums nach dem Krieg gewesen ist und nach der großen Wende Ende der 1970er Jahre dann gleich wieder in Frage stand, ist allerdings mit einer Bereicherungsökonomie sehr viel schwerer zu vereinbaren als mit der industriellen Ökonomie. Im Unterschied dazu, wie in der industriellen Ökonomie verfahren wird, wo die Werktätigen nach ihren Arbeitsstunden und den amtlich bestätigten und in den Tarifverträgen anerkannten Kompetenzen vergütet werden können, die sie besitzen, kann sich die Umverteilung der von einer Bereicherungsökonomie geschaffenen Güter nicht auf die Arbeitsdauer stützen, da diese – wie gesagt – unbegrenzt ist und ein guter Ruf Vergütung genug und die Forderung von deren Umwandlung in Geld unangebracht zu sein scheint. Der im eigentlichen Sinne kollektive Charakter der Wertschöpfung im Rahmen einer Bereicherungsökonomie setzt also den Rückgriff auf andere Arten von Instrumenten voraus. Man kann sie sich nach dem Vorbild jener Instrumente vorstellen, die an ganz verschiedenen historischen Orten und unter ganz verschiedenen historischen Bedingungen eingesetzt wurden, um gemeinsame Ressourcen in einer Weise zu handhaben, die vermied, dass zwischen all denen, die von ihrer Ausbeutung profitierten, ein wilder Konkurrenzkampf entbrannte, der nicht nur zur Zerstörung der Lebens- und Arbeitsgemeinschaften führte, sondern auch zur Zerstörung dieser Ressourcen selbst. Was man mit dem Ausdruck »Kultur« bezeichnet, bildet nämlich, wie immer man diesen Ausdruck auch definiert, par excellence eine gemeinsame Ressource, deren Erhalt voraussetzt, dass sie als Gemeingut betrachtet wird.[1] Jede andere Handhabungsform läuft darauf hinaus, den größten Teil der Wertkette zu übergehen, konkret heißt das, ihn nicht zu entlohnen, was dazu führt, dass die reicher werden, die ohnehin schon am besten gestellt sind, sodass die Ungleichheiten zunehmen.

Drittens würde die Kritik, deren Perspektive häufig nur in einer nostalgisch verklärten Vergangenheit in Gestalt der Industriegesellschaft und der großen Arbeiterkämpfe besteht, wahrschein-

1 Zur Frage des Gemeinguts, vgl. Michael Hardt/Antonio Negri, *Common Wealth. Das Ende des Eigentums* (Aus dem Englischen von Thomas Atzert und Andreas Wirthensohn), Frankfurt am Main/New York: Campus Verlag, 2010, englische Originalausgabe 2009.

lich mehr erreichen, wenn sie nicht länger falsche Schlussfolgerungen aus den Verlagerungen des Kapitalismus zöge. In dem Maße, wie die Profitrate in den Gebieten sinkt, die am längsten vermarktet werden und bereits vollständig erschlossen worden sind, verleiht die Vermarktung neuer Güter und neuer Gebiete der Weiterentwicklung des Kapitalismus neuen Schwung, dessen Verlagerungsfähigkeit womöglich zusammen mit dem Privateigentum eines seiner wesentlichen und wahrscheinlich charakteristischeren Merkmale darstellt als die Bezugnahme auf das Lohnarbeitertum. Wo sie überhaupt zur Kenntnis genommen wurde, konnte diese Verlagerungsfähigkeit des Kapitalismus zu Unrecht so interpretiert werden, als mache sie dessen Sturz unmöglich, weil jede Kritik sofort vereinnahmt würde, was aus ihr eine »komplizenhafte Illusion« mache.[2] Eine solche Interpretation beruht auf einer archaischen Vorstellung vom Kapitalismus, als habe sich dieser seit dem 19. Jahrhundert nicht von der Stelle bewegt, und auf einer nahezu ästhetischen Fixierung auf die Gestalt des Arbeiters. Die Verlagerungen des Kapitalismus ergeben nur im Hinblick auf das Profitstreben Sinn, das heißt nur im Hinblick auf den Differenzbetrag zwischen Preis und Metapreis, wodurch der Wert als Rechtfertigung des Preises und folglich die Wertermittlungsformen ins Spiel kommen. Im Rahmen dieser Wertermittlungsformen können kritische Argumente angeführt werden, um die Preise und folglich den Profit anders zu gestalten. Wenn die Kritik der Preise, die in einem bestimmten, eine bestimmte Wertermittlungsform auf den Plan rufenden Gebiet an Bedeutung gewinnt und dadurch die Profitaussichten sinken, muss der Kapitalismus sich verlagern, um eine Vermarktung von Gebieten in Angriff zu nehmen, die bis dahin noch nicht vermarktet worden sind.

In jedem einzelnen historischen Augenblick arbeitet der Kapi-

2 Jacques Rancière, *Le Spectateur émancipé*, Paris: La Fabrique, 2008, S. 40-44 ⟨dt.: *Der emanzipierte Zuschauer* (2010) (Aus dem Französischen von Richard Steurer-Boulard), Wien: Passagen-Verlag, 2. Aufl. 2015, S. 45-50, hier S. 47⟩.

talismus nämlich – wie man über die tektonischen Platten sagt – an der Grenze zwischen Vermarktbarem und Nichtvermarktbarem. Diese Grenze beruht auf sozialen und moralischen Normen und findet häufig Eingang in das Recht. Das ist wahrscheinlich der Grund, warum der Kampf gegen die Vermarktung immer ein zentraler Aspekt der Kapitalismuskritik gewesen ist. Dieser Kampf hat sich häufig in eine moralische und, genauer gesagt, humanistische Richtung entwickelt, die auf der Unterscheidung von menschlichen Personen – die nicht Teil der Warenwelt sind – und – zur Vermarktung bestimmten – Dingen beruhte, sodass manche nicht menschlichen Wesen, die vor der Vermarktung geschützt werden sollten, wie etwa Haustiere oder Kunstwerke, nur dann geschützt werden konnten, wenn man sie als Quasi-Personen betrachtete. In anderen Fällen hat die Trennung von Zivilgesellschaft – als Gebiet des Handels schlechthin – und Staat zur Errichtung der Grenze zwischen Vermarktbarem und Nichtvermarktbarem beigetragen. Doch auf welcher Differenz diese Unterscheidung auch immer beruht, ist der Handel mit Dingen, die sich ganz nah an der Grenze des Vermarktbaren befinden, immer in den Genuss einer Art von Mehrwert gekommen, als ob die Tatsache, dass sie sozusagen dem nicht gewerblichen Bereich abgetrotzt wurden, ihren Preis in die Höhe treiben würde. Dieser Mehrwert wird auch von denjenigen erzielt, die dem illegalen Handel mit nicht vermarktbaren Dingen nachgehen und man kann ihn *unerlaubten Mehrwert* nennen. Diejenigen, die am meisten von der Entwicklung der Bereicherungsökonomie profitieren, haben ihrerseits ein Interesse daran, die Trennung aufrechtzuerhalten zwischen gewöhnlichen Dingen, bei denen der Handel nur den »Gesetzen der Ökonomie« gehorchen soll, und außerordentlichen Dingen, mit denen man zwar handeln kann, die aber präsentiert werden, als seien sie gewissermaßen von ihrem Wesen her von der Warenwelt ausgenommen, was ihnen zusätzlichen Wert verleiht, auf den sich wiederum ihr Preis stützt.

Insofern die Dynamik des Kapitalismus auf Verlagerungen beruht, die eine Ausweitung der Vermarktung nach sich ziehen, trägt sie nicht nur zur Uniformierung der Lebenswelt bei, was ihr vor allem mit Blick auf die Expansion der industriellen Ökonomie schon häufig vorgeworfen worden ist, die für den Verlust lokaler Besonderheiten im Zuge einer globalen Vereinheitlichung verantwortlich gemacht wird. Sie schlachtet auch Differenzen aus, wenn diese Differenzen asymmetrisch verteilt sind. Durch die Entwicklung der Bereicherungsökonomie hat der Kapitalismus den größtmöglichen Nutzen aus den verschiedenen Wertermittlungsformen gezogen, die wir analysiert haben. Und nicht zuletzt durch diesen Schachzug ist es dem Kapitalismus gelungen, die Zahl der vermarkteten Artikel zu erhöhen und aus ihnen den größtmöglichen Profit zu schlagen, indem er die Preise mancher Artikel senkte (Standardform und Trendform) und gleichzeitig die Preise anderer Artikel heraufsetzte, wenn sie wieder in Umlauf gebracht wurden (Sammlerform und Anlageform). Doch auch wenn die Vermarktung der Dinge zugenommen hat und deshalb auf vier Wertermittlungsformen zurückgegriffen werden musste, deckt sie dadurch keineswegs alle Dinge ab, aus denen die Welt besteht. Ein großer Teil von ihnen wird weiterhin nicht vermarktet.

Neben der Dynamik des Kapitalismus, die zur unbegrenzten Vermarktung der Realität führt, gibt es noch eine andere Dynamik, die sich auf die allgemeine Praxis stützt, Dinge aus der Welt herauszuziehen, deren Unbestimmtheit und in manchen Fällen Unbestimmbarkeit ihre Vermarktung erschwert, oder Handelsartikel nur deshalb aufzugreifen, um sie nach einer Logik der Bricolage so umzuwandeln, dass sie sich dem Warenkreislauf entziehen. Unter »Bricolage« ist hier nicht nur eine Bastelei zu verstehen, bei der ein Amateur die Tätigkeit eines Profis übernimmt, sondern im Anschluss an Lévi-Strauss alle Praktiken, die Dinge oder Gedanken aufnehmen und sie ohne Rücksicht auf das geistige Eigentum so neu kombinieren, wie der »Strom des Lebens« es mit sich bringt. Eine Welt, in der die Akteure verpflichtet wären, jedes Mal Tantiemen zu zahlen, wenn sie ein Objekt berühren oder ein Wort aussprechen, das sich stets auf ein gesetzlich geschütztes Original zurückführen ließe, wäre eine Welt, die nur für die Inhaber der jeweiligen Rechte lebenswert und deshalb nicht lebenswert wäre.

Die Frage, in welchem Maße die Entwicklung der Bereicherungsökonomie sich besonders in den westeuropäischen Ländern fortsetzen kann, als sei sie insofern gegen Kritik immun, als diese nicht konkret auf sie zuzugreifen vermag, ist nur sinnvoll, wenn man sie auf andere Veränderungen zurückbezieht, von denen der Kapitalismus weltweit betroffen ist. Die Gemeinsamkeit dieser Veränderungen besteht darin, dass sie zu weiten Teilen auf neuen Ausbeutungsformen der Differenz von Lokalem und Globalem, das heißt von Unbeweglichem und Beweglichem beruhen, ob es sich dabei um Menschen handelt, um Waren, um Informationen oder um Kapital. Die Bereicherungsökonomie schlägt aus der Verlagerung von Waren Profit, deren Wertermittlung von Geschichten abhängt, die den Akzent auf ihre lokalen Wurzeln legen, und vor allem von der Ortsverlagerung der besonders wohlhabenden Akteure, welche die Entwicklung des Tourismus erlaubt hat. Die industrielle Ökonomie florierte weiter, weil sie auf die Verlagerung der Produktionsstandorte in Niedriglohnländer setzte, die wiederum durch die Profitmöglichkeiten möglich wurde, die sich erstens durch die Kapitalverlagerungen boten, die mit den Änderungen des rechtlichen Rahmens einhergegangen waren, von dem die Finanzaktivitäten abhängen, zweitens durch den Informationskreislauf, der dank des Internets einen noch nie dagewesenen Boom erlebte, und drittens schließlich durch die an einen Rückgang ihrer Kosten gekoppelte Entwicklung der Transportmöglichkeiten von Waren wie von Personen. Zusammengenommen haben diese Transformationen und die Verlagerungen, die mit ihnen einhergingen, zu einem beträchtlichen Wachsen der Ungleichheiten innerhalb der Staaten und zwischen den Staaten geführt. Die Ungleichheiten haben so sehr zugenommen, dass dies sogar diejenigen beunruhigt, die zu den größten Nutznießern der Bereicherungsökonomie gehören, wie folgende, dem Generaldirektor des Richemont-Konzerns, Johann Rupert, nachgesagte Bemerkung auf dem *11th Business of Luxury Summit* in Monaco im Jahr 2015 belegt: »Wenn 0,1 Prozent der 0,1 Prozent Reichsten alles aufkaufen, ist das ungerecht und auf die Dauer unerträglich, selbst wenn sie unsere Kunden sind. Sie werden zu Zielscheiben werden, man wird sie hassen, verachten … Sie werden ihr Geld nicht mehr offen zeigen wollen.«[3]

Eine notwendige Bedingung für den Fortbestand und die Weiterentwicklung solcher Verlagerungen besteht darin, dass ihre Sicherheit gewährleistet ist. Die Zukunft des Kapitalismus hängt also vom Grad der Sicherheit ab, für den miteinander konkurrierende Staaten zuständig sind, die dadurch, dass sie überall, auch in den Demokratien, ein sehr hohes Kontrollniveau herbeiführen, besonders für die kritischen Äußerungen, die auf die immer größeren Ungleichheiten aufmerksam machen und ihre Nichthinnehmbarkeit offen ansprechen wollen, zu einer Bedrohung werden. Wenn man davon ausgeht, dass der Kapitalismus auf dem Zusammentreffen von Eigentumsformen, deren Berechtigung und Schutz die Staaten durch Recht und Gesetz polizeilich sicherstellen, auf der einen Seite, und der Ausbeutung der durch Verlagerungen erzeugten Differenzen auf der anderen Seite beruht, dann gerät der Kapitalismus in eine Krise, wenn die Systeme, die das Verhältnis von Eigentumsformen und Mobilitätsformen steuern, von Grund auf instabil werden. Eine solche Krise müsste Gelegenheiten bieten, eine Kapitalismuskritik neu zu beleben, die nicht danach strebt, Verlagerungen mit Hilfe einer Politik der geschlossenen Grenzen zu verhindern, was eine Rückkehr zum Lokalen, Nationalen und Identitären nach sich ziehen würde, sondern deren Perspektive in der Verringerung der Differenzen bestände, die erlauben, aus den Verlagerungen Profit zu ziehen.

Über einen pragmatischen Strukturalismus

Kritik beruht auf der Kompetenz von Akteuren, die auf der einen Seite beschäftigt sind mit globalen Festschreibungen, über die sie keine Kontrolle haben und die ihnen, weil es keinen übergeordneten Diskurs gibt, nur entgleiten können, und auf der anderen

3 Kate Abnett zitiert diese Äußerung in »Les inégalités économiques fragilisent le luxe«, in: *Le Monde* vom 1. August 2016.

mit den praktischen Anforderungen ihres Alltagslebens. Um diese beiden Handlungsdimensionen zu verknüpfen, haben wir versucht, zwei Herangehensweisen miteinander zu vereinbaren, die häufig als antagonistisch behandelt werden, nämlich zum einen den systemischen Ansatz, dessen Absicht darin besteht, auf großformatige Prozesse aufmerksam zu machen, und zum anderen den pragmatischen Ansatz, der dadurch Aufschluss über das Handeln von Personen geben möchte, dass er die kognitiven Strukturen analysiert, auf denen ihr Austausch beruht.

Die systemische Skala ist problematisch, weil sie sozusagen von oben ansetzt und dadurch nicht nur die Akteure, sondern auch die Dispositive aus dem Blick verliert, die ihr Handeln motivieren und ihm Sinn geben. Trotzdem lassen sich auf dieser Ebene die Asymmetrien und Kräfteverhältnisse freilegen, die das Kapital antreiben, und seine auf den ersten Blick chaotischen Bewegungen auf eine Weise beschreiben, die ihnen eine vor allen Dingen räumliche Orientierung und historische Bedeutung verleiht.

Die pragmatische Skala, die sich der Praxis, den Motiven, welche die Akteure leiten, ihren Interaktionen und den Prüfungen nähert, denen sie die Dinge unterziehen, ist problematisch, weil sie die Zwänge aus den Augen verliert, die das Handlungsfeld dieser Akteure umgeben und die diese tendenziell selbst nicht klar erkennen können, die sie ausklammern oder durch ihre Personifizierung falsch interpretieren, weil sie außerhalb ihrer Reichweite zu liegen scheinen und es in ihren Augen nicht möglich ist, direkt auf sie einzuwirken.

Die sozialen Tatsachen, die sich mit Hilfe dieser beiden Ansätze freilegen lassen, sind einander jedoch keineswegs fremd, wie wir auf der Grundlage einer Analyse der Warenstrukturen versucht haben zu zeigen. Es sind tatsächlich die geographischen und historischen Verlagerungen des Kapitals vor allem aufgrund schwankender Profitraten, die jene Bewegung in Gang setzen, die zur Vermarktung von Dingen führt, die bis dahin im Hinblick auf den Profit als nachrangig betrachtet wurden, und dadurch zu einer Ausweitung der Warenwelt. Aber andererseits bliebe diese Vermarktungsbewegung unverständlich oder mysteriös, wenn nicht analysiert werden würde, wie die bis dahin vom Kapitalismus ausgesparten Dinge in die Warenwelt einbezogen werden, was voraussetzt, dass sie sich von den kognitiven Strukturen erfassen lassen, von denen ihre mögliche Wertschätzung und die Möglichkeit einer Abstimmung der Akteure untereinander abhängt, die alle nach Vorteilen oder Profit streben, sich aber trotzdem auf einen Preis einigen müssen, damit der Tausch zustande kommt.

Hinzu kommt, dass diese beiden Herangehensweisen einander nicht bloß ergänzen, sondern sich wechselseitig in neuem Licht darstellen. Der systematische Ansatz erlaubt die Betrachtung der Veränderungen, denen die Bewertung der Dinge und ihre Aufteilung auf verschiedene Wertermittlungsformen unterliegen, und zwar nicht mehr, indem sie Geschmacksveränderungen zugerechnet werden, die von einer Vielzahl externer, »sozial« genannter Variablen abhängen, sondern als Funktionen, die im Rahmen der Verlagerungen des Kapitalismus auf globaler Ebene einen zentralen Platz einnehmen. Auf der anderen Seite erlaubt die Beleuchtung der Rolle des ob nun eine analytische oder eine narrative Form annehmenden Diskurses bei der Ermittlung des Werts der Dinge, die der pragmatische Ansatz herausarbeitet, eine Verlagerung der Achse der Kräfteverhältnisse und Herrschaftsstrukturen, die im Fokus der systemischen Analyse steht. Er zeigt nämlich, dass im Zentrum der Macht das Vermögen liegt, einen Diskurs über die Dinge zu entwickeln und so ihren Wert zur Geltung zu bringen, damit für sie der höchstmögliche Preis gefordert werden kann. Und darüber hinaus das Vermögen, diesen Diskurs und die Profite, die er generiert, in den Rahmen der Realität einzufügen. Und dieses Vermögen bzw. diese Macht ist nun ganz besonders asymmetrisch verteilt. Sie liegt weitgehend in den Händen der Akteure – Einzelpersonen oder kollektive Personen –, die von den Kapitalbewegungen profitieren. Insofern bildet der Kampf gegen diese unsere alltägliche Realität durchdringenden Diskurse vor allem mit Hilfe des mächtigen kritischen Hebels, den die Ironie darstellt, einen ersten Schritt, um die Macht des Kapitals zu erschüttern und womöglich ihren Umfang zu verringern. Ein Hilfsmittel, das in jedermanns Reichweite ist.

Der Ausdruck *»pragmatischer Strukturalismus«* mag vielen wie eine Art Oxymoron erscheinen. Um seine Triftigkeit zu erhärten, muss das Verhältnis von Struktur und Erfahrung, das heißt von Struktur und Geschichte geklärt werden, weil Erfahrung immer der Konfrontation mit Ereignissen entspringt, und zwar unabhängig von dem Maßstab, nach dem diese Ereignisse eingeordnet werden. Die scheinbare Unvereinbarkeit von strukturalem und pragmatischem Ansatz, die häufig als unüberwindbar angesehen wird, beruht zu einem Großteil auf den Überresten eines theoretischen Erbes, das dazu geführt hat, die Struktur als eine Voraussetzung, ja sogar Bedingung aller Erfahrung zu verstehen, was darauf hinausläuft, dass sie gegenüber der Erfahrung eine transzendentale Position einnimmt. Das geschieht sogar in den Versionen, in denen die Struktur unter dem Einfluss der gerade entstehenden Sozialwissenschaften in einer kollektiven Entität verankert wurde, wie in den Fällen, wo auf so etwas wie Traditionen oder »Kulturen« Bezug genommen wird.

Denn wie der radikale Empirismus uns lehrt, unter dessen Einfluss der Pragmatismus steht, ist ein solcher Vorrang der Struktur vor der Erfahrung überhaupt nicht notwendig, ja noch nicht einmal wahrscheinlich. Wenn das der Fall wäre, würde die Erfahrung immer nur eine schon in einen bereits vorhandenen Rahmen eingelassene Ordnung reaktivieren, sodass sie, wenn sie von dem erfasst wird, was man in diesem Fall wohl »Bewusstsein« nennen muss, nichts anderes bewirken würde, als zur Bekräftigung dieser Ordnung beizutragen. Und genau dies tun alle Konstruktionen, die von zirkulären Relationen zwischen zwei »objektiv« und »subjektiv« genannten Instanzen ausgehen, die bei Themenstellungen dieser Art nur unterschieden werden, um sie noch stärker miteinander zu vermengen, weil ihre Verhältnisbestimmung aus der Anwendung ein und desselben Programms resultiert. Doch auf diese Weise fällt es schwer, die wechselhaften Beziehungen zwischen diesen beiden Ebenen sowie die Schwankungen oder Veränderungen zu verstehen, denen sie unterliegen, und nicht zuletzt dem seinen rechtmäßigen Platz zuzuweisen, was man *Kritik* in dem Sinne nennen kann, dass diese sich vor allem in ihren unbequemsten Erscheinungsformen nicht nur aus integralen Bestandteilen der Realität speist, insofern diese sozial konstruiert und gewissermaßen vorstrukturiert ist, sondern auch aus Ingredienzen, die der Welt und das heißt eben gerade all dem entnommen wurden, was die Realität ausschließen musste, um sich als solche zu konstituieren. Man muss also nicht zuletzt gegen Durkheim und gegen alle Arten von Transzendentalismus eine autonome Erfahrung annehmen, die sich, indem sie mit dem »Strom des Lebens« verschmilzt, in »absolute[r] Einheitlichkeit auf der Ebene des Seins« behauptet.[4]

Soll das nun aber heißen, dass die Struktur zum alten Eisen gehört? Dann würde man die übrigens häufig konflikthaften Beziehungen vergessen, die zwischen Erfahrung und Reflexivität bestehen. Erfahrung ist keineswegs immer reflexiv, denn wenn das der Fall wäre, würden die Kosten des Handelns derart steigen, dass es unmöglich würde zu handeln, wie der von Sprachwissenschaftlern festgestellte und von denen, die lernen, in einer fremden Sprache zurechtzukommen, erfahrene Umstand zeigt, dass es nahezu unmöglich ist zu sprechen und gleichzeitig über die grammatikalischen Regeln zu reflektieren, die in einer bestimmten Sprache das Sprechen normieren. Umgekehrt läuft eine Reflexivität, die sich von der Erfahrung löst, gewissermaßen ins Leere und gebiert nur noch »Ideologien«. Diesen Gedanken hat Marx entwickelt, als er die grundlegende Unterscheidung trifft zwischen denjenigen, die ihre eigenen Existenzmittel produzieren und die Erfahrung von Arbeit machen, auf der einen Seite, und denjenigen, die von der Arbeit anderer leben und glauben, nichts Besseres zu tun zu haben, als über ihre Lage »nachzudenken«, indem

4 Émile Durkheim, *Pragmatisme et sociologie*, Paris: Vrin, 1955, S. 86 ⟨dt.: »Pragmatismus und Soziologie«, in: ders., *Schriften zur Soziologie der Erkenntnis* (Aus dem Französischen von Michael Bischoff), Frankfurt am Main: Suhrkamp Verlag, 1987, S. 9-160, hier S. 64⟩: »Kennzeichnend für den radikalen Empirismus ist die absolute Einheitlichkeit auf der Ebene des Seins. Die Vorstellung, es gebe zwei Welten, die Welt der Erfahrung und die Welt der Realität, lehnt er entschieden ab.« David Lapoujade zitiert diesen Passus in: *William James. Empirisme et pragmatisme*, Paris: PUF, 1997, S. 27.

sie sie in der Regel universalisieren, auf der anderen Seite – eine Entgegensetzung, die seither großen Einfluss auf die Praxistheorien gewonnen hat.

Trotzdem gibt es eine große Zahl von Situationen, in denen die Erfahrung, indem sie sozusagen auf sich selbst zurückkommt, eine reflexive Bewegung in Gang setzt. Das ist im Allgemeinen dann der Fall, wenn die Erfahrung sich als unzulänglich erweist und gewissermaßen auf dem falschen Fuß erwischt wird, weil sie auf etwas stößt, von dem sie nicht weiß, wie sie ihm gegenübertreten soll und das ihr wie ein Rätsel erscheint, was den Startpunkt für eine Untersuchung darstellt und von den Pragmatisten wie besonders John Dewey ausführlich kommentiert worden ist. Und in solchen Situationen wird unserer Meinung nach die Bezugnahme auf kognitive Strukturen relevant. Denn im Unterschied zur Erfahrung kann eine Untersuchung nicht auf Untersuchungsinstrumente verzichten, das heißt, sie muss auf schon vorhandene Schemata oder Modelle zurückgreifen, die früheren, gelebten Erfahrungen oder formaleren Lernprozessen entspringen können und die erlebten Dinge durch Hörensagen und von ferne bzw. wie es wahrscheinlich am häufigsten der Fall ist, durch eine Kombination aus beidem übermitteln. Die Untersuchung kann also erst durch einen Abgleich der »gelebten« Erfahrung mit diesen Modellen einsetzen. Und solche Schemata und Modelle, die in verschiedenen Arten von Erinnerungen stecken, die aber, damit sie Wirkung zeigen, sich immer auch sprachlich äußern, sind im Allgemeinen mit der Bezugnahme auf verinnerlichte Strukturen gemeint. Eben weil sie in Sprachspielen münden, sind solche Operatoren notwendigerweise strukturiert.

Wenn man diese Möglichkeit ernst nimmt, wird man zugeben müssen, dass es sinnlos ist, einen Gegensatz zwischen den Ansätzen, für welche die irreduzible Erfahrung im Vordergrund steht, und den Ansätzen anzunehmen, die sich den Strukturen verschrieben haben. Sowohl Erfahrungen als auch Strukturen wurzeln auf der »Ebene des Seins«. Und zwar unter der Bedingung, dass die Strukturen nicht als absolute Voraussetzung aller Erfahrung verstanden werden, sondern eher als Operatoren, die herangezogen werden können, um die Erfahrung zu interpretieren, wenn sie auf Hindernisse stößt, die sie davon abhalten, im Strom des Lebens aufzugehen. Das soll nicht heißen, dass diese Operatoren immer gleich auf alle Situationen, in denen sie zum Einsatz kommen, eingestellt und von daher erhellend sind. In vielen Situationen wenden Akteure Schemata auf ihre Erfahrungen an, die ungeeignet sind, ihnen einen Interpretationsweg zu eröffnen, der eine Fortsetzung ihrer Interaktion mit der Umwelt erlaubt, und zwar besonders dann, wenn die Realität vor großen Umwälzungen steht, bei denen die Erfahrung direkt mit der Welt in Kontakt kommt, das heißt mit dem Ungewissen, ja Unbekannten. Es gibt Untersuchungen, die scheitern, und wahrscheinlich ist das ohnehin der häufigste Fall. Trotzdem hätten die Akteure, wenn sie nicht auf diese Operatoren zurückgreifen könnten, keinerlei Zugriff auf die Realität und würden ohne jegliches kritisches Vermögen in einem Erfahrungsstrom versinken, der sich selbst nicht zugänglich ist.

Wendet man sich jetzt dem systemischen Strukturalismus zu, wäre dann nicht die Idee vertretbar, dass die übergeordnete Erzählung oder, wenn man so will und eine berühmte Formulierung aufgreifen möchte, die »große Erzählung« ebenfalls eine Art Mischung aus Erfahrung und Reflexivität darstellt, in der die empirischen Informationen und zum Beispiel die statistischen Daten für die Erfahrung ständen, während die theoretischen Schemata, die herangezogen werden, um Ordnung unter ihnen zu schaffen und ihnen »Sinn zu geben«, wie man sagt, eine reflexive Funktion wahrnehmen würden? So gesehen, wäre das, was wir systemischen Strukturalismus genannt haben, einer der reflexiven Operatoren, die herangezogen werden können, um Ordnung in einer großen Erzählung zu schaffen, die sich so über Raum und Zeit erstreckt, wie zum Beispiel die große Erzählung der »Globalisierung«. Natürlich lässt sich gegen diesen Vorschlag einwenden, dass die große Erzählung eine Erzählung ohne Subjekt ist, wie übrigens jede Erzählung, die sich auf so etwas wie die »Wissenschaft« zu stützen beabsichtigt, weil es kein Subjekt gibt, das imstande ist, eine persönliche Totalitätserfahrung im Gedächtnis zu behalten und einzuordnen, obwohl das genau der Horizont ist, den die große Erzählung anzielt.

Bevor man diesen Vorschlag als absurd verwirft, sei jedoch daran erinnert, dass es durchaus so etwas wie »Subjekte« gibt, von denen Diskurse ausgehen, die sich in unterschiedlichem Maße auf ein Totalisierungsziel richten und so auftreten, als ob sie ein Bild der Realität von einem Standpunkt aus bieten würden, den sich, weil er übergeordnet ist, auch die gewöhnlichen, das heißt einen Körper besitzenden Personen zu eigen machen können, ja sogar sollen, in deren Aufklärung seine Aufgabe besteht. Dabei handelt es sich offenkundig um Institutionen, also um jene körperlosen Wesen, die immerhin die Bürde auf sich genommen haben, stellvertretend für alle zu sagen, *was es mit dem, was ist, auf sich hat.* Solchen institutionellen Diskursen wird häufig vorgeworfen, missbräuchlich zu sein und auf nichts anderes abzuzielen als darauf, die persönliche Erfahrung der Akteure dadurch zu ersticken, dass ihnen eine »Weltsicht« aufgezwungen wird, die im Interesse der Mächtigen liegt, wer immer das auch sei, das heißt darauf, einen Herrschaftseffekt zu erzielen. Doch eine solche, rein kritische Vorstellung läuft der Tatsache zuwider, dass es wahrscheinlich keine Gesellschaft gibt, die auf diese Art von Diskursen verzichten kann, was den Gedanken nahelegt, dass sie eine wichtige Rolle für die reflexiven Bemühungen spielen, denen die Akteure ihre eigenen Erfahrungen unterziehen, und dadurch für die Bildung der Räume, in denen ganz unterschiedliche Bestandteile sich allmählich zu Strukturen zusammenfügen. Diese großen Erzählungen können offenkundig mehr oder weniger imaginär sein und sind nur akzeptabel, wenn sie durch Veridiktionsverfahren verifiziert worden sind. Es ist immer möglich und häufig gerechtfertigt, sie auf der Grundlage persönlicher Erfahrungen in Zweifel zu ziehen. Wenn solche Zweifel sich durch Interaktionen allgemein verbreiten, setzt eine Dynamik des Wandels der großen Erzählungen ein. Und nur wenn sie mit »radikaler Demokratie« einhergehen und dadurch mit Kritik konfrontiert sind, können die großen Erzählungen, die für das Ordnen ganz unterschiedlicher Materialien Methoden verwenden, die im Großen und Ganzen auf den systemischen Strukturalismus zurückgehen, zur Bereicherung der Operatoren beitragen, welche die sozialen Akteure einsetzen, um ihre eigenen Erfahrungen zu interpretieren.

Anhang
Skizze zu einer Formalisierung der Warenstrukturen

Von Guillaume Couffignal

Gegenstand dieses Textes ist die Übersetzung von Strukturelementen der Wertermittlungsformen in eine mathematische Sprache. Damit wird die Absicht verfolgt, zum einen deren Kohärenz zu beurteilen und zum anderen eine Vergleichsmöglichkeit mit anderen Tauschstrukturen zu schaffen, die von Verwandtschaftsstrukturen in der Anthropologie bis zu Wirtschaftstheorien reichen können. Ein Vorteil der verwendeten Sprache ist ihr Abstraktionsgrad, mit dessen Hilfe sich ein Zusammenhang zwischen Strukturen herstellen lässt, die ganz verschiedenen Feldern entnommen sind. Hinzu kommt, dass die vielen Diskussionen, die wir während der Fertigstellung unserer Arbeit mit Guillaume Couffignal geführt haben, ein sehr nützlicher Zwang gewesen sind, den Akzent auf die Strukturbeziehungen zwischen Dingen und deren Fortbestand anlässlich von Transformationen zu legen. Die Kategorientheorie könnte ein einschlägiges Werkzeug für die Neuentwicklung eines von der Substanz her weniger rigiden Strukturalismus sein, der in der Lage ist, den Grundzügen des Handelns zu folgen, und den wir »pragmatischen Strukturalismus« genannt haben.

Luc Boltanski/Arnaud Esquerre

Mein Ziel besteht darin, die Zirkulationsprozesse von Dingen auf einem Markt, die Luc Boltanski und Arnaud Esquerre beschrieben und analysiert haben, unter Rückgriff auf eine mathematische Sprache zu erläutern.

Dabei sei daran erinnert, dass den Autoren zufolge die Wertermittlungsformen nicht »alle Perspektiven [...], die man gegenüber allen möglichen Dingen einnehmen kann«, und auch nicht alle möglichen Zirkulationsformen abdecken. Denn die sozialen Bedeutungen lassen unendlich viele, sie keineswegs ausschöpfende formale Organisationsweisen zu. Der Rückgriff auf die Sprache der Kategorientheorie scheint mir deshalb aus verschiedenen Gründen einschlägig zu sein. Erstens verfügt sie über eine Abstraktheit und Allgemeinheit, dank derer die Interpretation nicht vorschnell zum Abschluss kommt, wohingegen eine zu rigide formale Sprache zwar genauer erscheinen mag, dem Sinn aber eher Schranken auferlegt. Zweitens ist die Kategorientheorie ein natürlicher formaler Rahmen für die Probleme, die auftreten, wenn man Objekte und mathematische Theorien miteinander vergleicht.

Darüber hinaus kommt keinem Begriff ein »Vorzug« bei der Formulierung der Kategorientheorie zu, das heißt, es gibt eine Vielzahl von Präsentationsweisen der Kategorientheorie, von denen, absolut gesehen, keine zu bevorzugen ist. Eine solche Vielzahl von Präsentationsweisen bietet nämlich ein breites Panel von Perspektiven und Praktiken. Auf diese Weise können sich mehrere Begriffe, die man für zentral halten könnte, jeweils als Sonderfälle herausstellen. Auch wenn ich mich in diesem Text dazu entschieden habe, dem Begriff der Kan-Erweiterung den Vorzug zu geben, um den Begriff des (Ko-)Limes als Sonderfall einzuführen, hätte man durchaus auch die umgekehrte Wahl treffen und die Kan-Erweiterungen als Sonderfälle der (Ko-)Limiten präsentieren können. Das Gleiche ließe sich auch unter anderem in Bezug auf den sehr wichtigen Begriff der Adjunktion anmerken, über den ich hier aus Platzgründen gar nicht sprechen werde.

Eine solche Anmerkung geht allerdings schon weit über die bloße Feststellung der Reflexivität der Kategorientheorie hinaus. Durch das »Sprechen über sich selbst« gewinnt die Kategorientheorie in einer Hinsicht an Reichtum (in »mehreren« wäre zutreffender), die sich formalisieren lässt. Wenn man die vorangegangenen Punkte zusammennimmt, erweist sich die Kategorientheorie, auch wenn dieser kurze Text nur einen Vorgeschmack davon geben kann, letztendlich als eine hochentwickelte, weit verzweigte und sich täglich weiter verzweigende Theorie. Sie ist also mit einem beträchtlichen Arsenal mathematischer Werkzeuge ausgestattet, deren Anwendungsmöglichkeiten von der Physik über die Informatik, die Ingenieurswissenschaft usw. bis zur Biologie reichen.[1]

Einige grundlegende Elemente der Sprache der Kategorientheorie

Damit die beiden folgenden Teile verständlich sind, die sich mit den Wertermittlungsformen von Waren im Einzelnen beschäftigen, ist es erforderlich, einige grundlegende Elemente der Sprache der Kategorientheorie vorzustellen. Eine gründlichere Behandlung der Kategorientheorie würde Hunderte von Seiten in Anspruch nehmen, sodass hier nur von einem Formalisierungsentwurf die Rede sein kann. Um diesen Text nicht zu überfrachten, habe ich mich entschieden, manche Definitionen nur zu skizzieren. Was eine viel vollständigere und genauere Ausarbeitung der Kategorientheorie anbelangt, sei auf den großen Klassiker *Kategorien* von Saunders Mac Lane und auf das modernere Buch *Categories and Sheaves* von Masaki Kashiwara und Pierre Schapira verwiesen.

Definition 1

Eine **Kategorie** $\mathscr{C}$[2] besteht aus

– einer Menge $Ob(\mathscr{C})$, **deren Elemente Objekte** von $\mathscr{C}$ heißen

– für jedes Paar x, y von Objekten aus $\mathscr{C}$ einer Menge $\mathrm{Hom}_{\mathscr{C}}(x, y)$ (oder einfacher $\mathrm{Hom}(x, y)$), deren Elemente **Abbildungen (oder Morphismen)** mit Quelle x und Ziel y genannt

1 Zu diesem Thema kann der neugierige Leser die Aufsätze des Physikers und Mathematikers John Baez auf seiner Homepage ⟨math.ucr.edu/home/baez/ sowie den Blog johncarlosbaez.wordpress.com/⟩ zu Rate ziehen.

2 Anm. d. Übers.: Hier wird von der üblichen Definition in der Kategorientheorie abgewichen. In der Standarddefinition einer Kategorie bilden die Objekte lediglich eine Klasse. Der hier betrachtete Spezialfall, dass die Objekte sogar eine Menge bilden, wird üblicherweise als **kleine Kategorie** bezeichnet.

werden und die mit $x \longrightarrow y$ bezeichnet werden. Diese Menge (wie auch die letztere) kann leer sein.

– für jedes Objekt x in $\mathscr{C}$ einem Morphismus mit Quelle und Ziel x, der mit 1_x bezeichnet wird. Dieser wird der **Identitätsmorphismus** oder die Identität auf x genannt.

– Morphismen, sodass das Ziel des ersten mit der Quelle des zweiten übereinstimmt. Diese lassen sich verknüpfen, und diese Verknüpfungen sind assoziativ und besitzen als neutrale Elemente die Identitätsmorphismen. Die Komposition zweier Morphismen $f : x \longrightarrow y$ und $g : y \longrightarrow z$ wird mit $g \circ f : x \longrightarrow z$ bezeichnet.

Nehmen wir zum Beispiel an, dass die folgenden Diagramme eine Kategorie repräsentieren, in der alle Morphismen (und Objekte) dargestellt sind. Die Objekte dieser Kategorie sind also die »Punkte« *a*, *b*, *c* und *d*, und ihre Morphismen sind *f*, *g*, *h* sowie die Verknüpfung $g \circ f$ und die Identitätsmorphismen zu allen vier Punkten.

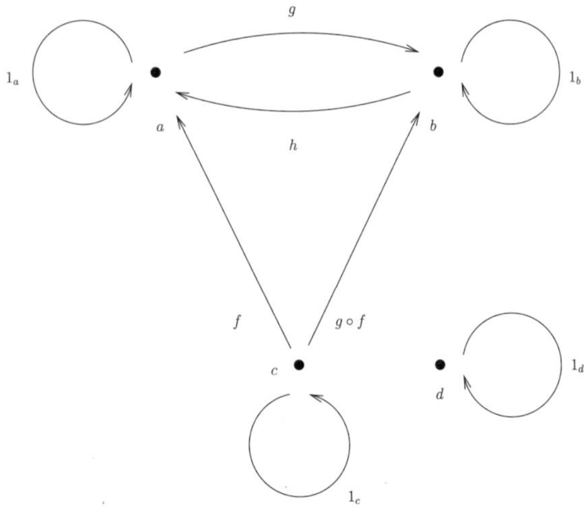

Da wir angenommen haben, dass dieses Diagramm eine Kategorie repräsentiert, folgt nach Definition 1:

– der Morphismus $g \circ f$ ist die Verknüpfung des Morphimus f mit dem Morphismus g

– die Morphismen g und h lassen sich verknüpfen, das heißt, die Verknüpfungen $h \circ g : a \longrightarrow a$ und $g \circ h : b \longrightarrow b$ existieren. Da nach dem Diagramm nur ein einziger Morphismus mit Quelle a und Ziel a (analog für b) existiert, so folgt notwendig

$$h \circ g = 1_a \text{ und } g \circ h = 1_b.$$

Wir sagen, dass in dieser Situation g (und analog h) ein **Isomorphismus** ist. Ein Morphismus $g : a \longrightarrow b$ ist ein Isomorphismus, wenn es einen Morphismus $h : b \longrightarrow a$ gibt, sodass die obigen zwei Beziehungen gelten.

– Auf dieselbe Weise lassen sich die Morphismen $g \circ f$ und h verknüpfen, und nach dem Diagramm folgt mit denselben Argumenten wie zuvor

$$h \circ (g \circ f) = f.$$

Da die Verknüpfung von Morphismen assoziativ ist, gilt $h \circ (g \circ f) = (h \circ g) \circ f$. Nach dem vorherigen Punkt ist $h \circ g = 1_a$, sodass aus der Assoziativität und der Tatsache, dass die Identitäsmorphismen neutral für die Verknüpfung sind, folgt:

$$h \circ (g \circ f) = (h \circ g) \circ f = 1_a \circ f = f.$$

Eine Kategorie ist also ein orientierter Graph (dessen Kanten, hier Morphismen genannt, orientiert sind), der mit einer asssoziativen Verknüpfung zwischen Kanten/Morphismen sowie mit Identitätsmorphismen, die die Rolle von neutralen Elementen für die Verknüpfung spielen, ausgestattet ist.

Umgekehrt kann man ausgehend von einem orientierten Graphen $\mathcal{G}$ eine **Kategorie, die von $\mathcal{G}$ erzeugt wird**, produzieren, indem man formal die Verknüpfungen von Morphismen und die Identitätsmorphismen modulo der Relationen der Assoziativität und der Neutralität für die Verknüpfungen hinzufügt.

Dieser Punkt spielt eine wichtige Rolle in der hier vorgeschlagenen Formalisierung. Wir nehmen an, dass die Strukturen der Waren Kategorien bilden, deren Objekte die »Waren« und deren Morphismen die Relationen der Wertermittlung sind. Zum Beispiel drückt ein Morphismus $f : x \longrightarrow y$ in dieser Kategorie die Tatsache aus, dass

f ein Standpunkt ist, welcher der Ware x einen höheren Metapreis als der Ware y zuordnet. Der Identitätsmorphismus $1_x : x \longrightarrow x$ ist eine Weise, um auszudrücken, dass die Ware x ein und denselben Metapreis hat, und zwar auf »tautologische« Weise, worin sich die Tatsache niederschlägt, dass die Identitätsmorphismen sich unter Verknüpfung von Morphismen neutral verhalten.

So werden in der Praxis die Waren am häufigsten in Form eines orientierten Graphen betrachtet: x hat einen höheren Metapreis als y, das selbst einen höheren Metapreis als z hat usw. Dieser orientierte Graph lässt sich zu einer Kategorie vervollständigen. So lässt sich etwa die soeben beschriebene Situation folgendermaßen graphisch darstellen:

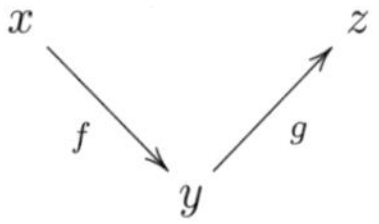

Dies erzeut die folgende Kategorie, wobei auf die Darstellung der vorhandenen Identitätsmorphismen verzichtet wird:

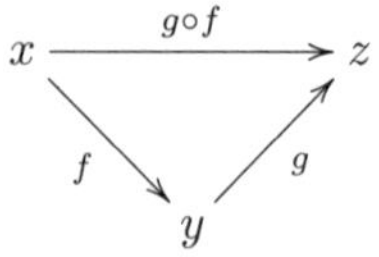

Der Morphismus $g \circ f$ ist also der Standpunkt verknüpft aus f und g, der ausdrückt, dass x einen höheren Metapreis als z hat.

Kategorien sind in der Mathematik omnipräsent. Wir führen hier nur einige Beispiele an.

Beispiel. Eine Kategorie, die trivial erscheint, aber eine wichtige »strukturelle« Rolle spielt, ist die[3] **terminale** Kategorie, die wir mit $*$ bezeichnen. Sie besteht aus genau einem Objekt und seinem Identitätsmorphismus.

3 Der Gebrauch des bestimmten Artikels »die« ist »Absicht«. Die terminale Kategorie ist eindeutig im kategorientheoretischen Sinn, also eindeutig bis auf einen eindeutig bestimmten Isomorphismus (von Kategorien).

Beispiel. Die Kategorie *Ens*, deren Objekte die Mengen und deren Morphismen mengentheoretische Abbildungen sind.

Beispiel. Jede geordnete Menge lässt sich als Kategorie betrachten. Wir verwenden hier die Kategorie $\mathbb{R}_+$ der positiven reellen Zahlen, die wir folgendermaßen als Kategorie auffassen:

– die Objekte von $\mathbb{R}_+$ sind die positiven reellen Zahlen;

– Morphismen zwischen positiven reellen Zahlen werden durch die Ordnungsrelation ≥ gegeben, das heißt, für zwei positive reelle Zahlen x und y gilt:

$$x \geq y \text{ bedeutet, dass es einen Morphismus } x \longrightarrow y \text{ gibt.}$$

Wir verwenden meist die Kategorie $\overline{\mathbb{R}}_+$ der positiven reellen Zahlen »plus unendlich«, das heißt, wir fügen ein neues Objekt unendlich ein, das wir mit ∞ bezeichnen, und erweitern die Morphismen der Ordnungsrelation auf unendlich.

Ohne ins Detail zu gehen, sei angemerkt, dass zahlreiche mathematische Strukturen eine Kategorie ergeben (so bilden etwa Gruppen die Kategorie *Grp*, topologische Räume die Kategorie *Top* usw.[4]).

Es ist auch möglich, ausgehend von einer beliebigen Kategorie, eine neue Kategorie hervorzubringen, indem formal die Richtung der Morphismen »umgekehrt« wird. Um dies an einem Beispiel zu veranschaulichen, setzen wir den folgenden Satz ins Passiv:

Die Katze frisst die Maus ⇝ Die Maus ist von der Katze gefressen worden.

Wenn wir die dabei zugrundeliegenden Relationen mit Pfeilen darstellen, ergibt sich Folgendes:

Die Katze $\underset{\text{frisst}}{\rightarrow}$ die Maus ⇝

Die Maus $\underset{\text{ist von}}{\longrightarrow}$ der Katze gefressen worden.

4 Anm. d. Übers.: Dies ist nur richtig, wenn man statt des in Definition 1 verwendeten Begriffs der kleinen Kategorie den üblichen Kategorienbegriff zugrunde legt.

Eine ähnliche »Form« von Operation (die Setzung ins Passiv) gibt es auch in der Kategorientheorie, man nennt sie dort die **entgegengesetzte Kategorie** einer Kategorie. Im Fall der Kategorie, die Waren unter bestimmten Wertbeziehungen repräsentiert, können wir den Begriff der entgegengesetzten Kategorie als Umkehrung der zeitlichen Orientierung der Wertermittlungsrelationen interpretieren. Dieser Punkt wird für die Beschreibung der verschiedenen Formen der Wertermittlung von Waren nützlich sein.

Definition 2

Es sei $\mathscr{C}$ eine Kategorie. Die **entgegengesetzte Kategorie** von $\mathscr{C}$, die wir mit $\mathscr{C}^{\text{opp}}$ bezeichnen, ist die Kategorie, die dieselben Objekte besitzt wie $\mathscr{C}$ und in der jeder Morphismus $x \longrightarrow y$ von einem Morphismus $y \longrightarrow x$ in $\mathscr{C}$ induziert wird, sodass die Verknüpfung $f \circ \mathrm{g}$ in $\mathscr{C}^{\text{opp}}$ gerade zur Verknüpfung $g \circ f$ in $\mathscr{C}$ gehört.

Sobald ein kategorientheoretisches Konzept für $\mathscr{C}$ definiert ist, gibt es mit Hilfe dieser Konstruktion eine »duale«, also entgegengesetzte Version des Konzepts durch Anwenden der entsprechenden Definition auf die entgegengesetzte Kategorie $\mathscr{C}^{\text{opp}}$.

Wir haben nun ein Objekt/einen Begriff von Kategorie eingeführt, und damit dieser mathematisch »nicht in der Luft hängt«, benötigen wir noch die Mittel, um Kategorien miteinander zu »vergleichen«. Das führt uns zum Konzept des Funktors.

Definition 3

Es seien $\mathscr{A}$ und $\mathscr{B}$ zwei Kategorien. Ein **Funktor** F von der Kategorie $\mathscr{A}$ in die Kategorie $\mathscr{B}$, den wir mit $F \mathscr{A} \longrightarrow \mathscr{B}$ bezeichnen, ist gegeben durch

– eine Funktion, die wir unter Missbrauch der Notation ebenfalls F nennen, von der Menge der Objekte von $\mathscr{A}$ in die Menge der Objekte von $\mathscr{B}$:

$$F : Ob\,(\mathscr{A}) \longrightarrow Ob\,(\mathscr{B})$$
$$x \longmapsto F(x)$$

– für jedes Paar x, y von Objekten aus $\mathscr{A}$ durch eine Funktion, die wir ebenfalls missbräuchlich mit F bezeichnen,

$$F: \mathrm{Hom}_{\mathscr{A}}(x, y) \to \mathrm{Hom}_{\mathscr{B}}(F(x), F(y))$$
$$f \mapsto F(f)$$

– sodass diese Funktionen die Verknüpfungen von Morphismen und die Identitätsmorphismen in $\mathscr{A}$ respektieren, das heißt

$$F(g \circ f) = F(g) \circ F(f) \quad F(1_x) = 1_{F(x)},$$

wobei wir mit $\circ$ auch die Verknüpfung in der Kategorie $\mathscr{B}$ bezeichnen.

Ein Funktor $F: \mathscr{A} \to \mathscr{B}$ ist also die Vorgabe eines Diagramms aus Objekten und Morphismen in $\mathscr{B}$, das indiziert ist durch Objekte und Morphismen in der Kategorie $\mathscr{A}$. Wir werden häufiger die Begriffe Funktor und Diagramm synonym verwenden. Eine mögliche Sichtweise des Funktorbegriffs ist, dass dieser einen Standpunkt bildet, der eine »Verlagerung« erlaubt, das heißt, die Struktur der Kategorie $\mathscr{A}$ wird von der Kategorie $\mathscr{B}$ aus wahrgenommen. In einer anderen logischen Perspektive lässt sich ein Funktor $F: \mathscr{A} \to \mathscr{B}$ als die Bereitstellung eines Modells der Theorie $\mathscr{A}$ in der Theorie $\mathscr{B}$ auffassen. In dieser Sichtweise übernimmt die Theorie $\mathscr{B}$ die Rolle einer Semantik.

Beispiele

Für eine beliebige Kategorie $\mathscr{C}$ existieren immer mindestens zwei Funktoren:

– der Identitätsfunktor $id_c: \mathscr{C} \to \mathscr{C}$ auf $\mathscr{C}$, der jedes Objekt und jeden Morphismus auf sich selbst abbildet;

– der »terminale« Funktor $T_c: \mathscr{C} \to *$, der jedes Objekt aus $\mathscr{C}$ in das einzige Objekt in $*$ und jeden Morphismus in $\mathscr{C}$ auf den einzigen Morphismus in $*$ abbildet.

Die Erwähnung dieser beiden »trivialen« Funktoren mag nach einer »unschuldigen« Bemerkung klingen, aber hinter dieser »Unschuld« verbirgt sich die Tatsache, dass die triviale Existenz dieser beiden Funktoren von großer theoretischer Wichtigkeit ist. Insbesondere ist die Sprache, die wir hier bereitstellen, nicht leer und besitzt einen gewissen wohldefinierten Gehalt (diese Funktoren sind ja offensichtlich definiert).

Eine wichtige Eigenschaft von Funktoren ist die Tatsache, dass sie sich verknüpfen lassen. Sind nämlich $F : \mathscr{A} \to \mathscr{B}$ und $G : \mathscr{B} \to \mathscr{C}$ zwei Funktoren, so definieren wir den verknüpften Funktor $G \circ F : \mathscr{A} \to \mathscr{C}$ als den Funktor, den man erhält, wenn man zuerst F und dann G anwendet. Dies führt uns auf das folgende Beispiel einer Kategorie.

Beispiel. Die Kategorien (als Objekte) und die Funktoren (als Morphismen) bilden eine Kategorie, die mit *Cat* bezeichnet wird, die Kategorie der Kategorien[5].

Wir haben nun den Begriff des Funktors eingeführt, weshalb wir jetzt ein Mittel finden müssen, um Funktoren zu vergleichen.

Definition 4

Es seien $F : \mathscr{A} \to \mathscr{B}$ und $G : \mathscr{B} \to \mathscr{C}$ zwei Funktoren. **Eine natürliche Transformation** α des Funktors F auf den Funktor G, die wir mit $\alpha : F \to G$ bezeichnen, ist die Vorgabe einer Familie von Morphismen in der Kategorie $\mathscr{B}$, auf folgende Weise indiziert durch die Objekte der Kategorie $\mathscr{A}$:

$$\{\alpha_x : F(x) \to G(x)\}_{x \in \mathrm{Ob}\,(\mathscr{A})},$$

sodass für jeden Morphismus $f: x \to y$ in $\mathscr{A}$ das folgende Diagramm kommutativ[6] ist:

5 Wir klammern in diesem Text Kardinalitätsprobleme aus und verweisen auf das Buch von Saunders MacLane sowie auf die Bücher von Masaki Kashiwara und Pierre Schapira.

6 Die Kommutativität dieses Diagramms bedeutet folgende Gleichheit von Verknüpfungen von Morphismen: $\alpha_y \circ F(f) = G(f) \circ \alpha_x$.

$$\begin{array}{ccc} F(x) & \xrightarrow{F(f)} & F(y) \\ {\scriptstyle \alpha_x}\downarrow & & \downarrow{\scriptstyle \alpha_y} \\ G(x) & \xrightarrow[G(f)]{} & G(y) \end{array}$$

Natürliche Transformationen lassen sich ebenfalls verknüpfen. Mit den obigen Notationen seien $\alpha : F \to G$ und $\beta : G \to H$ zwei natürliche Transformationen. Dann definieren wir die Verknüpfung $\beta \circ \alpha : F \to H$, indem wir für jedes Objekt x in $\mathscr{A}$ setzen:

$$(\beta \circ \alpha)_x = \beta_x \circ \alpha_x : F(x) \to H(x).$$

Auf diese Weise erhalten wir eine neue Art von Kategorie, deren Objekte die Funktoren sind.

Beispiel. Es seien zwei Kategorien $\mathscr{A}$ und $\mathscr{B}$. Wir bezeichnen mit *Cat* $(\mathscr{A}, \mathscr{B})$ die folgende Kategorie:

– die Objekte sind die Funktoren von $\mathscr{A}$ nach $\mathscr{B}$,

– die Morphismen sind die natürlichen Transformationen zwischen Funktoren von $\mathscr{A}$ nach $\mathscr{B}$.

– der Identitätsmorphismus I_F ist die natürliche Transformation, die aus den Identitätsmorphismen $\mathrm{I}_{F(a)} : F(a) \to F(a)$ für $a \in \mathrm{Ob}\ (\mathscr{A})$ besteht,

– die Verknüpfung zwischen Morphismen ist definiert als Verknüpfung der zugehörigen natürlichen Transformationen.

Beispiel. Sei $\mathscr{A}$ eine Kategorie, die eine relationale Strukturierung von Waren repräsentiert, und $\overline{\mathbb{R}}_+$ die Kategorie der positiven reellen Zahlen ergänzt um unendlich ∞. Wir nennen die **Kategorie der mit $\mathscr{A}$ verknüpften Preise** die Kategorie der Funktoren *Cat* $(\mathscr{A}, \overline{\mathbb{R}}_+)$. Das ist also vom logischen Standpunkt aus die Kategorie der Strukturmodelle, die von $\mathscr{A}$ in der Semantik der positiven reellen Zahlen verkörpert werden.

Es sei $V : \mathscr{A} \to \overline{\mathbb{R}}_+$ ein Funktor, der einen Verkaufspreis für einen Anbieter von Waren in $\mathscr{A}$ darstellt. Ein Kauf derselben Waren zu denselben Bedingungen stellt ebenfalls einen Funktor $A : \mathscr{A} \to \overline{\mathbb{R}}_+$ dar. Wir sagen, dass es einen **(Gesamt-)Mehrwert** gibt, wenn eine natürliche Transformation $\alpha : A \to V$ existiert.

Die natürliche Transformation α misst genau den monetären Gewinn des Anbieters beim Kauf. Falls umgekehrt eine natürliche Transformation $\beta : V \longrightarrow A$ existiert, so misst diese den **(Gesamt-)Minderwert.**

Anmerkung. Das obige Beispiel kann verallgemeinert werden. Es setzt nämlich Zahlen (hier positive reelle Zahlen) als »Maß« für den Preis voraus. Man kann sich nun aber auch andere Kategorien als $\overline{\mathbb{R}}_{+}$, also die Zahlen, vorstellen, was hier die Intervention einer Währung mit absoluter Liquidität impliziert, die wie Zahlen verwendet wird und die Rolle einer »Metrik« (im Sinne von Boltanski und Esquerre) der Preise und Metapreise spielen kann. Wir haben schließlich schon gesehen, dass es immer möglich ist, für zwei Kategorien $\mathscr{A}$ und $\mathscr{P}$ eine Funktorkategorie *Cat* $(\mathscr{A}, \mathscr{P})$ zu definieren. Trotzdem meinen wir, dass nicht alle Kategorien $\mathscr{P}$ sich eignen und dass eine Kategorie bestimmte Strukturen nach dem Vorbild von $\overline{\mathbb{R}}_{+}$ besitzen muss, um diese Referentenrolle für Metapreise spielen zu können. Es handelt sich hier um einige der Eigenschaften, mit deren Hilfe wir sprachliche Operationen übersetzen und die wir im Folgenden entwickeln werden.[7]

Definition 5

Es sei $\mathscr{C}$ eine Kategorie. Wir nennen ein Objekt x aus $\mathscr{C}$ **initiales Objekt**, falls es für jedes Objekt y in $\mathscr{C}$ einen eindeutig bestimmten Morphismus der Form

$$x \longrightarrow y$$

gibt.

7 Beim gegenwärtigen Stand unserer Überlegungen sind (zumindet für den Anfang) gute Kandidaten diejenigen Kategorien, die Jean Bénabou einen Kosmos nennt, das heißt vollständige und kovollständige abgeschlossene symmetrische monoidale Kategorien, etwa $\overline{\mathbb{R}}_{+}$ oder *Ens*. Ein Kosmos erlaubt die Entwicklung einer »guten« Theorie angereicherter Kategorien (siehe etwa das klassische Werk von Max Kelly). Auch wenn man einen Begriff von schwächeren angereicherten Kategorien definieren kann, erlaubt anscheinend der Rahmen des Kosmos eine ausdrucksvollere Sprache, um eine kritische Feinanalyse in die Sphäre der Waren zu übertragen.

Es ergibt sich aus dieser Definition, dass ein initiales Objekt nicht notwendig eindeutig bestimmt ist, sondern nur eindeutig bis auf eindeutig bestimmten Isomorphismus.

Indem wir die vorhergehende Definition auf die entgegengesetzte Kategorie $\mathscr{C}^{\mathrm{opp}}$ anwenden, definieren wir ein **terminales Objekt** einer Kategorie $\mathscr{C}$. Ein Objekt x von $\mathscr{C}$ heißt also terminal, wenn für jedes Objekt y aus $\mathscr{C}$ ein eindeutig bestimmter Morphismus der Form

$$y \longrightarrow x$$

existiert.

Beispiel. In der Kategorie $\overline{\mathbb{R}}_+$ ist die Zahl 0 das (einzige) terminale Objekt und ∞ das einzige initiale Objekt. Für die Kategorie *Ens* ist die leere Menge $\emptyset$ ein initiales Objekt und die Einpunktmengen sind terminale Objekte (die bis auf eindeutigen Isomorphismus eindeutig bestimmt sind).

Wir nähern uns nun dem Herzstück der mathematischen Werkzeuge, die wir in der Folge verwenden werden. Der wesentliche Begriff ist der einer Kan-Erweiterung, die, wenn sie existiert, in einer bestimmten gegebenen Situation (einem bestimmten Diagramm) einen »wohldefinierten« Funktor liefert, der bestimmte gegebene Eigenschaften in der betrachteten Situation erfüllt.

Definition 6

Gegeben sei ein Diagramm

$$\begin{array}{ccc} \mathscr{A} & \xrightarrow{F} & \mathscr{C} \\ {\scriptstyle P}\big\downarrow & & \\ \mathscr{B} & & \end{array}$$

wobei $\mathscr{A}$, $\mathscr{B}$ und $\mathscr{C}$ Kategorien und F und P Funktoren sind.

Wir sagen, dass F eine **Links-Kan-Erweiterung entlang** P besitzt, wenn es ein Paar $(Lan_P F, \alpha)$ gibt, das aus einem Funktor

$$Lan_P F : \mathscr{B} \longrightarrow \mathscr{C}$$

und einer natürlichen Transformation $\alpha : F \longrightarrow Lan_P F \circ P$ besteht und folgende universelle Eigenschaft erfüllt: Für jedes Paar (G, β) bestehend aus einem Funktor $G : \mathscr{B} \longrightarrow \mathscr{C}$ und einer natürlichen Transformation $\beta : F \longrightarrow G \circ P$ gibt es eine eindeutig bestimmte natürliche Transformation $\eta : Lan_P F \longrightarrow G$, sodass für jedes Objekt a in $\mathscr{A}$ das folgende Diagramm kommutativ ist:

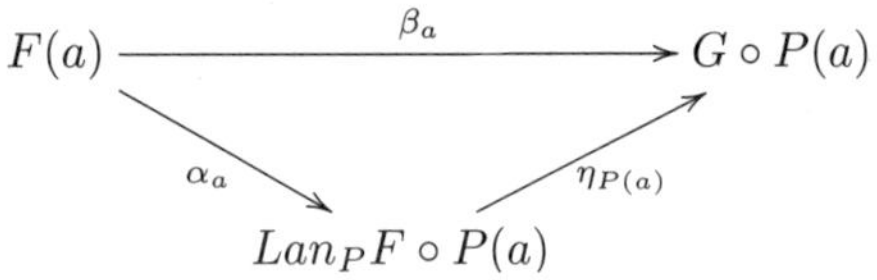

Wir stellen diese Situation folgendermaßen in einem Diagramm dar:

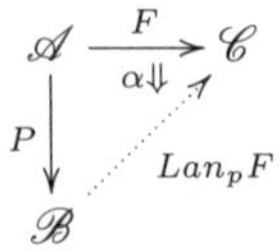

Diese Definition lässt sich so umformulieren: Die Menge der Paare (G, β), wobei $G : \mathscr{B} \longrightarrow \mathscr{C}$ ein Funktor und $\beta : F \longrightarrow G \circ P$ eine natürliche Transformation ist, bildet die Objekte einer Kategorie, deren Morphismen durch natürliche Transformationen zwischen solchen Paaren gegeben sind. Dass ein Funktor F eine Links-Kan-Erweiterung entlang von P besitzt, bedeutet, dass diese Kategorie ein initiales Objekt besitzt, nämlich die fragliche Kan-Erweiterung.

Auf duale Weise definiert man die **Rechts-Kan-Erweiterung** eines Funktors entlang eines anderen Funktors. Falls sie existiert, bezeichnen wir mit $Ran_P F$ die Rechts-Kan-Erweiterung des Funktors F entlang des Funktors P.

Wir werden vor allem die folgenden Spezialfälle von Kan-Erweiterungen verwenden.

Definition 7

Es sei $F: \mathscr{A} \longrightarrow \mathscr{B}$ ein Funktor. Wir sagen, dass F **Kolimiten** besitzt, falls es eine Links-Kan-Erweiterung von F entlang des terminalen Funktors $T_\circ$ gibt:

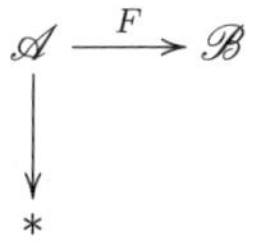

Wir bezeichnen in diesem Fall die Kan-Erweiterung von F entlang des terminalen Funktors mit *colimF* (anstatt von $Lan_{T_\circ}F$).

Auf duale Weise sagen wir mit Hilfe der vorherigen Definition, dass F **Limiten** besitzt, falls es eine Rechts-Kan-Erweiterung von F entlang des terminalen Funktors gibt. Diesen bezeichnen wir mit *limF*.

Ein Funktor der Form $* \longrightarrow \mathscr{B}$ entspricht der Vorgabe eines Objekts der Kategorie $\mathscr{B}$ (als Bild des eindeutigen Objekts in $*$ unter dem Funktor nach $\mathscr{B}$). Also enspricht ein Kolimes

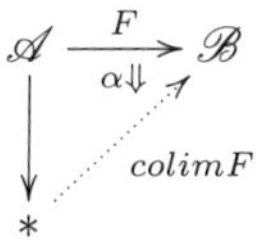

falls er existiert, einem Objekt in $\mathscr{B}$, das wir ebenfalls missbräuchlich mit *colimF* bezeichnen und das die oben beschriebene universelle Eigenschaft erfüllt.

Beispiel. In der Kategorie $\overline{\mathbb{R}}_+$ besitzt ein Funktor $F: \mathscr{A} \longrightarrow \overline{\mathbb{R}}_+$ stets

– einen Limes, der durch das Supremum $sup_{a \in \mathscr{A}} F(a)$ der $F(a)$ gegeben ist, sowie

– einen Kolimes, der durch das Infimum $\inf_{a \in \mathscr{A}} F(a)$ der $F(a)$ gegeben ist.

Wir nennen eine Kategorie **vollständig**, falls sie alle Limiten besitzt, was bedeutet, dass alle Funktoren in dieser Kategorie Limiten besitzen, und wir nennen sie **kovollständig**, falls sie alle

Kolimiten besitzt. Das vorangehende Beispiel zeigt, dass die Kategorie $\overline{\mathbb{R}}_+$ vollständig und kovollständig ist.

Beispiel. Die Kategorie *Ens* ist ebenfalls vollständig und kovollständig. Wir werden nun zwei Sonderfälle von Limiten und Kolimiten beschreiben, nämlich das Faserprodukt und die amalgamierte Summe.

Gegeben sei die folgende Kategorie, die wir mit I bezeichnen

$$\begin{array}{ccc} & & 0 \\ & & \big\downarrow{\scriptstyle a} \\ 1 & \xrightarrow[b]{} & 2 \end{array}$$

aus drei Objekten 0, 1 und 2 und zwei Morphismen $a : 0 \longrightarrow 2$ und $b : 1 \longrightarrow 2$, abgesehen von den Identitätsmorphismen (die wir wie üblich nicht darstellen).

Die Vorgabe eines Funktors $F : I \longrightarrow Ens$ entspricht also der Vorgabe eines Diagramms von Mengen:

$$\begin{array}{ccc} & & F(0) \\ & & \big\downarrow{\scriptstyle F(a)} \\ F(1) & \xrightarrow[F(b)]{} & F(2) \end{array}$$

wobei $F(0)$, $F(1)$ und $F(2)$ Mengen und $F(a)$ und $F(b)$ Funktionen sind. Für größere Klarheit bezeichnen wir diese Mengen und Funktionen folgendermaßen:

$$F(0) := A, F(1) = B, F(2) = C, F(a) = f, F(b) = g.$$

Da die Kategorie der Mengen vollständig ist, besitzt dieser Funktor beziehungsweise dieses Diagramm einen Limes, den wir das **Faserprodukt** des obigen Diagramms nennen, das heißt, es existiert eine Menge $limF$ (oder $B \times_C A$) und Morphismen, die wir unten gepunktet darstellen, sodass das folgende Diagramm kommutiert:

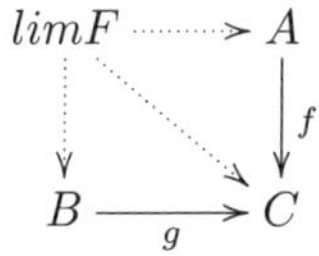

Diese Morphismen erfüllen eine universelle Eigenschaft, die wir hier aus Platzmangel nicht detailliert ausführen. Was uns interessiert, ist die Tatsache, dass wir die Elemente der Menge *limF* vollständig beschreiben können:

$$limF \simeq \{(x,y) \in B \times A \,|\, g(x) = f(y)\}.$$

Die Menge, die den Limes darstellt, ist also die Menge der Elemente aus *A* und aus *B*, deren Bilder unter den Funktionen *f* beziehungsweise *g* in *C* übereinstimmen.

Ohne ins Detail gehen zu wollen, liefert eine ähnliche Überlegung die **amalgamierte Summe**, die durch das Faserprodukt in der entgegengesetzten Kategorie gegeben ist und die wir im folgenden kommutativen Diagramm darstellen:

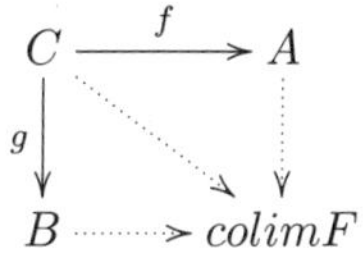

Die Menge *colimF*, die wir auch mit $B \sqcup_C A$ bezeichnen, ist ihrerseits gegeben durch

$$colimF \simeq B \sqcup A / \sim,$$

wobei $B \sqcup A$ die disjunkte Vereinigung der Mengen *B* und *A* bezeichnet und wobei wir im Quotienten die Punkte aus $B \sqcup A$ identifizieren, die in folgender Relation stehen:

$$x \sim y, \text{ falls es ein } z \in C \text{ gibt mit } g(z) = x \text{ und } f(z) = y,$$

das heißt, kurz gesagt, dass der Kolimes die Menge aller Elemente in *B* und *A* ist, die nicht im Bild der Funktionen *g* und *f* liegen, denen man den obigen »Quotienten« zuordnet.

Wir können die vorhergehenden Beispiele folgendermaßen in

der Form eines »Schemas« umformulieren (wobei wir diesen Begriff hier in einem verständnisfördernden Sinn und nicht als präzisen mathematischen Terminus verwenden) und folgen dabei den Limiten und Kolimiten:

1. Ein Limes »verkörpert« das, was in einem Diagramm als gemeinsames und/oder vergleichbares Element auftaucht, und »vergisst« die Differenzen, und zwar auf eine von dem Funktor bestimmte Art und Weise (universelle Eigenschaft).

2. Ein Kolimes »verkörpert« das, was im Diagramm an verschiedenen Elementen auftaucht, und »löscht« das, was gemeinsam und/oder vergleichbar ist, und zwar auf eine von dem Funktor bestimmte Art und Weise (universelle Eigenschaft).

Wir werden nun einen Satz über eine Existenzbedingung einer Kan-Erweiterung formulieren, ohne ihn zu beweisen oder Details zu nennen. Wir halten hier nur fest, dass dieser Satz es erlaubt, unter bestimmten Bedingungen einen Funktor zu produzieren, der bestimmte Eigenschaften erfüllt und für den wir uns interessieren, um auf eine wohlbestimmte Art und Weise (universelle Eigenschaft) Warenkategorien vergleichen zu können.

Satz. *Es sei das folgende Diagramm von Kategorien und Funktoren gegeben:*

$$\begin{array}{ccc} \mathscr{A} & \xrightarrow{F} & \mathscr{C} \\ {\scriptstyle P}\downarrow & & \\ \mathscr{B} & & \end{array}$$

wobei $\mathscr{A}$ eine (kleine) Kategorie und $\mathscr{C}$ kovollständig ist.

Dann gibt es eine Links-Kan-Erweiterung

$$\begin{array}{ccc} \mathscr{A} & \xrightarrow{F} & \mathscr{C} \\ {\scriptstyle P}\downarrow & \Downarrow\alpha & \nearrow {\scriptstyle Lan_P F} \\ \mathscr{B} & & \end{array}$$

die für jedes b in $\mathscr{B}$ durch den Kolimes gegeben ist:

$$Lan_P F(b) \simeq colim_{(P(a) \to v) \in (P \downarrow b)} F(a).$$

Diese Notation am Zeichen *colim* bedeutet, dass wir den Kolimes des (zusammengesetzten) Funktors betrachten:

$$\begin{array}{rll} (P \downarrow b) & \stackrel{U}{\to} \mathscr{A} & \stackrel{F}{\to} \mathscr{C} \\ g : P(a) \to b & \mapsto a & \mapsto F(a), \end{array}$$

wobei U ein »Vergissfunktor« (»Projektion«) ist und $(P \downarrow b)$ die Kategorie bezeichnet, deren Objekte die Morphismen in $\mathscr{B}$ der Form $P(a) \longrightarrow b$ für Objekte a von A sind. In dieser Kategorie sind die Morphismen $g \longrightarrow g'$ gegeben durch kommutative Diagramme der Form:

$$\begin{array}{ccc} P(a) & \xrightarrow{P(f)} & P(a') \\ & {\scriptstyle g}\searrow \quad \swarrow{\scriptstyle g'} & \\ & b & \end{array}$$

wobei $f\colon a \longrightarrow a'$ ein Morphismus in der Kategorie $\mathscr{A}$ ist[8].

Auf duale Weise ergibt sich eine äquivalente Aussage für vollständige Kategorien. Also existiert eine Rechts-Kan-Erweiterung.

Entwerfen wir ein Anwendungsbeispiel für die Kan-Erweiterung bei der Preisbildung.

Ein Preis ist die Vorgabe eines Funktors $F : \mathscr{A} \longrightarrow \overline{\mathbb{R}}_+$. Die Kategorie $\overline{\mathbb{R}}_+$ ist vollständig und kovollständig. Also gibt es nach den vorangegangenen Resultaten für jeden Funktor $P : \mathscr{A} \longrightarrow \mathscr{B}$ eine Links-Kan-Erweiterung

$$\begin{array}{ccc} \mathscr{A} & \xrightarrow{F} & \overline{\mathbb{R}}_+ \\ {\scriptstyle P}\downarrow & \alpha\Downarrow \quad \nearrow{\scriptstyle Lan_p F} & \\ \mathscr{B} & & \end{array}$$

8 Die Kategorie $(P \downarrow b)$ ist ein Beispiel einer sogenannten Kommakategorie.

und eine Rechts-Kan-Erweiterung

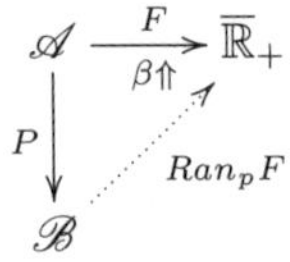

Welchen »Sinn« können diese Konstruktionen haben? Wenn man F als Repräsentanten des Metapreises eines Anbieters versteht und den Funktor P als (tatsächliche oder narrative) Verlagerung von Waren, die vom Standpunkt $\mathscr{A}$ aus betrachtet werden, in Richtung auf Waren, die vom Standpunkt $\mathscr{B}$ aus betrachtet werden (zum Beispiel wenn P die »Einbeziehung« von gemäß $\mathscr{A}$ »strukturierten« Waren in eine umfassendere Struktur $\mathscr{B}$ darstellt, oder wenn P das Modell für einen Wandel des »Diskurses« über die Waren oder einen Warentausch abgibt, usw.), ergeben sich folgende Interpretationen[9]:

– die Links-Kan-Erweiterung (Lan_PF, α) steht gewissermaßen für den maximalen mit dem Preis F »kohärenten« Profit unter der Verlagerung P, wobei dieser neue Preis durch den Funktor Lan_PF gegeben ist und die Quantifizierung des Profits durch die natürliche Transformation α (wobei die universelle Eigenschaft die »Maximalität« vorgibt). Der oben zitierte Satz gibt sogar eine Formel für dessen Berechnung an die Hand.

– auf duale Weise steht die Rechts-Kan-Erweiterung (Ran_PF, α) gewissermaßen für den unter Verlagerung P mit dem Preis F »kohärenten« Maximalverlust.

An dieser Stelle werden wir unseren kurzen Versuch einer kategorientheoretischen Formulierung der Untersuchung der Warenstrukturen abbrechen. Die Kategorientheorie und ihre Verästelungen verfügen im Überfluss über Begriffe, die sich als nützlich erweisen könnten, wenn man diese Strukturen und das, was Boltanski und Esquerre »pragmatischen Strukturalismus« nennen,

9 Damit diese Interpretationen »zutreffender« sind, müssten wir besondere Eigenschaften des Funktors P freilegen (wie zum Beispiel die Volltreuheit), die wir hier aus Platzgründen nicht im Einzelnen ausführen können.

verstehen möchte.[10] Der beschränkte Rahmen dieses Textes erlaubt lediglich die Darstellung einiger grundsätzlicher sprachlicher Elemente für ein solches Unternehmen. Nach dieser allgemeinen Einführung werden wir unser Interesse jetzt auf die Formalisierung der Wertermittlungsformen richten.

Die Wertermittlungsformen der Ware

In diesem Abschnitt werden wir erste Formalisierungselemente der vier »reinen« Wertermittlungsformen der Ware vorlegen: der Standardform, der Trendform, der Sammlerform und der Anlageform. Wir verwenden den Terminus »rein«, weil Waren selbstverständlich von verschiedenen Standpunkten aus betrachtet werden können. Ein und dieselbe Uhr kann zum Beispiel je nach dem Kontext ihrer Bewertung als unter die Standardform oder unter die Sammlerform fallend angesehen werden. Auf diese möglichen Arten von Fällen werden wir später eingehen, insbesondere wenn sie als »Verlagerungen« von einer Art Form auf eine andere aufgefasst werden können.

An dieser Stelle möchten wir die Grundannahmen, die unser Vorgehen geleitet haben, unter folgenden Stichpunkten zusammenfassen:

1. Zusammen bilden die betrachteten Waren und die »Wertermittlungsrelationen« zwischen diesen Waren eine Kategorie (im formalen Sinne). Zum Beispiel werden die in einem Geschäft angebotenen Waren und die Wertermittlungsrelationen, die zwischen

10 Insbesondere sind wir nicht eingegangen auf die sehr reichhaltigen Begriffe der Äquivalenz von Kategorien sowie der Adjunktion, die mit Hilfe des bereitgestellten Materials leicht eingeführt werden können, und auch nicht auf Konstruktionsverfahren für Kategorien wie etwa die Kommakategorien. Der Begriff der Kommakategorie liefert eine Kategorie, also in unserem Fall Wertermittlungsrelationen auf der Grundlage von Funktoren. Für die beiden gegebenen (Preis-)Funktoren $F: \mathscr{A} \to \overline{\mathbb{R}}_+$ und $G: \mathscr{B} \to \overline{\mathbb{R}}_+$ verkörpert zum Beispiel die Kommakategorie $(F \downarrow G)$ die Erzeugung von Wertermittlungsrelationen (und die Kohärenz zwischen diesen Wertermittlungsrelationen), die aus den Preisen F und G hervorgehen).

ihnen bestehen und die ihren Preis rechtfertigen, in einer Kategorie modelliert.

2. Die vier Wertermittlungsformen der Ware werden in vier verschiedenen Arten von Kategorien modelliert. Jede Wertermittlungsform beruht nämlich auf einer ihr eigenen Art von Struktur, was sich formal darin niederschlägt, dass die modellierenden Kategorien verschiedene Strukturen aufweisen. Wenn also im obigen Beispiel die Beziehung zwischen den in einem Geschäft angebotenen Waren durch die Standardform strukturiert ist, hätte die Kategorie, die diese Situation modelliert, eine Struktur, die der mit der Standardform verknüpften Kategorie eigen ist.

3. Bei der Modellierung dieser verschiedenen Formen werden wir uns auf die Begriffe der Kategorientheorie beschränken, die wir oben eingeführt haben. Einige Strukturelemente der einzelnen Formen, deren Modellierung sich lohnen würde, werden deshalb im Folgenden also nicht berücksichtigt werden.

4. Wir haben uns bisher auf die Begriffe der Limiten und Kolimiten beschränkt. Gerechtfertigt ist das diesen Begriff entgegengebrachte Interesse durch das folgende Schema: Was innerhalb einer Kategorie strukturell bestimmt wird, ist gegeben in Form eines Limes oder Kolimes eines Funktors. Umgekehrt ist der Limes (oder Kolimes) eines Funktors, wenn er existiert, ein »Bestimmungsverfahren«. Dieser Begriff der Bestimmung scheint uns unabdingbar für das Verständnis der Warenstrukturen zu sein. Gegeben sei zum Beispiel ein **Stil**, wenn man das Beispiel der Trendform heranzieht: Ein Stil muss ausreichend bestimmt sein, damit er ein Stil ist, das heißt, damit er von den verschiedenen Akteuren als solcher betrachtet werden und nachgeahmt werden kann.

5. Außerdem sind wir davon ausgegangen, dass es für die Preisbildung und allgemeiner noch für die Verlagerungen zwischen den verschiedenen Formen erforderlich ist, dass die Dinge in ihrer Eigenschaft als Waren nach Meinung der verschiedenen Akteure ausreichend bestimmt sind. Eine sozusagen »nackte« Uhr, die weder über analytische noch über narrative Eigenschaften verfügt, hat keinen festlegbaren Preis oder Metapreis. Erst wenn eine Uhr mit einer Marke, einem Stil sowie technischen Eigenschaf-

ten in Verbindung gebracht wird, und erst wenn die Marken, Stile sowie technischen Eigenschaften von den Akteuren und für die Akteure ausreichend bestimmt worden sind (also als solche anerkannt worden sind), ist es möglich, ihren Wert zu ermitteln und sie mit einem Metapreis zu verknüpfen.

6. In Anbetracht dieser verschiedenen Anmerkungen haben wir uns in diesem Abschnitt das Ziel gesetzt, die Frage nach der Existenz (oder Nichtexistenz) von Limes und Kolimes für die verschiedenen Arten von (formalen) Kategorien zu stellen, die mit den vier Wertermittlungsformen der Ware verknüpft sind.

7. Diese Fragestellung wurde schließlich geleitet durch das (duale) Schema der Limiten und Kolimiten, an das erinnert sei, wobei ein Funktor als Diagramm in einer Kategorie (der Zielkategorie) aufgefasst wird:

a. Ein Limes »verkörpert« das, was in einem Diagramm als gemeinsames und/oder vergleichbares Element auftaucht, und »vergisst« die Differenzen, und zwar auf eine von dem Funktor bestimmte Art und Weise (universelle Eigenschaft).

b. Ein Kolimes »verkörpert« das, was in einem Diagramm an verschiedenen Elementen auftaucht, und »löscht« das, was gemeinsam und/oder vergleichbar ist, und zwar auf eine von dem Funktor bestimmte Art und Weise (universelle Eigenschaft).

Die Standardform

Wir bezeichnen als *St* eine gemäß der Standardform betrachtete Warenkategorie, das heißt gemäß einer Form, deren Wertermittlungsrelationen, die Morphismen der Kategorie, durch eine der Standardform eigene Struktur gegeben sind.

Betrachten wir ein Diagramm in dieser Kategorie, also einen Funktor $F : \mathscr{D} \longrightarrow St$, wobei $\mathscr{D}$ eine Kategorie ist.

Wenden wir das Schema auf die Limiten und Kolimiten der Standardform an, so scheint es in unseren Augen so zu sein, dass

– der Limes von *F*, wenn er existiert, als gemeinsamer »Kern« der Objekte des Diagramms, deren Differenzen ausgeklammert werden, den gemeinsamen **Eigenschaften** der Waren und den vom Funktor *F* berücksichtigten Relationen entspricht. Da nun aber ein Limes, wenn er existiert, von einem Objekt (eindeutig bis auf eindeutigen Isomorphismus) in der Kategorie *St* verkörpert wird, das wir als *limF* bezeichnen, besteht Grund zu der Annahme, dass die durch *limF* repräsentierte Art Sache den **Prototypen** verkörpert, der den Objekten und Relationen des betrachteten Diagramms gemeinsam ist.

– Dem vorhergehenden Punkt zufolge existieren in einer Kategorie vom Standardtyp nicht unbedingt alle Limiten. Nicht für alle Warendiagramme gibt es nämlich einen gemeinsamen Prototypen. Ein Prototyp von Prototypen ist nicht vorstellbar, wohingegen man sich die Möglichkeit, sich eine Sammlung von Sammlungen vorzustellen, vorstellen könnte.

– Der Kolimes von *F*, wenn er existiert, steht für den »Zusammenschluss« der Differenzen der Waren, indem er ihre Gemeinsamkeiten identifiziert. Bei der Standardform werden die Differenzen zwischen den Waren nur berücksichtigt, wenn sie vergleichbar sind und verglichen werden, was in unseren Augen nicht mit der Existenz eines Kolimes vereinbar ist. Es wäre möglich, dass in einer Kategorie vom Standardtyp Kolimiten existieren, sie hätten aber für die betrachtete Kategorie keinen systematischen Charakter, sondern wären kontingent.

Von daher ist eine gemäß der Standardform betrachtete Warenkategorie *St* durch die Existenz einiger Limiten gekennzeichnet, welche die Prototypen verkörpern.

Ein mit einer solchen Kategorie verknüpfter Preis ist die Vorgabe eines Funktors $St \longrightarrow \overline{\mathbb{R}}_{+}$. Dem obigen Punkt 5 zufolge sind die Prototypen unverzichtbar für die Vorgabe eines solchen Funktors. Daraus lassen sich folgende Tatsachen ableiten:

1. Die Prototypen fungieren insofern als obere Preis- und Metapreismarker, als sie nicht den Preis und den Metapreis der Waren bestimmen, deren Prototyp sie sind, sondern insofern Preis oder Metapreis solcher Waren nicht höher sein können als der Preis oder Metapreis des Prototyps. Ohne Umschweife gesagt, kann der Preis oder Metapreis einer solchen Ware nicht höher sein als der

Preis und der Metapreis des Prototyps. Auf diese Weise fungiert der mit einem Warendiagramm verknüpfte Preis eines Prototyps im Fall eines Verkäufers als oberes »Limit« im Sinne einer Obergrenze der Profite, auf die er beim Verkauf einer Ware hoffen kann.

2. Wenn umgekehrt die Preise oder Metapreise der Waren, die unter denselben Prototyp fallen (formal dargestellt durch ein Warendiagramm, das einen Limes besitzt), bestimmt sind, bilden diese Preise oder Metapreise die Untergrenze des Preises oder Metapreises des Prototyps.

Wir werden genau denselben Gedankengang beibehalten wie bisher, wenn wir jetzt die Trendform, die Sammlerform und die Anlageform analysieren. Dabei werden wir die Analyseelemente, die uns die Entscheidung für die vorgeschlagenen Lösungen erlaubt haben, in groben Zügen umreißen.

Die Trendform

Wir bezeichnen als *Td* eine gemäß der Trendform betrachtete Warenkategorie, das heißt gemäß einer Form, deren Wertermittlungsrelationen, die Morphismen der Kategorie, durch eine der Trendform eigene Struktur gegeben sind.

Betrachten wir einen Funktor $F : \mathscr{D} \rightarrow Td$.

Wenden wir wie oben das Schema auf die Limiten und Kolimiten der Trendform an, so ergibt sich:

– Der Limes von *F*, wenn er existiert, verkörpert den gemeinsamen »Kern« der Objekte des Diagramms, deren Differenzen ausgeklammert werden. Denn die »einschlägigste Dimension der Trendform« besteht darin, »dass sie den Lebenszyklus nicht nur der Produkte als materieller Entitäten auf- und ihn vorwegnimmt, sondern vor allem der Differenzen, die sie in sich tragen«. Während es bei der Standardform keine Kolimiten gibt, tritt bei der Trendform der Begriff der Limiten nicht in Erscheinung (auch wenn es hier ebenfalls nicht ausgeschlossen ist, dass in einer Kategorie vom Typus der Trendform Limiten existieren, aber diese Limiten haben keinen systematischen Charakter und sind für die jeweils betrachtete Kategorie kontingent).

– Der Kolimes von *F* kann dagegen bei der Trendform sinnvoll sein. Da er den »Zusammenschluss« der Differenzen der Waren darstellt, indem er das identifiziert, was ihnen gemeinsam ist, verkörpert der Kolimes von *F*, wenn er existiert, den Begriff des **Stils**, unter dem die berücksichtigten Waren betrachtet werden. Der Stil wird dabei als etwas betrachtet, das von den verschiedenen Akteuren aus der Trendperspektive wiedererkannt werden kann, was seine Modellierung als Kolimes rechtfertigt. Da der »Stil« keine konkrete Verkörperung besitzt, bildet er ein »ideales« und von daher potenziell flüchtiges Objekt (nach dem Vorbild der idealen Sammlungen).

– Dem vorhergehenden Punkt zufolge existieren in einer Kategorie vom Trendtyp nicht notwendig alle Kolimiten.

Nicht jedes gemäß der Trendform betrachtete Warendiagramm besitzt notwendigerweise einen Stil. Von daher ist eine gemäß der Trendform betrachtete Warenkategorie *Td* durch die Existenz bestimmter Kolimiten gekennzeichnet, die den jeweiligen Stil verkörpern.

Ein mit einer solchen Kategorie verknüpfter Preis ist die Vorgabe eines Funktors $P : Td \longrightarrow \overline{\mathbb{R}}_+$. Für die Vorgabe eines solchen Funktors sind also die Stile prägend. Aus seiner Eigenschaft als Kolimes lassen sich in Bezug auf die Stile die folgenden Tatsachen ableiten:

1. Die Stile fungieren insofern als untere Preis- oder Metapreismarker, als sie einen Betrag festlegen, der unter dem der betrachteten Waren liegt. Darin schlägt sich die Tatsache nieder, dass die im Rahmen der Trendform gekauften Waren vor allem aufgrund ihres Stils bzw. in ihrer Eigenschaft als **Zeichen** erworben werden. Preis oder Metapreis einer solchen Ware können nicht niedriger sein als der Preis und der Metapreis, die dem Stil zukommen, dem sie angehört. Auf diese Weise fungiert der Preis oder der Metapreis eines mit einem Warendiagramm verknüpften Stils im Fall eines Anbieters als unteres »Limit« im Sinne einer Untergrenze der Preise, auf die er beim Verkauf einer Ware hoffen kann.

2. Wenn umgekehrt der Preis oder der Metapreis von Waren, die unter denselben Stil fallen, bestimmt sind, bilden diese Preise

oder Metapreise eine Obergrenze für den mit dem Stil verknüpften Preis oder Metapreis.

Die Sammlerform

Wir bezeichnen als *Col* eine gemäß der Sammlerform betrachtete Warenkategorie, das heißt gemäß einer Form, deren Wertermittlungsrelationen, die Morphismen der Kategorie, durch eine der Sammlerform eigene Struktur gegeben sind.

Betrachten wir einen Funktor $F\colon \mathscr{D} \longrightarrow Col$.

Wenden wir das Schema auf die Limiten und Kolimiten der Sammlerform an, ergibt sich daraus:

– Der Limes von *F* verkörpert eine (ideale oder nicht ideale) Sammlung, für die der Funktor die **Richtschnur** verkörpert, um die Wortwahl von Boltanski und Esquerre wieder aufzugreifen.

– Dem vorherigen Punkt zufolge und im Unterschied zur Standardform (was die Limiten anbelangt) sowie zur Trendform (was die Kolimiten angelangt) existieren in einer Kategorie des Sammlertyps alle Limiten. Ein beliebiges gemäß der Sammlerform betrachtetes Warendiagramm liefert immer eine für eine Sammlung geltende Richtschnur.

– In einer gemäß der Sammlerform betrachteten Warenkategorie existieren nicht notwendigerweise (soll heißen: außer auf kontingente Weise) Kolimiten. Da die durch die Brille der Sammlerform betrachteten Waren durch mehr oder weniger geteilte, eine (ideale oder nicht ideale) Sammlung tragende, ins Auge springende Konventionen gekennzeichnet sind, scheint der Begriff der Kolimiten sich nämlich nicht systematisch auszuwirken.

Eine gemäß der Sammlerform betrachtete Warenkategorie *Col* ist durch die Existenz aller Limiten in dieser Kategorie gekennzeichnet, die die Sammlungen verkörpern.

Ein mit einer solchen Kategorie verknüpfter Preis ist die Vorgabe eines Funktors $P : Col \longrightarrow \overline{\mathbb{R}}_{+}$. Für die Vorgabe eines solchen Funktors sind die Sammlungen entscheidend. Aus seiner Eigenschaft als Limes lassen sich folgende Tatsachen ableiten:

1. Sammlungen fungieren insofern als obere Preis- oder Meta-

preismarker, als sie einen Betrag liefern, der über dem der betrachteten Waren liegt. Der Preis oder Metapreis einer Ware kann aus dieser Perspektive nicht höher sein als der Preis oder Metapreis, der durch die (ideale oder nicht ideale) Sammlung gegeben ist, der sie angehört. Auf diese Weise fungieren der Preis oder der Metapreis einer mit einem Warendiagramm verknüpften Sammlung im Fall eines Verkäufers als oberes »Limit« im Sinne einer Obergrenze der Profite, auf die er beim Verkauf einer Ware hoffen kann.

2. Wenn es umgekehrt um den Preis oder Metapreis von Waren geht, die derselben Sammlung angehören und bestimmt sind, bilden diese Preise oder Metapreise eine Obergrenze für den Preis und Metapreis der Sammlung. Alltagssprachlich gesagt, kommt in dieser Eigenschaft der banale Zusammenhang zum Ausdruck, dass ein Bild nicht mehr kosten kann als die Sammlung, deren Bestandteil es ist.

Die Anlageform

Wir bezeichnen als *Ac* eine gemäß der Anlageform betrachtete Warenkategorie, das heißt gemäß einer Form, deren Wertermittlungsrelationen, die Morphismen der Kategorie, durch eine der Anlageform eigene Struktur gegeben sind.

Gegeben sei ein Funktor $F : \mathscr{D} \longrightarrow Ac$.

Wenn wir ein letztes Mal das Schema auf die Limiten und Kolimiten der Anlageform anwenden, ergeben sich folgende Tatsachen:

– In einer gemäß der Anlageform betrachteten Kategorie existieren nicht notwendigerweise Limiten. Der Grund dafür ist, dass die durch die Brille der Anlageform betrachteten Waren durch »die Differenzen« gekennzeichnet sind, »welche die Leichtigkeit betreffen, mit der die Dinge in Geld umgewandelt werden können«. Da er ihre gemeinsamen Eigenschaften abstrahiert, scheint der Begriff des Limes nicht wirklich sinnvoll zu sein.

– Der Kolimes von *F* verkörpert dagegen die **Liquidität**, welche die Waren an den Tag legen, die aus der vom Funktor *F* bereitgestellten Perspektive betrachtet werden. Die Liquidität, wie sie in den Diskursen der sozialen Akteure umfassende Verwendung findet, wenn sie sich auf Waren beziehen, die gemäß der Anlageform betrachtet werden, setzt eine ideale Liquidität nach dem Vorbild der idealen Sammlungen bei der Sammlerform voraus. Doch der Unterschied ist, dass diese ideale Liquidität allen Waren gemeinsam ist.

– Es scheint uns nicht übertrieben anzunehmen, dass in einer Kategorie vom Anlagetyp alle Kolimiten existieren. Die Differenzen zwischen den Waren, die ein gemäß der Anlageform betrachtetes Warendiagramm darstellen, können so lange ausgeklammert bleiben, wie ihre Liquidität Berücksichtigung findet.

Von daher ist eine gemäß der Anlageform betrachtete Warenkategorie *Ac* durch die Existenz aller Kolimiten in dieser Kategorie gekennzeichnet, welche die verschiedenen Liquiditäten oder Liquiditätsmarker verkörpern.

Ein mit einer solchen Kategorie verknüpfter Preis ist die Vorgabe eines Funktors $P : Ac \longrightarrow \overline{\mathbb{R}}_{+}$. Für die Vorgabe eines solchen Funktors sind in diesem Fall die Liquiditätsmarker entscheidend. Aus seiner Eigenschaft als Kolimes lassen sich folgende Eigenschaften ableiten:

1. Die Liquiditätsmarker fungieren insofern als untere Preis- oder Metapreismarker, als sie einen niedrigeren Geldwert liefern als die betrachteten Waren. Der Preis oder Metapreis einer Ware kann aus dieser Perspektive nicht niedriger sein als der Preis oder Metapreis, der durch die Liquidität gegeben ist, deren Teil sie ist. Auf diese Weise fungiert der Preis oder Metapreis der mit einem Warendiagramm verknüpften Liquidität im Fall eines Verkäufers als unteres »Limit« im Sinne einer Untergrenze der Profite, auf die er beim Verkauf einer Ware hoffen kann.

2. Wenn umgekehrt vom Preis oder Metapreis von Waren die Rede ist, die dieselbe Liquidität besitzen, bilden diese Preise oder Metapreise eine Obergrenze für den Preis oder Metapreis dieser Liquidität.

Die universellen Eigenschaften der Limiten und Kolimiten, die wir nicht im Einzelnen ausgeführt haben, können auch zur Modellierung der möglichen Strategien der Wertermittlung von Waren sowie der strukturellen »Inkohärenzen« beim Warentausch herangezogen werden.

Einige Anmerkungen zu dieser Formalisierung

Wir fassen die obige Formalisierung in folgender Tabelle zusammen:

Wertermittlungsformen	*Standardform*	*Trendform*	*Sammlerform*	*Anlageform*
Existenz von Limiten »Übersetzungen«	in einigen Fällen *Prototypen*	∅	in allen Fällen *Sammlungen*	∅
Existenz von Kolimiten »Übersetzungen«	∅	in einigen Fällen *Stile*	∅	in allen Fällen *Liquiditätsmarker*

Dazu lassen sich einige Anmerkungen machen:

– Die Kategorien vom Standardtyp und vom Trendtyp sind im Vergleich zur Sammlerform und zur Anlageform insofern »unvollständig«, als sie unter den Operationen Limiten und Kolimiten nicht abgeschlossen sind. Denn wenn man davon ausgeht, dass die den Waren inhärenten sozialen Praktiken zu einer gewissen Geschlossenheit neigen, wirken die Sammlerform und die Anlageform in dieser Hinsicht stabiler. Vom »sprachlichen« Standpunkt aus, wenn man die Operationen Limiten und Kolimiten als sprachliche Operationen betrachtet, bedeutet das, dass die Struktur der Standardform und der Trendform in Bezug auf diese Operationen unvollständig ist. Wenn man also bedenkt, dass die sozialen Praktiken zu einer »Überschreitung« dieser Operationen führen, bilden die Sammlerform und die Anlageform bzw. können sie von daher eine »Zufluchtsstätte« für den Ausdruck dieser Operationen bilden.

– Außerdem treten Formen der »Dualität« auf. Wenn man sich erinnert, dass die Limiten in einer Kategorie zu Kolimiten in der entgegengesetzten Kategorie werden (und umgekehrt), und wenn man diesen letzteren Begriff als »Umkehrung der zeitlichen Orientierung der Wertermittlungsrelationen« interpretiert, lässt sich Folgendes anmerken: Ebenso wie die Sammlerform und die Anlageform befinden sich die Standardform und die Trendform in einem umgekehrten zeitlichen Verhältnis zueinander. Die Struktur der Standardform ist auf **Dauer** ausgerichtet, die Struktur der Trendform dagegen auf **Kürze**. Die Sammlerform gibt Narrationen den Vorzug, die der **Vergangenheit** zugewandt sind, die Anlageform Narrationen, die in die **Zukunft** weisen.

Unter Berücksichtigung der voranstehenden Anmerkungen werden wir unser Interesse jetzt den Verlagerungen zwischen den verschiedenen Formen zuwenden.

Übergänge zwischen den Formen

Im vorigen Abschnitt haben wir jede der Formen mit der Existenz (oder Nichtexistenz) von Limiten und Kolimiten in Verbindung gebracht. Insofern »sie bestimmt sind«, bilden die (Ko-) Limiten Marker, die eine wichtige Rolle für die Zuschreibung von Metapreisen und Preisen spielen. Gibt es Verlagerungen (formal gesagt: Funktoren) von einer gemäß der Standardform betrachteten Warenkategorie auf eine gemäß der Sammlerform betrachteten Warenkategorie, die die Limiten »respektieren«? Oder Verlagerungen von der Trendform zur Anlageform, welche die Kolimiten respektieren? Usw. Wenn ein Funktor die (Ko-)Limiten einer Kategorie auf die (Ko-)Limiten der Zielkategorie schickt, sagen wir, dass dieser Funktor mit (Ko-)Limiten kommutiert.

Aus dem von uns eingeführten Formalismus ergeben sich zwölf mögliche Fälle. Die Analyse der verschiedenen Arten von Funktoren bringt zum Vorschein, dass manche Wertermittlungsprozesse nicht den Formen innewohnen, sondern sich aus Verlagerungen zwischen verschiedenen Formen ergeben.

Wir werden die Analyse des »Sinns« (oder der Sinnlosigkeit), der (oder die) jedem dieser Fälle im Rahmen der Untersuchung der Warenwelt zukommt, in Form einer Liste aufführen:

1. Ein Funktor $F: Td^{op} \longrightarrow St$, der mit den Limiten kommu-

tiert (wenn sie existieren). Ein solcher Funktor verwandelt einen Stil (Kolimes in der Trendform) in einen »Prototypen« (Limes in der Standardform). Wenn man sich ihn in Form einer Verlagerung vorstellt, entspricht ein solcher Funktor der Verkörperung eines Stils in etwas, das wir **Modell** nennen werden.

2. Ein Funktor $F: St^{op} \longrightarrow Td$, der mit den Kolimiten kommutiert (wenn sie existieren). Dieser Fall ist »dual« zum vorherigen. Er verwandelt einen »Prototypen« in einen Stil. Ein solcher Vorgang führt zur Erschaffung einer **Marke** (wie zum Beispiel Apple und das iPhone, die Marke DS für den Konzern PSA, usw.).

3. Ein Funktor $F: St \longrightarrow Col$, der mit den Limiten kommutiert. Ein Funktor dieses Typs verwandelt einen »Prototypen« in eine (potenziell ideale) Sammlung.

4. Ein Funktor $F: Col \longrightarrow St$, der mit den Limiten kommutiert. Dabei wird eine Sammlung in einen »Prototypen« verwandelt. Im Rahmen der Sammlerform wird eine solche Verlagerung allerdings durch das »Reproduktionsverbot« verhindert: Dieser Art von Verbot liegt keine materielle Unmöglichkeit zugrunde, denn es gibt Werkkopien, die in den Museen den Platz der Originale einnehmen, welche unter Bedingungen verwahrt werden, die sich für ihre bestmögliche Konservierung eignen. Aber eine solche Verlagerung würde dazu führen, dass der Preis eines Stücks sinkt und folglich die Metapreise aller Stücke derselben Sammlung zurückgehen.

5. Ein Funktor $F: Col^{op} \longrightarrow Ac$, der mit den Kolimiten kommutiert. Ein Beispiel für einen solchen Funktor, der eine Sammlung in einen Liquiditätsmarker verwandelt, gibt jeder beliebige Fall ab, in dem ein zum Sammeln geeignetes Objekt als Geldersatz verwendet wird (Briefmarken, Münzen und Medaillen usw.).

6. Ein Funktor $F: Ac^{op} \longrightarrow Col$, der mit den Limiten kommutiert. Dieser Funktortyp verkörpert umgekehrt die Situationen, in denen sich Briefmarkensammler oder Münzsammler befinden, wenn sie dafür sorgen, dass Dinge, die bis dahin Anlagen waren, unter die Sammlerform fallen.

7. Ein Funktor $F: Td^{op} \longrightarrow Col$, der mit den Limiten kommutiert. Ein Beispiel für einen Funktor, der eine Verlagerung von

einem Stil hin zu einer Sammlung vornimmt, sind Hermès-Handtaschen usw.

8. Ein Funktor $F: Col^{op} \longrightarrow Td$, der mit den Kolimiten kommutiert. In diesem Fall dienen Sammlungen als Ressourcen für Stile. Zum Beispiel beziehen sich Designer oder Modeschöpfer auf Sammlerstücke, um Objekte zu entwerfen, die jeweils einen neuen Stil verkörpern sollen.

9. Ein Funktor $F: Td \longrightarrow Ac$, der mit den Kolimiten kommutiert. Dieser Fall verweist auf Dinge, die als Anlagen gekauft wurden, als sie nicht modern waren, aber die Aussicht bestand, dass sie es eines Tages werden würden und dann zu einem höheren Preis wiederverkauft werden könnten.

10. Ein Funktor $F: Ac \longrightarrow Td$, der mit den Kolimiten kommutiert. Dieser Funktortyp verlagert einen Liquiditätsmarker (den Kolimes der Anlageform) auf einen Stil. In diesen Rahmen gehören Phänomene wie demonstrativer oder ostentativer Reichtum usw.

11. Ein Funktor $F: St^{op} \longrightarrow Ac$, der mit den Kolimiten kommutiert. In diesem Fall werden »Prototypen« zu Liquiditätsmarkern. Dabei kann man an Patente denken, die nicht angemeldet werden, um sie unmittelbar zur Produktion eines Exemplars zu nutzen, sondern wegen ihres künftigen Marktpotenzials.

12. Ein Funktor $F: Ac^{op} \longrightarrow St$, der mit den Limiten kommutiert. Dieser Fall, bei dem Liquiditätsmarker auf »Prototypen« hin verlagert werden, ist dual zum vorherigen.

Mögliche Öffnungen

Im vorigen Abschnitt wurden die Ware, insofern sie in »reiner« Form (entsprechend der Standard-, der Trend-, der Sammler- und der Anlageform) auftritt, und die verschiedenen Verlagerungen zwischen diesen »reinen« Formen betrachtet. Die soziale »Realität« scheint in unseren Augen aber nun zum überwiegenden Teil durch Verknüpfungen dieser verschiedenen Standpunkte gekennzeichnet zu sein. Und es ist ebenfalls nicht erforderlich anzunehmen, dass eine solche Kategorie $\mathcal{M}$ von lediglich vier Typen von Morphismen erzeugt wird: Standard, Trend, Sammlung und Anlage. Es wäre eine interessante Frage, ob noch andere Typen von Morphismen, das heißt andere Wertermittlungsformen auftreten können. Die Schwierigkeit besteht darin, wie man diese nicht homogenen Strukturen untersuchen soll. Von den unzähligen möglichen Forschungsansätzen möchten wir zusätzlich zur Verfolgung der Entwicklung der kategorientheoretischen Grundbegriffe, von deren Notwendigkeit im ersten Abschnitt die Rede war, auf zwei weitere hinweisen, bei denen es sich in unseren Augen gewissermaßen um Ergänzungen handelt:

1. Der erste ist der Ansatz der Theorie angereicherter Kategorien, wie er in Max Kellys Buch entwickelt wird. In unseren Augen ist ein solcher Formalismus dadurch motiviert, dass eine Kategorie der Ware eine »eigene Welt« in ihrer Spezifität nur dann vernünftig »modellieren« kann, wenn sie umfangreich »genug« ist, um in der Lage zu sein, in diese eigene Welt Elemente einzubeziehen, die ihren Weg kreuzen. Formal gesehen, muss die Kategorie $\mathscr{M}$ in dem Rahmen, auf den wir uns hier beschränken, zum Beispiel (je nach Gebrauch/Bedarf) genügend Operationen/Strukturen (Limiten, Kolimiten, monoidale Strukturen, usw.) und interne Ausdrucksmöglichkeiten besitzen,[11] wie es der Fall ist, wenn $\mathscr{M}$ ein Kosmos ist (aber es sind auch andere Strukturen möglich). Wenn $\mathscr{M}$ zum Beispiel ein Kosmos ist, so haben wir den Begriff einer über $\mathscr{M}$ angereicherten Kategorie, die eine »Art« von Kategorie ist, für die die Morphismen zwischen Objekten keine Menge mehr bilden, sondern durch Objekte von $\mathscr{M}$ gegeben sind, das heißt für die die $Hom(x, y)$ keine Mengen, sondern Objekte von $\mathscr{M}$ sind. Die Kategorientheorie, um die es in unserem Text geht, fällt bereits unter diesen Begriff, nämlich unter die Theorie der über *Ens* (der Kategorie der Mengen) angereicherten Kategorien, und die Begriffe, die wir einge-

11 Dabei ist besonders an den Begriff des internen Homs zu denken, das heißt den Begriff der Existenz eines Objekts der Kategorie, der (intern) »Morphismen« berücksichtigt. Zum Beispiel sind in der Kategorie der Mengen die Morphismen Funktionen und die »Menge« der Funktionen von der Menge X in die Menge Y ist ebenfalls eine Menge, die wir mit Y^X bezeichnen.

führt haben, lassen sich ebenfalls in der Welt der über einem Kosmos angereicherten Kategorien definieren. In dieser Sprache sind die Relationen zwischen den Objekten durch die »Logik« von $\mathscr{M}$ gegeben. Die Relationen zwischen zwei Objekten können zum Beispiel im Fall der über $\overline{\mathbb{R}}_+$ angereicherten Kategorien durch eine positive reelle Zahl gegeben werden (zum Beispiel *Hom* $(x, y) = 5$) [12] oder durch Waren im über $\mathscr{M}$ angereicherten Fall, wobei $\mathscr{M}$ ein Kosmos von Waren ist. Im letzteren Fall kann man sich zum Beispiel, wenn die Objekte einer $\mathscr{M}$- Kategorie als Personen interpretiert werden, eine $\mathscr{M}$-Kategorie als eine Struktur vorstellen, in der die Beziehungen zwischen den Personen durch Waren aus $\mathscr{M}$ und die Beziehungen zwischen diesen Waren verkörpert werden (Phänomene der **Verdinglichung der sozialen Beziehungen**, usw.). Ein Kritikpunkt, den wir gegen unseren Formalismus der Wertermittlungsformen vorbringen können, besteht darin, dass er nichts oder fast nichts über die Beziehungen zwischen den Waren sagt: Sie liegen vor, wie aus heiterem Himmel, gegeben durch »äußere« Betrachtungen und bilden Mengen. Mit Hilfe des Formalismus der angereicherten Kategorien kann man wiederum den Beziehungen/Differenzen zwischen den Waren/Personen mehr Gehalt verleihen und vor allem quantitativere Theorien aufstellen (das Beispiel der über $\overline{\mathbb{R}}_+$ angereicherten Kategorien, die verallgemeinerte metrische Räume sind). Vielleicht ist es auch möglich, in diesem Rahmen genauere Formalisierungen der Wertermittlungsformen vorzulegen?

---

12 Die über $\overline{\mathbb{R}}_+$ angereicherten Kategorien stellen eine Verallgemeinerung metrischer Räume dar (vgl. den bahnbrechenden Artikel von F. William Lawvere). Dieser Fall erlaubt es uns, Waren als direkt differenziert durch einen numerischen Wert, eine positive reelle Zahl, zu betrachten, in der der relative Metapreis/Preis zwischen den Waren verkörpert ist. Im Unterscheid zu den metrischen Räumen erlaubt dieser Rahmen eine Formulierung der Tatsache, dass verschiedene Waren denselben Metapreis/Preis haben können (d.h. einen relativen Metapreis/Preis null). In einem metrischen Raum sind nämlich je zwei Punkte, die den Abstand null haben, gleich. In diesem angereicherten Rahmen bedeutet dies einfach nur, dass sie isomorph (im Sinne über $\overline{\mathbb{R}}_+$ angereicherter Kategorien) sind, aber nicht notwendigerweise gleich sind, wie es die Struktur eines metrischen Raumes erfordern würde.

2. Der andere mögliche Forschungsansatz, den wir anführen möchten, wird durch den Begriff der Lokalisierung und der abgeleiteten Funktoren gegeben (was den formalen Aspekt anbelangt, verweisen wir auf das Buch von William G. Dwyer et al. sowie auf den Artikel von Bruno Kahn und Georges Maltsiniotis). Wo der vorhergehende Punkt kurz gesagt auf den Schritt der Schaffung von Begriffen verweist, die den Differenzierungen zwischen Objekten Rechnung tragen, stellt der zweite Forschungsansatz, den wir vorschlagen, gewissermaßen einen ergänzenden Schritt dar: die Fähigkeit, bereits Vorhandenes als »ähnlich« zu identifizieren. Sei $\mathscr{C}$ eine Kategorie. Gegeben sei ferner eine Klasse von Morphismen W in der Kategorie $\mathscr{C}$. In diesem Fall gibt es eine neue Kategorie $W^{-1}\mathscr{C}$, die wir die **Lokalisierung von $\mathscr{C}$ nach W** nennen, die über dieselben Objekte verfügt wie $\mathscr{C}$, aber in der wir die Morphismen in W formal invertiert haben, das heißt, wir haben die Morphismen in W dazu gezwungen, Isomorphismen zu sein. Wie man sich erinnern wird, sind zwei Objekte in einer Kategorie isomorph, wenn es einen Isomorphismus gibt, der sie »verbindet«, und sind isomorphe Objekte sozusagen strukturell (das heißt vom Standpunkt der betrachteten Kategorie aus) identisch/identifizierbar. Die Schwierigkeit besteht in diesem Fall darin, die Kategorie $W^{-1}\mathscr{C}$ zu »verstehen« (wenn man formal Morphismen zu einer Kategorie hinzufügt, um daraus eine andere Kategorie zu machen, produzieren die neuen Verknüpfungen und die Assoziativität dieser Verknüpfungen im Allgemeinen eine große Zahl von neuen Beziehungen zwischen den Morphismen). Weniger formal betrachtet, liefern die Morphismen in W jeweils Kriterien für die Identifizierung der Objekte, die sie verbinden, und die Lokalisierung $W^{-1}\mathscr{C}$ ist das Ergebnis dieser Identifizierungen. Auf diese Weise liefert/beschreibt die Klasse der Morphismen W die Objekte, die identifiziert werden, das heißt die Objekte, die man als »gleich« (formal gesagt heißt das isomorph) ansehen möchte, und gleichzeitig die Art und Weise, wie diese Objekte »gleich« gemacht werden (gegeben durch die Morphismen in W). Es existiert ein Funktor, der **Lokalisierungsfunktor** genannt wird:

$$\gamma : \mathscr{C} \to W^{-1}\mathscr{C}.$$

Dieser schickt jeden Morphismus aus W auf einen Isomorphismus in $W^{-1}\mathscr{C}$ und genügt einer universellen Eigenschaft, die in einem gewissen Sinne besagt, dass diese Kategorie »die kleinste« Kategorie mit dieser Eigenschaft ist. Man kann das Vorhergehende auf eine Warenkategorie $\mathscr{M}$ anwenden und zum Beispiel für W eine Klasse von Morphismen nehmen, die Wertermittlungsrelationen darstellen, welche zum Beispiel unter die Standardform fallen. Die Kategorie $W^{-1}\mathscr{C}$ steht für die Struktur, die man erhält, wenn man die Waren durch diese Morphismen »identifiziert« hat. Umgekehrt kann man sich die Frage stellen, ob es für eine Warenkategorie $\mathscr{M}$ eine Klasse von Wertermittlungsrelationen W gibt, sodass man, wenn man (den Morphimen entsprechend) diejenigen Objekte identifiziert, die sie enthält, eine Kategorie des Standardtyps erhält, das heißt, wenn $W^{-1}\mathscr{C}$ eine Kategorie des Standardtyps ist (das heißt bestimmte Limiten besitzt). Diese formale Frage lässt sich in folgende Form übersetzen: Wenn man einige Analysemerkmale der Wertermittlungsbeziehungen zwischen gegebenen Waren vergröbert, zeigt sich dann, dass diese Waren und ihre Relationen zum Typus der Standardform gehören? Außerdem kann man sein Interesse auf die Existenz/Konstruktion von Funktoren zwischen Kategorien und auf das Verhalten dieser Funktoren unter Lokalisierung richten:

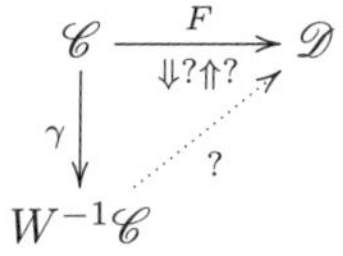

Damit betritt man die Welt der **abgeleiteten Funktoren** (die Sonderfälle von Kan-Erweiterungen sind). Wenn zum Beispiel $\mathscr{D} = \overline{\mathbb{R}}_+$ einen Preis darstellt und die Existenz der abgeleiteten Funktoren es erlaubt, die Probleme der Existenz von Preisen aufzuwerfen, nachdem zwischen bestimmten Waren die »Merkmale vergröbert« worden sind, die kohärent mit dem Preis F bleiben. Unserer Meinung nach würden diese Überlegungen erlauben, im Hinblick auf eine qualitative Analyse der Warenstrukturierung formale Ergebnisse hervorzubringen.

Aus dem Französischen von Christine Pries und Annette Werner

Literaturangaben

William D. Gwyer/Philip S. Hirschhorn/Daniel M. Kan/Jeffrey H. Smith, *Homotopy limit functors on model categories and homotopical categories*, American Mathematical Society, Providence, RI, 2004.

Max Kelly, *Basic concepts of enriched category theory,* Bd. 64, CUP Archive, 1982.

Bruno Kahn/Georges Maltsiniotis, »Structures de dérivabilité«, in: *Advances in Mathematics,* 218 (2008), Nr. 4, S. 1286-1318.

Masaki Kashiwara/Pierre Schapira, *Categories and Sheaves,* Bd. 332, Berlin/Heidelberg/New York: Springer-Verlag, 2006.

F. William Lawvere, »Metric spaces, generalized logic, and closed categories«, in: *Rendiconti del seminario matématico e fisico di Milano*, 43 (1973), Nr. 1, S. 135-166.

Saunders Mac Lane, *Categories for working mathematicians*, 2. Aufl., Berlin/Heidelberg/New York: Springer-Verlag, 1998 ⟨dt.: *Kategorien. Begriffssprache und mathematische Theorie* (Aus dem Englischen von Klaus Schürger), Berlin/Heidelberg/New York: Springer-Verlag, 1972 (beruht auf der ersten Auflage)⟩.

Dank

Bei der Realisierung dieser Arbeit haben wir von der Hilfe so vieler Personen profitiert, dass wir sie unmöglich alle aufzählen können.

Wir möchten zunächst all denen danken, die sich zwischen 2012 und 2016 an unserem Seminar an der École des hautes études en sciences sociales (EHESS) beteiligt haben. Im Studienjahr 2012/2013 waren das vor allem Michela Barbot, Christian Bessy, Sébastien Chauvin, Bruno Cousin, Emmanuel Didier, Jeanne Favret-Saada, Marion Fourcade, Marie-France Garcia-Parpet, Isabelle Graw, Catherine Grenier, Guido Guerzoni, Bérénice Hamidi-Kim, Laurent Jeanpierre, Lucien Karpik, Jeanne Lazarus, Patrice Maniglier, André Orléan, Olivier Roueff, Simon Sussen, Mathieu Trachman, Emmanuel de Vienne, Daniel Urrutiaguer; im Studienjahr 2013/2014 Fabien Accominotti, Jacques Bournay, Delphine Corteel, Sophie Cras, Camille Herlin-Giret, Judith Ickowicz, Anne Jourdain, Michal Kozlowski, Michèle Lamont, Sylvain Laurens, Ashley Mears, Michel Melot, Alain Quemin, Thomas Piketty, Cyprien Tasset, Laurent Thévenot, Tommaso Vitale, Loup Wolff; im Studienjahr 2014/2015 Thierry Bonnot, Marie-Charlotte Calafat, Bernard Conein, Élise Dubuc, Stéphane Gerson, Marie Gouyon, Frédéric Keck, Antony Kuhn, Baptiste Monsaingeon, Yves Moulin, Fabian Muniesa, Frédérique Patureau, Michel Rautenberg, Bénédicte Savoy, Martine Segalen, Olav Velthuis.

Teile dieser Arbeit sind während ihrer Fertigstellung bereits erschienen, und wir möchten besonders den Herausgebern und Redakteuren von *Sociologie*, *Les Temps Modernes*, *Teoria Politica* und *Valuation Studies* danken.

Wir haben diese Arbeit anlässlich verschiedener Tagungen und Vorträge vorgestellt: im Januar 2014 auf Einladung von Heinz-Norbert Jocks in der Kunstsammlung Nordrhein-Westfalen in Düsseldorf; im Januar 2014 auf Einladung von Delphine Corteel im Mucem in Marseille; im November 2014 auf Einladung der Stiftung Bec Zmiana und auf Anregung von Michal Kozlowski im Museum für moderne Kunst in Warschau; im Februar 2015 auf Anregung von Peter Wagner im Centro de Cultura Contemporànea von Barcelona (CCCB); im Juni 2015 auf Anregung von Chantal Mouffe an der Universität von Westminster in London; im Oktober 2015 auf Anregung von Niels Albertsen anlässlich des 50. Jubiläums der Danish Sociological Association in Kopenhagen; im März 2016 auf Anregung von Massimo Cuono an der Turiner Universität, wo wir das Vergnügen einer ersten Diskussion mit Nancy Fraser hatten; im Mai 2016 in New York, zuerst auf Einladung von Mark Greif an der New School for Social Research, wo wir unsere Diskussion mit Nancy Fraser fortsetzen konnten, dann am Maison Française der New York University, wo wir von Frédéric Viguier und Stéphane Gerson empfangen wurden, und schließlich im Rahmen des Fung Global Fellows Program an der Princeton University.

Sehr viel gelernt haben wir von den Wortbeiträgen und Diskussionen sowohl im Laufe des von Christian Bessy an der École normale supérieure in Cachan in den Jahren 2012 bis 2015 veranstalteten Seminars »Valeur, prix et politque« als auch im Seminar »Art/Valeur«, das von 2014 bis 2016 im Musée du Quai Branly vor allem von Patrice Maniglier mitveranstaltet wurde, was uns die Gelegenheit gab, unsere Arbeit im Oktober 2015 an der Kunsthochschule von Montpellier vorzustellen. Eine solche Vorstellung und ein nützlicher Austausch fand außerdem statt im Dezember 2013 im Seminar »Anthropologie à Nanterre« am Laboratoire d'ethnologie et de sociologie comparative (LESC) der Universität Paris-Ouest Nanterre; im Dezember 2014 auf Anregung von Olivier Godechot bei einem Max-Po-Vortrag am Pariser Institut d'études politiques (Sciences Po); und im Mai 2016 auf Anregung von Pierre Alayrac in einer Sitzung des Seminars »Exercer la domination« an der École normale supérieure (ENS) in der Pariser Rue d'Ulm.

Eine fast fertige Fassung des Manuskripts wurde am Montag, den 4. Juli 2016 auf einer ihm gewidmeten eintägigen Konferenz am LESC der Universität Paris-Ouest Nanterre diskutiert. Wir danken dem Laboratorium für den Empfang und sind besonders folgenden Lesern, die gleichzeitig Kollegen und Freunde sind, für ihre Kommentare dankbar: Pierre Alayrac, Guillaume Couffignal, Sophie Cras, Laurent Jeanpierre, Jeanne Lazarus, Patrice Maniglier, Ismaël Moya und Cyprien Tasset. Auch von den Bemerkungen von Bruno Cousin und Olivier Favereau sowie von der Unterstützung des Institut de recherche interdisciplinaire sur les enjeux sociaux (IRIS) und seines Direktors, Marc Bessin, haben wir sehr profitiert. Patrice Maniglier war ein ständiger Gesprächspartner, der unsere Überlegungen begleitet und vor allem dadurch bereichert hat, dass er die Verbindung zur Philosophie herstellte, während Guillaume Couffignal die Verbindung zur Mathematik herstellte.

Bei der Realisierung unserer Untersuchung haben wir zahlreiche Informanten in Anspruch genommen: Antiquitätenhändler, Handwerker, Künstler, Führungskräfte von Unternehmen, Unternehmer, Sammler, Auktionatoren, Kunstkritiker, Konservatoren und Kuratoren, hohe Beamte, Abgeordnete oder auch Mitarbeiter der lokalen Körperschaften. An dieser Stelle möchten wir ihnen für ihr Vertrauen und ihre Zeit danken.

Thomas Pogu danken wir, dass er das Manuskript so aufmerksam Korrektur gelesen hat.

Und schließlich würde es dieses Buch ohne die Großzügigkeit und Freundschaft unseres Lektors Éric Vigne nicht geben.

Bibliographie

Abbott, Andrew, »The Problem of Excess«, *Sociological Theory*, 2014, Bd. 32 (I), S. 1-26.

Accominotti, Fabien, »The Price of Purity. Brokerage as Consecration in the Market for Modern Art«, *American Journal of Sociology*, im Erscheinen, wird begutachtet.

Akerlof, George, »The market for ›lemons‹: quality, uncertainty and the market mechanism«, *Quarterly Journal of Economics*, Bd. 84, 1970, S. 488-500.

Amossé, Thomas, »La nomenclature socio-professionnelle: une histoire revisitée«, *Annales HSS*, Bd. 68, Nr. 4, 2013, S. 1039-1075.

Angeletti, Thomas, *Le Laboratoire de la nécessité. Économistes, institutions et qualifications de l'économie*, Diss., Paris, EHESS, 2013.

Ansart, Pierre, *Marx et l'anarchisme*, Paris, PUF, 1969.

Appadurai, Arjun (Hg.), *The Social Life of Things. Commodities in Cultural Perspective*, Cambridge, Cambridge University Press, 1986.

Arendt, Hannah, *Vita activa oder Vom tätigen Leben*, München, Piper Verlag (Lizenzausgabe: Stuttgart, Kohlhammer Verlag), 1960.

Aristoteles, *Metaphysik*, hrsg. v. Ursula Wolf (Aus dem Griechischen von Hermann Bonitz), Reinbek bei Hamburg, Rowohlt Taschenbuch Verlag, Neuausgabe 1994.

Aron, Raymond, *Les Sociétés modernes (textes rassemblés et introduits par Serge Paugam)*, Paris, PUF, 2006.

Aron, Raymond, *Dix-huit leçons sur la société industrielle,* Paris, Gallimard, 1962 ⟨dt.: *Die industrielle Gesellschaft. 18 Vorlesungen* (Aus dem Französischen von Gernot Gather), Frankfurt am Main, S. Fischer Verlag, 1964⟩

Aronczyk, Melissa, *Branding the Nation. The Global Business of National Identity*, Oxford University Press, Oxford, 2013.

Arrighi, Giovanni, *The Long Twentieth Century. Money, Power and the Origins of our Times*, London, Verso, 2010.

Arrighi, Giovanni, *Adam Smith in Beijing. Die Genealogie des 21. Jahrhunderts* (Aus dem Amerikanischen von Britta Dutke), Hamburg, VSA-Verlag, 2008.

Ashenfelter, Orley, Graddy, Kathryn, »Auctions and the Price of Art«, *Journal of Economic Literature*, Bd. XLI, September 2003, S. 763-786.

Aspers, Patrik, *Orderly Fashion, A Sociology of Markets*, Princeton, Princeton University Press, 2010.

Asselain, Jean-Charles, Fernandez, Alexandre, *Industrialisation et sociétés en Europe occidentale, 1880-1960*, Paris, Messene, 1997.
Augé, Marc, *Domaines et châteaux*, Paris, Seuil, 1989.
Auray, Nicolas, »Le prophétisme hacker et son contenu politique«, *Alice*, Nr. 1, Oktober 1998, S. 65-79.
Auray, Nicolas, Kaminsky, Danielle, »Les trajectoires de professionnalisation des hackers: la double vie des professionnels de la sécurité«, *Annales des télécommunications*, 2007, 62, Nr. 11-12, S. 1313-1327.
Bagnasco, Arnaldo, Sabel, Charles, *PME et développement économique en Europe*, Paris, La Découverte, 1994.
Bagnasco, Arnaldo, Trigilia, Carlo, *La Construction sociale du marché. Le défi de la troisième Italie*, Cachan, Les Éditions de l'ENS de Cachan, 1993 (1988).
Bairoch, Paul, *Victoires et déboires. Histoire économique et sociale du monde du XVIe siècle à nos jours*, Paris, Gallimard, coll. Folio histoire, 1997.
Bal, Mieke, »Telling objects: a narrative perspective on collecting«, in: Elsner, John, Cardinal, Roger (Hg.), *The Cultures of Collecting*, London, Reaktion Books, 1994, S. 97-115.
Balzac, Honoré de, *Le Cousin Pons*, Paris, LGF, Le Livre de Poche, 1983 ⟨dt.: »Vetter Pons« (Aus dem Französischen von Hans Kauders), in: ders., *Vetter Pons, Vater Goriot, Gobseck*, München, Winkler Verlag, 1960, S. 5-361⟩.
Barbrook, Richard, *The Class of the New*, London, Mute Publishing, 2007 ⟨dt.: *Die Klasse des Neuen. Ein ›Kreativarbeiter in einer Weltstadt‹-Projekt* (Aus dem Englischen von Valie Göschl), Wien, Verlag Neue Arbeit, 2009⟩.
Barré, Josquin, »L'impact de la variable prix dans le tourisme culturel«, in: Tobelem, Jean-Michel (Hg.), *La Culture mise à prix*, Paris, L'Harmattan, 2005, S. 105-126.
Barthes, Roland, *L'Aventure sémiologique*, Paris, Seuil, 1985 ⟨dt: *Das semiologische Abenteuer* (Aus dem Französischen von Dieter Hornig), Frankfurt am Main, Suhrkamp Verlag, 3. Aufl. 1994⟩.
Barthes, Roland, *Le Système de la mode*, Paris, Seuil, 1967 ⟨dt: *Die Sprache der Mode*, Frankfurt am Main, Suhrkamp Verlag, 3. Aufl. 2003⟩.
Barthes, Roland, *Mythologies*, Paris, Seuil, 1957 ⟨dt.: *Mythen des Alltags* (Aus dem Französischen von Helmut Scheffel und Horst Brühmann), Berlin, Suhrkamp Verlag, 2010⟩.
Bataille, Georges, *La Part maudite*, Paris, Minuit, 2014 (1949) ⟨dt. »Der verfemte Teil« und »Der Begriff der Verausgabung« (Aus dem Französischen von Traugott König unter Mitwirkung von Gerd Bergfleth), in: ders., *Das theoretische Werk in Einzelbänden*, Bd. 1: *Die Aufhebung*

der Ökonomie, Berlin, Matthes & Seitz, 2., erw. Aufl. 1985, S. 33-236 und S. 7-32⟩.

Batifoulier, Philippe (Hg.), *Théorie des conventions*, Paris, Economica, 2001.

Baudrillard, Jean, *La Société de consommation*, Paris, Denoel, 1970 ⟨dt.: *Die Konsumgesellschaft. Ihre Mythen, ihre Strukturen* (Aus dem Französischen von Annette Foegen), Wiesbaden, Springer-VS, 2014.

Baudrillard, Jean, *Le Système des objets*, Paris, Gallimard, 1968 ⟨dt.: *Das System der Dinge. Über unser Verhältnis zu den alltäglichen Gegenständen* (Aus dem Französischen von Joseph Garzuly), Frankfurt am Main/New York, Campus Verlag, 3. Aufl. 2007⟩.

Bauman, Zygmunt, *Verworfenes Leben. Die Ausgegrenzten der Moderne* (Aus dem Englischen von Werner Roller), Hamburg, Hamburger Edition 2005.

Bauman, Zygmunt, *Der Mensch im Globalisierungskäfig* (Aus dem Englischen von Michael Adrian), Frankfurt am Main, Suhrkamp 2003.

Baumann, Shyon, Johnston, Josée, »Democracy versus Distinction: A Study of Omnivorousness in Gourmet Food Writing«, *American Journal of Sociology*, Bd. 113, Nr. 1, Juli 2007, S. 165-204.

Baumol, William J., »Unnatural Value: Or Art Investment as Floating Crap Gam«, *The American Economic Review*, Bd. 76, Nr. 2, Mai 1986, S. 10-14.

Beaucarnot, Jean-Louis, *La Généalogie*, Paris, PUF, 1997.

Becker, Howard S., *Les Mondes de l'art*, Paris, Flammarion, coll. Champs, 2010 (1982).

Beckert, Jens, Rössel, Jörg, »The price of art. Uncertainty and reputation in the art field«, *European Societies*, 2013, Bd. 15, Nr. 2, S. 178-195.

Beldi, Adel et al., »Pertinence des méthodes d'évaluation financière des marques. Une étude empirique international«, *Revue française de gestion*, 2010/8, Nr. 207, S. 153-168.

Belk, Russell, *Collecting in a Consumer Society*, London, Routledge, 1995.

Bell, Daniel, *Vers la société post-industrielle*, Paris, Robert Laffont, 1999 (1973) ⟨dt.: *Die postindustrielle Gesellschaft* (Aus dem Französischen von Eva Moldenhauer), Frankfurt am Main: Suhrkamp Verlag, 1972⟩.

Bellet, Harry, *Le Marché de l'art s'écroule demain à 18 h 30*, Paris, Nil, 2001.

Beltran, Alain, Chauveau, Sophie, Galvez-Behar, Gabriel, *Des brevets et des marques. Une histoire de la propriété intellectuelle*, Paris, Fayard, 2001.

Benjamin, Walter, »Paris, die Hauptstadt des XIX. Jahrhunderts«, in: ders., *Gesammelte Schriften*, Bd. V.1, Frankfurt am Main, Suhrkamp Verlag, 1982, S. 45-59.

Benjamin, Walter, »Paris, Capitale du XIXème siècle«, in: ders., *Gesammelte Schriften*, Bd. V.1, Frankfurt am Main, Suhrkamp Verlag, 1982, S. 60-77.

Benjamin, Walter, »Das Kunstwerk im Zeitalter seiner technischen Reproduzierbarkeit«, in: ders., *Gesammelte Schriften*, Bd. I, 2, Frankfurt am Main, Suhrkamp Verlag, 1974, S. 431-469 (Erste Fassung) und S. 471-508 (Zweite Fassung).

Benjamin, Walter, »Über den Begriff der Geschichte«, in: ders., *Gesammelte Schriften*, Bd. I.2, Frankfurt am Main, Suhrkamp Verlag, 1974, S. 691-704.

Berg, Maxine, »New commodities, luxuries and their consumers in eighteenth-century England«, in: Berg, Maxine, Clifford, Helen (Hg.), *Consumers and Luxury. Consumer Culture in Europe, 1650-1850*, Manchester, Manchester University Press, 1999, S. 63-87.

Berger, Alain, Chevalier, Pascal, Cortes, Geneviève, Dedeire, Marc (Hg.), *Patrimoines, héritages et développement rural en Europe*, Paris, L'Harmattan, 2010.

Bergeron, Louis, *Les Industries du luxe en France*, Paris, Odile Jacob, 1998.

Berlan, Aurélien, *La Fabrique des derniers hommes. Retour sur Tönnies, Simmel et Weber*, Paris, La Découverte, 2012.

Bessy, Christian, Chateauraynaud, Francis, *Experts et faussaires*, Paris, Metailie, 1995.

Bichler, Shimshon, Nitzan, Jonathan, *Le Capital comme pouvoir. Une étude de l'ordre et du créordre*, Paris, Max Milo, 2012 (2009).

Biencourt, Olivier, Favereau, Olivier, Eymard-Duvernay, François, »Where do Markets Come from? From (Quality) Conventions«, in: Favereau, Olivier, Lazega, Emmanuel (Hg.), *Conventions and Structures in Economic Organization. Markets, Networks and Hierarchies*, Cheltenham, Edward Elgar, 2003, S. 213-252.

Biot, Vincent, »Valorisation patrimoniale et développement touristique des Grandes Causses. L'empreinte d'Édouard-Alfred Martel (1859-1938)«, in: Andrieux, Jean-Yves, Harismendy, Patrick (Hg.), *Initiateurs et entrepreneurs culturels du tourisme (1850-1950)*, Rennes, Presses universitaires de Rennes, 2011.

Birnbaum, Daniel, Graw, Isabelle (Hg.), *Canvases and Careers Today. Criticism and its markets*, New York, Sternberg Press, 2008.

Blanckaert, Christian, *Les 100 mots du luxe*, Paris, PUF, 2010.

Bochurberg, Lionel, Lefort, Sylvie, »Les ventes aux enchères sur l'internet«, Legicom, 1/2000, Nr. 21-22, S. 131-147.

Böhme, Gernot, *Ästhetischer Kapitalismus*, Berlin, Suhrkamp, 2016.

Boltanski, Luc, *Énigmes et complots*, Paris, Gallimard, coll. NRF essais,

2012 ⟨dt.: *Rätsel und Komplotte. Kriminalliteratur, Paranoia, moderne Gesellschaft* (Aus dem Französischen von Christine Pries), Berlin, Suhrkamp Verlag, 2013⟩.

Boltanski, Luc, *De la critique*, Paris, Gallimard, coll. NRF essais, 2009 ⟨dt.: *Soziologie und Sozialkritik* (Aus dem Französischen von Achim Russer und Bernd Schwibs), Berlin, Suhrkamp Verlag, 2010⟩.

Boltanski, Luc, *Rendre la réalité inacceptable. À propos de »La production de l'idéologie dominante«*, Paris, Demopolis, 2008.

Boltanski, Luc, *La Condition foetale. Une sociologie de l'engendrement et de l'avortement*, Paris, Gallimard, coll. NRF essais, 2004 ⟨dt.: *Soziologie der Abtreibung. Zur Lage des fötalen Lebens* (Aus dem Französischen von Marianne Schneider), Frankfurt am Main, Suhrkamp Verlag, 2007⟩.

Boltanski, Luc, *Les Cadres. La formation d'un groupe social*, Paris, Minuit, 1982 ⟨dt.: *Die Führungskräfte. Die Entstehung einer sozialen Gruppe* (Aus dem Französischen von Hella Beister), Frankfurt am Main/New York: Campus Verlag, 1990⟩.

Boltanski, Luc, »Pouvoir et impuissance: projet intellectuel et sexualité dans le Journal d'Amiel«, *Actes de la recherche en sciences sociales*, I, (5-6), November 1975, S. 80-108.

Boltanski, Luc, »Taxinomies populaires, taxinomies savantes: les objets de consommation et leur classement«, *Revue française de sociologie*, 1970, S. 34-44.

Boltanski, Luc, Bourdieu, Pierre, *La Production de l'idéologie dominante*, Paris, Demopolis, 2008 (1976).

Boltanski, Luc, Chiapello, Ève, *Le Nouvel Esprit du Capitalisme*, Paris, Gallimard, 1999 ⟨dt.: *Der neue Geist des Kapitalismus* (Aus dem Französischen von Michael Tillmann), Konstanz, UVK, 2003⟩.

Boltanski, Luc, Thévenot, Laurent, *De la justification. Les économies de la grandeur*, Paris, Gallimard, coll. NRF essais, 1991 ⟨dt.: *Über die Rechtfertigung. Eine Soziologie der kritischen Urteilskraft* (Aus dem Französischen von Andreas Pfeuffer), Hamburg, Hamburger Edition, 2007⟩.

Bomsel, Olivier, *L'Économie immatérielle. Industries et marché d'expériences*, Paris, Gallimard, coll. NRF essais, 2010.

Bonnal, Françoise, »Comprendre et gérer la marque France. Mode d'emploi pour les acteurs de la marque France«, *Revue française de gestion*, 2011/9, Nr. 218-219, S. 27-43.

Bonnot, Thierry, *La vie des objets*, Paris, Éditions de la MSH, 2002.

Borch, Christian, *The Politics of Crowds. An Alternative History of Sociology*, Cambridge, Cambridge University Press, 2012.

Botti, Laurent, Corne, Aurélie, »*Benchmarking*, attraction et valeur touristique du territoire: une analyse par le secteur hôtelier français«, *Management & Avenir*, 2/2016, Nr. 84, S. 179-196.

Bourdieu, Pierre, *Manet. Une révolution symbolique. Cours au collège de France (1998-2000)*, Paris, Seuil/Raisons d'agir, 2013 ⟨dt.: *Manet. Eine symbolische Revolution. Vorlesungen am Collège de France 1998-2000* (Aus dem Französischen von Achim Russer und Bernd Schwibs), Berlin, Suhrkamp Verlag, 2015⟩.

Bourdieu, Pierre, *Les Structures sociales de l'économie*, Paris, Seuil, 2000.

Bourdieu, Pierre, *Méditations pascaliennes*, Paris, Seuil, 1997 ⟨dt.: *Meditationen. Zur Kritik der scholastischen Vernunft* (Aus dem Französischen von Achim Russer unter Mitwirkung von Hélène Albagnac und Bernd Schwibs), Frankfurt am Main, Suhrkamp Verlag, 2001⟩.

Bourdieu, Pierre, *Les Règles de l'art. Genèse et structure du champ littéraire*, Paris, Seuil, 1992 ⟨dt.: *Die Regeln der Kunst. Genese und Struktur des literarischen Feldes* (Aus dem Französischen von Bernd Schwibs und Achim Russer), Frankfurt am Main, Suhrkamp Verlag, 1999⟩.

Bourdieu, Pierre, *La Distinction. Critique sociale du jugement*, Paris, Minuit, 1979 ⟨dt.: *Die feinen Unterschiede. Kritik der gesellschaftlichen Urteilskraft* (Aus dem Französischen von Bernd Schwibs und Achim Russer) (1982), Frankfurt am Main, Suhrkamp Verlag, 8. Aufl. 1996, Sonderausg. 2003⟩.

Bourdieu, Pierre (mit Yvette Delsaut), »Le couturier et sa griffe: contribution à une théorie de la magie«, *Actes de la Recherche en Sciences Sociales*, 1975, Bd. 1, Nr. 1, S. 7-36.

Bourdieu, Pierre, »Le marché des biens symboliques«, *L'Année sociologique*, Bd. 22, 1971, S. 49-126 ⟨dt.: »Der Markt der symbolischen Güter«, in: ders., *Schriften zur Kultursoziologie 4: Kunst und Kultur. Zur Ökonomie symbolischer Güter* (Aus dem Französischen von Hella Beister), Berlin, Suhrkamp Verlag, 2014, S. 15-94⟩.

Boyer, Pascal, *Et l'homme créa les dieux*, Paris, Robert Laffont, 2001 ⟨dt.: *Und Mensch schuf Gott* (Aus dem Englischen von Ulrich Enderwitz), Stuttgart, Klett-Cotta Verlag, 2004⟩.

Brandom, Robert, *Making it Explicit*, Cambridge (Mass.), Harvard University Press, 1994 ⟨dt.: *Expressive Vernunft. Begründung, Repräsentation und diskursive Festlegung* (Aus dem Englischen von Eva Gilmer und Hermann Vetter), Frankfurt am Main, Suhrkamp Verlag, 2000⟩.

Braudel, Fernand, *Civilisation matérielle, économie et capitalisme, XVe-XVIIIe siècle*, Bd. II: *Les Jeux de l'échange*, Paris, Armand Colin, 1979 ⟨dt.: *Sozialgeschichte des 15.-18. Jahrhunderts. Der Handel* (Aus dem Französischen von Siglinde Summerer und Gerda Kurz), München, Kindler Verlag, 1986.

Brault, Franck, Jacquet, Florent, Simon, Hermann, *La Stratégie prix*, Paris, Dunod, 2011.

Brenner, Robert, *The Economics of Global Turbulence. The Advanced Capitalist Economies from Long Boom to Long Downturn*, London, Verso, 2006.

Brenner, Robert, *The Boom and the Bubble. The US in the World Economy*, London, Verso, 2003 ⟨dt.: *Boom & Bubble. Die USA in der Weltwirtschaft* (Aus dem amerikanischen Englisch von Frieder Otto Wolf), Hamburg: VSA-Verlag, 2002⟩.

Breton, André, *Point du jour*, Paris, Gallimard, 1970.

Bruno, Isabelle, *À vos marques, prêts… cherchez! La stratégie européenne de Lisbonne, vers un marché de la recherche*, Paris, Croquant, 2008.

Bruno, Isabelle, Didier, Emmanuel, *Benchmarking. L'État sous pression statistique*, Paris, La Découverte, 2013.

Bull, Malcolm, *The Mirror of the Gods. How Renaissance Artists Rediscovered the Pagan Gods*, Oxford, Oxford University Press, 2005.

Burns, Peter, »Brief encounters. Culture, tourism and the local-global nexus«, in: Wahab, Salah, Cooper, Chris (Hg.), *Tourism in the Age of Globalization*, Abingdon, Routledge, 2001, S. 290-305.

Cabanne, Pierre, *Les Grands Collectionneurs*, Paris, Les Éditions de l'Amateur, 2004, Bd. II.

Callon, Michel, »Innovation et emprise croissante des forces marchandes«, *Le Libellio d'AEGIS*, Bd. 11, Nr. 4, Herbst 2015, S. 43-61.

Callon, Michel (Hg.), *The Laws of the Markets*, Oxford, Blackwell, 1998.

Callon, Michel, Muniesa, Fabian, »Les marchés économiques comme dispositifs collectifs de calcul« (2003), in: Callon, Michel et al. (Hg.), *Sociologie des agencements marchands*, Paris, Presses des Mines – Transvalor, 2013, S. 195-233.

Candau, Jacqueline, Ginelli, Ludovic, »L'engagement des agriculteurs dans un service environnemental. L'exemple du paysage«, *Revue française de sociologie*, 2011/4, (Bd. 52), S. 691-718.

Canetti, Elias, *Masse und Macht*, Hildesheim, Claassen Verlag, 1960.

Carruthers, Bruce, Stinchcombe, Arthur, »The social structure of liquidity: flexibility, markets and states«, *Theory and Society*, Jg. 28, 1999, S. 353-382.

Castel, Robert, *Les Métamorphoses de la question sociale*, Paris, Fayard, 1994 ⟨dt.: *Die Metamorphosen der sozialen Frage. Eine Chronik der Lohnarbeit* (2000) (Aus dem Französischen von Andreas Pfeuffer), Konstanz, UVK, 2. Aufl. 2008⟩.

Castoriadis, Cornelius, *Capitalisme moderne et révolution*, Paris, UGC, 1979 ⟨dt.: »Die revolutionäre Bewegung im modernen Kapitalismus«, in: ders., *Ausgewählte Schriften*, Bd. 2.2: *Vom Sozialismus zur autonomen Gesellschaft. Gesellschaftskritik und Politik nach Marx* (Aus dem Französischen von Michael Halfbrodt), Lich, Verlag Edition AV, 2008, S. 17-189⟩.

Castoriadis, Cornelius, *Les Carrefours du labyrinthe*, t. I, Paris, Seuil, 1978 ⟨dt.: *Durchs Labyrinth. Seele, Vernunft, Gesellschaft* (Aus dem Französischen von Horst Brühmann), Frankfurt am Main, Europäische Verlagsanstalt, 1981⟩.

Castoriadis, Cornelius, *L'Institution imaginaire de la société*, Paris, Seuil, 1975 ⟨dt.: *Gesellschaft als imaginäre Institution* (Aus dem Französischen von Horst Brühmann), Frankfurt am Main: Suhrkamp Verlag, 1984⟩.

Certeau, Michel de, *L'Invention du quotidien*, t. I: *Arts de faire*, Paris, Gallimard, coll. Folio essais, 1990 (1980) ⟨dt.: *Kunst des Handelns* (Aus dem Französischen von Ronald Voullié), Berlin, Merve-Verlag, 1988⟩.

Cerutti, Simona, »À qui appartiennent les biens qui n'appartiennent à personne? Citoyenneté et droit d'aubaine a l'époque modern«, *Annales HSS*, März-April 2007, S. 355-383.

Cerutti, Simona, *Étrangers. Étude d'une condition d'incertitude dans une société d'Ancien Régime*, Paris, Bayard, 2012.

Challoner, Jack (Hg.), *Les 1001 inventions qui ont changé le monde*, Paris, Flammarion, 2008.

Chalvon-Demersay, Sabine, »La saison des châteaux. Une ethnographie des tournages en ›décors réels‹ pour la télévision«, *Réseaux*, 2/2012, Nr. 172, S. 175-213.

Chalvon-Demersay, Sabine, *Le Triangle du 14e. De nouveaux habitants dans un vieux quartier de Paris*, Paris, Éditions de la MSH, 1984.

Chamberlin, Edward Hastings, *La Théorie de la concurrence monopolistique. Une nouvelle orientation de la théorie de la valeur*, Paris, PUF, 1953 (1933).

Chartier, Roger, *La Main de l'auteur et l'esprit de l'imprimeur*, Paris, Gallimard, coll. Folio histoire, 2015.

Chatriot, Alain, »La construction récente des groupes de luxe français: mythes, discours et pratiques«, *Entreprises et histoire*, 2007/1, Nr. 46, S. 143-156.

Chauvin, Sébastien, Cousin, Bruno, »L'entre-soi élitaire à Saint-Barthélemy«, *Ethnologie française*, 2012/2, Bd. 42, S. 335-345.

Chessel, Marie-Emmanuelle, *Consommateurs engagés à la Belle Époque. La Ligue sociale d'acheteurs*, Paris, Presses de Sciences Po, 2012.

Chevallier, Marius, Dellier, Julien, Lagarde, Vincent, Richard, Frédéric, »Circuits courts agroalimentaires de proximité en Limousin: performance économique et processus de gentrification rurale«, *Norois*, 1/2014, Nr. 230, S. 21-39.

Chodkiewicz, Jean-Luc, *L'Aubrac à Paris. Une enquête d'ethnologie urbaine*, Paris, Éditions du CTHS, 2014.
Christin, Olivier, *Une révolution symbolique. L'iconoclasme huguenot et la reconstruction catholique*, Paris, Minuit, 1991.
Christin, Rodolphe, *L'Usure du monde. Critique de la déraison touristique*, Montreuil, L'Echappée, 2014.
Clément, Pierre, Dreux, Guy, Laval, Christian, Vergne, Francis, *La Nouvelle École capitaliste*, Paris, La Découverte, 2011.
Clerval, Anne, *Paris sans le peuple*, Paris, La Découverte, 2013.
Cochoy, Franck, *Une histoire du marketing. Discipliner l'économie de marché*, Paris, La Découverte, 1999.
Coleman, Les, Taylor, Dominic, »Price determinants of Aboriginal art, and its role as an alternative asset class«, *Journal of Banking & Finance*, 35, 2011, S. 1519-1529.
Collectif Mauvaise Troupe, *Constellations. Trajectoires révolutionnaires du jeune 21e siècle*, Paris, L'Éclat, 2014.
Collet, Anaïs, *Rester bourgeois. Les quartiers populaires, nouveaux chantiers de la distinction*, Paris, La Découverte, 2015.
Colli, Andrea, Merlo, Elisabetta, »Family business and luxury business in Italy (1950-2000)«, *Entreprises et Histoire*, 2007/1, Nr. 46, S. 113-124.
Collins, Randall, *The Credential Society. An Historical Sociology of Education and Stratification*, New York, Academic Press, 1979.
Comaroff, Jean, Comaroff, John L., *Ethnicity, Inc.*, Chicago, University of Chicago Press, 2009.
Cometti, Jean-Pierre, *Conserver/Restaurer. L'œuvre d'art à l'époque de sa préservation technique*, Paris, Gallimard, coll. NRF essais, 2016.
Cometti, Jean-Pierre, *La Démocratie radicale. Lire John Dewey*, Paris, Gallimard, coll. Folio essais, 2016.
Conein, Bernard, *Les Sens sociaux. Trois essais de sociologie cognitive*, Paris, Economica, 2005.
Corsani, Antonella, Lazzarato, Maurizio, *Intermittents et précaires*, Paris, Éd. Amsterdam, 2008.
Cousin, Bruno, »Ségrégation résidentielle et quartiers refondés. Usages de la comparaison entre Paris et Milan«, *Sociologie du travail*, Bd. 55, Nr. 2, 2013, S. 214-236.
Cousin, Saskia, »L'Unesco et la doctrine du tourisme culturel. Généalogie d'un ›bon‹ tourisme«, *Civilisations*, Nr. 57, 2008, S. 41-56.
Coye, Noël, »La collection introuvable de l'abbé Breuil«, in: Vincent, Odile (dir.), *Collectionner? Territoires, objets, destins*, Grane, Creaphis, coll. Silex, 2011, S. 52-70.
Croix, Alain (Hg.), *Initiateurs et entrepreneurs culturels du tourisme (1850-*

1950), Actes du colloque de Saint-Brieuc (2.–4. Juni 2010), Rennes, Presses universitaires de Rennes, 2011.

Cueco, Henri, *Le Collectionneur de collections*, Paris, Seuil, 1995.

Darnton, Robert, *Apologie du livre. Demain, aujourd'hui, hier*, Paris, Gallimard, coll. NRF essais, 2011 (2009).

Darras, *Le Partage des bénéfices. Expansion et inégalités en France*, Paris, Minuit, 1966.

Daumas, Jean-Claude, Ferrière le Vayer, Marc de, »Les métamorphoses du luxe vues d'Europe«, *Entreprises et histoire*, 2007/1, Nr. 46, S. 6-16.

Davezies, Laurent, *La crise qui vient. La nouvelle fracture territoriale*, Paris, Seuil, 2012.

Davezies, Laurent, *La République et ses territoires. La circulation invisible des richesses*, Paris, Seuil, 2008.

Degoutte, Corinne, »Stratégies de marques dans la mode: convergence ou divergence des modèles de gestion nationaux dans l'industrie du luxe (1860-2003)«, *Entreprises et histoire*, 2007/1, Nr. 46, S. 125-142.

Deleuze, Gilles, *Différence et répétition*, Paris, PUF, 1968 ⟨dt.: *Differenz und Wiederholung* (Aus dem Französischen von Joseph Vogl), München, Wilhelm Fink Verlag, 1990⟩.

Dellier, Julien, Richard, Frédéric, Tommasi, Greta, »Migration, environnement et gentrification rurale en montagne limousine«, *Revue de géographie alpine*, 102-3, 2014 [online].

Delvainquière, Jean-Cedric, Jourdan, Benoït, Laroche, Nicolas, Tugores, François, »Les dépenses culturelles des collectivités territoriales en 2010: 7,6 milliards d'euros pour la culture«, *Culture Chiffres*, 2014, Nr. 3.

Demmou, Lilas, *La Désindustrialisation en France*, Arbeitspapier der Direction générale du Trésor, Nr. 2010/01, Juni 2010.

Derlon, Brigitte, Jeudy-Ballini, Monique, *La Passion de l'art primitif. Enquête sur les collectionneurs*, Paris, Gallimard, coll. Bibliothèque des sciences humaines, 2008.

Deroin, Valerie, »Emploi, bénévolat et financement des associations culturelles«, *Culture Chiffres*, 2014/1, Nr. 1, S. 1-12.

Deroin, Valerie, »Statistiques d'entreprises des industries culturelles«, *Culture Chiffres*, 2008, Nr. 4.

Descola, Philippe (Hg.), *La Fabrique des images. Visions du monde et forms de la représentation*, Paris, Somogy/Musée du Quai Branly, 2010.

Descola, Philippe, *Par-delà nature et culture*, Paris, Gallimard, coll. Bibliothèque des sciences humaines, 2005 ⟨dt.: *Jenseits von Natur und*

Kultur (Aus dem Französischen von Eva Moldenhauer), Berlin, Suhrkamp Verlag, 2011⟩.

DeSoucey, Michaela, »Food Traditions and Authenticity Politics in the European Union«, *American Sociological Review*, Bd. 75, Nr. 3, Juni 2010, S. 432-455.

Desrosières, Alain, *Prouver et gouverner. Une analyse politique des statistiques publiques*, Paris, La Découverte, 2014.

Desrosières, Alain, *L'Argument statistique*, Paris, Mines ParisTech, 2008, Bd. 2.

Desrosières, Alain, *La Politique des grands nombres. Histoire de la raison statistique*, Paris, La Découverte, 1993 ⟨dt.: *Die Politik der großen Zahlen. Eine Geschichte der statistischen Denkweise* (Aus dem Französischen von Manfred Stern), Berlin/Heidelberg/New York, Springer Verlag, 2005⟩.

Desrosières, Alain, Thévenot, Laurent, *Les Catégories socio-professionnelles*, Paris, La Découverte, 1988.

Dewey, John, *La Formation des valeurs*, Paris, La Découverte, 2011.

Didier, Emmanuel, »Mesurer la délinquance en France depuis 1970. Entre expertise et publicité«, *Ethnologie française*, 1/2015, Bd. 45, S. 109-121.

DiMaggio, Paul, »Classification in art«, *American Sociological Review*, 1987, Bd. 52, August, S. 440-455.

Dimson, Elroy, Rousseau, Peter L., Spaenjers, Christophe, »The Price of Wine«, *Journal of Financial Economics*, 118, 2015, S. 431-449.

Donnat, Olivier, *Les Pratiques culturelles des Français. Enquête 1997*, Paris, La Documentation française, 1998.

Dosse, François, *Gilles Deleuze et Félix Guattari. Biographie croisée*, Paris, La Découverte, 2007 ⟨dt.: *Gilles Deleuze. Félix Guattari. Biographien* (Aus dem Französischen von Christian Driesen), Wien/Berlin, Turia + Kant, 2017⟩.

Drucker, Peter, *Concept of the Corporation*, New York, John Day, 1972 ⟨dt.: *Das Großunternehmen. Sinn, Arbeitsweise und Zielsetzung unserer Zeit* (Aus dem Amerikanischen von Ulf Pacher), Düsseldorf/Wien, Econ-Verlag, 1966⟩.

Duchateau, Valérie, Rasolofoarison, Jeannot, Sautard, Romain, »Les biens haut de gamme, un avantage comparatif européen«, *Trésor-Éco*, Nr. 118, September 2013.

Duez, Hubert, *Secrets d'un brocanteur*, Paris, Seuil, 1999.

Durieux, Bruno, Itty, Jerome, Kancel, Serge, Weill, Morgane, *L'Apport de la culture à l'économie de la France*, IGF, Inspection générale des affaires culturelles, Paris, Dezember 2013.

Durkheim, Émile, *L'Évolution pédagogique en France*, Paris, PUF, 1969

(1938) ⟨dt.: *Die Entwicklung der Pädagogik. Zur Geschichte und Soziologie des gelehrten Unterrichts in Frankreich* (Aus dem Französischen von Ludwig Schmidts), Weinheim und Basel, Beltz Verlag, 1977⟩.

Durkheim, Émile, »Jugements de valeur et jugements de réalité« (1911), *Sociologie et philosophie*, Paris, Presses universitaires de Paris, 1967 ⟨dt.: »Werturteile und Wirklichkeitsurteile«, in: ders., *Soziologie und Philosophie* (Aus dem Französischen von Eva Moldenhauer), Frankfurt am Main, Suhrkamp Verlag, 1976, S. 137-157⟩.

Durkheim, Émile, *Pragmatisme et sociologie*, Paris, Vrin, 1955 ⟨dt.: »Pragmatismus und Soziologie«, in: ders., *Schriften zur Soziologie der Erkenntnis* (Aus dem Französischen von Michael Bischoff), Frankfurt am Main, Suhrkamp Verlag, 1987, S. 9-160⟩.

Edwards, Elizabeth, Gosden, Chris, Phillips, Ruth B. (Hg.), *Sensible Objects. Colonialism, Museums and Material Culture*, Oxford-New York, Berg, 2006.

Elster, Jon, *Karl Marx. Une interprétation analytique*, Paris, PUF, 1989 (1985).

Erner, Guillaume, *Sociologie des tendances*, Paris, PUF, coll. Que sais-je?, 2008.

Espeland, Wendy, Stevens, Mitchell, »Commensuration as a Social Process«, *The Annual Review of Sociology*, Bd. 24, 1998, S. 313-343.

Esquerre, Arnaud, *Les Os, les Cendres et l'État*, Paris, Fayard, 2011.

Esquerre, Arnaud, *La Manipulation mentale. Sociologie des sectes en France*, Paris, 2009.

Fairchilds, Cissie, »The production and marketing of populuxe goods in eighteenth-century Paris«, in: Brewer, John, Porter, Roy (Hg.), *Consumption and the World of Goods*, New York, Routledge, 1993, S. 228-248.

Favereau, Olivier, »La pièce manquante de la sociologie du choix rationnel«, *Revue française de sociologie*, Bd. 44, Nr. 2, 2003, S. 275-295.

Ferret, Stéphane, *Le Bateau de Thésée. Le problème de l'identité à travers le temps*, Paris, Minuit, 1996.

Finez, Jean, »La construction des prix à la SNCF, une socio-histoire de la tarification. De la péréquation au yield management (1938-2012)«, *Revue française de sociologie*, 1/2014 (Bd. 55), S. 5-39.

Florida, Richard, *Cities and the Creative Class*, New York, Routledge, 2005.

Florida, Richard, *The Rise of the Creative Class*, New York, Basic Books, 2002.

Fontaine, Laurence, *Le Marché. Histoire et usages d'une conquête sociale*, Paris, Gallimard, coll. NRF essais, 2014.

Fontaine, Laurence, »The exchange of second-hand goods between sur-

vival strategies and ›business‹ in Eighteenth-century Paris«, in: Fontaine, Laurence (Hg.), *Alternative Exchanges. Second-hand circulations from Sixteenth century to the present*, Oxford, Berghahn Books, 2008, S. 97-114.
Fontaine, Laurence, *Histoire du colportage en Europe, XVe-XIXe siècle*, Paris, Albin Michel, 1993.
Fortes, Martin, »Spécialisation à l'exportation de la France et de quatre grands pays de l'Union européenne entre 1990 et 2009«, *Trésor-Éco*, Nr. 98, Februar 2012.
Foucault, Michel, *Naissance de la biopolitique. Cours au Collège de France, 1978-1979*, Paris, Seuil/Gallimard, 2004 ⟨dt.: *Geschichte der Gouvernementalität II. Die Geburt der Biopolitik. Vorlesungen am Collège de France 1978-1979* (Aus dem Französischen von Jürgen Schröder), Frankfurt am Main, Suhrkamp Verlag, 2004⟩.
Foucault, Michel, *Les Mots et les Choses*, Paris, Gallimard, 1966 ⟨dt.: *Die Ordnung der Dinge. Eine Archäologie der Humanwissenschaften* (Aus dem Französischen von Ulrich Köppen), Frankfurt am Main, Suhrkamp Verlag, 1971⟩.
Fourcade, Marion, »Cents and Sensibility: Economic Valuation and the Nature of ›Nature‹«, *American Journal of Sociology*, Bd. 116, Nr. 6, 2011, S. 1721-1777.
Fournier, Marcel, Lamont, Michèle (Hg.), *Cultivating Differences. Symbolic boundaries and the making of inequality*, Chicago, The University of Chicago Press, 1992.
France, Anatole, *Le Crime de Sylvestre Bonnard*, Paris, Calmann-Lévy, 1956 ⟨dt.: »Die Schuld des Professors Bonnard. Roman eines Entführers« (Aus dem Französischen von J. Wahl und F. Le Bourgeois), in: ders., *Die Schuld des Professors Bonnard und Die Götter dürsten*, Zürich: Coron-Verlag, o. J., S. 52-185⟩.
Frank, Robert H., Cook, Philip J., *The Winner-Take-All Society. Why the Few at the Top Get So Much More Than the Rest of Us*, New York, Free Press, 1995.
Franquesa, Jaume, »On Keeping and Selling. The Political Economy of Heritage Making in Contemporary Spain«, *Current Anthropology*, Bd. 54, Nr. 3, Juni 2013, S. 346-36.
Fraser, Nancy, Honneth, Axel, *Umverteilung oder Anerkennung? Eine politisch-philosophische Kontroverse* (Übersetzungen aus dem Englischen von Burkhardt Wolf), Frankfurt am Main: Suhrkamp Verlag, 2003.
Freedberg, David, *Le Pouvoir des images*, Paris, Gérard Monfort, 1998 (1989).
Friedman, Jonathan, *Cultural Identities and Global Process*, London, Sage, 1994.

Friedmann, Georges, *Problèmes humains du machinisme industriel*, Paris, Gallimard, 1946 ⟨dt.: *Der Mensch in der mechanisierten Produktion* (Aus dem Französischen von Burkart Lutz unter Mitwirkung von Katharina Fuchs), Köln, Bund-Verlag, 1952⟩.

Frochot, Isabelle, Legoherel, Patrick, *Marketing du tourisme*, Paris, Dunod, 2014.

Fumaroli, Marc, *L'État culturel. Une religion moderne*, Paris, De Fallois, 1991.

Gagneux, Yves, *Reliques et reliquaires à Paris (XIXe-XXe siècle)*, Paris, Cerf, 2007.

Garcia-Parpet, Marie-France, *Le Marché de l'excellence. Les grands crus à l'épreuve de la mondialisation*, Paris, Seuil, 2009.

Geertz, Clifford, *Le Souk de Séfrou. Sur l'économie du bazar*, Saint-Denis, Bouchène, 2003 (1979).

Gelber, Steven, *Hobbies. Leisure and the Culture of Work in America*, New York, Columbia University Press, 1999.

Gelber, Steven, »Free market metaphor: The historical dynamics of stamp collecting«, *Comparative Studies in Society and History*, Bd. 34, Nr. 4, Oktober 1992, S. 742-769.

Gell, Alfred, *L'Art et ses agents, une théorie anthropologique*, Dijon, Les Presses du réel, 2009 (1998).

Gerson, Stéphane, »Le patrimoine local impossible: Nostradamus à Salon-de-Provence (1980-1999)«, *Genèses*, 2013/3, Nr. 92, S. 52-75.

Gilmore, James, Pine II, Joseph, *Authenticity. What consumers really want*, Boston, Harvard Business School Press, 2007.

Gilmore, James, Pine II, Joseph, *The Experience Economy*, Boston, Harvard Business School Press, 1999 ⟨dt.: *Erlebniskauf. Konsum als Erlebnis, Business als Bühne, Arbeit als Theater* (Aus dem Amerikanischen von Stephan Gebauer), München, Econ-Verlag, 2000⟩.

Ginsburgh, Victor, Mairesse, Francois, Weyers, Sheila, »De la narration à la consécration. L'exemple de la peinture flamande de Van Eyck à Ruben«, *Histoire & mesure*, XXIII – 2, 2008, S. 145-176.

Godart, Frédéric, *Sociologie de la mode*, Paris, La Découverte, 2010.

Goetzmann, William N., Mamonova, Elena, Spaenjers, Christophe, »The economics of aesthetics and record prices for art since 1701«, *Explorations in Economic History*, 57, 2015, S. 79-94.

Goldgar, Anne, *Tulipmania. Money, Honor, and Knowledge in the Dutch Golden Age*, Chicago-London, The University of Chicago Press, 2007.

Golfetto, Francesca, Rinallo, Diego, »Representing markets: The shaping of fashion trends by French and Italian fabric companies«, *Industrial Marketing Management*, Bd. 35, Nr. 7, Oktober 2006, S. 856-869.

Gorgus, Nina, *Le Magicien des vitrines. Le muséologue Georges-Henri Rivière*, Paris, Éditions de la MSH, 2003 (1999).

Gorz, Andre, *L'Immatériel. Connaissance, valeur et capital*, Paris, Galilée, 2003 ⟨dt.: *Wissen, Wert und Kapital. Zur Kritik der Wissensökonomie* (Aus dem Französischen von Jadja Wolf), Zürich, Rotpunktverlag, 2004⟩.

Gouyon, Marie, »Revenus d'activité et niveaux de vie des professionnels de la culture«, *Culture Chiffres*, 2015-1, S. 1-28.

Gouyon, Marie, Patureau, Frédérique, »Vingt ans d'évolution de l'emploi dans les professions culturelles«, *Culture Chiffres*, 2014, Nr. 6.

Graburn, Nelson (Hg.), *Ethnic and Tourist Arts*, Oakland, University of California Press, 1979.

Graña, César, *Bohemian versus Bourgeois. French society and the French man of letters in the nineteenth society*, New York, Basic Books, 1964.

Granet, Daniel, Lamour, Catherine, *Grands et petits secrets du monde de l'art*, Paris, Fayard, 2010.

Grant, Jonathan, »The socialist construction of Philately in the early Soviet Era«, *Comparative studies in society and history*, 1995, 37, S. 476-493.

Graw, Isabelle, *Der große Preis. Kunst zwischen Markt und Celebrity Culture*, Köln, DuMont, 2008.

Greffe, Xavier, *La Valeur économique du patrimoine*, Paris, Anthropos, 1990.

Greif, Mark, »What was the hipster?«, *Against Everything*, New York, Pantheon Books, 2016, S. 209-219.

Greif, Mark, *The Age of the Crisis of Man*, Princeton, University Press, 2015.

Grenier, Jean-Yves, *L'Économie d'Ancien Régime. Un monde de l'échange et de l'incertitude*, Paris, Albin Michel, 1996.

Grijp, Paul van der, *Art and Exoticism. An anthropology of the yearning for authenticity*, London, Transaction Publishers, 2009.

Grijp, Paul van der, *Passion and Profit*, London, Transaction Publishers, 2006.

Guattari, Félix, Rolnik, Suely, *Micropolitiques*, Paris, Les Empêcheurs de penser en rond/Seuil, 2007.

Guerreau, Alain, »Avant le marché, les marchés: en Europe, XIIe siècle-XVIIIe siècle«, *Annales HSS*, 2001/6, S. 1129-1175.

Guerzoni, Guido (Hg.), *Museums on the Map, 1995-2012*, Turin, Fondazione di Venezia, Umberto Allemandi, 2014.

Guerzoni, Guido, *Apollon et Vulcain. Les marchés artistiques en Italie (1400-1700)*, Dijon, Les Presses du réel, 2011 (2006).

Guichard, Charlotte, »La signature dans le tableau aux XVIIe et XVIIIe siècles: identité, réputation et marché de l'art«, *Sociétés & Représentations*, 1/2008, Nr. 25, S. 47-77.

Halle, David, Tiso, Elisabeth, *New York's New Edge. Contemporary Art, the High Line, and Urban Megaprojects on the Far West Side*, Chicago, University of Chicago Press, 2014.

Hardt, Michael, Negri, Antonio, *Common Wealth. Das Ende des Eigentums* (Aus dem Englischen von Thomas Atzert und Andreas Wirthensohn), Frankfurt am Main/New York, Campus Verlag, 2010.

Hartog, Francois, *Régimes d'historicité. Présentisme et expériences du temps*, Paris, Seuil, 2012 (2003).

Harvey, David, *Géographie de la domination*, Paris, Les Prairies ordinaires, 2008.

Harvey, David, *The New Imperialism*, Oxford, Oxford University Press, 2003 ⟨dt.: *Der neue Imperialismus* (Aus dem Amerikanischen von Britta Dutke), Hamburg, VSA-Verlag, 2005⟩.

Haskell, Francis, *Le Musée éphémère*, Gallimard, coll. Bibliothèque des histoires, 2002.

Haskell, Francis, *L'Amateur d'art*, Paris, Le Livre de Poche, 1997.

Haskell, Francis, *La Norme et le Caprice. Aspects du goût, de la mode et de la collection en France et en Angleterre, 1789-1914*, Paris, Flammarion, 1986 (1976).

Hecquet, Vincent, »Emploi et territoires de 1975 à 2009: tertiarisation et rétrécissement de la sphère productive«, *Économie et Statistique*, Nr. 462-463, Insee, 2013, S. 25-68.

Heinich, Nathalie, *Le Paradigme de l'art contemporain. Structures d'une révolution artistique*, Paris, Gallimard, coll. Bibliotheque des sciences humaines, 2014.

Heinich, Nathalie, Shapiro, Roberta (Hg.), *De l'artification. Enquêtes sur le passage à l'art*, Paris, Éditions de l'EHESS, 2012.

Heinich, Nathalie, *De la visibilité. Excellence et singularité en régime médiatique*, Paris, Gallimard, coll. Bibliothèque des sciences humaines, 2012.

Heinich, Nathalie, *La Fabrique du patrimoine*, Éditions de la MSH, 2009.

Heinich, Nathalie, *L'Élite artiste. Excellence et singularité en régime démocratique*, Paris, Gallimard, coll. Bibliothèque des sciences humaines, 2005.

Herlin-Giret, Camille, *Les Mondes de la richesse. Travailler et faire travailler le capital*, Université Paris-Dauphine, Diss., verteidigt am 1. Juli 2016.

Hiraki, Takato, Ito, Akitoshi, Spieth, Darius A., Takezawa, Naoya, »How Did Japanese Investments Influence International Art Prices?«, *The*

Journal of Financial and Quantitative Analysis, Bd. 44, Nr. 6, Dezember 2009, S. 1489-1514.
Hirschman, Albert, *Abwanderung und Widerspruch. Reaktionen auf Leistungsabfall bei Unternehmungen, Organisationen und Staaten* (Aus dem Englischen von Leonhard Walentik), Tübingen, Verlag Mohr/Siebeck, 1974, Neuausg. 2004.
Hirschman, Albert, *The Passions and the Interests. Political arguments for Capitalism before its triumph*, Princeton, Princeton University Press, 1977 ⟨dt: *Leidenschaften und Interessen. Politische Begründungen des Kapitalismus vor seinem* Sieg (Aus dem Amerikanischen von Sabine Offe), Frankfurt am Main, Suhrkamp Verlag, 1980⟩.
Hobsbawm, Eric, Ranger, Terence (Hg.), *L'Invention de la tradition*, Paris, Amsterdam, 2012 (1983).
Honneth, Axel, *Verdinglichung. Eine anerkennungstheoretische Studie*, Frankfurt am Main, Suhrkamp Verlag, 2005.
Horowitz, Noah, *Art of the Deal. Contemporary Art in a Global Financial Market*, Princeton-Oxford, Princeton University Press, 2011.
Houdré, Cedric, Ponceau, Juliette (Hg.), *Les Revenus et le Patrimoine des ménages*, Paris, Insee, 2014.
Hounshell, David, *From the American System to Mass Production, 1800-1932*, Johns Hopkins University Press, 1984.
Ickowicz, Judith, *Le Droit après la dématérialisation de l'œuvre d'art*, Dijon, Les Presses du Réel, 2013.
Illouz, Eva, *Gefühle in Zeiten des Kapitalismus. Adorno-Vorlesungen 2004* (Aus dem Englischen von Martin Hartmann), Frankfurt am Main, Suhrkamp Verlag, 2006.
Jappe, Anselm, *Les Aventures de la marchandise. Pour une nouvelle critique de la valeur*, Paris, Denoël, 2003 ⟨dt.: *Die Abenteuer der Ware. Für eine neue Wertkritik,* Münster, Unrast-Verlag, 2005⟩.
Jappe, Anselm, *Guy Debord*, Paris, Denoël, 2001.
Jauneau, Yves, Niel, Xavier, »Le poids économique direct de la culture en 2013«, *Culture Chiffres*, 2014/5, Nr. 5, S. 1-18.
Jeanpierre, Laurent, Roueff, Olivier (Hg.), *La Culture et ses intermédiaires. Dans les arts, le numérique et les industries créatives*, Paris, Éditions des archives contemporaines, 2014.
Jeanpierre, Laurent, Sofio, Séverine, »Chronique d'une mort annoncée. Les conservateurs de musée face aux commissaires d'exposition dans l'art contemporain français«, in: Poulard, Frédéric, Tobelem, Jean-Michel, *Les Conservateurs de musée. Atouts et faiblesses d'une profession*, Paris, La Documentation française, 2015, S. 111-139.
Jourdain, Anne, »Réconcilier l'art et l'artisanat. Une étude de l'artisanat d'art«, *Sociologie de l'art*, Bd. 21, 2012, S. 21-42.

Jourdain, Anne, »La construction sociale de la singularité. Une stratégie entrepreneuriale des artisans d'art«, *Revue française de socio-économie*, Bd. 6, 2010, S. 13-30.

Karpik, Lucien, *L'Économie des singularités*, Paris, Gallimard, coll. Bibliothèque des sciences humaines, 2007 ⟨dt.: *Mehr Wert. Die Ökonomie des Einzigartigen* (Aus dem Englischen unter Berücksichtigung des französischen Originals von Thomas Laugstien), Frankfurt am Main/New York: Campus Verlag, 2011⟩.

Kelly, Nathan, Volscho, Thomas, »The rise of the super-rich: power resources, taxes, financial markets, and the dynamics of the top 1 percent, 1949 to 2008«, *American Sociological Review*, Bd. 77, Nr. 5, Oktober 2012, S. 679-699.

Kemp, Martin, *La bella Principessa. The story of the new masterpiece by Leonardo da Vinci*, London, Hodder & Stoughton, 2010.

Kessler, Gabriel, Sigal, Sylvia, »Survivre: réflexion sur l'action en situation de chaos. Comportements et répresentations face à la dislocation des régulations sociales: l'hyperinflation en Argentine«, *Cultures et Conflits*, Nr. 24-25, 1997, S. 37-77.

Kindleberger, Charles, Aliber, Robert Z., *Manias, Panics and Crashes*, New York, Macmillan, 2011.

Klein, Naomi, *No Logo. La tyrannie des marques*, Arles, Actes Sud, 2002.

Koromyslov, Maxime, »Le ›Made in France‹ en question. Pratiques et opinions des professionnels français du luxe«, *Revue française de gestion*, 2011/9, S. 107-122.

Kowalski, Alexandra, »State Power as Field Work: Culture and Practice in the French Survey of Historic Landmarks«, in: Sennett, Richard, Calhoun, Craig (Hg.), *Practicing Culture*, London/New York, Routledge, 2007, S. 82-104.

Kowalski, Alexandra, »The nation, rescaled: theorizing the decentralization of collective memory in contemporary France«, *Comparative Studies in Society and History*, 2012, 54:2.

Krätke, Stefan, *The Creative Capital of Cities. Interactive knowledge, creation and the urbanization economies of innovation*, Chichester, Wiley-Blackwell, 2011.

Kuhn, Antony, Moulin, Yves, »Proximité des acteurs et transformation des conventions. Le cas du marché philatélique numérique«, *Revue française de gestion*, 2011/4, Nr. 213, S. 43-56.

Kuhn, Antony, Moulin, Yves, »Le rôle des conventions de qualité dans la construction d'un marché: l'evolution du marché philatélique français (1860-1995)«, *Entreprises et histoire*, 2008/4, Nr. 53, S. 54-67.

Labrot, Gérard, »Éloge de la copie. Le marché napolitain (1614-1764)«, *Annales, HSS*, 2004/1, 59. Jahrgang, S. 7-35.

Lacroix, Chantal, »Les dépenses de consommation des ménages en biens et services culturels et télécommunications«, *Culture Chiffres*, 2009, Nr. 2.
Lacroix Di Meo, Élodie, »Les enjeux identitaires de la patrimonialisation de l'art déco«, in: Nemery, Jean-Claude, Rautenberg, Michel, Thuriot, Fabrice, *Stratégies identitaires de conservation et de valorization du patrimoine*, Paris, L'Harmattan, 2008, S. 55-62.
Lahire, Bernard, *Ceci n'est pas qu'un tableau. Essai sur l'art, la domination, la magie et le sacré*, Paris, La Découverte, 2015.
Lajoux, Jean-Dominique, *Aubrac. Des racines et des hommes*, Paris, Delachaux et Niestlé, 2014.
Lamont, Michèle, »A Comparative Sociology of Valuation and Evaluation«, *The Annual Review of Sociology*, 2012, 38:21.1-21.2.
Landes, David S., *Der entfesselte Prometheus. Technologischer Wandel und industrielle Entwicklung in Westeuropa von 1750 bis zur Gegenwart* (Aus dem Englischen von Franz Becker), Köln, Kiepenheuer & Witsch, 1973.
Lapoujade, David, *William James. Empirisme et pragmatisme*, Paris, PUF, 1997.
La Pradelle, Michèle de, *Les Vendredis de Carpentras*, Paris, Fayard, 1996.
Laslett, Peter, *Family Life and Illicit Love in Earlier Generations*, Cambridge, Cambridge University Press, 1977.
Latour, Bruno, *Enquête sur les modes d'existence. Une anthropologie des modernes*, Paris, La Découverte, 2012 ⟨dt.: *Existenzweisen. Eine Anthropologie der Modernen* (Aus dem Französischen von Gustav Roßler), Berlin: Suhrkamp Verlag, 2014⟩.
Latour, Bruno, *Aramis ou l'amour des techniques*, Paris, La Découverte, 1992.
Laval, Christian, *L'Homme économique. Essai sur les racines du néolibéralisme*, Paris, Gallimard, coll. NRF essais, 2007.
Lazarus, Jeanne, »Tenir ses comptes et bien se tenir. L'apprentissage de l'autonomie par la banque«, *Politix*, 4/2014, Nr. 108, S. 75-97.
Lazarus, Jeanne, *L'Épreuve de l'argent. Banques, banquiers, clients*, Paris, Calmann-Levy, 2012.
Lazarus, Jeanne, »Le crédit a la consommation dans la bancarisation«, *Entreprises et histoire*, 2/2010, Nr. 59, S. 28-40.
Lazzarato, Maurizio, *Marcel Duchamp et le refus du travail*, Paris, Les Prairies ordinaires, 2014 ⟨dt.: *Marcel Duchamp und die Verweigerung der Arbeit* (Aus dem Französischen von Caroline Baur et al.), Wien, transversal texts, 2017⟩.
Lazzarato, Maurizio, Moulier-Boutang, Yan, Negri, Antonio, Santilli, Gian-Carlo, *Des entreprises pas comme les autres. Benetton en Italie, le Sentier à Paris*, Aix-en-Provence, Publisud, 1993.

Le Bon, Gustave, *Psychologie des foules*, Paris, PUF, 2013 (1895) ⟨dt.: *Psychologie der Massen* (Autorisierte und von Rudolf Marx bearbeitete Übersetzung aus dem Französischen von Rudolf Eisler), Stuttgart, Kröner Verlag, zuletzt 2008⟩.

Le Gall-Ely, Marine, Urbain, Caroline, *Prix et stratégie marketing*, Paris, Dunod, 2009.

Léger, Jean-François, »Plus de diplômés, plus d'inégalités territoriales?«, *Population & Avenir*, Nr. 718, Mai-Juni 2014.

Léger, Jean-Francois, »La répartition géographique des retraités: les six France«, *Population & Avenir*, Nr. 716, Januar-Februar 2014.

Leperchey, Benjamin, »Le comité stratégique de filière (CSF) des industries de la mode et du luxe«, *Annales des Mines – Réalités industrielles*, 2013/4, November 2013, S. 14-19.

Lerner, Ralph, »Art and Taxation in the United States«, in: McAndrew, Clare, *Fine Art and High Finance. Expert advice on the economics of ownership*, New York, Bloomberg Press, 2010, S. 211-248.

L'Estoile, Benoît de, »L'anthropologie après les musées?«, *Ethnologie française*, 2008/4, Bd. 38, S. 665-670.

Lévi-Strauss, Claude, *Mythologiques*, Bd. IV: *L'Homme nu*, Paris, Plon, 2009 (1971) ⟨dt.: *Mythologica IV, Der nackte Mensch*, 2 (Aus dem Französischen von Eva Moldenhauer), Frankfurt am Main, Suhrkamp Verlag, 1975⟩.

Lévi-Strauss, Claude, *La Pensée sauvage*, Paris, Plon, 1962 ⟨dt.: *Das wilde Denken* (Aus dem Französischen von Hans Naumann), Frankfurt am Main, Suhrkamp Verlag, 1968⟩.

Lévi-Strauss, Claude, *Structures élémentaires de la parenté*, Paris, PUF, 1949 ⟨dt.: *Die elementaren Strukturen der Verwandtschaft* (Aus dem Französischen von Eva Moldenhauer) (1961), Frankfurt am Main, Suhrkamp Verlag, 1993⟩.

Lipovetsky, Gilles, Serroy, Jean, *L'Esthétisation du monde. Vivre à l'âge du capitalisme artiste*, Paris, Gallimard, 2013.

Luhmann, Niklas, *Soziale Systeme. Grundriß einer allgemeinen Theorie*, Frankfurt am Main, Suhrkamp Verlag, 1984.

MacGregor, John, *The Discovery of the Art of the Insane*, Princeton, Princeton University Press, 1989.

Mallet, Serge, *La Nouvelle Classe ouvrière*, Paris, Seuil, 1963 ⟨dt.: *Die neue Arbeiterklasse* (Aus dem Französischen von Thomas Hartmann), Neuwied/Berlin, Luchterhand Verlag, 1972⟩.

Mandelbrot, Benoit, *Les Objets fractals. Forme, hasard et dimension*, Paris, Flammarion, 1975.

Maniglier, Patrice (Hg.), *Le Moment philosophique des années 1960 en France*, Paris, PUF, 2011.

Maniglier, Patrice, »De Mauss à Claude Lévi-Strauss: cinquante ans après. Pour une ontologie Maori«, *Archives de philosophie*, Nr. 69, 2006, S. 37-56.
Maniglier, Patrice, *La Vie énigmatique des signes. Saussure et la naissance du structuralisme*, Paris, Léo Scheer, 2006.
Maniglier, Patrice, *Le Vocabulaire de Lévi-Strauss*, Paris, Ellipse, 2002.
Marcilhac, Vincent, *Le Luxe alimentaire. Une singularité française*, Rennes, Presses universitaires de Rennes, 2012.
Margairaz, Dominique, »La formation du réseau des foires et des marchés: stratégies, pratiques et idéologies«, *Annales, Économies, Sociétés, Civilisations*, 41. Jahrgang, Nr. 6, 1986, S. 1215-1242.
Marinelli, Nicoletta, Palomba, Giulio, »A Model for Pricing Italian Contemporary Art Paintings at Auction«, *The Quarterly Review of Economics and Finance*, 51, 2011, S. 212-224.
Marx, Karl, »Ökonomische Manuskripte 1857/58 (Einleitung zu den ›Grundrissen der politischen Ökonomie‹)«, in: Karl Marx/Friedrich Engels, *Gesamtausgabe* (MEGA), *Zweite Abteilung »Das Kapital« und Vorarbeiten*, Bd. 1, Berlin: Akademie Verlag, 2. Aufl. 2006.
Marx, Karl, *Das Kapital*, Erster Band, in: Karl Marx/Friedrich Engels, *Werke*, Bd. 23, Berlin: Dietz Verlag, 1971.
Marx, Karl, »Lohn, Preis und Profit«, in: ders./Friedrich Engels, *Werke*, Bd. 16, Berlin: Dietz Verlag, 1962, S. 101-152.
Mathieu, Gregoire, *Les Intermittents du spectacle. Enjeux d'un siècle de luttes*, Paris, La Dispute, 2013.
Mears, Ashley, *Pricing Beauty. The Making of a Fashion Model*, Berkeley, University of California Press, 2011.
Melot, Michel, *Mirabilia. Essai sur l'inventaire général du patrimoine culturel*, Paris, Gallimard, coll. Bibliothèque des idées, 2012.
Menger, Pierre-Michel, *Les Intermittents du spectacle. Sociologie du travail flexible*, Paris, Éditions de l'EHESS, 2011.
Menger, Pierre-Michel, *Le Travail créateur. S'accomplir dans l'incertain*, Paris, Gallimard/Seuil, coll. Hautes Études, 2009.
Mergnac, Marie-Odile, *La Généalogie. Une passion française*, Paris, Autrement, 2003.
Merllié, Dominique, *Les enquêtes de mobilité sociale*, Paris, PUF, 1994.
Moati, Philippe, *La Nouvelle Révolution commerciale*, Paris, Odile Jacob, 2011.
Moati, Philippe, *L'Avenir de la grande distribution*, Paris, Odile Jacob, 2001.
Molho, Anthony, Ramada Curto, Diogo, »Les réseaux marchands à l'époque moderne«, *Annales, HSS*, 3/2003, 58 Jahrgang, S. 569-579.

Moreau Ricaud, Michelle, *Freud collectionneur*, Paris, Campagne Première, 2011.

Moretti, Franco, *The Bourgeois. Between History and Literature*, London-New York, Verso, 2013 ⟨dt.: *Der Bourgeois. Eine Schlüsselfigur der Moderne* (Aus dem Englischen von Frank Jakubzik), Berlin, Suhrkamp Verlag, 2014⟩.

Morin, Edgar, *Les Stars*, Paris, Seuil, 1972 (1957).

Mouffe, Chantal, *Agonistik. Die Welt politisch denken* (Aus dem Englischen von Richard Barth), Berlin, Suhrkamp Verlag, 2014.

Moulier-Boutang, Yann, *Le Capitalisme cognitif*, Paris, Amsterdam, 2007.

Moulin, Raymonde, *L'Artiste, l'Institution et le Marché*, Paris, Flammarion, 1992.

Moulin, Raymonde, *Le Marché de la peinture en France*, Paris, Minuit, 1967.

Moulinier, Pierre, »Naissance et développement du partenariat contractuel dans le domaine culture«, in: Poirrier, Philippe, Rizzardo, René (Hg.), *Une ambition partagée? La coopération entre le ministère de la Culture et les collectivités territoriales (1959-2009)*, Paris, Travaux et documents du ministère de la Culture Nr. 26, 2009, S. 46-92.

Moureau, Nathalie, *Analyse économique de la valeur des biens d'art. La peinture contemporaine,* Paris, Economica, 2000.

Moureau, Nathalie, Rivaud-Danset, Dorothée, *L'Incertitude dans les théories économiques,* Paris, La Découverte, 2004.

Moureau, Nathalie, Sagot-Duvauroux, Dominique, Vidal, Marion, »Collectionneurs d'art contemporain: des acteurs méconnus de la vie artistique«, *Cultures études,* 1/2015, Nr. 1, S. 1-20.

Muensterberger, Werner, *Sammeln – eine unbändige Leidenschaft. Psychologische Perspektiven* (Aus dem Amerikanischen von H. Jochen Bußmann), Frankfurt am Main, Suhrkamp Verlag, 1999.

Muniesa, Fabien, »A flank movement in the understanding of valuation«, in: Adkins, Lisa, Lury, Celia (Hg.), *Measure and Value*, Chichester, Wiley-Blackwell, 2012, S. 24-38.

Nader, Ralph, *Ces voitures qui tuent*, Paris, Flammarion, 1966 (1965).

Nash, Dennison, *Anthropology of Tourism*, Oxford, Pergamon, 1996.

Neiburg, Federico, »Inflation: economists and economic cultures in Brazil and Argentina«, *Comparative Studies in Society and History*, 2006, Bd. 48, Nr. 3, S. 604-633.

Nerval, Gérard de, *Poésies et souvenirs,* Paris, Gallimard, 1980.

Nora, Pierre, *Les Lieux de mémoire*, Paris, Gallimard, coll. Bibliothèque des histoires, 1984-1992 ⟨dt. Teilübersetzung: *Erinnerungsorte Frank-*

reichs (Aus dem Französischen von Michael Bayer), München, Verlag C. H. Beck, 2005⟩.

Orléan, André, *L'Empire de la valeur*, Paris, Seuil, 2011.

Orléan, André, *De l'euphorie à la panique. Penser la crise financière*, Paris, Rue d'Ulm, 2009.

Orléan, André, *Analyse économique des conventions*, Paris, PUF, 2004.

Ortiz, Horacio, »Value and Power: some questions for a global political anthropology of global finance«, in: Acosta, Raul, Rizvi, Sadaf, Santos, Ana (Hg.), *Making Sense of the Global. Anthropological Perspectives on Interconnections and Processes*, Cambridge, Cambridge University Press, 2010, S. 63-81.

Pagés, Claire, *Lyotard et l'aliénation*, Paris, PUF, 2011.

Panayotis, Georges, »Le tourisme français: un secteur économique majeur au fort potentiel«, *Annales des Mines – Réalités industrielles*, August 2015, Nr. 3, S. 15-19.

Panofsky, Erwin, *La Sculpture funéraire. De l'ancienne Égypte au Bernin*, Paris, Flammarion, 1995 (1964).

Parasie, Sylvain, »Une critique désarmée. Le tournant publicitaire dans la France des années 1980«, *Réseaux*, 2008/4, Nr. 150, S. 219-245.

Pavel, Thomas, *Univers de la fiction*, Paris, Seuil, 1988.

Pearce, Susan, *Collecting in contemporary practices*, London, Sage, 1998.

Pereira, Irène, *Les Travailleurs de la culture en lutte. Le syndicalisme d'action directe face aux transformations du capitalisme et de l'État dans le secteur de la culture*, Paris, D'ores et déjà, 2010.

Peretz, Henri, »Soldes ›haut de gamme‹ à Paris«, *Ethnologie française*, 1/2005, Bd. 35, S. 47-54.

Pétré-Grenouilleau, Olivier, *Les Traites négrières. Essai d'histoire globale*, Paris, Gallimard, coll. Bibliothèque des histoires, 2004.

Pety, Dominique, *Poétique de la collection au XIXe siècle. Du document de l'historien au bibelot de l'esthète*, Paris, Presses universitaires de Paris Ouest, 2010.

Pierret, Frédéric, »Le tourisme est-il devenu un enjeu stratégique?«, *Annales des Mines – Réalités industrielles*, August 2015, Nr. 3, S. 9-13.

Piketty, Thomas, *Le Capital au XXIe siècle*, Paris, Seuil, coll. Les Livres du Nouveau Monde, 2013 ⟨dt.: *Das Kapital im 21. Jahrhundert* (Aus dem Französischen von Ilse Utz und Stefan Lorenzer), München, Verlag C. H. Beck, 2014⟩.

Pinçon, Michel, Pinçon-Charlot, Monique, *Les Ghettos du gotha. Au cœur de la grande bourgeoisie*, Paris, Point, 2010.

Pinçon, Michel, Pinçon-Charlot, Monique, *Châteaux et châtelains. Les siècles passent, le symbole demeure*, Paris, Anne Carrière, 2005.

Pinçon, Michel, Pinçon-Charlot, Monique, *Sociologie de la bourgeoisie*, Paris, La Découverte, 2005.

Piore, Michael, Sabel, Charles, *Les Chemins de la prospérité. De la production de masse à la spécialisation souple*, Paris, Hachette, 1989 (1984).

Polanyi, Karl, *Essais*, Paris, Seuil, 2002.

Polanyi, Karl, *La Subsistance de l'homme. La place de l'économie dans l'histoire et la société*, Paris, Flammarion, 2011 (1977).

Pomian, Krzysztof, *Collectionneurs, amateurs et curieux. Paris, Venise: XVIe-XVIIIe siècle*, Paris, Gallimard, coll. Bibliothèque des histoires, 1987.

Pomian, Krzysztof, *Des saintes reliques à l'art moderne. Venise-Chicago, XIIIe-XXe siècle*, Paris, Gallimard, coll. Bibliothèque des histoires, 2003.

Poulantzas, Nikos, *Les Classes sociales dans le capitalisme d'aujourd'hui*, Paris, Seuil, 1974 ⟨dt.: *Klassen im Kapitalismus, heute* (Aus dem Französischen von Bernd F. Gruschwitz, unter Mitarbeit von Horst Arenz und Heribert Rüther), Berlin, VSA, 1975⟩.

Poulantzas, Nikos, *Pouvoir politique et classes sociales de l'État capitaliste*, Paris, Maspero, 1968 ⟨dt.: *Politische Macht und gesellschaftliche Klassen* (Aus dem Französischen von Günter Seib und Erika Hültenschmidt), Frankfurt am Main, Athenäum-Fischer-Taschenbuch-Verlag, 1974⟩.

Poulot, Dominique, *Une histoire des musées en France*, Paris, La Découverte, 2008.

Prahalad, Coimbatore Krishnao, *The Fortune at the Bottom of the Pyramid. Eradicating Poverty through Profits*, Upper Saddle River (NJ), Pearson Education, Inc., 2009.

Provost, Audrey, *Le Luxe, les Lumières et la Révolution*, Seyssel, Champ Vallon, 2014.

Quemin, Alain, *Les Stars de l'art contemporain. Notoriété et consécration artistique dans les arts visuels*, Paris, CNRS éditions, 2013.

Rancière, Jacques, *Le Spectateur émancipé*, Paris, La Fabrique, 2008 ⟨dt.: *Der emanzipierte Zuschauer* (2010) (Aus dem Französischen von Richard Steurer-Boulard), Wien, Passagen-Verlag, 2. Aufl. 2015⟩.

Rautenberg, Michel, »Une politique culturelle des produits locaux dans la région Rhone-Alpes«, *Revue de géographie alpine*, 1998, Bd. 86, Nr. 4, S. 81-87.

Réau, Bertrand, Cousin, Saskia, *Sociologie du tourisme*, Paris, La Découverte, 2009.

Reubi, Serge, »La lacune, miroir des pratiques de collections«, *Traverse*, 2012/3, S. 81-90.

Ricœur, Paul, *Temps et récit*, Bd. III: *Le Temps raconté*, Paris, Seuil, 1985

⟨dt.: *Zeit und Erzählung*, Bd. 3: *Die erzählte Zeit* (Aus dem Französischen von Andreas Knop), Paderborn, Wilhelm Fink Verlag, 2. Aufl. 2007⟩.
Riegl, Alois, *Der moderne Denkmalkultus. Sein Wesen und seine Entstehung*, Wien/Leipzig, Braumüller, 1903.
Rifkin, Jeremy, *Access. Das Verschwinden des Eigentums. Warum wir weniger besitzen und mehr ausgeben werden* (Aus dem Englischen von Klaus Binder und Tatjana Eggeling), Frankfurt am Main/New York, Campus Verlag, 3., erw. Aufl. 2007.
Rivière, Georges-Henri (Hg.), *L'Aubrac. Étude ethnologique, linguistique, agronomique et économique d'un établissement humain (Recherche cooperative sur programme)*, Bd. I, Paris, Éditions du CNRS, 1970.
Roche, Daniel, *Humeurs vagabondes. De la circulation des hommes et de l'utilité des voyages*, Paris, Fayard, 2003.
Roche, Daniel, *La Culture des apparences. Une histoire du vêtement, XVIIe-XVIIIe siècle*, Paris, Fayard, 1989.
Roover, Raymond de, *La Pensée économique des scholastiques. Doctrines et méthodes*, Paris, Vrin, 1971.
Rosch, Eleanor, »Classification of real-world objects: origins and representations in cognition«, in: Johnson-Laird, P. N., Wason, P. C. (Hg.), *Thinking. Readings in cognitive science*, Cambridge, Cambridge University Press, 1977, S. 212-222.
Rosental, Paul-André, *Les Sentiers invisibles. Espaces, familles et migrations dans la France du XIXe siècle*, Paris, Éditions de l'EHESS, 1999.
Rouquette, Jean-Maurice (Hg.), *Arles. Histoire, territoires et cultures*, Paris, Imprimerie nationale, 2008.
Saint Martin, Monique de, *L'Espace de la noblesse*, Paris, Métailié, 1993 ⟨dt.: *Der Adel. Soziologie eines Standes* (Aus dem Französischen von Jörg Ohnacker), Konstanz, UVK, 2003⟩.
Saint-Pulgent, Maryvonne de, *Jack Lang. Batailles pour la culture*, Paris, La Documentation française, 2013.
Salais, Robert, »Conventions de travail, mondes de production et institutions«, *L'homme et la société*, 2008/4 – 2009/1, Nr. 170 und 171, S. 151-174.
Salais, Robert, Storper, Michael, *Les Mondes de production. Enquêtes sur l'identité économique de la France*, Paris, Éditions de la MSH, 1993.
Salmon, Christian, *Storytelling. La machine à fabriquer des histoires et à formater les esprits*, Paris, La Découverte, 2007.
Salmon, Gildas, *Les Structures de l'esprit. Lévi-Strauss et les mythes*, Paris, PUF, 2013.
Sartre, Jean-Paul, *Critique de la raison dialectique*, Bd. I: *Théorie des ensembles pratiques*, Paris, Gallimard, 1974 (1960) ⟨dt.: *Kritik der dialek-*

tischen Vernunft, Bd. 1: *Theorie der gesellschaftlichen Praxis* (Aus dem Französischen von Traugott König), Reinbek bei Hamburg: Rowohlt Verlag, 1967⟩.

Savoy, Bénédicte, *Patrimoine annexé. Les biens culturels saisis par la France en Allemagne autour de 1800*, Paris, Éditions de la MSH, 2003 (2 Bde.).

Schlosser, Julius von, *Die Kunst- und Wunderkammern der Spätrenaissance* (1908), Dresden, Fachbuchverlag Dresden, 2014.

Schnapper, Antoine, *Curieux du Grand Siècle. Collections et collectionneurs dans la France du XVIIe siècle*, Paris, Flammarion, 1994.

Schnapper, Antoine, *Le Géant, la Licorne et la Tulipe. Les cabinets de curiosités en France au XVIIe siècle*, Paris, Flammarion, 1988.

Schnapper, Dominique, *L'Italie rouge et noire. Les modèles de la vie quotidienne à Bologne*, Paris, Gallimard, 1971.

Schumpeter, Joseph, *Theorie der wirtschaftlichen Entwicklung. Eine Untersuchung über Unternehmergewinn, Kapital, Kredit, Zins und den Konjunkturzyklus*, München/Leipzig, Verlag von Duncker & Humblot, 2. Aufl. 1926.

Schütz, Alfred, *Collected Papers*, Den Haag, Martinus Nijhoff, 1975 ⟨dt.: *Gesammelte Aufsätze*, 3 Bde., (Aus dem Amerikanischen und mit einem »Nachwort zur Übersetzung« von Benita Luckmann und Richard Grathoff), Den Haag, Martinus Nijhoff, 1971-1972⟩.

Sciardet, Hervé, *Les Marchands de l'aube. Ethnographie et théorie du commerce aux Puces de Saint-Ouen*, Paris, Economica, 2003.

Searle, John, *Die Konstruktion der gesellschaftlichen Wirklichkeit. Zur Ontologie sozialer Tatsachen* (Aus dem Englischen von Martin Suhr), Berlin, Suhrkamp Verlag, 2011.

Segalen, Martine, *La Vie d'un musée, 1937-2005*, Paris, Stock, 2005.

Sennett, Richard, *The Craftsman*, New Haven-London, Yale University Press, 2008 ⟨dt.: *Handwerk* (Aus dem Amerikanischen von Michael Bischoff), Berlin, Berlin-Verlag, 2008⟩.

Sewell, William, *Gens de métier et révolutions. Le langage du travail de l'Ancien Régime à 1848*, Paris, Aubier, 1983.

Sicard, Marie-Claude, *Luxe, mensonges et marketing*, Paris, Pearson, 2010.

Smith, Charles, *Auctions. The Social Construction of value*, New York, Free Press, 1989.

Sombart, Werner, *Der moderne Kapitalismus*, Bd. 3: *Das Wirtschaftsleben im Zeitalter des Hochkapitalismus* (1902), 2 Teilbde., Berlin, Duncker und Humblot, 1955.

Soto, Hernando de, *Freiheit für das Kapital! Warum der Kapitalismus nicht weltweit funktioniert* (Aus dem Englischen von Hainer Kober), Berlin, Rowohlt Berlin, 2002.

Stanziani, Alessandro, *Histoire de la qualité alimentaire, XIXe-XXe siècle*, Paris, Seuil, 2005.

Stark, David, »What's Valuable?«, in: Beckert, Jens, Aspers, Patrik (Hg.), *The Worth of Goods. Valuation and Pricing in the Economy*, Oxford, Oxford University Press, 2011, S. 319-338.

Sternhell, Zeev, *La Droite révolutionnaire. 1885-1914. Les origines françaises du fascisme*, Paris, Seuil, 1978.

Stillerman, Joel, *The Sociology of Consumption. A global approach*, Cambridge, Polity Press, 2015.

Streeck, Wolfgang, *Gekaufte Zeit. Die vertagte Krise des demokratischen Kapitalismus*, Berlin, Suhrkamp Verlag, 2013.

Swaan, Abram de, *In Care of the State. Health Care, Education and Welfare in Europe and the USA in the Modern Era*, Cambridge, Polity Press, 1988 ⟨dt.: *Der sorgende Staat. Wohlfahrt, Gesundheit und Bildung in Europa und den USA der Neuzeit* (Aus dem Englischen von Hans Günter Holl), Frankfurt am Main/New York, Campus Verlag, 1993⟩.

Swedberg, Richard, *Schumpeter. A Biography*, Princeton, Princeton University Press, 1991 ⟨dt.: *Joseph A. Schumpeter. Eine Biographie* (Aus dem Englischen von Johannes G. Pankau), Stuttgart, Klett-Cotta Verlag, 1994⟩.

Tarde, Gabriel, *Les Lois de l'imitation*, Paris, Les Empêcheurs de penser en rond, 2001 (1890) ⟨dt.: *Die Gesetze der Nachahmung* (Aus dem Französischen von Jadja Wolf), Frankfurt am Main, Suhrkamp Verlag, 2003⟩.

Tasset, Cyprien, »Les ›intellos précaires‹ et la classe créative: le recours à la quantification dans deux projets concurrents de regroupement social«, in: Bruno, Isabelle, Didier, Emmanuel, Prévieux, Julien (Hg.), *Stat-Activisme. Comment lutter avec des nombres*, Paris, La Découverte, coll. Zones, 2014, S. 117-132.

Tasset, Cyprien, *Les Intellectuels précaires. Genèses et réalités d'une figure critique*, Thèse de l'EHESS, Paris, 2015.

Tschachotin, Sergej, *Le Viol des foules par la propagande politique*, Paris, Gallimard, 1952 (1939).

Testart, Alain, *Critique du don. Étude sur la circulation non-marchande*, Paris, Syllepse, 2006.

Thévenot, Laurent, »Un gouvernement par les normes. Pratiques et politiques des formats d'information«, in: Conein, Bernard, Thévenot, Laurent (Hg.), *Cognition et information en société*, *Raisons pratiques*, Nr. 8, 1997, S. 206-241.

Thévenot, Laurent, »Essai sur les objets usuels: propriétés, fonctions, usages«, in: *Les Objets dans l'action, Raison pratique*, Nr. 4, Paris, Éditions de l'EHESS, 1993, S. 85-111.

Thévenot, Laurent, »Les investissements de forme«, in: *Conventions économiques, Cahiers du centre d'études de l'emploi*, Paris, PUF, 1985, S. 21-72.

Thiesse, Anne-Marie, *La Création des identités nationales*, Paris, Seuil, 1999.

Thompson, Don, *L'affaire du requin qui valait douze millions. L'étrange économie de l'art contemporain*, Paris, Le Mot et le Reste, 2012 (2008).

Thompson, John, *Merchants of Culture. The Publishing Business in the Twenty-first Century*, Cambridge, Polity Press, 2010.

Thompson, Michael, *Rubbish Theory. The Creation and Destruction of Value*, Oxford, Oxford University Press, 1979 ⟨dt.: *Die Theorie des Abfalls. Über die Schaffung und Vernichtung von Werten* (Aus dem Englischen von Klaus Schomburg), Stuttgart, Klett-Cotta, 1981; rev. Ausg. unter dem Titel *Mülltheorie*, Essen, Klartext, 2003⟩.

Thornton, Sarah, *Sieben Tage in der Kunstwelt* (Aus dem Englischen von Rita Seuß), Frankfurt am Main, S. Fischer Verlag, 2009.

Touraine, Alain, *La Société postindustrielle*, Paris, Denoël, 1969 ⟨dt.: *Die postindustrielle Gesellschaft* (Aus dem Französischen von Eva Moldenhauer), Frankfurt am Main, Suhrkamp Verlag, 1972⟩.

Trivellato, Francesca, *Corail contre diamants. De la Méditerranée à l'océan Indien au XVIIIe siècle*, Paris, Seuil, 2016 (2009).

Truc, Gérôme, *Sidérations. Une sociologie des attentats*, Paris, PUF, 2016.

Urfalino, Philippe, »De l'anti-impérialisme américain à la dissolution de la politique culturelle«, *Revue française de science politique*, 43. Jahrgang, Nr. 5, 1993, S. 823-849.

Veblen, Thorstein, *Absentee Ownership and Business Enterprise in Recent Times. The Case of America*, Boston, Beacon Press, 1967 (1923).

Veblen, Thorstein, *Theorie der feinen Leute. Eine ökonomische Untersuchung der Institutionen* (Aus dem Amerikanischen von Suzanne Heintz und Peter von Haselberg), Köln/Berlin: Kiepenheuer & Witsch, 1958, Neuausg. Frankfurt am Main: Fischer Taschenbuchverlag, 2007.

Velthuis, Olaf, *Talking Prices. Symbolic Meanings of Prices on the Market for Contemporary Art*, Princeton-Oxford, Princeton University Press, 2005.

Verlaine, Julie, *Les Galeries d'art contemporain à Paris. Une histoire culturelle du marché de l'art, 1944-1970*, Paris, Publications de la Sorbonne, coll. Histoire contemporaine, 2012.

Verlaine, Julie, »Une histoire de la société ArtCo. Le commerce des reproductions d'art après la Seconde Guerre mondiale«, *Vingtième siècle. Revue d'histoire*, 4/2010, Nr. 108, S. 141-151.

Verley, Patrick, *L'Échelle du monde. Essai sur l'industrialisation de l'Occident*, Paris, Gallimard, coll. NRF essais, 1997.
Vigna, Xavier, *L'Insubordination ouvrière dans les années 68. Essai d'histoire politique des usines*, Rennes, Presses universitaire de Rennes, 2007.
Volat, Gwendoline, »L'habitat rural entre 1999 et 2009: des évolutions contrastes«, *Le point sur*, Commissariat général au développement durable, Nr. 179, Dezember 2013.
Vries, Jan de, *The Industrious Revolution. Consumer behavior and the household economy, 1650 to the present*, Cambridge, Cambridge University Press, 2008.
Wagner, Peter, *Modernity. Understanding the Present*, Cambridge, Polity Press, 2012.
Wagner, Peter, *Soziologie der Moderne. Freiheit und Disziplin*, Frankfurt am Main/New York, Campus Verlag, 1995.
Wajcman, Gérard, *Collection, suivi de L'avarice*, Caen, Nous, 1999.
Wallerstein, Immanuel et al., *Stirbt der Kapitalismus?* (Aus dem Englischen von Thomas Laugstien), Frankfurt am Main/New York, Campus Verlag, 2014.
Weber, Florence, »Transactions marchandes, échanges rituels, relations personnelles. Une ethnographie économique après le Grand Partage«, *Genèses*, Nr. 40, 2000, S. 85-107.
White, Cynthia, White, Harrison, *La Carrière des peintres au XIXe siècle*, Paris, Flammarion, 1991 (1965).
Wrigley, Edward Anthony, *Energy and the English Industrial Revolution*, Cambridge, Cambridge University Press, 2010.
Wrigley, Edward Anthony, *Continuity, Chance and Change. The character of the industrial revolution in England*, Cambridge, Cambridge University Press, 1988.
Xifaras, Mikhaïl, *La Propriété. Étude de philosophie du droit*, Paris, PUF, 2004.
Zaninetti, Jean-Marc, »Les retraités en France: des migrations pas comme les autres«, *Population & Avenir*, Nr. 703, Mai-Juni 2011.
Zelizer, Viviana, *The Purchase of Intimacy*, Oxford, Oxford University Press, 2005.
Zelizer, Viviana, *La Signification sociale de l'argent*, Paris, Seuil, 2005 (1994).
Zucman, Gabriel, *La Richesse cachée des nations. Enquête sur les paradis fiscaux*, Paris, Seuil, 2013 ⟨dt.: *Steueroasen. Wo der Wohlstand der Nationen versteckt wird* (Aus dem Französischen von Ulrike Bischoff), Berlin, Suhrkamp Verlag, 2015⟩.

Zuelow, Eric (Hg.), *Touring Beyound the Nation. A Transnational Approach to European Tourism History*, Burlington, Ashgate, 2011.
Zukin, Sharon, *Naked City. The death and Life of Authentic Urban Places*, Oxford, Oxford University Press, 2010.
Zukin, Sharon, *The Culture of Cities*, Oxford, Blackwell, 1995.
Zukin, Sharon, *Loft Living. Culture and Capital in Urban Change*, New Brunswick, Rutgers University Press, 1982.

Namenregister

Sachregister

Soziologie
im Suhrkamp Verlag
Eine Auswahl

Dirk Baecker
- Beobachter unter sich. Eine Kulturtheorie. Gebunden. 309 Seiten
- Form und Formen der Kommunikation. stw 1828. 285 Seiten
- Neurosoziologie. Ein Versuch. eu 52. 262 Seiten
- Organisation und Management. stw 1614. 348 Seiten
- Organisation und Störung. stw 2012. 336 Seiten
- Studien zur nächsten Gesellschaft. stw 1856. 229 Seiten
- Womit handeln Banken? stw 946. 207 Seiten
- Wozu Theorie? stw 2177. 292 Seiten

Ulrich Beck
- Nachrichten aus der Weltinnenpolitik. es 2619. 150 Seiten
- Reflexive Modernisierung. Eine Kontroverse. Zusammen mit Anthony Giddens und Scott Lash. es 1705. 368 Seiten
- Risikogesellschaft. es 1365. 396 Seiten
- Weltrisikogesellschaft. Auf der Suche nach der verlorenen Sicherheit. st 4038. 439 Seiten

Herbert Blumer. Symbolischer Interaktionismus. Aufsätze zu einer Wissenschaft der Interpretation. Herausgegeben von Heinz Bude und Michael Dellwing. stw 2069. 187 Seiten

Pierre Bourdieu
- Entwurf einer Theorie der Praxis. stw 291. 493 Seiten
- Die feinen Unterschiede. Kritik der gesellschaftlichen Urteilskraft. stw 659. 912 Seiten
- Homo academicus. stw 1002. 455 Seiten
- Die männliche Herrschaft. stw 2031. 211 Seiten

NF 178/1/6.16

- Manet. Eine symbolische Revolution. Gebunden. 921 Seiten
- Sozialer Sinn. Kritik der theoretischen Vernunft. stw 1066. 512 Seiten
- Über den Staat. Gebunden. 722 Seiten

Ulrich Bröckling. Das unternehmerische Selbst. Soziologie einer Subjektivierungsform. stw 1832. 327 Seiten

Eva Illouz
- Die Errettung der modernen Seele. Therapien, Gefühle und die Kultur der Selbsthilfe. stw 1997. 412 Seiten
- Gefühle in Zeiten des Kapitalismus. stw 1857. 170 Seiten
- Israel. Soziologische Essays. es 2683. 229 Seiten
- Der Konsum der Romantik. Liebe und die kulturellen Widersprüche des Kapitalismus. stw 1858. 343 Seiten
- Warum Liebe weh tut. stw 2057. 467 Seiten

Stefan Kühl. Ganz normale Organisationen. Zur Soziologie des Holocaust. stw 2130. 411 Seiten

Jörn Lamla. Verbraucherdemokratie. Politische Soziologie der Konsumgesellschaft. stw 2072. 507 Seiten

Bruno Latour
- Eine neue Soziologie für eine neue Gesellschaft. stw 1967. 488 Seiten
- Existenzweisen. Eine Anthropologie der Modernen. Gebunden. 665 Seiten
- Die Hoffnung der Pandora. Untersuchungen zur Wirklichkeit der Wissenschaft. stw 1595. 386 Seiten
- Jubilieren. Über religiöse Rede. stw 2186. 247 Seiten
- Die Ökonomie als Wissenschaft der leidenschaftlichen Interessen. Eine Einführung in die ökonomische Anthropologie Gabriel Tardes. Zusammen mit Vincent Lépinay. Broschur. 120 Seiten

NF 178/2/6.16

- Das Parlament der Dinge. Für eine politische Ökologie. stw 1954. 364 Seiten
- Wir sind nie modern gewesen. Versuch einer symmetrischen Anthropologie. stw 1861. 205 Seiten

Martina Löw
- Prostitution. Herstellungsweisen einer anderen Welt. Zusammen mit Renate Ruhne. es 2632. 215 Seiten
- Raumsoziologie. stw 1506. 320 Seiten
- Soziologie der Städte. stw 1976. 289 Seiten

Niklas Luhmann
- Die Gesellschaft der Gesellschaft. stw 1360. 1164 Seiten
- Kontingenz und Recht. Gebunden. 348 Seiten
- Die Kunst der Gesellschaft. stw 1303. 517 Seiten
- Liebe als Passion. stw 1124. 231 Seiten
- Liebe. Eine Übung. Gebunden. 94 Seiten
- Macht im System. stw 2089. 156 Seiten
- Die Moral der Gesellschaft. stw 1871. 402 Seiten
- Der neue Chef. Gebunden. 120 Seiten
- Politische Soziologie. stw 2068. 499 Seiten
- Das Recht der Gesellschaft. stw 1183. 598 Seiten
- Soziale Systeme. Grundriß einer allgemeinen Theorie. stw 666. 675 Seiten
- Die Wirtschaft der Gesellschaft. stw 1152. 360 Seiten

Hans-Peter Müller. Pierre Bourdieu. Eine systematische Einführung. stw 2110. 372 Seiten

Armin Nassehi
- Geschlossenheit und Offenheit. Studien zur Theorie der modernen Gesellschaft. stw 1636. 352 Seiten
- Gesellschaft der Gegenwarten. Studien zur Theorie der modernen Gesellschaft II. stw 1996. 362 Seiten
- Der soziologische Diskurs der Moderne. stw 1922. 481 Seiten

NF 178/3/6.16

Andreas Reckwitz. Die Erfindung der Kreativität. Zum Prozess gesellschaftlicher Ästhetisierung. stw 1995. 408 Seiten

Hartmut Rosa
- Beschleunigung. Die Veränderung der Zeitstrukturen in der Moderne. stw 1760. 537 Seiten
- Beschleunigung und Entfremdung. Entwurf einer kritischen Theorie spätmoderner Zeitlichkeit. Broschur. 145 Seiten
- Resonanz. Gebunden. 816 Seiten
- Weltbeziehungen im Zeitalter der Beschleunigung. Umrisse einer neuen Gesellschaftskritik. stw 1977. 446 Seiten

Robert Schmidt. Soziologie der Praktiken. Konzeptionelle Studien und empirische Analysen. stw 2030. 288 Seiten

Georg Simmel. Gesamtausgabe in 24 Bänden. Gebunden oder Broschur.

Silke Steets. Der sinnhafte Aufbau der gebauten Welt. Eine Architektursoziologie. stw 2139. 274 Seiten

Rudolf Stichweh
- Der Fremde. Studien zu Soziologie und Sozialgeschichte. stw 1924. 213 Seiten
- Die Weltgesellschaft. Soziologische Analysen. stw 1500. 274 Seiten

Wolfgang Streeck. Gekaufte Zeit. Die vertagte Krise des demokratischen Kapitalismus. stw 2133. 351 Seiten

Gabriel Tarde
- Die Gesetze der Nachahmung. stw 1883. 400 Seiten
- Monadologie und Soziologie. stw 1884. 153 Seiten

Gunter Weidenhaus. Soziale Raumzeit. stw 2138. 240 Seiten

NF 178/4/6.16